Peter Müller

Punitive Damages und deutsches Schadensersatzrecht

Peter Müller

Punitive Damages und deutsches Schadensersatzrecht

2000

Walter de Gruyter Berlin New York

Dr. *Peter Müller*, Augsburg

Gedruckt mit Unterstützung der Deutschen Forschungsgemeinschaft D 384

Gedruckt auf säurefreiem Papier,
das die US-ANSI-Norm über Haltbarkeit erfüllt

Die Deutsche Bibliothek – CIP-Einheitsaufnahme

Müller, Peter:
Punitive damages und deutsches Schadensersatzrecht / Peter Müller. –
Berlin ; New York : de Gruyter, 2000
Zugl.: Augsburg, Univ., Diss., 1999
ISBN 3-11-016761-1

Printed in Germany

Datenkonvertierung/Satz: WERKSATZ Schmidt & Schulz, 06773 Gräfenhainichen
Druck und Bindearbeiten: Hubert & Co., 73079 Göttingen

Meinen Eltern

Vorwort

Das Ausgleichsprinzip gilt als das tragende Grundprinzip des deutschen Schadensersatzrechts. Fallgruppen, bei denen die Sanktionsfunktion des Schadensersatzes im Vordergrund steht (punitive damages), werden gemeinhin als Ausnahmen von diesem Prinzip gewertet (etwa Palandt/*Heinrichs*, BGB, Vorbem. v. § 249 Rdnr. 4). Hinter diesen mannigfachen „Ausnahmen" verbirgt sich jedoch ein schleichender Prozeß der Öffnung des Schadensersatzrechts für seinen Einsatz zu Sanktions- und Präventionszwecken, in dessen Verlauf das Sanktionsprinzip unmerklich zu einer „zweiten Säule" dieses Instituts gewachsen ist. Dieser in der Schrift gewonnene Befund ist Ausfluß einer umfassenden Rechtsprechungsanalyse „quer" durch das Schadensrecht. Die Abhandlung möchte einen Beitrag zur Wertungsoffenheit im Recht leisten: die Gerichte sollten den Sanktionszweck des Schadensersatzes in ihren Entscheidungen offen ausweisen, anstatt ihn durch Scheinbegründungen (Billigkeitsargumente u. ä.) zu überspielen.

Die Arbeit hat im Sommersemester 1999 der Juristischen Fakultät der Universität Augsburg als Dissertation vorgelegen. Sie wurde für die Drucklegung auf den Stand von 2000 gebracht. Das Gesetz zur Beschleunigung fälliger Zahlungen v. 30. 3. 2000 (BGBl. Jahrgang 2000 Teil I Nr. 14, S. 330ff.) konnte jedoch nicht mehr berücksichtigt werden.

Mein Doktorvater, Herr Prof. Dr. Volker Behr, hat die Arbeit angeregt. Ihm danke ich für seine gütige Betreuung. Mein Dank gilt auch dem Koreferenten der Arbeit, Herrn Prof. Dr. Thomas M. J. Möllers, für die rasche Erstellung des Zweitgutachtens.

Der Deutschen Forschungsgemeinschaft, die den Druck der Arbeit in großzügiger Weise gefördert hat, sage ich herzlichen Dank. Mein besonderer Dank gilt schließlich dem Verlag Walter de Gruyter für die Aufnahme der Untersuchung in sein Programm.

Augsburg, im Juni 2000 Peter Müller

Inhaltsübersicht

Inhaltsverzeichnis

Abkürzungen[1]

a. A.	anderer Ansicht
aaO	am angegebenen Ort
Abb.	Abbildung
abl.	ablehnend
Abl.	Amtsblatt der Europäischen Gemeinschaften
Abs.	Absatz
AcP	Archiv für die civilistische Praxis
AE	Alternativentwurf
AE-GLD	Entwurf eines Gesetzes gegen Ladendiebstahl
a. E.	am Ende
ÄndG	Änderungsgesetz, Gesetz zur Änderung
a. F.	alte Fassung
AfP	Archiv für Presserecht
AG	Aktiengesellschaft; Amtsgericht
AG	Die Aktiengesellschaft
AGB	Allgemeine Geschäftsbedingungen
AGBG	Gesetz z. Regelung d. Rechts d. Allgemeinen Geschäftsbedingungen v. 9.12.1976 (BGBl. I S. 3317)
AHB	Allgemeine Versicherungsbedingungen f. d. Haftpflicht-Versicherung (VerBAV 1986 S. 216)
AiB	Arbeitsrecht im Betrieb
AKB	Allgemeine Bedingungen f. d. Kraftfahrtversicherung (VerBAV 1988 S. 299)
AK-BGB	Alternativkommentar-BGB
AktG	Aktiengesetz v. 6. 9. 1965 (BGBl. I S. 1089)
ALR	Allgemeines Landrecht für die preußischen Staaten, gültig ab 1.6.1794
Alt.	Alternative
Am. J. Comp. L	American Journal of Comparative Law
Am. Jur.; Am. Jur. 2d	American Jurisprudence; American Jurisprudence, second series
Anh.	Anhang
Anm.	Anmerkung
AnpG	Anpassungsgesetz
AnVG	Angestelltenversicherungsgesetz i. d. Bek. v. 28.5.1924 (RGBl. I S.563)

[1] Weitere Abkürzungen sind im laufenden Text erklärt.

AO 1977	Abgabenordnung v. 16. 3. 1976 (BGBl. I S. 613)
AP	Arbeitsrechtliche Praxis (Ab 1954: Nachschlagewerk d. Bundesarbeitsgerichts)
ArbG	Arbeitsgericht; Arbeitgeber
ArbN	Arbeitnehmer
ArchBürgR	Archiv für bürgerliches Recht
ARS	Arbeitsrechtssammlung
ARSt	Arbeitsrecht in Stichworten
Art.	Artikel (auch im Plural)
AT	Allgemeiner Teil
Atl.	Atlantic Reporter
Aufl.	Auflage
AuR	Arbeit und Recht
ausf.	ausführlich
AWD	Außenwirtschaftsdienst des Betriebs-Beraters (4. 1958–20. 1974; vorher u. danach: Recht d. internat. Wirtschaft
AWG	Außenwirtschaftsgesetz v. 28. 4. 1961 (BGBl. I S. 481)
Az.	Aktenzeichen
BAG	Bundesarbeitsgericht
BAGE	Entscheidungen des Bundesarbeitsgerichts
BArbBl	Bundesarbeitsblatt
BauR	Baurecht
BayObLG	Bayerisches Oberstes Landesgericht
BB	Betriebs-Berater
BBG	Bundesbeamtengesetz i. d. Bek. v. 27. 2. 1985 (BGBl. I S. 479)
Bd.	Band
ber.	bereinigt
BerGe.	Berufungsgericht
Beschl.	Beschluß
betr.	betreffend
BetrVG	Betriebsverfassungsgesetz v. 11. 10. 1952 (BGBl. 1989 I S. 902)
Bf.	Beschwerdeführer
BG	Berufsgenossenschaft
BG	Die Berufsgenossenschaft
BGB	Bürgerliches Gesetzbuch v. 18. 8. 1896 (RGBl. S. 195)
BGBl.	1. Bundesgesetzblatt des Norddeutschen Bundes (1. 1867–4. 1870; fortges. als: Reichsgesetzblatt) 2. Bundesgesetzblatt (1950; dann zerfallend in Teile)
BGH	Bundesgerichtshof
BGHSt	Entscheidungen des Bundesgerichtshofs in Strafsachen
BGHZ	Entscheidungen des Bundesgerichtshofs in Zivilsachen
BImSchG	Bundes-Immissionsschutzgesetz i. d. Bek. v. 14. 4. 1990 (BGBl. I S. 880)

BJM	Bundesjustizministerium
BMJ	Bundesminister d. Justiz
BNotO	Bundesnotarordnung v. 24. 2. 1961 (BGBl. I S. 97)
BR-Drucks.	Drucksachen des Bundesrates
BT	Besonderer Teil
BT-Drucks.	Drucksachen des Deutschen Bundestages
BVerfG	Bundesverfassungsgericht
BVerfGE	Entscheidungen des Bundesverfassungsgerichts
bzgl.	bezüglich
BZRG	Bundeszentralregistergesetz i. d. Bek. v. 21. 9. 1984 (BGBl. I S. 1229)
bzw.	beziehungsweise
Cal.	California Supreme Court Reports
Cal. Rptr.	California Reporter
Co.	Company
Corp.	Corporat(e, ion)
L. R. Ch. App.	Law Reports Chancery Appeal Cases
d.	des
D.	Digesten
DAR	Deutsches Autorecht
DB	Der Betrieb
ders.	derselbe
dgl.	dergleichen
d. h.	das heißt
DJT	Deutscher Juristentag
DNotZ	Deutsche Notar-Zeitschrift
DRiZ	Deutsche Richterzeitung
E	Entwurf
EFZG	Ges. ü. d. Zahlung d. Arbeitsentgelts an Feiertagen u. im Krankheitsfall v. 26. 5.1994 (BGBl. I S. 1014) (Entgeltfortzahlungsgesetz)
EG	Europäische Gemeinschaften
EGBGB	Einführungsgesetz z. Bürgerlichen Gesetzbuch v. 18. 8. 1896 (RGBl. S. 604)
EGStGB	Einführungsgesetz. z. Strafgesetzbuch v. 2. 3. 1974 (BGBl. I S. 469; BGBl. 1975 I S. 1916)
EGStPO	Einführungsgesetz z. Strafprozeßordnung v. 1. 2. 1877 (RGBl. S. 346)
EGV	Vertrag zur Gründung d. Europäischen Gemeinschaft
Einl.	Einleitung
etc.	et cetera
EuGH	Gerichtshof d. Europäischen Gemeinschaften
EuGHE	Sammlung der Rechtssprechung des Gerichtshofes

EuGVÜ	(Europ.) Übk. v. 27.9.1968 ü. d. gerichtliche Zuständigkeit u.d. Vollstreckung gerichtlicher Entscheidungen in Zivil- u. Handelssachen (BGBl. 1972 II S. 773)
EuR	Europarecht
EuZW	Europäische Zeitschrift für Wirtschaftsrecht
EWG	Europäische Wirtschaftsgemeinschaft
f., ff.	folgende
F.Supp.	Federal Supplement
Fn.	Fußnote
FS	Festschrift
GA	Goltdammer's Archiv für Strafrecht
GebrMG	Gebrauchsmustergesetz i. d. Bek. v. 28. 8. 1980 (BGBl. I S. 1455)
gem.	gemäß
Ges.	Gesellschaft; Gesetz
GeschmMG	Ges., betr. d. Urheberrecht an Mustern u. Modellen (Geschmacksmustergesetz) v. 11. 1. 1876 (RGBl. S. 11)
GG	Grundgesetz f. d. Bundesrepublik Deutschland v. 23. 5. 1949 (BGBl. S. 1)
ggf.	gegebenenfalls
GK	Gemeinschaftskommentar
GleichberG	Gleichberechtigungsgesetz v. 18. 6. 1957 (BGBl. I S. 609)
GmbH	Gesellschaft mit beschränkter Haftung
Grds.	Grundsatz
GRUR	Gewerblicher Rechtsschutz und Urheberrecht
GRUR Int.	Gewerblicher Rechtsschutz und Urheberrecht, Internationaler Teil
GS	Großer Senat; Gedächtnisschrift
GWB	Ges. gegen Wettbewerbsbeschränkungen (Kartellgesetz) i. d. Bek. v. 20. 2. 1990 (BGBl. I S. 235)
HBÜ	Haager Übereinkommen über die Beweisaufnahme im Ausland in Zivil- oder Handelssachen v. 18. 3. 1970 (BGBl. 1977 II S. 1472)
Harv. L. Rev.	Harvard Law Review
Herv.	Hervorhebung
HGB	Handelsgesetzbuch v. 10. 5. 1897 (RGBl. S. 219)
HGrG	Haushaltsgrundsätzegesetz v. 19. 8. 1969 (BGBl. I S. 1273)
h. L.	herrschende Lehre
h. M.	herrschende Meinung
HpflG	Haftpflichtgesetz v. 4. 1. 1978 (BGBl. I S. 145)
HRR	Höchstrichterliche Rechtsprechung
HS	Halbsatz
HZÜ	Haager Übereinkommen über die Zustellung gerichtlicher und außergerichtlicher Schriftstücke im Ausland in Zivil- und Handelssachen v. 15. 11. 1965 (BGBl. 1977 II S. 1453)

i. d. R.	in der Regel
i. E.	im Ergebnis
I. E. C. L.	International Encyclopedia of Comparative Law
i. e. S.	im engeren Sinne
IG	Industriegewerkschaft
Ill.	Illinois Reports
insbes.	insbesondere
IPR	Internationales Privatrecht
IPRax	Praxis des Internationalen Privat- und Verfahrensrechts
i. S. d.	im Sinne der
i. S. v.	im Sinne von
i. V. m.	in Verbindung mit
IZVR	Internationales Zivilverfahrensrecht
i. w. S.	im weiteren Sinne
jew.	jeweils
JGG	Jugendgerichtsgesetz i. d. Bek. v. 11. 12. 1974 (BGBl. I S. 3427)
JherJb.	Jherings Jahrbücher für die Dogmatik des bürgerlichen Rechts
JR	Juristische Rundschau
Jura	Jura
JuS	Juristische Schuldung
JVA	Justizvollzugsanstalt
JW	Juristische Wochenschrift
JZ	Juristenzeitung
Kap.	Kapitel
KartR	Kartellrecht
KartSen.	Kartellsenat
KG	Kammergericht; Kommanditgesellschaft
KJ	Kritische Justiz
Kl.	Kläger(in)
kl.	klägerischen
krit.	kritisch
KritVj	Kritische Vierteljahresschrift für Gesetzgebung und Rechtswissenschaft
KunstUrhG	Ges. betr. d. Urheberrecht an Werken d. bildenden Künste u. d. Photographie (Kunsturhebergesetz) v. 9. 1. 1907 (RGBl. S. 7)
LAG	Landesarbeitsgericht
LG	Landgericht
lit.	littera (Buchstabe)
Lit.	Literatur
L. J.	Lord Justice
LK	Leipziger Kommentar

LM	Nachschlagewerk des Bundesgerichtshofs, hrsg. v. Lindenmaier, Möhring u. a.
L. R.	Law Reports
LSG	Landessozialgericht
l. Sp.	linke Spalte
LUG	Gesetz, betr. d. Urheberrecht an Werken der Literatur und der Tonkunst v. 19. 6. 1901
MarkenG	Gesetz über den Schutz v. Marken u. sonstigen Kennzeichen (Markengesetz) v. 25. 10. 1994 (BGBl. I S. 3082, ber. 1995 I S. 156)
m.	mit
m. E.	meines Erachtens
MDR	Monatsschrift für Deutsches Recht
MedR	Medizinrecht
Mich. L. Rev.	Michigan Law Review
Mot.	Motive
m. (w). N.	mit (weiteren) Nachweisen
MüKo	Münchener Kommentar zum BGB
MuW	Markenschutz und Wettbewerb
n.; Nr.	Nummer
NJW	Neue Juristische Wochenschrift
NJW-RR	NJW-Rechtsprechungs-Report Zivilrecht
NStZ	Neue Zeitschrift für Strafrecht
N. W.; N. W. 2d	North Western Reporter; North Western Reporter, second series
NZA	Neue Zeitschrift für Arbeits- und Sozialrecht
NZA-RR	NZA-Rechtsprechungs-Report Arbeitsrecht
ÖJZ	Österreichische Juristen-Zeitung
OGH BrZ	Oberster Gerichtshof f. d. Britische Zone
OGHZ	Entscheidungen des Obersten Gerichtshofes für die Britische Zone in Zivilsachen
OHG	Offene Handelsgesellschaft
OLG	Oberlandesgericht
OLGZ	Entscheidungen der Oberlandesgerichte in Zivilsachen einschließlich der freiwilligen Gerichtsbarkeit
OR	Obligationenrecht
OwiG	Ges. ü. Ordnungswidrigkeiten i. d. Bek. v. 19. 2. 1987 (BGBl. I S. 602)
P.; P. 2d	Pacific Reporter; Pacific Reporter, second series
PatG	Patentgesetz i. d. Bek. v. 16. 12. 1980 (BGBl. 1981 I S. 1)
p. F. V.	positive Forderungsverletzung
PflVG	Pflichtversicherungsgesetz v. 5. 4. 1965 (BGBl. I S. 213)
Prot.	Protokolle

RabelsZ	Zeitschrift für ausländisches und internationales Privatrecht, begr. v. E. Rabel
RAG	Reichsarbeitsgericht
RdA	Recht der Arbeit
Rdnr.	Randnummer
Rev.	Revision
r. Sp.	rechte Spalte
RGBl.	Reichsgesetzblatt (1871–1921; dann aufgeteilt in T. I u. II)
RG	Reichsgericht
RGRK	Reichsgerichtsrätekommentar
RGSt	Entscheidungen des Reichsgerichts in Strafsachen
RGZ	Entscheidungen des Reichsgerichts in Zivilsachen
RIW	Recht der internationalen Wirtschaft (1. 1954/55–3. 1957 u. 21. 1975 ff; 4. 1958–20. 1974: Außenwirtschaftsdienst d. Betriebs-Beraters)
RL	Richtlinie
Rs.	Rechtssache
Rspr.	Rechtsprechung
RVO	Reichsversicherungsordnung v. 19. 7. 1911 (RGBl. S. 509) i. d. Bek. v. 15. 12. 1924 (RGBl. I S. 779)
Rz.	Randzahl
s., S.	siehe, Seite
SAE	Sammlung arbeitsrechtlicher Entscheidungen
SBM	Schadensberechnungsmethode
scl.	scilicet
Sen.	Senat
SFH	Schäfer/Finnern/Hochstein
SGB	Sozialgesetzbuch
SJZ	1. Schweizerische Juristen-Zeitung 2. Süddeutsche Juristenzeitung (1. 1946–5. 1950; dann: Juristenzeitung)
Slg.	Amtliche Sammlung der Entscheidungen des EuGH
So.	Southern Reporter
sog.	sogenannte
StGB	Strafgesetzbuch i. d. Bek. v. 2. 1. 1975 (BGBl. I S. 1)
StPO	Strafprozeßordnung i. d. Bek. v. 7. 4. 1987 (BGBl. I S. 1074)
st. Rspr.	ständige Rechtsprechung
StVG	Straßenverkehrsgesetz i. d. Bek. v. 19. 12. 1952 (BGBl. I S. 837)
Supp.	Supplement
SVT	Sozialversicherungsträger
S. W.; S. W. 2d	South Western Reporter; South Western Reporter, second series
Tenn.	Tennessee
Tz.	Textzahl

TzWrG	Ges. über d. Veräußerung v. Teilzeitnutzungsrechten an Wohngebäuden (Teilzeit-Wohnrechtegesetz) v. 20. 12. 1996 (BGBl. I S. 2154)
u.	und
u. a.	und andere
UFITA	Archiv für Urheber-, Film-, (18. 1954ff.:) Funk- und Theaterrecht (1. 1928–17. 1944; 18. 1954ff.)
UmweltHG	Umwelthaftungsgesetz v. 20. 12. 1990 (BGBl. I S. 2634)
unveröff.	unveröffentlicht
UrhG	Urheberrechtsgesetz v. 9. 9. 1965 (BGBl. I S. 1273)
Urt.	Urteil
u. U.	unter Umständen
U.S.	United States Supreme Court Reports
U. S. L. W.	United States Law Week
u. s. w.	und so weiter
UWG	Ges. gegen d. unlauteren Wettbewerb v. 7. 6. 1909 (RGBl. S. 499)
v.	versus; vom; von; vor
VAG	Versicherungsaufsichtsgesetz i. d. Bek. v. 13. 10. 1983 (BGBl. I S. 1261)
VerbrBekG	Ges. zur Änderung d. Strafgesetzbuches, d. Strafprozeßordnung u. anderer Gesetze (Verbrechensbekämpfungsgesetz) v. 28. 10. 1994 (BGBl. I S. 3186)
VersR	Versicherungsrecht
vgl.	vergleiche
VGT	Deutscher Verkehrsgerichtstag
VHMK	Verhältnismäßigkeitsgrundsatz
VO	Verordnung
Vol.	Volume
Vorbem.	Vorbemerkung
VRS	Verkehrsrechts-Sammlung
VVG	Ges. ü. d. Versicherungsvertrag v. 30. 5. 1908 (RGBl. S. 263)
WD	Western District
WHG	Wasserhaushaltsgesetz i. d. Bek. v. 23. 9. 1986 (BGBl. I S. 1529)
WiStG	Wirtschaftsstrafgesetz i. d. Bek. v. 3. 6. 1975 (BGBl. I S. 1313)
WJ	Informationen zum Versicherungs- u. Haftpflichtrecht, hrsg. v. Wussow
WM	Wertpapiermitteilungen, T. 4: Zs. f. Wirtschafts- u. Bankrecht (1. 1947ff.)
WRP	Wettbewerb in Recht und Praxis
WuW/E	Wirtschaft und Wettbewerb. Entscheidungssammlung zum Kartellrecht
WZG	Warenzeichengesetz i. d. Bek. v. 2. 1. 1968 (BGBl. I S. 1)
WzS	Wege zur Sozialversicherung

z. B.	zum Beispiel
ZfA	Zeitschrift für Arbeitsrecht
ZfBR	Zeitschrift für deutsches und internationales Baurecht
ZfRV	Zeitschrift für Rechtsvergleichung
ZfS	Zeitschrift für Schadensrecht
ZHR	Zeitschrift für das gesamte Handels- und Wirtschaftsrecht, begr. v. Goldschmidt
ZIP	Zeitschrift für Wirtschaftsrecht und Insolvenzpraxis
zit., Zit.	zitiert, Zitat
ZPO	Zivilprozeßordnung v. 30.1.1877 (RGBl. S. 83) i. d. Bek. v. 12.9.1950 (BGBl. S. 455)
ZS	Zivilsenat
ZRP	Zeitschrift für Rechtspolitik (= Beil. zu: Neue Juristische Wochenschrift)
ZStW	Zeitschrift für die gesamte Strafrechtswissenschaft
zust.	zustimmend
zzgl.	zuzüglich
ZZP	Zeitschrift für Zivilprozeß, begr. v. Busch

Einleitung

Vom deutschen Schadensersatzrecht wird immer wieder behauptet, daß der *Schadensausgleich* das ihm zuvörderst zugrundeliegende Prinzip sei.[1] Danach ist der Schädiger verpflichtet, die durch dessen schadensstiftende Handlung verursachte Einbuße beim Geschädigten wiedergutzumachen, also entweder das „Loch“[2] im Vermögen des Geschädigten zu „stopfen“ oder, bei Nichtvermögensschädigungen (§ 253 BGB), diesen in eine dem früheren Zustand gleichwertige Lage zu versetzen (§ 249 S. 1 BGB) – nicht mehr, aber auch nicht weniger.

Dagegen soll dem deutschen Schadensersatzrecht ein *pönales Moment* fremd sein. Die Schadensersatzleistung soll die beim Gläubiger entstandenen Nachteile ausgleichen, nicht aber den Schuldner bestrafen.[3] Soweit die Zwecke der *Sanktion* und *Prävention* mit der Schadensersatzleistung überhaupt in Verbindung gebracht werden, betrifft dies ersichtlich nur die Ersatzpflicht als solche, also die Ebene der Haftungsbegründung,[4] und selbst in diesem Fall beeilt man sich zu konstatieren,

---

[1] Palandt/*Heinrichs*, BGB, Vorbem. v. § 249 Rdnr. 4; MüKo/*Grunsky*, BGB, v. § 249 Rdnr. 3; Soergel/*Mertens*, BGB, v. § 249 Rdnr. 25; AK-*Rüßmann*, BGB, v. §§ 249–253 Rdnr. 14; *Lange*, Schadensersatz, 9; *Larenz*, Schuldrecht AT, 424; Esser/*Schmidt*, Schuldrecht, 161 ff.; *Deutsch*, Haftungsrecht, 66 ff., 73; *Mertens*, 95 f., 98; *Magnus*, 28; *Keuk*, 9, 49, 52; *Gotzler*, 39 ff; *Kötz*, FS Steindorff, 644.

[2] *Neumann-Duesberg*, JZ 1955, 265.

[3] Palandt/*Heinrichs*, BGB, Vorbem. v. § 249 Rdnr. 4: „Die Schadensersatzleistung soll die entstandenen Nachteile ausgleichen, sie hat keinen pönalen Charakter“; MüKo/*Grunsky*, BGB, v. § 249 Rdnr. 3: „Der Zweck der §§ 249 ff. besteht allein darin, einen Ausgleich für erlittene Nachteile zu schaffen. Dagegen soll der Schädiger durch die ihn treffende Ersatzpflicht nicht bestraft werden ... Im Rahmen der §§ 249 ff. geht es auch nicht um Prävention gegen schädigendes Verhalten“; Soergel/*Mertens*, BGB, v. § 249 Rdnr. 27: „Auf alle Fälle ist der Schadensersatzleistung als privatrechtlicher Sanktion eine pönale Funktion fremd. Der Gedanke einer Bestrafung des Schädigers oder auch nur seiner moralischen Verurteilung liegt dem modernen Schadensrecht fern; Esser/*Schmidt*, Schuldrecht, 158 f.; *Larenz*, Schuldrecht AT, 423: „Der Gedanke der Sanktion im Sinne einer Reaktion der Rechtsordnung auf das Unrecht als solches gehört dem Strafrecht an“; *Gotzler*, 39 ff.: „Prävention, Sanktion und Vergeltung sind keine eigenständige Zwecke des Schadensersatzrechtes, ...“; einschränkend *Mertens*, 95: „Sanktions-, Vergeltungs- und Genugtuungsfunktion kommen jedenfalls nicht durchweg als Zweck der Schadensersatzpflicht in Betracht“; die Eigenständigkeit des Sanktionsgedankens betont soweit ersichtlich nur *Gottwald*, Schadenszurechnung, 160.

[4] Grundlegend *Marton*, AcP 162 (1963), 1 ff., 45; vgl. ferner Palandt/*Heinrichs*, BGB, Vorbem. v. § 249 Rdnr. 4; MüKo/*Grunsky*, BGB, v. § 249 Rdnr. 3; *Deutsch*, Haftungsrecht, 66 ff.; *ders.*,

daß ihnen dabei nicht mehr als der Rang eines „erwünschten Nebenprodukts" zukomme.[5]

Ein solches Verständnis vom Schadensersatzrecht als rein *rechnerische Ausgleichsordnung* entspricht zwar seiner *historischen Konzeption*: die Verfasser des BGB haben sich bewußt gegen eine „Hereinziehung moralisierender oder strafrechtlicher Gesichtspunkte"[6] ausgesprochen. Doch ein Blick auf die *Rechtswirklichkeit* gibt zu begründeten Zweifeln hinsichtlich der Ungebrochenheit des Grundsatzes vom Schadensausgleich Anlaß. Es kristallisieren sich zunehmend Fallgruppen heraus, bei denen der Schadensersatz primär die Sanktionierung des Schädigers bezweckt oder zur Verfolgung anderweitiger *ausgleichsfremder* Zielsetzungen instrumentalisiert wird. Zuweilen bekennen sich die Gerichte gar offen hierzu. Die folgenden Beispiele sind dem in dieser Arbeit behandelten Fallgruppenfundus entnommen:

> Zur Zwangskommerzialisierung der Persönlichkeit hat der BGH[7] unlängst entschieden, daß der *Präventionszweck* bei der Bemessung des Schmerzensgeldes zu berücksichtigen ist und in einem weiteren Urteil ausdrücklich festgestellt, *„daß hier der Ausgleichsgedanke ... zugunsten des Präventionsgedankens in den Hintergrund treten muß"*.[8] Den hunderprozentigen Tarifzuschlag für die GEMA hält der BGH für geboten, weil andernfalls *„die gesetzestreuen Lizenznehmer für die Kosten aufkommen müßten, die ohne das widerrechtliche Verhalten anderer Benutzer nicht entstanden wären"*.[9] Einzig um Prävention geht es auch bei der Rspr. zur dilatorischen Schadensregulierung durch Haftpflichtversicherer. Hierzu hat das OLG Karlsruhe einmal unmißverständlich ausgeführt: *„Eine entsprechende Schmerzensgeldpraxis der Gerichte muß die Versicherungen abschrecken, indem sie in entsprechenden Fällen ... dem Geschädigten ein Schmerzensgeld zuspricht, welches für die Zukunft die Versicherungen mit dem Risiko ähnlicher, empfindlicher Vermögenseinbußen bedroht und hiernach von nicht vertretbaren Zahlungsverweigerungen abschreckt"*.[10] Einem auf Rückgriff nach § 640 RVO a. F. in Anspruch genommenen Beamten hat der BGH dessen Einwand der Haftungsabnahme durch seinen Dienstherrn nach Art. 34 GG abgeschnitten, weil *„hier der das Schadensersatzrecht beherrschende Ausgleichsgedanke an Gewicht verliert"* und *„Ersatz dem SVT im wesentlichen aus präventiven, erzieherischen Gründen gewährt werden soll"*, was eine *„persönliche Erstattungspflicht"*[11] erforderlich mache.

JZ 1971, 244ff.; Esser/*Schmidt*, Schuldrecht, 158; *Keuk*, 49; *Gotzler*, 40f.; *Mertens*, 109; *Steiner*, Schadensverhütung als Alternative zum Schadensersatz, 1983; *v. Hippel*, Verbraucherschutz, 1979, 50 f. (Schadensprophylaxe durch Haftung); *Kötz*, FS Steindorff, 643ff.

[5] So etwa *Larenz*, Schuldrecht AT, 423; ihm folgend *Lange*, Schadensersatz, 10.

[6] Mot. II, 17 f.

[7] BGH NJW 1995, 861, 865.

[8] BGH NJW 1996, 984, 985.

[9] BGHZ 59, 286, 291.

[10] OLG Karlsruhe/Freiburg, NJW 1973, 851, 853.

[11] BGH VersR 1985, 237, 238.

Die Beispiele ließen sich fortsetzen. Sie geben Anlaß zu der Frage, wie es mit dem Sanktions- und Präventionsgedanken in unserem Schadensersatzrecht nun wirklich steht. Stellt die Herausstellung des Sanktions- und Präventionszwecks in den hier aufgezeigten Fallbeispielen nur eine isoliert zu betrachtende und zu gewichtende Ausnahme von dem ansonsten unangetasteten Grundsatz vom Schadensausgleich dar – Ausnahmen also, etwa im Dienste der Einzelfallgerechtigkeit, die diesen Grundsatz geradezu bestätigen? Oder leiten sie jede für sich zusammen bereits den Beginn eines sich allmählich abzeichnenden Prozesses der Öffnung des Schadensersatzrechts für seinen bewußten Einsatz zu Sanktions- und Präventionszwecken ein? Dies zu klären ist das Ziel der vorliegenden Untersuchung.

Unabhängig vom Ergebnis dieser *dogmatischen* Grundsatzarbeit hält der Verfasser die Fruchtbarmachung des Schadensrechts für sanktionelle und schadenspräventive Zwecke jedenfalls für *rechtspolitisch* höchst erstrebenswert.[12] In einer modernen Gesellschaft, in der nicht zuletzt durch den technischen Fortschritt bedingt das Klangbild der Schadensfälle immer vielschichtiger und komplexer wird, stößt das Strafrecht als die primäre und einschneidenste Sanktionsordnung bei der Bekämpfung schädlicher Verhaltensweisen unweigerlich auf Grenzen. Im Gegensatz dazu erweisen sich zivilrechtliche Sanktionen als weit effektiver;[13] zum einen weil sie eine elastische und schnelle Reaktion auch auf völlig unerwartete Fallkonstellationen erlauben, und zum anderen weil die Dosierung der Sanktion nicht den verfassungsrechtlichen Zwängen unterworfen ist, wie dies im Strafrecht der Fall ist. Erst eine *Pönalisierung des Schadensrechts* schließlich könnte dem allenthalben geäußerten Ruf[14] nach einer Entlastung des Strafrechts ernsthaft Rechnung tragen.

Relevanz hat die vorliegende Untersuchung zum *Allgemeinen Schadensrecht* noch für einen weiteren Problemkomplex, der den Bereich der internationalen Urteilsanerkennung betrifft. Mit Urteil vom 4. 6. 1992 hat der BGH[15] entschieden, daß US-amerikanische punitive-damages-Urteile in der Bundesrepublik Deutschland wegen Verstoßes gegen den deutschen materiellen ordre public (§ 328 I Nr. 4 ZPO) regelmäßig nicht für vollstreckbar erklärt werden können. Sollte eine eingehende Analyse des deutschen Schadensersatzrechts ergeben, daß dieses neben dem Schadensausgleich bewußt auch zu Sanktions- und Präventionszwecken eingesetzt

---

[12] Dieser Standpunkt wird zunehmend vertreten, vgl. etwa aus jüngerer Zeit *Möllers*, 6ff.; *Engel*, JZ 1995, 213ff.

[13] Vgl. dazu näher *Engel*, JZ 1995, 213ff.

[14] *Hellmer*, FS Mayer, 665ff., 671; diese Forderung führte im Jahre 1974 zu einem von einem Arbeitskreis deutscher und schweizerischer Strafrechtslehrer vorgelegten Entwurf eines Gesetzes gegen Ladendiebstahl (AE-GLD), vgl. die Begründung in Recht und Staat, Heft 439, 9, 24 sowie Fallgruppe XX (unten § 8 XX).

[15] BGHZ 118, 312, 338.

wird, stellt sich die Frage, welche neuen Impulse dies der Anerkennungsfrage verleiht. Dies zu klären ist ein weiteres Anliegen der Arbeit.

Die vorliegende Untersuchung unterscheidet sich von der Vielzahl aller Monographien in ihrem *methodischen Ansatz*. Sie kommt nicht wie üblich von der Literatur, sondern von der Rechtsprechung her. Dies hat zwei Gründe: das im Schadensersatzrecht bestehende „Normendefizit" hat dazu geführt, daß hier das Richterrecht das Spielfeld beherrscht[16] und die Rechtsprechung häufig die Funktion eines „Ersatzgesetzgebers" übernimmt, mit der der *Wertungsoffenheit* abträglichen Konsequenz, daß die Entscheide der Gerichte oft nur das Ergebnis „blinden" Fallrechtsdenkens sind.[17] Ein „Ertrinken" im Einzelfall hindert aber ebenso wie isoliertes Problemdenken das Entstehen eines gerade im Schadensrecht nottuenden leitbildartigen *Wertungsgerüsts*. Das Schadensrecht fortzuentwickeln heißt deshalb hier anzusetzen und zu versuchen, aus der Fülle des Rechtsprechungsmaterials *„fallgruppenübergreifende" Rechtsprinzipien* herauszuschälen und *Entwicklungstendenzen* aufzuzeigen, um so letztendlich auch der häufig beklagten Verworrenheit und Widersprüchlichkeit des Schadensersatzrechts[18] entgegenzuwirken. Für das Sanktionsprinzip ist der Verfasser der Auffassung, daß sich viele der von der Rechtsprechung benutzten Wertargumente zu einem solchen Prinzip verdichten lassen. Der zweite Grund ist pragmatischer Natur. Technische und gesellschaftliche Veränderungen spiegeln sich zuallerst im Schadensrecht wider, das leicht als Indikator für den Fortschritt begriffen werden kann. Dies ernst zu nehmen heißt, die methodische Diskussion am „lebendigen", weil gesprochenen (Schadens-)Recht aufzunehmen. Eine davon abgehobene, theoretisierende Auseinandersetzung nur mit der Literatur würde der Rechtswirklichkeit wenig gerecht und wäre deshalb allenfalls von akademischem Interesse.

Der Aufbau der Arbeit gliedert sich in drei Teile. Der Haupteil der Arbeit widmet sich der detaillierten Analyse der für unser Thema einschlägigen Fallgruppen (Teil 2). Ihm vorangestellt ist ein Grundlagenteil, der einige generelle Punkte, die für das Verständnis des Folgenden unerläßlich sind, vorab behandelt (Teil 1). Der abschließende dritte Teil schließlich untersucht, welche Folgerungen aus den gefundenen Ergebnissen zu ziehen sind.

---

[16] *Kötz*, Deliktsrecht, V (Vorwort): „Über weite Strecken Richterrecht reinsten Wassers".

[17] So auch die Einschätzung bei *Diederichsen*, FS Klingmüller, 67: „Man ist ... meistens weit davon entfernt, die zu entscheidenden Fälle als Auslegungsprobleme, als Fragen der Gesetzesinterpretation, zu verstehen. Vielmehr bewegt man sich – getragen von der Rechtsfortbildungsbefugnis – weitgehend so, als sei die sozial angemessene Lösung in freier Rechtsfindung zu entwickeln. Das Gesetz spielt allenfalls noch eine sekundäre Rolle"; ferner *Magnus*, 1 (Einleitung): „Es ist deutlich, daß sie (scl. die Entscheide) kein einheitlich gehandhabtes Schadenskonzept befolgen, sondern allein der Problematik des einzelnen Falles gerecht werden wollen".

[18] *Keuk*, 14; *Diederichsen*, FS Klingmüller, 78ff.

Teil 1: Grundlagen

Erster Abschnitt.
Punitive Damages und das Rechtssystem der Bundesrepublik Deutschland

Während im deutschen Recht eine funktionelle Trennung von Zivilrecht und Strafrecht geläufig ist, scheint der Terminus „punitive damages“ im US-amerikanischen Recht diese Scheidelinie zu verwässern. Um dieses für das deutsche Rechtssystem auf den ersten Blick fremd anmutende Rechtsinstitut transparenter zu machen, soll im folgenden zunächst dieses Institut dargestellt werden.

§ 1 Das Rechtsinstitut der Punitive Damages

Vergleicht man die sich aus einem vom Schädiger verursachten Schadensfall für diesen folgende schadensersatzrechtliche Konsequenz nach deutschem und US-amerikanischem Recht und stellt die Unterschiede graphisch dar, ergibt sich stark vereinfacht folgendes Bild:

Graphik 1:

Schadensersatzrechtliche Konsequenz nach deutschem und US-amerikanischem Recht:

DEUTSCHES RECHT | US-AMERIKANISCHES RECHT

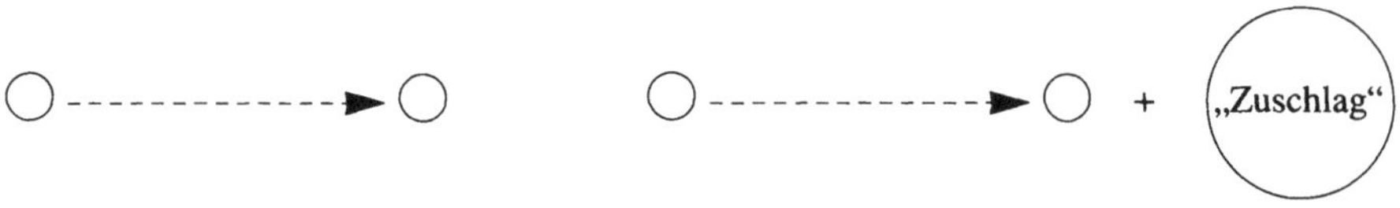

„Loch“ im Vermögen des Geschädigten | Verpflichtung des Schädigers zur „Lochfüllung“ | „Loch“ im Vermögen des Geschädigten | Verpflichtung des Schädigers zur „Lochfüllung“ | Punitive Damages

I. Begriff

Der Begriff „punitive damages“ hat in der deutschen Literatur zahlreiche Äquivalente erfahren.[1] Eine „richtige“ Übersetzung kann es indes nicht geben, da eine jede Übersetzung in eine andere Sprache notwendigerweise mit einem Bedeutungsverlust verbunden ist.[2] Auch die wohl geläufigste Übersetzung mit „Strafschadensersatz“ ist mit Vorsicht zu genießen, möchte man, gerade vom deutschen Rechtssystem kommend, in dem der Ausspruch von Strafe und Schadensersatz in einem Atemzug dem Juristen übel aufstößt, nicht der Voreingenommenheit verfallen. Im folgenden und weiteren Verlauf der Arbeit wird deshalb der Terminus „punitive damages“ gebraucht.

Wie im deutschen, ist auch im US-amerikanischen Recht Ausgangspunkt für den Zuspruch von Schadensersatz der beim Geschädigten tatsächlich eingetretene Schaden. Dieser soll kompensiert werden (compensatory damages).[3] Unter besonderen Voraussetzungen werden jedoch dem Geschädigten zusätzlich zum reinen Schadensausgleich punitive damages[4] zuerkannt, deren Höhe den bei ihm tatsächlich eingetretenen Schaden um ein Vielfaches übersteigen kann.[5]

II. Anspruchsvoraussetzungen

1. Schadensersatzanspruch

Das Rechtsinstitut der punitive damages hat keine eigenständige Berechtigung, sondern knüpft an einen haftungsbegründenden Tatbestand an – es ist streng akzessorisch. Voraussetzung für die Zuerkennung von punitive damages ist deshalb

---

[1] *Rosengarten*, 29: „Schadensersatz ... mit in erster Linie strafendem ... Charakter“; *Hoechst*, VersR 1983, 13: „Entschädigungen mit Strafcharakter“; *Siehr*, RIW 1991, 705: „Strafschadensersatz“; *Vorpeil*, RIW 1991, 597: „Schadensersatz mit Strafcharakter“.

[2] So in diesem Zusammenhang schon *Hoechst*, 3 Fn. 5; *Drolshammer/Schärer*, SJZ 1986, 309, 313.

[3] *Dobbs*, 210f.

[4] Statt „punitive damages“ wird zuweilen auch der Terminus „exemplary damages“ gebraucht. Eine Aufzählung weiterer Synonyme findet sich bei *Lenz*, 4, die aber für die Erleuchtung des Bedeutungsgehalts dieses Rechtsinstituts nichts beitragen.

[5] Etwa Grimshaw v. Ford Motor Co., 174 Cal.Rptr. 348 (1981): 3,5 Mio. US-$ compensatory damages/125 Mio. US-$ punitive damages; das Urteil wurde später auf 2.516.000 Mio. US-$ compensatory damages und 3.500.000 US-$ punitive damages durch den Richter abgeändert, vgl. Grimshaw v. Ford Motor Co. No. 19-77-61 (Super. Ct., Orange City, Cal. Order, 1978); Ford-Mustang-Fall (vgl. dazu RIW/AWD 1985, 187ff.): 6, 8 Mio. US-$ compensatory

zunächst, daß der Geschädigte gegen den Schädiger einen *deliktsrechtlichen* Anspruch auf Schadensersatz hat.[6] Teilweise wird hierfür der Zuspruch eines symbolischen Schadensersatzes („nominal damages") als ausreichend angesehen.[7] Ein solcher wird zugesprochen, wenn ein Schaden trotz Vorliegen eines haftungsbegründenden Ereignisses nicht eingetreten ist oder dem Geschädigten der Nachweis seines Schadens ausnahmsweise nicht möglich war.[8] Unverkennbar sind Tendenzen in der US-amerikanischen Rechtsprechung, punitive damages – meist über eine deliktische Qualifizierung der Pflichtverletzung[9] – unter bestimmten Voraussetzungen auch bei Schädigungen im Vertragsbereich zuzubilligen.[10]

2. Aggravated circumstances

Hinzukommen muß, daß der Schadensfall durch erschwerende Umstände in der Person des Schädigers herbeigeführt worden ist, die auf einen gesteigerten Unrechtsgehalt des Täterverhaltens schließen lassen und die mit dem Schadensfall in einem inneren und äußeren Zusammenhang stehen. Dies ist der Fall, wenn dem Schädiger ein absichtliches, rücksichtsloses oder bösartiges Fehlverhalten zur Last fällt, das gewöhnlich mit malicious behaviour, outrageous/reckless conduct und dgl. umschrieben wird.[11] Wann diese Voraussetzung erfüllt ist, bleibt immer eine Frage des Einzelfalles. Zunehmend läßt sich jedoch die Tendenz einer Ausweitung des Anwendungsbereichs erkennen. So werden punitive damages zuweilen auch dann verhängt, wenn dem Schädiger nur ein bewußt fahrlässiges Fehlverhalten, das etwa dem unserer groben Fahrlässigkeit entspicht, zur Last fällt.[12]

---

damages/100 Mio. US-$ punitive damages; Downey Savings and Loan Association v. Ohio Casuality Inc. Co., 234 Cal.Rptr. 835 (1987): 152.983 US-$ compensatory damages/5 Mio. US-$ punitive damages; restriktiv zuletzt die Entscheidung des Supreme Court of the United States v. 20.5.1996 – BMW of North America, Inc. v. Ira Gore, Jr., 64 U.S.L.W. 4335 (1996), vgl. dazu und zur verfassungsrechtlichen Diskussion über punitive damages in den USA die Urteilsanmerkung von *Baumgartner*, JZ 1997, 158 ff.

[6] Richardson v. Arizona Fuels Corp., 614 P. 2d 636 (Utah 1986); weitere Nachw. bei 22 Am.Jur. 2d, Damages, § 741; Restatement, Second, Torts, § 908 Comment b.

[7] Etwa Westway Trading Corp. v. River Terminal Corp., 314 NW 2d 398 (Iowa 1982); weitere Nachw. bei 22 Am.Jur. 2d, Damages, § 743 Fn. 26.

[8] *McCormick*, 85 ff.; *Dobbs*, 221 f.

[9] Vgl. dazu *Zekoll*, VersR 1992, 1059, 1060.

[10] Vgl. *Schlueter/Redden*, Vol. 1, § 4.2. (A) (2).

[11] Restatement, Second, Torts, § 908 Comment b; weitere Nachw. bei 22 Am.Jur. 2d, Damages, §§ 747, 762–777; *Kionka*, 372 f; *Prosser*, 9 f.

[12] Etwa Williams v. Steves Industries, Inc., 699 SW 2d 570 (Texas 1985); weitere Nachw. bei 22 Am.Jur. 2d, Damages, § 773 Fn. 38.

Ob der Geschädigte letztendlich punitive damages zugesprochen bekommt, steht jedoch in den meisten Staaten im freien Ermessen der Jury. Auch bei Vorliegen der Voraussetzungen für punitive damages hat der Geschädigte keinen hierauf gerichteten einklagbaren Anspruch.[13]

III. Rechtsnatur

Die Rechtsnatur von punitive damages läßt sich nur sehr schwer bestimmen, da diesem Institut eine ganze Palette von Funktionen zukommt,[14] deren Betonung je nach Schadensbild unterschiedlich stark sein kann. Es ist zudem nicht möglich, mit deutschen Wertvorstellungen die Rechtsnatur dieses Instituts zu erahnen. Dafür sind das US-amerikanische und das deutsche Rechtssystem zu verschieden, weshalb der Versuch, die Rechtsnatur vom deutschen Rechtsverständnis aus mit einem Wort zu erfassen,[15] zur Lösung der Anerkennungsfrage wenig beitragen würde. Ob punitive damages hierzulande anerkannt werden können, hängt maßgeblich davon ab, ob, und ggf. inwieweit, sie mit wesentlichen Grundsätzen des deutschen Rechts kollidieren. Die Beantwortung dieser Frage setzt aber voraus, daß man die Grundprinzipien und Funktionen kennt, die diesem Institut zugrundeliegen. Mit einem schlagwortartigen Oberbegriff ist diesbezüglich nichts gewonnen. Von Bedeutung ist in diesem Zusammenhang nur, daß punitive damages im US-amerikanischen Rechtssystem nicht im Straf-, sondern im Zivilprozeß zugesprochen werden.[16] Punitive damages verfolgen deshalb nicht die strafrechtliche[17] Ahndung einer Tat[18] im Gewande eines Schadensersatzanspruchs, sondern stellen ihrerseits einen durch rechtspolitische Erwägungen geprägten Schadensersatzanspruch dar, dem ein gewisses Strafmoment nicht fremd ist.

---

[13] *Großfeld*, Privatstrafe, 66: „The exemplary damages are no right of the plaintiff".

[14] Vgl. auch *Magnus*, 31 f. für das gesamte anglo-amerikanische Schadensrecht im Vergleich zum deutschen Schadensrecht: „erheblich breitere Sanktionsfächerung", „sehr fein abgestuftes System rechtlicher Reaktionen auf ziviles Unrecht".

[15] *v. Hülsen*, RIW 1983, 633ff. spricht von „Strafschaden"; ebenso *Parker*, 189; *Großfeld*, Privatstrafe, 49ff. und *Köndgen*, RabelsZ 56 (1992), 696ff., 709 ordnen sie den Privatstrafen zu.

[16] Aus diesen Gründen hat der US-Supreme Court einen Verstoß von punitive damages gegen das im Strafprozeß geltende Verbot der Doppelbestrafung für nicht gegeben angesehen, vgl. *Ebke*, RIW 1990, 145f.; *Peterson*, IPRax 1990, 187ff.

[17] Vgl. auch *Siehr*, RIW 1991, 709: „Der Strafschadensersatz ist keine Strafe im Sinne des Strafrechts ...".

[18] Mit „Tat" ist hier selbstverständlich nicht (nur) eine solche im strafrechtlichen Sinne gemeint, da punitive damages auch ohne das Vorliegen einer Straftat zugebilligt werden können. „Tat" meint hier vielmehr die Verursachung eines Schadensfalles durch den Schädiger unter besonderen punitive damages auslösenden Begleitumständen, vgl. oben § 1 II 2.

IV. Funktionen der Punitive Damages

Ihrer Funktion nach lassen sich punitive damages ganz grob in qualitative und quantitative Aspekte unterteilen. Soweit letztere im Raume stehen, geht es der Sache nach allein um „Schadensausgleich", was nochmals deutlich macht, daß ihre Übersetzung mit Strafschadensersatz ungenau ist.

1. Qualitative Aspekte

a) Bestrafung und Abschreckung des Beklagten

Ein Hauptzweck von punitive damages ist die Bestrafung des Täters.[19] Indem ihm seinerseits eine Übeltat auferlegt wird, soll er für seine eigene Übeltat büßen. Damit ist aber unter rechtsethischen Gesichtspunkten weniger eine Sühne für begangenes Unrecht gemeint, als vielmehr ein Appell an den Schädiger, sich in Zukunft normgerecht zu verhalten,[20] weshalb die Nähe zum Strafrecht nur rein äußerlich ist. Insoweit lassen sich punitive damages am ehesten mit der Denkzettelfunktion des Bußgeldes im deutschen Recht vergleichen. Mit der Straffunktion einher geht die Abschreckungsfunktion,[21] mit der dem Schädiger und der Allgemeinheit vor Augen geführt werden soll, „that tort does not pay".[22] Die Erzielung spezial- und generalpräventiver Zwecke liegt dabei gegenüber der reinen Bestrafung im Vordergrund.[23] Dem Schädiger sollen künftig die Kosten der Verletzungshandlung teurer zu stehen kommen als die Kosten für ihre Vermeidung.[24] Die Bestrafungsfunktion steht damit im Dienste des „social engineering".[25]

---

[19] Day v. Woodworth, 54 U.S. 363 (1851); weitere Nachw. bei 22 Am.Jur. 2d, Damages, § 733 Fn. 41; Restatement, Second, Torts, § 908 a; Note, 70 Harv.L.Rev. (1956/57), 517, 522; *Großfeld*, Privatstrafe, 46ff., 54.

[20] Deutlich z. B. Allen v. Rossi, 146 Atl. 692, 694 (Maine 1929): „They are distinguishable from a fine. A fine is imposed on a person for a past violation of law, while punitive damages have reference rather to the future than to the past conduct of the offender, as an admonition to him, not to repeat the offense and to deter others from the commission of like offenses".

[21] Restatement, Second, Torts, § 908 Comment a; *Prosser*, 9.

[22] Restatement, Second, Torts, § 908; *Prosser*, 9.

[23] Etwa Alaska Placer Co. v. Lee, 553 P. 2d 54 (Alaska 1979); Jolly v. Puregro, 496 P. 2d 939 (Idaho 1972).

[24] Unverkennbar hierbei die Anklänge der ökonomischen Analyse des Rechts, vgl. dazu unten § 4 VI 2.

[25] Zum „social engineering" im Delikt- und Schadensrecht vgl. *Prosser*, 14ff.

b) Genugtuung

Die Genugtuung ist ein weiterer Aspekt, der bei der Zuerkennung von punitive damages eine Rolle spielen kann. Sie soll das gekränkte Ehrgefühl des Geschädigten wiederherstellen und verfolgt damit zugleich das Ziel, etwaige Rachegelüste des Geschädigten zu besänftigen, um der Selbstjustiz Einhalt zu gebieten.[26] Aus der Natur der Sache ergibt sich jedoch, daß der Anwendungsbereich dieser Funktion nur sehr marginal ist, da die Genugtuung nur dort ihre Wirkung entfalten kann, wo der Schadensfall bzw. dessen Verlauf durch eine zwischen Täter und Opfer bestehende besondere persönliche Beziehung gekennzeichnet ist.[27] Eine solche naturgemäße Nähe wird regelmäßig nur bei immateriellen Schädigungen gegeben sein, was wegen der Schwierigkeit ihrer Bezifferung die Grenze zwischen punitive damages und ausgleichendem Schadensersatz verfließen läßt.[28]

c) Rechtsdurchsetzung

Punitive damages haben schließlich noch die Funktion, dem Recht zur Durchsetzung zu verhelfen. Über den Zuspruch von punitive damages, deren Höhe über die dem Kläger tatsächlich entstandenen Kosten für die Rechtsverfolgung hinausgeht, soll der Geschädigte einen Anreiz dafür erhalten, den Schadensfall vor Gericht zu bringen[29] (sog. „bounty argument"), und hierfür belohnt werden.[30] Von besonderer Bedeutung ist dieser Anreiz vor allem in solchen Fällen, in denen der Schädiger nicht nur ziviles Unrecht begangen, sondern zugleich einen Straftatbestand verwirklicht hat. Hohe Beweisanforderungen im Strafprozeß sowie ein mangelndes öffentliches Interesse an der Strafverfolgung können dazu führen, daß die Strafverfolgungsbehörden die Tat gar nicht erst aufgreifen.[31] Diese Unzulänglichkeiten können durch das weitaus elastischere Zivilverfahren abgefedert werden. Ein etwaiges mangelndes öffentliches Interesse wird ersetzt durch das substantielle Interesse des Geschädigten, den Täter einer zivilrechtlichen Bestrafung zuzuführen. Der Geschädigte ist zuweilen auch „näher daran" den Schadensfall aufzudecken als die öffentlichen Strafverfolgungsbehörden, so daß die Strafverfolgung auch unter diesem Blickwinkel effizienter ist. Der Kläger übernimmt damit (rechtsfaktisch) die Funk-

---

26 Note, 70 Harv.L.Rev. (1956/57), 517, 521 f.

27 Treffliches Beispiel hierfür ist der Fall Alcorn v. Mitchell, 63 Ill. 553, 554 (1872): Der Beklagte hatte dem Kläger auf offener Straße ins Gesicht gespuckt, vgl. dazu *Großfeld*, Privatstrafe, 53.

28 *Stoll*, I.E.C.L. 8–109.

29 *Owen*, 74 Mich.L.Rev. 1258, 1281 (1976) m.w.N.

30 *Owen*, 74 Mich.L.Rev. 1258, 1281 (1976) m.w.N.

31 Etwa Kink v. Combs 135 NW 2d 789, 798 (Wisconsin 1965); *Schlueter/Redden*, Vol. 1, § 2.2. (A) (1) m.w.N.

tion einer „privaten Strafverfolgungsbehörde".[32] Auch sind Verstöße „nur" gegen das öffentliche Interesse vielfach nicht besonders strafwürdig, weshalb ausgesprochene Strafen trivial wären, wohingegen Verletzungen der Rechte einzelner Privatpersonen scharf geahndet werden sollen.[33] Die Strafe soll dort ansetzen, wo das Unrecht geschehen, und der Strafzuschlag demjenigen zugutekommen, dem das Unrecht widerfahren ist.

2. Quantitative Aspekte – „Schadensausgleich"

a) Gewinnabschöpfung

Punitive damages haben mitunter auch die Funktion, einen unrechtmäßigen Profit des Schädigers abzuschöpfen, den dieser unter Verletzung der Rechte des Geschädigten erzielt hat.[34] Sie haben insoweit Ausgleichsfunktion i. w. S. und übernehmen damit dieselbe Aufgabe wie im deutschen Recht die Rechtsinstitute der „ungerechtfertigten Bereicherung" und der „Geschäftsführung ohne Auftrag", sind jedoch in ihrem Anwendungsbereich weiter, da eine Gewinnabschöpfung auch dann erfolgen kann, wenn der Bereicherung des Schädigers eine entsprechende Entreicherung des Geschädigten nicht gegenübersteht.

b) Erstattung der Anwaltskosten des Klägers

Ausgleichsfunktion i. w. S. kommt den punitive damages auch insoweit zu, als dem Kläger über dieses Institut die ihm durch den Prozeß entstandenen Anwaltskosten ersetzt werden. Nach der sog. „American Rule" hat nämlich der Kläger auch im Falles des Obsiegens die Prozeßkosten regelmäßig selbst zu tragen.[35] Den Löwenanteil machen hierbei die Anwaltskosten aus, da sich amerikanische Rechtsanwälte, was üblich und zulässig ist, regelmäßig ein Erfolgshonorar (contingent fee) versprechen lassen, dessen Höhe je nach Schadensfall bis zu 50% der eingeklagten Summe ausmachen kann.[36] Dies kann dazu führen, daß dem im Prozeß obsiegenden Kläger unter dem Strich nicht einmal mehr der echt kompensierende Schadensersatz verbleibt, was über den Zuspruch von punitive damages ausgeglichen werden soll.

---

[32] Vgl. dazu *Owen*, 74 Mich.L.Rev. 1258, 1288 (1976).

[33] *Magnus*, 33 Fn. 3.

[34] Vgl. 22 Am.Jur. 2d, Damages, § 807; z. B. Sterling v. Velsicol Chemical Corp., 647 F. Supp. 303 (WD Tenn. 1986).

[35] 22 Am.Jur. 2d, Damages, § 808; *Fleming*, 188 ff.

[36] *Schack*, 8; ders., IZVR, Rdnr. 580 b; *Magnus*, 48: 40%.

c) Ausgleich immateriellen Schadens

Schließlich können punitive damages auch die Funktion haben, immaterielle Schäden auszugleichen,[37] was besonders dann dringlich ist, wenn die compensatory damages nur zu einer unzureichenden Kompensation führen würden. Beispiele hierfür sind der Ersatz des *Zeitaufwandes für die Rechtsverfolgung* sowie Ausgleich für *Ärger und Verdruß*, insbesondere bei dilatorischer Schadensregulierung durch Versicherer.[38] Weiter werden auch solche Fälle genannt, in denen sich ein Schaden nur sehr schwer nachweisen und beziffern läßt.[39] Eine klare Trennung der punitive von den compensatory damages ist dann oft nicht mehr möglich, die Grenzen sind vielmehr fließend,[40] was noch dadurch begünstigt wird, daß die Richter in den USA zu einer klaren Abgrenzung der punitive damages von den compensatory damages nicht gezwungen sind. Zuweilen erfüllen die punitive damages hier eine verschleierte Straffunktion, was dadurch deutlich wird, daß in Gliedstaaten der USA, die punitive damages nicht zulassen, sich der Grad des Verschuldens des Schädigers bei der Höhenbemessung der compensatory damages auswirkt.[41]

3. Zusammenfassung

Zusammenfassend kann festgehalten werden, daß punitive damages mehrere Funktionen erfüllen, deren Betonung je nach Klangbild des Schadensfalles unterschiedlich ist, was im einzelnen auf Grund des Sachverhalts und der Urteilsbegründung abzuklären ist. Was die quantitativen Aspekte betrifft, übernimmt dieses Rechtsinstitut zum Teil Funktionen, die im deutschen Recht von rechtstechnisch gesehen anderen, aber funktional identischen Mechanismen des Zivilrechts wahrgenommen werden, weshalb der wirtschaftliche Erfolg insoweit derselbe ist. In all diesen Fällen verliert das Schwert derer, die auch insoweit eine Anerkennung versagen, erheblich an Schärfe.[42]

---

[37] 22 Am.Jur. 2d, Damages, § 735.

[38] *Magnus*, 214.

[39] *Stoll*, I.E.C.L. 8–109; *v. Westphalen*, RIW 1981, 141, 143; *Drolshammer/Schärer*, SJZ 1986, 309, 314: „Verlust von Goodwill".

[40] *Großfeld*, Privatstrafe, 51.

[41] *Großfeld*, Privatstrafe, 51.

[42] So auch *Martiny*, IZVR, 236 Rdnr. 507; so nunmehr auch BGHZ 118, 312, 340.

V. Typische Anwendungsbereiche

Grundsätzlich können punitive damages bei Vorliegen der entsprechenden erschwerenden Begleitumstände bei allen Arten unerlaubter Handlung verhängt werden. Neben den typischen Delikten wie[43] Körperverletzung (battery), tatsächliche Bedrohung (assault), Betrug, üble Nachrede (defamation, libel, slander), unerlaubte Eingriffe in Eigentum und Besitz und dgl., spielen sie eine große Rolle vor allem bei Produkthaftungs- und Arzthaftungsfällen sowie bei Verstößen gegen das Wettbewerbsrecht.[44] Zuweilen werden sie von der amerikanischen Rechtsprechung, die sich häufig zum aktiven Gestalter sozialer Verhältnisse aufschwingt,[45] auch allgemein als ordnungspolitisches Instrument eingesetzt, um sozial nicht tragbaren Vorgängen, wie etwa dem Mißbrauch einer wirtschaftlichen Machtstellung zu Lasten des Verbrauchers, entgegenzusteuen oder als marktregulierendes und verhaltenssteuerndes Instrument in Fällen strukturell ungleicher Verhandlungsstärke der Parteien benutzt.[46]

§ 2 Punitive Damages und deutscher „ordre public"

Im folgenden werden Sachverhaltskonstellationen aufgezeigt, in denen eine Konfrontation des deutschen Rechtssystems mit dem Rechtsinstitut der punitive damages überhaupt denkbar ist, und welche Folgeprobleme sich hieraus im Hinblick auf den deutschen ordre public ergeben.

I. Punitive Damages vor deutschen Behörden

In drei Situationen können deutsche staatliche Stellen mit punitive damages in Berührung kommen.

1. Punitive Damages vor dem deutschen Sachrichter

Die unmittelbarste und intensivste Form der Berührung mit punitive damages ist der Fall, in denen deutsche Gerichte aufgrund internationaler Entscheidungszuständigkeit[47] einen Sachverhalt mit Auslandsberührung zu entscheiden berufen sind,

---

[43] Vgl. zum Folgenden: 22 Am.Jur. 2d, Damages, §§ 747–750; *Prosser*, 10; *Stoll*, I.E.C.L. 8–108.

[44] Ein Fallgruppenkatalog findet sich bei *Mörsdorf-Schulte*, 248 ff.

[45] *Magnus*, 47.

[46] Hierzu *Magnus*, 214 ff. m. N. aus der amerik. Rspr.

[47] Es gilt die Grundregel, daß ein Gericht, wenn es nach §§ 12 ff. ZPO örtlich zuständig, damit

und das deutsche IPR zudem für die Fallösung die Anwendung ausländischen Rechts, in casu US-amerikanischen Schadensrechts, verlangt, mit der Folge, daß der deutsche Richter im Erkenntnisverfahren womöglich ein Schadensersatzurteil zu erlassen hätte, das dem Kläger bei Vorliegen der Voraussetzungen punitive damages zuspricht.

Da zwischen der Bundesrepublik Deutschland und den USA ein vorrangig zu beachtender Staatsvertrag (Art. 3 Abs. 2 EGBGB) nicht besteht, entscheidet für den Bereich des internationalen Deliktsrechts[48] vorbehaltlich einer wirksamen Rechtswahlvereinbarung (Art. 42 EGBGB) grundsätzlich das Tatortprinzip (Art. 40 I EGBGB)[49] über das im konkreten Fall anzuwendende Recht.

2. Punitive Damages vor dem deutschen Vollstreckungsrichter

Zumindest mittelbar befassen müssen sich deutsche Gerichte mit dem Rechtsinstitut der punitive damages, wenn es um die Anerkennung[50] und Vollstreckung eines US-amerikanischen punitive-damages-Urteils in der Bundesrepublik Deutschland geht. Sie ist die in der Praxis häufigste Fallkonstellation. Da zwischen der Bundesrepublik Deutschland und den USA auch insoweit ein vorrangig zu beachtender völkerrechtlicher Vertrag nicht besteht, richten sich die Anerkennung und Vollstreckung US-amerikanischer Gerichtsentscheidungen nach dem autonomen internationalen Zivilverfahrensrecht. Gemäß §§ 722, 723 ZPO kann aus einem im Ausland erwirkten Urteil die Zwangsvollstreckung im Inland nur betrieben werden, wenn ein deutsches Gericht die Zulässigkeit der Vollstreckung durch Vollstreckungsurteil festgestellt hat. Der Erlaß eines solchen Vollstreckungsurteils hat aber u.a. zur Voraussetzung, daß die ausländische Entscheidung nach § 328 ZPO anerkannt werden darf (§ 723 II 2 ZPO), worüber das Gericht im Rahmen der Vollstreckungsklage inzident zu entscheiden hat.

---

grundsätzlich auch international zuständig ist, st.Rspr., statt aller: BGH NJW 1979, 1104; zu weiteren Einzelheiten *Schlosshauer/Selbach*, IPR, Rdnr. 40ff.

[48] Der Begriff der „unerlaubten Handlung" im Sinne des deutschen IPR umfaßt alle Fälle der Verschuldens- und Gefährdungshaftung, vgl. BGHZ 87, 95, 97; MüKo/*Kreuzer*, EGBGB, Art. 38 Rdnr. 21.

[49] Vgl. die die Tatortregel verdrängende Bestimmungen der Art. 40 II, 41 EGBGB. „Tatort" in diesem Sinne meint sowohl den Handlungs- als auch den Erfolgsort, vgl. nunmehr ausdrücklich Art. 40 I 1, 2 EGBGB n.F., der den schon bisher gewohnheitsrechtlich geltenden Zustand (vgl. RGZ 23, 305, 306; BGHZ 14, 286, 291; BGH NJW 1964, 2012; *Ferid*, IPR, Rdnr. 6–146) kodifiziert; zu allen weiteren Einzelheiten vgl. Palandt/*Heldrich*, BGB, Art. 40 EGBGB Rdnr. 3ff.

[50] „Anerkennung" eines ausländischen Urteils meint die Erstreckung seiner Wirkungen auf das Inland, vgl. *Martiny*, IZVR, Rdnr. 364.

3. Punitive Damages und Rechtshilfeersuchen

Reflexartig kommen deutsche Behörden mit dem Rechtsinstitut der punitive damages schließlich noch in Berührung, wenn dem deutschen Beklagten eine in den Vereinigten Staaten erhobene Klage auf punitive damages in Deutschland zugestellt wird. Einschlägig ist insoweit das Haager Übereinkommen über die Zustellung gerichtlicher und außergerichtlicher Schriftstücke im Ausland in Zivil- oder Handelssachen vom 15. 11. 1965[51] (HZÜ), das für die Bundesrepublik Deutschland auch im Verhältnis zu den USA in Kraft getreten ist. Ersuchen amerikanische Behörden deutsche Behörden, in Deutschland eine Beweisaufnahme vorzunehmen, ist einschlägig das Haager Übereinkommen über die Beweisaufnahme im Ausland in Zivil- oder Handelssachen vom 18. 3. 1970[52] (HBÜ).

II. Die Qualifikation von Punitive Damages als Zivilsache

Anerkennungsfähig nach § 328 ZPO ist ein im Ausland erstrittenes Urteil nur, soweit ihm eine Zivilsache zugrundeliegt.[53] Eine zivilrechtliche Qualifikation von punitive damages wird teilweise wegen des pönalen und präventiven Charakters dieses Instituts in Frage gestellt.[54] Diese Auffassung ist jedoch entschieden abzulehnen, wobei dahingestellt sein kann, ob die Qualifikation nach deutschem oder ausländischem Recht oder sowohl nach der lex fori als auch nach der lex causae (Doppelqualifikation) zu erfolgen hat.[55] Aus US-amerikanischer Sicht scheint man sich weitgehend einig zu sein, daß eine Verurteilung zu punitive damages eine Zivilsache zum Gegenstand hat.[56] Aus deutscher Sicht kann nichts anderes gelten. Zwar folgt dies nicht schon daraus, daß punitive damages in den USA von einem Zivilgericht zugesprochen werden, was allenfalls ein Indiz für die zivilrechtliche Qualifikation ist. Maßgeblich entscheidend ist jedoch folgendes: wie bereits ausgeführt,[57] führen punitive damages kein Eigenleben, sondern setzen ihrerseits einen Schadensersatzanspruch voraus, zu dem sie ein bloßes Anhängsel bilden. Die Qualifikation hat nicht am nackten Institut der punitive damages, als vielmehr an dem

---

[51] BGBl. 1977 II, S. 1453.

[52] BGBl. 1977 II, S. 1472.

[53] Zöller/*Geimer*, ZPO, § 328 Rdnr. 77; *Martiny*, IZVR, Rdnr. 500.

[54] *Schütze*, FS Nagel, 392, 397; differenzierend *Martiny*, IZVR, Rdnr. 507: keine Anerkennung für den Fall, daß die Straffunktion von punitive damages im konkreten Fall im Vordergrund steht; *Mörsdorf-Schulte*, 296.

[55] Zum Streitstand vgl. insoweit *Rosengarten*, 124, der die Streitfrage ebenfalls offenläßt.

[56] Vgl. U. S. v. Halper, 109 S. Ct. 1892, 1903 (1989); BGHZ 118, 312, 337 m.w.N.

[57] Vgl. oben § 1 II 1.

Zusammenspiel von ausgleichendem Schadensersatzanspruch und den punitive damages anzusetzen. Wenn dieser (modifizierte) Schadensersatzanspruch auch pönal durchwirkt ist, beraubt ihn dies allein noch nicht seiner zivilrechtlichen Einbettung. Auch dem deutschen Schadensersatzsystem ist eine über den eigentlichen Schadensausgleich hinausgehende Sanktion nicht wesensfremd, was im Verlauf dieser Arbeit noch eingehend dargelegt werden wird. Darüber hinaus sprechen noch folgende, wenn auch eher formale Argumente für eine zivilrechtliche Qualifikation. Von der Kriminalstrafe unterscheiden sich punitive damages insbesondere dadurch, daß sie nicht von Amts wegen verhängt, sondern nur auf Betreiben und Initiative des Geschädigten zugesprochen werden können.[58] Daß dem Kläger ein weitgehender Anreiz dafür gegeben wird, seinen Schadensfall vor Gericht zu bringen, und er hierfür belohnt wird, schadet nicht; zwar unterstreicht dies das substantielle Interesse des Staates an der Klageerhebung, und wird der Kläger durch diesen Anreiz zur Klageerhebung motiviert. Dieser steht jedoch nicht stellvertretend für den Staat, da die endgültige Entscheidung über die Klageerhebung bei ihm selbst verbleibt.[59] Daß punitive damages dem Schadensersatz näher stehen als der Strafe, folgt schließlich auch daraus, daß sie in die Tasche des Geschädigten fließen, wohingegen eine als Kriminalstrafe verhängte Geldbuße an den Staat oder eine sonstige Institution zu zahlen ist.[60] Aber auch wenn sie, wie in manchen Gliedstaaten der USA üblich, ganz oder teilweise an staatliche Institutionen zu entrichten sind, schließt dies ihre zivilrechtliche Qualifikation nicht notgedrungen aus,[61] da in der Sache weiterhin eine privatrechtliche Streitigkeit zwischen gleichgeordneten Parteien im Vordergrund steht. Punitive damages haben ihren Ursprung in einem vom Geschädigten gegen den Schädiger angestrengten Schadensersatzprozeß. Jener begehrt in erster Linie die Wiederherstellung seiner ursprünglichen Vermögenslage und ist befriedigt, wenn der Schädiger seinen tatsächlichen Schaden wiedergutmacht. Unter diesem Blickwinkel tut sich eine augenscheinliche Parallele zum deutschen Zwangsvollstreckungsrecht auf. Der Gläubiger begehrt vom Schuldner Schadensersatz nach

---

[58] OLG München NJW 1989, 3102.

[59] *Zekoll*, 151 spricht in diesem Zusammenhang deshalb (noch) zu Recht von „privater Rechtsverfolgung ohne staatliche Intervention"; die staatliche Einflußnahme auf die Entscheidung des Klägers, Klage zu erheben, hat nur die Wirkung eines Reflexes.

[60] OLG München NJW 1989, 3102 mit dem weiteren Hinweis, daß der zu punitive damages Verurteilte nicht als vorbestraft gelte und seine Verurteilug nicht in ein Strafregister eingetragen werde. Dieses Argument ist aber sehr formal, so daß ihm allenfalls Indizwirkung zukommen kann. So sind z. B. im deutschen Recht Maßregeln der Besserung und Sicherung (§ 61 StGB) ebenfalls in das Bundeszentralregister einzutragen (§ 4 Nr. 2 BZRG). Diese haben aber nicht den Charakter einer Kriminalstrafe.

[61] So aber *Schack*, IZVR, Rdnr. 818; *Brockmeier*, 87 (nur für Qualifikation nach deutschem Recht); *Bungert*, ZIP 1992, 1707, 1709; *Stürner/Stadler*, IPRax 1990, 157, 160.

Maßgabe des von ihm erwirkten Vollstreckungstitels. Erfüllt der Schuldner die Leistung nicht freiwillig, so verhängt das Prozeßgericht auf Antrag des Gläubigers im Falle des § 888 ZPO ein Zwangsgeld. Dieses fließt aber nicht in die Tasche des Gläubigers, sondern ist an den Staat zu zahlen.[62] Dennoch käme niemand auf die Idee, dieses Zwangsmittel als (Kriminal-)Strafe zu qualifizieren.

III. Vereinbarkeit von Punitive Damages mit dem deutschen ordre public

Wie oben[63] dargelegt, kann das deutsche Rechtssystem in ganz unterschiedlichen Fallkonstellationen mit dem Rechtsinstitut der punitive damages in Berührung kommen. Wird somit ein uns unbekanntes Rechtsinstitut gleichsam in unser Rechtssystem hineingetragen, stellt sich die Frage, ob und ggf. inwieweit dies aus deutscher Sicht zu billigen ist. Wenn es ein Anliegen des Internationalen Privatrechts ist, einen Rechtsfall nach der Rechtsordnung zu entscheiden, zu welcher er die engsten Beziehungen hat,[64] kann die Anwendung ausländischen Rechts zu einer Entscheidung führen, die von der nach eigenem Recht zu fällenden abweicht. Derartige Divergenzen nimmt der Gesetzgeber aber im Interesse der internationalprivatrechtlichen Gerechtigkeit bewußt in Kauf.[65] Das damit verfolgte Interesse nach internationalem Entscheidungseinklang hat aber dann zurückzutreten, wenn deutsche Gerichte in Anwendung fremden Rechts zu Entscheidungen genötigt werden würden, die im Ergebnis fundamentalen Grundgedanken der deutschen Rechtsordnung in krasser Weise widersprechen. Um für solche Ausnahmefälle die „Notbremse“ ziehen zu können, schließt Art. 6 EGBGB zum Schutze der inländischen öffentlichen Ordnung (ordre public) die Anwendung ausländischen Rechts für den konkreten Sachverhalt aus. Neben diesem sog. kollisionsrechtlichen ordre public finden sich derartige Vorbehaltsklauseln auch für den Bereich der internationalen Urteilsanerkennung (§ 328 I Nr. 4 ZPO) sowie der internationalen Rechtshilfe (Art. 13 I HZÜ; Art. 12 I Buchst. b HBÜ). Sie alle betreffen den materiellrechtlichen ordre public. Unter dem Stichwort prozeßrechtlicher[66] ordre public wird die

---

[62] BGH NJW 1983, 1859.

[63] § 2 I.

[64] Palandt/*Heldrich*, BGB, Art. 6 EGBGB Rdnr. 1.

[65] Palandt/*Heldrich*, BGB, Art. 6 EGBGB Rdnr. 1.

[66] Eine scharfe Trennung zwischen prozeß- und materiellrechtlichen ordre public ist nicht immer möglich, aber auch nicht notwendig. Ganz grob gilt: während bei der Prüfung des letzteren primär das materiellrechtliche Ergebnis der ausländischen Entscheidung auf die Vereinbarkeit mit wesentlichen Grundsätzen des deutschen Rechts untersucht wird, geht es bei ersterem in erster Linie darum, ob das (prozessuale) Verfahren, welches erst zu diesem Ergebnis geführt hat, gegen wesentliche deutsche Verfahrensgrundsätze verstößt.

Anerkennungsfähigkeit von punitive-damages-Urteilen aber noch unter weiteren Aspekten in Frage gestellt. Dabei geht es im wesentlichen um die Frage, ob das ausländische Urteil in einer Weise zustandegekommen ist, das unverzichtbaren Erfordernissen der verfahrensrechtlichen Gerechtigkeit nicht widerspricht. Auf zwei[67] solcher Kritikpunkte soll vorab kurz eingegangen werden.

1. Kein Verstoß gegen das Verbot der Doppelbestrafung (Art. 103 III GG)

Daß punitive damages in den USA auch neben einer Kriminalstrafe zugesprochen werden können, hat nicht zur Folge, deren Anerkennung im Hinblick auf Art. 103 III GG zu versagen.[68] Zwar gehört diese Vorschrift sicherlich zu den wesentlichen Grundsätzen des deutschen Rechts, was sich bereits aus § 328 I Nr. 4 HS 2 ZPO ergibt. Daß ihr formaljuristisch nur der Rang eines grundrechtsgleichen Rechts (Art. 93 I Nr. 4a GG) zukommt, ändert daran nichts. Denn sie gehört zu den Mindestgarantien des deutschen Verfahrensrechts und wird auch sonst zuweilen als „echtes" Grundrecht eingestuft.[69]

Einer Anerkennung von punitive damages steht Art. 103 III GG aber schon deshalb nicht entgegen, da diese Vorschrift dem einzelnen nur ein (negatives) Abwehrrecht gegen den Staat gibt.[70] Punitive damages haben dagegen einen zivilrechtlichen Anspruch zum Gegenstand,[71] der von einer Privatperson im eigenen Interesse verfolgt wird. Entsprechend seiner Funktion als Abwehrrecht greift Art. 103 III GG grundsätzlich nur bei Maßnahmen des Staates, bei denen dieser final darauf abzielt, in die Rechte eines einzelnen in einer den Schutzbereich dieser Vorschrift berührenden Weise einzugreifen. Daran fehlt es sowohl bei einer Verurteilung durch ein amerikanisches als auch im Fall einer späteren Anerkennung des Urteils durch ein deutsches Gericht. Der „Tatbeitrag" derjenigen Gliedstaaten, die punitive damages kennen, erschöpft sich in der passiven und einmaligen „Bereitstellung" dieses Instituts. Die Geltendmachung von punitive damages erfolgt ungeachtet dessen weiterhin durch eine Privatperson. Daran schließt der „Tatbeitrag" deutscher Behörden an. Sie verschaffen lediglich einer privaten Rechtsverfolgung

---

[67] Unerörtert bleibt das Problem der „pretrial-discovery", die Besonderheiten des Jury-Verfahrens werden nur soweit erörtert, als dies für das weitere Verständnis des US-amerikanischen Schadensrechts unerläßlich ist, vgl. dazu etwa ausf. *Rosengarten*, 57ff., 137ff.

[68] *Burst*, 185; *Rosengarten*, 144; *Brockmeier*, 130; offengelassen von BGHZ 118, 312, 345.

[69] *Dürig* in: Maunz/Dürig, GG, Art. 103 Abs. 3 Rdnr. 122 m.w.N.

[70] *Dürig* in: Maunz/Dürig, GG, Art. 103 Abs. 3 Rdnr. 122; *Kunig* in: Münch/Kunig, GG, Art. 103 Rdnr. 36.

[71] Vgl. oben § 1 III.

Geltung. In keinem der beiden Fälle ist die Teilhabe staatlicher Stellen Ausdruck einer Maßregelung durch den Staat. Die Verurteilung zu punitive damages bleibt das Werk einer Privatperson. Daran ändert auch die Tatsache nichts, daß dieses Institut mitunter Ziele verfolgt, die man im deutschen Rechtssystem auf den ersten Blick dem Strafrecht zuordnen würde. Diese Nähe zum Strafrecht mag zwar Grund dafür sein, den Blick auf diese Vorschrift zu lenken und ihren Einsatz zu forcieren.[72] Dabei wird jedoch verkannt, daß nicht alles „Strafe" im Sinne dieser Bestimmung ist, was der Betroffene als eine solche empfindet. Art. 103 III GG schützt den einzelnen nur davor, nicht zweimal in derselben Sache mit einer *Kriminalstrafe* belegt zu werden.[73] Die Vorschrift enthält dagegen kein umfassendes Verbot, aus Anlaß eines Sachverhalts verschiedene Sanktionen zu verhängen.[74] Eine Kriminalstrafe liegt nur dann vor, wenn die rechtliche und gesellschaftliche Stigmatisierung des Täters im Vordergrund steht.[75] Dies ist bei Verurteilungen zu punitive damages aber gerade nicht der Fall.

Für den Sonderfall, daß ein Teil der punitive damages an den Staat oder einen staatlichen Fonds zu zahlen ist, kann nichts anderes gelten,[76] da dies die zivilrechtliche Qualifikation dieses Anspruchs unberührt läßt.[77] Durch den Erlaß des Vollstreckungsurteils (§§ 722, 723 ZPO) verhilft der deutsche Vollstreckungsrichter auch in diesem Fall weiterhin einer privaten Rechtsverfolgung Geltung. Der Staat ist lediglich „Zahlstelle". Es wäre zudem sinnwidrig, punitive damages in diesem Fall als Strafe im strafrechtlichem Sinne qualifizieren zu wollen, nur weil der zu zahlende Geldbetrag nicht mehr einer Privatperson, sondern dem Staate zugutekommt.

---

[72] Vgl. *Zekoll*, 152, 156; *ders.*, 37 Am.J.Comp.L. (1989), 301, 325; *Hoechst*, VersR 1983, 13, 17; *Stiefel/Stürner*, VersR 1987, 829, 838; *Stiefel/Stürner/Stadler*, 39 Am.J.Comp.L. (1991), 779, 788.

[73] *Dürig* in: Maunz/Dürig, GG, Art. 103 Abs. 3 Rdnr. 128 mit dem Hinweis, daß Art. 103 Abs. 3 GG nur „doppelte" und „zusätzliche" Sühne verbiete.

[74] BVerfGE 21, 391, 400f.

[75] Aus diesem Grunde fallen disziplinarrechtliche Strafen nicht unter Art. 103 III GG, vgl. *Dürig* in: Maunz/Dürig, GG, Art. 103 Abs. 3 Rdnr. 128 m.w.N; ebensowenig stellen Strafen i.S.d. Art. 103 III GG dar: Verurteilung zu Schmerzensgeld (§ 847 BGB) wegen seiner Genugtuungsfunktion (BVerfGE 26, 186, 204; Privatstrafen (*Großfeld*, Privatstrafe, 123); Ordnungsgeld bzw. -haft i.S.v. § 890 ZPO (*Schaper*, NJW 1963, 1764ff.)

[76] Unentschlossen *Rosengarten*, 145.

[77] Vgl. dazu oben § 2 II.

2. Kein Verstoß gegen den Bestimmtheitsgrundsatz (Art. 103 II GG)

Teilweise wird auch die Ansicht vertreten, eine Anerkennung von Verurteilungen zu punitive damages verstoße gegen den Bestimmtheitsgrundsatz des Art. 103 II GG.[78] Gerügt wird dabei insbesondere die Festsetzung der punitive damages durch die Jury, die, ohne an konkrete Vorgaben gebunden zu sein, Beträge nach freiem Ermessen zusprechen könne, weshalb für den Beklagten die Höhenbemessung nicht vorhersehbar sei.[79] Eine Verletzung des Art. 103 II GG scheidet indes aus, da diese Vorschrift ebenso wie Art. 103 III GG nur einen negativen Abwehranspruch gegen die strafrechtliche Verfolgung durch den Staat gibt.[80] Punitive damages stellen dagegen keine echte Reaktion auf eine Straftat dar, sondern dienen primär präventiven und erzieherischen Zwecken.[81] Aus den gleichen Gründen wird auch die Anwendbarkeit des Art. 103 II GG sogar auf Maßregeln der Besserung und Sicherung verneint,[82] obwohl diese in ihrer Wirkung weitaus einschneidender sind als der Zuspruch von punitive damages. Im einzelnen kann auf die Ausführungen zu Art. 103 III GG verwiesen werden.[83]

3. Art. 40 EGBGB

Scheitert somit die Anerkennung von punitive-damages-Urteilen nicht schon am verfahrensrechtlichen ordre public, bleibt noch zu untersuchen, ob die Anerkennung nicht doch wegen Verstoßes gegen den materiellrechtlichen ordre public zu versagen ist.

In diesem Zusammenhang ist zunächst auf die Vorschrift des Art. 40 EGBGB n.F. hinzuweisen, die anstelle des Art. 38 EGBGB a.F. getreten ist.[84] Art. 40 III lautet wie folgt:

> „Ansprüche, die dem Recht eines anderen Staates unterliegen, können nicht geltend gemacht werden, soweit sie
> 1. wesentlich weiter gehen als zur angemessenen Entschädigung des Verletzten erforderlich,

---

[78] *Zekoll*, 152f.; *ders.*, 37 Am.J.Comp.L. (1989), 301, 325f.; offengelassen von BGHZ 118, 312, 345.
[79] *Zekoll*, 152f.
[80] *Dürig* in: Maunz/Dürig, GG, Art. 103 Abs. 2 Rdnr. 100.
[81] Vgl. oben § 1 IV 1 a.
[82] *Dürig* in: Maunz/Dürig, GG, Art. 103 Abs. 2 Rdnr. 117; a. A. *Jarass/Pieroth*, GG, Art. 103 Rdnr. 19 a. E. m.w.N.
[83] Siehe oben § 2 III 2.
[84] Ges. zum Internationalen Privatrecht für außervertragliche Schuldverhältnisse und für Sachen v. 21.5.1999 (BGBl. I S. 1026).

2. offensichtlich anderen Zwecken als einer angemessenen Entschädigung des Verletzten dienen oder
3. ...“.

Diese Bestimmung kann den Streit um die Frage der Anerkennungsfähigkeit von punitive-damages-Urteilen jedoch nicht beilegen. Schon für die alte Regelung war man sich weitgehend einig, daß die in Art. 38 EGBGB a. F. getroffene Ausnahme einen Sonderfall zu dem kollisionsrechtlichen ordre public des Art. 6 EGBGB darstellt, für dessen Anwendung daneben kein Raum blieb.[85] Dagegen konnte Art. 38 EGBGB a. F. im Rahmen des anerkennungsrechtlichen ordre public keine Wirkung entfalten.[86] Diese Grundsätze haben auch für die Neuregelung zu gelten,[87] mit der Folge, daß die Frage nach der Anerkennungsfähigkeit US-amerikanischer punitive-damages-Urteile weiterhin auf der Grundlage des § 328 I Nr. 4 ZPO zu diskutieren sein wird. Stimmen,[88] die dieser Inländerschutzklausel auch im Rahmen des anerkennungsrechtlichen ordre public Geltung verschaffen wollten, hatte der BGH[89] eine Absage erteilt. Angesichts der rechtspolitischen Fragwürdigkeit[90] derartiger Inländerschutzklauseln ist auch für die Neufassung nicht damit zu rechnen, daß der BGH seine Meinung diesbezüglich ändern wird, so daß die Nichtanwendbarkeit des Art. 40 III EGBGB n. F. im Rahmen des § 328 I Nr. 4 ZPO als rechtsgrundsätzlich geklärt gelten darf und sich eine dezidierte Stellungnahme hierzu erübrigt. Zu einem Konflikt zwischen Art. 40 III EGBGB und punitive damages kann es deshalb grundsätzlich nur noch in solchen Fällen kommen, in denen ein deutscher Schädiger vor deutschen Gerichten auf punitive damages verklagt wird,[91] wobei der Klage

---

[85] Palandt/*Heldrich*, BGB, 58. Aufl., Art. 38 EGBGB Rdnr. 28; *Kegel*, IPR, 469; *v. Westphalen*, RIW 1981, 141; a. A. *Zekoll*, 23ff.

[86] Palandt/*Heldrich*, BGB, 58. Aufl., Art. 38 EGBGB Rdnr. 28; *Stiefel/Stürner*, VersR 1987, 829, 833; *Heidenberger*, RIW 1990, 805; *Zekoll*, RIW 1990, 303.

[87] *Zekoll/Rahlf*, JZ 1999, 384, 387.

[88] *Schack*, VersR 1984, 422; *Schütze*, FS Nagel, 400; *ders.*, RIW 1993, 139, 140.

[89] BGH JZ 1983, 903ff. mit Anm. *Kropholler*: für die Vorbehaltsklausel des Art. 27 Nr. 1 EuGVÜ; BGHZ 118, 312, 328f.: nunmehr auch für die Vorbehaltsklausel des § 328 I Nr. 4 ZPO.

[90] Vgl. dazu *v. Bar*, IPR, Rdnr. 680; die Vorwürfe richten sich hauptsächlich gegen die Besserstellung deutscher Staatsangehöriger gegenüber Ausländern. Soweit EG-Ausländer von dieser Ungleichbehandlung betroffen waren, wurde die Vereinbarkeit des Art. 38 EGBGB a. F. mit dem Diskriminierungsverbot des Art. 12 I (ex-Art. 6 I) EGV bezweifelt (vgl. dazu Palandt/*Heldrich*, BGB, 58. Aufl., Art. 38 EGBGB Rdnr. 28); teilweise wurde sogar die ersatzlose Streichung des Art. 38 EGBGB a. F. gefordert, etwa *v. Bar*, IPR, Rdnr. 681; die Neuregelung in Art. 40 III EGBGB soll nunmehr in Einklang mit dem Diskriminierungsverbot des Art. 12 EGV stehen (vgl. nur Palandt/*Heldrich*, BGB, Art. 40 Rdnr. 1).

[91] Vgl. dazu unten § 11 IV, Fn. 482.

zudem ein deliktsrechtlicher Sachverhalt zugrundeliegen müßte. Werden punitive damages nämlich aufgrund einer Vertragsverletzung begehrt, greift die Vorbehaltsklausel schon eo ipso nicht ein.

4. Vereinbarkeit mit „wesentlichen Grundsätzen" des deutschen Schadensersatzrechts

Wir haben gesehen, daß die Anerkennung (und Vollstreckung) von US-amerikanischen punitive-damages-Urteilen weder gegen das Verbot der Mehrfachbestrafung (Art. 103 III GG), noch gegen den strafrechtlichen Bestimmtheitsgrundsatz (Art. 103 II GG) verstößt. Diese Prüfungsschritte haben wir unter dem Gesichtspunkt des prozeßrechtlichen ordre public abgehandelt. Wir haben weiterhin festgestellt, daß die Vorbehaltsklausel des Art. 40 III EGBGB einer Anerkennung von punitive-damages-Urteilen schon a limine nicht im Wege steht.[92] Damit ist das Grobraster abgesteckt und es verbleibt nunmehr zu untersuchen, ob punitive damages nicht doch wesentliche Grundsätze des deutschen Schadensersatzrechts sprengen, und ihre Anerkennung deshalb zu versagen wäre. Unter diesem Aspekt wird die Diskussion um die Anerkennungsfähigkeit denn auch von der Rechtsprechung geführt.[93]

a) Das Urteil des BGH vom 4. 6. 1992 – IX, ZR 149/91

Mit Urteil vom 4. 6. 1992[94] hatte der BGH erstmals über die Anerkennungsfähigkeit und Vollstreckbarkeit eines US-amerikanischen punitive-damages-Urteils in der Bundesrepublik Deutschland zu entscheiden.

aa) Tatbestand

Dem Urteil lag (verkürzt) folgender Sachverhalt zugrunde:

Der Kläger, US-amerikanischer Staatsbürger, wurde von dem Beklagten, der seit der Geburt die deutsche Staatsbürgerschaft hat und später die US-amerikanische Staatsbürgerschaft hinzuerwarb, sexuell mißbraucht (gemeinsames Masturbieren in fünf Fällen). Beide Parteien lebten zur Tatzeit in Kalifornien, der Kläger war zu dieser Zeit noch nicht 14 Jahre alt. Der Beklagte war wegen dieser Tat in einem Straf-

---

[92] Siehe oben § 2 III 3.

[93] BGHZ 118, 312; OLG Düsseldorf RIW 1991, 594ff. (Vorentscheidung zu BGHZ 118, 312).

[94] BGHZ 118, 312; im jüngsten Anerkennungsurteil des BGH aus dem Jahre 1999 (NJW 1999, 3198, 3202) wurde das Problem nicht entscheidungserheblich, weil die Kl. die Vollstreckbarerklärung auf den Ausgleichsschadensersatz beschränkt hat.

verfahren von einem US-amerikanischen Gericht wegen sexuellen Mißbrauchs von Jugendlichen zu einer langjährigen Freiheitsstrafe verurteilt worden, deren Vollstreckung er sich durch eine Absetzung nach Deutschland entzogen hatte. In einem nachfolgenden Zivilverfahren vor dem Superior Court of the State of California (im folgenden: Superior Court) erwirkte der Kläger gegen den Beklagten ein (rechtskräftiges) Schadensersatzurteil, in dem ihm Schadensersatz in Höhe von US $ 750.260 zugesprochen wurde. Dieser Betrag setzt sich aus folgenden Einzelposten zusammen: US $ 260 als Ersatz für Heilaufwendungen; US $ 100.000 für künftige medizinische Versorgung; US $ 50.000 für eine voraussichtlich erforderliche Unterbringung des Klägers; US $ 200.000 Schmerzensgeld und **US $ 400.000 punitive damages**. Der Kläger begehrte, dieses Urteil in der Bundesrepublik Deutschland für vollstreckbar zu erklären.

Der BGH ließ die Vollstreckbarerklärung dieses Urteils nur insoweit zu, als es dem Kläger Ersatz für materiellen und immateriellen Schaden gewährte. Dagegen lehnte er die Vollstreckbarerklärung hinsichtlich der punitive damages ab.

bb) Entscheidungsgründe

Der BGH meint, daß der materielle ordre public (§§ 328 I Nr. 4, 723 II 2 ZPO) einer Vollstreckbarerklärung insoweit entgegenstehe und begründet dies unter Verweis auf die „moderne deutsche Zivilrechtsordnung“, die als Rechtsfolge einer unerlaubten Handlung nur den Schadensausgleich, nicht aber eine Bereicherung des Geschädigten vorsehe.[95] Frühere Privatstrafklagen sollten danach ausgeschlossen sein, und, so der BGH, Bestrafung und Abschreckung seien mögliche Ziele der Kriminalstrafe, die als Geldstrafe an den Staat fließe, wohingegen diese Zielsetzungen dem deutschen Zivilrecht fremd seien.[96] Ferner sei es mit dem Strafmonopol des Staates und den dafür eingeführten besonderen Verfahrensgarantien unvereinbar, wenn, der Kläger als „privater Staatsanwalt“ agierend, dem Schädiger in einem Zivilurteil eine erhebliche Geldzahlung auferlegt werde, die nicht dem Schadensausgleich diene, sondern der Sanktion zum Schutze der Rechtsordnung im allgemeinen. Schließlich sei es mit dem Verhältnismäßigkeitsgrundsatz, der seinen Ausdruck gerade durch den Kompensationsgedanken im Schadensersatzrecht finde, nicht vereinbar, wenn dem Schädiger über den bloßen Schadensausgleich ein Sanktionszuschlag auferlegt werde, was insbesondere dann bedenklich sei, wenn dieser Zuschlag neben eine Kriminalstrafe für dasselbe Vergehen trete. In diesen Fällen würde den Beklagten eine Vollstreckung des Urteils übermäßig treffen.

[95] So auch *Schütze*, Urteilsanerkennung, 170; *ders.*, FS Nagel, 400; *ders.*, RIW 1993, 139f.; *Höchst*, VersR 1983, 13, 17.

[96] Vgl. auch *Höchst*, VersR 1983, 17.

cc) Analyse der Urteilsgründe und Präzisierung des Problemkreises

Die folgende Analyse der Urteilsgründe soll dazu beitragen, die „richtige" Problemgewichtung der Arbeit zu finden sowie den weiteren Rahmen der Untersuchung abzustecken. Besonderes Augenmerk wird dabei etwaigen Schwächen des BGH bereits in der methodischen Vorgehensweise geschenkt. Die folgende Problemerörterung knüpft deshalb nicht blind an die argumentativen Vorgaben des BGH an, sondern zieht auch die Ausgangsbasis, von der aus der BGH seinen Standpunkt vertritt, in die Erörterung mit ein.

Der BGH führt im wesentlichen vier Gründe an, warum eine Anerkennung von punitive damages seiner Ansicht nach ausgeschlossen ist. Dabei bildet die Straffunktion[97] dieses Rechtsinstituts den immer wiederkehrenden Ausgangspunkt der ganzen Begründungsarbeit.

Der BGH meint zunächst, daß Sanktionen, die der Bestrafung (Sanktion) und Abschreckung (Prävention) dienen, allein mögliche Ziele des Straf-, nicht aber des Zivilrechts seien.

Diese Pauschalbehauptung ist ebenso falsch wie inhaltsleer. Richtig ist sie nur insofern, als uns der Gedanke der Prävention und Sanktion zwar unweigerlich und primär an das Strafrecht erinnert. Dort hat dieser Gedanke zweifelsohne ein gesundes Zuhause.[98] Das heißt aber nicht, daß dem Zivilrecht deshalb eine dahingehende Zielbestimmung per se fern liegen müßte. Eine weitere Klärung dieser Frage setzt jedoch eine Verständigung darüber voraus, was wir unter dem Begriff der „Sanktion" und „Prävention" überhaupt verstehen (wollen).

Wir können darunter einmal die von jeder Rechtsnorm ausgehende Präventionswirkung verstehen, dergestalt, daß der potentielle Rechtsbrecher davon abgehalten werden soll, einen Rechtsverstoß überhaupt zu begehen, widrigenfalls er die Folgen der Tat zu spüren bekommt (sog. normative Prävention). So gesehen wäre die Behauptung des BGH schon deshalb widerlegt, weil jede (also auch zivilrechtliche) Rechtsnorm bezweckt, das künftige Verhalten des Adressaten im normkonformen Sinne zu beeinflussen, also „präventiv" wirken möchte.[99] Die Sanktion, die an die Verletzung der Verhaltenspflicht anknüpft, akzentuiert dies. In diesem Sinne stoßen wir auch außerhalb des Strafrechts und gerade auf dem Gebiet des Zivilrechts manngifach auf Normen, die schädliche Verhaltensweisen mit „negativ gewichteten Reaktionen"[100] belegen. Wenn sich etwa der Beschenkte einer schweren Verfehlung

---

[97] Siehe oben § 1 IV 1 a.

[98] Vgl. unten § 3 I 1 c aa.

[99] Deutlich *Ott/Schäfer*, in: Ott/Schäfer, 131, 132: „Zivilrecht ohne Abschreckungsfunktion … hätte einen dramatischen Bedeutungsverlust des Zivilrechts zur Folge".

[100] *Schmidt*, KritV 1 (1986), 83, 90.

des groben Undanks schuldig macht oder der Bedrohte zur Abgabe einer Willenserklärung genötigt wurde, so sanktioniert die Zivilrechtsordnung in beiden Fällen (mittelbar) den Übeltäter, einmal indem sie dem Schenker das Recht einräumt, die Schenkung zu widerrufen und im anderen Falle dem Bedrohten das Recht gibt, seine Erklärung anzufechten.[101]

„Prävention“ können wir aber auch im Sinne einer von der Rechtsprechung betriebenen „Präventionswirkungsverstärkung“ verstehen. Gemeint sind damit die Fälle, in denen die Rechtsprechung zur Verstärkung der abschreckenden Wirkung der Rechtsnorm bei der Festlegung der Sanktionsfolge generalpräventive Erwägungen mit einstellt. Um dieses Verständnis von Prävention geht es hier. Nur so begriffen kann auch ein fruchtbarer Beitrag zur Anerkennungsfähigkeit von punitive-damages-Urteilen geleistet werden. Die Feststellung, der „Schadensersatz“, also seine Androhung, die Publizierung der Androhung, die Verhängung, die Vollstreckung usw., wirke präventiv in dem Sinne, daß er zukünftige Schadensstiftungen verhindere, kann die Anerkennungsfrage nicht vorantreiben, da sie für das deutsche Recht gleichermaßen gilt wie für das US-amerikanische, weshalb die Ausgangsbasis in beiden Fällen dieselbe ist. Unterschiede bestehen nur insofern, als nach US-amerikanischem Recht eine über die Anordnung der Schadensersatzpflichtigkeit hinausgehende Sanktions- und Präventionswirkung bewußt dadurch erreicht werden soll, daß dem Schädiger über ein eigenständiges Rechtsinstitut neben der „Lochfüllung“ die Zahlung eines darüberhinausgehenden Zuschlags auferlegt wird (vgl. oben Graphik 2).[102] Nur der Nachweis, daß auch die deutsche Rechtsprechung diese *Politik der zugeschlagenen Prävention* verfolgt, ist geeignet, die auf den ersten Blick insoweit zwischen beiden Schadensersatzsystemen herrschende Diskrepanz zu relativieren. Dieses Verständnis von Sanktion und Prävention (Prävention i. w. S.) hat ersichtlich auch der BGH vor Augen gehabt, wenn er formuliert, daß „die moderne deutsche Zivilrechtsordnung als Rechtsfolge einer unerlaubten Handlung nur den Schadensausgleich (§ 249ff BGB), nicht aber eine Bereicherung des Geschädigten vorsieht“.[103]

Der BGH meint aber, unter Hinweis auf die „moderne deutsche Zivilrechtsordnung“, daß eine über die Verpflichtung zur „Lochfüllung“ hinausgehende Sanktionierung des Schädigers dem deutschen Schadensersatzrecht fremd sei.[104] Aber

---

[101] Weitere Beispiele siehe § 3 I 3.

[102] § 1 vor I.

[103] BGHZ 118, 312, 338.

[104] Der Senat läßt aber eine Ausnahme zu (BGHZ 118, 312, 340): „Anders kann es sich möglicherweise verhalten, soweit mit der Verhängung von Strafschadensersatz restliche, nicht besonders abgegoltene oder schlecht nachweisbare wirtschaftliche Nachteile pauschal ausgeglichen oder vom Schädiger durch die unerlaubte Handlung erzielte Gewinne abgeschöpft werden sollen“.

schon dieser methodische Ansatz ist verfehlt, da der BGH allein das BGB-Schadenskonzept[105] zur Grundlage seiner Argumentation nimmt, ohne den Blick insoweit auch auf die praktizierte Rechtswirklichkeit zu lenken.[106] Daß die Gesetzesväter bei der Konzeption des BGB nur das Ausgleichsprinzip als den allein tragenden Grundgedanken des Schadensersatzrechts vor Augen hatten, kann als unbestritten gelten.[107] Doch was hat die Rechtsprechung aus diesem Konzept gemacht? Getragen von einer Rechtsfortbildungsbefugnis hat sie sich immer weiter von den Rechtsprinzipien und dogmatischen Vorgaben dieses Konzepts entfernt. Anstelle des BGB-Schadenskonzepts ist längst ein anderes, ein unter Zurücksetzung der Rechtssicherheit auf Einzelfallgerechtigkeit abzielendes Schadensmodell getreten. Für die Frage, ob wir punitive damages ordre-public-konform anerkennen können, sind wir jedoch gehalten, auf eben dieses praktizierte Modell zurückzugreifen, da wir eine Ablehnung der Anerkennung jedenfalls nicht damit begründen dürfen, daß das deutsche Schadensersatzsystem nach dem Willen des Gesetzgebers Sanktionsziele nicht verfolgen *soll*, sondern müssen es mit der Kraft des Faktischen halten und fragen, ob es solche Ziele auch in der Rechtswirklichkeit tatsächlich nicht verfolgt. Wenn auch dem faktisch praktizierten Sanktionsdenken die gesetzliche Legitimität fehlt, so ist der Unterschied zur Sanktionsverfolgung im Gewande eines gesetzlich normierten Grundgedankens nur graduell. Das Ergebnis ist in beiden Fällen dasselbe, und nur auf dieses stellt § 328 I Nr. 4 ZPO ab.

Soweit der BGH das Stafmonopol des Staates als Argument gegen die Anerkennungsfähigkeit von punitive damages ins Feld führt, vermengt er in unzulässigerweise die Frage nach dem Strafanspruch mit der Frage, welche Mindestgarantien dem betreffenden Verfahren zugrundeliegen müssen.[108] Das Strafmonopol besagt nur, daß der *Staat* – für die Rechtsgemeinschaft – dem Beschuldigten den Prozeß macht.[109] Bei ihm liegt der Strafanspruch. Selbstjustiz ist ausgeschlossen. Dagegen ist das Strafmonopol nicht berührt,[110] wenn dem Schädiger anläßlich eines Zivilverfahrens von Staats wegen Sanktionen auferlegt werden. Selbst wenn diese Sanktionen die Rechtsnatur einer Kriminalstrafe hätten, wäre das Bestrafungsmonopol nicht tangiert. Denn weiterhin ist es der Staat, der über den einzelnen „richtet".

---

105 Der BGH verweist ausdrücklich auf die Mot. II, 17 (BGHZ 118, 312, 338); vgl. zu den verschiedenen Modellen des Schadensersatzrechts unten § 5.

106 Dieses dogmatische Defizit findet sich auch im Rechtsgutachten von *Merkt*, 148ff., wieder.

107 Siehe dazu unten § 4 II.

108 Diesem Fehlschluß unterliegt auch *Mörsdorf-Schulte*, 298, wenn sie meint, punitive damages widersprächen dem Strafmonopol des Staates, weil eine vom Staat unabhängig konzipierte Jury strafe. Demgegenüber bleibt die Jury freilich Staatsgewalt.

109 Kleinknecht/*Meyer-Goßner*, StPO, Einl. Rdnr. 5.

110 Offengelassen von BVerfG NJW 1995, 649.

Allerdings müßten dem Verfahren die besonderen Verfahrensgarantien des Strafprozesses zugrundegelegt werden. Wenn der Schädiger in den USA mittels eines Strafzuschlags zur Ordnung gerufen wird, so heißt das nicht, daß der Staat die Strafgewalt damit in die Hände einer Privatperson (des Geschädigten) legt. Punitive damages werden nicht durch eine Privatperson verhängt, sondern bekommt der Geschädigte zu Lasten des Schädigers vom Staat zugesprochen. Der Geschädigte hat nicht einmal einen Rechtsanspruch auf punitive damages,[111] weshalb er auf das Gutdünken der jury angewiesen ist. Es kann deshalb keine Rede davon sein, der einzelne trete als „privater Staatsanwalt“ auf.[112] Nicht er, sondern der Staat (personifiziert durch die jury) ist und bleibt Herr des Verfahrens. Der Geschädigte „richtet“ nicht selbst, sondern gibt dem Staat nur den Anlaß dazu, dem Schädiger bei Vorliegen der Voraussetzungen einen Strafzuschlag aufzuerlegen. „Treibende Kraft“ ist der Geschädigte also nur insoweit, als er dem Staat zwar erst die Möglichkeit verschafft, den Schädiger einer Strafe zuzuführen, indem er, motiviert durch die Rechtsdurchsetzungsfunktion[113] von punitive damages, den Schadensfall vor Gericht bringt. Dies ändert aber nichts daran, daß die endgültige „Verhängung“ von punitive damages durch den Staat erfolgt. Insoweit ist die Sachverhaltskonstellation durchaus vergleichbar mit der im deutschen Strafrecht gängigen Unterscheidung zwischen Offizial- und Antragsdelikten. Steht ein Antragsdelikt im Raum, so kann der Staat seinen grundsätzlichen Strafanspruch auch nur dann verwirklichen, wenn der Betroffene einen Strafantrag gegen den Rechtsverletzer stellt. Niemand aber käme auf die Idee, in diesem Fall einen Verstoß gegen das Strafmonopol zu rügen.

Verbleibt zu klären, ob ein ordre-public-Verstoß darin zu sehen ist, daß, wie der BGH meint, dem Schädiger eine „Strafe“ ohne strafprozessuale Garantien aufgebürdet wird.[114] Im Strafprozeß gilt der Grundsatz der Erforschung der materiellen Wahrheit.[115] Dagegen ergeht die Entscheidung im Zivilverfahren aufgrund einer vom Parteivorbringen abhängigen (formellen) Wahrheit. Es bestehen aus deutscher Sicht jedoch keine Bedenken, wenn dem Schädiger in einem Zivilverfahren (neben der Verurteilung zu Schadensersatz) eine zivilrechtliche Sanktion auferlegt wird. Der Betroffene bedarf in diesen Fällen des Schutzes der strafprozeß-

---

[111] Siehe oben § 1 II 2.

[112] So aber BGHZ 118, 312, 338.

[113] Siehe oben § 1 IV 1 c.

[114] Zu Recht meint *Baumgartner*, JZ 1997, 158, 160, daß sich mit dem Ausbau des rechtsstaatlichen Schutzes des mit punitive damages konfrontierten Beklagten im BMW-Urteil des Supreme Court v. 20. 5. 1996 – BMW of North America, Inc. v. Ira Gore, Jr., 64 U.S.L.W. 4335 (1996) – der rechtsstaatliche Aspekt der Anerkennungsproblematik zusätzlich stark entschärft hat.

[115] Kleinknecht/*Meyer-Goßner*, StPO, Einl. Rdnr. 10.

rechtlichen Garantien nicht, da diese nur dort greifen, wo der Angeklagte die Verhängung einer Kriminalstrafe befürchten muß. Zwar dürfen die strafprozessualen Schutzmechanismen nicht dadurch umgangen werden, daß dem Betroffenen im Rahmen eines Zivilverfahrens Sanktionen auferlegt werden, die ihrer Natur nach verschleierte Kriminalstrafen sind. Dies ist bei punitive damages indes nicht der Fall. Sie sind ihrer Rechtsnatur nach keine Kriminalstrafen,[116] sondern eine davon zu unterscheidende anderweitige Sanktion, die im Dienste der Verhaltenssteuerung steht, nicht aber darauf abzielt, den „Täter" wegen dem von ihm begangenen Unrecht zu stigmatisieren. Auch das Ordnungsgeld und die Ordnungshaft nach § 890 ZPO werden in einem Zivilverfahren festgesetzt, obwohl beide Sanktionsformen der Kriminalstrafe näher stehen als einer zivilrechtlichen Sanktion.[117] Daß der BGH die hier besprochenen Bedenken überhaupt äußert, ist im übrigen nur Folge eines falschen Verständnisses des Verhältnisses von Zivilrecht (insbesondere Schadensrecht) und Strafrecht zueinander. Solange der BGH (unzutreffenderweise) davon ausgeht, daß Sanktionen, die auf „Bestrafung" und Abschreckung zielen, ihren Platz per se nur im Strafrecht haben, wird er hinsichtlich der punitive damages (konsequenterweise) auch die Verletzung strafrechtlicher Garantien rügen. Wir werden jedoch sehen, daß auch die deutsche Rechtsprechung das Schadensersatzrecht in der Sache weitaus stärker, als der BGH zuzugeben vermag, als Sanktionsinstrumentarium einsetzt.

Daß der Grundsatz der Verhältnismäßigkeit einer Anerkennung von punitive damages nicht schon per se entgegensteht, wird später eingehend dargelegt werden.[118]

b) Ausblick

Die Konkretisierung des Problemkreises hat ergeben, daß die Straffunktion der punitive damages das Kernproblem der Anerkennungsfrage ist. Im Rahmen der Konkretisierung des deutschen ordre public[119] gilt es deshalb zu untersuchen, ob auch die deutsche Rechtsprechung mittels des Schadensersatzrechts Sanktionszwecke verfolgt. Dies wirft die grundsätzliche Frage nach den verschiedenen Unrechtsreaktionen im deutschen Recht auf.

---

116 Siehe oben § 1 III.
117 Vgl. unten § 3 I 2 b dd.
118 Vgl. unten § 11 II.
119 Vgl. zur Methodik BGHZ 50, 370; *Jayme*, Methoden der Konkretisierung des ordre public im Internationalen Privatrecht (Heidelberg 1989).

§ 3 Formen der Unrechtsreaktion im deutschen Recht

Aus dem bisher Gesagten ergibt sich, daß das US-amerikanische Rechtssystem in der Sache grundsätzlich *drei* [120] Formen der Unrechtsreaktion bereithält, um auf die Herbeiführung eines Schadensfalles durch den Schädiger zu reagieren: Der Schädiger ist verpflichtet, den beim Geschädigten tatsächlich eingetretenen Schaden zu kompensieren (zivilrechtliche Sanktion). Erfüllt die schädigende Handlung zugleich einen Straftatbestand, wird der Schädiger auch (kriminal-)strafrechtlich zur Verantwortung gezogen (strafrechtliche Sanktion). Schließlich – und darum geht es in dieser Arbeit – kann der Schädiger unter bestimmten Voraussetzungen[121] zu punitive damages verurteilt werden. Wir wollen diese Sanktion als „zivilrechtliche Übersanktion" bezeichnen. Die Sanktion ist eine zivilrechtliche, da punitive damages zwar Strafcharakter,[122] nicht aber den Charakter einer Kriminalstrafe haben,[123] und sie ist, jedenfalls unter Zugrundlegung der Prämisse, daß das Schadensersatzrecht dem Schädiger nicht mehr nehmen darf, als der Geschädigte zum Ausgleich seines Schadens benötigt, eine „Über"-Sanktion, da sie den Geschädigten regelmäßig bereichert.

I. Strafe und Schadensersatz

Strafe und Schadensersatz gelten heute als „apodiktische Gegensätze".[124] Sie entstammen als Reaktionen auf unerlaubte Verhaltensweisen zwar derselben historischen Wurzel.[125] Nach klassischem römischen Recht konnte der Geschädigte als Rechtsfolge einer gegen ihn gerichteten Unrechtstat, die seine Persönlichkeit, seine Familie oder sein Vermögen verletzte, im Zivilprozeß nicht nur Ersatz des erlittenen Vermögensschadens verlangen, sondern auch die kriminalstrafrechtliche Sanktionierung des Täters durch Auferlegung einer an ihn zu zahlenden Geldbuße (poena) fordern, mit der dieser seine Unrechtstat sühnte und dem Verletzten Genugtuung verschaffte.[126] Dieser dem Verletzten erwachsende Anspruch hatte damit eine pönale und zugleich satisfaktorische Funktion. Beide Elemente waren in den alt-

---

[120] Rechtsdogmatisch gesehen freilich nur zwei, da punitive damages nichts anderes als einen „qualifizierten" Schadensersatz darstellen.

[121] Dazu oben § 1 II.

[122] Siehe oben § 1 IV 1 a.

[123] Siehe oben §§ 1 III; 2 II, III 1, 2.

[124] *Binding*, Normen, 445; *Rotering*, ArchBürgR 33 (1909), 45, 46.

[125] *Horten*, 5: „aus einem Gedanken gezeugte Geschwister".

[126] *Kaser*, Römisches Privatrecht, 228.

römischen actiones miteinander verschmolzen.[127] Die Höhe der poena richtete sich weniger nach der Höhe des angericheten Schadens als vielmehr nach dem Sühnebedürfnis der Tat. Sie ging beispielsweise bei der actio furti[128] auf das Vierfache des Wertes und stand bei der actio iniurarium im Ermessen des Richters, der nach den Umständen des jeweiligen Einzelfalles entschied.[129] Diese an den Verletzten zu zahlende Geldbuße war ihrer Natur nach eine „Privat(kriminal)strafe". Da im staatlichen Strafprozeß nur öffentliche Straftaten, die der Allgemeinheit schweres Unrecht zufügten (wie Hoch- und Landesverrat, Mord u.s.w.), verfolgt wurden, war der einzelne gezwungen, die Strafverfolgung bei Verletzung dieser Rechtsgüter selbst zu übernehmen.

Eine Tendenzwende zeichnet sich aber schon im nachklassischen römischen Recht ab. Die Privatstrafen gingen nur noch auf den einfachen Wert des Schadens, weshalb man sie nur noch als pauschalen Schadensersatz ansah, und Verletzungen gegen den einzelnen unterfielen nun auch zunehmend dem Schutzbereich der öffentlichen Strafverfolgung.[130] Diese Entwicklung hat über das Mittelalter[131] und die Neuzeit[132] angehalten; an ihrem Ende steht heute die strikte Trennung von (Kriminal-)strafe und Schadensersatz. Jedenfalls aus *rechtsdogmatischer* Sicht können wir heute sagen, daß Strafe und Schadensersatz etwas bestimmungsgemäß Verschiedenes sind:[133] „Die Strafe soll eine Wunde schlagen, der Schadensersatz eine andere heilen, wenn möglich ohne eine zweite zu verursachen".[134] Aus den Motiven zum Bürgerlichen Gesetzbuch geht nun hervor, daß die allein mögliche zivilrechtliche Deliktsfolge der Schadensersatz in Höhe des tatsächlich entstandenen Schadens ist. Nach dem Willen der Gesetzesväter „muß die Hereinziehung moralisierender oder strafrechtlicher Gesichtspunkte ... bei der Bestimmung der civilrechtlichen Folgen unerlaubten, widerrechtlichen Verhaltens durchaus ferngehalten werden".[135]

Bemühungen, derartige pönale Privatklagen wiederzubeleben, hat es aber immer wieder gegeben. Gerade *Jhering*, der einst in kämpferischer Manier die Reinhaltung des Zivilrechts von jeglichen Strafgedanken forderte, und der „die Geschichte der

---

127 *Graf zu Dohna*, Buße, 414.

128 Vgl. dazu *Kaser*, Römisches Privatrecht, 232.

129 *Kaser*, Römisches Privatrecht, 235f.

130 *Wieling*, Interesse und Privatstrafe, 239f.

131 Vgl. dazu *Wieling*, Interesse und Privatstrafe vom Mittelalter bis zum Bürgerlichen Gesetzbuch. (Köln/Wien 1970).

132 Vgl. dazu *Lange*, Schadensersatz und Privatstrafe in der mittelalterlichen Rechtstheorie. (Münster/Köln 1955).

133 *Binding*, Normen, 284–290, insbes. 288, 433–458.

134 *Binding*, Normen, 288.

135 Mot. II, 17f.

Strafe" als „ein fortwährendes Absterben derselben" bezeichnete,[136] rühmte wenig später die Privatstrafe als einen der gesündesten Gedanken des Rechts.[137] Berührungspunkte zwischen Schadensersatz und Strafe sieht in jüngster Zeit auch *Großfeld*, wenn er meint, daß „Privatstrafe und Schadensersatz ihrem Wesen nach nicht völlig verschieden sind, zwischen ihnen kein scharfer Unterschied gemacht werden kann".[138] *Großfeld*[139] begründet das Vorherrschen des Strafgedankens im deutschen Schadensersatzrecht mit der Tatsache, daß der Geschädigte *überhaupt* Ersatz begehren kann, sowie insbesondere damit, daß es gerade der *Schädiger* ist, der den beim Geschädigten eingetretenen Schaden zu ersetzen verpflichtet wird. Ersteres sei ein Bruch mit dem Satz „casum sentit dominus",[140] und die Ersatzpflichtigkeit des Schädigers habe lediglich eine Verlagerung des Schadens vom Geschädigten auf den Schädiger zur Folge, was im Durchschnitt ebensoviel Schaden anrichte, wie geheilt werde.[141] Besonders deutlich werde die Straffunktion des Schadensersatzanspruchs dann, wenn die Schadensersatzpflicht an die Voraussetzung eines Verschuldens geknüpft sei.[142] Das Argument der rechtsdogmatischen Trennung von Schadensersatz und Strafe im Bürgerlichen Gesetzbuch läßt *Großfeld* deshalb nicht gelten. Er meint, der Gesetzgeber könne nicht etwas als gegen sein System verstoßend bezeichnen, worauf sein System in wesentlichen Teilen beruhe.[143] Dieser Einwand ist indes nicht stichhaltig, da die dogmatische Einordnung des Schadensersatzrechts als Ausgleichsinstrument nicht mit einem Naturgesetz, welches über alle Rechtsordnungen der Welt erhaben ist, widerlegt werden kann,[144] und auch sonst jedes Fragen nach einem weiteren Grund irgendwo einmal abbrechen muß. Es liegt in der Natur der Sache, daß den Schädiger die Schadensersatzpflichtigkeit schmerzt. In dieser Verpflichtung eine „Strafe" zu sehen, geht indes nicht an.[145] „Der Umstand, daß die Verpflichtung zum Ersatz des Schadens denjenigen, der ihn verursacht hat, möglicherweise seinerseits schädigt, berechtigt nicht dazu, in der hierauf gerichteten Klage das geringste pönale Moment zu erblicken".[146] *Großfelds* Ausführungen mögen zwar geeignet sein, die Grundsatzent-

---

136 *v. Jhering*, Schuldmoment, 4ff.

137 *v. Jhering*, 76f; ders., Schuldmoment, 40: „Nicht der Schaden verpflichtet zum Schadensersatz, sondern die Schuld".

138 *Großfeld*, Privatstrafe, 83.

139 Privatstrafe, 75ff.

140 Den Zufall spürt der Eigentümer, s. D. 50, 17, 23.

141 *Großfeld*, Privatstrafe, 76.

142 *Großfeld*, Privatstrafe, 76.

143 *Großfeld*, Privatstrafe, 83f.

144 So spricht denn auch *Großfeld*, Privatstrafe, 79 in diesem Zusammenhang von einer „Wertentscheidung, die nicht weiter zurückgeführt werden kann".

145 *Graf zu Dohna*, Buße, 414f; *Schmidt*, Schadensersatz und Strafe, 41ff., 52.

146 *Graf zu Dohna*, Buße, 414.

scheidung des Gesetzgebers – Schadensersatzpflichtigkeit gerade des Schädigers – unter *rechtspolitischen* Gesichtspunkten anzuzweifeln. Dagegen können sie an der *rechtsdogmatischen* Trennung von Strafe und Schadensersatz nicht rütteln. Das vom Gesetzgeber verfolgte Dogma der rechtsdogmatischen Trennung von Strafe und Schadensersatz ist „stärker" als das durch die Ersatzpflichtigkeit des Schädigers bei diesem hervorgerufene Empfinden, einer „Strafe" zugeführt worden zu sein. Wenn wir danach fragen, wie die Ersatzpflichtigkeit gerade des Schädigers begreifbar und begründbar ist, so handelt es sich hierbei um eine rechtspolitische Frage, die ihre Berechtigung nicht nur hinsichtlich des deutschen Rechts hat, sondern die auch für alle anderen Rechtsordnungen, die den Schädiger in die Pflicht nehmen, gestellt werden kann, also um eine rechtspolitische Frage allgemeiner Art.[147]

Wir fassen zusammen: Aus der Ersatzpflichtigkeit gerade des Schädigers kann nicht gefolgert werden, daß dem deutschen Schadensersatzsystem schon deshalb ein Strafgedanke denknotwendig innewohnen müsse. Aber selbst wenn wir dies entgegen der hier vertretenen Auffassung anders sehen wollten, wäre eine solche Feststellung nicht geeignet, die Frage nach der Anerkennung von punitive damages voranzutreiben,[148] da die für das deutsche Schadensersatzrecht zu treffende Feststellung in gleichem Maße auch für das US-amerikanische Schadensrecht gelten müßte und die Ausgangsposition insofern wieder dieselbe wäre. Wir sind deshalb gehalten, die Wertentscheidung des Gesetzgebers (Ersatzpflichtigkeit gerade des Schädigers) zum Ausgangspunkt unserer Überlegungen zu machen und dürfen nicht bereits diese Wertentscheidung ihrerseits in Frage stellen. Wenn auch Schadensersatz und Strafe Unrechtsfolgen sind, die nach der Rechtsordnung der Bundesrepublik Deutschland rechtsdogmatisch voneinander zu trennen sind, ist damit noch nicht gesagt, daß die Rechtsprechung diese Trennung auch *rechtsfaktisch* vollzieht. Ehe wir Interferenzen zwischen Schadensersatz und Strafe nachspüren, erscheint es zweckmäßig, auf das grundsätzliche Verhältnis von Straf- und Zivilrecht einzugehen.

1. Die Trennung von Strafrecht und Zivilrecht de lege lata

Strafrecht und Zivilrecht sind nach dem Rechtssystem der Bundesrepublik Deutschland selbständige Rechtsgebiete mit jeweils qualitativ unterschiedlichen Zweck- und Zielsetzungen.[149]

---

[147] *Schmidt*, Schadensersatz und Strafe, 21.

[148] Vgl. oben § 2 III 4 a cc.

[149] *Hirsch*, FS Engisch, 327 meint gar, „daß das strikte Auseinanderhalten von Strafrecht und Zivilrecht eine der Säulen der Rechtsstaatlichkeit darstellt".

a) Ordnungsziel des Strafrechts

Das Strafrecht als Friedens- und Schutzordnung[150] hat die Aufgabe, ein friedliches Zusammenleben der Bürger zu gewährleisten. Wo Zuwiderhandlungen gegen die soziale Ordnung durch gesellschaftliche Ächtung allein nicht oder nicht effizient genug sanktioniert und unterbunden werden können, muß das normgerechte Verhalten mittels eines strafrechtlichen Sanktionsinstrumentariums „erzwungen“ werden. Die öffentliche Strafe als schärfstes Machtinstrument[151] des Staates kann hierzu aber immer nur letztes Mittel sein.[152] Da das Bonner Grundgesetz in Art. 2 I GG die allgemeine menschliche Handlungsfreiheit gewährleistet,[153] darf das Strafrecht Beschränkungen nur dann anordnen, wenn dies zum Schutze der Gesellschaft unvermeidlich ist. Dies findet seinen Ausdruck darin, daß nur solche Lebensgüter ihre Aufnahme in den Schutzbereich der Rechtsordnung finden, die für das Zusammenleben der Menschen in der Gemeinschaft schlechthin unentbehrlich sind.

Nur derart in den Schutzbereich der Rechtsordnung aufgenommene Lebensgüter werden zu Rechtsgütern, die fortan dem Schutz durch die Zwangsgewalt des Staates mittels der öffentlichen Strafe[154] unterfallen (sog. fragmentarischer Charakter des Strafrechts).[155] Aufgrund des gesellschaftlichen Wandels sowie technischen Fortschritts unterliegt der Bestand an strafrechtlich geschützten Rechtsgütern einem ständigen Wechsel. Verhaltensweisen, die bislang straflos waren, können neu in den Schutzbereich des Strafrechts aufgenommen (Neuinkriminierung),[156] bislang strafbare Verhaltensweisen aus dem Schutzbereich herausgenommen werden (Entkriminalisierung).[157]

b) Ordnungsziel des Zivilrechts

Aufgabe des Zivilrechts ist es, einen gerechten Ausgleich bei einem zwischen zwei Privatpersonen bestehenden Interessenwiderstreit herbeizuführen.[158] Hierbei stellt sich die Regelung stets als „janusköpfig“ dar.[159] Es sind immer mindestens zwei

---

150 *Jescheck*, Lehrbuch, 1.

151 *Jescheck*, Lehrbuch, 2.

152 BVerfGE 39, 1 47: „Die Strafnorm stellt gewissermaßen die ‚ultima ratio‘ im Instrumentarium des Gesetzgebers dar“.

153 BVerfGE 6, 32, 36f; st. Rspr.

154 *Jescheck*, Lehrbuch, 6.

155 Diese Bezeichnung geht zurück auf *Binding*, vgl. Lehrbuch, 20ff.

156 Z.B. Wirtschaftsstrafrecht, §§ 261, 263a–264a, 265b, 266a und b StGB; Umweltstrafrecht, §§ 324ff. StGB.

157 Z.B. Homosexuelle Handlungen, § 175 StGB a.F.

158 Palandt/*Heinrichs*, BGB, Einl. Rdnr. 2; *Bunte*, FS Giger, 60.

159 *Bydlinski*, Methodenlehre, 361.

gegenläufig interessierte Beteiligte zu berücksichtigen, wobei das, was dem einen zugewiesen wird, den anderen als Last oder Risiko trifft,[160] womit die Verfolgung von Zwecken, die einen spezifischen Bezug zu Gemeinwohlinteressen, zum „ordre public“ oder zu einem privatrechtlichen Institutionenschutz[161] haben, zumindest als alleiniges Regelungsziel nicht zu vereinbaren ist.

In der gerichtlichen Praxis wird das Zivilrecht indes nicht selten über diese oder gar anstelle dieser Aufgabe hinaus instrumentalisiert, um ganze Wirtschaftsbereiche zur Ordnung zu rufen.[162] Zu einer solchen Instrumentalisierung kommt es insbesondere dort, wo eine Regelung mittels des Instrumentariums des Öffentlichen Rechts oder Strafrechts nicht sachgemäß wäre, sei es, daß sich ihre „lenkende Kraft“ als zu schwach erwiesen hat, die erhofften Wirkungen zu erzielen, sei es, daß das elastische Zivilrecht eine differenziertere Regulierung erlaubt, als der „grobe öffentlich-rechtliche Keil“,[163] oder sei es, daß gesetzgeberische Zielsetzungen mittels des Zivilrechts aufgrund seines dezentralen Durchsetzungsmechanismus überhaupt effektiver verwirklicht werden können. Neu ist dieser Gedanke vom Zivilrecht als „Gestalter einer politischen Ordnung“[164] nicht. Noch im 19. Jahrhundert war das Zivilrecht „Träger öffentlicher Funktionen, Teil des ordre public“,[165] Privatautonomie und Privateigentum bildeten nur den Ausgangs-, nicht aber den Endpunkt der Regelungsmaterie. Erst zu Beginn des 20. Jahrhunderts zeichnete sich eine Kehrtwende ab, in deren Verlauf das Zivilrecht in seiner Gestalterrolle zugunsten des Öffentlichen Rechts zunehmend zurückgedrängt wurde.[166]

c) Die Bedeutung und Tragweite des Präventionsgedankens bei der Festlegung von Sanktionen zur Verfolgung der bereichsspezifischen Ordnungsziele

Straf- und Zivilrecht können ihr jeweiliges Ordnungsziel nur dann effektiv verfolgen, wenn sie über ein Instrumentarium verfügen, welches geeignet ist, das Verhalten der Rechtsgenossen im normkonformen Sinne zu beeinflussen. Zu diesem Zwecke halten sie Sanktionen bereit, mittels derer sie auf die Verletzung von Normen reagieren. Indes, nicht jede (drohende) Sanktion hat die Kraft, (potentielle)

---

[160] *Bunte*, FS Giger, 60.

[161] Zur Bedeutung des Institutionenschutzes im Privatrecht vgl. *Raiser*, Summum ius summa iniuria, 145ff.

[162] *Großfeld*, Karlsruher Studiengesellschaft, 12: „Zivilrecht als Wirtschaftsordnung“.

[163] *Engel*, JZ 1995, 213, 215.

[164] *Großfeld*, Karlsruher Studiengesellschaft, 14.

[165] *Großfeld*, Karlsruher Studiengesellschaft, 13.

[166] *Großfeld*, Karlsruher Studiengesellschaft, 13, der in diesem Zusammenhang von „Entpolitisierung“ und „Privatisierung“ des Zivilrechts spricht, 14.

Täter vor der Begehung von Rechtsverletzungen abzuschrecken. In Fällen, in denen die vom Gesetzgeber durch die Normschaffung intendierte Verhaltenssteuerung nicht erreicht wird, insbesondere weil in der konkreten Fallkonstellation eine vom Täter angestellte Kosten-Nutzen-Analyse[167] die Normverletzung als für ihn wirtschaftlich günstiger erscheinen läßt als deren Unterlassung, die vom Gesetzgeber statuierten Verhaltensregeln also leerlaufen würden, kann die Rechtsprechung berufen sein, dieses (normative) Präventionsdefizit zu kompensieren.

Im folgenden soll dargestellt werden, inwieweit der Präventionsgedanke für die bereichsspezifischen Gebiete überhaupt tragfähig ist und wo die „Politik der zugeschlagenen Prävention“[168] auf Grenzen stößt. Unüberwindbare Grenzen tun sich beispielsweise dort auf, wo fundamentale Rechtsprinzipen, insbesondere solche mit Verfassungsrang, berührt würden. Außerhalb dieses empfindlichen Bereichs ergeben sich Grenzen nur noch aus der Dogmatik des jeweiligen Rechtsgebiets.

aa) Der Präventionsgedanke bei der Festlegung der „öffentlichen Strafe“

Aufgrund der strengen verfassungs- und strafprozessualen Garantien im Strafprozeß können etwaige normative Präventionsdefizite auf diesem Gebiet nur im Rahmen der gesetzlichen Vorgaben kompensiert werden, so daß den Gerichten nur ein dementsprechend geringer Spielraum verbleibt. Zum Ausgleich eklatanter Präventionsdefizite ist nach wie vor der Gesetzgeber auf den Plan gerufen.[169]

Die Frage nach dem Sinn und Zweck der Strafe wurde lange Zeit kontrovers diskutiert. Zwei Theorien stehen sich gegenüber. Die absolute Straftheorie sieht den Sinn der Strafe *allein* in der Vergeltung begangenen Unrechts, wohingegen nach der relativen Straftheorie Strafe nicht Selbstzweck, sondern Vorbeugungsmittel ist. Beigelegt wurde dieser Streit zugunsten der sog. Vereinigungstheorie, die einen Kompromiß zwischen beiden Gegenpositionen sucht. Danach stehen heute die Strafzwecke Vergeltung (Schuldausgleich) sowie General- und Spezialprävention grundsätzlich gleichberechtigt nebeneinander. Nur im Falle der unausweichlichen „Antinomien der Strafzwecke“ wird dem einen oder dem anderen Prinzip im Einzelfalle der Vorzug gegeben.[170]

---

[167] Zu ökonomischen Analyse des Rechts vgl. unten § 4 VI 2.

[168] Vgl. oben § 2 III 4 a cc.

[169] Jüngstes Beispiel hierfür ist die Anhebung der Strafrahmen der Körperverletzungsdelikte (§§ 223a, 223b, 224, 225 und 340 II StGB) durch das VerbrBekG v. 28.10.1994 (BGBl. I 3186).

[170] *Jescheck*, Lehrbuch, 67.

(1) Vergeltung

Dadurch, daß der Täter wegen der von ihm begangenen Rechtsverletzung nach dem Prinzip der *austeilenden* Gerechtigkeit[171] „seiner" Strafe zugeführt wird, kommt die repressive Natur des Strafrechts zum Ausdruck. Durch die gewollte Zufügung des mit der Strafe verbundenen Übels soll ein Ausgleich der geschehenen Rechtsverletzung herbeigeführt werden.[172] Gleichzeitig wird dem Täter hierdurch die Möglichkeit eröffnet, die auf sich geladene Schuld „abzugelten". Damit ist auch die Blickrichtung der Strafe vorgegeben: Bezweckt die Strafe die Vergeltung begangenen Unrechts,[173] blickt sie in die *Vergangenheit,* also auf die *begangene Tat*, deren Klangbild auch Grund und Maß der Strafe bestimmt.

(2) Prävention

Inwieweit Strafandrohung,[174] Strafverhängung und Strafvollstreckung präventiv wirken, ist mangels einer „Theorie der Prävention" wenig geklärt. Diesbezügliche Untersuchungen müßten ihre Überlegungen am jeweiligen Einzeldelikt ansetzen und können nicht für alle Delikte einheitlich beantwortet werden.

Soweit die Strafe generalpräventiv (präventive Wirkung soll bei der Gesamtheit der Bürger eintreten) bzw. spezialpräventiv (präventive Wirkung soll beim Verurteilten selbst eintreten) wirkt, die Strafnorm also über die sichtbare Reaktion im Einzelfall hinaus Fernwirkung[175] zeitigen soll, bezweckt sie Verbrechensvorbeugung. Ihre Blickrichtung ist dementsprechend eine andere: Die Strafe blickt hier nicht in die Vergangenheit, nicht auf die Tat, sondern in die *Zukunft*, also auf die *Gefahr der Verübung neuer Verbrechen* durch die Allgemeinheit oder den Täter selbst.

In der Rechtsprechung ist rechtsgrundsätzlich anerkannt, daß generalpräventive Erwägungen die Höhe des Strafmaßes beeinflussen dürfen. Voraussetzung ist aber, daß bereits eine gemeinschaftsgefährliche Zunahme solcher und ähnlicher Straftaten, wie sie zur Aburteilung anstehen, festgestellt wurde, die die konkrete Gefahr der Nachahmung begründen.[176] Zur Anwendung kommt der Schärfungsgrund der Generalprävention vorwiegend im Bereich der organisierten Kriminalität (z. B. organisierte Schutzgelderpressungen[177]), bei der Bekämpfung der Wirtschafts-

[171] Justitia distributiva; vgl. hierzu *Canaris,* Die Bedeutung der iustia distributiva im deutschen Vertragsrecht. (München 1997).
[172] *Jescheck*, Lehrbuch, 58.
[173] Vgl. dazu BVerfGE 21, 391, 404.
[174] Vgl. dazu die von *Anselm v. Feuerbach* entwickelte Theorie vom „psychologischen Zwang", Lehrbuch, §§ 12–14.
[175] Vgl. dazu BVerfGE 28, 268, 291; 64, 261, 271.
[176] *Tröndle/Fischer,* StGB, § 46 Rdnr. 6 a m. Nachw.
[177] BGH NStZ 1992, 275.

kriminalität, sowie bei Taten mit ernsthaften Auswirkungen für die Allgemeinheit (z. B. Delikte gegen die Umwelt).

Aus kriminalpolitischer Sicht ist jedoch geklärt, daß „Strafzuschläge" aus Gründen der Generalprävention wenig effektiv sind. Bei der Bekämpfung der Wirtschaftskriminalität kommt insbesondere der Gewinnabschöpfung aus einer Straftat nach Maßgabe des § 73 StGB besondere Bedeutung zu. In Anlehnung an den Rechtsgedanken des § 817 S. 2 BGB[178] zielt diese Vorschrift darauf ab, das durch eine rechtswidrige Tat Erlangte dem illegitimen Empfänger wieder abzunehmen, um somit das in ein verbotenes Geschäft Investierte unwiederbringlich für verloren zu erklären. Da der Täter weiß, daß er den rechtswidrig erlangten Gewinn wieder herauszugeben hat, die von ihm angestellte Kosten-Nutzen-Kalkulation also gegen die Tatbegehung spricht, trägt die Bestimmung dazu bei, den bei potentiellen Tätern bestehenden Anreiz zur Begehung einer darauf gerichteten Tat zu senken, wodurch ihr vorbeugender Charakter zum Ausdruck kommt. Eine so weitgehende Gewinnabschöpfung wäre weder durch die in das Tagessatzsystem eingebundenen Vorschriften der §§ 41 und 57 V StGB noch mit der sich allein nach der Schwere von Unrecht und Schuld bemessenden Geld- oder Vermögensstrafe (§ 43 a StGB) zu erzielen.

(3) „Schuld" als Ausgangs- und Endpunkt von Vergeltung und Prävention

Grenze allen staatlichen Strafens ist die Schuld. „Strafe setzt Schuld voraus. Schuld ist Vorwerfbarkeit. Mit dem Unwerturteil der Schuld wird dem Täter vorgeworfen, daß er sich nicht rechtmäßig verhalten, daß er sich für das Unrecht entschieden hat, obwohl er sich rechtmäßig verhalten, sich für das Recht hätte entscheiden können".[179] Die Strafe darf das Maß der Schuld nicht überschreiten. Die Strafe hat Ausgleichsfunktion, sie soll die Schuld des Täters abtragen, sie „ausgleichen". Die Vorschrift des § 46 I 1 StGB hat das Schuldprinzip ausdrücklich im StGB verankert. Es dient dem notwendigen Schutz des Täters gegen jedes Übermaß repressiver Einwirkung des Staates[180] und verbietet, daß bei der Ausschöpfung des bis zur Schuldobergrenze reichenden Rahmens der Strafe für die Strafzumessung nur präventive Kriterien herangezogen werden, womit die Strafe wie die Maßregel zum reinen Präventionsmittel werden würde:[181] „Der Präventionszweck darf nicht dazu führen, die gerechte Strafe zu überschreiten".[182] Der Täter darf insbesondere nicht bloßes

---

178 Vgl. dazu das AWG/StGBuaÄndG v. 28. 2. 1992 (BGBl. I 372).

179 BGHSt 2, 194, 200; 18, 87, 94.

180 *Jescheck*, Lehrbuch, 19.

181 *Jescheck*, Lehrbuch, 21.

182 BGHSt 20, 264, 267; BGH NJW 1987, 3015.

Mittel zum Zweck der Abschreckung anderer sein und nicht zum bloßen Objekt der Verbrechensbekämpfung gemacht werden.[183] Die Höhe des Strafmaßes muß deshalb immer auch die vom Täter auf sich geladene Schuld widerspiegeln, und „Strafzuschläge" aus generalpräventiven Erwägungen sind nur innerhalb des Bereichs der schuldangemessenen Strafe zulässig. Darüberhinausgehende „Zuschläge" würden die Ausgleichsfunktion der Strafe „sprengen" und sie von ihrer eigentlichen Grundlage lösen, was unzulässig wäre.

bb) Der Präventionsgedanke bei der Festlegung zivilrechtlicher Sanktionen im Allgemeinen

Wollen wir den Zweck des Zivilrechts allein darin sehen, interpersonale Interessenkollisionen aufzulösen,[184] verbieten sich Präventionszuschläge insoweit, als sie über das für die Herbeiführung eines gerechten Ausgleichs erforderliche Sanktionsmaß hinausgehen. Bei der Schaffung ausgleichender Gerechtigkeit hat der Blick nämlich notwendigerweise in beide Richtungen zu gehen. Es ist nicht nur nach den Gerechtigkeitsmaßstäben zu fragen, die es rechtfertigen, daß dem einen die Lasten aufgegeben werden, sondern auch nach der Rechtfertigung, weshalb dem anderen (die) Vorteile verschafft werden.[185]

Präventionszuschläge, die dieses Maß überschreiten, um die abschreckende Wirkung der Sanktion zu verstärken (Übersanktion), berühren das Verhältnis von privat- und öffentlichrechtlichen Sanktionen sehr grundlegend und sind ein starkes Indiz dafür, daß das Zivilrecht solchenfalls nicht mehr wesentlich der Ordnung von Individualrechtsverhältnissen dient, als vielmehr der Durchsetzung von Allgemeininteressen. Dies wäre, das Zivilrecht verstanden als bloßes Interessenausgleichswerk, dogmatisch bedenklich, weshalb derartige Zuschläge einer ganz besonderen Rechtfertigung bedürften. Keinesfalls aber darf die Prävention zu einem krassen Übermaß ausarten. Äußerste Grenze bildet daher der auch im Privatrecht geltende[186] verfassungsrechtliche Grundsatz der Verhältnismäßigkeit.

Wann allerdings das „ausgleichende Maß" der festzusetzenden Sanktion überschritten ist, läßt sich für das Zivilrecht, mit Ausnahme des Schadensersatzrechts, mangels einer quantitativen Ausprägung seiner Rechtsfolgen im Sinne einer festen Rechnungsbezugsgröße, an welche die Sanktionsfolge gemessen werden könnte, nicht allgemeinverbindlich festlegen. Die Wahl der probaten Sanktion ist für jeden Einzelfall gesondert und erneut zu treffen. Dabei hilft die Frage nach dem Sinn und

---

[183] BVerfGE 54, 100, 113.
[184] Siehe oben § 3 I 1 b.
[185] *Bunte*, FS Giger, 60.
[186] Vgl. näher *Canaris*, JZ 1987, 993ff.

Zweck, die für jede Sanktionsnorm erneut gestellt und unter Berücksichtigung des jeweiligen Einzelfalles erneut entschieden werden muß, das „richtige" Ergebnis zu finden.

cc) Der Präventionsgedanke bei der Festlegung des Umfangs der Schadensersatzpflicht

Nach der gesetzlichen Grundkonzeption des Bürgerlichen Gesetzbuchs soll das Schadensersatzrecht den beim Geschädigten eingetretenen Schaden ausgleichen, ihn kompensieren.[187] Ist der Schädiger deshalb lediglich verpflichtet, das im Vermögen des Geschädigten bei diesem entstandene „Loch" zu füllen – nicht weniger aber auch nicht mehr –, ist für präventive Erwägungen schon ipso jure kein Raum, da sich eine Präventionsverstärkung nach dem Vorbild der punitive damages im US-amerikanischem Recht nur über einen „Zuschlag" (Graphik 1)[188] realisieren läßt.

Verstehen wir in diesem Sinne das Schadensersatzrecht als bloßes Ausgleichsvehikel, ist damit auch die Blickrichtung dieses Instituts vorgegeben: Es blickt in die *Vergangenheit* und nicht, wie der Präventionsgedanke, in die Zukunft, wobei es hierbei nicht wie im Strafrecht[189] darum geht, die Rücksichtslosigkeit des schädigenden Verhaltens zu werten und die Schuld des „Täters" zu wiegen. Ein Schadensersatzrecht verstanden als reines Ausgleichsinstrument darf nämlich ab Eintritt des Schadensfalles seinen Blick nicht mehr auf die Person des Schädigers, sondern nur noch auf die des *Geschädigten* richten.[190] Denn nur bei diesem befindet sich das „Loch" im Vermögen, der Parameter, „von dem und für den" ein so verstandenes Schadensersatzrecht lebt. Demgegenüber darf das Strafrecht seinen Blick auf beide Parteien richten, in erster Linie zwar auf den Täter, hinsichtlich der Folgen der Tat für den Geschädigten aber auch auf diesen. Vom Blick in die Vergangenheit sprechen wir deshalb nur insofern, als das Schadensersatzrecht den Eintritt des schädigenden Ereignisses abwartet und „rückblickend" die dem Geschädigten entstandene Einbuße kompensiert.

(1) „Schaden" als Endpunkt von Sanktion und Prävention

Die Forderung, daß Umfang der Ersatzpflicht und „Loch" deckungsgleich sein müssen, hat zur Folge, daß der „Schaden" ähnlich wie die „Schuld" im Strafrecht die äußerste Grenze von Sanktion und Prävention bildet. Für den Schädiger bedeutet dies, daß er nur insoweit sanktioniert wird, als er überhaupt verpflichtet wird, das

---

[187] Siehe unten § 4 II.
[188] Siehe oben § 1 vor I.
[189] Dazu oben § 3 I 1 c aa (1).
[190] *Lange*, Schadensersatz, 9.

„Loch“ im Vermögen des Geschädigten zu füllen. Wir haben jedoch gesehen, daß das Bestehen dieser Pflicht, selbst wenn man sie als „Strafe“ begreifen möchte, uns in der Anerkennungsfrage nicht weiterbringt.[191]

Indes bestehen Zweifel, ob die Spruchpraxis der Rechtsprechung und auch der Gesetzgeber dieser Forderung immer gerecht werden. Insbesondere in der Rechtsprechung zeigt sich zunehmend die Tendenz und die Bereitschaft, dem Geschädigten für nahezu jede Einbuße einen Ersatzanspruch beiseite stellen zu wollen.[192] Dabei wird oft vergessen, daß Schaden und Ersatz[193] gänzlich verschiedene Dinge sind, die zwar häufig, aber bei weitem nicht immer einen gemeinsamen Weg gehen.

Folgendes Bild soll dies deutlich machen:

Graphik 2:

Schaden im natürlichen Sinne und rechtlich ersatzfähiger Schaden:

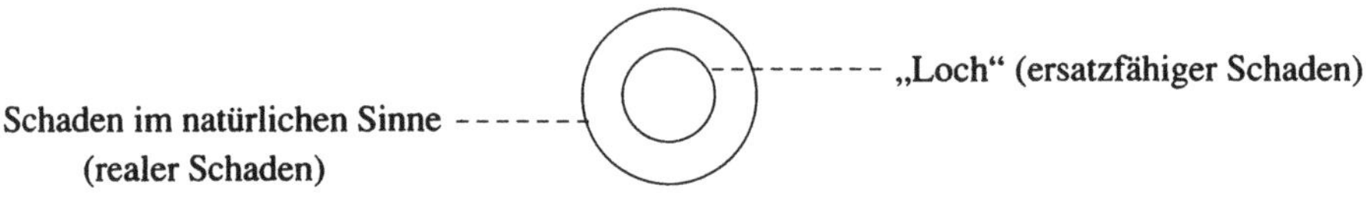

Der Schaden ist nichts außerrechtlich Vorgegebenes, das die Rechtsordnung anzuerkennen hat und bei dem sie nurmehr fragen kann, welche Rechtsfolgen sie daran knüpfen will.[194] Das Recht bestimmt vielmehr selbst, für welche Einbußen sie dem Geschädigten einen Ersatzanspruch gegen den Schädiger geben möchte.

Der „natürliche“ Schaden (ALR I 6 § 1) zieht dabei begriffsnotwendig die äußerste Grenze der Ersatzfähigkeit. Entsprechend dem allgemeinen Sprachgebrauch versteht man darunter jede Einbuße, die jemand an seinen Lebensgütern wie Gesundheit, Ehre oder Vermögen erleidet.[195] Ein solcher, auch im Strafrecht geltender Schadensbegriff hat die Sicherung von Rechtsgütern zum Ziel[196] und ist deshalb für das Ersatzrecht, wenn man ihm lediglich eine Ausgleichsfunktion zuweist, nicht verwertbar. Die Rechtsordnung knüpft zwar an ihn an, präzisiert ihn aber vor allem im Hinblick auf die Abgrenzung der Verantwortungsbereiche und den Ausgleichszweck.[197] Folgendes

---

191 Siehe oben §§ 2 III 4 a cc; 3 I.

192 Ein Nachweis dieser Entwicklung findet sich bei *Schmidt-Schalzer*, Umwelthaftungsrecht, 17ff.; trefflich *Diederichsen*, AcP 182 (1982), 101, 102: „Hypertrophie des Schadensausgleichsrechts“.

193 Vgl. den gleichlautenden Titel der Habilitationsschrift von *Magnus*, Schaden und Ersatz. Eine rechtsvergleichende Untersuchung zur Ersatzfähigkeit von Einbußen (Tübingen 1987).

194 MüKo/*Grunsky*, BGB, v. § 249 Rdnr. 6.

195 *Larenz*, Schuldrecht AT, § 27 II.

196 *Mertens*, 64f. in Auseinandersetzung mit *Larenz* (VersR 1963, 2).

197 *Larenz*, Schuldrecht AT, § 27 II (S. 426).

Beispiel macht dies deutlich: Wer in der Absicht sich zu bereichern einen gefälschten Scheck bei der Bank einlöst, bleibt auch dann wegen Betrugs strafbar, wenn er, etwa weil ihn das Gewissen plagt, sofort im Anschluß an die Auszahlung den Geldbetrag an den Eigentümer zurücküberweist. Dagegen hat er eine zivilrechtliche Schadensersatzklage nicht (mehr) zu befürchten, da das „Loch" im Vermögen des Geschädigten durch die Zurücküberweisung bereits gefüllt wurde.

Blickt somit das Schadensersatzrecht nur auf die „Vermögensbilanz" des Geschädigten, ohne die schadensstiftende Handlung (selbst) einer rechtsethischen Bewertung zu unterziehen, darf die Rechtsprechung dem Geschädigten einen Ersatzanspruch gegen den Schädiger deshalb in Fällen, in denen seine Handlung die Bilanz des Geschädigten nicht aus dem Gleichgewicht gebracht hat, nicht geben, mag ihre Verwerflichkeit auch noch so sehr nach einer „Bestrafung" des Schädigers schreien. „Wer ohne jedes Verschulden durch ein noch so freches Delikt verletzt ist, muß sich mit dem Ersatze seines Vermögensschadens begnügen. Er kann keinen Gewinn erzielen. Mit Recht: die Privatstrafen sind abgeschafft".[198] Die Frage, welche Einbußen des Geschädigten aber erst zu einer rechtlich relevanten und nicht nur realen Störung seiner Bilanz führen, setzt eine Verständigung darüber hinaus, welche Einbußen einen geldersatzfähigen Schaden überhaupt darstellen. Sie bildet die Kernfrage des Schadensrechts.[199] Dabei trifft das, was man vom Strafrecht kennt, auch hier zu: Die Strafe (ersetze: der Ersatz) ist keine punktförmige Größe, kein anonymer Rechnungsposten, sondern „es besteht hier ein Spielraum, der nach unten durch die schon schuldangemessene Strafe (ersetze: durch den Schadensbegriff nach BGB-Schadenskonzept) und nach oben durch die noch schuldangemessene Strafe (ersetze: durch den aufgrund einer zulässigen und wohlbegründeten Rechtsfortbildung entwickelten Schadensbegriff) begrenzt wird"[200] (sog. Spielraumtheorie). Das Bestreben den vom BGB rechtlich nicht festgelegten Begriff des Schadens zu präzisieren, hat deshalb zu einer Vielzahl von Theorievorschlägen geführt, die nur um Nuancen der Differenzierung kämpfen.[201]

(2) Über die Verpflichtung zur „Lochfüllung" hinausgehende Sanktion und Prävention

Jede schadensstiftende Handlung führt beim Geschädigten zu einem realen Schaden. Die Rechtsordnung darf *mittels des schadensersatzrechtlichen Instrumentariums*[202]

[198] *Heck*, AcP 124 (1925), 1, 56.
[199] Palandt/*Heinrichs*, BGB, Vorbem. v. § 249 Rdnr. 7.
[200] BGHSt 7, 28, 32; 20, 264, 267.
[201] Vgl. dazu unten § 4 II 2 a aa, bb, cc.
[202] Vgl. aber auch unten § 3 I 4 b.

die gestörte Bilanz zugunsten des Geschädigten und zu Lasten des Schädigers aber nur insoweit wieder in Ordnung bringen, als der Schaden (im natürlichen/untechnischen Sinne) einen auch rechtlich ersatzfähigen Schaden darstellt. Soweit dies nicht der Fall ist, das Gericht dem Geschädigten einen Ersatz dennoch zuspricht, verstößt es gegen das Ausgleichsprinzip.

Welche Schlüsse lassen sich hieraus ziehen? Sicher ist, daß ein solcher Verstoß zwangsläufig zu einer Bereicherung des Geschädigten führt (quantitativer Aspekt). Das mag zwar auf den ersten Blick unverständlich klingen, weil das Vermögen des Geschädigten ja eine faktische Minderung erfahren hat. Indes besteht die Bereicherung darin, daß dem Geschädigten etwas zugesprochen wurde, worauf er keinen Anspruch (§ 194 I BGB) hatte. Daß damit in der Sache ein tatsächlicher Schaden ausgeglichen wird, hat bei dieser Betrachtung außen vor zu bleiben. Die von der Rechtsordnung gezogenen Grenzen sind zu respektieren. Im übrigen gilt der Satz: „casum sentit dominus".[203]

Dürfen wir aus diesem Verstoß aber auch folgern, daß die Entscheidung des Gerichts Ausdruck eines Sanktions- und Präventionsdenkens ist (qualitativer Aspekt)? Sicherlich würde dies in vielen Fällen auf eine Unterstellung hinauslaufen. Man denke nur an den Fall, daß dem Gericht bei seiner Entscheidung ein (unbewußter) Rechenfehler unterlaufen ist. Der Schluß von der Quantität zur Qualität ist nur dort tragfähig, wo die Gerichte mit der Bereicherung des Geschädigten zugleich eine Sanktion des Schädigers bezwecken, beide Komponenten sich also gegenseitig bedingen. Indes tut man sich eines solchen Nachweises schwer. Nur hinsichtlich des quantitativen Aspekts läßt sich sagen: „Die Rechnung muß sofort stimmen, sonst erkennt man sogleich ihre Fehler".[204] Dagegen wird ein etwaiges Präventionsdenken als Motiv für diesen Fehler nicht ohne weiteres erkennbar sein. Hier gilt der oft zitierte Satz: „Pecunia non olet".[205] Mit dem Rechnen allein ist es also nicht getan. Zusätzlich zur Feststellung, daß der vom Schädiger dem Geschädigten zugefügte Nachteil einen rechtlich ersatzfähigen Schaden nicht darstellt, muß eine Wertung treten, die den gnadenlosen Fälscher der Bilanz erst überführt. In diesem Zusammenhang kommt den unterschiedlichen Blickrichtungen von Schadens-[206] und Strafrecht[207] entscheidende Bedeutung zu.

Noch wesentlicher scheint aber ein weiterer Gesichtspunkt zu sein: Dazu wollen wir uns nochmals Graphik 2[208] vor Augen führen: Sie macht deutlich, daß mangels

---

[203] Siehe oben § 3 I.
[204] *Großfeld*, Karlsruher Studiengesellschaft, 79.
[205] Vgl. *Sueton*, Vita Vespasiani, 23, 3.
[206] Vgl. oben § 3 I 1 c cc.
[207] Vgl. oben § 3 I 1 c aa (1), (2).
[208] Siehe oben § 3 I 1 c cc (1).

eines umfassenden schadensrechtlichen Vermögensschutzes[209] (insbesondere kein Eingang des natürlichen Schadensbegriffs in das BGB;[210] kein Schutz des Vermögens durch § 823 I BGB etc.) für den potentiell Geschädigten das Risiko bleibt, daß die Handlung des Schädigers „nur" einen natürlichen, rechtlich aber nicht ersatzfähigen Schaden verursacht. In diesen Fällen hat der Geschädigte an der Schadensverhütung nicht nur ein allgemeines, sondern vornehmlich existenzielles Interesse.

Im Bestreben, schadensstiftende Verhaltensweisen schon im Vorfeld zu unterbinden, hält der Gesetzgeber ein breitgefächertes Sanktionsinstrumentarium öffentlich-rechlicher Natur bereit. In vielen Bereichen des täglichen Lebens ist es indes mit der Androhung und Verhängung solcher Sanktionen, weil nicht interessengerecht, nicht getan. Vom Menschen nicht beherrschbare Gefahrenquellen beispielsweise können nur durch (technische) Präventiv- und Kontrollmaßnahmen[211] weitgehend gebannt werden. Klassisches Beispiel dafür ist das in § 23 I BImSchG angelegte sog. Vorsorgeprinzip. Kommt es aber dennoch zu einem Schadensfall, sind die pekuniären Folgen meist kapital. Diese Einsicht hat den Gesetzgeber dazu bewogen, in solchen Fällen Schadensersatzpflichten in Form der Gefährdungshaftung (Haftung für erlaubtes Risiko) zu statuieren, vgl. insbesondere: §§ 1 UmweltHG; 7 StVG; 1 HaftpflG; 833 S. 1 BGB; 22 WHG. Hier gilt das Motto: „Dulde und liquidiere", was noch dadurch unterstrichen wird, daß derjenige, der die Gefahrenquelle setzt, regelmäßig eine Pflicht zur sog. Deckungsvorsorge trifft (Bsp.: §§ 19 UmweltHG; 1 PflVG), deren Verletzung zuweilen kriminalistisches (!) Unrecht ist (Bsp.: § 21 I Nr. 1 UmweltHG; 6 PflVG).

In allen anderen Fällen, in denen der Eintritt oder das Ausbleiben eines Schadens vom Einzelnen mehr oder weniger unmittelbar gesteuert werden kann, hat das Motto: „Dulde und liquidiere" seine Berechtigung verloren. Der Gesetzgeber fordert vielmehr hier vom Einzelnen striktes normgerechtes Verhalten. Auf schadensstiftende Handlungen reagiert er mit öffentlich-rechtlichen, insbesondere strafrechtlichen Sanktionen, in der Hoffnung, daß der Normverletzer sich dies eine Warnung sein läßt und zukünftig normgerecht verhält. Ein durch das normwidrige Verhalten bei einem Dritten verursachter Schaden nur im natürlichen Sinne soll dabei nach der Vorstellung des Gesetzgebers durch die Sanktionierung des Täters „mit abgegolten" sein. Der Geschädigte bleibt insoweit auf seinem Schaden sitzen.

Es sind aber Fälle denkbar, in denen der wirtschaftliche Anreiz zur Begehung selbst einer strafbewehrten Rechtsverletzung so groß ist, daß der Normadressat sich kontinuierlich zum normwidrigen Verhalten entschließt, besonders dann, wenn die

---

209 Insoweit könnte man von einem „fragmentarischen Charakter" auch des Schadensrechts sprechen. Zum fragmentarischen Charakter des Strafrechts siehe oben § 3 I 1 a.

210 Die Lehre vom natürlichen Schaden hat aber wohl als Ausgangspunkt gedient (Prot. I, 296).

211 *Weyers*, 449 weist zu Recht darauf hin, daß technische Mittel oft die effektivsten sind.

ausgesprochenen Strafen trivial sind,[212] und es deshalb nicht hinnehmbar ist, den Geschädigten mit seinem Schaden allein zu lassen.

In Fällen, in denen der Gesetzgeber versagt, den Geschädigten vor derartigen schädlichen Verhaltensweisen zu bewahren, liegt es nahe, daß die Rechtsprechung versucht, dieses Defizit dadurch zu kompensieren, daß sie dem Geschädigten (unter Sprengung des Schadensbegriffs im rechtlichen Sinne) einen Ersatzanspruch gegen den Schädiger gibt. Dabei bezweckt sie naturgemäß weniger eine Bereicherung des Geschädigten (sie ist nur Mittel zum Zweck),[213] als vielmehr die Bestrafung des Schädigers im Sinne einer nachtatlichen Prävention mit Blick auf die Zukunft. Denn die Schadensersatzpflicht steht hier stellvertretend für eine öffentlich-rechtliche Sanktion, die ihre Steuerungsfunktion nicht erfüllt.

Das Schadensersatzrecht übernimmt in solchen Fällen *Rechtsgüterschutzfunktionen*, es wird, ähnlich wie das US-amerikanische Schadensrecht, von der Rechtsprechung instrumentalisiert.

Folgendes Bild soll dies verdeutlichen:

Graphik 3:

Deutsches Schadensrecht als statisches, US-amerikanisches Schadensrecht als dynamisches Institut:

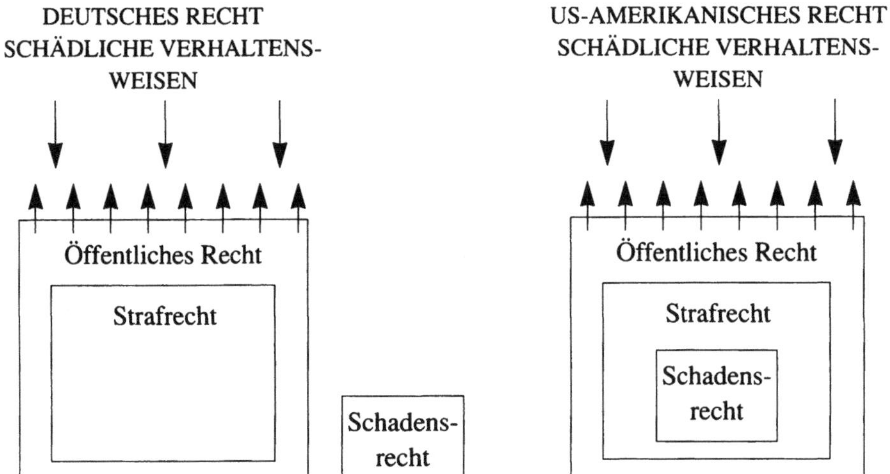

Abb. 4 Abb. 5

Abb. 4 zeigt das Sanktionensystem nach der Rechtsordnung der Bundesrepublik Deutschland, Abb. 5 das nach der Rechtsordnung der USA.

---

212 Vgl. oben § 1 IV 1 c.

213 Vgl. auch unten §§ 3 I 1 d bb (1); 11 III.

Im US-amerikanischen Rechtssystem tritt bei der aktiven Bekämpfung unerwünschten Verhaltens das schadensrechtliche Instrumentarium gleichberechtigt neben das öffentlich-rechtliche. Beide sind ineinander verwoben, gehen Hand in Hand. Es dient nicht nur dem Schadensausgleich, sondern wird darüber hinaus zu Sanktions- und Präventionszwecken eingesetzt, insbesondere dort, wo es darum geht, eine etwaige mangelnde Effizienz des Öffentlichen Rechts zu kompensieren. Da sich die Gerichte bei der Zuerkennung von punitive damages nicht von einem (engen) rechtlichen, sondern von dem (weiten) natürlichen Schadensbegriff sowie von der Schwere der Schuld des Schädigers leiten lassen, kann nahezu jede unerwünschte Verhaltensweise sanktioniert werden. Daß der einzelne damit in vielen Fällen zum Objekt der Gesamtrechtsordnung gemacht wird, wird hingenommen. Das US-amerikanische Schadensrecht gestaltet sich so als ein *dynamisches* Institut, das aus jedem Schadensfalle lernt und die Konsequenzen zieht. Machen sich beispielsweise massenhaft auftretende Gesetzesverstöße bemerkbar, etwa weil die Normverletzung durch den Rechtsverletzer für diesen unterm Strich immer ein gutes Geschäft bedeutet,[214] kann ihm dieser Anreiz durch eine Abschöpfung des unrechtmäßigen Profits[215] vergällt werden. Insoweit eignet sich das Rechtsinstitut der punitive damages hervorragend zur Feinsteuerung menschlichen Verhaltens, worin auch seine Stärke liegt.

Demgegenüber beteiligt sich das deutsche Schadensersatzrecht, solange und soweit man den Ausgleichsgedanken zum Maß aller Dinge macht, nicht an der aktiven Schadensverhütung. Es ist demnach kein aktives, dynamisches, sondern ein *passives, statisches* Institut,[216] das seinen Charakter nicht ändert, mag der Schädiger den Schadensfall auch noch so rücksichtslos herbeigeführt haben. Es rechnet nur und wertet nicht, und lebt getreu nach dem Motto „Dulde und liquidiere". Es betreibt keine Schadensvermeidungspolitik, sondern möchte nur einen Schaden, eine rechnerische Größe, ausgleichen, weshalb es nur dem Erfolg („Loch" im Vermögen des Geschädigten), nicht aber der Ursache, die diesen Erfolg erst herbeigeführt hat, verpflichtet ist. Es ist dementsprechend nicht in das „aktive Sanktionensystem" mit eingebunden, sondern steht gleichgültig neben diesem.

Wenn sich deshalb insoweit beide Rechtssysteme auch unterscheiden, so bleiben die Probleme, die sie zu lösen haben, doch dieselben. Soweit sich diese aber mit den von der jeweiligen Rechtsordnung vorgegebenen Mitteln nicht befriedigend lösen lassen, scheint jedes Mittel recht, um den gewünschten Erfolg zu erzielen. Für die

---

214 Vgl. etwa die Aussage von *Schricker*, GRUR 1979, 1, 3 hinsichtlich des deutschen Wettbewerbsrechts: „Unlauterer Wettbewerb rentiert sich immer", vgl. dazu unten § 7 I 2 b.

215 Vgl. zu dieser Funktion oben § 1 IV 2 a.

216 Ähnlich *Großfeld*, Privatstafe, 89 unter Hinweis darauf, daß die Auffassung vom Recht als einer dynamischen Kraft unweigerlich zur Privatstrafe führe.

hier gestellte Problematik heißt das: Wo ein umfassender Rechtsgüterschutz durch das Strafrecht nicht gewährleistet ist, wird auch die deutsche Rechtsprechung nicht zögern, das Schadensersatzrecht unter Zurücksetzung dogmatischer Bedenken vom „blinden" Ausgleichsinstrument zum aktiven Schadensbekämpfunginstrument zu pervertieren. Bei der vorzunehmenden Wertung, ob das konkrete Urteil Ausdruck eines Sanktionsdenkens ist, werden wir deshalb Bereichen, wo dieser Verdacht groß ist, erhöhte Aufmerksamkeit schenken.

(3) Qualität eines etwaigen Sanktions- und Präventionsgedankens

Wir haben bereits oben[217] darauf hingewiesen, daß ein etwaiger Strafgedanke im deutschen Schadensersatzrecht allenfalls in Form eines *faktisch* praktizierten Grundgedankens denkbar ist. Dies ist jedoch nicht Grund genug, punitive-damages-Urteilen die Anerkennung schon deshalb zu versagen.[218] Um die zwischen beiden Rechtssystemen hinsichtlich der Ausprägung des Strafgedankens auf den ersten Blick bestehende Diskrepanz zu relativieren, empfiehlt es sich nach den Gründen zu fragen, warum ein etwaiger Strafgedanke im deutschen Schadensersatzrecht schon von vornherein auf schwächeren Füßen steht. Man wird dann eher geneigt sein, die Anerkennungsfrage unvoreingenommener anzugehen, und nicht, wie der BGH dies tut,[219] mit einem Federstrich vom Tisch zu fegen.

Während durch die Verurteilung des Schädigers zu punitive damages über diesen vornehmlich ein *rechtsethisches* Unwerturteil gefällt wird, äußert sich ein eventuelles Strafmoment in deutschen Schadensersatzurteilen nur insofern, als der Schädiger über die Verpflichtung zum Schadensausgleich hinaus *rechtsfaktisch* „getroffen" werden soll.

Im US-amerikanischen Schadensrecht kommen Sanktion und Prävention durch einen gesonderten Strafzuschlag zum eigentlichen Schadensersatzanspruch deutlich zum Ausdruck. Der Sanktionsgedanke ist quantifiziert, so daß er auch für den juristischen Laien offensichtlich ist. Dagegen bildet im deutschen Schadensersatzrecht der natürliche Schaden die Grenze dessen, was die Gerichte dem Geschädigten zusprechen können. Sanktion ist hier nur im Rahmen der Verursachung eines realen Schadens möglich, weshalb beim juristischen Laien dieser Aspekt nicht so offenkundig wird, wird dieser es doch nur als gerecht empfinden, daß der Schädiger für den gesamten (natürlichen) Schaden einzustehen hat.

Hinzu kommt ein psychologisches Moment. Die Festsetzung der punitive damages erfolgt durch eine aus Laien bestehende Jury. Sie weiß, daß sie über den Schä-

---

217 § 3 I 1 c cc (3).

218 Vgl. auch oben § 2 III 4 a cc.

219 BGHZ 118, 312 (vgl. dazu oben § 2 III 4 a bb).

diger nur zu Gericht sitzt, um ihn einer gerechten „Strafe" zuzuführen. Dagegen muß der deutsche Richter jedes Sanktionsdenken bei der Lösung des Schadensfalles unterdrücken, möchte er nicht offensichtlich gegen den Ausgleichsgedanken verstoßen.

d) Ausscheidung des Strafmoments aus dem Zivilrecht

Wir haben gesehen, daß sich im Lauf der Geschichte die vollständige Trennung von Strafe und Schadensersatz vollzogen hat:[220] Von den Privatdelikten spalteten sich die öffentlichen Straftaten ab, die einstigen (Mehrfach-)bußen wurden vom (zweckbetonten) Schadensersatz verdrängt.

Das deutsche Recht kannte jedoch noch lange Zeit den Bußanspruch als Entschädigung des Verletzten. Dieses Rechtsinstitut, das als Zwitter zwischen Strafe und Schadensersatz Eingang fand in das StGB (erst für den Norddeutschen Bund (31.5.1870), dann für das Reich (15.5.1871)) sowie in zahlreiche Gesetze zum Schutze von Immaterialgütern,[221] ist ein Beispiel, wie schwer wir uns doch mit dem Gedanken einer sauberen Trennung von Strafe und Schadensersatz letztendlich tun.

---

220 Siehe oben § 3 I.

221 § 18 III d. Ges. v. 11.6.1870 betr. d. Urheberrecht an Schriftwerken, Abbildungen, musikalischen Kompositionen und dramatischen Werken (BGBl. des Norddeutschen Bundes, S. 339); § 15 d. Ges. v. 30.11.1874 über den Markenschutz (RGBl. S. 145); § 16 d. Ges. v. 9.1.1876 betr. das Urheberrecht an Werken der bildenden Künste (RGBl. S. 4); § 9 d. Ges. v. 10.1.1876 über den Schutz der Photographien gegen unbefugte Nachbildung (RGBl. S. 8); § 14 d. Ges. v. 11.1.1876 betr. das Urheberrecht an Mustern und Modellen (RGBl. S. 11); § 36 d. Patentgesetzes v. 25.5.1877 (RGBl. S. 501); § 37 d. Patentgesetzes v. 7.4.1891 (RGBl. S. 79); § 11 d. Ges. v. 1.6.1891 betr. den Schutz von Gebrauchsmustern (RGBl. S. 290); § 18 d. Ges. v. 12.5.1894 zum Schutze der Warenbezeichnungen (RGBl. S. 441); § 14 d. Ges. v. 27.5.1896 betr. Bekämpfung des unlauteren Wettbewerbs (RGBl. S. 145); § 40 d. Ges. v. 19.6.1901 betr. das Urheberrecht an Werken der Literatur und Tonkunst i.d.F. d. Ges. zur Ausführung der revidierten Berner Übereinkunft zum Schutze von Werken der Literatur und Kunst v. 22.5.1910 und d. Ges. zur Verlängerung der Schutzfristen im Urheberrecht v. 13.12.1934 (RGBl. II S. 1395), aufgeh. durch Ges. v. 9.9.1965 (BGBl. I S. 1273); § 35 d. Ges. v. 9.1.1907 betr. d. Urheberrecht an Werken der bildenden Künste und der Photographie (RGBl. S. 7) i.d.F. d. Ges. zur Ausführung der revidierten Berner Übereinkunft zum Schutze von Werken der Literatur und Kunst v. 22.5.1910, d. Ges. zur Verlängerung der Schutzfristen im Urheberrecht v. 13.12.1934 und d. Ges. zur Verlängerung der Schutzfristen für das Urheberrecht an Lichtbildern v. 12.5.1940 (RGBl. I S. 758), aufgeh. durch Ges. v. 9.9.1965 (BGBl. I S. 1273); § 26 d. Ges. v. 1.6.1909 betr. den unlauteren Wettbewerb (RGBl. S. 499), aufgeh. durch Ges. v. 2.3.1974 (BGBl. I S. 469, 574); § 17 d. Gebrauchsmustergesetzes v. 5.5.1936 (RGBl. S. 130); § 50 d. Patentgesetzes v. 5.5.1936 (RGBl. S. 117); § 29 d. Warenzeichengesetzes v. 5.5.1936 (RGBl. S. 134) aufgeh. durch Ges. v. 25.10.1994 (BGBl. I S. 3082, ber. 1995 I S. 156).

aa) Abschaffung der Bußenregelung

Zwar wurden die letzten gesetzlichen Anwendungsfälle der Buße durch das EGStGB vom 2.3.1974 (Art. 17 und 287 EGStGB) mit Wirkung zum 1.1.1975 (Art. 326 I EGStGB) wieder abgeschafft, weshalb spätestens zu diesem Zeitpunkt die Trennung zwischen Straf- und Schadensrecht zumindest formalrechtlich im deutschen Recht vollendet war. Doch Stimmen, die ein Weiterleben der Buße in anderer Form behaupten, sind nie ganz verstummt.[222]

(1) Frühere gesetzliche Bestimmungen

Im folgenden werden nur die für die weitere Untersuchung relevanten Bußvorschriften, jeweils in ihrer zuletzt gültigen Fassung, wiedergegeben.

§ 188 StGB lautete:

> „In den Fällen der §§ 186 und 187 kann auf Verlangen des Beleidigten, wenn die Beleidigung nachteilige Folgen für die Vermögensverhältnisse, den Erwerb oder das Fortkommen des Beleidigten mit sich bringt, neben der Strafe auf eine an den Beleidigten zu erlegende Buße erkannt werden.
> Eine erkannte Buße schließt die Geltendmachung eines weiteren Entschädigungsanspruches aus".

§ 231 StGB lautete:

> „In allen Fällen der Körperverletzung kann auf Verlangen des Verletzten neben der Strafe auf eine an denselben zu erlegende Buße erkannt werden.
> Eine erkannte Buße schließt die Geltendmachung eines weiteren Entschädigungsanspruches aus.
> Für diese Buße haften die zu derselben Verurteilten als Gesamtschuldner".

§ 35 KUG lautete:

> „Auf Verlangen des Verletzten kann neben der Strafe auf eine an ihn zu erlegende Buße bis zum Betrage von sechstausend Mark erkannt werden. Die zu dieser Buße Verurteilten haften als Gesamtschuldner.
> Eine erkannte Buße schließt die Geltendmachung eines weiteren Anspruchs auf Schadensersatz aus".

§ 40 LUG lautete:

> „Auf Verlangen des Berechtigten kann neben der Strafe auf eine an ihn zu erlegende Buße bis zum Betrage von sechstausend Mark erkannt werden. Die zu dieser Buße Verurteilten haften als Gesamtschuldner.

---

[222] Etwa *Gottwald*, Schadenszurechnung, 160.

> Eine erkannte Buße schließt die Geltendmachung eines weiteren Anspruchs auf Schadensersatz aus“.

§ 14 GeschmMG ordnete die entsprechende Anwendung des § 18 III d. Ges. v. 11. 6. 1870 betr. das Urheberrecht an Schriftwerken an, der lautete:

> „Statt jeder aus diesem Gesetze entspringenden Entschädigung kann auf Verlangen des Beschädigten neben der Strafe auf eine an den Beschädigten zu erlegende Geldbuße bis zum Betrage von zweitausend Thalern erkannt werden. Für diese Buße haften die zu derselben Verurtheilten als Gesamtschuldner.
> Eine erkannte Buße schließt die Geltendmachung eines weiteren Entschädigungsanspruchs aus“.

§ 26 UWG lautete:

> „Neben einer nach Maßgabe dieses Gesetzes verhängten Strafe kann auf Verlangen des Verletzten auf eine an ihn zu erlegende Buße bis zum Betrage von zehntausend Deutsche Mark erkannt werden. Für diese Buße haften die dazu Verurteilten als Gesamtschuldner.
> Eine erkannte Buße schließt die Geltendmachung eines weiteren Entschädigungsanspruchs aus“.

(2) Begriff

Die Buße, die der Höhe nach begrenzt war,[223] war ein vom Verletzer an den Verletzten zu zahlender Geldbetrag, der den Verletzten für die aus der vom Täter begangenen Straftat ihm erwachsenden Nachteile materieller und/oder immaterieller Art entschädigen sollte. Sie wurde im Strafverfahren geltend gemacht (§ 406d StPO 1877 a.F.) und stellte nach h.M. einen zivilrechtlichen Schadensersatzanspruch dar,[224] ging aber im Immaterialbereich darüber hinaus. Hatte der Geschädigte mit seinem Bußanspruch Erfolg, war ihm die Geltendmachung eines (weiteren) Schadensersatzanspruchs verwehrt (vgl. z. B. §§ 188 II, 231 II StGB, 35 II KUG, 26 S. 3 UWG).

(3) Anspruchsvoraussetzungen

Voraussetzung der Buße war das Vorhandensein eines Verletzten, eine nach Maßgabe der jeweiligen Bestimmung verhängte Strafe sowie ein Antrag des Verletzten. Stellt man nur die Anspruchsvoraussetzungen der Buße denen der punitive damages gegenüber, zeigen sich augenscheinliche Parallelen beider Institute:

---

223 Soweit sich das Höchstmaß nicht unmittelbar aus dem Gesetz ergab, galt Art. IV der VO. über Vermögensstrafen und Bußen vom 6. 2. 1924 (RGBl. S. 46), wonach die Grenzen für die Buße 3 RM und 10 000 RM betrugen.

224 *Niemayer*, 1 (Einleitung).

Graphik 4:

Voraussetzungen des Rechtsinstituts der Buße und des Rechtsinstituts der punitive damages – Gegenüberstellung:

Rechtsinstitut der Buße:	Rechtsinstitut der punitive damages:
Straftatbestandliche Verurteilung	Schadensersatzanspruch (nominal damages ausreichend)
+	+
„Schaden“	erschwerende Umstände (kann, muß aber nicht strafbares Verhalten sein)
+	+
Antrag des Verletzten	Antrag des Geschädigten
↓	↓
BUßE	PUNITIVE DAMAGES
(an Geschädigten zu entrichten; kein Anspruch des Geschädigten auf Zuerkennung; Strafsache; Zivilrechtsweg ausgeschlossen)	(an Geschädigten zu entrichten;[225] kein Anspruch des Geschädigten auf Zuerkennung; Zivilsache;[226] Strafrechtsweg nicht ausgeschlossen)

Sowohl Buße als auch punitive damages knüpfen an eine Verurteilung des Schädigers an, sind streng akzessorisch. Auslösendes Moment beider Rechtsinstitute ist dabei weniger das „Loch“ im Vermögen des Geschädigten (es bildet nur den äußeren Anlaß), als vielmehr die bloße Rechtsgutverletzung an sich. Für das Rechtsinstitut der punitive damages hinsichtlich seiner qualitativen Aspekte[227] versteht sich dies von selbst. Für die Buße ergibt sich dies daraus, daß sie zuweilen auch ohne Vorliegen eines Schadens bzw. unter Verzicht seines Nachweises zugesprochen wurde.[228]

Ähnlich wie bei den punitive damages des US-amerikanischen Rechts hatte der Geschädigte keinen Anspruch auf die Zuerkennung einer Buße. Es stand vielmehr

---

[225] Vgl. aber oben § 2 II Fn. 60.

[226] Siehe oben § 2 II.

[227] Siehe oben § 1 IV 1.

[228] Siehe unten § 3 I 1 d aa (5).

im pflichtgemäßen Ermessen des Richters, ob er von dieser Ermächtigung Gebrauch machen wollte.[229]

Unterschiede ergeben sich nur in der Breite des Anwendungsbereichs. Da die Buße nur in den gesetzlich geregelten Fällen zugesprochen werden konnte, und auch nur dann, wenn auf Strafe *erkannt* wurde, war ihr Einsatzbereich sehr begrenzt.

(4) Rechtsnatur

Über das Wesen der Buße war insbesondere nach Inkrafttreten des BGB (Art. 1 EGBGB; 1.1.1900) ein heftiger Streit entbrannt. Während die einen die Natur der Buße in einer Strafe (aber einer im Gegensatz zur öffentlichen Strafe stehenden Privatstrafe) erblickten, maßen andere ihr lediglich den Charakter eines (qualifizierten) Schadensersatzes bei. Zwischen diesen beiden Extrempositionen gab es wiederum zahlreiche vermittelnde Ansichten.[230]

Anlaß, die Rechtsnatur der Buße zu ergründen, besteht im Rahmen dieser Arbeit aus zwei Gründen nicht: Erstens ist sie als selbständiges Institut abgeschafft. Zweitens, und das ist das Entscheidende, gilt, worauf *Graf zu Dohna* in diesem Zusammenhang zu Recht hingewiesen hat: „Ganz ohne Rest wird und kann niemals der Wortlaut der Paragraphen in die theoretische Konstruktion derselben aufgehen".[231] Völlig falsch wäre es deshalb, möchte man die Einstufung der Buße als Schadensersatz oder Strafe vom Ergebnis einer Abwägung der für das eine oder andere sprechenden Argumente nach Art einer Punkteskala vornehmen.[232] Entscheidend für uns ist allein die praktische Handhabung dieses Instituts. Wir können uns damit begnügen zu fragen, was den „Rest" ausmacht, das die Buße vom Ersatz weg, hin in Richtung Strafe tendieren läßt, was also dafür spricht, daß die Buße eher Strafe als Ersatz ist. Die Beantwortung dieser Frage schließt die Frage nach den Funktionen dieses Instituts mit ein.

(5) Funktionen der Buße

Daß die Buße mehr Rechtsgüterschutz als reinen Schadensausgleich bezweckte, dafür spricht schon die Eigentümlichkeit der Rechtsgüter, zu dessen Schutze sie kreiert wurde. Das Wesen der Immaterialgüterrechte zeichnet sich einmal durch ihre besondere Verletzlichkeit und des sich daraus ergebenden Schutzbedürfnis des Verletzten aus. Wegen der immateriellen Natur der geschützten Rechtsgüter kann

---

[229] *v. Olshausen*, StGB, § 188 Anm. 7.
[230] Vgl. dazu die Nachw. bei *Graf zu Dohna*, Buße, 436ff.
[231] Buße, 439.
[232] So aber *Kern*, FS Mezger, 411.

der Berechtigte – anders als bei körperlichen Gegenständen – keine Vorkehrungen gegen Rechtsverletzungen treffen. Rechtsverletzungen dieser Art treten zudem häufig massenhaft auf. Andererseits aber wird dem Verletzten der Nachweis eines Schadens regelmäßig nicht gelingen. Ähnliche Erwägungen dürften auch für die Einführung einer Bußenregelung in das UWG eine Rolle gespielt haben.

In Fällen, in denen der Beweis eines Schadens vom Geschädigten nicht erbracht werden konnte, man aber andererseits die vom Schädiger begangene Rechtsverletzung nicht sanktionslos hinnehmen wollte, versprach der Bußanspruch heilsame Abhilfe. Eine Buße konnte nach Ermessen des Gerichts auch dann verhängt werden, wenn der Verletzte einen zivilrechtlich zu begründenden Entschädigungsanspruch nicht darlegen[233] oder aber die Höhe des Schadens nicht zuverlässig festgestellt werden konnte.[234] Zuweilen begnügte man sich gar mit der bloßen Möglichkeit eines Schadens.[235] Auch stand der Geltendmachung der Buße nicht entgegen, daß der zivilrechtliche Anspruch unzulässig oder beschränkt war.[236] Vollends an die punitive damages des US-amerikanischen Rechts erinnert schließlich die an den Richter herangetragene Forderung, dieser sollte als Strafe einen Betrag über dem tatsächlich entstandenen Vermögensschaden zusprechen.[237] Die Höhe dieses Zuschlags sollte sich nach der Schwere der Schuld des Schädigers sowie den Vermögensverhältnissen beider Beteiligten richten,[238] was an die Strafzumessungskriterien im Strafrecht erinnert.

In den Fällen der §§ 188, 231 StGB diente die Buße dazu, über den materiellen Schadensersatz hinaus auch immaterielle Schäden auszugleichen,[239] womit dem Verletzten zugleich Genugtuung zuteil werden sollte. Die Buße bildete so pauschalen Ersatz für beide Schadensposten in einer Summe.[240]

Unterstrichen wurde der Genugtuungscharakter dadurch, daß nur der Verletzte selbst und nicht sein Erbe den Antrag auf Buße stellen konnte[241] sowie dadurch, daß

---

233 RG JW 1888, 229 n. 13.

234 So hat RGSt 44, 294, 299 ausgesprochen, „daß es bei Festsetzung einer Buße der zuverlässigen und genauen Ermittlung der Höhe des entstandenen Schadens nicht bedürfe, sondern daß das Gericht unter Würdigung aller Umstände nach seiner freien Überzeugung zu entscheiden habe"; *Gierke*, Deutsches Privatrecht, 972.

235 *Gierke*, Deutsches Privatrecht, 972; *v. Weinrich*, 123. Bezeichnend hierfür Rüdorff/*Stenglein*, StGB § 188 Nr. 3: „Die civilrechtlichen Grundsätze und Voraussetzungen des Schadensersatzes binden den Strafrichter bei Abmessung derselben (scl. der Buße) indessen in keiner Weise und können demselben nur als eine Art von Information dienen."

236 RG JW 1880, 35 n. 20; RG JW 1880, 6 n. 8.

237 *v. Waechter*, 33.

238 *Kern*, FS Mezger, 410.

239 RGSt 15, 352.

240 *Weinrich*, 121.

241 OLG Hamm, MDR 1949, 242.

die Verurteilung zur Bußezahlung hinfällig wurde, wenn der Verletzte vor Rechtskraft des Urteils starb.[242]

bb) Entfernung der Privatstrafe aus dem Zivilrecht

Mit der Ausdehnung der öffentlichen Strafverfolgung auf private Rechtsgüter ist die einstige Privatstrafklage verschwunden. Dagegen wird über die Privatstrafe im engeren Sinne heute noch diskutiert.

(1) Begriff

Von einer (vollkommenen) Privatstrafe spricht man, wenn der Verletzte allein entscheidet: 1. *ob* eine Vergeltung der Tat erfolgt, 2. über die Höhe der Strafe, wenn er 3. die Strafe selbst vollstreckt und 4. der mit der Strafe verbundene Schaden für den Täter zu einem unmittelbaren Vorteil für den Verletzten wird.[243]

Eine so verstandene Privatstrafe, die wegen der zu 2. und 3. genannten Merkmale an archaische Zeiten erinnert, gibt es heute nicht mehr.[244] Im Strafrecht hat man sie mit Ausnahme der erst durch § 11 EGStPO 1877[245] abgeschafften (pönalen) actio iniurarium[246] mit Inkrafttreten des StGB endgültig beseitigt.

Vom Gedanken einer Privatstrafe im „engeren Sinne"[247] aber, einer solchen ohne die in 2. und 3. genannten Merkmale, scheint man sich heute noch nicht restlos getrennt zu haben.[248] Sieht man das Wesen der alten Buße in einer Privatstrafe, wofür etwa ihre Begrenzung der Höhe nach spricht, war sie sogar bis zum letzten Drittel des 20. Jahrhunderts noch Rechtswirklichkeit, aber spätestens zu diesem Zeitpunkt „als Rechtsinstitut" abgeschafft. Doch ist zu fragen, ob nicht der von der Rechtsprechung dem Geschädigten zuerkannte Schadensersatz in Wahrheit oft eine „verschleierte" – faktisch praktizierte – Privatstrafe darstellt. Da die Privatstrafe (im engeren Sinne) in ihrer äußeren Erscheinung dem Schadensersatz gleicht und nur im Wesen von ihm verschieden ist,[249] wird das (der Privatstrafe eigentümliche) Straf-

---

242 RGSt 64, 348.

243 *Großfeld*, Privatstrafe, 9.

244 Vgl. oben § 3 I.

245 RGBl. S. 346; § 11 EGStPO lautete: „Die Verfolgung von Beleidigungen und Körperverletzungen findet nur nach den Vorschriften der Strafprozeßordnung statt. Insoweit diese Verfolgung nach der Gesetzgebung eines Bundesstaates im Wege des Zivilprozesses stattfand, richtet sich die Erledigung eines anhängigen Verfahrens nach den Vorschriften des Einführungsgesetzes zur Zivilprozeßordnung".

246 *Kaser*, Römisches Privatrecht, 162, 167, 235.

247 *Großfeld*, Privatstrafe, 10.

248 Vgl. nur *Großfeld*, Die Privatstrafe. Ein Beitrag zum Schutz des allgemeinen Persönlichkeitsrechts. (Frankfurt/Berlin 1961), der den Versuch unternommen hat, die Privatstrafe wiederzubeleben.

249 *Großfeld*, Privatstrafe, 11.

moment nicht immer ohne weiteres erkennbar sein, sondern ganz im Gegenteil noch dadurch verwischt, daß sie doch dem Verletzten wirtschaftlich zugute kommt. Wenn dies dem Strafzweck auch nicht eo ipso entgegensteht,[250] weil die Bereicherung des Geschädigten in diesen Fällen nicht das eigentliche Ziel, als vielmehr nur Mittel zum Zweck, nur Reflex[251] ist, so bedarf es doch der Heranziehung weiterer Kriterien,[252] die erst den Schluß zulassen, daß der dem Geschädigten zugesprochene Betrag nicht Ersatz-, sondern Bußfunktion hat.

(2) Bedeutung der Privatstrafe für den Schutz des allgemeinen Persönlichkeitsrechts bei immateriellen Schäden

Auf dem Gebiet des Immaterialgüterschutzes ist die Diskussion um die Privatstrafe bis heute nicht erloschen. *Großfeld,* der sich um ihr Wiederaufleben bemüht hat, hält sie bei Verletzungen des Persönlichkeitsrechts gar als „die geeignetste Sanktion".[253] Dafür spricht, daß bei der Verletzung des Persönlichkeitsrechts, ganz so wie im Strafrecht, der Zeithorizont durch die Tat zunächst einmal abgeschlossen ist.[254] Der Beleidigte hat den Schmerz erlitten, man kann ihn ihm nicht mehr „nehmen". Zwar kann auch der Eintritt eines Vermögensschadens nicht mehr in naturkausalem Sinne rückgängig gemacht werden. Anders als bei der Verletzung immaterieller Güter bleibt hier aber ein „rechnerischer Ausgleich" möglich, so daß der an seinem Vermögen Geschädigte jedenfalls annähernd wieder das erhält, was ihm der Schädiger genommen hat. Die Ehre aber ist ein nicht wiederherzustellendes Rechtsgut, das dem Geschädigten vom Schädiger geleistete Geld nur ein höchst „unzulängliches Äquivalent, das nur mangels eines besseren gewählt wird".[255] Wenn aber das verletzte Rechtsgut nicht mehr hergestellt werden kann, der Verletzer aber dennoch zur Leistung von Schadens-„Ersatz" an den Verletzten verurteilt wird, kommt dies einer Strafe gleich, mittels derer dem Rechtsbrecher die Unverbrüchlichkeit der Rechtsordnung vor Augen geführt werden soll. Oder anders gewendet: „Strafe ist Reaktion gegen die Verletzung irreparabler Werte".[256] Die Wunde des in seiner Ehre Verletzten kann nur dadurch geheilt werden, daß man beim Verletzer eine weitere schlägt. Der vom Verletzer zu zahlende Betrag steht deshalb ganz im Zeichen des Rechtsgüterschutzes, nicht des Ausgleichs und ist

---

250 *Großfeld*, Privatstrafe, 10.

251 Vgl. dazu oben § 3 I 1 c cc (2) sowie unten § 11 III.

252 Vgl. dazu unten § 6 III.

253 Privatstrafe, 113.

254 Dagegen bleibt er bei Rechtsverhältnissen offen: Einem gegen die guten Sitten verstoßenden Rechtsgeschäft wird lediglich die Wirksamkeit versagt (§ 138 BGB).

255 *Großfeld*, Privatstrafe, 97; ähnlich *Breher*, 6ff.

256 *Graf zu Dohna*, Buße, 457.

daher seiner Natur nach mehr Geldbuße als Schadensersatz. Sühne und Abschreckung stehen im Vordergrund. Die Schadensvermeidung ist erstes Gebot. So sehr sich die Rechtsprechung auch bemühen mag, die Ehre über das Rechtsinstitut des Schadensersatzes zu schützen, darüber, daß diese Schadens„ersatz"leistung – immer vorausgesetzt, daß durch die Ehrverletzung ein Vermögensschaden nicht entstanden ist – im Keime immer ein pönales Moment in sich tragen wird, wird sie sich nicht hinwegsetzen können. Die vom Bundesgerichtshof[257] entwickelte Genugtuungslehre ist ein erstes Eingeständnis dieser Erkenntnis.

(cc) Gegenläufige Tendenzen

Die sich im Lauf der deutschen Geschichte abgezeichnete Entwicklung der Trennung von Strafe und Schadensersatz war nicht immer ungebrochen.

(1) Gesetzgebung: § 847 BGB

Was den Ausgleich immaterieller Schäden angeht, hat der Gesetzgeber des BGB mit Einführung des Schmerzensgeldparagraphen (§ 847) in die Tat umgesetzt, was *Gierke*[258] ausgesprochen hat: „Je mehr die Privatstrafe aus dem geltenden Recht verschwindet, desto unentbehrlicher ist die Berücksichtigung des immateriellen Schadens bei der Ordnung der Schadensersatzpflicht". Das Schmerzensgeld wurde nicht zuletzt deshalb als „ein Nachklang der alten Privatbuße"[259] bezeichnet. Die Genugtuungsrechtsprechung des Bundesgerichtshofs[260] hat diesen Nachklang noch betont.

Der Eingang der Schmerzensgeldvorschrift in das BGB führte dazu, daß die körperliche Integrität bis zur Abschaffung der Bußen in zweifacher Hinsicht geschützt war. Da die Buße des § 231 StGB auch zur Ausgleichung von Nachteilen nichtvermögensrechtlicher Natur diente,[261] konnte im Strafverfahren Buße oder im Zivilverfahren Ersatz eingeklagt werden.[262] Dagegen konnte wegen Verletzung der persönlichen Freiheit Genugtuung nur nach BGB verlangt werden. Im Falle der Verletzung der Ehre stand dem Verletzten an sich kein Ausgleichsanspruch zur Seite. Wenn auch nichtvermögensrechtliche Nachteile im Rahmen des § 188 StGB berücksichtigt werden konnten,[263] so setzte ein Ersatzanspruch doch immer einen

257 BGHZ 18, 149.
258 *Gierke*, Entwurf, 195.
259 *Beseler*, 538.
260 Vgl. dazu ausf. unten § 8 XVIII 1.
261 RGSt 15, 354; *v. Olshausen*, StGB, § 231 Anm. 6 m.w.N.
262 *Graf zu Dohna*, Buße, 444.
263 *v. Olshausen*, StGB, § 188 Anm. 4 m.w.N.

„Rückschlag auf die allgemeine Vermögenslage“[264] voraus. Dann aber hatte der Verletzte wiederum die Wahl, im Strafverfahren Buße (§ 188 StGB) oder im Zivilverfahren Ersatz (§ 824 BGB) einzuklagen.

Da seit Inkrafttreten des BGB für den Verletzten die Möglichkeit bestand, auch immateriellen Schaden (und zwar ohne grundsätzliche Begrenzung der Höhe nach) ersetzt zu verlangen (allerdings nicht in Fällen der Beleidigung), verlor die Buße nach § 231 StGB in der Praxis mehr und mehr an Bedeutung.

(2) Rechtsprechung: BGHZ 13, 334; BGHZ 26, 349

Gierkes Erkenntnis hat ihren Niederschlag auch in der Rechtsprechung gefunden. Nachdem der Bundesgerichtshof mit Urteil vom 25.5.1954[265] bereits das Allgemeine Persönlichkeitsrecht als „sonstiges Recht“ i.S.d. § 823 I BGB anerkannt hatte, ging er mit Urteil vom 14.2.1958[266] noch einen Schritt weiter. Um dem Opfer einer Ehrverletzung auch zivilrechtlich vollständigen Rechtsgüterschutz zu gewährleisten, hat der BGH im sog. „Herrenreiterurteil“ dem in seiner Ehre Gekränkten unter Mißachtung des Wortlauts des § 847 BGB erstmals ein Schmerzensgeld zugesprochen. Damit hat der BGH die durch § 11 EGStPO 1877 abgeschaffte actio iniurarium[267] in der Sache zu neuem Leben erweckt.[268]

Die „Einstellung“ der Ehre als selbständiges Schutzobjekt in § 847 BGB ließ nunmehr auch die praktische Bedeutung der Buße nach § 188 StGB schwinden.

dd) Ausblick

Bußen und Privatstrafen sind aus unserem Rechtskreis verschwunden. Doch die zu lösenden Probleme sind geblieben. Was die Privatstrafe früher geleistet hat, muß nun wohl oder übel vom Schadensersatzrecht vollbracht werden – ohne Verzicht auf Effektivität versteht sich. Doch muß ein Schadensersatzrecht, das sich als Ausgleichsrecht versteht, bei der Lösung solcher Probleme zwangsläufig aus den Fugen geraten. Die Sprengung des Ausgleichsprinzips ist deshalb in besonderem Maße dort zu erwarten, wo es um den Schutz von Immaterialgüterrechten sowie um den Persönlichkeitsrechtsschutz geht. Denn zum Schutze dieser Güter ist das Schadensersatzrecht von vornherein nicht geschaffen, wenig geeignet, weshalb mit jedem Einsatz seines Instrumentariums seine Leistungsfähigkeit überdehnt

---

264 *Graf zu Dohna*, Buße, 444.

265 BGHZ 13, 334 („Leserbrief“); st. Rspr., vgl. die Nachw. bei Palandt/*Thomas*, BGB, § 823 Rdnr. 177.

266 BGHZ 26, 349.

267 Vgl. dazu oben § 3 I 1 d bb (1).

268 Vgl. schon BGHZ 7, 223, 225.

wird. Hier stellt sich die Frage, ob die Privatbuße nicht doch in sublimierter Form, etwa in Gestalt eines objektiv bewerteten Vermögensschadens, fortlebt, ganz besonders.

2. Interdependenzen zwischen dem Ordnungsziel des Strafrechts bzw. Öffentlichen Rechts und dem Ordnungsziel des Zivilrechts (ohne Schadensersatzrecht)

a) Allgemeines

Wir haben oben[269] allgemein festgestellt, daß auch das Privatrecht Steuerungsfunktionen übernimmt, um unerwünschte Verhaltensweisen, die der gesamtwirtschaftlichen Wohlfahrt schaden, zu unterbinden. Dabei erfährt der Präventionsgedanke bei der Festlegung zivilrechtlicher Sanktionen seine dogmatische Grenze dort, wo die festgesetzte Sanktion über das für die Herbeiführung eines *Interessenausgleichs* erforderliche Maß hinausgeht.[270] Je nachdem, ob die Gerichte bei der Festsetzung der Sanktion diese Grenze respektieren oder nicht, ist der Sanktions- und Präventionsgedanke unterschiedlich stark ausgeprägt. Ersterenfalls nimmt das Zivilrecht Präventionszwecke noch im Rahmen seiner dogmatischen Leistungsfähigkeit wahr, das Terrain des Öffentlichen Rechts wird nur reflexartig berührt, weshalb wir diese Erscheinung als „Interdependenz" zwischen Öffentlichem Recht und Zivilrecht bezeichnen wollen. Dagegen wird ihre Leistungsfähigkeit letzterenfalls gesprengt, das Terrain des Öffentlichen Rechts bewußt betreten, weil das Zivilrecht solchenfalls vom Interessenausgleichsinstrument zum ordnungspolitischen Werkzeug pervertiert wird. Es kommt zur „Interferenz" zwischen beiden Rechtsgebieten.

Die folgenden Beispiele sollen zeigen, daß auch mit zivilrechtlichen Mitteln teilweise strafrechtliche Zwecke verfolgt werden, weshalb die in der Zivilrechtswissenschaft vorherrschende „Aversion"[271] gegen die Vorstellung einer Regulierung durch Zivilrecht unbegründet ist.

b) Strafen im Rahmen des Zivilrechts

aa) Die Vertragsstrafe, §§ 339ff. BGB

Die Vertragsstrafe ist eine meist in Geld bestehende Leistung, die der Schuldner für den Fall der Nichterfüllung oder nicht gehöriger Erfüllung einer Verbindlichkeit verspricht, vgl. § 339 S. 1 HS 1 BGB. Sie dient in erster Linie als Druckmittel

---

[269] § 2 III 4 a cc.
[270] Vgl. oben § 3 I 1 c bb.
[271] *Engel*, JZ 1995, 213, 214.

gegenüber dem Schuldner zur ordnungsgemäßen Erbringung der geschuldeten Leistung.[272] Mit der Kriminalstrafe hat sie damit ihre abschreckende Wirkung gemeinsam und blickt, wie diese, in die Zukunft. Daneben soll die Konventionalstrafe dem Gläubiger den Schadensbeweis ersparen,[273] was insbesondere dann von Bedeutung ist, wenn der Schaden nicht nachweisbar oder nicht ersatzfähig (§ 253 BGB!) ist.[274]

Als Argument für die Anerkennung von punitive damages kann dieses Institut jedoch nicht herangezogen werden,[275] weil sie eine *rechtsgeschäftliche Vereinbarung* voraussetzt, der Schuldner sich ihr also freiwillig unterwirft, während punitive damages über den Schuldner „verhängt" werden. Gleiches trifft auch auf die nun zu erörternde Vereinsstrafe zu.

bb) Die Vereinsstrafe

Das Rechtsinstitut der Vereinsstrafe, ein eigenständiges verbandsrechtliches Institut,[276] das Ausfluß der in der Satzung begründeten Ordnungsstrafgewalt des Vereins ist, und bei der der Betroffene ähnlich wie in einem öffentlichen Strafverfahren zu Gericht sitzt, ist ein sehr deutliches Beispiel dafür, daß auch im deutschen Privatrecht Straffunktionen durchaus anerkannt sind. Es ist ferner Beleg dafür, daß es auch nach deutschen Wertvorstellungen keine notgedrungene Selbstverständlichkeit ist, daß Sanktionen, die der Bestrafung und Abschreckung dienen, zwangsläufig unter das Strafmonopol des Staates fallen (müßten).[277] Das Argument des BGH, eine Anerkennung von punitive damages scheitere (auch) deshalb, weil nach deutschem Verständnis solche Zielsetzungen unter das Strafmonopol des Staates fallen würden,[278] ist damit einmal mehr widerlegt. Daß es beim Zuspruch von punitive damages schon per se nicht zu einer Kollision mit dem Strafmonopol kommt, haben wir bereits festgestellt.[279] Dagegen ist das Strafmonopol (Art. 92 GG) im Falle der Vereinsstrafe sehr wohl berührt. Dennoch läßt die deutsche Rechtsprechung an ihrer Verfassungsmäßigkeit entgegen einer Stimme in der Literatur[280] keine Zweifel auf-

---

[272] BGHZ 105, 27.

[273] Zur Abgrenzung der Vertragsstrafe von Abreden über pauschalierten Schadensersatz vgl. etwa *Larenz*, Schuldrecht AT, 383f.

[274] BGHZ 85, 312 f. m. N; BAGE 46, 50, 59.

[275] Falsch deshalb OLG München, NJW 1989, 3102; wie hier: BGHZ 118, 312, 339; *Siehr*, RIW 1991, 705, 708.

[276] BGHZ 21, 373.

[277] So aber BGHZ 118, 312, 344.

[278] BGHZ 118, 344.

[279] Oben § 2 III 4 a cc.

[280] *Flume*, FS Bötticher, 101: Nach *Flume* verstößt die Anerkennung einer selbständigen Strafgewalt der Vereine gegen das Stafverhängungsmonopol des Staates und gegen Art. 92 GG, weshalb er jede „Vereinsstrafgewalt" verneint und in den sogenannten Vereinsstrafen nur

kommen;[281] und dies, obwohl die von ihr ausgehenden Wirkungen für den Betroffenen und das justizähnliche Verfahren, in dem sie verhängt wird, sie sehr in die Nähe der Kriminalstrafe rücken. Indes, im Ergebnis ist diese Rechtsprechung zu billigen. Die grundsätzliche Anerkennung dieser Disziplinarstrafe bedeutet nämlich „keine Exemption von der staatlichen Gerichtsbarkeit",[282] und auch sonst unterliegt die Vereinsmaßnahme einer weitgehenden gerichtlichen Nachprüfung, die auch die Frage, ob die Strafe willkürlich oder grob unbillig ist, miteinschließt.[283] Dann aber sollte der BGH diese Einsicht insoweit auch und erst recht bei der Anerkennung von punitive damages zeigen, die im Gegensatz zur deutschen Vereinsstrafe von der „ordentlichen Gerichtsbarkeit" verhängt werden und deren Höhe der Schuldner in der Berufungsinstanz von einem Richter auf ihre Sachgerechtigkeit hin überprüfen lassen kann.

cc) Die Betriebsbußen

Die Betriebsbuße[284] dient der Sanktion unerwünschten innerbetrieblichen Verhaltens des Arbeitnehmers. Sie gleicht funktionell der Strafe, bedarf aber im Gegensatz zu dieser einer Vereinbarung zwischen den Parteien, i.d.R. in Form der Betriebsvereinbarung zwischen Arbeitgeber und Betriebsrat, vgl. § 87 I Nr. 1, II i.V.m. §§ 77, 76 V BetrVG.

dd) Der Bestrafungsantrag nach § 890 ZPO

Eine Sanktionsfunktion erfüllt auch das Ordnungsgeld gemäß § 890 ZPO. In seiner ursprünglichen Fassung wurde die Sanktion nach § 890 ZPO überwiegend sogar als „echte Strafe" qualifiziert.[285] Erst mit der Neufassung dieser Vorschrift durch das EGStGB vom 2. 3. 1974 hat sie ihren (formellen) Charakter als Kriminalstrafe verloren, vgl. Art. 5 EGStGB). Das ändert aber nichts an ihrer repressiven Natur, die sich daraus ergibt, daß die Handhabung dieser Regelung in der Praxis oft nur dann nachvollziehbar ist, wenn man ihr einen strafrechtlichen Charakter beilegt.[286] In vielen Fallkonstellationen hat das Ordnungsgeld seinen Charakter als Zwangsvoll-

---

gewöhnliche Vertragsstrafen sieht, die der vollen richterlichen Nachprüfung gem. § 315 III BGB und der Herabsetzung durch die Gerichte gem. § 343 BGB unterliegen.

281 Vgl. nur RGZ 49, 150; 140, 23; BGHZ 13, 5, 11; 21, 370, 375; 47, 381.

282 *Larenz*, AT, § 10 IV (S. 176).

283 BGHZ 47, 385; 75, 159.

284 Vgl. dazu *Zöllner/Loritz*, § 18 X 3.

285 Vgl. auch RGZ 36, 417.

286 Die Rspr. selbst zieht den Strafcharakter dieser Vorschrift zuweilen zur Lösung von Zweifelsfragen heran; hiergegen MüKo/*Schilken*, ZPO, § 890 Rdnr. 21. Auch die in diesem Zusammenhang verwendete Terminologie macht ihre Nähe zum Strafrecht offensichtlich; man spricht nicht mehr von „Zwangsvollstreckung", sondern gebraucht dafür den Terminus „Bestrafungs-

streckungsmaßnahme verloren und es geht nur noch darum, den Rechtsverletzer zu sanktionieren, weshalb das BVerfG[287] in § 890 ZPO trotz seiner Novellierung weiterhin strafrechtliche Elemente sieht.

ee) § 817 S. 2 BGB

Einen gewissen Strafcharakter hat auch die Regelung in § 817 S. 2 BGB. Denn nur so läßt sich begründen, wieso der Empfänger der Zuwendung legitimiert sein soll, die Zuwendung als Strafe für den Zuwendenden zu behalten.[288] Doch den Beweis hierfür aus der Regelung als solcher heraus zu führen, ist nahezu unmöglich; zudem wäre die Gefahr groß, daß man die tatbestandlichen Voraussetzungen dieses Rechtssatzes mit der ihm zugrundeliegenden ratio verwechselt.[289] Um diesem Trugschluß nicht zu erliegen und auch sonst einen etwaigen Strafgedanken in all seinen Spielarten „sichtbar" und „lebendig" zu machen, müßte die praktische Handhabung dieser Vorschrift in den von der Rechtsprechung einschlägig entschiedenen Fallgruppen analysiert werden, was hier nicht geleistet werden kann.[290] Dagegen kann ein etwaiger Strafgedanken in § 817 S. 2 BGB nicht mit der Argumentation in Abrede gestellt werden, im bürgerlichen Recht sei die Idee der Privatstrafe nicht mehr bekannt, weshalb alles, was „Strafe" sei, automatisch ins Strafrecht gehöre.[291] Dies käme einer petitio principii gleich, der der BGH[292] schon einmal erlegen ist, als er den Ausgleichsgedanken als das alleingültige Prinzip im deutschen Schadensersatzrecht unter Hinweis auf das BGB-Schadenskonzept zu begründen versucht hat, ohne insoweit einen Blick auf die Rechtswirklichkeit zu werfen.

c) Die Auswirkungen dieser Interdependenzen auf die Trennung von Straf- und Zivilrecht

Die hier aufgezeigten Beispiele tun, wie sich schon aus der von uns gewählten Bezeichnung als „Interdependenz" ergibt, der rechtsdogmatischen Trennung von Straf- und Zivilrecht keinen Abbruch. Wenn sie auch beim Betroffenen das natür-

---

verfahren" (so etwa OLG München, NJW 1971, 1756), bemüht sich zu begründen, daß jedenfalls der „Sühnegedanke des Strafrechts" nicht herangezogen werden könne (so LG Frankfurt, NJW 1977, 302), rekurriert andererseits aber auf die Grundsätze der „strafrechtlichen Begnadigung" und bejaht teilweise die Möglichkeit eines Gnadenerweises (so OLG Frankfurt, OLGZ 80, 336, 338).

[287] BVerfGE 58, 159; ihm folgend der überwiegende Teil der Lit., vgl. dazu die Nachw. bei *Brehm* in: Stein/Jonas, ZPO, § 890 Rdnr. 3 Fn. 14.

[288] *Flume*, Rechtsgeschäft, 390 spricht von einem „Fremdkörper in der Zivilrechtsordnung".

[289] *Bufe*, AcP 157 (1958), 215, 253.

[290] Vgl. dazu ausf. *Heck*, AcP 124 (1925), 1; *Bufe*, AcP 157 (1958), 215; *Seiler*, FS Felgentraeger, 379.

[291] So aber *Bufe*, AcP 157 (1958), 253f.

[292] BGHZ 118, 338, vgl. dazu oben § 2 III 4 a cc.

liche Empfinden hervorrufen, einer „Strafe“ zugeführt worden zu sein, so basieren sie doch weiterhin auf zivilistischer Grundlage. Keinesfalls bedeuten sie einen Bruch der zwischen beiden Rechtsgebieten verlaufenden Systemgrenze. Andererseits aber liefern sie auch Beweis dafür, daß bereits die vom Gesetzgeber vorgegebene Zivilrechtsordnung Normen mit Strafcharakter kennt.

3. Interferenzen zwischen dem Ordnungsziel des Strafrechts bzw. Öffentlichen Rechts und dem Ordnungsziel des Zivilrechts (ohne Schadensersatzrecht)

Auf Interferenzerscheinungen zwischen den Ordnungszielen des Strafrechts bzw. Öffentlichen Rechts und des Zivilrechts wird, weil für die hier gestellte Thematik nicht von Bedeutung, nicht näher eingegangen. Als praktisch bedeutsamer Fall sei genannt der Sanktions- und Präventionsgedanke bei der richterlichen Vertragskontrolle im Rahmen der §§ 134, 138 BGB in Fällen des Kreditwuchers. Hier begnügt sich die Rechtsprechung nicht, wie es der Wiederherstellung der Vertragsgerechtigkeit und damit dem mutmaßlichen Willen der Parteien (§ 139 BGB) entsprechen würde, auf die Beschränkung der Nichtigkeitsfolge auf das sittenwidrige Übermaß[293] unter Aufrechterhaltung des Rechtsgeschäfts mit angemessener Gegenleistung, sondern nimmt Gesamtnichtigkeit an, weil sonst der Wucherer „risikolos arbeiten (könnte), weil ihm der übliche Zinssatz regelmäßig zugesprochen werden müßte“.[294] Ähnlich verhält es sich bei der richterlichen Vertragskontrolle im Rahmen des AGBG. Die Rechtsprechung lehnt eine geltungserhaltende Reduktion des Übermaßes auf den nach §§ 9–11 AGBG gesetzeskonformen Rest regelmäßig ab, weil sonst der AGB-Verwender Übermaßklauseln „risikolos“ benutzen könne,[295] was hinsichtlich dieser generalpräventiven Erwägung eine Verquickung von Individual- und Verbandsprozeß (§ 13 AGBG) bedeutet. Mit generalpräventiven Erwägungen wird das Zivilrecht schließlich auf dem Gebiet des Privatversicherungsrechts überfrachtet. Bezeichnend hierfür ist folgende vom BGH[296] zu § 6 III VVG (Leistungsfreiheit des Versicherers) einmal ausgesprochene Erwägung:

> „Daraus folgt, daß Leistungsfreiheit im Falle vorsätzlicher Obliegenheitsverletzung ausschließlich die Funktion der *Generalprävention*, also der *Abschreckung*[297] hat.

---

[293] *Hager*, 94 ff.; *Roth*, JZ 1989, 411, 418 f.; von einem dogmatisch jew. anderen Ansatzpunkt auch *Flume*, Rechtsgeschäft, § 18 (S. 10f. gegen Ende); *Medicus*, Bürgerliches Recht, Rdnr. 700; *ders.*, GS Dietz, 74ff.

[294] BGH NJW 1983, 1420; ähnlich BGHZ 68, 204, 207; NJW 1979, 1605, 1606; 1987, 2014, 2015.

[295] BGHZ 86, 297; 96, 25; 114, 342; 120, 122; BGH NJW 1993, 1135, st. Rspr.

[296] BGH NJW 1977, 533, 535.

[297] Herv. jew. v. mir.

> Während die Vergeltung schuldhaft rechtswidrigen Verhaltens und der schadensersatzrechtliche Ausgleich ein in der Vergangenheit liegendes Geschehen in den Blick nehmen, ist eine Sanktion von allein generalpräventivem Charakter ausschließlich zukunftsorientiert. Infolgedessen reicht für die erstrebte Abschreckungswirkung diejenige Sanktion aus, die im Zeitpunkt ihrer Verhängung als angemessen und ausreichend angesehen wird. Ein Mehr an Strafe wäre durch den Präventionszweck nicht mehr gerechtfertigt".

Die hier aufgezeigten Fälle haben gemeinsam, daß bei ihnen Gesetzesverstöße massenhaft auftreten. Prävention und Sanktion wirken in die Breite, weshalb das Zivilrecht hier eine wirtschaftspolitische Ordnungsfunktion übernimmt. Damit gestaltet sich auch das Privatrecht über weite Strecken als eine Lebensordnung mit generalpräventiver Wirkung.[298]

4. Interdependenzen zwischen dem Ordnungsziel des Strafrechts und dem Ordnungsziel des Schadensersatzrechts

Das geltende Recht kennt zahlreiche Fälle, bei denen das Schadensersatzrecht bei der Erfüllung der ihm zugewiesenen Aufgabe vom Strafrecht entlastet wird. Dabei kommt es zu mehr oder weniger „starken" Verbindungen zwischen beiden Rechtsgebieten.

a) Schadensersatz im Strafverfahren: Entschädigung des Verletzten im Adhäsionsprozeß, §§ 403 ff., 472 a StPO

Das im Jahre 1943[299] eingeführte Adhäsionsverfahren gleicht seiner äußeren Erscheinung dem (zwischenzeitlich abgeschafften) Bußprozeß.[300] Wie dieser schafft es die Möglichkeit, über zivilrechtliche Ansprüche des Verletzten anläßlich einer gegen diesen gerichteten Straftat bereits im Strafprozeß zu entscheiden, wobei sich die Zwangsvollstreckung in beiden Fällen nach den Bestimmungen der ZPO richtet (Buße: § 406 d I StPO a.F. i.V.m. § 406 b S. 1 StPO; Adhäsionsprozeß: § 406 b S. 1 StPO). Es setzt, wie die Buße, eine straftatbestandliche Verurteilung (bzw. die Anordnung einer Maßregel der Besserung und Sicherung) sowie einen Antrag des Verletzten voraus, §§ 405 S.1, 404 I 1 StPO. Beide Rechtsinstitute unterscheiden sich aber in einem wesentlichen Punkt: Während das Rechtsinsitut der Buße ihre

---

[298] A.A. BGHZ 118, 338.

[299] Ges. v. 29. 5. 1943 (RGBl. I 342).

[300] Hierzu oben § 3 I 1 d aa.

eigenen (strafrechtlichen) Schadensnormen kannte,[301] der prozessualen „Zweispurigkeit" also eine materielle Zweispurigkeit entsprach, führt das Adhäsionsverfahren insoweit nur zu einer prozessualen Zweispurigkeit. Hinsichtlich der Frage nach der Begründetheit des Anspruchs verbleibt es beim Anspruchskatalog des Bürgerlichen Rechts.[302] Dies entspricht der unterschiedlichen Zweckverfolgung beider Institute. Wurde die Buße gerade dazu geschaffen, beim Geschädigten schwer faßbare oder nur schwer beweisbare Nachteile auszugleichen,[303] dient das Adhäsionsverfahren lediglich der Verfahrensökonomie.[304] Weitere Unterschiede ergeben sich daraus, daß die Zuerkennung eines Schadensersatzes im Adhäsionsverfahren die Geltendmachung eines weiteren Entschädigungsanspruchs (etwa vor einem Zivilgericht) nicht ausschließt (§ 406 III 2 StPO), sowie daraus, daß nur vermögensrechtliche[305] Ansprüche geltend gemacht werden können (§ 403 I StPO).

Da dem Geschädigten im Adhäsionsverfahren nicht mehr zugesprochen werden darf als im Zivilverfahren, ist die Verbindung von Strafe und Schadensersatz nur formaler Natur.[306] Allerdings wird der Täter die Verurteilung zu Schadensersatz gerade im Strafverfahren einmal mehr als „Strafe" empfinden. Die Besonderheit, daß für das Beweisverfahren nicht die Verhandlungsmaxime, sondern das Inquisitionsprinzip maßgebend ist[307] sowie die Tatsache, daß Angeklagter und Antragsteller ihre strafprozessuale Verfahrensrolle auch im Anhangsverfahren beibehalten (der Angeklagte bleibt Angeklagter, der Antragsteller Zeuge), mögen ihn in diesem Empfinden bestärken. Das Adhäsionsverfahren ist nicht zuletzt deshalb heftig umstritten.[308] Die gerichtliche Praxis scheint den Streit um dieses Institut entschieden zu haben. Die zivilrechtsentwöhnten Strafrichter machen regelmäßig von der wachsweichen Vorschrift des § 405 S. 2 StPO Gebrauch, so daß die praktische Bedeutung dieses Verfahrens nur sehr gering ist.[309]

---

301 Vgl. oben § 3 I 1 d aa (1).

302 Eine Akzentuierung erfährt dies durch die Vorschrift des § 262 II StPO; vgl. auch § 154 d StPO.

303 Vgl. oben § 3 I 1 d aa (5).

304 Kleinknecht/*Meyer-Goßner*, StPO, Vorbem. zu § 403 Rdnr. 1.

305 Die Geltendmachung von Schmerzensgeld (§ 847 BGB) wird jedoch für zulässig erachtet: BGH MDR 1993, 408; BGH NStZ 1994, 26.

306 Dies findet seinen Ausdruck auch im EuGVÜ v. 27. 9. 1968, das, obwohl sein Anwendungsbereich auf „Zivil- und Handelssachen" (Art. 1 I) beschränkt ist, Adhäsionsverfahren gewöhnlichen zivilgerichtlichen Verfahren grundsätzlich gleichstellt.

307 BGHSt 37, 260, 261; *Wendisch* in: Löwe/Rosenberg, StPO, § 404 Rdnr. 1 unter Hinweis auf § 244 II StPO. Der Untersuchungsgrundsatz gilt zwar auch im Falle des § 262 I StPO, doch ist dort die Entscheidung über das bürgerliche Rechtsverhältnis vorgreiflich für die Strafbarkeit des Täters, weshalb zivilrechtliche Beweisregeln sowie die §§ 891, 1006 I 1, 1362 BGB wegen des im Strafprozeß geltenden Amtsermittlungsgrundsatzes (§ 244 II StPO) keine Anwendung finden.

308 Vgl. zum Ganzen aus rechtsvergleichender Sicht *Will*, Schadensersatz im Strafverfahren.

309 *Jescheck*, JZ 1958, 591, 593: „totes Recht".

Interessanterweise standen dem Opfer einer Straftat bis Außerkrafttreten der Buße grundsätzlich drei Wege offen, um vom Täter Schadensersatz zu begehren: Er hatte die Wahl, im Zivilverfahren Ersatz oder im Strafverfahren Buße oder Ersatz zu fordern, wobei die Zuerkennung im Zivilprozeß einen weiteren Bußanspruch unberührt ließ,[310] nicht jedoch umgekehrt.

b) Schadenswiedergutmachung im Rahmen des Strafrechts

Zwar sind Vergeltung und Vorbeugung die primären Zwecke der Strafe.[311] Daneben bemüht sich das Strafrecht aber auch um eine Wiedergutmachung des beim Opfer eingetretenen Schadens. Ein Autor[312] sieht die Wiedergutmachung schon heute als einen gleichberechtigt neben der Vergeltung und Prävention stehenden Grundgedanken an. Jüngste Entwicklungen, im Verlauf derer dem Opferschutz[313] ein immer stärkeres Gewicht eingeräumt wurde, bestätigen diese Einschätzung.

aa) §§ 13 II Nr. 2, 15 I 1 Nr. 1 JGG

Im Jugendstrafrecht kann bei Jugendlichen die Schadenswiedergutmachung in Gestalt der Auflage (§ 15 I 1 Nr. 1 JGG) als Zuchtmittel (§ 13 II Nr. 2 JGG) angeordnet werden. Damit ist die Schadensersatzleistung gewissermaßen in das materielle Sanktionsrecht mit eingebunden. Doch ginge es zu weit, insoweit von einer materiellen Zweispurigkeit zu sprechen. Dem würde die Tatsache nicht gerecht, daß die Auflage im Verhältnis zwischen Verurteiltem und Geschädigtem keine vollstreckbare Pflicht, sondern nur eine Last begründet. Ihre „Erzwingung" ist nur mittelbar insofern möglich, als im Falle der schuldhaften Nichterfüllung der Auflage der Täter die Verhängung von Jugendarrest zu befürchten hat (§ 15 III 2 JGG i.V.m. § 11 III 1 JGG).

bb) § 56 b II 1 Nr. 1 StGB

Auch im Erwachsenenstrafrecht kann das Gericht dem Verurteilten auferlegen, nach Kräften den durch die Tat verursachten Schaden wiedergutzumachen (§ 56b II 1 Nr. 1 StGB). Die Wiedergutmachung des beim Geschädigten eingetretenen Scha-

---

310 RGSt 9, 223.

311 Vgl. oben § 3 I 1 c aa (1), (2).

312 *Henkel*, Recht und Staat, 12; *Roxin*, System der Strafzwecke, 52, empfiehlt sogar, die Wiedergutmachung „zu einer dritten Spur des Strafrechts auszubauen"; auch *Weigend*, 19, fordert de lege ferenda die Schadenswiedergutmachung als eigenständige Sanktion.

313 Vgl. nur die Einfügung des Täter-Opfer-Ausgleichs durch Art. 1 Nr. 1 VerbrBekG vom 28.10.1994 (BGBl. I 3186; Inkrafttreten: 1.12.1994) sowie das Bemühen um die Einführung eines Opferanwalts, vgl. Süddeutsche Zeitung v. 12.12.1997, Seite 1.

dens hat hier sogar (relativen) Vorrang vor allen anderen Auflagen (argumentum e contrario § 56 b II 2 StGB). Allerdings ist hier die Auflage nicht originäres Reaktionsmittel, vielmehr soll sie einer Aussetzung der Vollstreckung der Freiheitsstrafe zur Bewährung den Weg ebnen.[314] Die Schadenswiedergutmachung kann auch hier nur insofern „durchgesetzt" werden, als die Erfüllung der Auflage gerichtlich überwacht (§ 453b StPO) und bei groben oder beharrlichen Verstößen die Strafaussetzung widerrufen wird (§ 56 f I Nr. 3 StGB).

Bedeutung hat das Bemühen des Täters um Schadenswiedergutmachung schließlich auch für die Frage, ob die Vollstreckung einer über ein Jahr hinausgehenden Freiheitsstrafe ausnahmsweise zur Bewährung ausgesetzt werden kann (§ 56 II StGB).

cc) § 59 a II 1 Nr. 1 StGB

Im Falle der Verwarnung mit Strafvorbehalt kann das Gericht den Täter zur Schadenswiedergutmachung anweisen, § 59 a II 1 Nr. 1 StGB. Bezüglich der „Erzwingung" dieser Weisung gilt das oben[315] Gesagte sinngemäß, vgl. § 59 b I StGB.

dd) Täter-Opfer-Ausgleich, § 46a StGB

Erhebliches Gewicht wurde dem Bemühen des Täters um Wiedergutmachung bei der Entscheidung über das Absehen von Strafe nach § 46a StGB sowie bei der Strafrahmenverschiebung nach § 46a StGB i. V. m. § 49 I StGB verliehen.

ee) § 153 a I 1 Nr. 1 StPO

Bedeutung hat die Schadenswiedergutmachung ferner im Falle des § 153a StPO. Danach kann bei Kleinkriminalität unter bestimmten weiteren Voraussetzungen von der Eröffnung des Hauptverfahrens abgesehen oder, sofern die Klage bereits erhoben ist, das Verfahren vorläufig eingestellt (§ 153 a II 1 StPO) und stattdessen dem Beschuldigten die Schadenswiedergutmachung auferlegt werden. Bei Nichterfüllung wird das Verfahren fortgesetzt.

ff) Grundzüge der Strafzumessung, § 46 StGB

Schließlich findet das Bemühen des Täters um Schadenswiedergutmachtung Berücksichtigung bei der Strafzumessung i. e. S., § 46 II 2 Alt. 6 StGB.

---

[314] *Tröndle/Fischer*, StGB, § 56 b Rdnr. 2: „i. d. R. … Voraussetzung für die Strafaussetzung"; vgl. auch § 57 III StGB i. V. m. § 56 b StGB.

[315] § 3 I 4 b aa.

gg) Verhältnis der Schadenswiedergutmachung zur zivilrechtlichen Haftung

Wenig geklärt war früher, ob und inwieweit Strafgerichte bei der Anordnung von Auflagen zur Schadenswiedergutmachung hinsichtlich Schadensgrund und -höhe zivilrechtliche Grundsätze beachten müssen. Zwei Extrempositionen standen sich unversöhnlich gegenüber: diejenigen, die eine strenge Bindung des Richters an die zivilrechtliche Schadensordnung bejahten[316] und andere, die den Richter von jeder zivilrechtlichen Betrachtungsweise freihalten wollten.[317] Die gerichtliche Praxis entscheidet heute ganz überwiegend in ersterem Sinne.[318] Soweit sie sich von bürgerlichrechtlichen Vorgaben entfernt hat, betraf dies nicht den Anspruchsgrund und -umfang als solchen.[319] Dies ist sachgerecht. Denn wollte man selbst das „Ob", und „Wie" der Schadensersatzpflichtigkeit sowie den Schadensumfang in das freie Ermessen des Gerichts stellen, käme dies einer faktischen Statuierung einer „strafrechtlichen Schadensordnung"[320] gleich, was im Hinblick auf den mühsam erarbeiteten Trennungsprozeß zwischen Strafe und Schadensersatz[321] abzulehnen ist und auch sonst rechtsstaatlichen Grundsätzen widerspräche. Dem läßt sich auch nicht entgegenhalten, der Täter komme im Falle einer diesbezüglichen Konkordanz von Straf- und Zivilrecht unverdientermaßen in den Genuß einer milderen Sanktion, weil die Leistung von Schadensersatz ohnehin zivilrechtlich geschuldet werde. Richtig wäre eine solche Argumentation nur vom Ergebnis her. Doch darauf kommt es entscheidend nicht an. Daß das Zivilrecht die Ausgangslage wiederherzustellen sucht, wie sie vor der schadensstiftenden Handlung des Täters bestand, gilt insoweit in gleichem Maße freilich auch für das Strafrecht. Ein wesentlicher Unterschied zwischen beiden Rechtsgebieten liegt aber darin, daß im Strafrecht auch die Umstände, unter denen der Täter den Schadensausgleich herbeigeführt hat, Berücksichtigung finden, während im Zivilrecht allein der bloße rechnerische Ausgleich zählt. So verlangt etwa die Vorschrift des § 46 a Nr. 2 StGB, daß die Schadenswiedergutmachung vom Täter „erhebliche persönliche Leistungen oder persönlichen Verzicht erfordert ...". Der gute Wille ist also maßgebend, nicht die rein rechnerische Kompensation.[322] Bringt der Täter einen solchen zum Ausdruck, kommt ihm der Milderungsgrund selbst dann zugute, wenn die von ihm geleistete

---

[316] Vgl. *Baur*, GA 1957, 338; *Müller-Dietz*, GS Schultz, 253.

[317] Vgl. statt vieler *Frehsee*, 237; *Dilcher*, NJW 1956, 1346.

[318] OLG Stuttgart, MDR 1971, 1025 m. Nachw; NJW 1980, 1114; OLG Hamburg, MDR 1980, 246; LG Bremen, NJW 1971, 153.

[319] OLG Stuttgart, MDR 1971, 1025 und OLG Hamm, NJW 1976, 527: Schadenswiedergutmachungsauflage trotz Verjährungseinrede.

[320] *Baur*, GA 1957, 340.

[321] Vgl. dazu oben § 3 I.

[322] *Tröndle/Fischer*, StGB, § 46 a Rdnr. 5.

Entschädigung hinter dem zurückbleibt, was das Opfer nach bürgerlichrechtlichen Grundsätzen beanspruchen kann[323] (vgl. insbesondere den Wortlaut des § 46 a Nr. 2 StGB: „... das Opfer ganz oder zum überwiegenden Teil entschädigt ..."). Damit der zivilrechtsentwöhnte Strafrichter aber nicht allen Verästelungen des zivilrechtlichen Schadensersatzrechts nachspüren muß (diese Notwendigkeit ließ schon den Adhäsionsprozeß[324] zur Makulatur werden), sollte eine Bindung des Richters an zivilrechtliche Grundsätze nur insoweit gefordert werden, als ureigendste Wesenszüge des Schadensersatzrechts tangiert sind. Das betrifft zum einen die Frage, welche Positionen überhaupt ersatzfähig sind[325] und zum anderen den Schadensumfang. Dagegen sollte dem Richter erlaubt sein, die Wiedergutmachung dem Täter auch dann aufzuerlegen, wenn beispielsweise der Anspruch zivilrechtlich verjährt ist oder das Opfer nach den zivilrechtlichen Regeln der Vorteilsausgleichung keinen Ersatz mehr zu beanspruchen hätte. Hinzu kommt folgendes: wer gar so positivistisch denkt und sich auf solche „Ausschlußgründe" beruft, dem kann ein guter Wille wahrlich nicht „unterstellt" werden.

hh) Zusammenfassung

Zusammenfassend ist festzuhalten, daß die Schadenswiedergutmachung zunehmend auch als eine Ordnungsaufgabe des Strafrechts gesehen wird und das Bemühen des Täters um Schadenswiedergutmachung regelmäßig zu einer milderen Sanktion führt. Wird die Schadenswiedergutmachung als Auflage angeordnet, muß der Richter darauf achten, daß die Leistung hinsichtlich des schadensersatzspezifischen Kerngehalts auch eine zivilrechtliche Grundlage hat. Eine strafrechtliche Schadensordnung ist abzulehnen. Eine gewisse pönale Funktion nimmt die strafrechtliche Schadenswiedergutmachung nur insofern wahr, als die Auflage die Erfüllung der Schadenswiedergutmachung durch strafrechtlichen Zwang sichert.

5. Interferenzen zwischen dem Ordnungsziel des Strafrechts und dem Ordnungsziel des Schadensersatzrechts

Im Aufzeigen von Interferenzerscheinungen zwischen dem Straf- und Schadensrecht liegt der Schwerpunkt der Untersuchung. Sie wird im Zweiten Teil der Arbeit geleistet.

---

323 Da nur insoweit Erfüllung i. S. v. § 362 I BGB eintritt, ist das Opfer gehalten, im übrigen seinen Anspruch auf dem Zivilrechtsweg zu verfolgen.

324 Vgl. dazu oben § 3 I 4 a.

325 Palandt/*Heinrichs*, BGB, Vorbem. v. § 249 Rdnr. 7: „Kernfrage des Schadensrechts".

II. Ausblick

An der (formaljuristischen) Trennung von Strafe und Schadensersatz ist heute nicht mehr zu rütteln. Letzten Zweifeln diesbezüglich wurde spätestens mit Abschaffung der Bußenregelung der Boden entzogen. Verfügte aber das deutsche Rechtssystem vor Beginn dieses Trennungsprozesses noch über ein breitgefächertes Sanktionensystem (Privatstrafe, Buße, Schadensersatz, Strafe), kennt es heute nur noch zwei Formen der Unrechtsreaktion: Schadensersatz und Strafe. Um unerwünschtes Verhalten sanktionieren zu können, muß es also entweder strafbewehrt (bzw. bußgeldbewehrt) sein, oder die schädigende Handlung muß beim Geschädigten einen rechtlich ersatzfähigen Schaden verursacht haben. Ist dies nicht der Fall, bleibt die schadensstiftende Verhaltensweise „ungesühnt". Oft aber scheitert die Ersatzforderung an der Unmöglichkeit, die Höhe des Schadens darzutun. Dies ist besonders mißlich in den Fällen, in denen durch eine mit öffentlicher Strafe belegten Tat Schaden angerichtet ist. Dies kann sich schnell zu einem Sozialschaden gestalten. Hier leistete ehemals die Buße Abhilfe. Ist deshalb dieser im Ansatz „gesunde" Gedanke auch heute noch lebendig – wenn auch nur in sublimierter Form? Trotz eines umfassenden strafrechtlichen Schutzes der Ehre haben heute Persönlichkeitsrechtsverletzungen Hochkonjunktur, die „gute alte Privatstrafe" aber ist abgeschafft. Auch hier die Frage: Lebt sie nicht in anderer Form fort – etwa um einen auf diesem Gebiet wenig effektiven Strafrechtsschutz auszugleichen? Der Verdacht, daß die deutsche Rechtsprechung das Schadensersatzrecht zunehmend zu einem pönalen Reaktionsmittel pervertiert, ist groß, die äußeren Bedingungen hierzu gut.

Zweiter Abschnitt.
Punitive Damages und Grundgedanken des deutschen Schadensersatzrechts

§ 4 Grundgedanken, Funktionen und Ziele des deutschen Schadensersatzrechts

Als Grundlegung für den weiteren Verlauf der Arbeit ist zunächst ein Überblick über die Funktionen und Ziele des deutschen Schadensersatzrechts unerläßlich. Einzugehen ist insbesondere auf diejenigen Faktoren, die dem „Ausgleichsgedanken" als dem Dreh- und Angelpunkt unserer Untersuchung sein Gepräge verleihen.

I. Der Schadensersatzanspruch als ausgleichender und nicht vorbeugender Rechtsschutz

Rechtstechnisch formal gesehen, gestaltet sich der Schadensersatzanspruch als ausgleichender Rechtsschutz, weil er an eine bereits *begangene* Pflichtverletzung (dokumentiert durch den Eintritt des Schadens) anknüpft. Im Gegensatz dazu steht der vorbeugende Rechtsschutz (negatorische Ansprüche), der die Verhinderung *künftiger* Pflichtverletzungen bezweckt. Hieraus folgt: Im Schadensersatzprozeß ist die Rechtspflicht Maßstab zur Beurteilung *früheren* Verhaltens, für den vorbeugenden Rechtsschutz Maßstab für *künftiges* Verhalten.[1] Hier geht es um die Durchsetzung *vortatlicher* Prävention, welche vom Rechtsgüterschutz bestimmt ist,[2] dort um *nachtatliche* Prävention. Eine Instrumentalisierung des Schadensersatzes kann jedoch dazu führen, daß dieser in der Sache eine dem vorbeugenden Rechtsschutz vergleichbare Stoßrichtung annimmt.

---

[1] *Henckel*, AcP 174 (1974), 97, 110.

[2] *Deutsch*, JZ 1971, 244, 248.

II. Das Ausgleichsprinzip als der gesetzliche Grundgedanke des BGB

Das BGB-Schadenskonzept beruht auf dem Ausgleichsgedanken. Er besagt, daß dem Geschädigten sein gesamter Schaden – nicht weniger, aber auch nicht mehr – ersetzt werden soll, daß er durch die Ersatzleistung so gestellt werden soll, wie er ohne das die Ersatzpflicht des Schädigers begründende Ereignis jetzt stehen würde. Seinen gesetzlichen Ausdruck findet dieses Prinzip in § 249 S. 1 BGB.[3] Die Strenge des Ausgleichsprinzips schließt die Miteinstellung pönaler Erwägungen in die Schadensersatzleistung von vornherein aus.[4] Die Verfasser des BGB haben denn auch eine „Hereinziehung moralisierender oder strafrechtlicher Gesichtspunkte“[5] in das zivile Schadensersatzrecht bewußt abgelehnt und insbesondere auch deshalb die im preußischen Allgemeinen Landrecht statuierte Abstufung des Umfangs der Ersatzpflicht je nach Art und Grad des Verschuldens nicht übernommen.[6]

1. Der Blick auf den Geschädigten

Aus dem Ausgleichsprinzip als dem tragenden Grundgedanken des BGB-Schadenskonzepts folgt, daß das Gesetz, wenn und sobald die Schadensersatzverbindlichkeit begründet ist, im allgemeinen nicht mehr auf den Schädiger, sondern nur noch auf den Geschädigten sieht.[7] „Der Ausgleichsgedanke ist orientiert an dem Interesse des Geschädigten, nicht am Verhalten des Ersatzpflichtigen“.[8] Auf den Schädiger blicken wir nur dann, wenn es um die Frage geht, ob er als für den Schaden rechtlich Verantwortlicher in Betracht kommt. Denn nur der von einem anderen rechtlich zu verantwortende Schaden soll ausgeglichen werden. Diese Frage ist vorab zu klären. Sie ist gewissermaßen Vorfrage. „Die Verantwortungsordnung ist der Schadensordnung vorgeordnet“.[9] Die Vorabbescheidung dieser Frage ist aber nicht in dem Sinne mißzuverstehen, daß mit ihr (notwendig) eine rechtsethische Bewertung des Täterverhaltens verbunden sein müßte. Die Frage nach der rechtlichen Ver-

---

[3] *Larenz*, Schuldrecht AT, 424; *Lange*, Schadensersatz, 9.

[4] Dazu, daß aus der grundsätzlichen Schadensersatzpflichtigkeit des Schädigers als solcher nicht auf einen pönalen Grundgedanken geschlossen werden kann vgl. oben § 3 I.

[5] Mot. II, 17 f.

[6] Vgl. zum Alles-oder-Nichts-Prinzip unten § 4 II 3.

[7] Vgl. schon oben § 3 I 1 c cc.

[8] *Larenz*, Schuldrecht AT, 424.

[9] *Reinecke*, 52.

antwortlichkeit steht nicht außerhalb der Schadensersatzordnung, sondern ist in ihr angelegt. Durch die Subsumtion des Schadensfalles unter das schadensrechtliche Konzept werden wir automatisch auf sie zurückgeführt.

2. Die Feststellung eines meßbaren Schadens beim Geschädigten

Das BGB-Schadenskonzept kennt keine allgemeine gesetzliche Bestimmung, wonach jeder Schaden ausgeglichen werden müßte, der einem Rechtssubjekt von anderer Seite zugefügt worden ist, nicht einmal eine Vorschrift, wonach jeder schuldhaft zugefügte Schaden gutgemacht werden müßte. Darüber, ob der Geschädigte letztendlich auf seinem Schaden sitzenbleibt oder ihn auf den Schädiger abwälzen kann, entscheidet eine Vielzahl schadensrechtlicher Parameter. Von diesen vielen beschäftigen wir uns im folgenden mit dem wichtigsten, dem „Schaden". Er gehört zu den zentralen Ordnungsbegriffen unserer Zivilrechtsordnung. Dabei geht es im wesentlichen darum, den rechtlich ersatzfähigen Schaden vom Schaden im natürlichen Sinne abzugrenzen,[10] also um den Ersatz nach BGB, wobei wir uns, entsprechend der in § 253 BGB niedergelegten gesetzgeberischen Grundsatzentscheidung, auf die Erörterung des Vermögensschadens beschränken können.[11]

a) Eingeschränkte Notwendigkeit einer Auseinandersetzung mit den verschiedenen Schadensbegriffen im Hinblick auf das gestellte Thema

Die Bestimmung des ersatzfähigen Schadens ist nicht lediglich ein nüchterner Rechenvorgang, sondern meist auch das Ergebnis einer Wertung. Die Faktoren, die in diese Wertung einfließen und das Ergebnis letztendlich bestimmen, sind mannigfach. Uns interessieren primär nur zwei: „Sanktion" und „Prävention". Es ist denkbar, daß die Gerichte dem Geschädigten einen Ersatzanspruch nur deshalb geben, um den Schädiger für sein Verhalten zu „bestrafen". Wann aber darf das Gericht den Schädiger zum Ersatz verpflichten, welche Schadensposten sind ersetzbar, welche nicht? Die Antwort auf diese Frage hängt mitunter auch davon ab, welchen Schadensbegriff wir unserer Rechnung zugrundelegen. Der Begriff des Schadens wurde seit Inkrafttreten des BGB immer weiter fortgebildet. Diese Rechtsfortbildung führte zu mehr oder minder starken Auflösungserscheinungen des Schadensbegriffs in Schrifttum und Rechtsprechung. Als gesunder Ausgangspunkt unserer Überlegungen soll jedoch nicht der durch Rechtsfortbildung erweiterte Schadensbegriff, sondern der des BGB-Schadenskonzepts, Schaden begriffen als (rechnerische) Dif-

---

[10] Vgl. oben § 3 I 1 c cc (1).

[11] Vgl. auch *Magnus*, 9: „Die Suche nach dem Schadensbegriff ist damit die Suche nach dem Vermögensschadensbegriff".

ferenz zwischen zwei Vermögenslagen,[12] dienen. Dies hat folgenden Grund: Einige von der Literatur entwickelte Schadensbegriffe tragen gerade dem Umstand Rechnung, daß viele schadensstiftende Verhaltensweisen andernfalls „ungesühnt" blieben, dies hinzunehmen man aber aus den verschiedensten Gründen nicht gewillt ist. Hinter diesen Bemühungen verbirgt sich in Wahrheit oft der ausschließliche Wille, den Schädiger für sein böswilliges Verhalten zu sanktionieren. Zur Verdeutlichung eines etwaigen Sanktionsdenkens der Gerichte ist es deshalb notwendig, daß wir die Überprüfung der gerichtlichen Entscheidungen vom Standpunkt einer *strengen* Differenzlehre aus angehen.[13] Ist hiernach der Posten nicht ersetzbar, spricht das Urteil dem Geschädigten aber dennoch Ersatz zu, so müssen wir weiter nach den Gründen fragen, die dem Gericht bei seiner Entscheidung die Hand geleitet haben. Dagegen wäre es dogmatisch verfehlt, würden wir zunächst alle erdenklichen in der Literatur vertretenen Schadensbegriffe losgelöst vom jeweiligen Einzelfall abstrakt daraufhin untersuchen, ob sie aus einem Bedürfnis nach Sanktion heraus entwickelt worden sind, und, im Bejahensfalle, in einem zweiten Schritt auf eine Sanktionierung des Täters deshalb schließen, weil das Gericht der Verurteilung des Schädigers eben diese Schadensbegriffe zugrundegelegt hat. Eine solche Vorgehensweise krankt daran, daß sie den Umständen des jeweiligen Einzelfalles wenig gerecht würde. Fehlschlüsse wären vorprogrammiert. Nicht der Schluß vom Allgemeinen zum Besonderen, sondern nur der vom Besonderen zum Allgemeinen bietet hier die höchstmögliche „Richtigkeitsgewähr" für das gefundene Ergebnis. Nur der Differenzschadensbegriff wird schließlich auch der Forderung gerecht, daß bei der Präzisierung des Schadensbegriffs nicht aus dem Nichts geschöpft werden, d. h. man den „natürlichen" Schadensbegriff hierbei nicht völlig aus den Augen verlieren darf, sondern sich bei dessen (rechtlicher) Formung „von seinem vorrechtlichen Verständnis leiten lassen"[14] muß. Denn Ausgangspunkt jeder Schadenstheorie muß die Erkenntnis sein, daß „der wirkliche (natürliche) Schaden kein Seiendes ist, sondern auf Nichtseiendes hinzeigt".[15] Heißt das, daß wir auf eine Auseinandersetzung mit den im Schrifttum vertretenen Schadensbegriffen gänzlich verzichten können? Sicherlich nur insoweit, als es sich um Schadensbegriffe handelt, die keine über den Einzelfall hinausgehende Aussagen hinsichtlich der Ersatzfähigkeit treffen (problemorientierte Schadensbetrachtung)[16] oder normativ „aufgeladen" sind (normativer

[12] Vgl. dazu unten § 4 II 2 a aa.
[13] Vgl. dazu oben § 3 I 1 c cc (1).
[14] *Mertens*, 111ff.
[15] *Reinecke*, 17.
[16] So insbes. MüKo/*Grunsky*, BGB, v. § 249, §§ 249ff.; Staudinger/*Medicus*, BGB, Vorbem. zu §§ 249–254 Rdnr. 35ff.; *Schiemann*, Argumente und Prinzipien; *Grunsky*, Aktuelle Probleme, 5 (Vorwort); *ders.*, Jura 1979, 57ff.; *Medicus*, Unmittelbarer Schaden; *ders.*, JuS 1979, 233ff.

Schadensbegriff)[17]. Mit beiden Theorievorschlägen ist hier nichts gewonnen, da sie im Grunde nur das aussagen, worauf unsere Methode ohnehin basiert. Ob das Gericht mit der Verurteilung des Schädigers lediglich seine Sanktionierung bezweckt hat, läßt sich einmal nur anhand des konkreten Einzelfalles entscheiden und bedarf zum anderen auch einer Wertentscheidung.[18] Gerade der normative Schadensbegriff ist wenig aussagekräftig, da er nach Wertungen verlangt, ohne selbst die erforderlichen Kriterien hierfür anzugeben. „Der normative Schadensbegriff impliziert lediglich die Ermächtigung zu wertender Beurteilung, nimmt deren Ergebnis aber nicht vorweg".[19] Er gestaltet sich als eine Waffe in der Hand des Gerichts, das je nach den angeblich besonderen Umständen des konkreten Sachverhalts Ersatz zusprechen kann, wann immer es ihm „geboten" (Gebot der Sanktion?) erscheint. Erörterungsbedürftig bleiben damit der subjektive Schadensbegriff sowie die Lehre vom objektiven Schaden. Ersterer, weil er die Plattform ist, von der aus wir unsere Überlegungen anstellen, letzterer, weil er diametral zu jenem steht und beide, weil sie eine weitgehend globale Aussage zum Schadensverständnis machen.

aa) Auf rechnerischen Ausgleich der gestörten Vermögensbilanz abzielende, weil subjektive Schadensbegriffe

Charakteristikum des sog. subjektiven Schadensbegriffs ist es, daß er den geldersatzfähigen Schaden auf der Grundlage eines nüchternen Rechenvorgangs beziffert. Der Schaden gestaltet sich hierbei als eine „abstrakte, mechanische, anonyme Rechengröße".[20] Rechtliche Wertungen spielen eine Rolle nur bei der Auswahl der Werte, mit denen man rechnet. Umschrieben wird dieses Schadensverständnis mit der von *Friedrich Mommsen* geprägten Formel des Interesses. Interesse ist danach „die Differenz zwischen dem Betrage des Vermögens einer Person, wie derselbe in einem gegebenen Zeitpunkte ist, und dem Betrage, welchen dieses Vermögen ohne die Dazwischenkunft eines bestimmten beschädigenden Ereignisses in dem zur Frage stehenden Zeitpunkt haben würde"[21] (sog. Differenzhypothese). Von allen Schadensbegriffen steht die Differenztheorie dem natürlichen Schadens-

---

[17] So insbes. *Deutsch*, Haftungsrecht, 424; *Larenz*, Schuldrecht AT, 346ff.

[18] Vgl. dazu oben § 3 I 1 c cc (2).

[19] *Hagen*, FS Hauß, 96.

[20] *Keuk*, 15.

[21] *Mommsen*, Interesse, 3; der Begriff des Interesses ist mehrdeutig (vgl. hierzu *Neuwald*, 10f.; *Larenz*, Schuldrecht AT, § 29 I b (S. 482 Fn. 9); *Brinker*, 183ff.): Er wird zuweilen auch als Bezeichnung dafür verwendet, daß nicht der objektive Wert der geschädigten Rechtsgüter maßgeblich ist, sondern der Wert, den sie für den Ersatzberechtigten haben, und zum anderen auch auf die rechtlich geschützten Erwartungen bezogen, die der (noch) nicht geschädigte Gläubiger in bezug auf einzelne Vermögensgüter hegen kann (so *Keuk*, 52ff.).

begriff[22] am nächsten, da sie, weitgehend frei von rechtlichen Wertungen, Schaden begreift als eine durch die schadensstiftende Handlung herbeigeführte und für die Beteiligten oder die Allgemeinheit erkennbare *faktische* Minderung des Gesamtvermögens, also als das „außerrechtliche Loch"[23] im Vermögen des Geschädigten. Der natürliche Schadensbegriff darf indes nicht verwechselt werden mit dem Schaden im natürlichen Sinne.[24] Beide Dinge sind gerade im Hinblick auf die hier angestellte Untersuchung streng von einander zu trennen.[25] Natürlicher Schadensbegriff meint nur, daß man die Feststellung, ob ein Schaden entstanden ist, vom Standpunkt einer außerrechtlichen und damit natürlichen Schadensbetrachtung[26] im Sinne einer Parallelwertung in der juristischen Laiensphäre aus angeht (Suche nach dem „Loch" im Vermögen des Geschädigten), wohingegen Schaden im natürlichen Sinne (realer Schaden)[27] eine Aussage hinsichtlich des Vorliegens eines Schadens selbst trifft, wobei ein solcher schon – ohne daß dies notwendig ein „Loch" in das Vermögen des Geschädigten gerissen haben müßte – in der Verletzung der geschützten Rechtsposition als solcher zu erblicken ist.

Den *Mommsenschen* Schadensbegriff und damit ein natürliches Schadensverständnis hatten auch die Väter des BGB vor Augen.[28] Zwar hat das BGB den Begriff des Schadens nicht definiert. Doch folgt dies aus der grundsätzlichen Trennung von Schadensausgleich und Haftungsgrund sowie dem Wortlaut des § 823 I BGB. Wären Schaden und Schadensersatz[29] dasselbe, hätte es nahegelegen, in den haftungsbegründenden Normen das Wort „Schaden" wegzulassen und stattdessen zu schreiben: „haftet dem anderen nach den Bestimmungen der §§ 249 bis 255". Da das BGB diesen Weg jedoch nicht gegangen ist, muß aufgrund dieser Gesetzessystematik sowie dem Fehlen anderer plausibler Erklärungsversuche davon ausgegangen werden, daß das BGB als Schaden nicht bereits den Verletzungserfolg,[30] sondern erst und nur die Auswirkungen der Verletzung auf das Vermögen, das

---

22 An ein natürliches Schadensverständnis anknüpfend auch *Fischer*, 1, in seiner grundlegenden Monographie, Der Schaden nach dem Bürgerlichen Gesetzbuche für das Deutsche Reich. (Jena 1903): „Einbuße welche das Rechtssubjekt durch die Verletzung von Rechtsgütern erleidet".

23 Vgl. dazu oben Graphik 2 (§ 3 I 1 c cc (1)).

24 Vgl. dazu oben Graphik 2 (§ 3 I 1 c cc (1)).

25 Vgl. dazu unten § 5 III.

26 Vgl. oben § 3 I 1 c cc (1).

27 Vgl. oben § 3 I 1 c cc (1).

28 *Lange*, Schadensersatz, 29; *Mertens*, 18; *Keuk*, 14; *Gottwald*, Schadenszurechnung, 43.

29 Vgl. dazu oben § 3 I 1 c cc (1).

30 So aber offenbar *Jahr*, AcP 183 (1983), 725, 750 Fn. 130, der unter Leugnung jeder Relevanz des Wortes „Schaden" in § 823 I BGB gerade zum umgekehrten Ergebnis gelangt. Diese Argumentation ist indes schwach, da sie ein Tatbestandsmerkmal, das geschrieben steht, für unbeachtlich erklärt und erst diese mehr als zweifelhafte Erkenntnis als Begründung der eigenen Auffassung heranzieht.

Interesse, ansieht. Wenn deshalb das BGB als Rechtsfolge die Schadensersatzpflicht des Schädigers anordnet, ist dieser nur verpflichtet, das „Loch" im Vermögen des Geschädigten zu füllen – mehr nicht.

Mehrere Ansichten stehen auf dem Boden der Differenzhypothese und schließen an ein natürliches Schadensverständnis an.

(1) Die Ansicht von Lange

Lange hält die Differenzhypothese in ihrem Kerngehalt für unentbehrlich.[31] Eine vom natürlichen Schadensverständnis abgekoppelte ‚reine' normative Schadensfeststellung lehnt er ab. Rechtliche Wertungen und damit Abweichungen vom natürlichen Schadensverständnis hält er nur „auf Grund konkreter und in der Rechtsordnung bereits angelegter Grundsätze"[32] für legitim. Grundsätzlich sei der Schaden Gesamtvermögensschaden und nicht Objektschaden.[33] „Einen auf das angegriffene Rechtsgut beschränkten Zustandsvergleich" fordert er freilich bei immateriellen Schäden im Falle der Naturalrestitution. Der Schaden sei ferner subjektbezogen und nur in bestimmten Fallkonstellationen auf Grund dort angelegter besonderer Umstände nach objektiven Kriterien zu bemessen. Eine allgemeine objektive Bestimmung des Schadensbegriffs lehnt er dagegen ab.

Aufs Ganze gesehen bedient er sich der Differenzhypothese als gesunden Ausgangspunkt für die Fallösung, bezieht aber auch die Besonderheiten bestimmter Fallgruppen[34] mit in die Rechnung ein und gelangt somit zu einer flexiblen Handhabung des Schadensbegriffs.

(2) Die Ansicht von Stoll

Von einem „richtigen Kern" der Differenzhypothese geht auch *Stoll* aus.[35] Eine Ausnahme möchte er jedoch bei subjektiv wirtschaftlichen Einbußen machen.[36] Weil die Differenzhypothese nach den Wertmaßstäben des Handels bestimme, welche Einbußen Vermögenswert hätten, fände die Verletzung wirtschaftlicher, aber an die Person des Berechtigten gebundenen Werte mangels objektiver Meßbarkeit keinen Niederschlag in der Schadensbilanz, weshalb der Geschädigte leer ausgehe, was ungerechtfertigt sei. Dieser Vernachlässigung subjektiv wirtschaftlicher Schä-

[31] *Lange*, Schadensersatz, 45.
[32] *Lange*, Schadensersatz, 41.
[33] *Lange*, Schadensersatz, 45.
[34] *Lange*, Schadensersatz, 246ff.
[35] *Stoll*, Begriff des Vermögensschadens, 5.
[36] *Stoll*, Begriff des Vermögensschadens, 19.

den möchte er durch eine extensive Auslegung des § 842 BGB entgegentreten.[37] Damit schafft er eine dritte Gruppe von Schäden, die auf der Grenze zwischen Vermögensschäden und Nichtvermögenschäden liegen.

(3) Die Ansicht von E. Schmidt

E. Schmidt unterstreicht die Gültigkeit der Differenzmethode, läßt aber bei der Bestimmung des Vermögensschadensbegriffs ökonomische Erwägungen mit einfließen und gelangt so in vielen Fragen (z. B. Ersatz der Arbeitskraft, Nutzungsentschädigung) zu den gleichen Ergebnissen, die vom Standpunkt einer strengen Differenzlehre aus nur durch eine Abkehr von derselben bzw. deren normativer Transformierung erzielt werden können.[38] Einen normativen Schadensbegriff lehnt er dagegen ab.[39]

(4) Die Ansicht von Rüssmann

Rüssmann möchte den Vermögensschaden durch eine Kombination des Kommerzialisierungs- und Frustrationsgedankens bestimmen. Ein Vermögensschaden ist hiernach „über den effektiven Geldabfluß und verhinderten Geldzufluß hinaus immer dann anzunehmen, wenn dem Verletzten ein Gut endgültig entzogen oder vorenthalten wird, für das er oder andere Geld im Rahmen des gesellschaftlichen Durchschnittswerts aufgewendet haben oder doch aufwenden könnten, weil es für dieses Gut einen Markt gibt".[40] Indem er den Begriff des Vermögens weit faßt, gelangt er zu einer Auflockerung der strengen Differenzlehre, ohne jedoch die Differenzmethode als solche zu verwerfen.

(5) Die Ansicht von Zeuner

Nach *Zeuner* erschließt die Differenzhypothese „einen wichtigen Zugang zur systematischen Erfassung der Schadensproblematik".[41] Allerdings gelangt er zu dem Ergebnis, daß weder der „konkrete" noch der „rechnerische" Schaden das Vorhandensein einer Differenz im gesamten Vermögen des Verletzten voraussetzt. Ob ein erstattungsfähiger Schaden auch ohne das Vorliegen einer Gesamtvermögensdifferenz angenommen werden könne, könne nur auf Grund einer wertenden Entscheidung bejaht oder verneint werden. Als erstattungsfähiger Schaden sei auch ein

---

[37] *Stoll*, Begriff des Vermögensschadens, 20ff.
[38] Esser/*Schmidt*, Schuldrecht, § 31 I, II.
[39] *Schmidt*, Grundlagen, 562f.; abgeschwächt in Esser/*Schmidt*, Schuldrecht, 171.
[40] AK-BGB/*Rüssmann*, v. §§ 249–253 Rdnr. 33.
[41] *Zeuner*, AcP 163 (1963), 380, 400.

Bedarf anzuerkennen, der durch sachliche Erforderlichkeit der Aufwendungen geprägt ist, was insbesondere bei Bedarf der Anmietung eines Kraftfahrzeugs der Fall sein könne.[42] Schließlich fordert er, Gedanken, die für die Vorteilsausgleichung entwickelt wurden, schon insgesamt in die Schadensfeststellung mit einzubeziehen sowie bei der Schadensberechnung besondere Verhältnisse aus dem Eigen- und Innenbereich des Verletzten außen vor zu lassen.[43]

Insgesamt läuft seine Ansicht auf eine Objektivierung des Schadensbegriffs hinaus, begrenzt allerdings auf bestimmte Einzelbereiche.

(6) Die Ansicht von Mertens

Mertens spricht sich entschieden gegen eine Objektivierung und Normativierung des Schadensbegriffs aus.[44] Stattdessen tritt er für ein natürliches und subjektives Verständnis des Schadens ein, unterwirft ihn jedoch einer „Soziabilitätsschranke".[45] Vereinfacht ausgedrückt, soll der Gedanke des § 254 II BGB bereits in den Prozeß der Schadensbestimmung mit einbezogen werden. Daß dies Abwägungen und rechtliche Wertungen notwendig macht, liegt auf der Hand und gesteht auch *Mertens* selbst ein wenn er schreibt: „... daß der in § 249 zugrunde gelegte Schadensbegriff in gewisser Hinsicht durch § 242 zu konkretisieren ist".[46]

bb) Auf Rechtsgüterschutz abzielende, weil objektive Schadensbegriffe

Ein schwerer Schlag wurde der Differenzhypothese von der Lehre vom objektiven Schaden[47] versetzt. Sie erblickt den Schaden bereits in der Verletzung des Rechtsguts selbst. Daß die Verletzung beim Geschädigten auch tatsächlich zu einem Bilanzschaden geführt hat, wird nicht vorausgesetzt. Der Schaden ist hiernach nicht bloße Rechnungsgröße. Dieses Schadensverständnis knüpft an den Schaden im natürlichen Sinne an, wie er in der Strafrechtstheorie von Bedeutung ist.[48] Ähnlich wie dort, soll nicht erst eine durch die Verletzung des Rechtsguts herbeigeführte Vermögensminderung (quantitativer Aspekt) ausgeglichen werden, sondern schon die Verletzungshandlung selbst (qualitativer Aspekt) „erfaßt" werden. „Geahndet" wird die schädigende Handlung dabei mit dem Betrag, der dem objektiven Wert des durch sie verletzten Rechtsguts entspricht.

---

[42] *Zeuner*, AcP 163 (1963), 380ff.; *ders.*, GS Dietz, 99ff., 102ff.
[43] *Zeuner*, GS Dietz, 105f.
[44] *Mertens*, 87ff.
[45] *Mertens*, 174.
[46] *Mertens*, 179; vgl. auch die Kritik bei *Keuk*, 13f.
[47] Insbes. *Neuner*, AcP 133 (1931), 277ff.
[48] Vgl. oben § 3 I 1 c cc (1).

Insgesamt wird damit die Unterscheidung zwischen Rechtsverletzung und Schadensersatz aufgegeben, Schaden und Schadensersatz auf dieselbe Ebene gelegt, was der Systematik jedenfalls des historischen BGB-Konzepts widerspricht.[49] Da der (real) Geschädigte somit auch dann entschädigt wird, wenn die Verletzung keine Rückwirkung auf sein Vermögen hat, läßt sich der objektive Schadensbegriff nur noch vor dem Hintergrund des Rechtsgüterschutzes rechtfertigen.

Nicht verwechselt werden darf indes die Lehre vom objektiven Schaden mit der objektiven (abstrakten) Bewertung des Interesses, wenn auch ihre Abgrenzung im Einzelfall schwierig sein kann. Objektive Bewertung heißt nur, daß der dem Geschädigten zugesprochene Ersatz nicht genau dem Spiegelbild des „Lochs" in seinem Vermögen entsprechen muß, sondern einen um die Begradigung der Kanten des Lochs erhöhten Betrag ausmachen kann. Voraussetzung ist aber immer, daß die Rechtsverletzung überhaupt ein „Loch" i.S.d. Differenzschadensbegriffs verursacht hat.

Folgende Autoren haben sich dem objektiven Schadensbegriff verschrieben.

(1) Die Ansicht von Neuner

Neuner, auf den die Lehre vom objektiven Schaden hauptsächlich zurückgeht, sieht den Schaden in der Verletzung eines vermögenswerten Interesses, d.h. eines Gutes, das im Verkehr gegen Geld erworben und veräußert werden kann, und das objektiv zu bewerten sei.[50] Als Begründung dieses Schadensverständnisses verweist er insbesondere auf den Grundsatz der Naturalrestitution, der ein subjektives Vermögensinteresse des Geschädigten nicht voraussetze sowie auf eine angebliche rechtsverfolgende Funktion des Schadensersatzanspruches, die dem Geschädigten den Wert des in der anspruchsbegründenden Norm geschützten Rechts gewährleisten solle.[51] Dies folge aus einem Vergleich der Schadensersatzpflicht aus § 826 BGB mit der aus § 823 BGB bzw. der aus Verletzung eines obligatorischen Rechts; wenn auch hier wie dort die Entstehung des Schadens zum Klagegrund gehöre, so diene im letzten Fall der Schadensersatzanspruch doch zur Sanktion eines Rechts oder rechtlich geschützten Interesses – er trete an Stelle oder neben den rechtsverfolgenden Anspruch –, wohingegen im ersten Fall es sich um die Wiedergutmachung des Schadens als solchen handele.[52]

Hinzu käme, daß der objektive Schadensbegriff dem Differenzschadensbegriff auch überlegen sei, weil man mit ihm auch in solchen Fällen zu akzeptablen

---

[49] Vgl. oben § 4 II 2 a aa; vgl. auch die Kritik bei *Lange*, Schadensersatz, 32.
[50] *Neuner*, AcP 133 (1931), 277, 290.
[51] *Neuner*, AcP 133 (1931), 292ff.
[52] *Neuner*, AcP 133 (1931), 291.

Lösungen gelange, in denen die Differenzhypothese versage oder doch korrigiert werden müsse. In diesem Zusammenhang verweist er z. B. auf die Probleme des Schadensersatzes bei der Verletzung von Immaterialgüterrechten sowie der hypothetischen Kausalität.

Völlig verzichten möchte *Neuner* auf die Differenzmethode freilich nicht. Sie soll weiterhin Gültigkeit haben in Fällen, in denen der Geschädigte einen über den objektiven Wert des verletzten Gutes hinausgehenden Schaden erlitten habe, mit der Folge, daß er auch diesen liquidieren könne; der objektive Schaden sei nicht als Grenze der Ersatzfähigkeit zu verstehen, sondern als dessen, was der Geschädigte mindestens ersetzt verlangen könne.[53]

Insgesamt läuft die Ansicht *Neuners* auf eine Flankierung des Ausgleichsgedankens durch qualitative Aspekte, wie Sanktion (eines Rechts) und Rechtsverfolgung hinaus, wobei diesen Kategorien nicht lediglich der Rang eines „erwünschten Nebenprodukts" zukommt, sondern sie selbst den Maßstab dafür angeben, wie schwer die Ersatzpflicht letztendlich wiegen soll. Bezeichnend hierfür ist, daß *Neuner* seinen Blick weniger auf die Kompensation des Schadens, das (quantitative) Ergebnis, denn auf die „Wiedergutmachung der Rechtsverletzung",[54] die Handlung, richtet. Um ihretwillen soll dem Schädiger Ersatz auferlegt werden.[55] Nicht der Schaden soll zum Schadensersatz verpflichten, sondern die Schuld. So verwundert es nicht, wenn *Neuner* sein Schadensverständnis mit dem Schadensersatz im anglo-amerikanischen Recht in Verbindung bringt, von dem er behauptet, daß er (in Gestalt der „nominal damages") häufig die Funktion habe, ein Recht festzustellen und zu wahren.[56]

(2) Die Ansichten von Wilburg und Bydlinski

An den Gedanken einer rechtsverfolgenden Funktion des Schadensersatzanspruches knüpfen auch *Wilburg*[57] und *Bydlinski*[58] an und gelangen über ihn zu einer Objektivierung des Schadensbegriffes. *Wilburg* geht es dabei vor allem um Fragen der Vorteilsausgleichung, die ausgeschlossen sein soll, wenn der Geschädigte nur den objektiven Wert des verletzten Rechtsgutes geltend macht.[59] *Bydlinski* ver-

---

[53] *Neuner*, AcP 133 (1931), 296ff.

[54] *Neuner*, AcP 133 (1931), 287.

[55] Damit unterstreicht *Neuner*, aaO, die Bedeutung des Präventionsgedankens, wie er in der ökonomischen Analyse des Rechts eine Rolle spielt, vgl. dazu unten § 4 VI 2.

[56] *Neuner*, AcP 133 (1931), 292.

[57] JherJb. 82 (1932), 51ff., 130f.

[58] *Bydlinski*, Probleme der Schadensverursachung nach deutschem und österreichischem Recht (Stuttgart 1964).

[59] *Wilburg*, JherJb. 82 (1932), 51ff.

bindet seine Auffassung mit der neueren Lehre vom Rechtswidrigkeitszusammenhang. Die objektive Schadensberechnung sei bei allen Rechtsgütern zuzulassen, die vom Schutzumfang des verletzten Rechts umfaßt würden.[60]

cc) Der Schadensbegriff in der Rechtsprechung

Was die Haltung der Rechtsprechung zum Begriff des Vermögensschadens angeht, so läßt sich keine einheitliche Linie erkennen. Ausgangspunkt ist wohl nach wie vor die Differenzhypothese und damit ein natürliches Schadensverständnis,[61] doch hat der BGH diese Hypothese für zahlreiche Fallkonstellationen durch eine wertende Betrachtungsweise korrigiert[62] und so den Vermögensschadensbegriff erweitert.[63] In wenigen Entscheidungen ist sogar ausdrücklich vom normativen Schadensbegriff die Rede.[64] Aufs Ganze gesehen entscheidet der BGH jedoch auf der Grundlage eines dualistischen Schadensbegriffs. Die Differenzhypothese wird von einer teleologischen Wertung ergänzt.

> „Ob ein Vermögensschaden anzuerkennen ist, darf, wie der BGH schon wiederholt entschieden hat, nicht allein nach der sog. Differenzhypothese, also nicht nur danach beurteilt werden, in welchem Maße sich die infolge eines haftungsbegründenden Ereignisses eingetretene Vermögenslage von derjenigen unterscheidet, die sich ohne dieses Ereignis ergeben hätte. Geboten ist vielmehr eine wertende, an wirtschaftlichen Gesichtpunkten orientierte Betrachtung".[65]
> „... Bei dieser Gegenüberstellung sind die Rechnungsposten allerdings, gemessen am Schutzzweck der Haftung und an der Ausgleichsfunktion des Schadensersatzes, wertend zu bestimmen (vgl. BGHZ 98, 212, 217 m. w. N.). Die Differenzhypothese hat sich einer normativen Kontrolle zu unterziehen, die sich einerseits an der jeweiligen Haftungsgrundlage, konkret also an dem sie ausfüllenden haftungsbegründenden Ereignis und andererseits an der darauf beruhenden Vermögensminderung orientiert (vgl. BGHZ 99, 182, 196) und die dabei auch die Verkehrsanschauung berücksichtigt (vgl. BGHZ 98, 212, 213ff., 223); weitere Zitate aus der Literatur".[66]

Wann und aufgrund welcher Wertungen die Differenzhypothese korrigiert werden muß, beurteilen die Senate allerdings unterschiedlich. Der VII. Senat meint nur, daß

---

60 *Bydlinski*, 39.
61 So BGHZ 71, 234, 240.
62 BGHZ 43, 381; 50, 304, 306; 54, 45, 49ff.
63 Hinzuweisen ist etwa auf den Kommerzialisierungsgedanken hinsichtlich des Ersatzes von Gebrauchsvorteilen sowie die Rspr. zu den sog. Lohnfortzahlungsfällen; vgl. zum Ganzen *Hagen*, Zur Normativität des Schadensbegriffs in der Rechtsprechung des Bundesgerichtshofes, FS Hauß, 83ff.
64 BGHZ 50, 304, 306; 54, 45, 49ff.
65 BGH VersR 1980, 480, 481; ähnlich BGHZ 71, 234, 240; 74, 231, 233f.; 75, 366, 371f.; BGH NJW 1978, 262, 263f.
66 BGH WM 1997, 2309, 2311 (Urt. v. 26. 9. 1997, V. ZS).

allein das Vorliegen oder Fehlen eines rechnerischen Differenzschadens nicht automatisch dazu führen dürfe, einen Vermögensschaden im Ergebnis zu bejahen bzw. zu verneinen.[67] Etwas konkreter äußert sich der V. Senat. Für ihn ist „die Berücksichtigung anderer Kriterien aber – wenngleich nur aus zwingenden Gründen – nicht schlechthin unzulässig".[68] Der für Schadensfragen maßgebliche VI. Senat hat dagegen von einer allgemeineren Festlegung bislang abgesehen.[69]

Zusammenfassend läßt sich sagen, daß die Differenzhypothese dem BGH zwar als „erster Zugriff" bei der Fallösung dient. Doch zeigt er keine Hemmungen, ihre Schranken zu durchbrechen. Ein Autor, der die BGH-Rechtsprechung insoweit analysiert hat, stellt denn auch fest, „... daß der BGH auf den verschiedensten Wegen jeweils zu dem ihm *geboten erscheinenden Ergebnis*[70] gelangt ist (und sich wohl auch in Zukunft diese Freiheit nehmen wird)".[71] Dabei habe der BGH die „maßgeblichen rechtlichen Wertungen", um deretwillen die Differenzhypothese von ihm korrigiert wurde, aus allgemeinen und speziellen Gesetzesvorschriften, Rechtsgedanken, Zweckprogrammen sowie aus der Eigenart des jeweiligen Regelungsproblems gewonnen. Der Begriff des Vermögensschadens sei bei dieser problemorientierten ad hoc-Entscheidung jedoch auf der Strecke geblieben.[72]

dd) Die Unmöglichkeit eines einheitlichen Schadensbegriffs

Angesichts der Komplexität der Probleme ist jedweder Versuch, einen für alle Fälle gleichermaßen gültigen Schadensbegriff zu definieren, von vornherein zum Scheitern verurteilt. „Den" Schadensbegriff gibt es nicht und kann es auch nicht geben. Der Schaden ist keine mathematische, keine eindeutige Größe. Die unzähligen Definitionsversuche in der Literatur[73] sind nur als Ausfluß dieser Erkenntnis zu werten. Diese Ohnmacht hat zur weitgehenden Atomisierung und Fallgruppenbildung im Schadensrecht geführt.[74] Soweit ein abstrakter Definitionsversuch dennoch unternommen wurde, mündete dies entweder in (für die Rechtspraxis nicht brauchbaren) philosophischen Erörterungen[75] oder in einem (in Wahrheit resignierenden)

---

67 BGH VersR 1980, 481.
68 BGHZ 71, 240.
69 Vgl. nur BGHZ 70, 199; 75, 230.
70 Herv. v. mir.
71 *Hagen*, FS Hauß, 83, 99.
72 *Hagen*, FS Hauß, 100.
73 Vgl. nur die Übersicht bei *Lange*, Schadensersatz, 30ff.
74 *Magnus*, 1 (Einleitung).
75 So insbes. *Wolf*, FS Schiedermair, 545ff., 573 mit dem nicht weiterführenden Hinweis, daß der Schaden kein Begriff des Rechts, sondern der Ontologie sei; *ders.*, Schuldrecht, § 4 G II a; ihm folgend *Wilk*, 143ff., 173 wonach der Begriff des Schadens nicht die Vorstellung einer Differenz enthalte, sondern aus einzelnen individuellen realen Nachteilen bestehe; ein solcher Nach-

Ruf nach einem „normativen Schadensbegriff".[76] Der zu ersetzende Schaden läßt sich aber nicht durch bloße Deduktion des Schadensbegriffs ableiten.[77] Der „normative Schadensbegriff" selbst ist ohne materiellen Aussagegehalt[78] – er ist eine Hülse und steht deshalb nicht in Widerspruch zu unserer These, sondern bestätigt sie geradezu.

ee) Kein Verzicht auf den Schadensbegriff

Doch geht es nicht an, aus diesen Gründen auf einen (Vermögens-)Schadensbegriff völlig zu verzichten.[79] Schon deshalb, weil das Gesetz zur Abgrenzung der Vermögensschäden von immateriellen Schäden zwingt. Aber auch sonst hieße eine solche Forderung, die Rechnung ohne den Wirt zu machen. Möchten wir dem Gebot der Rechtssicherheit gerecht werden und soll das Schadensrecht nicht völlig aus den Fugen geraten, dürfen wir diesen einzigen im Schadensrecht vorhandenen (quantifizierten) Kontrollmaßstab nicht über Bord werfen,[80] sondern müssen im Gegenteil an ihm festhalten. Daß der Schadensbegriff seine Konturen weitgehend verloren hat, darf uns nicht entmutigen, sondern wir müssen dies gerade als Herausforderung dafür nehmen, ihm neue zu verleihen. Dabei gilt es, ausgehend von der Differenzhypothese als dem kleinsten gemeinsamen Nenner für die Lösung „aller" Problembereiche, die bereichsspezifischen Ausprägungen und verschiedenen Spielarten der Differenzlehre aufzuzeigen.

b) Ausblick

Vom Standpunkt des hier angelegten Untersuchungszwecks kommt der Analyse des jeweiligen Rechtsprechungsmaterials bei der Konkretisierung der Differenzlehre entscheidende Bedeutung zu. Lassen sich aus ihr allgemeine Folgerungen gewinnen, so darf dies nicht ohne Rückwirkung auf die Schadensersatzordnung bleiben, sondern muß diese hiernach ausgerichtet werden, um das System[81] geschlossen zu halten. Konkret heißt dies entsprechend dem vorliegenden Untersuchungsziel: Ist

---

teil sei „eine in bezug auf einen oder mehrere in besonderer Weise miteinander zusammenhängende Gegenstände eintretende Einbuße einer individuellen Möglichkeit personenhaften Existierens".

[76] So etwa *Selb*, Schadensbegriff und Regreßmethoden. (Heidelberg 1963); *Steindorff*, AcP 158 (1959/60), 431, 449f.; *ders.*, JZ 1961, 12ff.; *ders.*, JZ 1964, 423; in abgeschwächter Form findet sich der normative Schadensbegriff bei *Larenz*, Schuldrecht AT, 346ff. und *Keuk*, 260.

[77] Palandt/*Heinrichs*, BGB, Vorbem. v. § 249 Rdnr. 14; ähnlich *Magnus*, 308.

[78] MüKo/*Grunsky*, BGB, v. § 249 Rdnr. 8.

[79] So aber offenbar *Kötz*, Deliktsrecht, Rdnr. 479ff.

[80] So i.E. auch *Magnus*, 21.

[81] Vgl. dazu unten § 10 I 2.

der (im Verlauf der Untersuchung sich noch herauskristallisierende) Sanktionsgedanke in der schadensrechtlichen Rechtsprechung eine im Hinblick auf den Schadensbegriff allgemeine und der Erweiterung fähige Rechtskategorie?

3. Schaden und Schuld

Es entspricht der strengen Verwirklichung des Ausgleichsgedankens, daß die §§ 249–255 BGB keine Abstufung der Schadensersatzleistung nach der Schwere des Verschuldens enthalten. Es gilt das Alles-oder-Nichts-Prinzip.[82] Zwar ist das Verschulden oder eine gleichgestellte Zurechnung erforderlich, um eine Ersatzpflicht zu begründen; wenn aber diese Voraussetzung erst einmal erfüllt ist, bestimmt nicht mehr das Verschulden, sondern der *Schaden* den Ersatz. Die Festlegung des Umfangs der Schadensersatzschuld erfolgt deshalb unabhängig von einer rechtsethischen Bewertung der schadensstiftenden Handlung. Der Schädiger schuldet grundsätzlich vollen Ersatz, gleichviel, ob seine Handlung auf Fahrlässigkeit oder Vorsatz beruht. Es gilt der Grundsatz der Totalreparation. Die Schwere der Schuld stellt insbesondere keinen eigenständigen Zurechnungsfaktor bei der Begründung und dem Umfang der Schadensersatzpflicht dar. Nicht die Schuld, sondern der Schaden verpflichtet zum Schadensersatz.

III. Das Verbot der Bereicherung im Schadensersatzrecht

Mit dem Ausgleichsprinzip korrespondiert das Bereicherungsverbot. Der Geschädigte darf durch den Schadensfall nicht besser stehen, als er ohne das schädigende Ereignis stünde. Er soll am Schadensfall nicht verdienen (sog. Gewinnabwehrprinzip). Damit ist aber nur das gesagt, was sich aus dem Ausgleichsprinzip ohnehin ergibt. Von einem Ausgleich im Sinne der Differenzhypothese kann nämlich nicht mehr gesprochen werden, wenn dem Geschädigten mehr zugesprochen wird, als das „Loch" in seinem Vermögen groß ist. Das Bereicherungsverbot ist somit denknotwendig im Ausgleichsgedanken mit enthalten.[83]

---

[82] Als Ausnahmen vom sog. Alles-oder-Nichts-Prinzip sind etwa zu nennen: §§ 139 II 2 PatG; 14 a I 2 GeschmMG; 430 HGB; 26 BinSchG; 19 V OrderlagerscheinVO; 85 II, 91 EVO; 276 II BGB; 11 Nr. 7 AGBGB; 6 III, 61 VVG.

[83] MüKo/*Grunsky*, BGB, v. § 249 Rdnr. 6a: „besondere Ausprägung der Differenzhypothese", „terminologische Besonderheit der Differenzhypothese".

IV. Sanktion und Prävention

Mit dem Ausgleichsgedanken als dem nach herrschender Meinung tragenden Prinzip des Schadensersatzrechts[84] werden oft die Aspekte der Sanktion und Prävention in Verbindung gebracht. Diese Termini werden aber nicht in dem Sinne gebraucht, daß über die Auferlegung der Schadensersatzpflicht hinaus der böse Wille des Schädigers präventiv geahndet werden oder ein Sanktionsbedürfnis gar den einzigen Grund für die Verurteilung des Schädigers (Politik der zugeschlagenen Prävention)[85] darstellen dürfte. Vielmehr wird mit beiden Begriffen nur das umschrieben, was sich aus der Natur der Sache ohnehin ergibt, daß nämlich jede Verurteilung zu Schadensersatz, wie auch schon seine Androhung selbst,[86] auf potentielle Schädiger präventiv wirkt, oder doch zumindest wirken soll. Dementsprechend werden diese Reflexziele oft als „erwünschtes Nebenprodukt"[87] bezeichnet.

V. Weitere „Komplementprinzipien" zum Ausgleichsprinzip

Neben den qualitativen Aspekten der Sanktion und Prävention wird das Ausgleichsprinzip noch von einer Reihe weiterer Elemente umlagert, die der inhaltlichen (quantitativen) Ausgestaltung des Schadensersatzes verpflichtet sind. Sie haben nicht das Verhalten des „Täters" im Auge, sondern knüpfen an die Gütersphäre des Opfers eines Schadensfalles an. Zu nennen sind etwa der Kommerzialisierungsgedanke,[88] der Frustrationsgedanke,[89] der Bedarfsgedanke,[90] der Gedanke der Schadensstreuung,[91] das Versorgungs- und Konsumschutzprinzip[92] sowie ökonomische Modellversuche.[93]

---

[84] Siehe oben § 4 II.
[85] Siehe oben § 2 III 4 a cc.
[86] Siehe oben § 2 III 4 a cc.
[87] *Larenz*, Schuldrecht AT, 423; *Lange*, Schadensersatz, 10.
[88] Zuletzt *Küppers*, 18ff., 94ff; *ders.*, VersR 1976, 604, 610.
[89] Zuletzt Esser/*Schmidt*, Schuldrecht, § 31 III (S. 144ff.).
[90] BGHZ 66, 239ff; *Medicus*, Bürgerliches Recht, Rdnr. 826.
[91] *Kötz*, FS Steindorff, 659.
[92] *Schiemann*, Argumente und Prinzipien, 234ff., 276ff.
[93] Zuletzt *Huber*, 28ff.

VI. Wirtschaftstheoretische Einflüsse

1. Haftungsersetzung durch Versicherungsschutz

Die qualitativen Aspekte der Sanktion und Prävention können ihre Wirkung, wenn überhaupt, nur dann effektiv entfalten, wenn derjenige, dessen Verhalten sie steuern sollen, den Schaden auch letztendlich aus eigener Tasche bezahlen muß. Wir müssen uns deshalb die Frage gefallen lassen, ob nicht die Arbeit (teilweise) zur Makulatur werden würde, wenn das eintritt, was von vielen, mitunter prominenten Haftungsrechtlern wie *von Hippel*, *Weyers* und *Kötz*, gefordert wird: die Ersetzung des zivilrechtlichen Haftungssystems durch ein Versicherungssystem.[94] Die Befürworter der Reform erhoffen sich durch sie eine adäquatere und gerechtere Schadensverteilung, als mit dem gegenwärtigen Haftpflichtsystem, das zudem astronomische Kosten verursache, erzielt werden könne. Würde diese Reform Wirklichkeit, so wäre – sofern man daran festhalten möchte – eine individuelle Sanktion allenfalls noch über das versicherungstechnische Bonus-Malus-System sowie einer eventuellen Selbstbeteiligung möglich.

Indes, diese Bedenken sind unbegründet.[95] Ganz ohne Rest wird sich eine Abkehr von der individualistischen Haftungskonzeption des BGB hin zu einem quasi „entideologisierten" Schadensrecht ohnehin nicht vollziehen lassen. Zu tief sind die Gedanken der Sanktion und Genugtuung in der Menschheit verwurzelt, um dieses gesunde Empfinden aus deren Köpfen zu schlagen. Auch in einem gänzlich nach ökonomischen Gesichtpunkten geordneten Schadensmodell werden diese Gedanken, wenn auch in anderer Form, weiterleben. Der lebhaft diskutierte Präventionsgedanke im Privatversicherungsrecht[96] ist nur *ein* Beweis dafür.

Hinzu kommt, daß die Versicherungslösung vorwiegend für solche Bereiche des Lebens favorisiert wird, bei denen die Schadensverursachung nicht auf „malicious behavior",[97] sondern auf Unglück zurückzuführen ist. Es verbleiben deshalb Fälle,

---

94 *v. Hippel*, Schadensausgleich bei Verkehrsunfällen. Haftungsersetzung durch Versicherungsschutz. Eine rechtsvergleichende Untersuchung. (Berlin/Tübingen 1968); *Weyers*, Unfallschäden. Praxis und Ziele von Haftpflicht- und Vorsorgesystemen. (Frankfurt 1971), 647ff.; *Kötz*, Sozialer Wandel im Unfallrecht. In: Karlsruher Studiengesellschaft. Heft 125. (Karlsruhe/Heidelberg 1976).

95 So auch *Magnus*, 22ff. hinsichtlich der Notwendigkeit einer weiteren Auseinandersetzung mit dem Schadensbegriff.

96 Siehe dazu oben § 3 I 3.

97 Vgl. auch zur umstrittenen Frage der Versicherbarkeit von punitive damages im US-amerikanischen Recht *Fleming*, 21ff.

vornehmlich die hier noch zu behandelnden Fallgruppen, in denen ein Denken in den Kategorien von Sanktion und Prävention weiterhin ausgeprägt vorhanden sein wird. Da schließlich die Verfechter der Reform de lege ferenda plädieren, das gegenwärtige System aber noch in Kraft ist, dürfen wir unumwunden de lege lata konstatieren.

2. Ökonomische Analyse des Rechts

Dieser zuerst in den USA publik gewordene wirtschaftswissenschaftliche Ansatz (economic analysis of law)[98] hat inzwischen auch in der deutschen Jurisprudenz Einzug gehalten.[99] Die ökonomische Analyse des Rechts bezweckt Nutzen- oder Wohlstandsmehrung und zielt somit auf einen Gewinn an gesamtwirtschaftlicher Wohlfahrt.[100] Hierzu analysiert sie Auswirkungen von Rechtsnormen und rechtlichen Entscheidungen und fragt danach, ob diese mit den Zielen der allgemeinen Wohlfahrt vereinbar sind. Für den Bereich des Schadensrechts besteht dieses Ziel ganz allgemein formuliert in der Vermeidung von Schadenskosten.[101] Konkret bedeutet dies: Schäden als „soziale Kosten" sollen demjenigen auferlegt werden, der, unter Aufwendung der sozial nützlichen Menge an Ressourcen, sie am leichtesten vermeiden kann („cheapest cost avoider").

Die ökonomische Analyse des Rechts zielt desweiteren auf Verhaltenssteuerung. Aus wohlfahrtstheoretischer Sicht darf sich das Schadensersatzrecht nicht damit begnügen, einen von einer Person verursachten Schaden auf eine andere (den „cheapest cost avoider") – in Fällen vorsätzlicher Schädigung, wie sie in den von uns analysierten Fallgruppen vorwiegend in Frage steht, ist der „cheapest cost avoider" grundsätzlich der Schädiger, da er den Schadenseintritt allein bestimmt, ihn einseitig verursacht, und er das schädigende Verhalten somit lediglich unterlassen muß; kostenverursachende Präventivmaßnahmen fallen insoweit nur bei (potentiell) Geschädigten an – zu übertragen. Allein dies führt noch nicht zu einem

---

[98] Ihr wohl prominentester Verfechter ist *Posner*, vgl. hierzu sein Hauptwerk: Economic Analysis of Law, 2. Aufl., (Boston/Toronto 1977).

[99] Vgl. grundlegend *Schäfer/Ott*, Lehrbuch der ökonomischen Analyse des Zivilrechts. 2. Aufl., (Berlin u.a. 1995); *Behrens*, Die ökonomischen Grundlagen des Rechts. Politische Ökonomie als rationale Jurisprudenz. (Tübingen 1986); zur Kritik an dieser Theorie vgl. etwa *Fezer*, JZ 1986, 817ff.; *ders.*, JZ 1988, 223ff.

[100] *Calabresi*, 70 Yale L.J. (1961), 499ff.; *ders.*, 78 Harv.L.Rev. (1965), 713ff.; *ders.*, The Costs of Accidents. A Legal and Economic Analysis. 5. Aufl., (New Haven/London1977); *Posner*, 10f.; *Schäfer/Ott*, 49ff.

[101] *Ott/Schäfer*, 100, 111ff.

Gewinn an gesamtwirtschaftlicher Wohlfahrt. Sinn macht eine Schadensübertragung aus wohlfahrtsökonomischer Sicht erst dann, wenn der Schadensersatz auch dazu dient und geeignet ist, den Schädiger zu normgerechtem Verhalten zu bewegen.[102] Dies wiederum ist nur dann der Fall, wenn eine Kosten-Nutzen-Analyse ergibt, daß dem potentiellen Schädiger die Unterlassung der schadensstiftenden Handlung wirtschaftlich günstiger kommt, als deren Begehung. Wo dies nach der Rechtsordnung nicht der Fall ist, will die ökonomische Analyse die hierfür gebotenen materiellen Anreize schaffen. Damit stilisiert sich der Präventionsgedanke, dem in der Rechtslehre nur der Stellenwert eines „erwünschten Nebenprodukts" zugeschrieben wird, zum eigentlichen, das Schadensersatzrecht dominierenden Grundgedanken. Das Schadensersatzrecht entwickelt sich unter der Herrschaft dieser Theorie vom statischen[103] Ausgleichsinstrument weg, hin zu einem präventiven Lenkungsinstrument; in die Statik gerät Dynamik. Die Ausrichtung des gegenwärtigen Schadensersatzrechts am Modell der ökonomischen Analyse des Rechts führt deshalb zwangsläufig zu einem wirtschaftlichen Verständnis des Schadensbegriffs, was jedoch nicht heißt, daß einem solchen das Wort geredet werden soll. Oft ist der von der Rechtsordnung festgesetzte Schaden kleiner als der wirkliche.[104] Wegen § 253 BGB gilt dies grundsätzlich für den gesamten Bereich immaterieller Schäden. Aber auch bei Vermögensschädigungen in Form der deliktischen Schädigung i. S. d. § 823 I BGB erhält der Geschädigte mangels eines umfassenden Vermögensschutzes nicht für jeden wirklichen Schaden auch Ersatz. In diesen Fällen hat – vorausgesetzt der Schaden beim Geschädigten führt zu einer Bereicherung beim Schädiger in eben dieser Höhe – das Zivilrecht seine Steuerungsfunktion verloren.[105] Hieraus zieht die ökonomische Analyse die Konsequenzen: Sind hoheitliche Sanktionen (z. B. Kriminalstrafe, Bußgeld) nicht vorgesehen oder sonst nicht effizient genug, um potentielle Schädiger vor der Begehung der Schädigung abzuhalten, muß ein dahingehender Anreiz dadurch geschaffen werden, daß der „Täter" wenigstens mit der Sanktion des Schadensersatzes belegt wird. Dies macht es erforderlich, als zu ersetzenden Schaden nicht mehr den Vermögensschaden (pecuniary damage), sondern den wirtschaftlichen Schaden (economic damage) zu definieren.[106] Wirtschaftlicher Schaden ist hiernach die Einbuße jeder Position, die der Betroffene sich nicht ohne Entgelt (Kosten) abkaufen lassen

---

[102] *Ott/Schäfer*, 111 f.

[103] Vgl. hierzu Graphik 3 oben § 3 I 1 c cc (2).

[104] Vgl. dazu oben § 3 I 1 c cc (1).

[105] Vor diesem Hintergrund ist wohl auch die Ausweitung der Schadensersatzpflicht durch Schaffung immer neuer subjektiver Rechte i. S. d. § 823 I BGB (Persönlichkeitsrecht; Recht am eingerichteten und ausgeübten Gewerbebetrieb) durch die Rspr. zu sehen.

[106] *Posner*, 6, 149; *Ott/Schäfer*, 95 ff., 105.

würde.[107] Der Präventionsgedanke folgt somit nicht dem Schadensbegriff,[108] sondern umgekehrt der Schadensbegriff dem Präventionsgedanken.

Bei der Erörterung der einzelnen Fallgruppen werden wir deshalb den Überlegungen der ökonomischen Analyse des Rechts, soweit erforderlich, Rechnung tragen.

[107] *Posner*, 149, demonstriert diesen Unterschied beider Schadensarten am Beispiel des Schmerzensgeldes.

[108] Zur Präventionswirkung des Schadensersatzes auf der Grundlage des BGB-Schadenskonzepts vgl. oben § 3 I 1 c cc (1).

Dritter Abschnitt. Schadensersatz als Sanktion

§ 5 Modelle des Schadensersatzrechts

Ehe wir uns mit der Frage beschäftigen, ob und inwieweit der Schadensersatz im konkreten Fall (auch) als Mittel der Sanktion für unerwünschtes Verhalten dient, müssen wir zunächst nach einer Plattform suchen, von der aus wir unsere Überlegungen anstellen (wollen). Auf der Suche nach diesem Maßstab, der quasi als Gradmesser für die Frage fungieren soll, ob der zugebilligte Ersatz seiner Natur nach Ausgleich oder Sanktion ist, stoßen wir unweigerlich auf die verschiedenen Modelle des Schadensersatzrechts.

I. Das BGB-Schadenskonzept

Das traditionelle Schadenskonzept war darauf ausgerichet, den Richter möglichst eng an das Gesetz zu binden.[1] Man ging davon aus, der Schadensfall ließe sich durch bloße mechanische Anwendung konkreter und eindeutig bestimmter Vorgaben lösen. Dieses Streben nach Rechtssicherheit führte zur Hochkonjunktur der Begriffsjurisprudenz. Um dem Richter jedwede Wertungen bei der Schadensverteilung zu „ersparen", statuierte man beispielsweise das Alles-oder-Nichts-Prinzip[2] anstatt den Schaden nach dem Interesseprinzip zu streuen, entschied sich gegen einen allgemeinen Vermögensschutz und versagte den Ausgleich immaterieller Schäden in Geld. „Die" Lösung des Falles schien damit für jedermann vorhersehbar, ja geradezu vorprogrammiert. Fehlentscheidungen sollten nur – für die Parteien jedoch sofort erkennbar – in Form von schlichten Rechenfehlern denkbar sein.

---

[1] *Diederichsen*, FS Klingmüller, 68.
[2] Vgl. dazu oben § 4 II 3.

II. Das gegenwärtige, durch Rechtsfortbildung erweiterte Modell des Schadensersatzrechts

Inzwischen sind 100 Jahre vergangen; das Weltbild hat sich geändert, das BGB-Schadenskonzept indes ist dasselbe geblieben. Mit dem gesellschaftlichen und technischen Fortschritt in gleichem Maße einher ging eine kontinuierliche Rechtsfortbildung des BGB-Schadenskonzepts, in deren Verlauf das Richterrecht das Spielfeld beherrschte.[3] Als Beispiele dieser schöpferischen Rechtsgestaltung seien genannt: die Schaffung einer deliktsrechtlichen Generalklausel mit allgemeiner Vermögensschutzfunktion durch Anerkennung des Rechts am eingerichteten und ausgeübten Gewerbebetrieb, die Umgehung des § 253 BGB durch die Ausgestaltung des Persönlichkeitsrechts und Zuerkennung immateriellen Schadens unter dem Deckmantel des Vermögensschadens sowie die Aufweichung des Schuldprinzips in Richtung Gefährdungshaftungsprinzip. Der sonst so eifrige Blick ins Gesetz hat ausgedient. Sofern man ihn dennoch wagt, so nur deshalb, um auf die Unzulänglichkeit, Unangemessenheit und Überkommenheit der gesetzlichen Regelung hinzuweisen. Nicht mehr der Buchstabe des Gesetzes gibt die Marschroute für die Lösung an, sondern die Entscheidung erfolgt ergebnisgelenkt nach Wertungs- und Gerechtigkeitsgesichtspunkten.[4] An die Stelle der Begriffsjurisprudenz ist die Interessenjurisprudenz getreten. Diese Tendenz vom Rechnen zum Werten hat zum weitgehenden „Leerlauf" des traditionellen Schadenskonzepts geführt. Das gegenwärtige „Modell" des Schadensersatzrechts aber gleicht einem Flickenteppich. Ein einheitlich gehandhabtes Schadenskonzept scheint in weite Ferne gerückt. Nach abstrakten, begriffsbildenden und systematischen Aussagen sucht man vergeblich; „die Fallgruppe oder gar der Einzelfall regiert".[5] Vorläufiger Höhepunkt dieser Entwicklung ist die Forderung nach einem völligen Verzicht auf den Schadensbegriff.[6]

Indes, der Hinweis auf die „verworrene Lage",[7] den „desolaten Zustand",[8] die „Systemlosigkeit"[9] des Schadensersatzrechts allein ist wenig nützlich. Jede Kritik muß mit einer Therapie verbunden sein. Doch sollte man die Erwartungen nicht allzu hoch ansetzen. „Die" Patentlösung kann und wird es nicht geben. Ein bescheidener, aber keineswegs weniger fruchtbarer Ansatz geht dahin, Entwicklungstendenzen des Schadensersatzrechts auszumachen, Argumentationsstrukturen der Rechtsprechung

[3] *Kötz*, Deliktsrecht, V (Vorwort): „Über weite Strecken Richterrecht reinsten Wassers".
[4] *Diederichsen*, FS Klingmüller, 69.
[5] *Magnus*, 1 (Einleitung).
[6] *Kötz*, Deliktsrecht, 184ff.; vgl. dazu auch oben § 4 II 2 a ee.
[7] *Keuk*, 14.
[8] *Lieb*, JZ 1971, 358.
[9] *Ströfer*, 21.

aufzuzeigen. In vielen Fällen läßt sich die Annahme eines Schadens nicht mehr rein rechnerisch quantitativ begründen, sondern nur noch aus der Herrschaft qualitativer Aspekte rechtfertigen.[10] Qualitative Aspekte, wie etwa Sanktion und Prävention, stehen aber „außerhalb" eines quantitativen Ersatzrechts. Um dem Vorwurf zu entgehen, Schadensersatz ohne Schaden zu gewähren, greift die Rechtsprechung deshalb in solchen Fällen, anstatt die Grundsätze, die ihr bei der Lösung die Hand geleitet haben, offen beim Namen zu nennen, zur Mogelpackung des normativen Schadensbegriffs.[11] Die Analyse der einschlägigen Fallgruppen[12] wird ergeben, daß dies hinsichtlich der Aspekte der Sanktion und Prävention besonders „augenfällig" ist.

III. Das BGB-Schadenskonzept als Gradmesser des Ausgleichsgedankens

Die Erkenntnis, daß die Entscheide der Rechtsprechung in nahezu keinem Punkt mehr das traditionelle Schadenskonzept widerspiegeln, muß für uns umso mehr Anlaß sein, eben dieses Konzept zum Ausgangspunkt unserer Überlegungen zu machen. Nur ein Vergleich der Entscheide mit dem „rechnerischen Modell" läßt die Entwicklungslinien der Rechtsprechung „augenscheinlich" werden, die sonst auf der Grundlage eines mit normativen Wertentscheidungen überfrachteten Schadensmodells im „Kriterienwirrwarr"[13] verblassen würden.[14] Jede Abkehr vom rein rechnerischen Ausgleich bedingt die Miteinstellung wertender Gesichtpunkte in den „Ausgleichs"gedanken. Der quantitative Aspekt des Rechnens und der qualitative Aspekt des Wertens stecken gleichsam die Extrempositionen ab, zwischen denen wir uns bewegen.

§ 6 Punitive Elemente im Modell des gegenwärtigen Schadensersatzrechts – Anknüpfungspunkte

Ob der Schadensersatz im konkreten Fall eine Sanktionierung des Schädigers bezweckt, läßt sich nicht anhand einer mathematischen Formel beantworten. Erst das Zusammenspiel mehrerer Faktoren sowie eine zusätzliche, vornehmlich *außerhalb* der Dogmatik des Schadensersatzrechts stehende Wertentscheidung gibt Aufschluß über diese Frage.

---

[10] *Diederichsen*, FS Klingmüller, 78ff.

[11] Vgl. zum Schadensbegriff in der Rspr. oben § 4 II 2 a cc, sowie zur „Inhaltsleere" des normativen Schadensbegriffs § 4 II 2 a.

[12] Vgl. dazu Teil 2.

[13] *Hagen*, FS Larenz, 877.

[14] Vgl. oben § 4 II 2 a.

I. Problemfelder: Bereiche, auf denen die Bekämpfung schädigender Verhaltensweisen mittels des vorgegebenen Sanktionspotentials zu Sanktions- und Präventionsdefiziten i. S. d. der ökonomischen Analyse des Rechts führen würde

Schadensersatz als Sanktion hat keinen Selbstzweck, sondern dient der Verhaltenssteuerung. Es ist deshalb zu erwarten, daß die Rechtsprechung dem Schadensersatz präventive und punitive Züge immer dann verleiht, wenn der Schädiger, auch unter Ausschöpfung des übrigen zur Verfügung stehenden Sanktionspotentials, anderenfalls nicht zur Räson zu bringen wäre.

Zum besseren Verständnis wollen wir einen Blick auf das Sanktionspotential werfen. Die Rechtsordnung kann auf eine schädigende Handlung auf verschiedene Weise reagieren:[15]

I. Mittels hoheitlicher Sanktionen

1. Strafen, Bußgeld
2. Steuern und Abgaben

II. Mittels zivilrechtlicher Sanktionen

1. Schadensersatz aus Verschuldenshaftung
2. Schadensersatz ohne rechtswidriges und ohne schuldhaftes Verhalten des Schädigers (Gefährdungshaftung)
3. Schadensersatz ohne schuldhaftes Verhalten
4. Casum sentit dominus.

Der Einsatz der Sanktionsnormen wiederum ist abhängig von der rechtlichen Relevanz des Schädigerverhaltens. Folgende Verhaltensnormen können unterschieden werden:

A. Die schadensstiftende Handlung ist hoheitlich verboten
B. Die schadensstiftende Handlung ist nicht hoheitlich verboten, aber der Geschädigte hat ein Abwehrrecht
C. Die schadensstiftende Handlung ist nicht hoheitlich verboten und der Geschädigte hat kein Abwehrrecht.

---

[15] Nach *Schäfer/Ott*, 1. Aufl., 94ff.

Das Schadensrecht im Sinne der ökonomischen Analyse des Rechts besteht nun aus der Kombination der Verhaltensnormen (A, B, C) mit den Sanktionsnormen (I. 1, 2; II. 1, 2, 3, 4).

Solange und soweit die jeweilige schädigende Handlung mit der von der Rechtsordnung für sie vorgesehenen Sanktion effizient genug bekämpft werden kann, besteht kein Anlaß zu bewußten Übersanktionen. Dies ändert sich indes dann, wenn das vorgesehene Sanktionsmittel, aus welchen Gründen auch immer,[16] seine Präventivwirkung verfehlt. In einem solchen Falle kann die Rechtsprechung versuchen, das Präventionsdefizit entweder durch eine Verstärkung der vorgegebenen Sanktion oder eine (zusätzliche) Verhängung ursprünglich nicht vorgesehener Sanktionen zu kompensieren. Hierzu eignet sich die zivilrechtliche Sanktion des Schadensersatzes in besonderem Maße. Im Gegensatz zu hoheitlichen Sanktionen, wie etwa der Strafe, bei denen den Gerichten aufgrund enger verfassungsrechtlicher Vorgaben[17] bei der Auswahl sowie der Festlegung des Umfangs der Sanktion wenig Spielraum verbleibt, gilt es im Schadensersatzrecht diesbezüglich nur dogmatische Grenzen zu überwinden. Da jede schädigende Handlung beim Betroffenen auch regelmäßig zu einem Schaden im natürlichen Sinne[18] führt, ist es nur noch ein kleiner Schritt, auch seine rechtliche Ersatzfähigkeit zu „konstruieren". Wo immer sich auch Präventionslücken auftun, die Flucht in das elastische Schadensersatzrecht ist ein wirksames Mittel, um diese Lücken zu schließen.

II. Rechtsdogmatische Anknüpfungspunkte

Schadensersatz als Sanktion bedingt als *Mindestvoraussetzung*, daß der vom Gericht dem Geschädigten zugesprochene und dem Schädiger auferlegte Ersatzanspruch sich auf der Grundlage des traditionellen Schadenskonzepts[19] *rechtsdogmatisch* nicht mehr begründen läßt, also die dogmatische Leistungsfähigkeit des Schadensersatzrechts gesprengt wird.[20] Insbesondere in folgenden drei Fällen nimmt der Schadensersatz *Wesensmerkmale der (Privat-)strafe*[21] an.

---

[16] Vgl. nur oben §§ 3 I 1 c cc (2); 3 I 1 d dd; zu Beispielen von Übersanktionen im allgemeinen Zivilrecht siehe oben § 3 I 3.

[17] Vgl. insbes. zur „schuldangemessenen Strafe" oben § 3 I 1 c aa (3).

[18] Zum Schaden im natürlichen Sinne v. Schaden im rechtlichen Sinne vgl. oben § 3 I 1 c cc (1).

[19] Vgl. oben 5 III.

[20] Vgl. oben § 3 I 2 a.

[21] Zur Privatstrafe siehe oben § 3 I 1 d bb.

1. Schadensersatz ohne (nachgewiesenen) Schaden

Da es Aufgabe des Schadensersatzrechts ist, einen beim Geschädigten entstandenen Schaden auszugleichen, durchbricht das Gericht den dogmatischen Rahmen dieses Rechtsinstituts, wenn es den Schädiger zum „Ersatz“ verpflichtet, obwohl dem Geschädigten ein „Schaden“ unterm Strich nicht entstanden ist oder er einen solchen nicht nachgewiesen hat, desweiteren, wenn der vom Schädiger zu zahlende Betrag den Schaden übersteigt. In diesem Erfordernis der Kongruenz von Schaden und Ersatz (materielle Eigenart des Schadensersatzes)[22] liegt *ein* Wesensunterschied zur Strafe. Wenn auch bei letzterer der „Schaden“ nicht gänzlich unberücksichtigt bleibt,[23] erfolgt die Bemessung der Strafe doch nicht allein oder primär nach dem Umfang des Schadens, sondern, entsprechend ihrem Zweck,[24] nach anderen Kriterien.

2. Berücksichtigung des Verschuldens bei der Bemessung der Schadenshöhe

Sanktionszwecke verfolgt der Schadensersatz auch dann, wenn die Festlegung des Umfangs der Schadensersatzschuld vom Grad des Verschuldens[25] abhängig gemacht wird.[26] Die Berücksichtigung des Verschuldensmoments würde den Ausgleichsgedanken konterkarieren. Denn die Verpflichtung zum Schadensersatz liegt bereits auf der Rechtsfolgenseite, wohingegen die Entscheidung darüber, ob nur bei einem bestimmten „Verschuldensgrad“ gehaftet werden soll und in welcher Weise, systematisch korrekt auf der Ebene der Haftungsbegründung zu treffen ist.[27] In diesem Punkt (ethische Eigenart)[28] unterscheidet sich das Wesen des Schadensersatzes von dem der Strafe (Unwerturteil über den Täter), bei welcher die Schuld[29] des Täters gerade das maßgebliche Kriterium ist. Strafe ohne Schuld ist unserem Rechtskreis fremd; die Schwere der Schuld entscheidet über die Höhe des Strafmaßes.

---

[22] *Großfeld*, Privatstrafe, 11.
[23] Vgl. oben § 3 I 4 b.
[24] Zum Zweck der Strafe siehe oben § 3 I 1 c aa.
[25] Vgl. hierzu oben § 4 II 3.
[26] *Großfeld*, Privatstrafe, 11.
[27] Esser/*Schmidt*, Schuldrecht, 161.
[28] *Großfeld*, Privatstrafe, 11.
[29] Vgl. dazu oben § 3 I 1 c aa (3).

3. Berücksichtigung der wirtschaftlichen Verhältnisse von Schädiger und Geschädigtem

Das hinsichtlich des Verschuldensgrades Gesagte gilt entsprechend auch für die wirtschaftlichen Verhältnisse der Beteiligten. Ein Schadensrecht, das dem Ausgleichszweck Genüge tun möchte, darf die Festlegung des Umfangs der Ersatzpflicht nicht davon abhängig machen, wie hoch das Vermögen oder Einkommen von Schädiger und Geschädigtem ist, sondern lediglich davon, um wieviel der Ersatzberechtigte geschädigt ist.[30] Die Verknüpfung der Schadensersatzschuld insbesondere mit der wirtschaftlichen Leistungsfähigkeit des Schädigers führt zur Sanktion. Der reiche Schädiger soll, ganz so wie im Strafrecht, wo sich die Höhe des Tagessatzes nach den Einkommensverhältnissen des Täters richtet (§ 40 II 1 StGB), mehr bezahlen als der arme, um so bei ihm eine nachhaltige Präventivwirkung zu entfalten.

III. Rechtsethische Affirmative – Der Blick auf den „Täter"

Nicht jedes dem Geschädigten Ersatz zusprechende Urteil, das auf der Grundlage des BGB-Schadenskonzepts *dogmatisch* nicht mehr vertretbar erscheint, bezweckt zwangsläufig auch eine Sanktionierung des Schädigers. Die Formel „Schadensersatz ohne Schaden ist gleich Sanktion" ist zu mathematisch, zu schematisch, weshalb ihre Richtigkeit für jeden Einzelfall noch eines außerdogmatischen Beweises bedarf (außerdogmatische Richtigkeitskontrolle);[31] hinsichtlich der „Schadenskorrekturen"[32] gilt dies, weil sie sich vom allgemeinen Schadensrecht weitgehend abgespalten haben und eine sachgerechte Lösung deshalb begrifflich nicht vorgegeben ist, in ganz besonderem Maße. Daß dieser Formel zunächst nur Indizfunktion zukommt, ergibt sich schon daraus, daß der Schaden keine punktförmige, eindeutige Größe ist,[33] das Ergebnis häufig nicht von einem mathematisch exakt vorgegebenen Parameter abhängt, sondern vielmehr auf einer meist nicht gesetzlich fixierten Wertentscheidung beruht. Es gilt deshalb den Gedanken, die dieser Wertentscheidung zugrundeliegen, nachzuspüren. Sie lassen sich ganz grob in zwei Gruppen einteilen: solche, die sich um eine Anpassung des BGB-Schadenskon-

---

[30] *Lange*, Schadensersatz, 15; vgl. aber die gesetzlichen Sondervorschriften (§§ 829 BGB; 116 ff. SGB X, 76 II Nr. 3 SGB IV, 110, 111 SGB VII) sowie die Leitentscheidung des BGH zur Adäquanztheorie, BGHZ 3, 261 ff.

[31] Vgl. schon oben § 3 I 1 c cc (2).

[32] Vgl. unten § 10 V 3 a cc.

[33] Vgl. dazu oben § 3 I 1 c cc (1)

zepts an die gesellschaftlichen und technischen Veränderungen bemühen und deshalb den Schadensbegriff in zulässiger und auch sonst wohlbegründeter Weise fortzuentwickeln suchen (sie knüpfen an die Gütersphäre des Opfers eines Schadensfalles an[34]), und solche, die einen Schaden als Mittel der Sanktion und Prävention fingieren (sie sind auf die Verhaltenssphäre des „Täters" gerichtet). Die Gedanken selbst geben hierbei Aufschluß über ihre Zuordnung zur einen oder anderen Gruppe. Das Bemühen um Rechtsfortbildung produziert Gedanken zur Dogmatik, wohingegen ein Sanktionsbedürfnis durch eine außerdogmatische sowie „täterbezogene" Argumentation unterstrichen und gleichsam befriedigt wird; in diesem Zusammenhang kommt auch den unterschiedlichen Zielen von Strafe und Schadensersatz besondere Bedeutung zu. „Die Strafe soll eine Wunde schlagen, der Schadensersatz eine andere heilen, wenn möglich, ohne eine zweite zu verursachen"[35] (teleologische Eigenart). Die Strafe blickt so in erster Linie auf den Täter, der Schadensersatz auf den Verletzten.[36] Um somit unser dogmatisch gefundenes Ergebnis auch *rechtsethisch* bestätigt zu wissen, werfen wir einen Blick auf die die Entscheidung tragenden Gründe. Strafrechtliches Gedankengut in den Entscheidungsgründen weist darauf hin, daß nicht so sehr dem Verletzten ein Schaden ersetzt, sondern der „Übeltäter" getroffen werden soll; denn ginge es nur darum, Bilanzverluste im Vermögen des Geschädigten auszugleichen, wären all diese rechtsethischen Erwägungen überflüssig.

---

[34] Vgl. schon oben § 4 V.

[35] *Binding*, Normen, 288, sowie zur rechtsdogmatischen Trennung von Strafe und Schadensersatz oben § 3 I.

[36] Vgl. dazu oben § 3 I 1 c aa (1), (2), cc.

Teil 2: Fallgruppen mit pönalen Intentionen des deutschen Schadensersatzrechts

Im folgenden sollen Fallgruppen mit präventiv-pönalen Intentionen des deutschen Schadensersatzrechts erörtert werden. Im Vordergrund steht dabei eine eingehende Analyse des einschlägigen Rechtsprechungsmaterials, wobei auch die Praxis der Untergerichte, sofern sie die obergerichtliche Praxis ergänzt oder von ihr abweicht, mit einbezogen wird. Demgegenüber ist eine Auseinandersetzung mit den verschiedenen Literaturmeinungen naturgemäß von untergeordneter Bedeutung. Nicht nur deshalb, weil die Arbeit Argumentationsstrukturen des „lebendigen", weil gesprochenen Schadensersatzrechts aufzeigen möchte; entscheidend ist vielmehr folgender Punkt: es bedarf vornehmlich einer (rechtsethischen) Wertentscheidung, ob sich das Gericht bei der Lösung des konkreten Falles von einem Denken in den Kategorien von Sanktion und Prävention hat leiten lassen. Eine diesbezügliche rechtsethische Beurteilung läßt sich aber nicht am Buchstaben des Gesetzes festmachen, sondern nur außerdogmatisch „begründen", und ist zudem höchst subjektiv. Individuelles, subjektives Empfinden braucht aber, ja kann nicht einmal nachgewiesen werden.

Schadensersatz als Sanktion ist aber überhaupt nur dort möglich, wo eine dogmatische Einordnung des Falles in das Schadensrecht nicht möglich, insbesondere also ein „Schaden" definitiv nicht gegeben ist. Die Klärung der Frage, ob ein ersetzbarer Schaden vorhanden ist oder nicht, bedarf indes vornehmlich einer dogmatischen Grundsatzentscheidung. In vielen der hier behandelten Fallgruppen gesteht die Rechtsprechung, wie wir noch sehen werden, das Nichtvorliegen eines Schadens selbst ein, weshalb wir uns in diesen Fällen damit begnügen können, diesen Ausgangspunkt zu übernehmen. Die Gefahr, daß die Rechtsprechung einen Schaden verneint, obwohl dogmatisch ein solcher (ausnahmsweise) gegeben ist, besteht angesichts der „Existenz" eines normativen Schadensbegriffs, dem sich die Rechtsprechung gelegentlich bedient, beileibe nicht. Doch in manchen Fällen läßt sich ein Schaden nicht so „sicher" annehmen oder ablehnen. In solchen Zweifelsfällen ist die Dogmatik gefordert, eine eingehende Auseinandersetzung mit den im Schrifttum vertretenen Ansichten hier unabdingbar.

Um die Arbeit überschaubar zu halten, mußte aus der Vielzahl des einschlägigen Fallmaterials eine exemplarische Auswahl getroffen werden. Hierbei bildete insbesondere die wirtschaftsrechtliche Relevanz des Falles das Kriterium für diese Auswahl. Einzelfälle ohne wirtschaftsrechtliche „Breitenwirkung" wurden aber dann erörtert, wenn sich die Aspekte der Sanktion und Prävention in aller Schärfe zeigten.

Entsprechend der gesetzlichen Einteilung in Vermögensschäden und Nichtvermögensschäden (§ 253 BGB) wurden auch die Fallgruppen in diese zwei Hauptgruppen unterteilt und gesondert erörtert. Um schließlich auch die zukünftige Entwicklung mit einzubeziehen, wurden auch pönale Intentionen de lege ferenda erörtert.

Erster Abschnitt. Schadensersatz als Sanktion de lege lata

§ 7 Bei Vermögensschädigungen

I. Sanktion und Prävention als Primärzwecke im Rahmen der zweiten und dritten „Schadensberechnungsmethode" bei Verletzung von gewerblichen Schutz- und Urheberrechten

Von den Fallgruppen, bei denen die Rechtsprechung das Schadensersatzrecht zu Sanktions- und Präventionszwecken einsetzt, soll hier zunächst eine gängige Praxis auf dem Gebiet des Immaterialgüterrechts aufgezeigt werden. Denn die Verletzung fremder Ausschließlichkeitsrechte ist ein massenhaft auftretendes Phänomen, weshalb auf diesem Bereich das Schadens(ausgleichs)recht nicht nur seinen „dienenden Charakter"[1] verliert und stattdessen zum aktiven Schadensbekämpfungsinstrument mutiert, sondern neben dieser sanktionellen Zweckverfolgung auch eine das Wettbewerbsverhalten steuernde Funktion übernimmt. Ergebnis dieser Rechtsprechung ist ein Konglomerat von zivilechtlichen Schutzbestimmungen, die an den speziellen Bedürfnissen des gewerblichen Rechts- und Urheberrechtsschutzes ausgerichtet sind und von den allgemeinen Grundsätzen des Deliktsrechts sich weitgehend abgelöst haben.

1. Verletzung von Urheber-, Patent-, Gebrauchs- und Geschmacksmusterrechten

a) Der wirtschaftliche Wert eines Immaterialguts ist in vollem Maße nur gewährleistet, soweit und solange jede konkurrierende Benutzung unterbleibt, die derjenige, dem die wirtschaftliche Verwertung ausschließlich (vgl. nur § 1 I GeschmMG) zugewiesen ist (Werkschöpfer, Erfinder, Unternehmer), nicht erlaubt hat und deshalb nicht von einer Gegenleistung (meist in Form einer Lizenzgebühr) hat abhängig

---

[1] Esser/*Schmidt*, Schuldrecht, 158.

machen können. Jede Benutzung dieses Guts führt zu seiner realen wirtschaftlichen „Entwertung“.

An die Verletzung gewerblicher Schutz- und Urheberrechte knüpft das Gesetz grundsätzlich drei Rechtsfolgen, die die Durchsetzbarkeit dieser Rechte sicherstellen sollen: dem Verletzer droht strafrechtliche Verfolgung (§§ 106ff. UrhG, § 142 PatG, § 25 GebrMG, § 14 GeschmMG), er kann vom Berechtigten auf Beseitigung bzw. Unterlassung der Beeinträchtigung (§ 97 I 1, Alt. 1 u. 2 UrhG, § 139 I PatG, § 24 I GebrMG, § 14a I 1, Alt. 1 u. 2 GeschmMG) sowie auf Schadensersatz (§ 97 I 1, Alt. 3 UrhG, § 139 II 1 PatG, § 24 II 1 GebrMG, § 14 a I 1, Alt. 3 GeschmMG)[2] in Anspruch genommen werden.

Doch das vom Gesetzgeber vorgegebene Sanktionensystem ist wenig geeignet, die wirtschaftliche Verwertung der Ausschließlichkeitsposition an die Person des Berechtigten zu „binden“. Für die strafrechtliche Sanktion folgt dies daraus, daß die hier in Rede stehenden Rechtsverletzungen grundsätzlich als Privatklagedelikte (§ 374 I Nr. 8 StPO) ausgestaltet sind,[3] bei denen die öffentliche Klage nur ausnahmsweise bei Vorliegen des öffentlichen Interesses erhoben wird (§ 376 StPO). Der Verletzte aber wird mangels besonderer Anreize, wie sie etwa das US-amerikanische Recht in Gestalt der Rechtsdurchsetzungsfunktion der punitive damages kennt,[4] in den wenigsten Fällen gewillt sein, quasi als privater Staatsanwalt die Strafverfolgung zu übernehmen, weshalb die strafrechtlichen Bestimmungen so gut wie keine Rolle (mehr) spielen.[5] Bezeichnend hierfür ist, daß z. B. zu den §§ 142 PatG und 25 GebrMG bisher nicht eine Entscheidung des BGH ergangen ist. Wenig weiter hilft auch die Unterlassungsklage. Bis der Verletzte eine gerichtliche Unterlassungsverfügung gegen den Verletzer erwirkt hat, hat dieser das geistige Eigentum des Berechtigten meist schon längst gewinnbringend vermarktet. Für die Vergangenheit kann der Unterlassungsanspruch – als Form des vorbeugenden Rechtsschutzes in die Zukunft blickend – ohnehin nichts ändern. Schließlich bringt, sofern man streng am Ausgleichsprinzip festhält, auch die Anordnung der Schadensersatzpflicht nicht die erhofften Präventivwirkungen, weil der Verletzte durch die Rechtsverletzung regelmäßig einen Differenzschaden nicht erleidet oder aber er einen solchen nicht konkret beziffern kann: Ein Verletzungsschaden ist hier mit Ausnahme eines etwaigen Marktverwirrungs- und Diskreditierungsschadens nur in

---

[2] Neben diesen spezialgesetzlichen Haftungsnormen kann ein Schadensersatzanspruch auch auf § 823 I BGB gestützt werden; das Immaterialgüterrecht ist ein „sonstiges Recht“ i. S. d. Vorschrift, vgl. nur Palandt/*Thomas*, BGB, § 823 Rdnr. 15.

[3] Seit dem Entlastungsgesetz vom 11. 3. 1921.

[4] Vgl. dazu oben § 1 IV 1 c.

[5] Zahlreiche Initiativen auf den verschiedensten Ebenen bemühten sich in letzter Zeit um eine Wiederbelebung des Strafschutzes, vgl. hierzu Benkard/*Rogge*, PatG, § 142 Rdnr. 1.

Gestalt eines entgangenen Gewinns (§ 252 BGB) denkbar. Der Verletzte müßte den Nachweis erbringen, daß die Verletzungshandlung bei ihm zu einer *Absatzminderung* geführt hat oder ihm durch sie eine *Lizenzgebühr* nachweislich entgangen ist. In beiden Fällen tut man sich eines solchen Nachweises schwer. Zu den sich beim entgangenen Gewinn als eine immer nur hypothetische Größe aus der Natur der Sache ergebenden Berechnungs- und Bewertungsschwierigkeiten kommt in diesem Rechtsbereich erschwerend hinzu, daß sich die konkrete Verletzungsfolge im komplexen Marktgeschehen oft nur schwer isolieren läßt. Aus diesem Grunde läßt sich ein Kausalzusammenhang zwischen Rechtsverletzung und Absatzverlust meist nicht einmal mehr mit der von § 252 S. 2 BGB geforderten Wahrscheinlichkeit „nachweisen". Aufgrund dieser Beweisschwierigkeiten und des damit einhergehenden Prozeßrisikos würde der Verletzte von einer Schadensersatzklage gegen den Verletzer regelmäßig absehen, so daß für diesen, weil er auch eine schadensersatzrechtliche Sanktion nicht zu befürchten hätte, insgesamt gesehen kein Anreiz zu normgerechtem Verhalten bestünde. Vornehmlich um dieses Sanktionsdefizit zu kompensieren, hat die Rechtsprechung das Schadensersatzrecht immaterialgüterrechtlich erweitert und so den gestörten Gleichklang zwischen Ausgleichs- und Präventivfunktion,[6] der sich daraus ergibt, daß auf diesem Gebiet die Verpflichtung zum Ersatz des konkreten Schadens eine ausreichende Sanktion nicht darstellt, weitgehend wiederhergestellt.

Nach einer vom RG[7] initiierten und vom BGH übernommenen,[8] nunmehr ständigen Rechtsprechung ist es dem Berechtigten bekanntlich gestattet, im Falle der Verletzung von Ausschließlichkeitspositionen seinen Vermögensschaden nach seiner Wahl auf dreifache Weise (alternativ, nicht kumulativ) zu berechnen: Er kann Ersatz des konkret nachgewiesenen Schadens (§ 251 I Fall 1, 252 BGB), Zahlung einer angemessenen Lizenzgebühr oder Herausgabe des Verletzergewinns verlangen.[9] Von diesen Berechnungsmodi steht nur die erste zweifelsfrei in Einklang mit den allgemeinen Grundsätzen des Schadensersatzrechts, wohingegen eine schadensersatzrechtliche Einordnung der letzten beiden „Berechnungs"-methoden jedenfalls unter Zugrundelegung der Differenzhypothese[10] nicht gelingt.

---

[6] *Däubler*, JuS 1969, 49, 51; *Schmidt-Salzer*, JR 1969, 81, 87f.; *Pietzner*, GRUR 1972, 151, 154; *Kraßer*, GRUR Int. 1980, 259, 269.

[7] RGZ 35, 63ff. (Urheberrecht); 43, 56ff. (Patentrecht; unter Verweisung auf die Ausführungen in RGZ 35, 63ff.); RGZ 50, 111ff. (Gebrauchsmusterrecht; unter Verweisung auf die Ausführungen in RGZ 43, 56ff.).

[8] Der BGH hat diese Rspr. später auch auf das Geschmacksmusterrecht übertragen, vgl. BGH GRUR 1963, 640ff.; zur Erweiterung auf andere Rechtsgebiete vgl. unten § 7 I 2.

[9] Vgl. *Hubmann*, §§ 26 III 3; 36 II 2; 55 I 2.

[10] Eine schadensersatzrechtliche Einordnung ist allenfalls unter Geltung des objektiven Schadensbegriffs denkbar, vgl. dazu unten § 7 I 1 c a. E.

b) Dogmatische Ungereimtheiten läßt bereits die Herleitung der zweiten und dritten „Berechnungs"-methode durch das RG erkennen. In der grundlegenden Entscheidung RGZ 35, 63ff. („Ariston"-Fall: der Beklagte hatte einige vom Kläger komponierte Musikstücke ohne dessen Genehmigung auf Notenblätter übertragen, benutzt und vertrieben) sprach das RG dem Kläger einen Ersatzanspruch zu, obwohl diesem ein Schaden nicht entstanden war, die Musikstücke des Urhebers im Gegenteil erst durch die unerlaubte Verbreitung bekannt geworden waren. Zu diesem Ergebnis gelangte das RG über einen methodisch fragwürdigen Weg. Zunächst formulierte das RG ganz im Einklang mit der Differenzhypothese, „daß unter dem zu ersetzenden Schaden der Vermögensnachteil einschließlich des entgangenen Gewinnes verstanden wird, welcher durch das beschädigende Ereignis hervorgerufen ist, so daß der Unterschied festzustellen ist zwischen dem nach einem beschädigenden Ereignisse bestehenden Vermögen und dem Betrage desselben, wie er ohne jenes Ereignis sein würde".[11] Die weiteren Ausführungen erschöpfen sich sodann in der Erörterung der Frage, was unter dem beschädigenden Ereignis zu verstehen sei. Drei Anknüpfungstatsachen schälte das RG heraus:[12]

Der Berechtigte könne als solches ansehen, daß seine Melodien *überhaupt* auf Notenblätter übertragen und vertrieben wurden, oder zweitens, daß die Beklagte seine Komposition *ohne seine Genehmigung* benutzt habe, und schließlich, daß die Beklagte sich die Früchte des geistigen Eigentums des Klägers *zu ihrem eigenen Vorteil* angeeignet habe und sie nun auch *behalten wolle*, nachdem sie erkannt habe, daß sie sich ohne Recht aus fremdem Gut bereichert habe.

Hieraus hat das RG die dreifache SBM entwickelt:[13]

Weil der Kläger im ersten Falle die Handlung des Beklagten in ihrer Totalität ablehne, könne er als Schadensersatz den Unterschied in seinem Vermögen verlangen, der zwischen dem jetzigen und dem Zustand bestehe, in dem sich sein Vermögen *ohne die Benutzung* der Melodien befände. Im zweiten Falle dürfe der Kläger als Ersatz des Schadens dasjenige fordern, was er gehabt haben würde, wenn die Beklagte die Kompositionen *mit seiner Genehmigung* verwertet hätte: eine Lizenzgebühr in der Höhe, in der sie voraussichtlich die Beklagte bewilligt haben würde, bzw. eine angemessene Gebühr, wie sie die Beklagte hätte zahlen müssen, wenn sie auf rechtmäßige Weise von den Musikstücken Gebrauch machen wollte. Im letzten Falle endlich bestehe der Schaden des Berechtigten bzw. der ihm rechtswidrig vorenthaltene Gewinn in dem, was er infolge dieses Ereignisses nicht hat, aber haben würde, wenn die Beklagte nicht eigennützig, sondern für fremde Rechnung tätig geworden wäre.

---

[11] RGZ 35, 66
[12] RGZ 35, 67 ff.
[13] RGZ 35, 67 ff.

Wenn das RG einen Schaden darin sieht, daß der Verletzer das Immaterialgut ohne Genehmigung des Berechtigten benutzt hat, verkennt es, daß reale Rechtsverletzungen nicht notwendig auch vermögensrechtliche Nachteile nach sich ziehen. Eine vermögensrechtliche Relevanz der Rechtsverletzung ist erst dann gegeben, wenn die Handlung des Verletzers auch eine Lücke im Vermögen des Berechtigten hervorgerufen hat. Allein durch die Benutzung des Immaterialgüterrechts hat sich das Vermögen des Berechtigten jedoch nicht geschmälert. Um die Lizenzgebühr dennoch als Schaden deklarieren zu können, stellte das RG nicht, wie es die Differenzhypothese erfordert, darauf ab, daß der Verletzer die Rechtsverletzung „überhaupt", sondern darauf, daß er sie „ohne Genehmigung" des Berechtigten begangen hat. Damit kommt das RG zu einer Art „Doppelverwertung" eines gesetzlichen Tatbestandsmerkmals, und sein Verhalten ist damit ähnlich unzulässig wie das eines Strafgerichts, das die Tatbestandsmerkmale bei einer Verurteilung nochmals bei der Strafzumessung heranzieht.[14] Daß der Verletzer rechtswidrig gehandelt hat, ist nämlich ohnehin Voraussetzung, um einen Schadensersatzanspruch aus Delikt überhaupt begründen zu können. Dagegen ist eine rechtmäßige Handlung schon per se nicht geeignet, diese Rechtsfolge auszulösen.[15] Die „Rechtswidrigkeit" der Handlung gehört zum Tatbestand allein der Haftungsbegründung. Sie ist beseitigt, wenn der Verletzer eine Genehmigung des Berechtigten eingeholt hat, eine schadensersatzrechtliche Sanktion dann, ebenso wie eine Bestrafung, nicht mehr möglich. Dagegen gehört die Frage, ob durch sie auch ein Schaden enstanden ist, systematisch korrekt bereits zur Rechtsfolgenseite. Zur Klärung dieser Frage muß und darf deshalb allein nur darauf abgestellt werden, wie der Verletzte ohne die „rechtswidrige" Handlung stehen würde, und nicht darauf, wie er stehen würde, wenn der Verletzer rechtmäßig gehandelt hätte.

Dogmatischen Bedenken begegnet auch die Begründung der dritten SBM, die das RG ebenso wie die zweite SBM als „echten" Schadensersatzanspruch begreift.[16] Das RG setzt den dem Verletzten entgangenen Gewinn mit dem Verletzergewinn gleich. Der starre Schluß, der von dem Verletzer aus der Benutzung des Immaterialguts erzielte Gewinn müsse spiegelbildlich einem Schaden des Berechtigten entsprechen, der Umsatz des Verletzers also der Umsatzeinbuße des Verletzten, ist nicht tragfähig. Hierbei wird verkannt, daß § 252 S. 2 BGB beim entgangenen Gewinn den Beweis der Kausalität nur faktisch erleichtert,[17] nicht aber den Schadensnachweis völlig überflüssig macht. Indem das RG aber lediglich auf die

---

[14] Vgl. insbes. § 46 III StGB: „Umstände, die schon Merkmale des gesetzlichen Tatbestandes sind, dürfen nicht berücksichtigt werden".

[15] Eine Ausnahme besteht nur bei der Gefährdungshaftung, als einer Haftung für erlaubtes Tun.

[16] RGZ 130, 108, 110; unklar noch RGZ 35, 68ff.

[17] *Gottwald*, Schadenszurechnung, 177.

Absicht des Verletzers abstellt und einen Schaden des Berechtigten in Höhe des Verletzergewinns ganz automatisch immer dann bejaht, wenn jener auf eigene Rechnung gehandelt hat, wird dem Verletzten der Nachweis des Schadens nicht nur erleichtert, sondern völlig geschenkt.

Allein die hier angeführten Kritikpunkte zeigen: Ganz ohne Rest lassen sich die zweite und dritte SBM niemals in einen Schadensersatzanspruch fügen. Auch begründet die Rechtsprechung, wie wir noch sehen werden, diese SBM bei weitgehendem Dogmatikverzicht zunehmend mit normativen Erwägungen, die auf eine Sanktionierung des Täters zielen. Sie bilden letztendlich den Geltungsgrund für die schadensersatzrechtliche Erweiterung.[18] Zwar finden sich Stimmen in der Literatur, die die beiden SBM nicht schadensersatzrechtlich, sondern bereicherungsrechtlich zu legitimieren suchen.[19] Während die bereicherungsrechtliche Erfassung der Lizenzanalogie eher gekünstelt wirkt, spricht bei der dritten SBM in der Tat mehr für ihre Einordnung in das Bereicherungsrecht denn in das Schadensersatzrecht. Im Hinblick auf den von uns verfolgten Untersuchungszweck muß es jedoch erlaubt sein, den Ausgangspunkt der Rechtsprechung als „richtig" zu unterstellen. Denn die Rechtsprechung[20] selbst betrachtet die beiden SBM als eine in sich geschlossene konstruktive Einheit, die nicht jede für sich isoliert, sondern beide zusammen gemeinsam ein auf die besondere Problematik abgestimmtes Reaktionsmittel darstellen.[21] Dem entspricht es, daß der Verletzte nach der Rechtsprechung zwischen beiden SBM wählen muß. Dies wäre unverständlich, handelte es sich bei der zweiten SBM um einen reinrassigen Schadensersatzanspruch und bei der dritten um einen reinrassigen Bereicherungsanspruch; denn dann bestünde, wie § 852 III BGB zeigt, zwischen beiden SBM Anspruchsgrundlagenkonkurrenz. Die Konstruktion der dreifachen SBM ist deshalb als Eingeständnis der Rechtsprechung zu werten, daß eine saubere dogmatische Begründung beider SBM unter Außerachtlassung des Pönalprinzips eben unmöglich ist. Wer aber eine bereicherungsrechtliche Einordnung dennoch für einen gangbaren und den richtigeren Weg hält, mag sich folgen-

---

[18] So auch *Steindorff*, AcP 158 (1959/60), 431 ff., 455: „Funktion einer repressiven Buße"; ihm folgend *Keuk*, 75; *Schmidt-Salzer*, JR 1969, 81 ff., 87: „sozialpsychologisch wirksames Instrument zur Gewährleistung rechtmäßigen Verhaltens".

[19] *Larenz*, Schuldrecht AT, 514 (für Anspruch auf die Lizenzgebühr); *Jakobs*, 81 ff., 90 ff., 101 f., 128 ff.; *Bydlinski*, 31 f. (für Anspruch auf Lizenzgebühr); *v. Caemmerer*, FS Rabel I, 354 f. (für Anspruch auf Lizenzgebühr); *Wilburg*, Elemente, 30; *ders.*, AcP 163 (1963), 346, 351 (für Anspruch auf Verletzergewinn). Zuweilen wird der Anspruch auf den Verletzergewinn auch als Anspruch aus Geschäftsführung ohne Auftrag (analog § 687 II BGB) verstanden (so etwa *Deutsch*, Haftungsrecht, 445; *v. Caemmerer*, FS Rabel I, 354 f.).

[20] Vgl. etwa BGH NJW 1992, 2753, 2755: „verschiedene Liquidationsformen eines einheitlichen Schadensersatzanspruchs" und nicht verschiedene Ansprüche mit verschiedenen Rechtsgrundlagen.

[21] Ähnlich Esser/*Schmidt*, Schuldrecht, 205; *Schmidt-Salzer*, JR 1969, 81 ff., 88.

des vor Augen halten: wenn wir zu dem Ergebnis gelangen, daß der wahre Grund für diese Rechtsprechung nicht so sehr in dem Bedürfnis nach Ausgleich eines Schadens als vielmehr in der bloßen Sanktionierung rechtswidrigen Verhaltens liegt, so muß sich die Rechtsprechung daran festhalten lassen, daß sie eben diesen Zweck mittels des schadensersatzrechtlichen Instrumentariums verfolgt. In diesem Fall gilt ausnahmsweise: das „gesprochene" Recht wiegt mehr als ein von Seiten der Literatur favorisierter Weg, mag er auch der „richtigere" sein. Entscheidend kommt jedoch hinzu: die normativen Aspekte der Sanktion und Prävention, die nicht an die Gütersphäre des Opfers eines Schadensfalles anknüpfen,[22] sondern ihren Blick auf den Täter richten und damit als qualitative Aspekte „außerhalb" eines quantitativen Ersatzrechts stehen, sind zu „stark", als daß sie mit dem Hinweis auf die dogmatisch „falsche" Einordung der dreifachen SBM entkräftet werden könnten. Eine andere dogmatische Einordnung dieser SBM könnte die Offenheit der Rechtsprechung für ein Denken in den Kategorien von Sanktion und Prävention nicht trüben. Beide Aspekte würden, wenn auch auf einer dogmatisch anderen Grundlage, „weiterleben". Aus diesem Grunde muß es auch erlaubt sein, diese von der Rechtsprechung aufgegriffenen täterbezogenen Argumente in das allgemeine Schadensersatzrecht einzuführen.[23]

Schließlich ist bei einer bereicherungsrechtlichen Lösung zu berücksichtigen, daß die Eingriffskondiktion – nur eine solche käme hier in Betracht – selbst einen rechtsethischen „Unterton" hat, weshalb der Aspekt der Sanktion regelmäßig den Maßstab für den Umfang der Abschöpfung bildet. Als eine Art Treu-und-Glauben-Klausel ist sie ein vorzügliches Instrument in den Händen des Richters, um den Satz ins Werk zu setzen, von dem sich die Gerichte im Falle einer verwerflichen Tätergesinnung häufig leiten lassen: „This Court never allows a man to make profit by a wrong".[24] Gerade in den hier diskutierten Fällen, in denen der Täter aus der Verletzung fremder Ausschließlichkeitspositionen Kapital schlägt, hat dieser Satz, wenn auch verdeckt, oft eine Rolle gespielt.[25] Man gelangt mit ihm zuweilen zu einer strafrechtlichen Gewinnabschöpfung mit zivilrechtlichen Mitteln. Vor diesem Hintergrund ist auch die in diesem Zusammenhang erhobene Forderung nach Ausschließung des § 818 III BGB zu erklären.[26] Wir können uns deshalb im wesent-

---

22 Vgl. dazu oben § 6 III.

23 A.A. *Larenz*, Schuldrecht AT, 516.

24 Unter dieses Wort, das aus dem Munde eines englischen Lord Chancellor stammt (Lord Hatherly in: Jegon v. Vivian L. R. Ch. App. VI, 742, 761 (1871)), stellte *Fritz Schulz* im Jahre 1909 sein „System der Rechte auf den Eingriffserwerb", AcP 105 (1909), 1 ff.

25 Vgl. die rechtsvergleichenden Nachweise bei *König*, FS v. Caemmerer, 179ff.; ähnlich *Assmann*, BB 1985, 15, 17, 21.

26 So z.B. *Mestmäcker*, JZ 1958, 521 ff., 524.

lichen auf das Sichten von Argumenten beschränken, die auf Sanktion und Prävention gerichtet sind.

Derartige normative Erwägungen finden sich schon in der reichsgerichtlichen Rechtsprechung. Das RG hat schon sehr bald selbst Zweifel an der Richtigkeit der Einordnung der zweiten SBM in das Schadensersatzrecht bekommen. Knapp sieben Jahre nach der „Ariston"-Entscheidung bezeichnet das RG in einem Urteil vom 26. 1. 1912[27] die wegen einer Patentverletzung dem Verletzten zugesprochene angemessene Linzenzgebühr nur noch als „Rechtssatz", ohne auch nur die in RGZ 35, 63 ff. von ihm mühsam entwickelte und umfassend begründete schadensersatzrechtliche Lösung mit einem Wort zu erwähnen. Zum Inhalt dieses Rechtssatzes führte das RG aus (S. 407):[28]

> „Diesem Rechtssatze liegt die Anschauung zugrunde, daß der dolose oder grobfahrlässige Verletzer des Patents nicht besser gestellt werden darf als derjenige, der sich auf Grund eines ordnungsgemäßen Vertrages die Erlaubnis zur Benutzung der Erfindung von dem Patentinhaber ausbedingt".

Dieses Argument des „Nichtbesserstehens", das keinerlei Verbindung zum Ausgleichsgedanken des Schadensersatzrechts hat, sondern einer *auf den Täter gerichteten Blickrichtung*[29] entspringt, läßt den wahren Grund für diese Rechtsprechung zum Vorschein kommen: der Verletzer soll wegen seines rechtswidrigen Verhaltens sanktioniert werden. Unterstrichen wird dieses Sanktionsdenken noch dadurch, daß dieser Rechtssatz seine Gültigkeit offensichtlich nur für den vorsätzlich oder grob fahrlässig, nicht dagegen mehr für den lediglich fahrlässig Handelnden beanspruchen soll. Indes ist die Höhe des Ersatzanspruchs nach der gesetzlichen Ausgestaltung unabhängig vom Grad der Pflichtwidrigkeit beim Schädiger.[30] Konsequent zuende gedacht, beruht dieser Rechtssatz zudem auch auf einem Trugschluß. Denn von einem „Besserstehen" des Rechtsverletzers kann jedenfalls im Ergebnis, und nur auf dieses darf hierbei abgestellt werden, keine Rede sein. Denn der (vorsätzliche)[31] Rechtsverletzer muß im Gegensatz zum rechtmäßig Handelnden mit einer strafrechtlichen Verfolgung rechnen.

c) An diese Rechtsprechung des RG hat der BGH nahtlos angeschlossen. Wenn er auch die zweite und dritte SBM gelegentlich als „besondere Arten der Schadens-

---

[27] JW 1912, 407 (unvollständig abgedruckt).

[28] Ähnlich auch RGZ 144, 187, 190; RGZ 156, 65, 69; RG GRUR 1942, 149, 151.

[29] Vgl. oben §§ 4 II 1; 6 III.

[30] Vgl. oben § 4 II 3.

[31] Bei grob fahrlässig Handelnden wird man regelmäßig davon ausgehen können, daß sie die Rechtsgutsverletzung billigend in Kauf genommen haben, so daß man über die Annahme eines bedingten Vorsatzes ebenfalls zu einer Strafbarkeit gelangt.

berechnung"[32] unter dem Stichpunkt „Schadensersatz" behandelt (in der Folgezeit hat er die Begründungsebene mannigfach gewechselt),[33] räumt er doch freimütig ein, daß rechtsethische Erwägungen den tieferen Grund für diese Methode bilden. Mit Urteil v. 8.5.1956 (BGHZ 20, 345ff.) rechtfertigte der I. ZS des BGH allgemein die Folge des Anspruchs auf eine angemessene Lizenzgebühr bei Verletzung von Ausschließlichkeitsrechten mit den Worten (S. 353):

> „Für die Möglichkeit einer Schadensberechnung nach der angemessenen Vergütung, die im Falle eines Vertragsschlusses zu den üblichen Bedingungen zu zahlen gewesen wäre, spricht bei Verletzungen von Ausschließlichkeitsrechten ein praktisches Bedürfnis und die Billigkeitserwägung, daß niemand durch den unerlaubten Eingriff in solche Rechte bessergestellt werden soll, als er im Fall einer ordnungsgemäß erteilten Erlaubnis durch den Rechtsinhaber gestanden hätte. Dieser für die Schadensliquidation aus Urheber- und Patentverletzungen vom Reichsgericht entwickelte Grundsatz, dem gewohnheitsrechtlicher Rang zukommt (...), entspricht der Interessenlage bei allen Eingriffen in Ausschließlichkeitsrechte, die üblicherweise nur gegen Entgelt gestattet werden".[34]

Die traditionelle immaterialgüterrechtliche Rechtsprechung des RG ersparte dem BGH auch nur den geringsten Versuch einer dogmatischen Einordnung der zweiten SBM in das Schadensersatzrecht. Stattdessen beruft sich der I. ZS zur „Begründung" dieser SBM lapidar auf Gewohnheitsrecht. Dadurch wird das Ergebnis aber nicht richtiger. Der Hinweis auf den gewohnheitsrechtlichen Rang der Rechtsprechung soll vielmehr nur die Unmöglichkeit einer dogmatischen Einordnung „ersetzen". In einem Urteil v. 14.2.1958 (BGHZ 26, 349ff.) hat der I. ZS die Unmöglichkeit der Einordnung dieses Anspruchs in das Schadensersatzrecht denn auch selbst eingeräumt und stattdessen abermals auf (rechtsethische) Billigkeitserwägungen Rückgriff genommen. Der Senat führte aus (S. 352):

> „Denn nach ständiger Rechtsprechung und der in der Rechtslehre vertretenen Auffassung handelt es sich bei der Anerkennung des Anspruchs auf angemessene Vergütung nicht um die Anwendung der allgemeinen Bestimmungen des Schadensersatzrechts, sondern um ihre gewohnheitsrechtliche Ergänzung für den Fall der Verletzung von vermögenswerten Ausschließlichkeitsrechten, die auf der Billigkeitserwägung beruht, daß der Verletzer durch die Verletzung nicht besser gestellt sein soll, als er im Falle einer ordnungsgemäß nachgesuchten Erlaubnis gestanden hätte".

Das vom BGH vorgebrachte Argument des „Nichtbesserstehens" des Rechtsverletzers hat aber nicht nur Selbstzweck. In einer weiteren Entscheidung v. 8.10.1971

---

[32] BGHZ 57, 116, 118.

[33] Vgl. *Assmann*, BB 1985, 16 Fn. 11.

[34] Ähnlich BGHZ 57, 116, 119.

(BGHZ 57, 116ff.) macht der I. ZS des BGH erstmals unverhohlen deutlich, daß diese Billigkeitserwägung und damit letztendlich die dreifache SBM einen vornehmlich rechtspolitischen Hintergrund hat. Unter Hervorhebung der Besonderheiten von Immaterialgüterrechten führt der Senat aus (S. 118):

> „Die Gründe, die bei den angeführten ausschließlichen Immaterialgüterrechten zur Anerkennung einer Schadensberechnung nach der entgangenen Lizenz und nach dem Verletzergewinn geführt haben, folgen aus dem Wesen dieser Immaterialgüterrechte mit ihrer besonderen Verletzlichkeit und dem sich daraus ergebenden besonderen Schutzbedürfnis des Verletzten (...). Wegen der immateriellen Natur der geschützten Rechtsgüter kann der Berechtigte – anders als bei körperlichen Gegenständen – keine Vorkehrungen gegen Rechtsverletzungen treffen; er kann ferner Rechtsverletzungen oft nur schwer feststellen; schließlich bereitet ihm der Nachweis eines bestimmten entgangenen Gewinns häufig besondere Schwierigkeiten, da sich der hypothetische Geschehensablauf (ohne den Eingriff des Verletzers) nicht ohne weiteres rekonstruieren läßt. Ein einigermaßen sicherer Anhaltspunkt ergibt sich hierzu jedoch daraus, daß die Immaterialgüterrechte, die dem Rechtsinhaber bestimmte Verwertungsformen des immateriellen Guts ausschließlich vorbehalten und jeden anderen von dieser Verwertung ausschließen, wesensgemäß und üblicherweise – neben oder statt einer eigenen Verwertung – auch im Wege der Lizenzvergabe gegen Vergütung genutzt werden und sich aus dieser Sicht die vom Verletzer ersparte Lizenz als Gewinnentgang des Rechtsinhabers darstellt. Ferner kann auf Grund des Ausschließlichkeitscharakters des Immaterialgüterrechts nach der Lebenserfahrung davon ausgegangen werden, daß der Rechtsinhaber bei einer eigenen Verwertung seiner Rechte den Gewinn erzielt haben würde, den der Verletzer in ursächlichem Zusammenhang (...) durch die Nutzung des fremden Immaterialguts erzielt hat".

Der Hinweis des BGH auf die besondere Verletzlichkeit von Immaterialgüterrechten sowie des daraus erwachsenden Schutzbedürfnisses des Berechtigten in einem Schadensersatzurteil muß erstaunen, sind dies doch Ausführungen, wie man sie in einem Kommentar zum Strafgesetzbuch erwarten würde. Die besondere Verletzlichkeit eines Rechtsguts mag Berücksichtigung finden bei der Ausgestaltung der zu seinem Schutz erlassenen (strafbewehrten) Verbotsgesetze. Auch mag die besondere Verletzlichkeit des Rechts Bedeutung haben für die Frage, ob zu seinem Schutze zusätzlich die Möglichkeit der zivilrechtlichen Sanktion des Schadensersatzes dem Grunde nach eröffnet werden soll. Sie ist als Frage ausschließlich der Haftungsstatuierung an den Gesetzgeber gerichtet. Die Gerichte kommen bei der Anwendung der schadensrechtlichen Bestimmungen mit solchen rechtspolitischen Motiven gemeinhin nicht in Berührung. Reflexartig nur insofern, als sie bei der Subsumierung des Täterverhaltens unter den Tatbestand der Haftungsnorm eben diese gesetzgeberischen Erwägungen mit jeder Anwendung des Gesetzes „teilen" (müssen). Ab da an bestimmt aber fortan der erlittene Schaden den Ersatzanspruch.[35] Er ist bloße Rechnungsgröße, den die Gerichte nach der Vorstellung des BGB-Gesetzgebers frei von jeglichen Wertungen berechnen sollen. Schadensfremde Erwägungen haben außen vor zu bleiben. Diesen quantitativen Aspekt des „Rechnens" hat der I. ZS jedoch ersetzt durch den qualitativen Aspekt des „Wertens". Er hat einen Schaden einfach angenommen und mit eben diesen rechtspolitischen Argumenten außerdogmatisch „begründet", mithin das Ausgleichsprinzip durch das Sanktionsprinzip ersetzt, um das in diesem Bereich vorherrschende Sanktionsdefizit[36] zu kompensieren. Durch diese Ausrichtung des Schadensersatzrechts am Rechtsgüterschutz hat der BGH ihm eine ureigendste Aufgabe des Strafrechts[37] überantwortet, es gleichsam instrumentalisiert.[38]

Soweit der BGH die dreifache SBM schließlich damit begründet, daß der Berechtigte einen Schaden regelmäßig nicht beweisen kann, greift er ein Dilemma auf, das für jeden Schadensfall gleichermaßen gilt. Gerade in Schadensersatzprozessen ist die Zahl der mangels Schadensnachweis klageabweisenden Urteile besonders hoch. Daß der BGH dem Geschädigten den Schadensnachweis schenkt, hängt eben damit zusammen, daß Rechtsverletzungen auf diesem Sektor massenhaft auftreten und schon allein deshalb eine wirksame Sanktion nach sich ziehen sollen. Der BGH scheint den Schaden, ganz so wie im Strafrecht, in der bloßen Rechtsverletzung selbst zu erblicken. Dem entspricht es, daß er in einigen Entscheidungen ausdrücklich festgestellt hat, daß für den Verletzungsschaden schon der Nachweis der realen Rechtsgutverletzung genügt, weil der Kläger als Schaden eine angemessene Lizenzgebühr verlangen kann.[39] Ein Schaden wird also angenommen, nachdem er zuvor fingiert wurde, was einer petitio principii gleichkommt. Dies macht deutlich, daß die Zuerkennung der Lizenzgebühr nur ein Mittel zum Zwecke der Sanktionierung des Täterverhaltens ist. Wohl nur um ein „Überschießen" des Präventionszwecks zu verhindern, bedient sich der BGH ihrer als eines ungefähren Bewertungsmaßstabs. Er hätte ebensogut einen höheren Betrag in Ansatz bringen können.[40] Bezeichnend hierfür ist auch, daß er für die Berechnung des entgangenen Gewinns statt den Wahrscheinlichkeitsmaßstab des § 252 S. 2 BGB anzulegen, die „Lebens-

---

[35] Vgl. oben § 4 II 3.

[36] Vgl. oben § 7 I 1 a.

[37] Vgl. dazu oben § 3 I 1 a.

[38] Vgl. dazu oben §§ 3 I 1 b; 3 I 2 a.

[39] BGH, X. ZS, GRUR 1970, 296, 298 m. Anm. *Moser v. Filseck*; anders BGH GRUR 1972, 180 m. Anm. *v. Falck*: der Verletzte habe weitere Anhaltspunkte dafür nachzuweisen, daß die Verletzung wahrscheinlich finanzielle Auswirkungen gehabt hat.

[40] So z. B. *Assmann*, BB 1985, 15, der zum Ausgleich eines, seiner Meinung nach auch unter Geltung der dreifachen SBM verbleibenden Sanktionsdefizits in Anlehnung an die punitive damages des US-amerikanischen Rechts für einen Schadensersatz in mehrfacher Höhe plädiert; vgl. dazu auch die GEMA-Rspr. des BGH unten § 7 IV.

erfahrung" als allgemeine Erfahrungsgrundlage ausreichen läßt. Der Rückgriff auf das vom konkreten Fall losgelöste, pauschale und konturenlose Kriterium der Lebenserfahrung soll wohl dafür herhalten, die Lizenzgebühr ohne Berücksichtigung der konkreten Umstände des jeweiligen Einzelfalles als Mindest-„schaden" liqidieren zu können. Nur so ist auch zu verstehen, daß der Verletzer nicht mit dem Einwand gehört wird, der Rechtsinhaber habe sein Recht nicht genutzt oder er hätte überhaupt keine oder doch ihm keine Lizenz erteilt oder ihm für die konkreten Verletzungshandlungen rechtlich nicht erteilen können.[41]

Die Lizenzanalogie erleichtert aber auch den eigentlichen Schadensnachweis. Denn sie unterstellt unwiderleglich die Kausalität zwischen Verletzungshandlung und Vermögensschaden sowie die Höhe in der Größenordnung der üblichen Lizenzgebühr.[42] Damit wird dem Verletzer der Einwand, die bloße Rechtsverletzung habe ausnahmsweise zu einer vermögensrechtlichen Einbuße beim Berechtigten nicht geführt, abgeschnitten, ein Schaden mithin einfach festgesetzt, was rein äußerlich eine Einschränkung des im Schadensersatzrecht geltenden Bereicherungsverbots[43] bedeutet. Im Ausschluß dieses nach allgemeinen Regeln grundsätzlich zulässigen Gegenbeweises liegt ein nur auf den Sanktionsgedanken stützbares Dogma, das darauf abzielt, das in der Verletzungshandlung zum Ausdruck kommende Unrecht des Täters zu sühnen. Auch der X. ZS des BGH begreift die Lizenzanalogie als bloßes Sanktionsinstrument, wenn er in einem Urteil v. 30.11.1976 (BGHZ 68, 90ff.) ausführt (S. 94):

> „Zur Sanktionierung des schädigenden Verhaltens wird deshalb unterstellt, daß der Schutzrechtsinhaber ohne das Verhalten des Verletzers die entsprechende Lizenz, den gleichen Gewinn erzielt haben würde (...)".

Der Aspekt der Sanktion, wie er hier verstanden wird,[44] hat seinen Nährboden nicht in der Gütersphäre des Verletzten, sondern ist täterbezogen.[45] Er stellt zum Schaden als bloßer Rechnungsbezugsgröße kein Mehr oder Weniger dar, sondern steht in einem aliud-Verhältnis zu ihm. Gleiches gilt für den Gedanken der Prävention. Aus diesem Grunde durchbrechen die qualitativen Aspekte der Sanktion und Prävention die äußerste Grenze ihrer Erklärbarkeit aus dem Ausgleichsprinzip. Dies gilt auch bei Zugrundelegung des objektiven Schadensbegriffs.[46] Er vermag allenfalls noch die pauschalierende (abstrakte) Berechnung eines Mindestschadens nach dem ent-

---

[41] BGHZ 44, 372, 379 f.
[42] *Gotthardt*, UFITA 71 (1974), 77, 86f.
[43] Vgl. dazu oben § 4 III.
[44] Vgl. hierzu oben § 2 III 4 a cc.
[45] Vgl. oben § 6 III.
[46] Vgl. dazu oben § 4 II 2 a bb.

gangenen Entgelt oder dem Verletzergewinn zu erklären, weshalb auch die Anerkennung jedenfalls der zweiten SBM durch die Rechtsprechung von *Neuner* als dem entschiedensten Verfechter des objektiven Schadensbegriffs geradezu als Beleg für seine Geltung gewertet wurde:[47] der Anspruch auf den Betrag einer angemessenen Lizenzgebühr wird verstanden als Ersatz für positiven Schaden, als Ersatz für die objektive Wertbeeinträchtigung des verletzten Immaterialgüterrechts. Dies führt zweifelsohne zu Rechtsgüterschutz.[48] Dagegen ist mit dem Rückgriff auf den objektiven Schadensbegriff nicht automatisch auch ein Sanktions- und Präventionsdenken verbunden. Auch der objektive Schadensbegriff ist zunächst, wie der subjektive Schadensbegriff auch, eine quantitative Größe. Er ist nicht schon per se Wurzel von Sanktion und Prävention. Deshalb ist, wie dies zuweilen geschieht,[49] eine Gleichsetzung des objektiven Schadensbegriffs mit dem allgemeinen Sanktionsgedanken verfehlt. Zwar können (nicht müssen) die qualitativen Aspekte der Sanktion und Prävention das Motiv für eine objektive Bewertung des Interesses sein. Um dieses Motiv zu ergründen, um den Sprung von der Quantität zur Qualität „abzusichern", bedarf es aber noch des Nachweises einer besonderen Zweckverknüpfung. Eine solche steht dann inmitten, wenn mit der Auferlegung der Schadensersatzpflicht der Täter „getroffen" werden soll.[50] Der Rückgriff der Rechtsprechung auf derartige rechtsethische Erwägungen hat gezeigt, daß der dreifachen SBM ein solches Motiv zugrundeliegt.

d) Die dreifache SBM hat inwischen teilweise auch legislatorische Anerkennung gefunden. In den §§ 97 I 2 UrhG von 1965 sowie 14 a I 2 GeschmMG ist bestimmt, daß der Verletzte *an Stelle* des Schadensersatzes die Herausgabe des Verletzergewinns verlangen kann. Damit hat der Gesetzgeber die Eigenständigkeit des Sanktionsgedankens im Schadensersatzrecht für diesen Teilbereich per Gesetz legitimiert. Hat die Rechtsprechung noch versucht, ihr Denken in den Kategorien von Sanktion und Prävention durch das Vorschieben von Billigkeitsargumenten zu verschleiern,[51] hat der Gesetzgeber den Sanktionszweck als den wahren Grund für diese SBM expressis verbis anerkannt, wie sich aus den §§ 14a I 3 GeschmMG, 139 II 2 PatG, 24 II 2 GebrMG ergibt. Dort ist bestimmt, daß, wenn der Verletzer die Rechtsverletzung nur leicht fahrlässig begangen hat, das Gericht statt des Schadensersatzes eine Entschädigung festsetzen kann, die in den Grenzen zwischen dem

---

[47] *Neuner*, AcP 133 (1931), 277ff., 283.
[48] Vgl. dazu oben §§ 4 II 2 a bb; § 3 I 1 c cc (1).
[49] So z. B. *Schulte*, 27 ff., hinsichtlich des von *Neuner* begründeten Rechtsverfolgungsgedankens; dagegen, allerdings ohne Begründung, zu Recht *Schiemann*, Argumente und Prinzipien, 112 Fn. 61.
[50] Vgl. schon oben §§ 3 I 1 c cc (2); 6 III.
[51] Vgl. oben § 7 I 1 c.

Schaden des Verletzten und dem Vorteil bleibt, der dem Verletzer erwachsen ist (Billigkeitsentschädigung). Die Höhe der „Entschädigung" wird also in Durchbrechung des Alles-oder-Nichts-Prinzips[52] abhängig gemacht von der Gesinnung des Täters. Der vorsätzlich und grob fahrlässig Handelnde soll mit einem höheren Betrage in die Pflicht genommen werden als der nur fahrlässig Handelnde, für den eine Billigkeitsentschädigung vorgesehen ist; dieser stufenlose „Strafrahmen" macht es dem Gericht möglich, auf jedweden Einzelfall die richtige „Antwort" zu finden. Dagegen geht es nicht an, in diesen Bestimmungen lediglich eine zugunsten des Verletzers geschaffene Reduktionsklausel zu sehen, deren Geltungsgrund allein darin liegen soll, den bloß fahrlässig Handelnden vor einer etwaigen Existenzvernichtung zu bewahren.[53] Das Kriterium der Existenzvernichtung hat Bedeutung gleichermaßen auch im Falle einer vorsätzlichen Rechtsverletzung. Entscheidend kommt hinzu: weil der Verletzte durch die Verletzung einen Differenzschaden regelmäßig nicht erleidet, dürfte dem Verletzer ein Ersatzanspruch überhaupt nicht – weder wegen vorsätzlich noch wegen leicht fahrlässig begangener Rechtsverletzung – auferlegt werden. Indem dies dennoch geschieht, wird in beiden Fällen rechtswidriges Verhalten sanktioniert; wenn man dann aber für nur leicht fahrlässig begangene Rechtsverletzungen die Möglichkeit schafft, einen geringeren Betrag festzusetzen, dann ist dies nur vor dem Hintergrund verständlich, daß eben die Schwere der Sanktion in diesen Fällen wegen des geringeren Unwertgehalts der Täterhandlung gemildert sein soll.

Im Rahmen der anzustellenden Billigkeitserwägung berücksichtigt die Rechtsprechung insbesondere solche Umstände, wie sie schon früher beim Bußanspruch des Verletzten[54] eine Rolle gespielt haben, namentlich die Höhe des Schadens, Auswirkungen der Ersatzleistung auf die wirtschaftliche Lage des Verletzten sowie die Höhe des vom Verletzer aus der Verletzung gezogenen Vorteils,[55] was den Verdacht nahelegt, daß der Kerngedanke der Buße in diesen Bestimmungen fortlebt. Sie, wie auch die gesetzliche Fixierung der dreifachen SBM überhaupt, haben denn auch dazu beigetragen, daß man eine Beibehaltung der Buße für diesen Bereich für nicht mehr erforderlich erachtet und deshalb in der Folgezeit abgeschafft hat.[56]

---

52 Vgl. dazu oben § 4 II 3.

53 So etwa Benkard/*Rogge*, PatG, § 139 Rdnr. 77; wie hier: *v. Gamm*, GeschmMG, § 14a Rdnr. 36 („eine am geringen Verschuldensgrad ausgerichtete Entschädigung").

54 Vgl. dazu oben § 3 I 1 d aa (5).

55 BGH GRUR 1976, 579ff., 583.

56 So auch *v. Gamm*, UrhG, § 97 Rdnr. 36 (hinsichtlich § 97 II UrhG).

2. Ausdehnung des Anwendungsbereichs der dreifachen „Schadensberechnungsmethode" durch die Rechtsprechung des BGH – Anwendung auch bei Verletzung von Rechten, die keine subjektiven Herrschaftsrechte sind

Trotz der Unmöglichkeit einer Einbettung der dreifachen Schadensberechnungsmethode in das Schadensersatzrecht hat die Rechtsprechung ihren Anwendungsbereich auf immer wieder neue Rechtsgebiete ausgedehnt. Prägend für diese Entwicklung war vor allem die Einbeziehung des Warenzeichenrechts[57] sowie später des Rechts gegen den unlauteren Wettbewerb. Mit ihnen hat der BGH erstmals den Kreis derjenigen Rechte verlassen, die unbestrittenermaßen subjektive Herrschaftsrechte sind.

a) Verletzung von Markenrechten

Die Einwände gegen die Erstreckung besonders der zweiten SBM auf Kennzeichenrechte waren schnell vorgebracht: Das Kennzeichenrecht sehe eine Lizenzvergabe mit dinglicher Wirkung nicht vor. Rechtlich möglich sei nur ein (schuldrechtlicher) Verzicht des Zeicheninhabers einem anderen gegenüber dahingehend, die aus dem Zeichenrecht fließenden Ansprüche geltend zu machen. Zuweilen wäre aber nicht einmal ein schuldrechtlicher Vertrag dieses Inhalts wirksam, weil er auf eine Irreführung des Publikums hinausliefe, das mit einem eingeführten Zeichen die Vorstellung einer bestimmten Ware von bestimmter Qualität und Herkunft verbindet (§ 3 UWG!).[58] Diese Bedenken waren für den BGH jedoch kein Hindernis, die zweite SBM dennoch anzuwenden. Nachdem der I. ZS des BGH bereits zuvor mit Urteil v. 24.2.1961[59] in Widerspruch zur Rechtsprechung des RG[60] die dritte SBM bei Warenzeichenrechtsverletzungen gebilligt hat, tat der gleiche Senat dies fünf Jahre später auch für die zweite SBM. In diesem Urteil (BGHZ 44, 372ff.) versuchte der BGH zunächst die vorgebrachten Einwände zu entkräften, um am Schluß der Entscheidungsgründe, unter ausdrücklicher Hervorhebung der Fiktivität der zweiten SBM, wieder auf jenes Argument zu rekurrieren, das von jeher den Geltungsgrund der dreifachen SBM bildet. Auf S. 379 der Entscheidungsgründe heißt es:

> „... verkennt die rechtliche Tragweite der hier fraglichen Methode der Schadensberechnung. Diese hat nicht lediglich die Bedeutung einer bloßen Beweiserleichterung wie im Falle der konkreten Berechnung des entgangenen Gewinns nach § 252 S. 2

---

[57] Das WZG wurde ersetzt durch das MarkenG v. 25.10.1994 (BGBl. I S. 3082, ber. 1995 I S. 156), die Problematik hat sich dadurch aber nicht geändert, sondern ist insoweit dieselbe geblieben, so daß auch die zum WZG ergangene Rspr. weiterhin Geltung beanspruchen muß.

[58] Vgl. insbes. *Mestmäcker*, JZ 1958, 521, 526.

[59] BGHZ 34, 320ff.

[60] RGZ 47, 100ff.; 58, 321ff.

> BGB, sie bedeutet vielmehr, daß der Verletzer nicht mit dem Vorbringen gehört wird, der Verletzte würde entweder überhaupt oder gerade ihm eine Lizenz nicht eingeräumt haben (...). Diese Rechtsprechung beruht auf der Fiktion eines Lizenzvertrages der im Verkehr üblichen Art, einer Annahme, die deshalb geboten ist, weil der schuldhafte Verletzer eines Immaterialgüterrechts nicht besser gestellt sein soll als derjenige, der sorgfältig fremde Rechte beachtet und sich vorher des Einverständnisses des Rechtsinhabers versichert; dem schuldhaft handelnden Verletzer gegenüber darf der Rechtsinhaber den Standpunkt einnehmen, er nehme die nicht mehr rückgängig zu machende Rechtsverletzung hin und liquidiere dafür die übliche Vergütung; die Verneinung eines solchen Anspruchs könnte den unrechtmäßigen Eingriff in fremdes Recht einträglicher gestalten als dessen Beachtung.
> Aus denselben Erwägungen kommt es aber entgegen der Ansicht der Revision auch nicht darauf an, ob ein Lizenzvertrag von der Klägerin rechtswirksam gerade mit dem Inhalt hätte geschlossen werden können, der dem konkreten rechtsverletzenden Verhalten der Beklagten entspräche".

Mit diesen Worten hat der BGH abermals deutlich zum Ausdruck gebracht, daß der Rechtsgüterschutz der alleinige Grund für die zweite SBM ist. Wer fremde Rechte nicht oder nicht sorgfältig genug achtet, soll mit einer Sanktion rechnen müssen. Wo aber ein mit der Differenzrechnung meßbarer Schaden nicht entsteht, erlangt die Sanktion des Schadensersatzes die Qualität einer „repressiven Buße".[61]

Ähnliches gilt für die Zulassung der dritten SBM, bei der es der Sache nach um eine bereicherungsrechtliche Gewinnabschöpfung geht. Kennzeichen wird überwiegend nur der Rang eines bloßen Ausschlußrechtes beigemessen, die einen eigenen Zuweisungsgehalt nicht aufweisen,[62] sondern nur Bestandteil des allgemeinen Wettbewerbsrechts sind.[63] Der Schutzzweck von Kennzeichenrechten ist zudem ein gänzlich anderer als der von Patent- und Musterrechten. Während letztere auf einer schutzwürdigen geistigen Leistung beruhen, kann sich der Schutz bei Kennzeichen ersichtlich nur darauf erstrecken, die Zuordnung einer bestimmten Ware zu ihrem Erzeuger sicherzustellen. Der Urheber eines geistigen Werks mag noch ein legitimes Interesse daran haben, seinen Schaden auf dreifache Weise „berechnen" zu können. Denn eine Verletzung seiner Rechte führt bei ihm zu einer wirtschaftlichen Aushöhlung seiner Position, was auf Seiten des Verletzers einem lucrum ex re entspricht, wohingegen durch die Verletzung eines Kennzeichenrechts ein Störungsschaden nur in Form eines Marktverwirrungs- oder Diskreditierungsschadens denkbar ist. Ein etwaiger vom Verletzer erzielter Gewinn wird hier nicht „auf Kosten" des Berechtigten erwirkt, sondern beruht auf eigenem Zutun – er ist lediglich lucrum ex

---

[61] So *Steindorff*, AcP 158 (1959/60), 431 ff., 455.
[62] Vgl. nur *Mestmäcker*, JZ 1958, 521 ff., 525; *Raiser*, JZ 1961, 465 ff., 468.
[63] RGZ 120, 325, 328; BGHZ 14, 15, 18.

negotio cum re –, weshalb die Sanktionsfunktion des Schadensersatzes in diesen Fällen noch schärfer in den Vordergrund tritt.

b) Verstöße im Rahmen des Rechts gegen den unlauteren Wettbewerb

Die Gründe, mit denen die Rechtsprechung die dreifache Schadensberechnung rechtfertigt (besondere Verletzlichkeit des Rechtsguts, Schwierigkeiten beim Schadensnachweis) werden bei Wettbewerbsverstößen besonders akut. Aufgrund des multikausalen Marktgeschehens läßt sich ein Schaden des Verletzten allenfalls noch in Form einer statistischen Größe „errechnen". Zur auch hier zu bejahenden besonderen Verletzlichkeit, die sich daraus ergibt, daß das Rechtsgut (Leistungsergebnis) offen in der Welt liegt und so dem Zugriff eines jeden ausgesetzt ist, kommt erschwerend hinzu, daß eine Beseitigung einmal eingetretener Verletzungsfolgen auf diesem Bereich nahzu völlig ausgeschlossen ist; erfolgt beispielsweise die Herkunftstäuschung durch Nachahmungen minderer Qualität, so wird dadurch regelmäßig auch der gute Ruf einer Ware oder eines Unternehmens in Mitleidenschaft gezogen. Einen einmal malträtierten Ruf wiederherzustellen ist aber ungleich schwieriger, als einen neuen zu gewinnen. Der Betroffene hat deshalb ein gesteigertes und vitales Interesse daran, daß unlautere Verhaltensweisen, die sein Unternehmen oder das Erzeugnis in Mißkredit bringen könnten, schon im Vorfeld unterbunden werden. Der Gesetzgeber hat deshalb zahlreiche Strafvorschriften erlassen (§ 299 StGB (§ 12 UWG a. F.), §§ 4, 15, 17, 18, 20 UWG), die ein rechtstreues Verhalten sicherstellen sollen. Doch die Praxis lehrt, daß das Strafrecht auf diesem Gebiet ein nur allzu stumpfes Schwert ist,[64] weshalb ein Autor resümieren durfte: „Unlauterer Wettbewerb rentiert sich immer".[65] Umso weniger erstaunt es, daß der BGH zum Ausgleich dieses Sanktions- und Präventionsdefizits die dreifache Schadensberechnung auf einige[66] Fälle des unlauteren Wettbewerbs erweitert hat. Knapp vier Jahre nach ihrem ersten Anwendungsfall wurde der bis dahin geltende Bußanspruch zugunsten des Verletzten (§ 26 UWG a. F.),[67] der im wesentlichen dieselbe Funktion hatte wie nun die dreifache SBM, abgeschafft. Er hatte, wie man gemeinhin annahm, wegen der Erstreckung dieser Berechnungsmethode auf das Recht gegen den unlauteren Wettbewerb seine Berechtigung verloren.[68]

---

[64] Zur geringen Effektivität des Strafrechtsschutzes im Bereich des Wettbewerbsrechts, vgl. auch *Schricker*, 11 ff.

[65] *Schricker*, GRUR 1979, 1, 3.

[66] Für eine grundsätzliche Einführung der dreifachen SBM in das Recht gegen den unlauteren Wettbewerb plädiert *Loewenheim*, ZHR 135 (1971), 97 ff.

[67] Vgl. dazu oben § 3 I 1 d aa (1).

[68] Vgl. *v. Gamm*, UrhG, § 97 Rdnr. 36 für die funktionsgleichen Bestimmungen der §§ 40 LUG, 35 KUG.

Die Ausdehnung der dreifachen SBM auf das Recht gegen den unlauteren Wettbewerb ist jedoch insofern problematisch, als das UWG nur objektive Verhaltensnormen enthält, die der Gesetzgeber im Interesse einer Funktionsfähigkeit des Wettbewerbs als solchen statuiert hat. Dagegen werden dem einzelnen auf diesem Rechtsgebiet keinerlei subjektiven Rechte verliehen.[69] Soweit bestimmte Positionen gleichwohl durch Unterlassungs- und Schadensersatzansprüche geschützt sind, handelt es sich um einen reflexartigen Schutz, bei dem der Gesichtspunkt des wettbewerbsgerechten Verhaltens im Vordergrund steht. Deshalb finden diejenigen Argumente zugunsten der dreifachen SBM, deren Kerninhalt sich gerade auf den Ausschließlichkeitscharakter bestimmter Rechte bezieht, hier keine Berechtigung mehr. Man hätte deshalb erwarten können, daß der BGH, der immer wieder betont hat, daß diese Liquidationsform nur bei Ausschließlichkeitsrechten anwendbar sei,[70] die bisherigen Entscheidungsmaximen einer Überprüfung unterzieht, zumindest aber die Erstreckung der dreifachen SBM auf das Recht gegen den unlauteren Wettbewerb besonders begründet. Beides hat er nicht getan. Der Grund hierfür liegt ganz einfach darin, daß die dreifache SBM unter Geltung des Ausgleichsprinzips dogmatisch nicht eingeordnet, sondern nur mit dem Dogma der Sanktion begründet werden kann. Diese Erkenntnis spiegelt sich denn auch in den Entscheidungsgründen der im folgenden zu erörterten Urteile nieder.

aa) Sklavische Nachahmung von Erzeugnissen

Mit Urteil vom 8.10.1971 (BGHZ 57, 116ff.) hat der BGH (I. ZS) die Lizenzanalogie erstmals für einen Fall des unlauteren Wettbewerbs (wettbewerbswidrige sklavische Nachahmung von Wandsteckdosen) zugelassen. Die Entscheidungsgründe sind deutlich in zwei Absätze unterteilt. Im ersten faßt der BGH nochmals die Gründe zusammen, die zur Anerkennung der dreifachen SBM überhaupt geführt haben. Den zweiten Teil der Entscheidungsgründe widmet der Senat Ausführungen zur Vergleichbarkeit des hier in Frage stehenden Sachverhalts mit dem bei Eingriffen in Ausschließlichkeitsrechte. Mit dem Argument, die wettbewerbswidrige sklavische Nachahmung sei nicht nur bestimmten, sondern allen Wettbewerbern verboten und dem Hinweis auf den „besonderen Schutzwert des nachgebildeten Erzeugnisses" sowie der auch hier bestehenden erhöhten Verletzbarkeit und Schwierigkeiten beim Schadensnachweis, gelangt er zu einer dem Immaterialgüterrechtsschutz vergleichbaren Interessenlage. Im übrigen kommt die Entscheidung ohne jeden Hinweis auf Vorschriften des allgemeinen Schadensrechts aus.

---

[69] Dies ist unbestritten, vgl. statt vieler: Baumbach/*Hefermehl*, UWG, Einl., Rdnr. 40ff. m.w.N.
[70] BGHZ 20, 345, 353; 26, 349, 352; 30, 7, 17; 44, 372, 374.

Zwei Dinge fordern zu Widerspruch auf. Wenn es auch richtig ist, daß die sklavische Nachahmung allen Wettbewerbern verboten ist, führt dies noch nicht zu einer Aufwertung der lediglich durch die völlig unbestimmte Generalklausel des § 1 UWG geschützten Leistungsposition zu einem Ausschließlichkeitsrecht im Rechtssinne, sondern allenfalls zu einem „faktischen Ausschlußrecht".[71] Dieser qualitative Unterschied aber verbietet gerade jedwede Gleichstellung mit Immaterialgüterrechten. Wenig überzeugend ist auch der Hinweis auf den „besonderen Schutzwert" des Produkts, das allein die Rechtfertigung für ein (strafbewehrtes) Verbot sklavischer Nachahmung bilden kann.[72] Dogmatisch rechtfertigen läßt sich diese Entscheidung deshalb nur, wenn der Grund der Schadensliquidation nicht in der Wiedergutmachung eines Schadens, sondern primär in der Sanktionierung rechtswidrigen Täterverhaltens gesehen wird. Dies dürfte wohl auch der Sichtweise des BGH entsprechen. Nur wenige Wochen vor Erlaß dieses Urteils hat sich *Loewenheim* in seinem ausführlichen Beitrag[73] gegen eine Beschränkung der dreifachen SBM auf subjektive Rechte sowie für ihre Einführung in das Recht gegen den unlauteren Wettbewerb hinsichtlich bestimmter Fallgruppen ausgesprochen und klargestellt, daß dies, wie auch die dreifache SBM überhaupt, nur mit dem Sanktions- und Präventionsprinzip begründet werden könne. Auf diese Ausführungen *Loewenheims* hat sich der BGH in seinem Urteil an mehreren Stellen bezogen.[74]

bb) Unbefugte Benutzung von Firmennamen

Obwohl der I. ZS des BGH sich im oben besprochenen Urteil gegen eine unreflektierte und generelle Übernahme der dreifachen SBM ausgesprochen hat, sondern diese auf ganz bestimmte Fallkonstellationen (Vergleichbarkeit der geschützten Position mit Immaterialgüterrechten) beschränkt wissen wollte,[75] hat sich in der Folgezeit eine deutliche Tendenz zu ihrer allmählichen Ausweitung auch auf diesem Gebiet bemerkbar gemacht.

Nicht einmal anderthalb Jahre später hatte derselbe Senat mit Urteil v. 16. 2. 1973 (BGHZ 60, 206ff.) die Anwendbarkeit der dreifachen SBM auf eine weitere Fallgruppe erstreckt. Im konkreten Fall ging es um die unbefugte Benutzung eines

---

[71] Darauf weist *Fischer*, 28f. für das schweizerische Recht hin, hält dies aber ausreichend für eine Gleichstellung dieser Position mit Ausschließlichkeitsrechten.

[72] So zu Recht *Haines*, NJW 1972, 482f.

[73] ZHR 135 (1971), 97ff.

[74] Vgl. BGHZ 57, 116, 118, 122; typisch ferner die Bezugnahme des BGH (Z 57, 118) auf *Neuner*, AcP 133 (1931), 277, 291ff. und *Steindorff*, AcP 158 (1959/60), 431, 454f., beides Autoren, die die Rechtsgüterschutzfunktion des Schadensersatzes betonen.

[75] BGHZ 57, 120.

Firmennamens[76] („Miss Petite") i.S.d. § 16 I UWG a.F.[77] Der Senat sprach der Berechtigten, einer GmbH, eine angemessene Lizenzgebühr zu.

Hier treffen im wesentlichen dieselben Bedenken zu, wie wir sie schon gegen die Erstreckung der dreifachen SBM auf das Warenzeichenrecht erhoben haben.[78] Der Firmenname unterscheidet sich in einer dem Warenzeichen vergleichbaren Weise in Entstehungsgrund und Zweck (lediglich Kennzeichnung der Herkunft sowie Unterscheidungsfunktion, vgl. §§ 18, 30 I HGB n.F.) von solchen Immaterialgüterrechten, die auf einer bereits erbrachten, schöpferischen und schutzwürdigen Leistung beruhen. Die Überlassung von Firmennamen ist in der Praxis zudem selten und zumeist unüblich. Das von der Bekl. vorgebrachte Argument der Branchenunüblichkeit einer Lizenzerteilung ließ der BGH jedoch nicht gelten. Es sei ausreichend, daß das verletzte Recht seiner Art nach überhaupt im Wege der Vergabe genutzt werden kann und genutzt wird, während die im Einzelfall vorliegenden Verhältnisse nicht maßgeblich seien.[79] Im übrigen stellte der Senat nochmals deutlich heraus, daß auch hier der Billigkeitsgedanke, der unrechtmäßig Handelnde dürfe nicht besser gestellt sein als der rechtmäßig Handelnde, zu diesem Ergebnis zwinge. Gegen den von der Bekl. erhobenen Vorwurf, die Lizenzanalogie käme einer Pönalisierung des Schadensrechts gleich, wehrte sich der Senat vehement.

cc) Unredliche Verwertung von Betriebsgeheimnissen

Mit Urteil v. 18.2.1977 (BGH NJW 1977, 1062: „Prozeßrechner") hat der BGH (I. ZS) erstmals die Anwendung der dreifachen SBM auch in Fällen der wettbewerbswidrigen Ausbeutung von Betriebsgeheimnissen für zulässig erachtet und dem Verletzten erlaubt, seinen Schaden nach der entgangenen Lizenzgebühr zu berechnen.[80] Dies überrascht insofern, als sich der BGH bislang ausdrücklich gegen die dreifache Schadensberechnung bei der Verletzung von Betriebsgeheimnissen ausgesprochen hat.[81] Zwar hat er von jeher betont, daß die Gründe, die zur Anerkennung der dreifachen SBM bei Verletzung von Ausschließlichkeitsrechten geführt haben, auch in Fällen der Verletzung von Betriebs- und Geschäftsgeheimnissen zutreffen. Daß er die erweiterte Berechnungsmethode im Ergebnis aber dennoch nicht zuließ, begründete der BGH mit dem Fehlen eines Ausschließlichkeits-

---

[76] Vgl. auch KG GRUR 1988, 702: Schadensersatz nach Lizenzanalogie wegen unberechtigter Benutzung einer Vorlage einer Werbeagentur für ein Firmen-Schlagwort.

[77] Nunmehr § 15 MarkenG.

[78] Vgl. dazu oben § 7 I 2 a.

[79] Anders noch BGHZ 44, 372, 374: Lizenzanalogie nur, wenn Überlassung von Ausschließlichkeitsrechten rechtlich möglich und verkehrsüblich.

[80] Vgl. auch BAG DB 1986, 2289 f.

[81] BGH GRUR 1960, 554 ff.

rechts.[82] Ganz abgesehen davon, daß die (Höhe der) Schadensersatzpflicht nicht von der Qualifizierung des verletzten Rechts etwa als absolutes Recht abhängig gemacht werden darf (dies spielt eine Rolle nur für die Frage der Haftungsbegründung, insbesondere also ob der Anspruch neben § 19 S. 1 UWG auch auf § 823 I BGB gestützt werden kann), sondern nur davon, ob dem Verletzten ein nachweisbarer Schaden entstanden ist, wird deutlich, daß nicht Veränderungen in der Dogmatik, sondern ein zwischenzeitlich gesteigertes Sanktionsbedürfnis, das durch Änderungen in den tatsächlichen Gegebenheiten hervorgerufen worden ist, zu dieser Kehrtwendung geführt hat. Der Markt ist dichter, der Wettbewerb aggressiver und das Verhalten der Beteiligten rücksichtsloser geworden. Dem entspricht die vom Senat abermals herangezogene Begründung des Ergebnisses mit der besonderen Schutzbedürftigkeit des verletzten Rechts.

dd) Billigung der dreifachen „Schadensberechnungsmethode" für alle Fälle der wettbewerbswidrigen Leistungsübernahme

Obwohl der I. ZS des BGH in BGHZ 57, 116ff.[83] noch betont hat, daß die unterschiedliche Interessenlage eine allgemeine und unterschiedslose Übernahme der zu den gewerblichen Schutzrechten entwickelten Grundsätze in das allgemeine Wettbewerbsrecht verbiete, eine solche vielmehr nur dann vertretbar sei, wenn, wie etwa im Falle der sklavischen Nachahmung, die Sachverhaltstypik sie gebiete, hat derselbe Senat in seinem Urteil v. 22.4.1993 (BGHZ 122, 262ff: „Kollektion Holiday") nunmehr diese Einschränkung fallengelassen und die erweiterte Schadensberechung erstmals ausdrücklich für alle Fälle der wettbewerbswidrigen Leistungsübernahme für zulässig erklärt. Damit ist das Anwendungsfeld der dreifachen SBM für diese Fallgruppe so groß wie das der Generalklausel des § 1 UWG selbst. Interessant ist die Begründung, mit der der Senat diese umfassende Erweiterung im wesentlichen rechtfertigt. Sie läßt Parallelen zur Rechtsdurchsetzungsfunktion der punitive damages im US-amerikanischen Recht[84] erkennen. Der Senat führt aus (S. 267):

> „Die Zubilligung auch der objektiven Schadensberechnung für alle Fälle der wettbewerbswidrigen Leistungsübernahme findet ihre Rechtfertigung darin, daß die verletzte Verhaltensnorm des § 1 UWG in solchen Fällen dazu dient, die Interessen eines bestimmten Wettbewerbers gegen eine sittenwidrige Ausnutzung seiner Leistung zu schützen (...). Da in einem solchen Fall es allein in der Rechtsmacht desjenigen liegt, dessen Leistung nachgeahmt wird, das Verhalten des Dritten zu unterbinden oder zu

[82] BGH GRUR 1960, 557.
[83] Vgl. dazu oben § 7 I 2 b aa.
[84] Vgl. dazu oben § 1 IV 1 c.

> dulden (...), ist es sachgerecht, daß der Verletzte den ihm durch die wettbewerbswidrige Leistungsübernahme entstandenen Schaden auch nach der objektiven Schadensberechnung – Verletzergewinn, angemessene Lizenz – liquidieren kann (...)".

Mit der Zulassung der dreifachen SBM will die Rechtsprechung dem Verletzten offensichtlich einen Anreiz dafür verschaffen, seinen „Schadensfall" vor Gericht zu bringen. Ein solcher Anreiz bestünde für den Verletzten nach der konkreten Schadensberechnung regelmäßig nicht, weil sich der Nachweis eines konkreten Schadens meist nicht führen läßt, weshalb der Betroffene schon aus Scheu vor dem Prozeßrisiko die Verletzungshandlung – ohne Folgen für den Verletzer – hinnehmen würde. Weil aber nach herkömmlichem Verständnis die Ahndung bloßer Rechtsverletzungen eine ureigendste Aufgabe des Strafrechts ist, wird der einzelne damit zum Instrument zur Verfolgung ordnungspolitischer Belange gemacht. An ihm wird vollzogen, was in anderen Fällen nicht durchgesetzt werden kann. Diese Klageanreizfunktion der dreifachen SBM kann deshalb als effektive Ergänzung zu dem in § 13 UWG geregelten Institut der Verbandsklage angesehen werden. Weil aber dem Verletzten eine Lizenzgebühr stets gewiß ist, wird er die „Verfolgung" des Verletzers mit ungleich mehr Nachdruck „übernehmen", als die in § 13 UWG Erwähnten mangels eines solch starken Eigeninteresses dies jemals tun würden.

II. Dreifache „Schadensberechnungsmethode" bei Verletzung von Persönlichkeitsrechten als überkompensatorische Sanktion zum Ausgleich von Präventionsdefiziten

a) Die dreifache SBM hat auch außerhalb des gewerblichen Rechtsschutzes Einzug gehalten. Im Jahre 1956 hat der I. ZS des BGH in der „Dahlke"-Entscheidung[85] erstmals die Schadensberechnung nach der Lizenzanalogie bei Verletzung des allgemeinen Persönlichkeitsrechts (Recht am eigenen Bild) gebilligt. Die erweiterte Schadensberechnung wird auf diesem Gebiet zu einer besonderen Gratwanderung. Während die Verletzung gewerblicher Schutzrechte beim Verletzten regelmäßig noch zu einem (wenn auch nur schwer nachweisbaren) Vermögensschaden führt, schlagen sich Persönlichkeitsverletzungen nur ganz ausnahmsweise negativ auf das Vermögen des Verletzten nieder. Es wiegt deshalb hier der Verdacht noch schwerer, daß die dreifache SBM in Wahrheit nicht als Mittel dazu dient, einen (nicht vorhandenen) Vermögensschaden auszugleichen, als vielmehr unter diesem Deckmantel dem in seiner Persönlichkeit Verletzten eine Genugtuung gegen den Verletzer für das begangene Unrecht zu verschaffen. Die Entwicklung dieser Berechnungsmethode auf diesem Gebiet könnte als ein erstes Indiz dafür gelten.

---

[85] Urt. v. 8.5.1956, BGHZ 20, 345ff.

b) Zur Anerkennung der Lizenzanalogie gelangte der Senat in dieser Entscheidung über eine Analogie zu den Urheber- und Patentrechten.[86] Er betonte, daß die Interessenlage im wesentlichen dieselbe sei wie bei Eingriffen in gewerbliche Schutzrechte, und verwies auf das dort zum Tragen kommende praktische Bedürfnis und die Billigkeitserwägung, beides Gesichtspunkte, die auch bei Eingriffen in das Persönlichkeitsrecht ihre Berechtigung fänden. Angesichts der gesetzlichen Bestimmung des § 22 KUG, die das Recht am eigenen Bild als einem Splitter des allgemeinen Persönlichkeitsrechts einem besonderen und unmittelbaren Schutz unterstellt sowie der bereits im Jahre 1954 erfolgten Aufwertung des allgemeinen Persönlichkeitsrechts durch Anerkennung als „sonstiges Recht" i. S. d. § 823 I BGB, zumal desselben Senats,[87] überrascht dieser Analogieschluß nicht. Doch gelten auch hier dieselben (dogmatischen) Bedenken, wie wir sie gegen die dreifache SBM bei Verletzung gewerblicher Schutzrechte vorgebracht haben.[88]

c) Die gesamte Tragweite der Erstreckung der Lizenzanalogie auf das Recht am eigenen Bild hat sich aber erst knapp zwei Jahre später nach Erlaß des „Herrenreiter"-Urteils v. 14. 2. 1958,[89] wiederum des I. ZS, gezeigt.[90] In der Folgezeit hat die dreifache SBM bei Persönlichkeitsrechten mehr und mehr an Bedeutung verloren. Schadensersatz wird bei Verletzung von Persönlichkeitsrechten seither meist als Ersatz immateriellen Schadens gewährt. Dieser Befund unterstreicht die Stichhaltigkeit unserer eingangs aufgestellten These, daß die dreifache SBM bis zum Erlaß des besagten Urteils lediglich der Sanktionierung rechtswidrigen Verhaltens, das eine ideelle Beeinträchtigung beim Verletzten zur Folge hatte, diente. Bezeichnend hierfür ist auch der Ursprung dieser Rechtsprechung im Bereich der Immaterialgüterrechte, wo sie zweifelsohne primär Sanktions- und Präventionszwecke verfolgt.[91]

III. Dreifache „Schadensberechnungsmethode" bei Verletzung von Sachenrechten aus Sanktionsgründen

Die Zulassung der dreifachen SBM bei Eingriffen in Immaterialgüterrechte begründet der BGH, wie wir gesehen haben,[92] mit deren besonders leichten Verletzbarkeit. Weil zudem jede Verletzung derartiger Rechte zur Minderung ihrer wirtschaftlichen Verwertbarkeit führt, soll ihre Verletzung nicht ohne scharfe Sanktion

---

86 Vgl. dazu oben § 7 I 1.
87 BGHZ 13, 334; vgl. dazu auch oben § 3 I 1 d cc (2).
88 Siehe oben § 7 I 1 b.
89 BGHZ 26, 349ff.
90 Dazu ausf. unten § 8 XIX a.
91 Vgl. dazu oben § 7 I.
92 Vgl. dazu oben § 7 I 1 a, b, c.

bleiben. Allerdings trifft letzterer Gedanke nur auf solche Rechte zu, die primär der wirtschaftlichen Vermarktung dienen, also grundsätzlich nicht mehr auf Persönlichkeitsrechte. Beide hier genannten Gedanken treffen indes unzweifelhaft nicht auf Sachenrechte zu. Was die besonders leichte Verletzlichkeit betrifft, versteht sich das von selbst. Die Erteilung von Nutzungsgenehmigungen ist zwar auch hier denkbar und über weite Strecken üblich, doch ist bei ihnen die „Bindung" der wirtschaftlichen Verwertung an den Berechtigten grundsätzlich schon durch das herkömmliche Sanktionspotential ausreichend gewährleistet.

Trotzdem hat der III. ZS des BGH in einer Entscheidung v. 11.7.1963 (BGH NJW 1963, 2020f.) die Tendenz gezeigt, die dreifache SBM auch auf Sachenrechte anzuwenden.[93] Der Kl., Eigentümer eines Grundstücks, klagte gegen den Benutzer des Nachbargrundstücks (Stationierungsstreitkräfte) auf Schadensersatz wegen Beeinträchtigung seines Grundstücks durch Geräusch- und Geruchsbelästigungen. Einen konkreten Schaden hat er jedoch (unstreitig) nicht erlitten. Der Senat hat einen Schadensersatzanspruch des Kl. nach 906 II 2 BGB dennoch bejaht und begründete dies wie folgt (S. 2021):

> „Dem Anspruch steht nicht entgegen, daß der Kläger bisher keine konkrete wirtschaftliche Einbuße erlitten hat. Die Beklagte kann sich nicht darauf berufen, daß der Kläger das Grundstück bisher nicht zu einem Minderpreis verkauft oder vermietet hat. Sie muß sich vielmehr so behandeln lassen, als habe es der Kläger vermietet und wegen der übermäßigen Einwirkungen eine geringere als die normale Miete erzielt. Es ist anerkannten Rechts, daß bei unbefugten Eingriffen in Ausschließlichkeitsrechte eine Schadensberechnung nach der entgangenen Vergütung dann zulässig ist, wenn die Erlaubnis des Rechtsinhabers üblicherweise von der Zahlung eines Entgelts abhängig gemacht wird, d.h. die Sache wird so angesehen, als habe der Rechtsinhaber den Eingriff gegen ein vereinbartes Entgelt gestattet (BGHZ 20, 345, 353 = NJW 56, 1554 mit Nachweisen). Es kann dahingestellt bleiben, ob die Abgeltung von Einwirkungen der hier vorliegenden Art durch eine Rente üblich ist und ob daher der Rechtsgedanke der angeführten Entscheidung auf den vorliegenden Fall unmittelbar angewendet werden kann; entscheidend ist, daß bei unbefugten Eingriffen in ausschließliche Rechte, zu denen insbesondere auch das Eigentum zählt, eine Schadensberechnung auf hypothetischer Grundlage möglich ist, auch wenn sich beim Verletzten eine konkrete Vermögensminderung nicht feststellen läßt.
>
> Für die Annahme eines Vermögensschadens spricht ferner die Erwägung, daß der Kläger erhebliche Mittel aufgewendet hat, um sich und seiner Familie ein ruhiges Wohnen zu sichern und daß der Zweck dieser Aufwendungen durch die Einwirkungen des Clubbetriebes weitgehend hinfällig gemacht worden ist".

---

[93] Vgl. auch BGH NJW 1967, 1803, 1804 (Urt. v. 14.6.1967, VIII. ZS) unter Bezugnahme auf BGH NJW 1963, 2020; dagegen nunmehr BGHZ 75, 366, 371ff. (Urt. v. 30.11.1979, V. ZS).

Die Begründung des BGH wirkt sehr ergebnisgelenkt. Dem Senat erschien es unbillig, den Kl. ohne jeglichen Ausgleich zu belassen. Wohl schon deshalb, weil die Nutzung des Nachbargrundstücks durch die Stationierungsstreitkräfte von dem Kl. ein besonderes „Opfer" abverlangt. Betont wird diese Opferrolle, in die der Senat den Kl. hineingedrängt sieht, besonders durch den letzten Satz in diesem Abschnitt der Entscheidungsgründe. Der BGH wirft das menschliche Bedürfnis nach Ruhe und Geborgenheit in die Waagschale zugunsten des Kl. und gelangt so, weil der Kl. zur Befriedigung dieses Bedürfnisses zudem Geld ins Werk gesetzt hat, ohne nach einzelnen Schadensposten klar zu differenzieren, insgesamt zu einem aus seiner Sicht ausgleichsfähigen Vermögensschaden. Hinsichtlich der vom Kl. getätigten Aufwendungen ließe sich ein Vermögensschaden, da der Kl. die Wohnung ungeachtet dieser Einwirkungen weiter bewohnt hat, aber nur insofern bejahen, als sie infolge des schädigenden Ereignisses fehlschlugen und der Kl. dadurch in seinem Vertrauen entäuscht wurde. Ein solches, auf dem Boden der Frustrationstheorie stehendes Schadensverständnis verschiebt jedoch die Grenze zwischen Vermögens- und Nichtvermögensschaden zugunsten des letzten, was zu einer unerträglichen Aushöhlung des § 253 BGB führen würde.[94] Die Frustrationsthese[95] wird denn auch von der Rechtsprechung selbst abgelehnt.[96]

Ein ausgleichsfähiger Vermögensschaden kann schließlich auch nicht in der durch die Beeinträchtigung bedingten (objektiven) Wertminderung des Klägergrundstücks erblickt werden. Denn diese ist ohne Rückwirkung auf das Vermögen des Kl. geblieben, sie hatte sich bis zum Erlaß des Urteils (noch) nicht realisiert. Indem der BGH dem Kl. einen Ersatzanspruch dennoch gibt, verstößt er gegen den Ausgleichsgedanken, der darauf gerichtet ist, lediglich die Lücke im Vermögen des Geschädigten zu füllen.[97] Eine gegenteilige Entscheidung wäre nur unter der Prämisse denkbar, daß jede Rechtsverletzung den Ersatz einer Art objektiven Wertes zur Folge haben muß. Damit verbunden wäre der Ruf nach dem auf Rechtsgüterschutz ausgerichteten objektiven Schadensbegriff.[98] Freilich hat der BGH sein Ergebnis auf ihn nicht gestützt. Er wollte ersichtlich vermeiden, einen Einzelfall auf der Basis eines Schadensbegriffs zu lösen, dem ein weitgehend globales Schadensverständnis zugrundeliegt und der diametral zum subjektiven Schadensbegriff steht. Denn dies hätte ihn gezwungen, für eine der beiden Extrema Stellung zu beziehen, was schnell zu einer Selbstbeschränkung des „Ideenreichtums" für zukünftige Problemfälle führen könnte. Stattdessen ging er den „induktiven" Weg einer Analogie zu den

---

[94] Palandt/*Heinrichs*, BGB, Vorbem v. § 249 Rdnr. 33.

[95] Zum Frustrationsgedanken vgl. oben § 4 V.

[96] BGHZ 55, 151; 71, 234; 99, 196; 114, 196; BGH NJW 1991, 2708.

[97] Vgl. dazu oben § 4 II.

[98] Zum objektiven Schadensbegriff vgl. oben § 4 II 2 a bb.

Immaterialgüterrechten. Mangels Vergleichbarkeit der Interessenlagen paßt dieser Analogieschluß jedoch nicht. Das Bayerische Oberste Landesgericht hat deshalb die erweiterte Schadensberechnung auf Sachenrechte ausdrücklich abgelehnt.[99] Aber auch sonst besteht für die dreifache SBM hier kein Bedürfnis. Denn die konkrete Schadensberechnung führt zu einem Anspruch, wenn und sobald der Kl. das Grundstück wegen dieser Beeinträchtigungen unter Preis vermietet oder verkauft. Nur dann steht ein schadensersatzrechtlich relevanter Sachverhalt inmitten.[100] Ein lediglich hypothetischer Schaden kann nicht „erlitten" werden. Der Schaden ist keine hypothetische Größe, sondern Stichgröße. Der BGH unterläuft zudem die gesetzliche Wertung des § 906 BGB, weil er durch die Gewährung von Schadensersatz ohne Schaden die Beeinträchtigung selbst zum Gegenstand des Ausgleichs macht, obwohl der Betroffene sie zu dulden hat. Die Beeinträchtigung an sich stellt noch keinen Schaden dar, sondern ist nur mögliche Ursache für eine Vermögensminderung des Betroffenen. Zwar deutet der Wortlaut des § 906 II 2 BGB („angemessener Ausgleich") in eine andere Richtung.[101] Doch trägt dieser lediglich dem Umstand Rechnung, daß sich ein durch schadensstiftende Immissionen hervorgerufener Vermögensschaden häufig nur ganz grob beziffern läßt. Dem Senat ging es deshalb vornehmlich darum, dem Kl. eine Genugtuung für hinzunehmendes und von ihm (und dem Senat?) subjektiv empfundenes Unrecht zu verschaffen und gleichsam den Verursacher dieser Immissionen zu sanktionieren. Zu diesem Zwecke scheute es der BGH nicht, die dreifache SBM allein um der „gerechten" Lösung eines Einzelfalles willen sogar auf Sachenrechte auszudehnen. Daß dieser Fall ein Einzelfall blieb, unterstreicht das Sanktionsdenken noch.

IV. Strafschadensersatz als repressive Bußfunktion in der GEMA-Rechtsprechung

a) Nachdem das RG bei Immaterialgüterrechtsverletzungen seit langem eine dreifache SBM zugelassen hatte,[102] deren dogmatische Rechtfertigung nur unter selbständiger Betonung des Sanktions- und Präventionsgedankens gelingen kann,[103] hat der BGH mit Einführung der GEMA-Rechtsprechung diese Sanktionswirkungen für Fälle der Verletzung musikalischer Aufführungsrechte nochmals verschärft. Die

---

99 BayObLG NJW 1965, 973, 975f.

100 Vgl. aber die (nicht analogiefähige) Sonderrspr. zu Gebrauchsvorteilen bei Kraftfahrzeugen, Palandt/*Heinrichs*, BGB, Vorbem v. § 249 Rdnr. 20ff.

101 Ähnlich §§ 847 I, II; 1300 I; 651f II; 611a II 1 BGB.

102 Vgl. dazu oben § 7 I 1.

103 Siehe oben § 7 I 1 b.

erste Entscheidung des BGH (I. ZS) hierzu erging am 24.6.1955 (BGHZ 17, 376ff.); ihr lag folgender Sachverhalt zugrunde: Die Bekl., eine AG, hatte im Rahmen einer „geschlossenen Gesellschaft" in Räumen von Gastwirtschaften Belegschaftsabende mit Unterhaltungs- und Tanzmusik veranstaltet, ohne hierfür die erforderliche Einwilligung der GEMA,[104] die die urheberrechtlichen Nutzungsrechte der Musiker wahrnimmt, eingeholt zu haben.

Zunächst bestätigte der BGH kommentarlos die reichsgerichtliche Rechtsprechung[105] und gewährte der GEMA als „Schadensersatz" einen Betrag in Höhe einer einfachen Lizenzgebühr; sodann ging er noch einen Schritt weiter: wie schon eine ständige Rechtsprechung des KG[106] zuvor, gewährte er noch einen hundertprozentigen Zuschlag zum Normaltarif. Zur Rechtfertigung dieses Zuschlags führte der Senat aus (S. 383):

> „Die Erhöhung der Gebühren für Rechtsverletzer rechtfertigt sich daraus, daß die Klägerin, um Urheberrechtsverletzungen nachzugehen, eine umfangreiche Überwachungsorganisation unterhalten muß. Diese Kontrollkosten sind aber billigerweise allein von den Rechtsverletzern zu tragen. Dies führt, wenn, wie hier, der Schaden durch Geltendmachung einer Aufführungsgebühr berechnet wird, zwangsläufig bei Festsetzung der angemessenen Lizenzgebühr als Berechnungsfaktor im Rahmen der Schadensschätzung zu einer Erhöhung der Gebührensätze, die die Klägerin für erlaubterweise veranstaltete öffentliche Musikdarbietungen verlangt. Anhaltspunkte dafür, daß das Berufungsgericht bei der Schätzung der Schadenshöhe gemäß § 287 ZPO etwa die Grenzen seines Ermessens überschritten habe, liegen nicht vor. Das Berufungsgericht konnte sich auch zu Recht auf ein Gutachten der Preußischen Musikalischen Sachverständigenkammer vom 29. Dezember 1930 (GRUR 1931, 544) als Schätzungsunterlage berufen".

Der Rückgriff des BGH auf Billigkeitserwägungen überrascht nicht, ist doch eine schadensersatzrechtliche Erfassung dieser Überwachungskosten mit herkömmlichen Mitteln der Dogmatik nicht möglich. Es fehlt an der Kausalität zwischen der konkreten Rechtsverletzung und den durch den Überwachungsapparat als solchen hervorgerufenen Kosten. Anders als Rechtsverfolgungskosten, die in gewissen Grenzen als Folgeschäden ersetzt werden können,[107] fallen die Kosten der Überwachungsorganisation nicht im Zuge der Schadensermittlung und -abwicklung an, sondern dienen der Finanzierung von Mitteln, die zur Aufspürung des Schädigers erst beitragen sollen. Die Überwachungsorganisation ist insoweit völlig vergleich-

---

[104] Gesellschaft für musikalische Aufführungs- und mechanische Vervielfältigungsrechte.

[105] BGHZ 17, 383.

[106] Erstmals KG, Urt. v. 2.9.1937, UFITA 11 (1938), 55; sodann UFITA 11 (1938), 284; 12 (1939), 194.

[107] MüKo/*Grunsky*, BGB, v. § 249 Rdnr. 66.

bar mit den öffentlichen Strafverfolgungsbehörden. Beide stehen im Dienste der Verbrechensbekämpfung als solcher, beide verdanken ihre Existenz nicht der Begehung einer ganz konkreten Rechtsverletzung durch einen bestimmten Schädiger, sondern der Tatsache, daß es das Phänomen Verbrechen überhaupt gibt.

Der BGH meint, den Zuschlag über das konturenlose Attribut „angemessen" rechtfertigen zu können und bemüht in diesem Zusammenhang § 287 ZPO. Doch diese Vorschrift paßt für einen solchen Sachverhalt nicht. § 287 ZPO schafft die Möglichkeit einer pauschalen Bewertung des konkreten Interesses nur insoweit, als er nicht die restlose Aufklärung aller Bewertungsfaktoren verlangt, doch kann mit ihm weder auf den Nachweis der Schadenshöhe noch der Kausalität der Verletzung für den Schaden verzichtet werden. Dies hieße lediglich (ungeklärte) materiellrechtliche Fragen ins Prozeßrecht zu verlagern.[108] Mit der Bezugnahme auf das Gutachten der „Preußischen Musikalischen Sachverständigenkammer", das zudem den Fall eines Raubdruckes von Notenbüchern betraf und nicht eine unberechtigte Aufführung, können diese dogmatischen Mindestvoraussetzungen nicht einfach beiseite geschoben werden. Was hinsichtlich der Schadensfeststellung für das Gericht gilt, gilt insoweit gleichermaßen auch für den Sachverständigen. Das Gutachten enthält aber keine substantiierte Darlegung der Kosten für die Überwachungsorganisation der Verwertungsgesellschaft, sondern die Sachverständigenkammer begründet den aus ihrer Sicht gebotenen Zuschlag mit einem gesteigerten Schutzbedürfnis solcher Rechte und dem damit einhergehenden Bedürfnis nach Abschreckung potentieller Rechtsverletzer, im übrigen mit der Erwägung der Abgeltung ideeller Schädigungen. Schließlich bezeichnet es die Wertungsfolge, der Nachdrucker müsse mehr bezahlen als der rechtmäßige Verbreiter von Vervielfältigungen, stereotyp als „Handelsbrauch".

Auch eine statistische Aufteilung dieser „täterbezogenen Aufwendungen"[109] auf die einzelnen Rechtsverletzer ist kein gangbarer Weg. Mangels einer Kausalverknüpfung zwischen Rechtsverletzung und Kostenanfall bliebe die Zurechnung zwangsläufig unbestimmt und randomisiert. Die terminologische Bezeichung des Schädigers als „Rechtsverletzer" offenbart den Gedanken der Sanktion, der als treibende Kraft den Senat dazu bewog, dem Schädiger eine doppelte Lizenzgebühr aufzuerlegen. An ihm soll stellvertretend für alle Rechtsverletzer ein Exempel statuiert werden. Die Lizenzgebühr dient dabei als eine Art Strafrahmen, der über das Attribut „angemessen" entsprechend der Tätergesinnung stufenlos variiert werden kann. Allein die Idee, die hier zur Einführung einer Bußenregelung[110] überhaupt geführt

[108] *Steindorff*, AcP 158 (1959/60), 431 ff.
[109] *Schiemann*, Argumente und Prinzipien, 112.
[110] § 40 d. Gesetzes v. 19.6.1901, RGBl. I, 227 (LUG), vgl. dazu oben § 3 I 1 d aa (1).

hat, ist Zeugnis genug dafür, daß auf diesem Gebiet der „Schadensersatz" schon immer eine Sanktionsfunktion wahrgenommen hat. Bezeichnend hierfür ist ein Urteil des RG in Strafsachen vom 20.5.1913,[111] dem folgender Sachverhalt zugrundelag: Die Kl., eine Genossenschaft deutscher Tonsetzer, hatte an zwanzig Abenden unberechtigte Konzertaufführungen in einem Café beobachten lassen und dem Beobachter je DM 5 für Zeitaufwand und Auslagen bezahlt. Das RG billigte diese DM 100 zusätzlich zu den „entgangenen" Lizenzgebühren als Buße gemäß § 40 LUG a.F. zu. Dahinter steht wohl die von Billigkeitsdenken getragene innere Bedrängnis, diese Kosten demjenigen aufzuerlegen, der zu ihrer „Verursachung" beigetragen hat.

b) Wegen der Begründung der ersten GEMA-Entscheidung mit der „Billigkeit" ihres Ergebnisses war lange Zeit nicht klar, ob diese Rechtsprechung Geltung nur für den konkreten Einzelfall hatte oder ob sie verallgemeinerungsfähig war. Dies wurde erst siebzehn Jahre später mit Erlaß der zweiten GEMA-Entscheidung v. 10.3.1972 (BGHZ 59, 286ff.) offensichtlich, in der der I. ZS des BGH seine Rechtsprechung bestätigt und ihr Breitenwirkung verliehen hat. Das OLG Düsseldorf hatte als BerGe. die Verdoppelung der Gebühr abgelehnt und dies vor allem mit der fehlenden Kausalität der Überwachungskosten begründet.[112] Angesichts der offensichtlichen Unmöglichkeit einer schadensersatzrechtlichen Einordnung der Tarifverdoppelung hat der Senat in dieser Entscheidung auf die Heranziehung allgemeiner Bestimmungen des Schadensrechts schon im Ansatz verzichtet und ist stattdessen den Weg einer „außerdogmatischen" Begründung gegangen. Schon zu Beginn des Urteils räumt der Senat unverhohlen ein (S. 287):

> „Wenn das Berufungsgericht demgegenüber im Anschluß an eine Reihe kritischer Stellungnahmen im Schrifttum darauf hinweist, daß diese Kontrollkosten unabhängig von dem einzelnen Schadensfall entstünden und durch diesen nicht veranlaßt seien, so ist diese Erwägung vom schadensersatzrechtlichen Ausgangspunkt aus allerdings zutreffend".

Hieraus folgert der Senat bezüglich der Überwachungskosten (S. 288):

> „Die allgemeinen und ohne Bezug zum konkreten Schadensfall getroffenen Vorkehrungen zur Verhinderung von Rechtsverletzungen müssen dagegen in der Regel von demjenigen getragen werden, der sie zu seinem Schutze freiwillig auf sich nimmt".

Der Senat sieht sich jedoch zu dieser Rechtsprechung aus Gründen des Rechtsgüterschutzes gezwungen, weil der Urheberrechtsschutz andernfalls weitgehend

---

111 RGSt MuW XII, 658.
112 OLG Düsseldorf, BB 1970, 981ff.

leerliefe.[113] Unter Betonung der besonderen Schutzbedürftigkeit des musikalischen Urheberrechts führt er aus (S. 291):

> „Würde jedoch der Auffassung des Berufungsgerichts gefolgt, daß der schuldhaft handelnde Rechtsverletzer im Rahmen dieser Berechnungsart nur die von der Klägerin in ihren Normaltarifen festgelegten Gebühren zu entrichten hat, so stünde der Urheberrechtsverletzer nicht schlechter als derjenige, der sich rechtzeitig um die Aufführungserlaubnis bemüht, ein Ergebnis, das dem Grundgedanken der gewohnheitsrechtlich zugelassenen Berechnungsart nach der angemessenen Lizenzgebühr, der Beachtung und Durchsetzung von Immaterialgüterrechten zu dienen, nicht gerecht wird. Die besonders bedrohten und leicht verletzbaren Musikaufführungsrechte wären dann unrechtmäßigen Eingriffen weitgehend schutzlos preisgegeben, weil ihre Verletzung nicht das Risiko finanzieller Nachteile auslösen würde".

Der letzte Satz dieses Abschnitts der Entscheidungsgründe birgt Gedanken der ökonomischen Analyse des Rechts[114] in sich. Dem Senat schien der „Zuschlag" geboten, weil andernfalls für potentielle Rechtsverletzer kein Anreiz zu normgerechtem Verhalten bestünde. Im übrigen gebraucht der Senat das Schadensersatzrecht als Instrument der Rechtsfeststellung und -wahrung und überantwortet ihm damit Aufgaben, die bislang typischerweise vom Strafrecht übernommen werden. Aufs ganze gesehen wird der Schadensersatz dann funktionsgleich mit den punitive damages des US-amerikanischen Rechts.[115] Und in der Tat hat in diesem Zusammenhang einmal das Kammergericht[116] zur Untermauerung dieser Praxis auf die amerikanischen „treble damages" verwiesen, wonach – insbesondere bei Antitrustverstößen – Ersatz in dreifacher Höhe des Schadens verlangt werden kann.[117] Zwar, so das Kammergericht, könne diese Regelung nicht ohne weiteres auf die deutsche Praxis übertragen werden, doch spreche die Vermutung dafür, daß *„die Rechtsüberzeugung in derartigen Fragen, die nicht systemgebunden sind, bei allen Kulturvölkern annähernd die gleiche* ist".[118] Deshalb, so fährt es fort, scheine der Zuschlag von hundert Prozent zur Tarifgebühr als angemessener Schadensersatz dem zu entsprechen, was auch dem deutschen *Rechtsempfinden* entspreche.[119]

Anders als die Kosten der öffentlichen Strafverfolgung, die den Staat als ganzen treffen, dienen die hohen Kosten der Überwachungsorganisation dem Senat als ein gewichtiges Argument für den Tarifzuschlag. Sie sollen denjenigen „treffen", der sie letztendlich „verursacht" hat.

---

113 BGHZ 59, 289.

114 Vgl. dazu oben § 4 VI 2.

115 Vgl. dazu oben § 1 IV.

116 Bei *Schulze*, Rechtsprechung zum Urheberrecht, KGZ 7, 1, 14f.

117 Zu den treble damages vgl. etwa 22 American Jurisprudence 2 d, Damages, § 267 und § 268.

118 Bei *Schulze*, Rechtsprechung zum Urheberrecht, KGZ 7, 15; Herv. v. mir.

119 Bei *Schulze*, Rechtsprechung zum Urheberrecht, KGZ 7, 15.

> „Würde ein Tarifzuschlag bei Rechtsverletzungen nicht gewährt, so müßten die umfangreichen Überwachungskosten entweder von den einzelnen Urhebern getragen werden oder aber es würden die Normaltarife erhöht und die gesetzestreuen Lizenznehmer müßten für die Kosten aufkommen, die ohne das widerrechtliche Verhalten anderer Benutzer nicht entstanden wären. Beides hält der Senat für unbillig" (292 f.).

Über den Tarifzuschlag wird der Strafcharakter des Schadensersatzes in quantifizierter Form zum Ausdruck gebracht. Der Rechtsverletzer bezahlt doppelt so viel, als er Schaden verursacht hat, was beim Geschädigten zu einer Bereicherung führt. Weil aber nach § 97 I 2 UrhG der Verletzergewinn die Obergrenze des Herauszugebenden bildet,[120] entscheidet der BGH contra legem, weshalb ein Autor[121] den Zuschlag als richterrechtliche „Privatstrafe" bezeichnen durfte. Diesem Vorwurf tritt der BGH mit einer Differenzierung zwischen der „angemessenen" Lizenzgebühr und den (zum Zwecke des Anreizes für rechtstreues Verhalten) angeblich niedriger bemessenen Tarifen für erlaubte Aufführungen entgegen (S. 292). Mag dies auch zutreffen, bestimmt sich der Ersatzanspruch dann aber nicht mehr nach dem erlittenen Schaden, sondern seine Höhe wird abhängig gemacht von der (willkürlichen) Tariffestsetzung durch den Verletzten selbst.[122]

Mit den herkömmlichen Grundsätzen der dreifachen SBM läßt sich die Tarifverdoppelung, wie der BGH Glauben machen will, nicht rechtfertigen. Wenn der BGH meint, den Tarifzuschlag unter das Attribut „angemessen" subsumieren zu können (S. 292), setzt er sich in Widerspruch zu seiner bisherigen Rechtsprechung, wonach er unter der angemessenen Lizenzgebühr immer diejenige verstanden hat, die im Falle des Vertragsschlusses zu zahlen gewesen wäre.[123] Zumindest aber hätte es dann aber nahegelegen, die Tarifverdoppelung auch bei Verletzung anderer Immaterialgüterrechte einzuführen. Dies hat der BGH aber bislang abgelehnt.[124] Damit wird die Tarifverdoppelung zu einem sonderrechtlichen Phänomen im Rahmen einer immaterialgüterrechtlichen Sonderrechtsprechung, ein der Dogmatik abträglicher Zustand.

Trotz vieler Zweifel und dogmatischer Ungereimtheiten wird der BGH seine Entscheidungspraxis wohl auch in weiterer Zukunft aufrechterhalten. Für diese Einschät-

---

[120] Lediglich § 54 g III UrhG gibt zur Durchsetzung des Auskunftsanspruches (vgl. *Mestmäcker/Schulze*, § 54 g Anm. 1) einen Anspruch auf die doppelte Vergütung; die Sanktion ist funktionsgleich mit den punitive damages in ihrer Rechtsdurchsetzungsfunktion (vgl. oben § 1 IV 1 c).

[121] *Loewenheim*, JZ 1972, 12ff., 15; gegen ihn *Möhring*, GRUR Int. 1973, 299, 302, der von „Rechtsüberzeugung" spricht; ähnlich *Spengler*, GRUR 53, 78, 79: „Bußfunktion des Schadensersatzanspruches".

[122] Darauf weist *Loewenheim*, JZ 1973, 792ff. hin.

[123] Vgl. dazu oben § 7 I 1.

[124] BGHZ 37, 97ff.

zung spricht allein die Tatsache, daß in § 23 des Referentenentwurfs von 1954 der Gesetzgeber selbst einen Tarifzuschlag bei Verletzung musikalischer Urheberrechte vorgesehen hat – allerdings nur in Höhe von 25 % – und dieser Entwurf nur deshalb nicht Gesetz wurde, weil man der Meinung war, daß eine Regelung durch die Entscheidung BGHZ 17, 376ff. hinfällig wurde.[125] Damit übernimmt der BGH seither die Funktion eines Ersatzgesetzgebers, was den rechtspolitischen Charakter dieser Rechtsprechung unterstreicht. Indem aber der BGH die Entscheidung des Gesetzgebers nicht abgewartet hat, sondern ihr dadurch vorgegriffen hat, daß er in seiner zweiten GEMA-Entscheidung die erste bestätigt hat, hat er sich diese Rolle selbst „aufgezwungen", womit er der Gewaltenteilung ohne innere Notwendigkeit nur allzuviel Gewalt angetan hat.

V. Sanktion und Prävention als Primärzwecke der Ersatzpflichtigkeit von Vorsorgekosten beim Ladendiebstahl

Einen sich schon „aus der Natur der Sache" ergebenden Sanktionszweck verfolgt das Schadensersatzrecht bei der Entschädigung beim Ladendiebstahl. Wegen seines massenhaft auftretenden Charakters hatte sich schon vor langer Zeit und auf allen Ebenen[126] eine heftige Diskussion über wirksame Bekämpfungsmöglichkeiten entzündet. Den Glauben an die Kraft des Strafrechts scheint man dabei verloren zu haben. Stattdessen wird der Ruf nach Entkriminalisierung des Ladendiebstahls und seine Verbannung in das OWiG immer lauter.[127] Eine Reaktion des Gesetzgebers als der für die Lösung dieses Problems primär zuständigen Gewalt blieb bislang aus. Über einen von den Verfassern des Alternativ-Gesetzbuches für das Strafgesetzbuch vorgelegten Entwurf eines Gesetzes gegen Ladendiebstahl (AE-GLD)[128] konnte keine Einigkeit erzielt werden.[129]

Seit dem Jahre 1979 liegt eine Grundsatzentscheidung des BGH vor,[130] in dem dieser zur Rechtmäßigkeit einer von den Warenhäusern geübten und gängigen Praxis, nämlich die durch Vorsorgemaßnahmen verursachten Kosten auf den ertappten Dieb abzuwälzen, Stellung nahm. Die Kl., Karstadt AG, begehrte von der Bekl., die

---

[125] Vgl. die Entwürfe des BJM zur Urheberrechtsreform, 1959, S. 219.

[126] Verhandlungen des 51. DJT 1976; Entwurf eines Gesetzes gegen Ladendiebstahl (AE-GLD), vgl. dazu unten § 8 XX;

[127] Etwa *Baumann*, JZ 1972, 1ff.; *Mayer*, 65; *Vogler*, ZStW 90 (1978), 132, 159ff.; *Ostendorf*, ZRP 1995, 18ff.

[128] Vgl. dazu Fallgruppe XX (unten § 8 XX).

[129] Abgelehnt wurde dieser Entwurf auch vom 51. DJT (Bd. II, München 1976, Sitzungsberichte, N, N 178–181, Beschlüsse II 1–10).

[130] BGH, VI. ZS, Urt. v. 6.11.1979, BGHZ 75, 230ff.

Lebensmittel im Werte von DM 12,72 entwendet hatte und dabei von einem Verkäufer beobachtet worden war, Ersatz für Aufwendungen für die „Schadensbearbeitung" sowie für eine vor der Tat ausgelobten „Fangprämie" in Höhe von je DM 550.

Die dogmatische Lösung des Problems liegt in der „richtigen" Abgrenzung zwischen den (grundsätzlich nicht[131] erstattungsfähigen) Aufwendungen, die dem Geschädigten bei der „Durchführung" der Schadensregulierung immer erwachsen und den (grundsätzlich erstattungsfähigen)[132] Vorhaltekosten, die dem Geschädigten durch die Bereithaltung von Einrichtungen entstehen, die zum Zwecke der Minderung der Schadensfolgen (§ 254 II BGB) im Schadensfalle von ihm eingesetzt werden, sowie von Überwachungskosten, die dem Geschädigten dadurch entstehen, daß er, um den Eintritt von Verletzungen prophylaktisch zu verhindern, kostenverursachende Schutzmaßnahmen ergreift.

Während der BGH eine „Fangprämie" für grundsätzlich erstattungsfähig hielt, lehnte er einen Ersatz für Bearbeitungskosten schon dem Grunde nach ab. Hierzu stellte der Senat fest (S. 232), daß die Bearbeitungskosten diejenige Mühewaltung beträfen, die dem Zuständigkeits- und Verantwortungsbereich des Geschädigten entspringe und deshalb, weil außerhalb des Schutzzwecks der Haftung liegend, nicht ersatzfähig seien. Mit ähnlichen Erwägungen gelangte der Senat zu einer Abgrenzung der Behandlung der Bearbeitungskosten von der Entschädigung für die Eigenreparatur und den Einsatz einer Betriebsreserve. Während es in den zuletzt genannten Fällen um „Schadensbeseitigung oder Schadensverhütung" gehe, sei dort nur die „Mühewaltung bei der Rechtswahrung" betroffen, die dem Aufgabenkreis des Geschädigten zuzuordnen sei (S. 234).

Da die Problematik im wesentlichen dieselbe ist wie bei den GEMA-Fällen, bei denen die Rechtsprechung den Verwaltungsaufwand der GEMA als besonderen Berechnungsfaktor mitberücksichtigt,[133] erscheint hier die Ablehnung einer Ersatzpflicht durch den BGH eher willkürlich. Der Senat führt aus (S. 233f.):

> „Dort ging es um die Frage, inwieweit dem Schädiger ausnahmsweise Überwachungskosten zur Verhinderung von Rechtsverletzungen aufzuerlegen sind, nicht aber um die Belastung mit der Mühewaltung bei der Schadensregulierung. Zudem steht jene Schadensberechnung ganz im Rahmen eines Schadensausgleichs, der von der Rechtsprechung im Blick auf die besondere Interessenlage bei der Auswertung von Immaterialgüterrechten abweichend von allgemeinen Schadensersatzgrundsätzen eigenständig entwickelt worden ist. Als solche läßt sie sich auf den Ladendiebstahl nicht übertragen".

---

[131] BGHZ 66, 112.

[132] BGHZ 32, 280; 70, 199.

[133] Vgl. dazu Fallgruppe IV (oben § 7 IV).

Dem BGH ging es sichtlich darum, die GEMA-Rechtsprechung nicht weiter ausufern zu lassen. Der Hinweis auf die besondere Interessenlage überzeugt kaum. Ladendiebstähle sind ebenso wie Immaterialgüterrechtsverletzungen durch ihr massenhaftes Auftreten gekennzeichnet. Unterschiede bestehen lediglich hinsichtlich der leichten Verletzbarkeit. Doch hat der BGH auch bei Verletzung von Sachenrechten einmal die Tendenz gezeigt, die dreifache SBM hierauf anzuwenden.[134] Wenig überzeugend ist auch der erste Satz. Denn der vom Dieb verursachte Schaden besteht allein im Entzug der Ware selbst. Mit ihrer Rückgabe an den Geschädigten ist dieser wiedergutgemacht, die „Schadensregulierung" also abgeschlossen. Danach geht es ebenfalls nur noch um die „Verhinderung von Rechtsverletzungen", genauer: um Prävention für potentielle Täter.

Steht damit die Ablehnung der Ersatzfähigkeit dieser Aufwendungen in Widerspruch zur GEMA-Rechtsprechung, aber in Einklang mit dem Gesetz, muß die Ersatzfähigkeit der „Fangprämie" als mit dem institutionellen Zweck des Schadensersatzrechts unvereinbar angesehen werden. Zwar mangelt es hier nicht wie bei den Überwachungskosten der GEMA an der Kausalität zwischen Rechtsverletzung und Schadenseintritt, denn die Fangprämie wird erst durch die konkrete und tatsächliche Tatbegehung und ihre Aufdeckung fällig gestellt, weshalb es auch keinen Unterschied machen kann, ob die Prämie schon vor oder erst nach der Tat ausgesetzt wurde.[135] Doch dient eine vortatlich ausgesetzte Fangprämie fast ausschließlich Präventionszwecken – eine nach herkömmlichem Verständnis mit dem Zweck des Haftungsrechts unvereinbare Stoßrichtung –, die ihren Ersatz als vom Schutzzweck der Schadensersatznorm nicht mehr gedeckt erscheinen läßt. Eine diesbezügliche präventive Ausrichtung des Schadensersatzrechts anerkennt auch der BGH, wenn er einräumt (S. 236 f.):

> „Freilich ist nicht zu verkennen, daß der Zeitpunkt der Prämienzusage für Charakter und Zielrichtung der „Fangprämie" von Bedeutung sein kann. Während die nach geschehenem Diebstahl ausgesetzte Belohnung allein der Wiedererlangung der gestohlenen Gegenstände dient und der Geschädigte darauf hofft, daß sie verdient wird, verfolgt die vor der Tat für die Ergreifung eines Ladendiebs ausgesetzte Fangprämie auch präventive Zwecke: Wer sie verspricht, erhofft sich von ihr erhöhte Wachsamkeit und Einsatzbereitschaft seines Personals, die als solche vom potentiellen Täter wahrgenommen wird und so diebstahlsvermindernd wirkt; insoweit geht es ihm also auch um Abschreckung. So gesehen ergänzt sie die Vorsorge-Maßnahmen, die der Geschäftsinhaber trifft, um seine Waren vor Ladendieben zu schützen".

---

[134] Vgl. dazu Fallgruppe III (oben § 7 III).

[135] A. A. *Wälde*, NJW 1972, 2294 mit dem zwar zutreffenden, jedoch konstruiert wirkenden Argument, daß der Rechtsgrund, die Auslobung, schon vor der Schädigung begründet sei; wie hier auch *Deutsch*, JZ 1980, 102, 103.

Hätte der BGH den letzten Satz ernst genommen, hätte er einen Ersatz der Fangprämie mit derselben Konsequenz ablehnen müssen, wie er dies hinsichtlich des Ersatzes für allgemeine Überwachungskosten für Spiegel, Fernsehmonitore u. dgl. getan hat. Hinsichtlich dieser Kosten führt der Senat aus (S. 237):

> „Solche Vorkehrungen sind in der Regel im Verhältnis zum Schädiger schon deshalb der Sphäre des Geschädigten zuzurechnen, weil ihnen der Bezug zur konkreten Rechtsverletzung fehlt, so daß sich der auf die einzelne Rechtsverletzung entfallende Anteil der aufgewandten Kosten nicht hinreichend ermitteln läßt. Denn sie wenden sich nicht nur gegen den, der sich über sie hinwegsetzt, sondern auch und gerade an den potentiellen Dieb, der sich von seinem Tatentschluß durch sie abbringen läßt".

Der Senat unterscheidet hier zwischen abstrakter und konkreter Gefährung der Rechtsgüter. Die Qualität der Gefährdung aber ist kein schadensersatztypisches Spezifikum, sondern hat Bedeutung allein im Strafrecht, wo bekanntlich zwischen abstrakten und konkreten Gefährdungsdelikten unterschieden wird. Dabei unterliegen letztere einer vergleichsweise höheren Straferwartung als erstere. Dem entspricht es, daß der Täter zum wahren Missetäter erst dann wird, wenn seine Handlung über die abstrakte Gefährdung hinaus auch zu einer augenscheinlichen Schädigung des geschützten Rechtsguts geführt hat. Nur in diesem Fall, so scheint es, entfaltet auch der Ruf nach Sühne seine ungeschmälerte Wirkungskraft. Ein solches Sühnebedürfnis und nicht Kostenzurechnungserwägungen dürfte auch dem Senat in Wahrheit bei seiner Entscheidung die Hand geleitet haben, wenn er zur Untermauerung der Erstattungsfähigkeit der Fangprämie unter Betonung des Verletzungserfolgs ausführt (S. 238):

> „Jedoch weist die Fangprämie ungeachtet ihres Standortes im allgemeinen Vorsorge- und Kontrollsystem und dessen Präventivzwecks insoweit einen konkreten Bezug zum einzelnen Ladendiebstahl auf, als sie im Grundsatz erst durch diesen und erst deshalb erwächst, weil die *konkrete Bedrohung des Eigentums durch den Ladendieb Anlaß zu dem Eingreifen gegeben hat,*[136] das durch die Prämie honoriert werden soll".

Das hier vom BGH angeführte Kausalitätsargument rechtfertigt keine gegenüber den allgemeinen Überwachungskosten unterschiedliche Beurteilung. Denn die Kausalverknüpfung ist nur notwendige und nicht auch schon hinreichende Bedingung der Liquidation.[137] Weil die Fangprämie aber primär Sanktions- und Präventionszwecken dient,[138] muß ihre Ersatzfähigkeit, solange man den Gesichtspunkt

---

[136] Herv. v. mir.

[137] AK-BGB/*Rüßmann*, v. §§ 249–253 Rdnr. 41 a. E.

[138] So auch *Kramer*, ZRP 1974, 62, 64: „... die *Schadensausgleichsfunktion* der „Bearbeitungsgebühr" (tritt) völlig hinter der präventiven *Straffunktion* zurück"; *Wollschläger*, NJW 1976, 12, 15: „(Die) Fangprämie ... (dient) ihrem eindeutig überwiegenden Zweck der Prävention"; *Wälde*, NJW 1972, 2295: „Privatstrafe".

der Sanktion und Prävention im Schadensersatzrecht in der Qualität einer über den Rang eines erwünschten Nebenprodukts hinausreichenden Zwecksetzung für nicht tragfähig hält, scheitern. Ein sachlicher Unterschied zwischen einem Fernsehmonitor und dem Detektiv ist nicht zu erkennen. Beide dienen gleichermaßen der Abschreckung potentieller Diebe. Der Detektiv ist „personifizierter“ Monitor.

Besonders deutlich wird der Sanktionszweck dieser Rechtsprechung durch die Ausführungen des BGH zur Höhe des erstattungsfähigen Schadens. Als „Schadensmaßstab“ verwendet der Senat den Standpunkt eines „verständigen, wirtschaftlich denkenden Menschen“ (S. 241) und hielt im konkreten Fall eine Prämie in Höhe von DM 50 für angemessen. Diesen Betrag möchte der Senat jedoch nicht als fixe Größe verstanden wissen. Vielmehr könne bei Entwendung höherwertiger Waren (Uhren, Juwelen) die Prämie entsprechend ihrem Wert prozentual gesteigert werden, wohingegen bei Entwendung geringwertiger Waren insbesondere durch Jugendliche eine Prämie von vornherein nicht erstattungsfähig sei. Diese Differenzierung, wie die Höhenbegrenzung der Prämie überhaupt, begründet der BGH mit dem „Schutzzweck der Haftungsnorm“. Steht aber einmal fest, daß die Prämie vom Schutzzweck der Norm gedeckt ist, so ist sämtlicher Schaden zu ersetzen, mit der Folge, daß der Dieb die Prämie ungeachtet des Wertes der entwendeten Ware in der ausgesetzten Höhe zu ersetzen hat. Der BGH verstößt deshalb gegen das Alles-oder-Nichts-Prinzip,[139] wenn er eine Abstufung der Höhe nach überhaupt vornimmt, und greift zudem auf strafrechtliche Erwägungen zurück, wenn er die Tat- und Täterschuld als Leitbildfunktion für die Frage heranzieht, bis zu welcher Höhe die Prämie im konkreten Fall erstattungsfähig ist. So läßt sich die „Prämienfreiheit“ bei Jugendlichen jedenfalls nicht zivilrechtlich begründen. Denn das Maß der Schuld des Täters ist auf den Umfang der Ersatzpflicht ohne Einfluß. Im übrigen richtet sich die Frage des „Ob“ der Haftung – von der Billigkeitshaftung nach § 829 BGB einmal abgesehen – bei Kindern ab sieben Jahre nach § 828 II 1 BGB, der allein auf die Einsichtsfähigkeit abstellt. Hierbei hat wohl der kriminalpolitische Gedanke eine Rolle gespielt, den Jugendlichen nicht mit der gleichen Härte begegnen zu wollen, wie dies bei Erwachsenen üblich ist.

Die Urteilsgründe spiegeln den rechtspolitischen Gehalt dieser Entscheidung wider. Die rechtlichen Ausführungen zeigen nahezu keine Verbindung mehr zu den im Schadensrecht geltenden Rechtsgrundsätzen, sondern sind weitgehend getragen von strafrechtlichem Gedankengut. So sah sich der Senat im Zusammenhang mit der Höhenbemessung der erstattungsfähigen Prämie zu der Äußerung gezwungen (S. 239), „daß der ertappte Warendieb nicht für die Erscheinung des Warendiebstahls als eines Massendelikts, sondern nur für den eigenen Tatbeitrag einzustehen hat“.

---

[139] Vgl. dazu oben § 4 II 3.

VI. Schadensersatz aus culpa in contrahendo in Höhe des Erfüllungsinteresses als Mittel der Kompensation von Sanktions- und Präventionsdefiziten bei VOB/A[140]-Verstößen öffentlicher Auftraggeber

a) Die Vergabe von Bauleistungen durch die öffentliche Hand erfolgt grundsätzlich nach den Bestimmungen der VOB. Deren Teil A regelt das von der ersten Kontaktaufnahme zwischen dem öffentlichen Auftraggeber und bauausführenden Unternehmen bis zum endgültigen Abschluß des Bauvertrages von jenem zu beachtende Procedere. Rechtsgrundsätzlich geklärt ist auch, daß die Ausschreibung des „Vergebenden" und die Beteiligung des Bewerbers am Ausschreibungsverfahren zwischen beiden ein vertragsähnliches Vertrauensverhältnis schafft, das diese zur gegenseitigen Rücksichtnahme verpflichtet und auf beiden Seiten Sorgfaltspflichten begründet.[141]

Dieses dem Vertragsabschluß vorgeschaltete Verfahren dient der Ermittlung desjenigen Angebots, das unter Berücksichtigung im wesentlichen aller technischen und wirtschaftlichen Gesichtspunkte als das „annehmbarste" erscheint, wobei der niedrigste Angebotspreis allein nicht entscheidend ist (§ 25 Nr. 3 III VOB/A). Dadurch soll in erster Linie dem Erfordernis sparsamer Haushaltsführung durch den öffentlichen Auftraggeber Rechnung getragen werden. Dem entspricht es, daß die Vergaberegeln allein haushaltsrechtlichen Charakter haben und keine[142] Auswirkungen zugunsten der Bieter erzeugen, weshalb diese die Einhaltung dieser Bestimmungen nicht erzwingen können.[143]

Kungeleien im Rahmen des Bauvergabeverfahrens haben in den letzten Jahren unter dem Eindruck eines wirtschaftlich immer schwächer werdenden Bausektors an Häufigkeit zugenommen. Waren es anfangs wettbewerbswidrige Absprachen zwischen den einzelnen Unternehmen zum Nachteil der öffentlichen Hand, werden nun zunehmend auch Fälle bekannt, in denen der öffentliche Auftraggeber am Wettbewerb vorbei mit einem bestimmten Unternehmen gemeinsame Sache macht und diesem, meist angespornt durch Schmiergeldzahlungen, den Auftrag unter Verstoß gegen § 25 Nr. 3 III 2 VOB/A erteilt. Der hierdurch angerichtete volkswirtschaftliche Schaden ist in beiden Fällen enorm. Umso dringender scheint die Bekämpfung

---

[140] „Verdingungsordnung für Bauleistungen: Allgemeine Bestimmungen für die Vergabe von Bauleistungen".

[141] Erstmals BGHZ 49, 77, 79; zuletzt BGH BauR 1993, 217; *Ingenstau/Korbion*, VOB, Einl. Rdnr. 51 m.w.N.

[142] Eine Ausnahme besteht jedoch bei EG-Vergaben, vgl. hierzu *Ingenstau/Korbion*, VOB, Einl. Rdnr. 18.

[143] *Ingenstau/Korbion*, VOB, Einl. Rdnr. 38.

solcher unlauteren Methoden. Das strafrechtliche Instumentarium allein erweist sich jedoch als nur sehr bedingt tauglich, um dieser „Praxis“ Einhalt zu gebieten. Eine Bestrafung der „schwarzen Schafe“ wegen Betruges gemäß § 263 StGB scheitert meist am Schadensnachweis.[144] Die Bekämpfung dieser unlauteren Praktiken mit zivilrechtlichen Mitteln, vornehmlich des Schadensersatzrechts, muß deshalb als ein zutreffender Gedanke gelten.[145] Bei Kartellabsprachen auf der Bieterseite zu Lasten des Auftraggebers erlaubt die in § 33 S. 1 GWB grundsätzlich vorgesehene Sanktion des Schadensersatzes eine – notfalls erst durch eine „Präventionswirkungsverstärkung[146]“ der Schadensersatzsanktion erzielte – verhaltenssteuernde Einflußnahme.[147] Die Qualität eines „Zusammenwirkens“ zwischen Bieter und auf der Auftragsseite Tätigen bleibt jedoch meist unterhalb der Schwelle des GWB.[148] Es stellt sich deshalb die Frage, inwieweit der „Vergebende“, der den Zuschlag unter Mißachtung des § 25 Nr. 3 III VOB/A und damit zu Lasten der rechtstreuen Bieter erteilt, zivilrechtlich sanktioniert werden kann, genauer: welche Ansprüche insbesondere der Bieter mit dem annehmbarsten Angebot gegen diesen geltend machen kann. Darum geht es im folgenden.

b) Nach völlig einhelliger Meinung[149] haftet der Auftraggeber im Falle eines schuldhaften Verstoßes gegen § 25 Nr. 3 III VOB/A gegenüber demjenigen Bieter mit dem annehmbarsten Angebot entsprechend den gesetzlich anerkannten (§ 11 Nr. 7 AGBG) Grundsätzen der culpa in contrahendo. Dagegen wird die Rechtsfolge, die eine solche Haftung auslöst, sowohl im Schrifttum[150] als auch in der Rechtsprechung seit langem kontrovers diskutiert. In den Anfängen ihrer Rechtsprechung gewährten die Gerichte dem betroffenen Bieter völlig in Einklang mit dem Rechtsinstitut der culpa in contrahendo nur einen Anspruch auf das negative Interesse, d. h. der Geschädigte konnte verlangen, so gestellt zu werden, wie er stehen würde, wenn

---

144 Vgl. nun aber die Grundsatzentscheidung BGH NJW 1992, 921, in der sich der Sen. entgegen der sehr restriktiven Entscheidung BGHSt 16, 367 erstmals für die Möglichkeit einer Bestrafung des Submissionsbetruges nach § 263 StGB ausspricht, vgl. dazu die Bespr. von *Baumann*, NJW 1992, 1661; *Diehl*, BauR 1993, 1; *ders.*, ZfBR 1994, 105; *Rutkowsky*, ZfBR 1994, 257; zur gesamten Problematik ferner *Schaupensteiner*, ZRP 1993, 250; *Hefendehl*, ZfBR 1993, 164; *Mitsch*, JZ 1994, 877; *Grünberger*, NJW 1995, 14; zur strafrechtlichen Relevanz von Absprachen zwischen Bieter und auf der Auftragsseite Tätigen, vgl. BGH NJW 1962, 973 sowie jüngst KG ZIP 1992, 1109.

145 Ähnlich, wenn auch zurückhaltender MüKo/*Emmerich*, BGB, v. § 275 Rdnr. 64 a. E.

146 Vgl. dazu oben § 2 III 4 a cc.

147 Vgl. dazu Fallgruppe XII (unten § 7 XII).

148 Die Voraussetzungen des hier einschlägigen § 20 GWB (26 GWB a. F.) dürften wohl nur in seltenen Ausnahmefällen erfüllt sein; vgl. aber auch *Kaiser*, BauR 1978, 196ff.

149 Vgl. die in Fn. 151 zit. Rspr.

150 Vgl. nur Staudinger/*Löwisch*, BGB, Vorbem zu §§ 275–283 Rdnr. 56 (negatives Interesse); *v. Craushaar*, JuS 1971, 127ff (positives Interesse).

er nicht auf die Ordnungsgemäßheit des Ausschreibungsverfahrens vertraut hätte. Dann hätte er sich am Ausschreibungsverfahren nicht beteiligt, weshalb er Ersatz für Aufwendungen bei der Angebotserstellung verlangen könne.[151] Aber selbst die Geltendmachung des negativen Interesses scheide aus, wenn der Bieter den Auftrag auch bei richtiger Vergabe nicht erhalten hätte. Denn in diesem Fall wäre er mit diesen Kosten gleichermaßen belastet, weshalb ein Schaden nur dann gegeben sei, wenn er den Auftrag hätte erhalten müssen, weil er dann diese Kosten aus dem Auftragsgewinn mit hätte ausgleichen können.[152] Maßgeblich ist demzufolge nicht die abstrakte, sondern allein die konkrete Pflichtverletzung.

Mitte der achtziger Jahre zeichnete sich eine diesbezügliche Tendenzwende ab, an deren Ende heute eine „gefestigte" Rechtsprechung steht, die dem zu Unrecht übergangenen Bieter gegen den „Vergebenden" einen Anspruch auf das Erfüllungsinteresse gewährt.[153] Angesichts des Fehlens neuer dogmatischer Errungenschaften, die die Gerichte zu dieser plötzlichen Umkehr veranlaßt haben könnten, läßt sich diese Erweiterung des zu ersetzenden Schadensumfangs auf das positive Interesse allein aus einem durch Veränderungen in den tatsächlichen Verhältnissen hervorgerufenen gesteigerten Sanktionsbedürfnis erklären.[154] Jedenfalls überspannt die Gewährung des Erfüllungsinteresses aus culpa in contrahendo in solchen Fällen die dogmatische Leistungsfähigkeit dieses Instituts.

Eingeleitet wurde diese Rechtsprechung im wesentlichen[155] durch das OLG Düsseldorf (XXIII. ZS) mit Urt. v. 26.11.1985 (BauR 1986, 107ff.),[156] wo dem betroffenen Bieter wegen fehlerhafter Bauvergabe erstmals ein Anspruch auf das Erfüllungsinteresse zuerkannt wurde. Die Bekl. hatte die Ausschreibung unter Verstoß gegen § 26 VOB/A aufgehoben und später im Wege freihändiger Vergabe einem Bieter erteilt, der ursprünglich ein deutlich höheres Angebot abgegeben hatte. Zum Schadensumfang führte der Senat aus (S. 109 l. Sp.):

---

151 BGH, VII. ZS, Urt. v. 26.3.1981, BauR 1981, 368 (Verstoß gegen 26 Nr. 1 VOB/A); BGH, VII. ZS, Urt. v. 12.7.1984, BauR 1984, 631; OLG Hamm, XII. ZS, Urt. v. 24.11.1971, BB 1972, 243 (Verstoß gegen § 25 Nr. 1a VOB/A); OLG Köln, IV. ZS, Urt. v. 29.4.1977, BauR 1977, 343; OLG Düsseldorf, XII. ZS, Urt. v. 3.6.1982, BauR 1983, 377.

152 Vgl. die in Fn. 151 Genannten, mit Ausnahme der OLGe Köln und Hamm, die für die Verpflichtung zum Ersatz des Vertrauensschadens auf das Erfordernis der potentiellen Zuschlagserteilung verzichten und allein die Tatsache genügen lassen, daß der Bieter auf die Ordnungsgemäßheit des Vergabeverfahrens vertraut; so auch schon OLG Düsseldorf, BauR 1982, 53.

153 Mangels Entscheidungsrelevanz offengelassen von OLG Nürnberg, IV. ZS, NJW 1986, 437.

154 So i. E. auch *Dähne*, FS Soergel, 21ff., 33, der von „Bestrafung" spricht.

155 Vgl. aber schon die Anklänge in der Entscheidung des OLG Hamm v. 7.12.1977, VersR 1979, 627.

156 Vgl. hierzu die Anm. von *Vygen*, EWiR 1985 zu § 26 VOB/A, der dieser Entscheidung unter Rechtswahrungsgesichtspunkten zustimmt; mit Urt. v. 10.1.1989, BauR 1990, 257 hat der Senat diese Rspr. ausdrücklich bestätigt.

> „..., daß dieser (scl. Kl.) so zu stellen ist, wie er stehen würde, wenn das schädigende Ereignis nicht eingetreten wäre. Dann aber hätte der Kläger mit hinreichend hoher Wahrscheinlichkeit den Zuschlag erhalten".

Der letzte Satz macht deutlich, daß der Senat nicht danach fragt, wie der Kl. stehen würde, wenn der Schädiger das unberechtigte Vertrauen nicht erweckt hätte, sondern darauf abstellt, wie dieser stehen würde, wenn das zu Unrecht geweckte Vertrauen gerechtfertigt gewesen wäre, und gelangt so zum Ersatz des Erfüllungsinteresses.

Diese Sichtweise wiederum rechtfertigt er weiter unten mit den Worten (S. 111 l. Sp.):

> „Zwar geht der Schadensersatzanspruch aus Verschulden bei Vertragshandlungen im allgemeinen nur auf das Vertrauensinteresse, also das negative Interesse, und nur ausnahmsweise auf das sogenannte Erfüllungsinteresse oder positive Interesse. Ein solcher Ausnahmefall liegt hier jedoch vor. Der Geschädigte – hier also der Kläger – kann nämlich im Wege des Schadensersatzes das Erfüllungsinteresse verlangen, wenn er nachweist, daß der Bauvertrag bei richtigem Verhalten der Beklagten, also bei Aufrechterhaltung der öffentlichen Ausschreibung und ordnungsgemäßer Erteilung des Zuschlags nach § 25 Nr. 2 II VOB/A, zustande gekommen wäre".

Was konkret die Ausnahme des Falles ausmacht, sagt der Senat nicht. Doch geht es ihm hierbei sichtlich darum, ein den Vergaberichtlinien konformes Verhalten zu „erzwingen". Dies zeigen die Ausführungen des Senats zum Verschulden, die Ausdruck eines ausgeprägten Sanktionsdenkens sind. Hierzu stellt der Senat apodiktisch fest (S. 109 l. Sp.):

> „Geht man nach alledem davon aus, daß die Beklagte die öffentliche Ausschreibung entgegen den abschließend aufgeführten Gründen des § 26 VOB/A aufgehoben hat, so folgt daraus zugleich die schuldhafte Verletzung des vorvertraglichen Vertrauensverhältnisses durch die Beklagte und damit die grundsätzliche Schadensersatzpflicht der Beklagten aus dem Gesichtspunkt des Verschuldens bei Vertragsverhandlungen, da es Sache der Beklagten ist, sich von dem Vorwurf des Verschuldens zu entlasten".

Ob die von der Rechtsprechung entwickelten Grundsätze der Beweislastumkehr auch hier zutreffen, ist eher zweifelhaft. Jedenfalls bleibt der Senat eine Begründung schuldig, weshalb er in diesem Fall zu dem präventiv wirkenden[157] Mittel der Beweislastumkehr greift.

Obwohl diese Entscheidung von der bisherigen Rechtsprechung abwich, hat der BGH die hiergegen eingelegte Revision nicht zur Entscheidung angenommen,[158]

---

[157] Vgl. dazu Fallgruppe XV (unten § 7 XV).
[158] BauR 1986, 733.

weshalb eine tiefergreifende dogmatische Auseinandersetzung bislang nicht stattgefunden hat.

Auf derselben Linie wie die Entscheidung des OLG Düsseldorf liegt die drei Jahre später ergangene Entscheidung des OLG Düsseldorf v. 15.12.1988, diesmal des XII. ZS (BauR 1989, 195 ff.). Die beklagte Gemeinde hatte die Ausschreibung unter Verstoß gegen § 26 VOB/A aufgehoben und, nachdem sie ihm unter Verstoß gegen §§ 22 Nr. 7, 24 Nr. 2 II VOB/A über Einzelheiten des klägerischen Angebots unterrichtet hatte, in einem zweiten Ausschreibungsverfahren einem Bieter erteilt, der ursprünglich ein ungleich höheres Angebot abgegeben hatte. Die dogmatische Ergiebigkeit der Entscheidung ist gering. Der Senat gewährte dem Kl. Ersatz des entgangenen Gewinns (§ 252 S. 2 BGB) und begnügt sich mit der stereotypen Feststellung (S. 189 r. Sp.):

> „Ganz ausnahmsweise allerdings kann der Geschädigte auch Ersatz des sogenannten positiven Interesses verlangen, wenn nämlich nachgewiesen ist, daß bei ordnungsgemäßem Vergabeverfahren nach der VOB/A dem Kläger der Zuschlag hätte erteilt werden müssen (erteilt worden wäre)".

Hinsichtlich des Wahrscheinlichkeitsmaßstabes des § 252 S. 2 BGB ließ der Senat mit Blick auf die Entscheidung des XXIII. ZS jedoch Zweifel aufkommen, ob hierfür die Feststellung einer hohen Wahrscheinlichkeit[159] ausreichend ist. Der Senat brauchte diese Frage nicht zu klären, da im konkreten Fall bei einem korrekten Verfahren nach seinem Dafürhalten der Auftrag „ohne jeden vernünftigen Zweifel" [160] der Kl. erteilt worden wäre. Allein diese Unsicherheit hätte für den Senat, zumal Streitigkeiten dieser Art massenhaft auftreten, Anlaß genug sein müssen, die Revision zuzulassen, was er jedoch nicht getan hat.

Mit Urteil v. 25.11.1992 (BauR 1993, 214) hatte sich erstmals der BGH (VIII. ZS) in solchen Fällen für den Ersatz des positiven Interesses ausgesprochen.[161] Trotz divergierender Entscheidungen anderer Senate des BGH sah sich der Senat zu einer „breiteren" Klärung dieses Problemkreises nicht veranlaßt. Als ob der Ersatz des Erfüllungsinteresses die einzig und allein in Betracht kommende Rechtsfolge überhaupt wäre, begnügt er sich mit dem Hinweis (S. 215 l. Sp.):

> „Dem Berufungsgericht ist auch darin zuzustimmen, daß die Klägerin das positive Interesse ersetzt verlangen kann, wenn sie bei ordnungsgemäßer Durchführung des Vergabeverfahrens den Zuschlag hätte erhalten müssen".

---

[159] Eine solche läßt auch das LG Darmstadt genügen, BauR 1990, 601.

[160] BauR 1989, 199.

[161] Im Streitfall kamen die Grundsätze der VOL/A zur Anwendung. Die Rechtslage ist im wesentlichen vergleichbar mit der der VOB/A; restriktiver BGH NJW 1998, 3636 ff. (X. ZS).

Zur Stützung dieser seiner Auffassung zitiert der Senat interessanterweise zwei Autoren[162] (S. 215 Fn. 2), die, soweit ersichtlich, als einzige diese Rechtsprechung erstmals unverhohlen mit Sanktionserwägungen in Verbindung bringen. *Jäckle*[163] begrüßt diese Rechtsprechung ausdrücklich, weil die Beschränkung des Anspruchs aus culpa in contrahendo auf das negative Interesse „keine hinreichende Sanktion (ist), um Verstöße gegen die Ausschreibungsvorschriften mit der erforderlichen Präventivwirkung zu verhindern". Eine verfahrenskonforme Ausschreibung sei aber zur Verwirklichung des die VOB/A beherrschenden Grundprinzips, nämlich Gleichbehandlung der Wettbewerbsteilnehmer sowie Sicherstellung sparsamer Haushaltsführung, besonders dringend. Auch werde damit dem Gebot der Selbstbindung der Verwaltung Rechnung getragen. Auch *Feber*[164] hält diese Rechtsprechung vornehmlich aus rechtspolitischer Sicht für sinnvoll. Er geht jedoch noch einen Schritt weiter und möchte jedes Abweichen des öffentlichen Auftraggebers von den Vergaberegelungen schon als solches[165] mit der Ersatzpflichtigkeit des Erfüllungsinteresses sanktioniert wissen. In diese Richtung geht auch eine neuere Entscheidung des OLG Düsseldorf (XXIII. ZS.) v. 28.3.1995 (BauR 1996, 98ff.). Dort hatte die Bekl., nachdem die öffentliche Ausschreibung bereits formuliert war, einzelne Teile aus den Angeboten der Bieter herausgenommen, was zu einer Änderung der Reihenfolge der niedrigsten Gebote geführt hatte. Zunächst bestätigt der Senat mehr beiläufig seine frühere Rechtsprechung[166] zum Schadensumfang (S. 99). Sodann setzt er sich ausführlicher mit dem von dem beklagten Auftraggeber vorgebrachten Einwand des rechtmäßigen Alternativverhaltens auseinander und schnitt der Bekl. diesen Einwand ab, weil der zur Aufhebung der Ausschreibung berechtigende „schwerwiegende Grund" nicht, wie vom BGH[167] gefordert, vor, sondern erst nach Beginn der Ausschreibung bekannt geworden war. Gegen die von der Bekl. vorgetragene anderslautende Rechtsansicht des Landschaftsverbandes Rheinland im Schreiben v. 15.7.1991 wandte sich der Senat mit den Worten (S. 102 r. Sp.):

> „Sie hätte zur Folge, daß sich der Ausschreibende bei fehlerhafter Formulierung der Ausschreibungsunterlagen nach Kenntnisnahme von den Angebotsinhalten durch eine Aufhebung der Ausschreibung stets sanktionslos aus der Haftung jedenfalls auf das positive Interesse eines Bieters „stehlen" könnte. Eine solche Handhabung ist mit Sinn und Zweck des Verfahrens der öffentlichen Ausschreibung nicht vereinbar".

---

[162] *Jäckle*, NJW 1990, 2520; *Feber*, BauR 1989, 553, 556.
[163] NJW 1990, 2525; ähnlich *Medicus*, FS Lange, 539ff., 553.
[164] BauR 1989, 559.
[165] Vgl. hierzu die Kritik bei *Ingenstau/Korbion*, VOB, Einl. Rdnr. 66.
[166] OLG Düsseldorf, XXIII. ZS, BauR 1986, 107.
[167] Vgl. nur BGH, BauR 1993, 214.

Mit diesen Worten bringt der Senat nochmals deutlich zum Ausdruck, daß weniger das Bedürfnis nach Reparation eines Schadens als vielmehr die Sanktionierung regelwidrigen Verhaltens Grundlage dieser Rechtsprechung ist. Immer dann, wenn (objektiv) gegen das Regelwerk der VOB/A verstoßen wird, soll die Strafe der Rechtsverletzung auf dem Fuße folgen. Eine Verbindung zum Ausgleichsgedanken des Schadensersatzrechts besteht dann aber nur noch äußerlich.

c) Die Gewährung des Erfüllungsinteresses durchbricht hier die Grenzen dogmatischer Legitimation. Das betrifft zwar weniger die grundsätzlichen Bedenken, die gegen eine dahingehende Rechtsfolge aus culpa in contrahendo überhaupt bestehen: über die Zuerkennung des positiven Interesses wird der Vertragsabschluß wirtschaftlich-faktisch erzwungen, was dieser Rechtsprechung den Vorwurf eingebracht hat, sie käme einem Kontrahierungszwang gleich und verstoße deshalb gegen den Grundsatz der Privatautonomie.[168] Daran ist soviel richtig, daß, weil der Partner einen Anspruch auf den Vertragsschluß nicht hat, dieser vielmehr in die freie Entscheidung der Vertragsschließenden gelegt ist, bei der Festlegung des Schadensumfanges die Erwägung, der Geschädigte wäre in den Genuß eines Vertrages gekommen, wenn alles mit rechten Dingen zugegangen wäre, außen vor zu bleiben hat. Andernfalls würde der dem potentiellen Vertrag zugrundeliegende wirtschaftliche Erfolg gleichwohl herbeigeführt, was auf einen Vertragsschluß „durch die Hintertür" hinausliefe. Soweit schließlich in der Literatur ein Kontrahierungszwang des öffentlichen Bauherrn ausdrücklich bejaht wird, geschieht dies regelmäßig in Verbindung mit der präventiven und offen ausgesprochenen Erwägung, daß nur auf diese Weise ein VOB/A-konformes Verfahren und damit letztendlich die Freiheit des Wettbewerbs sichergestellt werden könne.[169] Im übrigen zeichnen sich diejenigen Fälle, in denen die Rechtsprechung dem Geschädigten gegen den Schädiger, der durch sein schuldhaftes Verhalten den (wirksamen) Vertragsabschluß vereitelt hatte, bislang das Erfüllungsinteresse zusprach, dadurch aus, daß eine tatsächliche Willensübereinstimmung zum Abschluß des Vertrages dort regelmäßig gegeben war und nur aus Rechtsgründen seine Wirksamkeit versagt werden mußte.[170] In einem solchen Fall verliert das Argument der Privatautonomie sicher-

---

168 Staudinger/*Löwisch*, BGB, Vorbem. zu §§ 275–283 Rdnr. 56; *Flume*, Rechtsgeschäft, § 15 III 4dd; *Stoll*, FS v. Caemmerer, 435, 445f.; speziell zum hier gegebenen Problemkreis *Hahn*, BauR 1978, 426ff.; *Lampe-Helbig/Zeit*, BauR 1988, 659ff.; a. A. *Feber*, BauR 1989, 553, 558; ausf. zur Geltung der Privatautonomie in der staatlichen Bauverwaltung vgl. *Kaiser*, BauR 1980, 99ff.

169 So insbes. *Kaiser*, BauR 1978, 196ff., 201, der bei Verstoß gegen § 25 VOB/A einen Kontrahierungszwang des öffentlichen Bauherrn aus § 26 II GWB (nunmehr § 20 I, II GWB n. F.) ableiten möchte.

170 So z. B. BGH NJW 1965, 812; ähnlich BGH NJW 1998, 2900, 2901.

lich an Schärfe. Denn dem Willen des Schädigers wird, indem er zum Ersatz des Erfüllungsinteresses verurteilt wird, keine Gewalt angetan, hat er doch den Abschluß selbst gewollt (volenti non fit iniuria). Dagegen bestehen Bedenken, wollte man einen negativen Willensentschluß über die Zuerkennung des positiven Interesses ahnden. Der Wille des Partners als das Kernelement unserer Zivilrechtsordnung bliebe auf der Strecke. Etwas anderes kann selbstverständlich auch dann nicht gelten, wenn, wie hier, der Partner (dienstintern) gehalten ist, seinen Willen einem bestimmten Regelwerk entsprechend zu bilden. Die VOB/A erzeugt, wie bereits hingewiesen, keine unmittelbaren Rechtswirkungen zugunsten der Bieter. Sie ist keine Rechtsnorm, sondern zeitigt mittelbare Rechtswirkungen lediglich insofern, als die Bieter darauf vertrauen dürfen, daß der Ausschreibende die Vergabegrundsätze einhält.[171] Hinzu kommt, daß die Entscheidung, welches Angebot das „annehmbarste" ist, nicht isoliert und absolut, sondern nur relativ unter Berücksichtigung aller übrigen Angebote getroffen werden kann, weshalb sie sich einer rechtlichen Beurteilung häufig entziehen wird.[172] Ein Verstoß hiergegen kann deshalb nur zum Ersatz des negativen Interesses führen, es sei denn, man ringt sich dazu durch, der bloßen „Chance", einen Vertragsschluß überhaupt zu erreichen, bereits als solcher einen Vermögenswert zuzuerkennen. Auf dieser Ebene bewegt sich denn auch der hier zu erörternde Problemkreis. Daß Rechtsprechung und Literatur ihre diesbezügliche Auseinandersetzung auf die Vorschrift des § 252 S. 2 BGB beschränken, ist nur Ausdruck fehlender Durchdringung dieses Problems. In den meisten Fällen wird dem Geschädigten schon im Hinblick auf den dem Auftraggeber in § 25 Nr. 3 III 2 VOB/A eingeräumten Beurteilungsspielraum[173] sowie die Tatsache, daß an die Voraussetzungen des Anspruchs aus culpa in contrahendo keine zu geringen Anforderungen gestellt werden dürfen,[174] der Nachweis, er hätte den Auftrag bei regelkonformer Vergabe mit der von § 252 S. 2 BGB geforderten Wahrscheinlichkeit erhalten, nicht gelingen.[175] Die Rechtsprechung umgeht dies dadurch, daß sie die Anforderungen an diesen Nachweis bis an die Grenze zur bloßen Möglichkeit des Vertragsschlusses herunterschraubt.[176] Damit gewährt sie aber unter der Tarnkappe des entgangenen Gewinns in Wahrheit Ersatz für die bloße Aussicht auf

[171] BGH BauR 1992, 221.

[172] *Medicus*, FS Lange, 551.

[173] Vgl. dazu BGH BauR 1985, 75; OLG Düsseldorf, BauR 1990, 596.

[174] MüKo/*Emmerich*, BGB, v. § 275 Rdnr. 55.

[175] *Ingenstau/Korbion*, VOB, Einl. Rdnr. 64; *Korbion*, 27.

[176] Vgl. nun auch die durch das Vergaberechtsänderungsgesetz v. 26.8.1998 in das GWB eingeführte Schadensersatzregel des § 126 GWB, wonach der zu Unrecht übergangene Bieter Ersatz des Vertrauensschadens bereits dann verlangen kann, wenn er eine „echte Chance" gehabt hätte, den Zuschlag zu erhalten.

Vermögensmehrung und vermengt so materiellrechtliche mit beweisrechtlichen Fragen.

Ihre Bestätigung findet diese Einschätzung, wenn auch in Zusammenhang mit dem Ersatz des negativen Interesses, in zwei oberlandesgerichtlichen Urteilen, in denen die Ersatzfähigkeit der Chance nicht als Problem des Kausalzusammenhanges gesehen wird, sondern als ein solches des materiellen Schadensrechts. Das betrifft zum einen die Entscheidung des OLG Hamm,[177] in der das Gericht dem Bieter mit dem annehmbarsten Angebot „eine sehr große Chance, den Auftrag zu erhalten" zubilligt und „keine Bedenken (hat), den Vermögenswert dieser Chance mindestens in Höhe der Kosten anzunehmen". Ähnlich spricht das OLG Köln[178] von einer „reellen Chance für die Zuschlagserteilung", die umso größer werde, je niedriger das Angebot des betreffenden Bieters sei.

Ob die bloße Aussicht als solche eine nach geltendem Recht ersatzfähige Position darstellt, braucht an dieser Stelle nicht entschieden zu werden.[179] In diesem Zusammenhang sei nur auf folgendes hingewiesen: die Beantwortung dieser Frage berührt primär die Abgrenzung zwischen Vermögens- und (grundsätzlich nicht ersatzfähigem) Nichtvermögensschaden (§ 253 BGB). Sodann bedarf es, weil der Verlust einer Chance naturgemäß in der Vermögensbilanz des Geschädigten nicht ausgewiesen und deshalb mit der Differenzhypothese nicht faßbar ist, eines normativen Kriteriums, wollte man ihre Ersatzfähigkeit dennoch begründen. Auf ein solches hat *Müller-Stoy*, der sich in einer rechtsvergleichenden Untersuchung[180] mit dem Chancenproblem eingehend auseinandergesetzt hat, hingewiesen. Er hält die Gewährung von Schadensersatz für verlorene Aussichten abgestuft nach der Wahrscheinlichkeit ihrer Realisierung als mit der deutschen Schadensersatzdogmatik für vereinbar und stützt die Vorzüge einer solchen Lösung auf Wertungsgesichtspunkte, wie sie auch bei der hier aufgezeigten Rechtsprechung unterschwellig eine Rolle gespielt haben dürften. Er sieht die Sanktion des Schadensersatzes für den Verlust von Chancen als eine sinnvolle Ergänzung des § 252 BGB und verweist in diesem Zusammenhang auf die rechtsverfolgende Funktion des Schadensersatzrechts, das neben dem Schadensausgleich auch die Aufgabe habe, „den Geltungsanspruch des verletzten Rechts (zu) dokumentieren", eine Zielsetzung, die gefährdet wäre, wollte man einen Schadensausgleich für verlorene Chancen nicht zulassen.[181] Desweiteren sei ein Chancenersatz auch deshalb gerechtfertigt, weil der Schädiger bei der Ver-

---

[177] Urt. v. 24.11.1971, XII. ZS, BB 1972, 243.

[178] Urt. v. 29.4.1977, IV. ZS, BauR 1977, 343, 344.

[179] Vgl. dazu grundlegend *Müller-Stoy*, Schadensersatz für verlorene Chancen. Eine rechtsvergleichende Untersuchung. (Freiburg 1973); ferner *Hanau*, 160ff.; *Fleischer*, JZ 1999, 766.

[180] Fn. 179.

[181] *Müller-Stoy*, 219f.

nichtung einer Chance zugleich eine Beweisnot des Opfers derart verursache, daß dieses einen Gewinnentgang nicht nachweisen könne.[182] Erscheint das letzte Argument auch als ein Zirkelschluß, so liegt es doch ganz offensichtlich der VOB/A-Rechtsprechung zugrunde: wo eine Rechtsverletzung geschehen ist, soll eine Sanktion nicht allein deshalb ausbleiben, weil das Opfer den Nachweis eines Schadens nicht erbringen kann.

Dem Schadensersatzrecht kommt auf diesem Bereich auch die Funktion zu, ein Recht festzustellen und zu wahren. Im Rahmen der EG ist seit längerer Zeit eine gerichtliche Kontrolle der Entscheidung der öffentlichen Hand über den Zuschlag im Rahmen von Ausschreibungen vorgesehen. In der vom Rat erlassenen RL 89/665/EWG v. 21.12.1989[183] werden die Mitgliedstaaten zur Schaffung eines Nachprüfungsverfahrens verpflichtet, das nach Art. 2 I c) unter anderem auch eine Schadensersatzregelung mitumfassen muß und die durch den Erlaß der §§ 57a, 57b, 57c HGrG[184] von der Bundesrepublik Deutschland (verspätet)[185] umgesetzt wurde. Als Begründung für den Erlaß dieser Richtlinie führte der Rat u.a. an (S.33):

> „Die auf einzelstaatlicher Ebene und auf Gemeinschaftsebene derzeit vorhandenen Mechanismen zur Durchsetzung dieser Regeln sind nicht immer ausreichend, um die Einhaltung der Gemeinschaftsvorschriften zu gewährleisten. (...). Die Öffnung des öffentlichen Auftragswesens für den gemeinschaftlichen Wettbewerb setzt eine beträchtliche Verstärkung der Garantien im Bereich der Transparenz und der Nichtdiskriminierung voraus. (...). Der Umstand, daß in einigen Mitgliedstaaten keine wirksamen oder nur unzulängliche Nachprüfungsverfahren bestehen, hält die Unternehmen der Gemeinschaft davon ab, sich um Aufträge in dem Staat des jeweiligen öffentlichen Auftraggebers zu bewerben. Deshalb müssen die betreffenden Mitgliedstaaten Abhilfe schaffen".

Diese europarechtliche Vorgabe mag der Rechtsprechung als zusätzliche Legitimationsgrundlage für den Einsatz des Schadensersatzrechts zu Sanktions- und Präventionszwecken gedient haben. Ein den europäischen Vorgaben entsprechender Standard wurde aber auch mit Erlaß der §§ 57a, 57b, 57c HGrG nicht erreicht. Mit Schreiben v. 31.10.1995[186] hat die EG-Kommission ein Vorverfahren wegen un-

---

[182] *Müller-Stoy*, 221.

[183] Abl. der EG v. 30. 12. 1989 Nr. L 395/33; dazu *Schmittmann*, EuZW 1990, 536.

[184] Vgl. auch die daraufhin erlassene Verordnung über Vergabebestimmungen für öffentliche Aufträge v. 22.2.1994 (BGBl. I, S. 321) und die Verordnung über das Nachprüfungsverfahren für öffentliche Aufträge v. 22. 2. 1994 (BGBl. I, S. 324).

[185] Vgl. dazu EuGH EuZW 1995, 635 mit Anm. *Dreher*.

[186] ZIP 1995, 1940; vgl. auch das Urt. des EuGH v. 11.8.1995 (Rs. C-433/93), EuZW 1995, 635.

zureichender Umsetzung der Vergaberichtlinien in Deutschland eingeleitet und u. a. die fehlende Rechtsverbindlichkeit, insbesondere aber den Ausschluß subjektiv-einklagbarer Rechte für die Bieter bemängelt.[187] Der bundesdeutsche Gesetzgeber hat abermals nachgebessert und mit dem Vergaberechtsänderungsgesetz v. 26. 8. 1998 das Recht der öffentlichen Auftragsvergabe als „Vierter Teil" in das Gesetz gegen Wettbewerbsbeschränkungen eingefügt. Dabei wurde in § 126 GWB n. F. für diese Fälle erstmals eine Schadensersatzregel gesetzlich normiert. Diese lautet wie folgt:[188]

> „Hat der Auftraggeber gegen eine den Schutz von Unternehmen bezweckende Vorschrift verstoßen und hätte das Unternehmen ohne diesen Verstoß bei der Wertung der Angebote eine *echte Chance*[189] gehabt, den Zuschlag zu erhalten, die aber durch den Rechtsverstoß beeinträchtigt wurde, so kann das Unternehmen Schadensersatz für die Kosten der Vorbereitung des Angebots oder der Teilnahme an einem Vergabeverfahren verlangen. Weiterreichende Ansprüche aus Schadensersatz bleiben unberührt".

Satz 1 dieser Bestimmung entspricht im wesentlichen der Rechtsprechungspraxis, die an den Kausalitätsnachweis bei Schadensersatzbegehren von jeher ähnlich geringe Anforderungen stellt.[190] Als Rechtsfolge sieht § 126 S. 1 GWB den Ersatz des Vertrauensschadens vor. Erst in § 126 S. 2 GWB ist bestimmt, daß weiterreichende Ansprüche auf Schadensersatz unberührt bleiben. Diese klarstellende Bestimmung sollte das mögliche Mißverständnis ausschließen, durch § 135 GWB-E (jetzt § 126 GWB) sollten Schadensersatzansprüche, die auf das positive Interesse gerichtet sind, ausgeschlossen werden.[191] Da aber als mögliche Rechtsgrundlage i. S. v. § 126 S. 2 GWB wiederum das Rechtsinstitut der culpa in contrahendo in Frage kommt, sieht man sich mit dem merkwürdigen Ergebnis konfrontiert, daß der übergangene Bieter, der eine „echte Chance" darlegt, wahlweise das negative Interesse nach § 126 S. 1 GWB oder – auf der Grundlage der bisherigen Rechtsprechungspraxis – das positive Interesse gemäß § 126 S. 2 GWB i. V. m. culpa in contrahendo ver-

---

187 Zur Kritik an der unzureichenden Umsetzung durch die Bundesrepublik vgl. *Dreher*, ZIP 1995, 1869 ff; *v. Meibom/Byok*, EuZW 1995, 629 ff.; *Lötzsch/Bornheim*, NJW 1995, 2134 ff.; *Boesen*, NJW 1997, 345 ff.

188 Vgl. dazu auch Begr. z. Reg.Entw. des Vergaberechtsänderungsgesetz, BT-Drucks. 13/9340, S. 22 f.

189 Herv. v. mir.

190 OLG Hamm, BB 1972, 243: „... eine sehr große Chance, den Auftrag zu erhalten ..."; OLG Köln, BauR 1977, 343, 344: „... reelle(n) Chance für die Zuschlagserteilung ..."; OLG Düsseldorf, BauR 1986, 107, 109: „... hinreichend hohe(r) Wahrscheinlichkeit"; restriktiver OLG Düsseldorf, BauR 1989, 195, 199: „ohne jeden vernünftigen Zweifel".

191 Vgl. Stellungnahme des Bundesrates, BT-Drucks. 13/9340 Nr. 36 unter Bezugnahme auf BGH NJW 1993, 520, 521 = BauR 1993, 214.

langen kann. Dies führt dazu, daß, weil der Betroffene sich regelmäßig für die letztere Alternative entscheiden wird, die Bestimmung des § 126 S. 1 GWB weitgehend leerläuft.[192]

VII. Überkompensatorische pönale Sanktion als Rechtsfolge des § 611 a II 1 BGB

Einen mit der zuletzt erörterten Fallgruppe vergleichbaren Tatbestand von willkürlicher Vertragsverweigerung bilden diejenigen Fälle, in denen der Arbeitgeber die Einstellung eines Bewerbers um eine Arbeitsstelle unter Verstoß gegen das Benachteiligungsverbot des § 611 a I BGB versagt.[193] Eindeutiger ist nur die Legitimationslage. Das Schadensersatzrecht dient hier allein als Instrument zur Erfüllung europarechtlicher Vorgaben, wobei die Auferlegung der Schadensersatzpflicht nur das Mittel zu diesem Zwecke ist. Hierbei kommt es zwangsläufig zu Verzerrungen in der schadensersatzrechtlichen Dogmatik. Dies ist aber auch Ausdruck der Erkenntnis, daß sich das Gemeinschaftsrecht im allgemeinen nicht ohne Widerspruch rechtssystematisch in das nationale Recht transformieren läßt, diese Gemengelage vielmehr zu Friktionen führt.[194]

Zur Umsetzung der vom Rat erlassenen Richtlinie v. 9.2.1976 zur Verwirklichung des Grundsatzes der Gleichbehandlung von Männern und Frauen hinsichtlich des Zugangs zur Beschäftigung, zur Berufsbildung und zum beruflichen Aufstieg sowie in bezug auf die Arbeitsbedingungen (76/207/EWG)[195] in das nationale Recht, hat der bundesdeutsche Gesetzgeber durch Gesetz v. 13.8.1980[196] die Bestimmung des § 611 a BGB (a.F.) eingefügt, dessen Absatz 2 wie folgt lautete:

---

192 Ein eigenständiger Anwendungsbereich verbleibt, weil § 126 S. 1 GWB im Gegensatz zur c.i.c. kein Verschulden des Auftraggebers voraussetzt, freilich für diejenigen Fälle, in denen der Auftraggeber nicht schuldhaft gehandelt hat. Diese Fälle dürften aber eher selten sein.

193 Vgl. hierzu *Müller*, JA 2000, 119ff.

194 Vgl. etwa die in EuGH NJW 1991, 628f. erhobene Forderung, derzufolge jeder Verstoß gegen das Diskriminierungsverbot für sich genommen zur vollen Haftung seines Urhebers führen muß. Obwohl die Vorschrift des § 611 a I BGB n.F. diesen Anforderungen nicht genügt, weil sie die Haftung vom Vorliegen des Verschuldens abhängig macht, ist nach BAG NJW 1996, 2529ff. eine gemeinschaftskonforme Auslegung nicht möglich; bestätigt wurde die Gemeinschaftswidrigkeit des Verschuldens als Haftungsvoraussetzung in § 611 a II 1 BGB vom EuGH zuletzt im Urt. v. 22.4.1997 (EuZW 1997, 338, 341 Tz. 22). Der Gesetzgeber hat nun auch hierauf reagiert und § 611 a BGB abermals neugefaßt (vgl. Art. 1 d. Ges. zur Änderung des Bürgerlichen Gesetzbuchs v. 29.6.1998 (BGBl. I Nr. 41, S. 1694).

195 ABl. d. EG 1976, L 39, S. 40.

196 ArbRechtl EG-AnpassgsG; BGBl. 1308.

„Ist ein Arbeitsverhältnis wegen eines von dem Arbeitgeber zu vertretenden Verstoßes gegen das Benachteiligungsverbot des Absatzes 1 nicht begründet worden, *so ist er zum Ersatz des Schadens verpflichtet, den der Arbeitnehmer dadurch erleidet, daß er darauf vertraut, die Begründung des Arbeitsverhältnisses werde nicht wegen eines solchen Verstoßes unterbleiben*".[197]

Knapp vier Jahre später hat der EuGH in zwei Urteilen jeweils v. 10.4.1984[198] die unzureichende Umsetzung der RL 76/207/EWG in nationales Recht bemängelt, insbesondere deshalb, weil die Zubilligung lediglich des Vertrauensschadens, wie dies § 611a II 1 BGB a.F. vorsehe, eine zu schwache Sanktion sei, um diskriminierendes Verhalten zu unterbinden.

Den Stein ins Rollen gebracht haben zwei Vorlagebeschlüsse der ArbGe Hamm v. 6.12.1982[199] und Hamburg v. 5.7.1982[200] zur Vorabentscheidung durch den EuGH nach Art. 234 I, II EGV (Art. 177 I, II EGV a.F.). Im ersten Falle waren in einer Justizvollzugsanstalt zwei Sozialarbeiterstellen zu besetzen, um die sich die beiden Klägerinnen bewarben. Beide wurden jedoch zur Überzeugung des Gerichts wegen des Geschlechts nicht berücksichtigt. Die Kl. haben deshalb beantragt, das bekl. Land zu verurteilen, ihnen einen Arbeitsvertrag in der JVA anzubieten, hilfsweise ihnen Schadensersatz in Höhe von sechs Monatsgehältern zu zahlen. Eine der Kl. hat weiterhin hilfsweise den Ersatz der Fahrtkosten in Höhe von DM 7,20 beantragt, die sie bei ihrer Bewerbung um diese Stelle ausgelegt hat. Ähnlich lag der vom ArbG Hamburg zu entscheidende Fall. Die Kl., von Beruf Diplom-Kauffrau, bewarb sich auf eine ausgeschriebene Managerposition und kam nach Ansicht des Gerichts nur deshalb nicht zum Zuge, weil sie im Verfahren der Einstellung diskriminiert wurde. Die Kl. hat beantragt, die Bekl. zur Einstellung der Kl., hilfsweise zur Leistung von Schadensersatz in Höhe von DM 12000 und äußerst hilfsweise zur Leistung von Schadensersatz in Höhe von DM 2,31 zu verurteilen.

Mit Ausnahme der Fahrt- bzw. Portokosten sahen die vorlegenden Gerichte jedoch keine Möglichkeit, den Anträgen stattgeben zu können, weil die Bestimmung des § 611a II 1 BGB a.F. als einzige Sanktion für eine Diskriminierung beim Zugang zu einer Beschäftigung lediglich den Ersatz des sogenannten Vertrauensschadens vorsehe und der deutsche Gesetzgeber einen Einstellungsanspruch oder an seine Stelle den Ersatz des sogenannten positiven Interesses ausdrücklich nicht vorgesehen habe.

---

[197] Herv. v. mir.

[198] EuGHE 1984, 1891ff. (Sabine von Colson und Elisabeth Kamann v. Land Nordrhein-Westfalen; Rs. 14/83); 1984, 1921ff. (Dorit Harz v. Deutsche Tradax GmbH; Rs. 79/83).

[199] DB 1983, 1102 m. Anm. *Bleckmann*.

[200] BB 1983, 1858.

Mit ihren Vorlagen an den EuGH begehrten die Gerichte u. a. Aufschluß über die an einen Verstoß gegen das Benachteiligungsverbot anzuknüpfende Sanktionsfolge. Bezüglich der Art und des Umfangs dieser Sanktionsfolge führte der EuGH in der Rs. 14/83 aus:[201]

> „Auch wenn eine vollständige Durchführung der Richtlinie nicht – wie in der Antwort auf die erste Frage festgestellt – eine bestimmte Sanktion für Verstöße gegen das Diskriminierungsverbot erfordert, so setzt sie doch voraus, daß diese Sanktion geeignet ist, einen *tatsächlichen und wirksamen Rechtsschutz*[202] zu gewährleisten. Sie muß ferner eine *wirklich abschreckende Wirkung*[203] gegenüber dem Arbeitgeber haben. Entscheidet sich der Mitgliedstaat dafür, als Sanktion für den Verstoß gegen das Diskriminierungsverbot eine Entschädigung zu gewähren, so muß diese deshalb jedenfalls in einem angemessenen Verhältnis zum erlittenen Schaden stehen".

Sodann konstatierte er mit Blick auf § 611a II BGB a.F:

> „Folglich würde eine nationale Rechtsvorschrift, die die Schadensersatzansprüche von Personen, die Opfer einer Diskriminierung beim Zugang zur Beschäftigung wurden, auf eine rein symbolische Entschädigung wie etwa die Erstattung ihrer Bewerbungskosten beschränkt, den Erfordernissen einer wirksamen Umsetzung der Richtlinie nicht gerecht".

Diese Ausführungen hat der EuGH in der Rs. 79/83 wortgetreu wiederholt.[204] Im ersten Satz dieses Teils der Entscheidungsgründe gibt der EuGH nur allzu Selbstverständliches wieder: gemäß Art. 249 III EGV (Art. 189 III EGV a.F.) bindet die Richtlinie den Adressat hinsichtlich des zu erzielenden Erfolgs, überläßt dem Mitgliedstaat aber die freie Entscheidung darüber, auf welchem Weg er diesen Erfolg herbeiführt. Von zentraler Bedeutung dagegen ist der letzte Satz. Er bedeutet zwangsläufig einen Einbruch in die Schadensersatzdogmatik, weil Schaden und Ersatz nicht mehr als korrespondierende Äquivalente verstanden werden. Mit „Schaden" meint der EuGH ersichtlich den durch diskriminierendes Verhalten verursachten „Sozialschaden", den es zu „beseitigen" gilt. Ein solcher läßt sich jedoch regelmäßig nicht in Zahlen ausdrücken, weshalb die Sanktion des Schadensersatzes hier unmittelbar an die sozialschädliche Verhaltensweise anknüpft. Nicht ihre quantitative Folge in Form einer meßbaren Vermögenseinbuße wird ausgeglichen, sondern sie selbst wird unter rechtsethischen Gesichtspunkten „bewertet" und entsprechend repressiv geahndet, wobei bei der Höhenbemessung des Schadensersatzes der Abschreckungseffekt mit eingestellt werden soll. Das Schadensersatzrecht wird

---

[201] EuGHE 1984, 1908 Rz. 23, 24.
[202] Herv. v. mir.
[203] Herv. v. mir.
[204] EuGHE 1984, 1941 Rz. 23, 24.

auf diese Weise seiner zivilrechtlichen Schadensausgleichsfunktion bewußt beraubt und stattdessen zu einem Sanktionsvehikel pervertiert. Dies entspricht ganz der Sichtweise des Strafrechts. Die hier in Frage stehenden schädlichen Verhaltensweisen sind auch von ihrer Qualität her solche, wie sie typischerweise vom Strafrecht erfaßt werden. Seine Bestätigung findet diese Annahme einmal in den von der Rechtsprechung in der Folgezeit vollzogenen Kraftakten, aus dem diskriminierenden Verhalten einen Schaden herauszuschälen, sowie zehn Jahre später in der Neufassung des § 611a II 1 BGB durch Art. 7 des 2. GleichberechtigungsG v. 24.6.1994.[205] Bereits die äußere Form dieser Bestimmung weist auf einen gesetzlich typisierten Straftatbestand hin:

> „Hat der Arbeitgeber bei der Begründung eines Arbeitsverhältnisses einen Verstoß gegen das Benachteiligungsverbot des Absatzes 1 zu vertreten, so kann der hierdurch benachteiligte Bewerber eine *angemessene Entschädigung in Geld in Höhe von höchstens drei Monatsverdiensten*[206] verlangen".

Die Begrenzung des Schadensersatzes der Höhe nach widerspricht dem Ausgleichsprinzip. Danach orientiert sich der Ersatz nicht an der Angemessenheit des Ergebnisses, sondern einzig und allein an der durch die schadensstiftende Handlung beim Geschädigten eingetretenen Vermögensminderung. Nur diese mathematische Größe soll ausgeglichen werden.[207] Rechtstechnisch formal gesehen umreißt die hier angeordnete Rechtsfolge einen Strafrahmen, innerhalb dessen das Gericht sich bei der Festsetzung des Sanktionsumfangs frei bewegen kann. Belegt wird diese Einschätzung durch die nach dem Machtwort des EuGH im Jahre 1984 plötzlich aufkeimende Rechtsprechung, die in der Übergangszeit bis zur Novellierung des § 611a BGB a.F. im Jahre 1994 versuchte, das Sanktions- und Präventionsdefizit des § 611a II 1 BGB a.F. zu kompensieren. Weil durch diese Rechtsprechung die Schaffung des § 611a BGB n.F. quasi vorbereitet wurde, erscheint zunächst eine Analyse des hierzu ergangenen Rechtsprechungsmaterials geboten, ehe wir die These wagen, daß diese Bestimmung auch ihrer gesetzgeberischen Intention nach mehr ein zu mißbilligendes Verhalten sühnen als einen Schaden ausgleichen möchte. Sie mag auch Aufschluß über die dogmatische Einordnung dieses verkorksten Konstrukts in das Schadensersatzsystem geben. Dabei kann es aber von vornherein nur um eine richtungsweisende Einordnung gehen. Denn ganz ohne Rest läßt sich diese Konstruktion ohnehin nicht in die Schadensersatzdogmatik betten.

Dem Wortlaut der Regelung ist nicht zu entnehmen, ob hier materieller oder immaterieller Schaden ersetzt wird und, falls ersteres zu bejahen ist, ob es sich dann

---

[205] BGBl. 1994, 1406.
[206] Herv. v. mir.
[207] Vgl. dazu oben § 4 II.

um das negative oder positive Interesse handelt. Ausgangspunkt unserer Überlegung müssen deshalb mögliche Ansprüche des Diskriminierten nach allgemeinen Regeln des Schadensersatzrechts sein. Danach sind unter Berücksichtigung des § 611 a II BGB (§ 611 a III BGB a. F.), wonach ein Einstellungsanspruch ausgeschlossen ist, folgende Rechtsfolgen denkbar: (1) Ersatz des Vertrauensschadens aus culpa in contrahendo i. V. m. § 249 S. 1 BGB; (2) Ersatz des Erfüllungsinteresses in Geld aus culpa in contrahendo i. V. m. §§ 249 S. 1, 251 I BGB; (3) Anspruch aus §§ 823 II i. V. m. 611 a I i. V. m. §§ 249 S. 1, 251 I BGB bzw. § 823 I (Persönlichkeitsrechtsverletzung) i. V. m. § 249 S. 1 BGB; (4) Ersatz des immateriellen Diskriminierungsschadens aus §§ 823 I, 847 BGB.

Fall (1) entspricht § 611a II 1 BGB a. F. (Portoparagraph). Weil der Ersatz der Bewerbungskosten als gesonderter Posten nach § 611a II 1 BGB n. F. nicht mehr verlangt werden kann, scheidet dieses Verständnis aus. Im Falle (3) haben wir es mit deliktischen Ansprüchen zu tun. Der zu leistende Schadensersatz aus Delikt kann immer nur auf das sog. „Erhaltungsinteresse" gehen.[208] Dies verkennt eine Autorin,[209] die in diesem Zusammenhang als mögliche Rechtsfolge des § 823 I BGB das sog. Erfüllungsinteresse diskutiert. Ein Erhaltungsinteresse ist hier wiederum nur in Form des Immaterialschadens denkbar (Fall (4)). Verbleiben die Fälle (2) und (4). Was das Erfüllungsinteresse als Rechtsfolge der culpa in contrahendo angeht, gelten hier dieselben Bedenken, wie wir sie bereits unter Fallgruppe VI[210] angebracht haben. Die Verurteilung des Arbeitgebers zum Ersatz des positiven Interesses bewirkt einen indirekten Kontrahierungszwang.[211] Auch der Verdacht, daß die Gerichte dann nicht Ersatz für negative Vermögensfolgen aus einer vorvertraglichen Pflichtverletzung, sondern vielmehr für die bloße Erwerbsaussicht als solche gewähren, wäre dann besonders begründet. Während in den Ausschreibungsfällen aufgrund eines weitgehend ausgeklügelten und formalisierten Verfahrens, das der ausschreibenden Behörde nur noch einen geringen Beurteilungsspielraum beläßt, der in Betracht zu ziehende Bieter von vornherein objektiv bestimmbar ist, ist der Arbeitgeber in seiner Entscheidung weitaus freier, was allein schon aus dem Rechtsgedanken des § 613 BGB folgt. Der Arbeitgeber hat „lediglich" die Grenzen des § 611 a I BGB zu wahren.[212] Diese Bestimmung enthält jedoch kein positiv formuliertes Entscheidungsprogramm, wie ein solches § 25 Nr. 3 III VOB/A („annehmbarstes Angebot") zugrundeliegt, sondern grenzt die Abschlußfreiheit des

---

[208] *Lange*, Schadensersatz, 68; mißverständlich deshalb Palandt/*Heinrichs*, BGB, Vorbem. v. § 279 Rdnr. 17.

[209] *Herrmann*, ZfA 1996, 19, 44f.

[210] Vgl. dazu oben § 7 VI.

[211] Vgl. dazu ausf. *Herrmann*, ZfA 1996, 19ff.

[212] Dazu ausf. *Herrmann*, ZfA 1996, 19ff.

Arbeitgebers nur negativ insofern ein, als bei der Entscheidung über die Begründung des Arbeitsverhältnisses das Geschlecht als Motivationsgrund außen vor zu bleiben hat. Hinzu kommt, daß im Gegensatz zu Verträgen, die sich im einmaligen Austausch einer Leistung erschöpfen, die zukünftige Entwicklung des Arbeitsverhältnisses als Dauerschuldverhältnis völlig offen ist, weshalb das positive Interesse hier eine immer nur fiktive Größe ist.

Folgt man dem methodisch sauberen Weg über die Ersatzfähigkeit der Aussicht als solcher nicht, sondern bemüht das positive Interesse als Rechtsfolge der culpa in contrahendo, so stellt sich die weitere Frage nach seiner Begrenzung, möchte man den Arbeitgeber nicht einer Endloshaftung aussetzen, wobei unklar ist, wo eine solche Grenze zu ziehen ist. Im Falle des § 611a II 1 BGB n.F. wären dies freilich drei Monatsgehälter. Dennoch verbleiben Ungereimtheiten. Nach dem Wortlaut dieser Regelung bilden die drei Monatsverdienste nicht eine Punkt-, sondern nur die Obergrenze, innerhalb derer das Gericht nach Maßgabe des konkreten Einzelfalls den endgültigen Betrag festsetzen kann. Das paßt aber insofern nicht, als die zukünftige Entwicklung des Arbeitsverhältnisses in allen Fällen in gleichem Maße ungewiß ist und deshalb konsequenterweise das positive Interesse immer mit demselben Betrage zu Buche schlagen müßte.[213] Bei dieser Deutung tut sich jedoch noch eine weitere Unstimmigkeit auf. Es ist ein althergebrachter Grundsatz deutscher Schadensersatzdogmatik, daß Ersatz nur für solche Schäden verlangt werden kann, die durch die schadensstiftende Handlung kausal verursacht worden sind. Anders ausgedrückt: Die Handlung des Schädigers ist nur dann von schadensrechtlicher Relevanz, wenn sie Rückwirkung auf das Vermögen des Geschädigten gezeitigt hat. Dieses Erfordernis der haftungsbegründenden Kausalität findet seinen Ausdruck regelmäßig in der Wendung: „ist … zum Ersatze des daraus entstehenden Schadens verpflichtet“ (vgl. nur § 823 I BGB). Nach dem insoweit eindeutigen Wortlaut des § 611a II 1 BGB n.F. wird der Arbeitgeber zum Schadensersatz aber auch dann verpflichtet, wenn die diskriminierende Handlung für die Nichteingehung des Arbeitsverhältnisses nicht ursächlich gewesen ist. Pflichtverletzung und Schaden werden vielmehr auf eine Stufe gestellt, der Schaden im diskriminierenden Verhalten als solchem erblickt, was wiederum für eine Deutung dieser Bestimmung als Schmerzensgeldanspruch spricht.

Aber auch eine solche Sichtweise bleibt nicht ungetrübt, wobei zunächst noch dahingestellt bleiben kann, ob ein Verstoß gegen § 611a I BGB nach allgemeinen Grundsätzen überhaupt geeignet ist, einen solchen Anspruch auszulösen, was als

---

[213] Das übersieht *Herrmann*, ZfA 1996, 31f., die, unter der Prämisse, § 611 a II 1 BGB verpflichte zum Ersatz des positiven Interesses, diese Bestimmung als mit der geltenden Schadensersatzdogmatik in Einklang stehend betrachtet.

sehr zweifelhaft gelten muß. Einem solchen Verständnis würde es jedoch widersprechen, daß sich die Höhe des Schadensersatzes dann nicht wie üblich nach qualitativen, immateriellen,[214] sondern rein quantitativen, materiellen Kriterien (Monatsverdienste) bemißt.

Die Unmöglichkeit einer widerspruchslosen Einordnung des § 611 a II 1 BGB n. F. in das Schadensersatzsystem ist aber nur die Folge seiner ihm immanenten Zweckfunktion, die nicht im Ausgleich eines Schadens, sondern in der Maßregelung diskriminierenden Verhaltens besteht.

Schon die in der Zeit des „Sanktionsvakuums" von 1984 bis 1994 „produzierte" Rechtsprechung deutet in diese Richtung.

Das erste Urteil stammt vom vorlegenden ArbG Hamm, das in seiner Entscheidung v. 6.9.1984 (DB 1984, 2700f.) die Klageanträge der Klägerinnen unter Berücksichtigung der Vorgaben des EuGH verbeschieden und ihnen antragsgemäß jeweils einen Betrag in Höhe von DM 21 000 (sechs Monatsgehälter) zuerkannt hat. Die Entscheidungsgründe sind in sich widersprüchlich. Als Anspruchsgrundlage nennt das Gericht zunächst §§ 823 II i. V. m. 611 a I 1 BGB und gewährt dann, nachdem es einen Verstoß des bekl. Landes gegen das Benachteiligungsverbot bejaht hatte, ein Schmerzensgeld wegen angeblicher Persönlichkeitsrechtsverletzung in genannter Höhe. Nähere Ausführungen zu den Tatbestandsvoraussetzungen dieses Rahmenrechtes fehlen. Die Persönlichkeitsrechtsverletzung wird vielmehr im bloßen Nichtabschluß des Vertrages erblickt. Die gesamte Entscheidung steht unter dem frischen Eindruck des EuGH-Spruchs und ist deshalb sehr ergebnisgelenkt. Daß die Zuerkennung des Schmerzensgeldes nicht das Ergebnis bloßer Sachverhaltssubsumtion ist, sondern nur als Mittel fungiert, um die Vorgaben des EuGH zu erfüllen, gibt auch das Gericht klammheimlich zu, wenn es ausführt (S. 2700 l. Sp.):

> „Diese Form der Entschädigung ließ sich auf Grund des Auslegungsurteils des Europäischen Gerichtshofes vom 10. 4. 1984 (DB 1984, 1042) *finden*.[215] Diese Entscheidung hat es ermöglicht, den Klägerinnen eine Entschädigung zu gewähren, die in einem angemessenen Verhältnis zu dem erlittenen Schaden steht und gleichzeitig eine abschreckende Wirkung gegenüber weiteren Diskriminierungen gewährleistet, wie der EuGH es fordert, ... Der EuGH hat diese Möglichkeit dadurch geschaffen, daß er ... die Verpflichtung eines Vorlagegerichts ausgesprochen hat, „das zur Durchführung einer Richtlinie erlassene Gesetz unter voller Ausschöpfung des Beurteilungsspielraums, den ihm das nationale Recht einräumt, in Übereinstimmung mit den Anforderungen des Gemeinschaftsrechts auszulegen und anzuwenden" (Ziff. 3. des Tenors). Hierbei ist der EuGH offensichtlich der Stellungnahme der Bundesregierung gefolgt, daß 611 a BGB den Rückgriff auf § 823 BGB nicht ausschließt ..."

---

[214] Vgl. dazu Fallgruppe XVIII 1 (unten § 8 XVIII 1).

[215] Herv. v. mir.

Die Gewährung eines Schmerzensgeldes beruht in diesem Zusammenhang wahrlich auf einer (Er-)Findung. Das Gericht entnimmt diesem EuGH-Urteil überdies zu Unrecht die Legitimation für seine Entscheidung, und somit ist das eingetreten, wovor *Scholz*[216] kurz nach Erlaß dieses Urteils gewarnt hat: die nationalen Gerichte könnten diese Worte als einen an sie gerichteten Auftrag mißverstehen, anstelle des Gesetzgebers Schadensersatzansprüche zu kreieren, um den gebotenen Abschreckungseffekt zu erzielen. Durch die Zuerkennung eines Schmerzensgeldes als bloßes Mittel zum Zwecke der Erfüllung europarechtlicher Vorgaben hat das Gericht anerkannte Auslegungsgrundsätze verlassen und ist stattdessen selbst gesetzgeberisch tätig geworden. Es hätte stattdessen weiterhin auf der Grundlage des § 611 a BGB a. F. entscheiden müssen.[217]

Zu Recht hat deshalb das LAG Niedersachsen im wesentlichen unter Hervorhebung des Gewaltenteilungsgrundsatzes in seinem Urteil v. 23. 11. 1984 (DB 1985, 1401 f.) ein über die Rechtsfolge des § 611 a II 1 BGB a. F. hinausgehendes Begehren der Kl. zurückgewiesen. Die engen Voraussetzungen, unter denen eine richterliche Rechtsfortbildung zulässig ist, sah das Gericht als nicht erfüllt an, u. a. weil schon bald nach dem Spruch des EuGH Gesetzgebungsinitiativen ergriffen wurden, denen es gerade im Hinblick auf die rechtspolitische Typizität des Regelungsgegenstandes nicht vorgreifen wollte.[218] Diese Entscheidung ist jedoch ein Einzelfall geblieben.

In der Folgezeit gewährten die Gerichte den abgewiesenen Bewerbern ohne Umschweife Schmerzensgeldansprüche unter dem Gesichtspunkt der Persönlichkeitsrechtsverletzung. Der Funktion dieses Anspruchs lediglich als Mittel zum Zweck entspricht der Automatismus, mit dem die Gerichte zu dieser Hilfskonstruktion greifen.

Sehr deutlich geht dies aus dem Urteil des ArbG Hamburg v. 7. 3. 1985 (DB 1985, 1402) hervor, das der Kl. DM 15000 Schmerzensgeld (sechs Monatsgehälter) zzgl. DM 2,31 (!) Porti zusprach. Der Schmerzensgeldanspruch wird in engem Zusammenhang mit der Unzulänglichkeit der Rechtsfolge des § 611 a II 1 BGB a. F. erörtert. In Verkennung der Tragweite des EuGH-Urteils konstatiert das Gericht zunächst (S. 1402 l. Sp.):

> „Das Gericht hat somit die Rechtsfolgen eines Verstoßes gegen das Benachteiligungsverbot bei dem Abschluß des Arbeitsvertrages in Anwendung des bundesdeutschen Zivilrechts unter Außerachtlassung des richtlinienwidrigen § 611 a II BGB zu bestimmen“.

---

[216] *Scholz*, SAE 1984, 250, 252.

[217] A.A. *Beyer/Möllers*, JZ 1991, 24, 27 f.; *Möllers*, EuR 1998, 20, 41 ff.

[218] Dagegen ausdrücklich *Bertelsmann*, AiB 1987, 270 f. (*Bertelsmann*, aaO, hat in der Rs. 79/83 (Dorit Harz v. Deutsche Tradax GmbH) die Kl. im Vorabentscheidungsverfahren vor dem

In unmittelbarem Anschluß daran führt es aus, wie eine solche Rechtsfolgenbestimmung auszusehen hat (S. 1402 r. Sp.):

> „Die Diskriminierung der Klägerin durch die Beklagte stellt *gleichzeitig*[219] auch eine Verletzung des Persönlichkeitsrechts dar, ... § 611 a I 1 BGB hat den Inhalt des allgemeinen Persönlichkeitsrechts für den Bereich des Zugangs zur Beschäftigung weiter konkretisiert ... Stellt der Arbeitgeber gleichwohl auf das Geschlecht der Bewerberinnen oder Bewerber ab, so liegt darin eine Verletzung der individuellen Entfaltungsmöglichkeit und der Chancen zur gesellschaftlichen Teilhabe".

Der mechanische Schluß von der Vertragsverweigerung zur Persönlichkeitsrechtsverletzung ist schon allein wegen der Ausgestaltung des Persönlichkeitsrechts als Rahmenrecht verfehlt. Die Feststellung einer Persönlichkeitsrechtsverletzung setzt eine differenzierte „Auflösung" des konkreten Sachverhalts mit anschließender Güter- und Interessenabwägung[220] voraus. Nicht jede Einschränkung der individuellen Entfaltungsmöglichkeit bedeutet zugleich eine Persönlichkeitsrechtsverletzung.[221] Die Persönlichkeit wird in diesen Fällen zwar regelmäßig „berührt", doch ist sie nicht zwangsläufig auch „verletzt".[222] Denkbar und möglich ist nur, daß sich die Berührung zu einer Verletzung verdichtet, was aber nur unter Berücksichtigung aller Umstände des Einzelfalles entschieden werden kann. Die Verletzung der individuellen Entfaltungsmöglichkeit allein ist hierfür keinesfalls ausreichend. Andernfalls müßte eine Persönlichkeitsrechtsverletzung konsequenterweise auch in den Fällen angenommen werden, in denen dem Bieter der Zuschlag unter Verstoß gegen die VOB nicht erteilt wird.[223] Dieser Schluß wird ersichtlich nicht gezogen, obwohl auch dort gesellschaftliche Teilhabechancen vernichtet werden. Der in der RL 76/207/EWG durchweg verwendete Terminus „Diskriminierung" mag das Gericht überhaupt erst auf die Idee gebracht haben, in derartigen Fällen eine Verletzung der Persönlichkeit anzunehmen. Diskriminierung in diesem Sinne meint aber nur die

---

EuGH vertreten); zu den grundsätzlichen Voraussetzungen der Rechtsfortbildung durch die Gerichte vgl. BVerfGE 65, 182ff.

219 Herv. v. mir.

220 Palandt/*Thomas*, BGB, § 823 Rdnr. 184.

221 Vgl. aber auch BVerfG NJW 1994, 647f., wonach § 611a BGB eine grundrechtliche Schutzpflicht erfülle, weshalb diese Vorschrift, um ihre grundrechtswahrende Funktion sicherzustellen, im Lichte des Art. 3 II GG auszulegen ist.

222 So zu Recht *Herrmann*, ZfA 1996, 19, 49ff.; *Müller*, JA 2000, 119, 122; noch weitergehend *Volmer*, BB 1997, 1582, 1583 der schon eine „Berührung" leugnet; a. A. *Beyer/Möllers*, JZ 1991, 24, 29, wonach die gesetzliche Wertung des § 611a II 1 BGB aufgebe, die Interessenabwägung (Persönlichkeitsrecht auf Gleichbehandlung der Geschlechter v. Vertragsfreiheit des ArbG) regelmäßig zugunsten des ArbN zu entscheiden. Diese Ansicht überzeugt nicht, weil sie nicht erklären kann, warum dies immer (Regelsanktion) so sein soll.

223 Vgl. dazu oben § 7 VI.

„Unterscheidung" aufgrund des Geschlechts, die es zur Erreichung des Richtlinienziels nicht geben soll. Wenn der Arbeitgeber aufgrund des Geschlechts diskriminiert, also unterscheidet, dann muß hierin nicht zugleich auch eine *persönlichkeitsrechtsverletzende* Diskriminierung liegen, wenn auch nicht ausgeschlossen ist, daß es im Verlauf dieses Unterscheidungsprozesses zu einer solchen kommen kann, was aber gerade erst anhand des jeweiligen Einzelfalles positiv festgestellt werden muß. Selbst wenn man dies im konkreten Fall bejahen möchte, verbleiben Widersprüche hinsichtlich der Ausführungen zur Rechtsfolge. Das betrifft schon die Qualität der gezogenen Rechtsfolge. Es dürfte im Bereich des Unwahrscheinlichen liegen, daß durch bloßes Unterlassen (Nichtkontrahieren) die Persönlichkeit so gravierend verletzt wird, daß eine Genugtuung durch naturalrestitutive Mittel (§ 249 S. 1 BGB) wie etwa einer Entschuldigung nicht mehr zu erreichen ist.[224] Aber selbst unterstellt, dem wäre so, dann hätte das Gericht die Schmerzensgeldhöhe jedenfalls nicht nach dem potentiellen Monatsgehalt bemessen dürfen, sondern nach den hierfür üblichen Faktoren, wie z. B. der Schwere der Benachteiligung und dem Grad des Verschuldens des Arbeitgebers.[225] Oder wollte das Gericht in Wahrheit einen zweifelsohne nicht erlittenen Vermögensschaden ausgleichen? Dafür spricht, daß der abgewiesene Bewerber den zugesprochenen Betrag weniger als Genugtuung empfinden, als vielmehr als Schadensersatz für die vom Arbeitgeber vernichtete Chance auf Abschluß eines Arbeitsvertrages begreifen wird.

Von einem solchen Verständnis scheint auch das ArbG Oberhausen in seinem Urteil v. 8.2.1985 (NZA 1985, 252ff.) auszugehen, wenn es hinsichtlich der Rechtsfolge der Persönlichkeitsrechtsverletzung ausführt (S. 253 r. Sp.):

> „Eine Naturalrestitution ist im vorliegenden Falle nicht zulässig, da dem deutschen Recht keine Anspruchsgrundlage entnommen werden kann, die einen Einstellungsanspruch gewährt".

Das Gericht verwechselt hier Dinge, die man besser auseinanderhalten sollte. Eine Naturalrestitution ist sehr wohl, etwa in Form einer Entschuldigung, möglich. Durch sie wird der immaterielle Schaden „aus der Welt" geschafft.[226] Daß der Bewerber als Folge der Persönlichkeitsrechtsverletzung auch der *Chance* auf Abschluß eines Arbeitsvertrages verlustig geht, ist ein anderes. Ersatz hierfür kann er nur verlangen, wenn man bereits der bloßen Aussicht als solcher Vermögenswert beimißt.[227]

---

224 Zu dieser Voraussetzung vgl. Palandt/*Thomas*, BGB, § 823 Rdnr. 200.

225 Vgl. zu den nach § 847 BGB maßgebenden Faktoren, Palandt/*Thomas*, BGB, § 847 Rdnr. 10f.

226 Zu den naturgemäßen Grenzen der Beseitigung immaterieller Schäden vgl. oben § 3 I 1 d bb (2).

227 Vgl. dazu die Ausführungen bei Fallgruppe VI (oben § 7 VI).

Dagegen ist es schon im Ansatz verfehlt, als Rechtsfolge der Persönlichkeitsrechtsverletzung das Interesse (hier: Einstellungsanspruch) zu diskutieren, weil die Rechtsfolge einer unerlaubten Handlung immer nur auf das sog. Erhaltungsinteresse gerichtet ist,[228] die verletzte Integrität des Bewerbers aber durch die Entschuldigung wiederhergestellt ist. Daß die Gerichte dies dennoch tun, belegt wiederum nur die Ergebnisgelenktheit dieser Rechtsprechung, bei der die „Annahme" einer Persönlichkeitsrechtsverletzung nur das Mittel ist, um dieses Ergebnis zu erzielen. Vor diesem Hintergrund scheint ein vermögensrechtliches Denken auf der Rechtsfolgenseite nur konsequent. Zur Bemessung des Schadensersatzes führt das Gericht aus (S. 254 l. Sp.):

> „Da sich die Verletzung im Bereich der Eingehung eines Arbeitsvertrages bewegt, erscheint die Höhe der zu erwartenden Monatsverdienste auch dann ein geeignetes Kriterium, wenn nicht festgestellt werden kann, daß der Arbeitnehmer die Stelle, um die er sich beworben hat, auch tatsächlich erhalten hätte".

Mit Urteil v. 14. 3. 1989 (DB 1989, 2279 ff.) hatte das BAG (VIII. Sen.) diese Entscheidungspraxis bestätigt. Das LAG Hamburg[229] hatte als BerGe. der Kl. Schadensersatz unter dem Gesichtspunkt der Persönlichkeitsrechtsverletzung in Höhe von DM 4994,40 (sechs Monatsgehälter) zzgl. DM 0,15 für Bewerbungskosten zugesprochen. In Einklang mit den Ausführungen des BerGe. führte der Senat hinsichtlich des Tatbestandes der Persönlichkeitsrechtsverletzung aus (S. 2280 r. Sp.):

> „Bei Benachteilung eines Stellenbewerbers wegen des Geschlechts liegt regelmäßig eine erhebliche Persönlichkeitsrechtsverletzung vor. Dies folgt nicht nur daraus, daß der Gesetzgeber beim Zugang zum Arbeitsverhältnis die Benachteiligung wegen des Geschlechts in § 611 a I BGB in Ausführung der Richtlinie 76/207/EWG verboten hat. Vielmehr kann bei Beurteilung der Frage, ob die Persönlichkeitsverletzung als schwerwiegend anzusehen ist, nicht unberücksichtigt bleiben, daß nach dem Recht der Europäischen Gemeinschaften bei einem Verstoß gegen das Benachteiligungsverbot eine Sanktion zu verlangen ist, die in einem angemessenen Verhältnis zum erlittenen Schaden steht und über einen rein symbolischen Schadensersatz hinausgeht. Mit diesem Ziel haben die nationalen Gerichte als Träger der öffentlichen Gewalt in den Mitgliedstaaten nach Art. 5 EWG-Vertrag (scl.: Art. 10 EGV) bei ihrer Rechtsprechungstätigkeit das nationale Recht, und zwar nicht nur das zur Durchführung der Richtlinie erlassene, im Lichte des Wortlauts und des Zwecks der Richtlinie auszulegen, um das in Art. 189 III EWG-Vertrag (scl.: Art. 249 III EGV) genannte Ziel zu erreichen ... Dies muß dazu führen, eine Persönlichkeitsverletzung, die in der geschlechtsspezifischen Diskriminie-

[228] Vgl. Fn. 208.
[229] DB 1988, 131 ff.

rung beim Zugang zum Arbeitsplatz liegt, *regelmäßig als anspruchsbegründend anzusehen*".[230]

Mit diesen Worten gibt der Senat nochmals deutlich zu erkennen, daß diese Rechtsprechung von vornherein dazu „geschaffen" wurde, um lediglich ein Sanktions- und Präventionsdefizit zu kompensieren. Ob eine Persönlichkeitsverletzung vorliegt, wird nicht mehr aufgrund der besonderen Umstände des Einzelfalles entschieden und positiv festgestellt, sondern einfach „angenommen". Die Rechtsfolge ist nicht mehr das Ergebnis bloßer Sachverhaltssubsumtion, sondern es wird umgekehrt der Tatbestand an der gewünschten Rechtsfolge ausgerichtet.

Gerügt hat das BAG lediglich die Höhe der vom BerGe. im konkreten Fall zugesprochenen Entschädigung. Der Senat sprach aus (S. 2281 l. Sp.), daß die Entschädigung grundsätzlich der Arbeitsvergütung für einen Monat zu entsprechen habe,[231] sie aber bei Anwendung der von BGH NJW 1985, 1617 bei Verletzung des allgemeinen Persönlichkeitsrechts vertretenen Abwägungsgrundsätze im Betrag abweichen oder ganz entfallen könne.[232] Diese grundsätzliche Begrenzung auf ein Monatsgehalt sei notwendig, um die in § 611a II BGB a. F. zum Ausdruck kommende gesetzgeberische Wertentscheidung nicht zu unterlaufen.

Dies ist zwar ein Schritt in die richtige Richtung, doch bleibt das BAG auf halbem Wege stehen. Weil § 611a II BGB a. F. lediglich den Ersatz des Vertrauensschadens vorsah, hätte der Senat, wenn ihm wirklich daran gelegen war, den gesetzgeberischen Willen vollends zu respektieren, sich an dieser Höhe orientieren müssen. So ist ihm nur ein fauler Kompromiß gelungen.

Als Ergebnis dieser Analyse ist festzuhalten, daß eine saubere dogmatische Einordnung dieser Rechtsprechung in das Schadensersatzrecht nicht möglich ist, diese vielmehr einen Kompromiß zwischen den verbleibenden Alternativen (2) und (4) darstellt, wobei dieser Kompromiß eher zugunsten der letzten Alternative gemacht wurde. Für ein immaterialschadensersatzrechtliches Verständnis spricht nämlich ganz entscheidend die Kausalitätserwägung, wonach der Schadensersatz auch dann gewährt wird, wenn der Bewerber die Arbeitsstelle nicht bekommen hätte. Weil die Höhe aber nach Monatsverdiensten bemessen wird, trägt diese Lösung insoweit auch Elemente von Alternative (2) in sich. Indessen hatte diese Schmerzensgeldrechtsprechung von vornherein nur den Charakter eines zivilrechtlichen Vehikels.[233] Bezeichnend hierfür ist allein, daß die hitzige Diskussion um

---

230 Herv. v. mir.

231 Hieran orientierten sich die Gerichte in der Folgezeit, vgl. ArbG Bochum (Urt. 12. 7. 1991), BB 1992, 68 ff.; LAG München (Urt. 10. 4. 1992), NZA 1992, 982 ff.

232 Zu einem solchen Fall vgl. BAG (VIII. Sen.) DB 1989, 2281 f.

233 So auch *Müller*, JA 2000, 119, 122.

eine angebliche Persönlichkeitsrechtsverletzung erst nach dem Machtwort des EuGH entfacht wurde (jedenfalls in dieser Kontinuität) und seit der Neuregelung des § 611 a II BGB a. F. wieder schlagartig verstummte. Eine Persönlichkeitsrechtsverletzung liegt aber entweder vor, oder sie liegt nicht vor.

Dieses Verständnis einer Verquickung materieller und immaterieller Komponenten lag denn auch dem Gesetzesentwurf der Bundesregierung[234] zur Verbesserung der Gleichbehandlung von Frauen und Männern am Arbeitsplatz zugrunde, der im wesentlichen Gesetz wurde.

Mit Mitteln althergebrachter Schadensersatzdogmatik erweist sich diese Rechtsprechung als nicht vereinbar. Ihre dogmatische Begründung kann, weil sie ausschließlich ein Mittel der Rechtsverfolgung ist, nur unter eigenständiger Betonung des Sanktions- und Präventionsgedankens gelingen. Daß sich die Gerichte von diesem Gedanken haben leiten lassen, findet seine Bestätigung in der Bemessung der Schadensersatzhöhe nach strafrechtlichen Kriterien. Als solche waren von jeher maßgeblich[235] der „Grad des Verschuldens“, „Art und Schwere der Benachteiligung“, „Anlaß und Beweggrund des Handelns“, „Nachhaltigkeit und Fortdauer der Interessenschädigung“ sowie „wiederholtes Fehlverhalten des Arbeitgebers“. Auch die verwendete Terminologie deutet in diese Richtung. Man spricht von „Genugtuung“,[236] „spürbarer Sanktion“[237] und dgl. mehr.[238]

Durch die Neufassung des § 611 a II BGB hat der Gesetzgeber diese Rechtsprechung in Gesetzesform gegossen und damit eine Vorschrift geschaffen, die zu finden man im Strafgesetzbuch vermutet.[239] Dabei ist er jedoch, was die „Strafrahmenhöhe“ angeht, abermals hinter den europarechtlichen Vorgaben zurückgeblieben.

---

234 BT-Drucks. 11/6946, S. 1 ff.

235 Vgl. nur BAG NJW 1996 2529 ff., 2533; LAG Hamburg, DB 1988, 131 ff., 133; LAG München, NZA 1992, 982 ff., 983; LAG Hamm, BB 1997, 525, 526; ähnlich schon die Gesetzesbegründung, BT-Drucks. 12/5468, S. 44.

236 ArbG Hamm, DB 1984, 2701.

237 ArbG Hamburg, DB 1985, 1402, wobei hier, wie auch in den übrigen oben (Fn. 235) zitierten Entscheidungen „Sanktion“ ersichtlich im Sinne von „Strafe“ gemeint ist.

238 EuGHE 1984, 1908: Bezeichnung des Bewerbers als „Opfer“; MüKo/*Müller-Glöge*, BGB, § 611 a Rdnr. 52: Bezeichnung des Arbeitgebers als „Wiederholungstäter“, der wegen „Rückfalls“ „in Erscheinung getreten“ sei; *Zuleeg*, RdA 1984, 325 ff., 328: „privatrechtliche Strafsanktion“ (*Zuleeg*, aaO, hat die Regierung der Bundesrepublik Deutschland in den Rs. 14/83 und 79/83 im Vorabentscheidungsverfahren vor dem EuGH vertreten); *Eisemann*, AuR 1988, 225 ff., 233: „Ahndung“; Nach *Birk*, NZA 1984, 145 ff., 148 hat der Schadensersatz in § 611 a BGB die Funktion sowohl einer „Pönalisierung“ als auch des „Ausgleichs“; *Herrmann*, ZfA 1996, 19 ff., 35 versteht § 611 a II BGB n. F. als „Regelung eines Strafschadensersatzes (punitive damages)“.

239 So ausdrücklich *Herrmann*, ZfA 1996, 19, 35.

Anläßlich eines Vorlagebeschlusses des ArbG Hamburg v. 22. 5. 1995 (DB 1995, 1234) zur Vorabentscheidung durch den EuGH hat dieser mit Urteil v. 22. 4. 1997 (EuZW 1997, 340ff.) die teilweise Gemeinschaftswidrigkeit des § 611 a II BGB festgestellt. Der Entscheidung lag folgender Sachverhalt zugrunde: Der Kl. des Ausgangsverfahrens bewarb sich auf eine Stelle, die entgegen § 611 b BGB nicht geschlechtsneutral, sondern nur in der weiblichen Form ausgeschrieben war. Weil die Bekl. seine Bewerbung nicht berücksichtigt hatte, klagte er auf Entschädigung in Höhe von *dreieinhalb* Monatsgehältern aus der ihm entgangenen Stelle.

Zunächst wiederholt der EuGH (S. 342 Tz. 25) nochmals das Erfordernis einer „wirklich abschreckenden (Sanktions-)wirkung" der Entschädigung, weshalb diese nicht lediglich symbolhaft bleiben dürfe, sondern „in einem angemessenen Verhältnis zum erlittenen Schaden" stehen müsse. Mit dieser Prämisse hielt er (S. 342 Tz. 28 ff.) sodann die Festlegung einer speziellen Höchstgrenze für grundsätzlich unvereinbar. Der EuGH läßt aber eine Ausnahme zu (S. 342 Tz. 33):

> „Jedoch kann ein derartiger Schadensersatz der Tatsache Rechnung tragen, daß bestimmte Bewerber auch bei diskriminierungsfreier Auswahl die zu besetzende Position wegen der besseren Qualifikationen des eingestellten Bewerbers nicht erhalten hätten. Es steht außer Frage, daß solche Bewerber, da sie nur einen Schaden erlitten haben, der sich aus ihrem Ausschluß von dem Einstellungsverfahren ergibt, nicht geltend machen können, ihr Schaden sei ebenso hoch wie der von Bewerbern, die bei diskriminierungsfreier Auswahl die zu besetzende Position erhalten hätten".

Im Anschluß daran folgen Ausführungen zum Schadensumfang (S. 342 Tz. 34):

> „Ein Bewerber, der zu der ... ersten Gruppe gehört, hat daher nur einen Schaden erlitten, der aus der Nichtberücksichtigung seiner Bewerbung wegen einer Diskriminierung aufgrund des Geschlechts folgt, während ein zur zweiten Gruppe gehörender Bewerber einen Schaden erlitten hat, der sich daraus ergibt, daß seine Einstellung gerade deshalb unterblieben ist, weil der Arbeitgeber wegen einer Diskriminierung aufgrund des Geschlechts seine Bewerbungsunterlagen objektiv fehlerhaft beurteilt hat".

Diese vom EuGH vorgenommene Differenzierung bestätigt die hier vorgenommene Einschätzung des § 611 a II BGB als vertypten Straftatbestand: sanktionsentscheidend und -auslösend ist, ganz wie im Strafrecht, die pure Rechtsverletzung (Grunddelikt); hierzu gibt es eine Qualifikation bzw. einen besonders schweren Fall, der dann vorliegt, wenn das Opfer durch die Diskriminierungshandlung darüber hinaus um die reelle Chance auf Abschluß eines Arbeitsvertrages gebracht wurde, wobei der Arbeitgeber dieser Sanktion nur entgeht, wenn er das Gegenteil beweisen kann.[240] In diesem Fall wiegt das Unrecht doppelt schwer, was ein höheres Strafmaß

---

[240] EuGH, EuZW 1997, 340, 343 Tz. 36.

geboten erscheinen läßt (Folgenberücksichtigung der Tat für das Opfer). Weil der Strafcharakter des § 611 a II 1 BGB n. F. unabweislich ist, fehlt es in der Literatur nicht an Stimmen, die diese Sanktion offen mit dem Rechtsinstitut der „punitive damages" in Verbindung bringen.[241] Der Ruf nach einer Verlagerung dieser Sanktion vom Privatrecht in das Strafrecht[242] sowie die Tatsache, daß andere Länder die Verfolgung solcher Taten mit Mitteln des Strafrechts unternehmen,[243] deuten in dieselbe Richtung.

Der bundesdeutsche Gesetzgeber hat die Vorschrift des § 611 a BGB nunmehr abermals neu gefaßt und die Vorgaben im Auslegungsurteil des EuGH v. 22.4.1997[244] gesetzlich fixiert. Die neugefaßten Absätze 2 und 3 lauten nun wie folgt:[245]

> „(2) Verstößt der Arbeitgeber gegen das in Absatz 1 geregelte Benachteiligungsverbot bei der Begründung eines Arbeitsverhältnisses, so kann der hierdurch benachteiligte Bewerber eine *angemessene*[246] Entschädigung in Geld verlangen; ..."
> „(3) Wäre der Bewerber auch bei benachteiligungsfreier Auswahl nicht eingestellt worden, so hat der Arbeitgeber eine angemessene Entschädigung in Höhe von *höchstens drei Monatsverdiensten*[247] zu leisten ..."

Mit diesen Sanktionsbestimmungen haben punitive damages für diesen Teilbereich auch in Deutschland ihre legislatorische Anerkennung gefunden.[248]

VIII. Schadensersatz als Sanktion bei arglistiger Täuschung

Sanktionszwecken dient der Schadensersatz bei arglistiger Täuschung. So nimmt die Rechtsprechung[249] zugunsten des getäuschten Käufers einen Vermögensschaden auch dann an, wenn die erworbene Sache ihren Preis objektiv wert war.

---

241 Etwa *Herrmann*, ZfA 1996, 19ff.; *Adomeit*, NJW 1997, 2295; *Volmer*, BB 1997, 1582; *Müller*, JA 2000, 119, 123; *Hohmeister*, BB 1998, 1790, 1791 spricht von „einer den Arbeitgeber bestrafenden Norm".

242 Etwa *Volmer*, BB 1997, 1582, 1585 m. w. N. in Fn. 64.

243 So etwa Frankreich, vgl. Art. L 123-1 CTRAV i. V. m. Art. 225-1–225-4 Cpén.

244 EuZW 1997, 340.

245 Ges. zur Änderung des Bürgerlichen Gesetzbuches und des Arbeitsgerichtsgesetzes v. 29.6.1998 (BGBl. 1998 I Nr. 41, S. 1694.

246 Herv. v. mir.

247 Herv. v. mir.

248 Vgl. BT-Drucks. 13/10242, S. 7: „zentrale Sanktionsnorm"; ähnlich *Annuß*, NZA 1999, 738, 741: „‚echte' Strafschadensnorm"; *Müller*, MDR 1999, 750, 751: „punitive damages in ihrer Rechtsdurchsetzungsfunktion"; a. A. *Wendeling-Schröder*, DB 1999, 1012, 1013, die – zu Unrecht – die Vereinbarkeit der Neuregelung mit dem deutschen Schadensersatzsystem behauptet; *Brüggemeier*, FS Deutsch, 45, 61.

249 BGHZ 53, 144, 146; OLG Köln, NJW 1972, 497.

Das OLG Köln (XV. ZS) hatte mit Urteil v. 2.11.1971 (NJW 1972, 497ff.) folgenden Fall zu entscheiden:

Die Bekl. verkaufte dem Kl. drei Uhren der Marke Omega zum Preis von insgesamt DM 3315. Tatsächlich handelte es sich aber nicht um Original-Omega-Uhren, sondern um Uhren anderer Herkunft, was der Bekl. wußte. Der Kl. begehrte mit seiner Klage Rückzahlung des Kaufpreises Zug um Zug gegen Rückgabe der Uhren, wobei er seine Klage ausdrücklich nur auf die §§ 823 II BGB, 263 StGB stützte.

Das OLG hielt dieses Begehren nach § 826 BGB für begründet. Der Senat führte aus (S. 498 r. Sp.):

> „Hierdurch hat der Bekl. dem Kl. zumindest mit bedingtem Vorsatz einen Schaden zugefügt, und zwar selbst dann, wenn die Uhren tatsächlich objektiv den vom Kläger gezahlten Preis wert gewesen wären. Zwar ist bei der Beurteilung eines Schadens grundsätzlich von einem objektiven Maßstab auszugehen. Wer eine Sache entsprechend ihrem Wert kauft, ist nicht geschädigt, auch wenn ihm ein höherer Sachwert beim Verkauf vorgespiegelt wurde. Erkennt aber der Geschäftsverkehr einer Ware bestimmter Herkunft einen besonderen Wert zu, so liegt ein Schaden bei der Lieferung anderer Ware auch dann vor, wenn diese objektiv qualitätsgleich ist. Dabei ist entscheidend für die Schadensfeststellung die objektive Brauchbarkeit der (Gegen-)Leistung für die speziellen Bedürfnisse des Getäuschten. – Vorliegend wollte der Kläger die Uhren zum Zwecke des Weiterverkaufs erwerben, und dieser Weiterverkauf wurde ihm – wie ausgeführt – wegen der Beschaffenheit der Gegenleistung (keine kompletten Original-Omega-Uhren) wenn nicht unmöglich gemacht, so doch wesentlich erschwert. Darin ist sein Schaden zu sehen".

Die Begründung, mit der der Senat hier einen Schaden bejaht, überzeugt nicht. Ein Schaden liegt nicht schon dann vor, wenn die erworbene Sache nicht den subjektiven Erwartungen des Käufers entspricht. Davon geht der Senat, wenn er von einem „objektiven Maßstab" spricht, auch selbst aus. Das heißt freilich nicht, daß unerfüllt gebliebene subjektive Erwartungen die Sanktion des Schadensersatzes unter keinen Umständen auslösen können. Voraussetzung hierfür ist aber, daß sich der Käufer die erhoffte Eigenschaft der Ware zusichern läßt (§§ 463 S. 1, 480 II BGB).[250] Nur auf diese Weise läßt sich auch ein enttäuschtes Vertrauen schadensersatzrechtlich erfassen. Ist das nicht geschehen, hat der Käufer einen Differenzschaden nicht zu beklagen. Der erlittene Nachteil liegt lediglich in der vertraglichen Bindung; er ist beseitigt, wenn der Käufer den Vertrag anficht und den Gegenstand Zug um Zug gegen Rückerstattung des Kaufpreises zurückgibt.[251]

---

[250] So zu Recht BGH WM 1998, 294, 295.

[251] Die bereicherungsrechtliche Rückabwicklung ist für den Geschädigten auch mit keinem Risiko belastet. Zwar würde die Zerstörung des Gegenstandes beim Getäuschten nach Maßgabe der Saldotheorie zu einer Verkürzung seines Bereicherungsanspruchs um die durch Zerstörung der

Durch die Annahme eines Schadens ist im konkreten Fall nichts gewonnen. Zur Rechtsfolge stellt der Senat fest (S. 499):

> „Als Schadensersatz kann der Kläger bei arglistiger Verleitung zum Vertragsschluß das sog. negative Interesse, d. h. Befreiung von seinen vertraglichen Pflichten begehren. Da er seine Leistung schon erbracht hat, kann er sie Zug um Zug gegen die erhaltene Gegenleistung zurückfordern".

Man fragt sich, warum der Senat den Weg über das Schadensrecht beschritten hat, wenn doch derselbe Erfolg dogmatisch korrekt über die Anfechtung hätte herbeigeführt werden können. Die Antwort ist schlicht: Der Senat wollte ersichtlich die verwerfliche Gesinnung des Täters ahnden und hat deshalb dem Betrüger das Stigma des Schadensersatzes aufgedrückt und damit gleichzeitig dem Getäuschten die erhoffte Genugtuung verschafft; dieser hatte nämlich seine Klage ganz bewußt nur auf unerlaubte Handlung gestützt. Nur so konnte der Täuschende zum „Täter" und der Getäuschte zum „Opfer" gemacht werden, wohingegen diese Täter-Opfer-Rolle über die Anfechtungslösung weit weniger deutlich zum Ausdruck gekommen wäre. Die Bewertung dieses Gedankens berührt die grundsätzliche Einschätzung des Schadensrechts: man spricht von der „Besänftigung des Rachegefühls", „welches auch beim modernen Menschen, trotz Christentum und Zivilisation, nicht erloschen ist",[252] oder man konstatiert, „rationale Maßnahmen würden das bestehende irrationale Sühnebedürfnis kaum befriedigen".[253]

Der Sanktionscharakter des Schadensersatzes wird noch größer, wenn der getäuschte Käufer den Gegenstand behält. Dann müßte man ihm konsequenterweise erlauben, seinen Schaden nach dem subjektiv erwarteten Kaufpreis zu berechnen und ihm für enttäuschtes Vertrauen quasi als Minderungsbetrag i. S. v. § 472 I BGB eine Art „Schmerzensgeldabzug" gewähren,[254] dessen Höhe sich nach den üblichen Faktoren zu bemessen hätte.[255] Damit würde aber die Ebene des rein wirtschaftlichen Ausgleichs verlassen und der Schadensersatz hätte hier letztendlich nur noch die Funktion, die Willensentschließungsfreiheit des Käufers zu schützen, eine Aufgabe, die, sieht man von § 123 BGB einmal ab, nach herkömmlichem Verständnis primär dem Strafrecht unterfällt. Das hier erörterte Schadensproblem stellt sich aber auch dort. Im Rahmen des § 263 StGB herrscht Unklarheit darüber, in-

---

Sache verursachte Wertminderung führen. Die Rspr. schränkt jedoch insoweit die Saldotheorie zu Lasten des Betrügers ein, vgl. BGHZ 53, 144ff., 148; BGHZ 57, 137ff., 147ff.; dagegen LG Lüneburg, NJW 1989, 1097.

252 *v. Tuhr/Peter*, 126 zur Genugtuungsfunktion des Schmerzensgeldes.

253 *Ehrenzweig*, Rechtswissenschaft, 299.

254 Zum Immaterialschadensersatz bei Vertragsverletzungen de lege ferenda vgl. unten § 10 V 3 a dd (3).

255 Vgl. dazu BGHZ 18, 149ff. (unten § 8 XVIII 1 a).

wieweit bei der Feststellung eines Vermögensschadens auch subjektive Kriterien berücksichtigt werden dürfen. Grundsätzlich entscheidet auch dort die objektive Sachlage über eine Vermögensbeschädigung, und zwar auch dann, wenn der Getäuschte ohne die Täuschung die Verfügung nicht vorgenommen hätte. Doch berücksichtigt die Rechtsprechung in gewissen Grenzen zuweilen auch den „persönlichen Schadenseinschlag".[256] Dies erscheint durchaus sachgerecht, wenn man sich vor Augen hält, daß ein umfassender Rechtsgüterschutz als das Primärziel des Strafrechts nur auf der Grundlage eines natürlichen Schadensverständnisses[257] gewährleistet ist. Beurteilt man entsprechend dem Gesagten den vom OLG Köln entschiedenen Fall strafrechtlich, so wird man einen Vermögensschaden bejahen müssen, eben weil im Strafrecht nicht eine „einseitig dogmatisch-zivilrechtliche, sondern weitgehend wirtschaftliche Betrachtungsweise"[258] über das Vorliegen eines Schadens entscheidet. Als Folge dieser wirtschaftlichen Betrachtungsweise[259] hat deshalb bei der Schadensfeststellung auch die Anfechtbarkeit des Vertrages außer Betracht zu bleiben.[260]

Indem das OLG Köln sich bei seiner Entscheidung von einem natürlichen Schadensbegriff hat leiten lassen, hat es deshalb ein Stück weit Straf-Recht gesprochen.

Ausschließlich Sanktionscharakter hat der Schadensersatz auch in dem vom OLG Hamm (XX. ZS) mit Urteil v. 27.3.1974 (NJW 1974, 2091 ff.) entschiedenen Fall.[261] Der Entscheidung lag folgender Sachverhalt zugrunde: Der Bekl. verkaufte dem J einen gebrauchten Pkw für DM 3400. Dabei verschwieg er einen schweren Unfallschaden des Fahrzeugs. Nach den späteren gerichtlichen Feststellungen hätte J bei Verbleiben eines merkantilen Minderwertes von DM 100 einen Betrag von DM 1400 aufwenden müssen, um den Wagen in einen vertragsgerechten Zustand zu versetzen. Nachdem J das Auto über ein Jahr lang gefahren hatte, ohne die Schäden zu bemerken, veräußerte er es unter Ausschluß jeder Gewährleistung für DM 2850 an die Kl. Als diese den Unfallschaden bemerkte, ließ sie sich von J dessen Ansprüche gegen den Bekl. abtreten und klagte sodann sowohl aus eigenem als auch aus abgetretenem Recht gegen den Bekl. auf Schadensersatz. Das OLG gab

---

256 BGHSt 8, 49 ff.: Gleichwertiger Hopfen aus weniger bekanntem Anbaugebiet; BayObLG MDR 1962, 70 ff.; OLG Hamm NJW 1968, 903 ff: Fehlen einer vertraglich zugesicherten Eigenschaft (Kilometerstand); OLG Stuttgart, Die Justiz 1967, 56 ff.; OLG Düsseldorf NJW 1971, 158 ff.: Fehlen einer vertraglich zugesicherten Eigenschaft (Unfallfreiheit); a. A. OLG Hamm NStZ 1992, 593 f.; OLG Karlsruhe NJW 1980, 1762 ff.; BayObLG NJW 1987, 2452 ff., wonach Täuschung nicht ausreicht, wenn der Preis des Wagens dem Marktwert entspricht.

257 Vgl. dazu oben § 3 I 1 c cc (1).

258 BGHSt 23, 300 ff., 303.

259 Vgl. dazu ausf. den vom BGH entschiedenen Melkmaschinenfall, BGHSt 16, 321 ff.

260 BGHSt 23, 302 f.

261 Krit. dazu *Pfister*, JuS 1976, 373 ff.

dem Begehren aus abgetretenem Recht in Höhe von DM 1500 (DM 1.400 + DM 100) statt.

Gegen die Ansicht des LG, das die Klage mangels Schadens des J abgewiesen hat, wandte sich der Senat mit den Worten (S. 2092 l. Sp.):

> „Das arglistige Verschweigen eines wesentlichen Mangels des verkauften Pkw durch den Bekl. gab dem Käufer J. einen Schadensersatzanspruch wegen Nichterfüllung nach § 463 BGB. Entgegen der Ansicht des LG kann dem nicht entgegengehalten werden, dem Zeugen J. sei kein Schaden entstanden. Zwar hat J. den Pkw etwa 14 Monate genutzt und dann verhältnismäßig günstig an die Kl. verkauft. Das ändert aber nichts daran, daß ihm der Bekl. auf Grund des Kaufvertrages einen mit einem wesentlichen Mangel behafteten Pkw übereignet hatte; schon vom Zeitpunkt der Übereignung an war der Zeuge dadurch geschädigt, daß er ein mangelhaftes Fahrzeug erworben hatte. Unabhängig von Höhe und Angemessenheit des Kaufpreises bestand sein Schaden in der Differenz des Wertes eines mangelfreien und dieses mangelhaften Fahrzeugs. In Höhe dieser Differenz stand ihm von Anfang an ein Schadensersatzanspruch nach § 463 BGB zu. Dieser Schadensersatzanspruch wurde … (nicht) durch den günstigen Verkauf an die Kl. berührt. Daß dieser Weiterverkauf unangreifbar war, lag im übrigen auch nur daran, daß der Zeuge mit der Kl. einen Gewährleistungsausschluß vereinbart hatte. Wäre eine solche Vereinbarung nicht getroffen worden, so hätte die Kl. trotz des guten Glaubens des Zeugen Wandelung oder Minderung nach §§ 459 I, 462 BGB verlangen können“.

Der Senat bejaht zu Unrecht einen Schaden des J, weshalb die Abtretung des Anspruchs an die Kl. ins Leere geht. Zwar hatte dieser zunächst eine Vermögenseinbuße in Höhe von DM 1500 (Differenz zwischen mangelfreier und mangelhafter Sache) zu beklagen. Durch den günstigen Weiterverkauf an die Kl., wurde diese aber beseitigt. In der Versagung der Vorteilsausgleichung durch den Senat liegt deshalb ein sanktionelles Element. Würde nämlich J selbst Ersatz geltend machen, so hätte eine ohne Begründung versagte Vorteilsausgleichung zur Folge, daß der Erstkäufer nach dem Verkauf neben dem ihm gebührenden Weiterverkaufsgewinn Ersatz für einen Substanzschaden erhält, den er rein rechnerisch nie erlitten hat. Wenig überzeugend ist auch der letzte Satz. Der Hinweis des Senats, daß alles anders wäre, wenn ein Gewährleistungsausschluß nicht vereinbart worden wäre, betrifft nicht diesen Fall und ist deshalb rein hypothetisch. Er ist aber auch lebensfremd, weil der Gewährleistungsausschluß auf dem Gebrauchtwarensektor, zumal beim privaten Direktverkauf, die Regel ist. Hinter dieser Argumentation steht vielmehr das Gefühl, den Betrüger nicht „ungeschoren“ davonkommen zu lassen. Offen ausgesprochen hat diese Erwägung einmal das OLG München (XXVII. ZS; Senat Augsburg) in seiner Entscheidung v. 20.3.1980 (NJW 1980, 1581 ff.), der ein nahezu identischer Sachverhalt zugrundelag. Mit Blick auf den Täter begründet der Senat dort die Versagung der Vorteilausgleichung mit den Worten (S. 1582 l. Sp.):

> „Nach der st. Rspr. des BGH (...), der sich der Senat anschließt, kommt eine Vorteilsausgleichung nur dann in Betracht, wenn sie „dem Sinn und Zweck der Schadensersatzpflicht" entspricht. Demgemäß kann dem Erstkäufer der günstige Weiterverkauf im Verhältnis zum arglistigen Verkäufer nicht als Vorteilsausgleichung zugerechnet werden, da dessen Entlastung unbillig wäre".

Wertungsgesichtspunkte haben zwar von jeher bei der Vorteilsausgleichung eine Rolle gespielt.[262] Möchte man aber das Charakteristikum des Schadens als Rechnungseinheit nicht völlig aufgeben, darf eine wertende Betrachtung nur auf solche Belange gestützt werden, die die Gütersphäre des Opfers eines Schadensfalles berühren. Das Kriterium der „unbilligen Entlastung des Schädigers" steht damit nicht in Einklang, weil es unmittelbar mit der Tätergesinnung verknüpft ist. Die Versagung der Vorteilsausgleichung erfolgt nicht, weil sie den Geschädigten unbillig „belasten", sondern umgekehrt den Schädiger „entlasten" würde. Sinn und Zweck der Schadensersatzpflicht besteht dann aber nicht mehr im Ausgleich des Schadens beim Verletzten, sondern in der Sanktionierung schuldhaften Verhaltens. Die „unbillige Entlastung" könnte sich in diesen Fällen für den Schädiger zudem schnell zu einer doppelten Belastung hochstilisieren, wenn man mit ins Kalkül zieht, daß der Zweitkäufer u. U. einen eigenen Anspruch gegen diesen aus § 826 BGB hat;[263] z. B. dann, wenn J Zwischenhändler ist und der Bekl. daher von vornherein wußte, daß J an einen Dritten weiterverkaufen und dieser der Geschädigte sein werde.

IX. Schadensersatz als repressives Sanktionsinstrument bei Verletzung gesetzlicher Wettbewerbsverbote

a) Eine eigenständige Sanktionsfunktion verfolgt der Schadensersatz bei Verletzung gesetzlicher Wettbewerbsverbote. Gesetzliche Wettbewerbsverbote finden sich in den §§ 112, 60 HGB, 88 I, 284 I AktG. In den §§ 113 I, 61 I HGB, 88 II, 284 II AktG sind bestimmte[264] Rechtsfolgen solcher Wettbewerbsverbotsverstöße vorgesehen. Die folgenden Ausführungen beziehen sich auf die Vorschriften der §§ 112, 113 I (§ 161 II) HGB; sie gelten jedoch für die übrigen Bestimmungen sinngemäß. Als Folge einer Wettbewerbsverbotsverletzung bestimmt § 113 I HGB:

---

262 Vgl. dazu ausf. Fallgruppe XIV (unten § 7 XIV).

263 So grundsätzlich die hier erörterten Urteile des OLG Hamm, NJW 1974, 2092 und des OLG München, NJW 1980, 1582, die einen solchen Anspruch aber aus tatsächlichen Gründen verneinten.

264 Zu weitergehenden Rechtsfolgen vgl. *Schmidt*, Handelsrecht, 514 (zu § 60 I HGB).

> „Verletzt ein Gesellschafter die ihm nach § 112 obliegende Verpflichtung, so kann die Gesellschaft *Schadensersatz fordern*; sie kann statt dessen von dem Gesellschafter verlangen, daß er die für eigene Rechnung gemachten Geschäfte *als für Rechnung der Gesellschaft eingegangen gelten lasse* und die aus Geschäften für fremde Rechnung bezogene *Vergütung herausgebe oder seinen Anspruch auf die Vergütung abtrete*".[265]

Nach dieser Vorschrift hat die Gesellschaft die Wahl, entweder ihren Schaden nach den §§ 249ff. BGB konkret zu berechnen oder von ihrem „Eintrittsrecht" Gebrauch zu machen, wobei mit Eintrittsrecht nur soviel gemeint ist, daß der wirtschaftliche Erfolg des Geschäfts der Gesellschaft gebührt, diese also einen hierauf gerichteten schuldrechtlichen Anspruch hat. Weil Wettbewerbsverstöße schadensersatzrechtlich nur sehr schwer faßbar sind,[266] andererseits aber außer Zweifel steht, daß die Gesellschaft durch derartige Verstöße regelmäßig einen Schaden erleidet, stellt das Eintrittsrecht in der Praxis die Primärsanktion dar, während die Sanktion des Schadensersatzes weitgehend leerläuft. Eine dahingehende Sanktionsverschiebung zugunsten des Eintrittsrechts favorisiert auch der BGH (Kartellsenat), wenn in er in seinem Urteil v. 6.12.1962 (BGHZ 38, 306ff.) ausführt (S. 309):

> „Die Wahrung der gesellschaftlichen Treuepflicht, die für den Bestand und die Erhaltung einer jeden Personalhandelsgesellschaft von entscheidender Bedeutung ist, gebietet es, von vornherein jeden wirtschaftlichen Anreiz zu einem Verstoß gegen das Wettbewerbsverbot zu beseitigen. Das kann in den zahlreichen Fällen, in denen die Gesellschaft den häufig sehr schwierigen Nachweis eines ihr zugefügten Schadens nicht zu führen vermag, nur durch die Anerkennung eines Eintrittsrechts geschehen; allein die Zubilligung eines solchen Rechts wird in den meisten Fällen die geeignete und wirtschaftliche Sanktion für das Wettbewerbsverbot des § 112 HGB darstellen".

Bemerkenswert ist zunächst schon, daß der Senat nicht auf die Ausgleichsfunktion, sondern auf die Sanktionsfunktion des § 113 HGB abstellt. Er ging jedoch noch einen Schritt weiter: im konkreten Fall ging es um die kontrovers diskutierte Frage, ob § 113 I HS 2 HGB auch für den Fall der verbotenen Beteiligung an einer anderen Gesellschaft gilt. Während ein Teil der Rechtsprechung[267] diese Frage für das ähnlich ausgestaltete Wettbewerbsverbot des Handlungsgehilfen (§§ 60, 61 HGB) unter Hinweis auf den Wortlaut („gemachte Geschäfte") einmal verneint und den Arbeitgeber auf Schadensersatzansprüche verwiesen hatte, sprach sich der Senat in solchen Fällen für die Möglichkeit des Eintrittsrechts aus[268] und begründete dies im wesentlichen von der Rechtsfolge her. Weil das Eintrittsrecht gegenüber dem Scha-

---

[265] Herv. jew. v. mir.
[266] Vgl. dazu oben § 7 I 2 b.
[267] RGZ 73, 423; JW 1911, 57; BAG BB 1962, 638.
[268] So nunmehr auch BGHZ 89, 162ff., 171 unter Bezugnahme auf BGHZ 38, 306ff.

densersatzanspruch eine erhöhte Präventivwirkung entfalte, sei dies die einzig gebotene Rechtsfolge für jedweden Verstoß.

b) Bei dieser Argumentation käme dem daneben bestehenden Schadensersatzanspruch so gut wie keine Bedeutung mehr zu, man könnte ihn ebensogut streichen. Möglich ist aber auch eine andere, wohl naheliegendere Deutung. Sie geht dahin, § 113 I HGB als eine einheitliche Sanktionsnorm mit unterschiedlichen Sanktionsinstrumenten zu begreifen, die bei der Bekämpfung schädigender Verhaltensweisen Hand in Hand gehen. Im Ergebnis haben wir es dann mit einer gesetzlich normierten Möglichkeit der dreifachen Schadensberechnung zu tun, wie sie von der Rechtsprechung seit jeher bei Immaterialgüterrechtsverletzungen anerkannt ist.[269] Für dieses Verständnis spricht, daß auch das Eintrittsrecht, das in der Sache der Lizenzanalogie bei Immaterialgüterrechtsverletzungen entspricht, ein Verschulden (§ 708 BGB) des dem Wettbewerbsverbot zuwiderhandelnden Gesellschafters voraussetzt.[270] Daß bei jener dreifachen SBM das Sanktionsmoment im Vordergrund steht, haben wir ausführlich dargelegt.[271] Aber auch hier geht es vorwiegend um Sanktion. Eine Rechtsprechung, die der Gesellschaft den Gewinnherausgabeanspruch gegen den Verletzer unabhängig davon zuerkennt, ob sie das Geschäft selbst, so wie dieser, oder überhaupt vorgenommen hätte[272] und einen Anspruch auf Herausgabe auch des Gewinns gibt, den sie selbst nicht hätte machen können[273] oder, wie der Gesellschafter, nur unter Verstoß gegen eine Straf- oder Bußgeldnorm,[274] läßt sich dogmatisch nur rechtfertigen, wenn man den Sanktionsgedanken zum alleinigen Kriterium erhebt.[275] Denn nach schadensersatzrechtlichen Grundsätzen könnte ein solcher Gewinn nicht verlangt werden, wie sich § 252 S. 2 BGB unschwer entnehmen läßt. Hierin liegt denn auch die Parallele zu der von der Rechtsprechung für den Bereich des gewerblichen Rechtsschutzes entwickelten dreifachen SBM. Hier wie dort zwingen besondere Umstände (leichte Verletzbarkeit der Immaterialgüterrechte einerseits, Wahrung der gesellschaftlichen Treuepflicht als für den Bestand und die Erhaltung der Gesellschaft unabdingbare Voraussetzung andererseits) zur Instru-

---

[269] Vgl. hierzu Fallgruppe I (oben § 7 I); auf die Parallelen zur dreifachen SBM auf dem Gebiet des gewerblichen Rechtsschutzes verweist auch *Fischer*, Anm. zu BGH LM Nr. 1 zu § 113 HGB.

[270] Baumbach/*Hopt*, HGB, § 113 Rdnr. 1.

[271] Oben § 7 I.

[272] BGHZ 70, 331 ff., 333; BGHZ 89, 162, 170.

[273] RGZ 109, 355 ff., 357.

[274] Dagegen ausdrücklich *Meyer*, AG 1988, 259 ff. (zu § 88 II 2 AktG).

[275] Ähnlich *Düringer/Hachenburg/Flechtheim*, HGB, § 113 Anm. 3 und *Fischer* in Großkomm., HGB, § 113 Anm. 8, die dem Eintrittsrecht den „Charakter einer Strafbestimmung" beimessen; selbst mit der *Neunerschen* Theorie vom Mindestschadensersatz läßt sich diese Rspr. nicht rechtfertigen, vgl. *Neuner*, AcP 133 (1931), 277, 309.

mentalisierung[276] des Schadensersatzrechts, um dem gesteigerten Bedürfnis nach einem durchgreifenden Schutz gerecht zu werden, wobei hier die „pauschale Schadensregelung“[277] in § 113 I HS 2 HGB das Mittel zur Erreichung dieses Zwecks bildet.

c) Die Rechtsprechung benutzt den Schadensersatz hier zuweilen auch als ein Instrument zur faktischen Ausdehnung des Wettbewerbsverbots über seinen zeitlichen und persönlichen Anwendungsbereich hinaus. In diesen Fällen steht der Sanktionsgedanke als Zweck des Schadensersatzes eindeutig im Vordergrund. Das BAG (III. Senat) hatte durch Urteil v. 9.5.1975 (NJW 1975, 1987ff.) folgenden Fall zu entscheiden: Der Kl. war bei der Bekl., einer Gesellschaft für Versandbuchhandel, als Vertriebsleiter beschäftigt. Am 13.11.1968 kündigte er sein Arbeitsverhältnis fristgerecht zum 30.6.1969. Noch während der Dauer des Arbeitsverhältnisses hatte der Kl. ein Konkurrenzunternehmen vorbereitet und hierfür zahlreiche Mitarbeiter der bekl. Gesellschaft abgeworben, woraufhin diese mit Schreiben v. 18.11.1968 das Arbeitsverhältnis ihrerseits fristlos kündigte. Gegen diese Kündigung setzte sich der Kl. zur Wehr. Mit ihrer Widerklage begehrte die Gesellschaft Schadensersatz aus der beanstandeten Konkurrenztätigkeit des Kl.

Das LAG hat als BerGe. einen Schadensersatzanspruch der Bekl. nach § 628 II BGB zwar dem Grunde nach bejaht, als Auflösungsschaden aber nur denjenigen Verlust anerkannt, den der Bekl. durch das Fehlen der Arbeitskraft des Kl. entstanden ist. Hingegen hat es eine schadensersatzrechtliche Würdigung des durch die fristlose Kündigung bedingten vorzeitigen Verlustes des Konkurrenzschutzes aus § 60 HGB schon gar nicht vorgenommen. Hiergegen wandte sich das BAG, das auch den Wegfall der Pflicht zur Konkurrenzunterlassung nach § 628 II BGB ausgeglichen wissen möchte. Zur Begründung führte der Senat aus (S. 1989 l. Sp.):

> „Die gegenteilige Ansicht des LAG ist mit Wortlaut und Sinn des Gesetzes nicht zu vereinbaren und würde zu kaum tragbaren Ergebnissen führen. Ein Arbeitnehmer, der eine Konkurrenztätigkeit plant, könnte durch einen Vertragsbruch mit relativ geringen Folgen eine fristlose Kündigung provozieren, um auf diese Weise vorzeitig von seiner Unterlassungspflicht befreit zu werden. Demgegenüber könnte sich ein Arbeitgeber in dieser Lage gehindert sehen, von seinem Recht zur außerordentlichen Kündigung Gebrauch zu machen, weil er die Konkurrenztätigkeit des vertragsbrüchigen Arbeitnehmers mehr fürchten muß als weitere Pflichtverletzungen. Das kann nicht rechtens sein“.

Die Entscheidung steht in Widerspruch zu § 60 HGB, wonach das gesetzliche Wettbewerbsverbot nur für die Zeit des Bestehens des Arbeitsverhältnisses gilt. Dies schließt zwar die Verpflichtung des Gesellschafters zum Ersatz auch des Schadens

---

276 Vgl. dazu oben § 3 I 1 c cc (2).

277 So BAG BB 1962, 638 zum rechtstechnisch ähnlich ausgestalteten § 61 HGB.

ein, der erst nach seinem Ausscheiden eintritt. Voraussetzung ist aber auch hier, daß der Schaden die Folge der Verletzung des gesetzlichen Wettbewerbsverbots bleibt. Hingegen beschränkt sich der Senat hier nicht auf den Ausgleich einer negativen Vermögensfolge, sondern ahndet den ausgeschiedenen Gesellschafter, indem er diesem ein den Zeitpunkt seines Ausscheidens bis zum Zeitpunkt des Wirksamwerdens einer ordentlichen Kündigung überdauerndes faktisches Wettbewerbsverbot auferlegt. Damit hat das BAG nach Art gesetzgeberischer Manier ein neues Wettbewerbsverbot kreiert, mit der Folge, daß nunmehr zwischen drei verschiedenen Arten zu unterscheiden ist: dem gesetzlichen (§ 60 HGB), dem vertraglichen (§§ 74ff. HGB) und dem qua Schadensersatz. Daß durch diese Entscheidung die gesetzgeberischen Wertungen der §§ 74ff. HGB unterlaufen werden, räumt der Senat selbst ein (S. 1989 l. Sp.). Dogmatikfreies Judizieren scheint aber dort angebracht, wo das Rechtsgefühl („Das kann nicht rechtens sein"!) zu einem bestimmten Ergebnis zwingt. Dem entspricht es, daß diese Rechtsprechung bislang auf den Sonderfall beschränkt war, in dem, wie hier, der Angestellte die fristlose Kündigung „provoziert" hat.[278]

X. Der Sanktions- und Präventionsgedanke im Rahmen des § 830 BGB bei Demonstrationsschäden

a) Pönalisierungstrends haben sich in den siebziger Jahren im Demonstrationsrecht bemerkbar gemacht. Die hierzu ergangenen Entscheidungen haben, allein schon wegen der grundrechtsspezifischen Thematik, erheblich rechtspolitischen Gehalt.

Der wunde Punkt liegt in der Massenhaftigkeit der bei Demonstrationen begangenen Rechtsgutsverletzungen und den hierdurch verursachten – zuweilen astronomischen – Schäden, was bei unreflektierter Anwendung des auf den „rechtlichen Individualverkehr" zugeschnittenen Zivilrechts für den einzelnen Schädiger schnell zu einem finanziellen Fiasko ausarten kann, nämlich dann, wenn an diesem in strikter Konsequenz des § 830 BGB stellvertretend für alle übrigen Mittäter ein Exempel statuiert werden soll. Über diese Folgenberücksichtigung soll jedoch nicht der Nichtanwendbarkeit[279] des § 830 BGB auf die sog. Demonstrationsfälle oder gar einem Haftungsprivileg für Demonstrationstäter[280] das Wort geredet werden, wenn auch die Gesetzesväter bei der Schaffung dieser Vorschrift den Raufhandel vor

[278] BGH BB 1955, 164; BGH JZ 1956, 95; dagegen OLG Düsseldorf, ZIP 1990, 861f., mit abl. Bespr. *Paefgen*, ZIP 1990, 839ff., BB 1990, 1777ff.

[279] So i.E., wenn auch in abgeschwächter Form, die Forderung von *Krause/Westphal*, KJ 15 (1982), 179ff., 186f.

[280] Hierfür tendenziös *Diederichsen/Marburger*, NJW 1970, 777ff.

Augen hatten.[281] Statt dessen wollen wir uns darauf beschränken zu untersuchen, ob nicht die Gerichte bei der Subsumtion derartiger Fälle die Tatbestandsvoraussetzungen des § 830 BGB überstrapazieren, um auf diese Weise dem Geschädigten zu einem Schädiger zu verhelfen oder einfach nur, um ein Unwerturteil über den Teilnehmer einer (rechtswidrigen) Demonstration zu sprechen. Zu dieser Problematik liegen vier höchstrichterliche Grundsatzurteile des BGH (allesamt VI. ZS) vor, wobei das jüngste aus dem Jahre 1984 den sich bis dahin abgezeichneten mehr oder weniger offenen Pönalisierungstendenzen prima vista Einhalt zu gebieten scheint.

b) Die erste Demonstrationsentscheidung stammt aus dem Jahre 1972. Dem Urteil (Rs. 6/71) v. 30.5.1972 (BGHZ 59, 30ff.) lag folgender Sachverhalt zugrunde: Anläßlich des Attentats auf das SDS[282]-Mitglied Rudi Dutschke am 11. April 1968 (Gründonnerstag) in Berlin fanden an den folgenden Tagen in verschiedenen Städten der Bundesrepublik Demonstrationen statt, bei denen versucht wurde, die Auslieferung der „Bild-Zeitung" und anderer Zeitungen des Verlages Axel Springer zu verhindern. Auch das Verlags- und Druckereiunternehmen der Kl., die u.a. eine Teilauflage der „Bild-Zeitung" druckt, war Ziel derartiger Demonstrationen, in deren Verlauf 1500 Personen, darunter der Bekl., damals Bundesvorstand des SDS und einer der Initiatoren der Demonstration, sämtliche Ein- und Ausgänge des Geschäftsgebäudes der Kl. versperrten. Lastwagen der Kl., die das Betriebsgrundstück verlassen wollten und dabei die Sperren zu durchbrechen suchten, wurden von den Demonstranten fahruntüchtig gemacht. Des weiteren wurden Fensterscheiben zerschlagen, die Einfriedung des Gebäudes beschädigt und dessen Mauern mit Aufschriften in Ölfarben versehen. Die Auslieferungssperre zwang die Kl. dazu, den Druck der Zeitungen zeitweise zu unterbrechen. Mit ihrer Klage nahm die Kl. neben anderen den Bekl. auf Ersatz der ihr durch die Demonstration entstandenen Schäden (erhöhte Produktionskosten, Erlößeinbußen, Sachschäden) in Anspruch.

Das BerGe. gab dem Klagebegehren weitgehend statt und verurteilte den Bekl. mit Ausnahme der Gebäudeschäden zum Ersatz des kl. Schadens. Der BGH hat das BerGe. bestätigt und die Rev. des Bekl. zurückgewiesen.

Für ein zivilrechtliches Urteil bemerkenswert ist zunächst die Gewichtung der Entscheidungsgründe. Lediglich auf anderthalb der zwölf Seiten dicken Urteilsgründe macht der Senat Ausführungen zu § 830 BGB. Allein fünf Seiten widmet der Senat der Frage nach der Rechtswidrigkeit des Eingriffs in das Recht des eingerichteten und ausgeübten Gewerbebetriebes, die ihn zu tiefgründigen verfassungsrechtlichen Erörterungen veranlassen. Die Entscheidung ist jedoch nicht, wie es auf den ersten Blick scheint, Ausdruck eines „Nachhutgefechtes" über eine schon zur da-

[281] Mot. II, 738.

[282] Sozialistischer Deutscher Studentenbund.

maligen Zeit insoweit ohnehin längst durch das BVerfG entschiedenen und beigelegten verfassungsrechtlichen Kontroverse; mit ihr hat der Senat vielmehr das zivilrechtliche Verhältnis von Unternehmensschädigung und Demonstrationsfreiheit höchstrichterlich entschieden,[283] und an manchen Stellen der Entscheidungsgründe wird offensichtlich, daß der Senat für gewalttätige Demonstranten keinerlei Verständnis hat, da diese nicht nur mit dem Risiko strafrechtlicher Verurteilung belastet, sondern auch zivilrechtlich zur Rechenschaft gezogen werden sollen. Dementsprechend läßt der Senat den Einwand des Bekl., die in § 830 I 1, II BGB statuierte Totalhaftung belaste „die Ausübung des Demonstrationsrechts mit einem unzumutbaren Risiko", nicht gelten. Stattdessen konstatierte er (S. 41 f.):

> „Die in § 830 I 1 BGB angeordnete volle Haftung eines jeden Mittäters beruht auf dem Gedanken, daß bei Beteiligung mehrerer es dem Geschädigten häufig nicht möglich ist nachzuweisen, inwieweit der Schaden von dem einen oder anderen Beteiligten verursacht worden ist. Eine Regelung, die jeden der mehreren Schädiger nur in dem Umfang haften ließe, in dem er durch eigene Handlungen zum Entstehen des Schadens beigetragen hat, hätte deshalb zur Folge, daß der Schaden häufig ganz oder teilweise von dem *schuldlos Geschädigten* getragen werden müßte, während die *schuldigen Schädiger*[284] frei ausgingen. Das Gesetz legt daher das Risiko der Haftungsverteilung den Schädigern auf und überläßt es ihnen, sich untereinander nach Maßgabe ihres Schadensbeitrages auseinanderzusetzen (§§ 840, 426 BGB). Diese gesetzgeberische Wertung widerspricht keinem Verfassungsgrundsatz, insbesondere nicht dem der Verhältnismäßigkeit, und besitzt auch heute noch Gültigkeit. Sie trifft gerade auch auf die Fälle von Demonstrationsschäden zu, bei denen es dem Geschädigten in aller Regel nur möglich sein wird, einige Teilnehmer an der Schädigungshandlung zu identifizieren und den Nachweis zu führen, daß sie zu denen gehören, die den rechtswidrigen Eingriff in seine Rechte auch gewollt haben. Es kann der Revision auch nicht zugegeben werden, daß die in § 830 I 1 BGB enthaltene Regelung die Ausübung des Demonstrationsrechts mit einem unzumutbaren Risiko belaste. Die Haftung nach dieser Vorschrift (...) kommt nur bei einem Demonstrationsteilnehmer in Betracht, der sich an schadenstiftenden Ausschreitungen beteiligt und Schäden dieser Art mit in seinen Willen aufgenommen hat, oder der sich an der Blockade eines bestimmten Unternehmens in Kenntnis dieses ihres Zieles beteiligt. Gegen eine Haftung unter diesem Gesichtspunkt bestehen jedenfalls dann keine Bedenken, wenn der so Beteiligte, wie hier, maßgeblich auch am Zustandekommen der unfriedlich geplanten Demonstration mitgewirkt hat".

Wenn auch die volle Haftung für alle Schäden dem Inhalt des § 830 BGB entspricht, so münden die Ausführungen des Senats doch unmittelbar in ein Gesinnungsschadensrecht, bei dem nicht mehr so sehr der gesetzgeberische Grundgedanke des

---

[283] *Merten*, AfP 1973, 354.

[284] Herv. jew. v. mir.

§ 830 BGB vollzogen wird, sondern bei dem diese Vorschrift dem Senat nur noch als gefügiges Instrument dient, „künftigen Demonstrationsteilnehmern ihr zivilrechtlich verbrämtes Risiko vor Augen halten".[285] Wie sonst ist es zu werten, wenn der Senat die „schuldlos Geschädigten" den „schuldigen Schädiger(n)" gegenüberstellt und eine Haftungsbegrenzung ablehnt, weil andernfalls letztere „frei ausgingen" (scl. ungeschoren davonkämen)? Zwar ist das Einstehen für eine fremde Tat, wie aus dem Strafrecht hinlänglich bekannt, kein Novum, und die Begriffsbestimmungen des Strafrechts (§§ 25 ff. StGB) gelten, weil das Zivilrecht insoweit keine eigenen Zurechnungskriterien entwickelt hat, auch hier. Die mittäterschaftliche Begehungsweise zeichnet sich vereinfacht gesagt dadurch aus, daß zwei oder mehrere Täter die Tat „wie eine Hand" begehen, weshalb jeder für den Tatbeitrag des anderen einzustehen hat.[286] Von einem derartigen arbeitsteiligen Zusammenwirken am Tatort kann aber bei Demonstrationen mit mehreren tausend Demonstrationsteilnehmern keine Rede mehr sein, weshalb hier die Annahme einer vom Willen aller Beteiligten getragenen gemeinschaftlichen Tatbegehung (§ 830 I 1 BGB) zur reinen Fiktion gerinnt. Weil zudem allein der Zufall darüber entscheidet, wer von den vielen (tausend) Demonstranten letztendlich für den angerichteten Schaden zur Rechenschaft gezogen wird,[287] andererseits der vom Gesetz vorgesehene Rückgriff auf die Mitschuldner in diesen Fällen meist unrealisierbar ist und die Schadenssumme oft in die Hunderttausende geht, bekommt der Schadensersatz hier zwangsläufig repressive Züge.

Aber auch sonst vermitteln die Entscheidungsgründe den Eindruck, daß hier die Rechnung nicht so sehr vom Geschädigten als vielmehr vom „Täter" her gemacht wird. Deutlich wird dies an den geringen Voraussetzungen, die der BGH für die Annahme einer mittäterschaftlichen Begehensweise genügen läßt. In einer zum obigen Sachverhalt ergangenen Parallelentscheidung hat der VI. ZS in seinem Urteil (Rs. 139/70) v. 30. 5. 1972 (NJW 1972, 1571 ff.) hierzu ausgeführt (S. 1572 r. Sp.):

> „Das BerGe. stellt zwar ausdrücklich fest, daß der Bekl. weder Steine noch brennende Fackeln gegen das Gebäude geworfen hat. Es hat ferner auch nicht festzustellen vermocht, daß der Bekl. als „Anführer" des Demonstrationszuges aufgetreten wäre oder sich als „Einpeitscher" betätigt hätte. Darauf kommt es jedoch nicht an, … denn insoweit war der Bekl. Mittäter i. S. des § 830 Abs. 1 Satz 1 BGB. Mittäterschaft setzt nicht physische Mitwirkung bei der Ausführung der Tat voraus; auch eine bloß geistige Mitwirkung reicht aus … Der gemeinsame Handlungswille im Sinne des auf Rechtsverletzung gerichteten Wollens kann vom Tatrichter, wie das häufig bei der Feststellung innerer Tatsachen notwendig ist, aus den äußeren Umständen erschlossen werden. In-

---

[285] Esser/*Schmidt*, Schuldrecht, 160.

[286] *Tröndle/Fischer*, StGB, § 25 Rdnr. 5a.

[287] *Stürner*, JZ 1984, 525 ff., 528 spricht trefflich von „Zufallsgerechtigkeit".

soweit hat das BerGe. in Betracht gezogen, daß der Bekl. in der ersten Reihe der Demonstranten in Kenntnis der Stein- und Fackelwürfe sich aktiv an dem gleichfalls mit Gewaltanwendung verbundenen Ansturm gegen die das sog. Springer-Haus sichernde Polizeikette beteiligte, um diese zu durchbrechen und in das Gebäude zu gelangen, obwohl er sich hätte entfernen können. Hieraus konnte das BerGe. ohne Rechtsfehler den Schluß ziehen, daß der Bekl. sowohl das Ziel der Auslieferungssperre, als auch die dabei verübten Gewalttätigkeiten insgesamt billigte und diese wie sein eigenes Tun als Teile eines gemeinschaftlichen zur Erreichung des ihm bekannten Gesamtzwecks notwendigen Vorgehens betrachtete".

Wenn hier der Bekl. für einen Schaden (mit-)verantwortlich gemacht wird, dessen physischer und auch – von einem gezielten Plan her gedachter – psychischer Urheber er zweifelsfrei nicht war, so wird offensichtlich, daß nicht mehr der Ausgleich eines Schadens, als vielmehr die Sanktionierung rechtswidrigen Täterverhaltens beabsichtigt ist. Der Senat geht – wie schon in seiner ersten Demonstrationsentscheidung –, ohne nach Tatkomplexen zu differenzieren, vom Vorliegen einer gemeinsamen Handlung aller Beteiligten aus, was auf eine globale Qualifizierung der Demonstration als unerlaubte Handlung[288] hinausläuft. Die Demonstration als solche, mag sie auch rechtswidrig sein, bedeutet aber noch keine Rechtsgutsverletzung; sie bildet nur das Umfeld, anläßlich derer und bei deren Gelegenheit es zu Rechtsgutsverletzungen kommen kann. Mag die Annahme eines von allen Teilnehmern gemeinsam verfolgten Demonstrations*ziels* aufgrund der äußeren Indizien noch berechtigt sein, so ist es aber höchst bedenklich, hieraus, wie der Senat dies tut, den Schluß zu ziehen, bei den Teilnehmern herrsche deshalb eine Willensverbundenheit auch hinsichtlich der von diesen hierfür zum Einsatz gebrachten *Mittel*. Eine solche Annahme ist eine schlichte Unterstellung, die umso krasser wird, je größer die Zahl der Demonstrationsteilnehmer ist; sie ist schnell konstruiert und für den Betroffenen dann kaum mehr zu widerlegen.

Dem von dem Bekl. auch hier vorgebrachten Argument einer Haftungsausuferung entgegnete der Senat abermals mit den Worten (S. 1574 l. Sp.):

„Eine Regelung, die jeden der mehreren Schädiger nur in dem Umfang haften ließe, in dem er durch eigene Handlungen zur Entstehung des Schadens beigetragen hat, hätte deshalb zur Folge, daß der Schaden häufig ganz oder teilweise von dem schuldlosen Geschädigten getragen werden müßte, während die schuldigen Schädiger frei ausgingen. Das verstieße in elementarer Weise gegen den Gerechtigkeitsgedanken".

Der letzte Satz betont nochmals, daß es sich hierbei mehr um Appelle an das Rechtsgefühl denn um eine tragfähige dogmatische Begründung handelt. Anstatt

---

288 Vgl. nur den Titel der Urteilsanmerkung zu OLG Celle v. 16. 12. 1981 (VersR 1982, 598ff.) von *Krause/Westphal*, KJ 15 (1982), 179ff.

die Ausdehnung des auf den Raufhandel zugeschnittenen § 830 BGB auf Demonstrationsschäden dogmatisch oder offen rechtspolitisch zu begründen, verläßt der Senat den Boden des positiven Rechts und rekurriert stattdessen auf das konturenlose, vorwiegend im Strafrecht beheimatete und den juristischen Laien ansprechende Korrektiv der Gerechtigkeit. Der Ruf nach Gerechtigkeit wird dort laut, wo es darum geht, erlittenes Unrecht zu sühnen. Die Auferlegung der Schadensersatzpflicht soll hier das Sühnebedürfnis befriedigen. Ihr Inhalt besteht nicht im rechnerischen Ausgleich eines Schadens, sondern darin, den „Täter" zu „treffen".

Was an strafrechtlichem Gedankengut in den vorhergehenden Entscheidungen in nuce angelegt ist, wird in seiner ganzen Tragweite vollends offenkundig in der dritten Demonstrationsentscheidung des BGH (VI. ZS) v. 29.10.1974 (BGHZ 63, 124ff.). Dem Urteil, dessen Entscheidungsgründe sich durch eine bloße Auseinandersetzung mit dem „Täter" auszeichnen, lag folgender Sachverhalt zugrunde: Um ihrer Forderung nach Errichtung eines „unabhängigen Jugendzentrums" Nachdruck zu verleihen, drangen, nachdem Gespräche mit der Stadtverwaltung ergebnislos blieben, am Abend des 11.12.1971 mehrere 100 Personen in ein seit einigen Wochen leerstehendes Bürogebäude ein und besetzten es, um es in ein Jugendzentrum „umzufunktionieren". Das Gebäude wurde sofort verbarrikadiert; lediglich ein Fenster blieb als Ein- und Ausstieg frei. Nachdem die Hausbesetzer ein letztes Ultimatum, in dem sie zum Verlassen des Hauses aufgefordert wurden, verstreichen ließen, begann die Polizei mit der Räumung. Sie wurde dabei aus dem Haus und von dessen Dach mit Steinen, Flaschen, Dachziegeln und dgl. beworfen. Zwei Polizisten erlitten Verletzungen; auch entstanden Schäden an den eingesetzten Polizeifahrzeugen. Die Bekl. wurden auf dem Dach eines Nachbarhauses, auf das sie vom Dach des besetzten Hauses aus geflüchtet waren, angetroffen. Das kl. Land begehrt von den Bekl. Ersatz des entstandenen Schadens. Das BerGe. hat die Bekl. hierzu verurteilt, § 830 I 1, II BGB, weil sie nach seiner Überzeugung die Tätlichkeiten durch einen psychischen Tatbeitrag als Gehilfen gefördert haben.

Dieser Ansicht des BerGe. ist der BGH beigetreten. Unter Bezugnahme auf strafgerichtliche Rechtsprechung führt der Senat aus (S. 130):

> „Seine (scl. des BerGe.) Auffassung, daß die Bekl. durch Bekundung ihrer Verbundenheit mit der sich auf einen Kampf mit der Polizei einrichtenden Menge am Ort des Geschehens den eigentlichen Akteuren jedenfalls das Gefühl vermittelt haben, den offenen Rechtsbruch in der Anonymität der Masse ungeahndet begehen zu können, und ihnen die Planung und Ausführung des aktiven Widerstandes psychisch erleichtert haben, entspricht der besonderen psychischen Situation innerhalb einer solchen sich in einem Gebäude verschanzenden Gruppe und den ihren Gliedern durch das Aktionsprogramm zugewiesenen Funktionen. Auch eine solche psychische Unterstützung kann Beihilfe zur Ausführung der Tat sein; diese setzt keine physische Mitwirkung bei der Tat voraus

(Senatsurteil v. 30.5.1972 – VI ZR 139/70 a.a.O. zur Mittäterschaft; zur Beihilfe vgl. BGH Urteile v. 18.12.1964 – 5 StR 346/64 sowie v. 25.10.1966 – 1 StR 345/66, beide mitgeteilt bei Dallinger MDR 1967, 173; LK-StGB, 9. Aufl. § 49 Rdnr. 17; Schönke/Schröder StGB, 17. Aufl. § 49 Rdnr. 9). Darauf, ob es zu den Ausschreitungen auch ohne die Beteiligung der Bekl. gekommen wäre, kommt es nicht an. Eine dem Haupttäter gewährte Unterstützung kann auch dann Beihilfe sein, wenn sie für den Erfolg nicht ursächlich ist (RGSt 58, 113, 114ff; 73, 52, 54; BGH Urteil v. 6.12.1954 – 3 StR 165/54 = VRS 8, 199, 201 m.w. Nachw.)".

Das vom Senat praktizierte Judizieren streng nach den Regeln strafrechtlicher Dogmatik hebt den Spruch des Gerichts von vornherein in den Rang einer „privatstrafgerichtlichen" Entscheidung. Der letzte Satz trägt in der vom Senat ausgesprochenen Strenge die Forderung nach einem Gesinnungsschadensrecht in sich; dabei kann die für das Strafrecht umstrittene Frage dahinstehen, ob der Gehilfenbeitrag für den Erfolg der Haupttat kausal sein muß oder ob bereits eine Förderung der Haupttat genügt.[289] Jedenfalls für den Sonderfall der Demonstration, bei der Rechtsgutverletzungen massenhaft begangen werden, gilt, worauf *Roxin*,[290] der diese Hausbesetzer-Entscheidung ausdrücklich als „zweifelhaft"[291] bezeichnet, zutreffend hingewiesen hat: Der Verzicht auf das Kausalitätserfordernis des Gehilfenbeitrags speziell bei der psychischen Beihilfe führt dazu, daß „praktisch jede erkennbare Billigung der Haupttat als Beihilfe bestraft" wird, was zwar „dem Richter den Beweis" erleichtert, aber „mit den Grundlagen eines Tatbestandsstrafrechts schwerlich zu vereinbaren" ist. Im Ergebnis läuft diese Rechtsprechung darauf hinaus, den bösen Kundgebungswillen der Beteiligten präventiv zu ahnden, und greift damit auf eine im Strafrecht längst überkommene Meinung zurück, die den Strafgrund der Teilnahme[292] nicht, wie es heute allgemeine Ansicht ist, im Fördern des tatbestandlichen Unrechts, sondern darin erblickte, daß der Teilnehmer den (eigentlichen) Täter in Schuld und Strafe verstrickt.

Bestätigt wird diese Einschätzung durch die Ausführungen des Senats bezüglich eines weiteren von den Bekl. vorgebrachten Einwandes. Hierzu stellte er fest (S. 131/132):

„Entgegen der Meinung der Rev. brauchte das BerGe. nicht dem Vorbringen der Bekl. nachzugehen, sie hätten sich bereits bei Beginn des Vorgehens der Polizei zu entfernen versucht. Die Ansicht der Rev., zur psychischen Beihilfe als der Haftungsvoraussetzung sei es erst gekommen, als die Hausbesetzer den Willen zur gewaltsamen Verteidigung in die Tat umsetzten, ist unrichtig. Beihilfe braucht nicht zur Haupttat selbst geleistet zu

---

[289] Vgl. dazu *Jescheck*, Lehrbuch, 626ff.

[290] LK/*Roxin*, StGB, § 27 Rdnr. 16.

[291] LK/*Roxin*, StGB, § 27 Rdnr. 25; ähnlich AK-BGB/*Derleder*, § 830 Rdnr. 5.

[292] Vgl. hierzu *Roxin*, FS Stree/Wessels, 365ff.

werden; sie ist schon zu deren Vorbereitung möglich (BGHSt 2, 146, 148; RGSt 58, 113). Dieser strafrechtliche Satz gilt auch hier ... Mit der Unterstützung der auf aktiven Widerstand ausgerichteten Aktion haben die Bekl., die, wie das BerGe. feststellt, diese Folgen billigend in Kauf genommen haben, einen ihre Haftung begründenden Tatbeitrag auch zu den Tätlichkeiten selbst geleistet. Mögen sie den Tätern in diesem Zeitpunkt auch ihren Beistand entzogen haben, so wirkte ihre psychische Unterstützung der sich auf die Ausschreitung hin zuspitzenden Situation auch in den hierdurch ausgelösten Folgeereignissen noch fort. Diesen Tatbeitrag konnten sie *nicht schon dadurch*[293] wieder aufheben, daß sie versuchten, sich nach dem Zusammenstoß mit der Polizei in Sicherheit zu bringen".

Durch die Vorverlegung der Haftung konvertiert der Senat jeden potentiellen Demonstrationsteilnehmer von vornherein zum wahren Gesinnungstäter, getreu dem Motto „mitgegangen, mitgefangen, mitgehangen". Mit Sätzen dogmatischer Zurechnung hat dies nichts mehr zu tun. Die Eigentümlichkeiten der Demonstration verbieten eine unreflektierte Übernahme von Rechtsregeln aus dem Strafrecht, wo es lediglich um die Bewertung isolierter Tathandlungen geht. Den vorläufigen Höhepunkt dieses Gesinnungsschadensersatzrechts bildet der letzte Satz der Entscheidungsgründe, mit dem der Senat in die Tat umgesetzt hat, was als Wertungsgehalt beim strafrechtlichen Institut des Rücktritts vom Versuch (§ 24 StGB) dahintersteht. Danach bleibt, wenn an der Tat mehrere beteiligt sind, derjenige Täter straflos, der freiwillig die Vollendung (aktiv) verhindert (§ 24 II 1 StGB). Hier hatten sich die Bekl. nach den Feststellungen des BerGe. lediglich „in Sicherheit" gebracht. Wohl deshalb hat der Senat ihnen die „goldene Brücke" zur Straffreiheit versagt, und das obwohl sie in dem entsprechenden Strafverfahren freigesprochen worden waren. Doch, so ist zu fragen, was anders hätten die Bekl. angesichts der bei Demonstrationen sich naturgemäß entwickelnden Eigendynamik tun können?

c) In seiner Demonstrationsentscheidung v. 24.1.1984 (BGHZ 89, 383ff.) hat der BGH (VI. ZS) seine Rechtsprechung klammheimlich korrigiert.[294] Das betrifft einmal die bislang vom Senat vorgenommene Qualifizierung der Demonstrationsveranstaltung als *eine* gegen den Geschädigten gerichtete unerlaubte Handlung sowie das Problem des psychischen Tatbeitrags. Das Urteil betrifft allerdings den Fall einer (anläßlich des Baus eines Kernkraftwerks am 19.3.1977 in Grohnde stattgefunden habenden) Großdemonstration mit 15000 Teilnehmern, so daß die vom Senat hierzu aufgestellten Grundsätze nicht ohne weiteres verallgemeinerungsfähig

---

[293] Herv. v. mir.

[294] Krit. hierzu *Kornblum*, JuS 1986, 600 ff.; auf derselben Linie bewegt sich auch die Entscheidung desselben Sen. v. 4.11.1997, BGH NJW 1998, 377, 382.

sein dürften.[295] Das OLG Celle[296] hatte als BerGe. die Klage des Landes gegen den größten Teil der 18 Bekl. stattgegeben und sie zum Ersatz des gesamten durch gewalttätige Ausschreitungen verursachten Sach- und Personenschadens (DM 234000!) verurteilt. Das OLG ging hierbei von einer gemeinsamen Handlung aller Beteiligten aus und rechnete dementsprechend die einzelnen Verletzungshandlungen der Demonstranten *„einer einzigen"* Tat zu, weil sie dazu gedient hätten, *„ein* gemeinsam erstrebtes Ziel, nämlich die Bauplatzbesetzung, durchzusetzen".[297] Der BGH beanstandete dies (S. 391), weil die Annahme eines derartigen Globalvorsatzes auf die Unterstellung hinausliefe, der Demonstrationsteilnehmer „werde sich auf alle Fälle an Gewalttaten jeder Art beteiligen und wolle sich mit jeder anderen Demonstrantengruppe solidarisieren". Er hat deshalb das Einstehenmüssen des Demonstranten für die von anderen begangenen unerlaubten Handlungen auf ein für den Demonstranten „räumlich und zeitlich überschaubares Aktionsfeld" (S. 392) begrenzt. Die vom Senat angebrachte Kritik deckt sich ihrem Gehalt nach fast völlig mit den Ausführungen von *Krause/Westphal*, die kurz nach Erlaß des OLG-Urteils in einer ausführlichen Stellungnahme[298] den Spruch des Gerichts heftig kritisierten. Dennoch hat der Senat zur Stützung seiner Kehrtwende die Autoren nicht zitiert, was wohl damit zu erklären ist, daß sie die Funktion des Schadensersatzes in diesem Zusammenhang offen mit Sanktions- und Präventionserwägungen in Verbindung gebracht haben.[299]

Zur Problematik der lediglich psychischen Mittäterschaft bzw. Beihilfe konstatiert der Senat (S. 395) nunmehr völlig konträr zu den von ihm im Hausbesetzerurteil gemachten Ausführungen, daß es zur Annahme dieser Beteiligungsformen „nicht schon ausreicht, daß der an Ausschreitungen nicht aktiv beteiligte Demonstrant an Ort und Stelle verharrt, auch wenn er, wie es die Regel sein wird, von vornherein mit Gewalttätigkeiten einzelner oder ganzer Gruppen rechnet und weiß, daß er allein schon mit seiner Anwesenheit den Gewalttätern mindestens durch Gewährung von Anonymität Förderung und Schutz geben kann". Vielmehr sei darüber hinaus die Feststellung erforderlich, „daß Gewährung von Anonymität und Äußerung von Sympathie darauf ausgerichtet und geeignet sind, Gewalttäter in ihren Entschlüssen und Taten zu fördern und zu bestärken, etwa durch Anfeuerung oder ostentatives Zugesellen zu einer Gruppe, aus der heraus Gewalt geübt wird".

---

[295] Das nach Erlaß dieser BGH-Entscheidung ergangene Urteil des OLG Hamm v. 25.9.1984 (NJW 1985, 203 f.) bestätigt diese Annahme.

[296] Urteil v. 16.12.1981 (VersR 1982, 598ff.).

[297] VersR 1982, 599; Herv. v. mir.

[298] KJ 15 (1982), 179ff.

[299] KJ 15 (1982), 187.

Dem Sanktionsdenken tut dieses Urteil indes keinen Abbruch, sondern bestätigt dieses gerade. „Strafe“ entfaltet ihre Wirkungen nur, wenn sie denjenigen Täter trifft, der das Unrecht mehr oder weniger selbst verwirklicht hat. Bei Großdemonstrationen „verteilt“ sich das begangene Unrecht auf mehrere tausend Demonstranten, mit der Folge, daß das Sühnebedürfnis hinsichtlich jedes einzelnen gegen Null schwindet und auch sonst eine Täter-Opfer-Beziehung nicht mehr herstellbar ist. Der Senat hat wohl deshalb, weil auch von einer „verschworenen Gemeinschaft“ in diesen Fällen keine Rede mehr sein kann, von einer wortgetreuen Anwendung des § 830 BGB abgesehen, obwohl der Normzweck dieser Vorschrift (Beweisnot des Geschädigten) in diesem Fall gleichermaßen und gerade erst recht zugetroffen hätte.[300]

XI. Die Substitution des Ausgleichsgedankens durch Präventions- und Sanktionszwecke bei der Arbeitnehmerhaftung

a) Die Erörterung dieser arbeitsrechtsthematischen Fallgruppe unter der Überschrift „Schadensersatz als Sanktion“ mag auf den ersten Blick erstaunen, bedeutet doch die vom BAG in Durchbrechung des starren und häufig als zu streng bezeichneten Alles-oder-Nichts-Prinzips[301] entwickelte Haftungserleichterung für den Arbeitnehmer formal gesehen zunächst eine zu seinen Gunsten gehende Wohltat. Bei genauerem Hinsehen jedoch enthüllt sich dieser mit Sätzen herkömmlicher Schadensersatzdogmatik nicht in Einklang zu bringende abgestufte Haftungsmaßstab als ein Instrument nachtatlicher Prävention. Indem nämlich die Haftungsmilderung bei Vorsatz und grober Fahrlässigkeit nicht zugebilligt wird, wird der Grundsatz der totalen Schadensabnahme (Ausgleichszweck) zurückgedrängt und es rücken stattdessen die Zwecke der Sanktion und Prävention in den Vordergrund. Weil aber der Sanktionscharakter des Schadensersatzes hier eindeutig im Vordergrund steht,[302] und dies, obwohl er jedenfalls rein mathematisch gesehen einen beim Arbeitgeber tatsächlich entstandenen Differenzschaden auszugleichen scheint, ist diese Fallgruppe zugleich auch ein Beleg für die zuweilen aufgestellte Behauptung der Inhaltsleere des Ausgleichsprinzips;[303] der Zweck des Schadensersatzes kann, obwohl er nur das „Loch“ im Vermögen des Geschädigten füllt, dennoch primär auf Sank-

---

[300] So i. E. schon *Ballerstedt*, JZ 1973, 105ff., 107 unter Betonung der Präventionsfunktion der Deliktsnormen.

[301] Vgl. dazu oben § 4 II 3.

[302] *Steindorff*, AuR 1966, 65ff., 68 spricht in diesem Zusammenhang von „Buß- und Straffunktion der Schadensersatzpflicht“.

[303] *Schiemann*, Argumente und Prinzipien, 185ff.

tion ausgerichtet sein, nämlich dann, wenn die ratio der Ersatzpflicht eine dahingehende Zweckbestimmung ergibt. Eine solche liegt der Arbeitnehmerhaftung zugrunde, weil hier nicht die Person des Geschädigten und damit die Schadensabnahme im Vordergrund steht, sondern die des Schädigers, dem gleichsam nur mit der Ersatzverpflichtung gedroht wird, ohne sie ihm ernstlich abzuverlangen, sei es, weil bei ihm nichts zu holen ist, oder sei es, daß der Arbeitgeber ihn in seinem Betrieb behalten möchte. Das mangelnde Interesse des Arbeitgebers an Wiedergutmachung führt hier zur Verkümmerung des Schadensausgleichszwecks, der zum Sanktionszweck mutiert. Ihre Bestätigung findet diese Einschätzung in der Art der Auseinandersetzung mit der Haftungsbeschränkung, wie sie sich in der Rechtsprechung widerspiegelt: die Diskussion wird nahezu ausschließlich vom Schädiger her geführt, in deren Verlauf das Interesse des geschädigten Arbeitgebers an Schadenswiedergutmachung, sofern diesem überhaupt ein Augenmerk geschenkt wird, untergeht.

b) Das BAG (GS) hatte sich erstmals mit Beschl. v. 25.9.1957 (BAGE 5, 1ff.) mit der Arbeitnehmerhaftung zu befassen und sich – in Fortführung der Rechtsprechung des RAG[304] – bei gefahrgeneigter[305] Arbeit für eine Beschränkung der Haftung des Arbeitnehmers ausgesprochen (S. 1), „wenn und soweit ihm eine Belastung mit solchen Schadensersatzansprüchen deshalb nicht zugemutet werden kann, weil seine Schuld im Hinblick auf die besondere Gefahr der ihm übertragenen Arbeit nach den Umständen des Falles nicht schwer ist". Speziell zum Begriff der „Schuld" führte er aus (S. 18):

> „Der Sen. hat, um die arbeitsgerichtliche Rspr. nicht zu sehr bei der Rechtsfindung einzuengen, bewußt davon Abstand genommen, hier die Begriffe von leichter und grober Fahrlässigkeit zu gebrauchen. In aller Regel wird bei leichter Fahrlässigkeit der Haftungsausschluß Platz greifen und bei grober nicht. Da es aber nicht undenkbar ist, daß das von der Rspr. bei der Lehre vom Ausschluß und der Minderung der Haftung des ArbN gegenüber dem ArbG betonte aus der menschlichen Unzulänglichkeit erklärbare typische Abirren der Arbeitsleistung sich auch einmal als ein grober Fehler darstellt, hat der Große Senat es vermieden, die herkömmlichen Begriffe von leichter und grober Fahrlässigkeit zu gebrauchen (...). Der Große Senat hat es daher vorgezogen, den unverbrauchten und den Rechtsgenossen verständlichen subjektiv getönten Ausdruck der „nicht schweren Schuld" zu wählen. Er wollte damit nicht etwa einen neuen Verschuldensbegriff prägen, was aus Gründen der Rechtssicherheit entschieden abgelehnt werden müßte (...). Vielmehr sollte durch diese Fassung der künftigen Rspr. auf diesem Gebiet möglichst viel Spielraum gelassen werden".

---

304 ARS 30, 1ff.; 41, 55ff. im Anschluß an das ArbG Plauen, ARS 29, 62.

305 Die Haftungsprivilegierung für Arbeitnehmer gilt seit dem Beschl. d. GS d. BAG v. 27.9.1994 (NJW 1995, 210) für alle betrieblich veranlaßten Tätigkeiten.

Der Senat begründet (S. 5) die Haftungseinschränkung hinsichtlich innerbetrieblicher Schadensfälle mit der undogmatischen (Leer-)formel der Fürsorgepflicht des Arbeitgebers. Dadurch wird der Eindruck erweckt, diese Rechtsprechung diene allein schutzwürdigen Interessen des Arbeitnehmers. In Wirklichkeit aber hat der Senat einen nach der persönlichen Schuld des Arbeitnehmers abgestuften Sanktionsrahmen geschaffen. In die scheinbare Milde ist Schärfe geraten. Vorsatz und grobe Fahrlässigkeit verlangen danach eine Sanktion, wohingegen der mit einfacher Fahrlässigkeit Handelnde ungestraft davonkommt. Aber selbst im Falle grober Fahrlässigkeit anerkennt der Senat unter bestimmten Voraussetzungen noch einen „minderschweren Fall", mit der Folge, daß der Schädiger ausnahmsweise einmal nichts zu befürchten hat.

In der Folgezeit wurde der Haftungsmaßstab in Fortentwicklung des Beschl. des GS des BAG immer wieder von neuem modifiziert. Das Bemühen der Rechtsprechung, Schuld und Schaden aufeinander abzustimmen, erinnert an die Arbeit des Gesetzgebers, Strafgesetze unter Effizienzgesichtspunkten auszugestalten. Bereits anderthalb Jahre später hat der II. Senat des BAG in seinem Urteil v. 19.3.1959 (NJW 1959, 1796ff.) eine Dreiteilung des Verschuldens vorgenommen. Danach hat (S. 1796) ein Arbeitnehmer bei gefahrgeneigter Arbeit Schäden, die er *grob fahrlässig* verursacht, in aller Regel allein zu tragen; Schäden, die er bei gefahrgeneigter Arbeit nicht grob fahrlässig verursacht, sind bei *normaler Schuld* in aller Regel zwischen Arbeitnehmer und Arbeitgeber quotal zu verteilen, wobei die Gesamtumstände von Schadensanlaß und Schadensfolgen aus Billigkeitsgrundsätzen und Zumutbarkeitsgesichtspunkten abzuwägen sind; bei *geringer Schuld* des Arbeitnehmers hat der Arbeitgeber in aller Regel die Schäden allein zu tragen. Die Begründung der Haftungseinschränkung durch den Senat läßt die erzieherische Funktion, die dem Schadensersatz hier zukommt, deutlich werden. Der Senat führt aus (S. 1797 r. Sp):

> „Die Gesellschafts- und Sozialordnung kann ein solches gelegentliches Versagen des einzelnen nicht billigen, weil eine derartige Billigung dem Ordnungsprinzip widerstreiten würde, das grundsätzlich die Wahrung „der erforderlichen Sorgfalt" im Interesse eines gedeihlichen Zusammenlebens aller unerläßlich macht. Aber sie bringt für solches gelegentliches Versagen ein entschuldigendes Verständnis in der Form eines Verständnisgedankens auf".

Die Ausführungen bestätigen die eingangs aufgestellte These: das Interesse des Geschädigten an Schadensabnahme ist nur von weit untergeordneter Bedeutung, nur Reflex. Es wird zugunsten anderer sozialpolitischer Belange hintangestellt. Die Sicherstellung „gedeihlichen Zusammenlebens" ist ein Ordnungsziel primär des Straf- und nicht des Zivilrechts, bei dem es nur darum geht, einen zwischen zwei

Personen bestehenden Interessenwiderstreit aufzulösen.[306] Aus dem „Verständnisgedanken" heraus leitet der Senat sodann den dreigeteilten Fahrlässigkeitsbegriff ab, ohne auf den Widerspruch zu den §§ 276, 277 BGB überhaupt nur einzugehen. Als Ausgangspunkt diente dem Senat hierfür die „unglaubliche" Erwägung, daß „der Teil, der rechtswidrig und schuldhaft handelt, immer noch gegen die Rechtsordnung und gegen das Ordnungsgefüge der Gemeinschaft verstößt, während sich derjenige, der gefahrgeneigte Arbeit von einem anderen für sich verrichten läßt, innerhalb dessen hält, was die Rechts- und Gemeinschaftsordnung billigt". Hieraus schließt er unter Rückgriff auf rechtsethische Erwägungen (S. 1797 r. Sp./1798 l. Sp.):

> „Dieser Gesichtspunkt gebietet es, auch bei schuldhafter Schadensverursachung durch den ArbN im Rahmen von schadensgeneigter Arbeit dem Verständnisgedanken bestimmte Grenzen, eine Art Toleranzgrenze, zu ziehen, zumal anderenfalls sehr leicht schlechthin Unordnung und Leichtsinn einreißen kann. Die Toleranzgrenze liegt dort, wo andere Gesichtspunkte es kraft ihres Übergewichtes verbieten, den ArbN bei schuldhafter Schadensverursachung im Rahmen von schadensgeneigter Arbeit zu entlasten. Namentlich die Bedeutung der Aufrechterhaltung einer allgemeinen schadensfreien Ordnung im Interesse aller, der Abschreckung vor einem „Sich-gehen-lassen", der Bewahrung der dem ArbN anvertrauten – oft wertvollen – Güter des ArbG vor vermeidbaren Schäden sowie auch ein Gerechtigkeitsprinzip und das sich daraus ergebende *Sühneprinzip*[307] ganz allgemein verbieten es in aller Regel, den Verständnisgedanken dort zum Tragen und demjenigen zugute kommen zu lassen, der gegen die im Verkehr und im Arbeitsleben erforderliche Sorgfalt grob verstößt, der also „grobfahrlässig" oder, um mit dem Gr.Sen. (BAGE 5, 1 (18) = NJW 58, 235) zu sprechen, mit „schwerer Schuld" handelt. Wenn unsere Rechtsordnung schon denjenigen, der nicht schlechthin jede Fahrlässigkeit zu vertreten hat, sondern nur für sog. „Sorgfalt in eigenen Angelegenheiten" haftet, von einer Haftung für grobe Fahrlässigkeit nicht befreit (§ 277) BGB, so ist das eine Regelung, die auf denselben Gesichtspunkten beruht, nämlich denjenigen, daß die Gerechtigkeit, der daraus sich ergebende *Sühnegedanke*[308] und die allgemeine Ordnung es gebieten, denjenigen, der grob gegen die durch das menschliche Zusammenleben gebotenen Sorgfaltspflichten verstößt, für die Folgen eines solchen gemeinschaftswidrigen Verhaltens auch haften zu lassen. Dieser Gedanke muß umso mehr zum Tragen kommen, wenn in Betracht gezogen wird, daß die Freistellung des ArbN von der Schadenshaftung bei gefahrgeneigter Arbeit letzten Endes nicht auf einer Billigung durch die Rechtsordnung, sondern lediglich auf einem Verständnisgedanken beruht. Darin unterscheidet sich das Prinzip des innerbetrieblichen Schadensausgleichs bei schadensgeneigter Arbeit von dem in § 277 BGB niedergelegten Gedanken immerhin ..."

---

[306] Vgl. dazu oben § 3 I 1 b.

[307] Herv. v. mir.

[308] Herv. v. mir.

Die Interdependenz von Schadensersatzpflicht bzw. -umfang und individueller Täterschuld widerstreitet dem Prinzip, daß auf Bereichen, auf denen Schäden wie hier massenhaft auftreten, diese in wahrer Vervollkommnung des Ausgleichsgedankens regelmäßig von einem kollektiven Schadensträger[309] (z. B. Versicherungen) aufgefangen werden und die Aspekte der Sanktion und Prävention nur mittelbar über ein Bonus-Malus-System zum Tragen kommen. Daß es doch letztendlich niemals nennenswerte Bemühungen gegeben hat, die individuelle Haftung des Arbeitnehmers durch einen Versicherungsschutz zu ersetzen,[310] mag an der Eigenart liegen, in der sich Schädiger und Geschädigter hier gegenüberstehen. In das Bild ihrer engen personellen Verbundenheit paßt die Schadenswiedergutmachung durch Dritte nicht, es ziemt sich vielmehr, der Verständnisgedanke suggeriert dies, den Schaden eigenhändig wiedergutzumachen. Nur so wird dem vom Senat angesprochenen Sühnebedürfnis Befriedigung zuteil.

Die Erziehungsfunktion der Arbeitnehmerhaftung hat das BAG auch in der Folgezeit immer wieder betont, so etwa besonders deutlich der I. Senat in seinem Urteil v. 10. 3. 1961 (BB 1961, 639):

> „Die Ansicht, daß eine Haftungsbefreiung bei grob fahrlässigem Verhalten des schädigenden ArbN in aller Regel nicht in Betracht kommen kann, ist beizubehalten; denn sie ist sozial gerecht ... Soll trotz Vorliegens grober Fahrlässigkeit im Ausnahmefall wegen Fehlens schwerer Schuld einmal etwas anderes gelten, so müssen die Verhältnisse schon ganz außergewöhnlich liegen. Es müssen insbesondere gewichtige Umstände vorliegen, die das grob fahrlässige Verhalten des ArbN bis zu einem gewissen Grade entschuldbar erscheinen lassen. Andernfalls würde ein zu starker Anreiz für leichtsinniges Verhalten gegeben".

Selbst die Arbeitgeber, die als Geschädigte doch ein ureigenes Interesse am vollen Schadensausgleich haben müßten, führen bei der rechtspolitischen Diskussion um die teilweise Enthaftung des Arbeitnehmers erstaunlicherweise altruistisch gefärbte Argumente ins Feld. Die ablehnende Stellungnahme der Bundesvereinigung der Deutschen Arbeitgeberverbände[311] zum Entwurf der Arbeitsgesetzkommission für ein Arbeitsgesetzbuch (allgemeines Arbeitsvertragsrecht), den der Bundesminister für Arbeit und Sozialordnung im September 1977 veröffentlicht hat und der eine Beschränkung der Arbeitnehmerhaftung auf Vorsatz und grobe Fahrlässigkeit vorschlägt, verdeutlicht dies. Sie hat beanstandet, die vorbeugenden Funktionen einer

---

[309] Vgl. dazu oben § 4 VI 1.

[310] Zur Realisierbarkeit einer Versicherungslösung krit. *Buchner*, RdA 1972, 153 ff., 158 ff.

[311] Stellungnahme zum Entwurf der Arbeitsgesetzbuchkommission für ein Arbeitsgesetzbuch – Allgemeines Arbeitsvertragsrecht. Bundesvereinigung der Deutschen Arbeitgeberverbände. (Köln, September 1977), 16 f.

Haftung, zur Sorgfalt anzuhalten, Schäden des Arbeitgebers und von Dritten zu vermeiden und die mit solchen Schäden verbundenen Unfall- und Gesundheitsgefahren einzuschränken, seien nicht mehr gewährleistet; die Schaffung eines Haftungsfreiraumes für Fahrlässigkeit fördere den unsorgfältigen Umgang mit Fahrzeugen, Maschinen und anderen Arbeitsmitteln; die wirtschaftlichen Auswirkungen beträfen Arbeits- und Produktqualität und berührten damit auch das allgemeine Konsumenteninteresse; der Verlust der präventiven Funktionen der Haftung stehe auch im Widerspruch zu den Eigeninteressen der Arbeitnehmer, weil hierdurch Unfallgefahren im Rahmen der kollegialen Zusammenarbeit wüchsen; schließlich könne eine Privilegierung des Arbeitnehmers im Bereich der Fahrlässigkeit auch im *außerbetrieblichen Bereich*[312] Folgen haben und z. B. bei der Teilnahme des Arbeitnehmers am Straßenverkehr zu einer Beeinträchtigung der Verkehrssicherheit führen.

Damit wird nochmals klar: es geht nicht um Wertausgleich, sondern der Schadensersatz dient allein dazu, diszipliniertes Verhalten zu erzwingen. Dies ist so offensichtlich, daß sich *Gamillscheg* auf dem 45. Deutschen Juristentag, der sich 1964 in Karlsruhe mit der Arbeitnehmerhaftung befaßte, in seinem Referat zur Frage: „Empfiehlt es sich, die Haftung des Arbeitnehmers gegenüber dem Arbeitgeber abweichend vom Schuldrecht des BGB zu regeln?“ dafür aussprach, die Schadenshaftung zur Verstärkung der Abschreckungswirkung durch Ordnungsstrafen (Vertragsstrafen) oder Betriebsbußen zu ersetzen.[313] Soweit am Schadensersatz als Mittel zum selben Zweck dennoch festgehalten wird, geht dies einher mit der Forderung nach einer „fühlbaren“ Haftung des Schädigers.[314] Ein vom Bundesministerium für Arbeit und Sozialordnung im Jahre 1970 vorgelegter Entwurf zur gesetzlichen Regelung der Arbeitnehmerhaftung[315] sah gar eine Höchstgrenze des Sanktionsumfangs auf drei Monatsverdienste vor, was die Funktion des Schadensersatzes als Disziplinierungsmittel nochmals unterstreicht, und es fehlt nicht an Stimmen, die sogar das bisherige Verhalten des Arbeitnehmers bei der Festsetzung des Umfangs der Sanktion berücksichtigt wissen möchten;[316] Strafschärfung also

---

[312] Herv. v. mir.

[313] Verhandlungen des 45. DJT, Sitzungsberichte G, G 30, 31; 80, 81 mit zust. Kritik *Oehmann*, Verhandlungen des 45. DJT, Sitzungsberichte G, G 55 sowie *Klingmüller*, Verhandlungen des 45. DJT, Sitzungsberichte G, G 63 und abl. Kritik *Mayer-Maly*, Verhandlungen des 45. DJT, Sitzungsberichte G, G 44, 45 sowie *Schröder*, Verhandlungen des 45. DJT, Sitzungsberichte G, G 74; vgl. zur Betriebsbuße oben § 3 I 2 b cc.

[314] So etwa der DGB-Vorschlag zur Änderung und Ergänzung arbeitsrechtlicher Schadensersatz- und Obhutspflichten, AuR 1969, 210, 212.

[315] RdA 1971, 355, 356; vgl. ferner die Vorschläge des DGB zur Änderung und Ergänzung arbeitsrechtlicher Schadensersatz- und Obhutspflichten, AuR 1969, 210, 211.

[316] Vgl. nur BAG NJW 1995, 210, 213; BAG NZA 1998, 140, 141; BAG VersR 1998, 895, 896; *Schnorbus*, MDR 1994, 961 ff., 964; *Peifer*, ZfA 1996, 69 ff., 73.

für „Wiederholungstäter", ein bislang nur vom Strafrecht her bekannter Grundsatz. Die Täterbezogenheit der Aspekte von Sanktion und Prävention verbietet eine allgemeingültige Quantifizierung dieser Kriterien. Schuld und Schaden in Einklang zu bringen erfordert eine rechtsethische Einzelfallbewertung, die über restliche Zweifel niemals erhaben ist. Die Diskontinuität in der weiteren Entwicklung der Rechtsprechung ist Ausdruck dieser Erkenntnis. Im Jahre 1983 ist der VII. Senat des BAG von der bis dahin in der Rechtsprechung vorgenommenen Dreiteilung der Fahrlässigkeit abgerückt, hat die Haftung des Arbeitnehmers auf vorsätzliches und grob fahrlässiges Verhalten beschränkt und dies im wesentlichen damit begründet, daß Schäden, die ihre Ursache unterhalb der Schwelle grob fahrlässigen Verhaltens haben, zu dem Betriebsrisiko des Arbeitgebers gehören.[317] Nicht einmal vier Jahre später hat der inzwischen für Haftungsfragen zuständig gewordene VIII. Senat des BAG diese Rechtsprechung des VII. Senats in mehreren Entscheidungen[318] aufgegeben und ist stattdessen wieder zur dreigeteilten Fahrlässigkeit zurückgekehrt, nachdem kurze Zeit vorher sich der 56. Deutsche Juristentag 1986 in Berlin erneut mit der Problematik der Arbeitnehmerhaftung beschäftigt hat und seine Teilnehmer sich mit großer Mehrheit ebenfalls für eine Abstufung der Haftung nach Verschuldensgraden entschieden hatten.[319] Der Senat sah sich zu dieser Umkehr gezwungen, weil nach seinem Dafürhalten der VII. Senat die Grenzen erlaubter richterlicher Rechtsfortbildung überschritten habe, weshalb er sich außerstande sah, diese Rechtsprechung fortzuführen.[320]

c) Wir haben bereits oben darauf hingewiesen, daß sich die Grundsätze des innerbetrieblichen Schadensausgleichs ganz ohne Rest niemals in die Systematik der Schadensersatzordnung einfügen lassen. Dies ist aber nur die logische Folge einer vom falschen Standpunkt aus geführten Diskussion. *Bockelmann* hat in ihrem Beitrag: „Die Haftung des Arbeitnehmers – Schadensausgleich oder (notwendige) Erziehungsmaßnahme? –" schon im Jahre 1972 darauf hingewiesen, daß die eigentliche Tragweite und Bedeutung der Arbeitnehmerhaftung erst erkannt werde, wenn man sie „nicht mehr am BGB, sondern an sich selbst mißt".[321] Macht man sich dies zu eigen, so erscheint die Arbeitnehmerhaftung in der Tat in einem völlig neuen

---

[317] Urt. v. 23.3.1983 (BB 1983, 1157ff.); eine Beschränkung der Arbeitnehmerhaftung auf Vorsatz und grobe Fahrlässigkeit sah auch der im Jahr 1977 veröffentlichte DGB-Entwurf für ein neues Arbeitsverhältnisrecht vor, RdA 1977, 166, 169.

[318] Urt. v. 24.11.1987 (SAE 1988, 285 ff. m. Anm. *Walker*) und Urt. v. 24.11.1987 (SAE 1989, 248ff. m. Anm. *Buchner*).

[319] 56. DJT (Bd. II, München 1986, Sitzungsberichte, N, N 209, Beschluß A 9).

[320] Vgl. hierzu *v. Hoyningen-Huene*, BB 1989, 1889ff., 1893, der bezweifelt, daß die Rspr. des VIII. Sen. mit dem BGB eher in Einklang steht als die des VII. Sen.

[321] ZRP 1972, 283ff., 284.

Licht, und es öffnet einem den Blick für das, was sie wirklich ist: ein eigenständiges Haftungssystem, das nicht dem Ausgleichsgedanken verpflichtet ist, sondern final darauf abzielt, die Arbeitnehmerschaft zur Ordnung zu rufen.

XII. Der Schadensersatzanspruch gemäß § 33 GWB als Mittel der Sanktion zur Durchsetzung des Rechts gegen Wettbewerbsbeschränkungen

a) Von der Rechtsprechung bewußt instrumentalisiert wird der Schadensersatz auf dem Gebiet des Kartellrechts. Die Gewährleistung funktionsfähigen Wettbewerbs erfordert eine wirksame Bekämpfung wettbewerbswidriger Verhaltensweisen. Es gilt heute als geklärt, daß von dem zur Verfügung stehenden Sanktionsarsenal die zivilrechtlichen Sanktionen am geeignetsten sind, um dieses Ziel zu erreichen, denn: Wettbewerbsverstöße treten einerseits massenhaft auf, der jeweils angerichtete Schaden beim Betroffenen jedoch ist zuweilen gering. Andererseits aber akkumulieren sich die unzählbaren einzelnen Schadensposten schnell zu einem gefährlichen Sozialschaden, was zu einer empfindlichen Verzerrung des Wettbewerbs führen kann. Alle Bemühungen haben deshalb dort anzusetzen, wo die wettbewerbswidrige Handlung geschieht und sich zuallererst auswirkt: im Klartext bedeutet dies die Intensivierung privater Durchsetzungmechanismen – wie sie im Antitrustrecht der Vereinigten Staaten eine zentrale Rolle spielen[322] –, was bedingt, daß dem unmittelbar Betroffenen die hierfür notwendigen Anreize verschafft werden, damit dieser den „Schadensfall" vor Gericht bringt. An Vorschlägen, wie solche Maßnahmen in concreto auszusehen haben, hat es in letzter Zeit nicht gefehlt. *Steindorff* beispielsweise hat sich in einer rechtsvergleichenden Studie[323] aus dem Jahre 1974, die er im Auftrag des Bundesministers der Justiz für die Zwecke der Gesetzgebung zum Wirtschaftsstrafrecht erarbeitet hat, in Anlehnung an das US-amerikanische Antitrustrecht für eine Verstärkung der Sanktionswirkung des Schadensersatzrechts u.a. durch eine großzügige Bejahung der Schutzgesetzeigenschaft (vgl. § 33 S. 1 GWB; (§ 35 I 1 GWB a.F.)) der wettbewerbsrechtlichen Ge- und Verbotsnormen sowie für erhebliche Erleichterungen beim Schadensnachweis ausgesprochen. Tatsächlich hat sich etwa 15 Jahre nach Inkrafttreten des Gesetzes gegen Wettbewerbsbeschränkungen im Jahre 1957 eine dahingehende Tendenzwende abgezeichnet, in deren Verlauf die gerichtliche Praxis Ansätze für ein dynamisches[324]

---

322 Vgl. hierzu nur *Steindorff*, ZHR 138 (1974), 504ff.

323 ZHR 138 (1974), 504ff.

324 Vgl. hierzu oben § 3 I 1 c cc (2) Graphik 3.

Schadensrecht entwickelt hat.[325] Von einer Amerikanisierung zu sprechen ginge sicherlich zu weit, doch ist unverkennbar, daß die Rechtsprechung das Schadensersatzrecht in Richtung Ausweitung des Privatrechtsschutzes entwickelt hat.

b) Eingeleitet wurde diese Wende durch die grundlegende und rechtsfortbildende Entscheidung des BGH (Kartellsenat) v. 4.4.1975 (BGHZ 64, 232ff.; „Krankenhauszusatzversicherung"), in der dieser erstmals die Schutzgesetzeigenschaft des § 1 GWB a.F., die bei dieser Norm, weil sie ihrem Wortlaut nach lediglich die Unwirksamkeit von Kartellverträgen anordnet und kein Verbot des Abschlusses und der Ausführung solcher Verträge enthält, am meisten umstritten[326] ist, anerkannt hat. Gegenstand des Verfahrens bildete ein Unterlassungsbegehren gegen vier private Krankenversicherer und zwei Ersatzkassen, die eine bevorzugte Vermittlung von Krankenhauszusatzversicherungen an die Ersatzkassenmitglieder vereinbart hatten. Die beiden bekl. Ersatzkassen hatten einen Bestand von insgesamt etwa zehn Millionen Versicherten. Von diesem Markt fühlten sich die Kl. – mehrere andere private Krankenversicherungsunternehmen – durch diese Vereinbarung ausgeschlossen. Der Senat hielt dieses Begehren nach Maßgabe der §§ 1, 38 I Nr. 1[327] i.V.m. § 35[328] GWB a.F. für begründet und verzichtete ausdrücklich auf eine Heranziehung der an sich naheliegenderen Ansprüche aus § 1 UWG (Fallgruppe: „Marktstörung[329]") oder §§ 26 II[330] i.V.m. 35 GWB a.F. Zum Schutzgesetzcharakter des § 1 GWB führte der Senat zunächst allgemein aus (S. 237):

> „Ein Schadensersatz- oder Unterlassungsanspruch kann auf § 35 I (scl.: 33 S. 1 GWB) nur insofern gestützt werden, als die verletzte Vorschrift den Schutz eines anderen bezweckt. Ob dies im Fall des § 1 GWB zutrifft, läßt sich nicht allgemein sagen, muß vielmehr für den einzelnen Fall anhand der genannten Vorschrift entschieden werden. Ebenso wie bei der Deliktsnorm des § 823 II BGB kann § 35 I (scl.: 33 S. 1 GWB) nur dann als Grundlage eines Schadensersatz- oder Unterlassungsanspruchs in Verbindung mit einer anderen Vorschrift in Betracht kommen, wenn die betreffende Vorschrift in Form eines bestimmten Gebots oder Verbots (GRUR 1962, 159, 162; NJW 1965, 2007) den Schutz eines bestimmten Personenkreises umfaßt und gegen eine näher bestimmte Art der Schädigung eines im Gesetz festgelegten Rechtsguts oder Individualinteresses gerichtet ist".

---

[325] *Immenga/Mestmäcker/Emmerich*, GWB, § 35 Rdnr. 14.

[326] Vgl. die Nachw. bei *Benisch* in GK, GWB, § 35 Rdnr. 7; durch die 6. GWB-Novelle v. 1.1.1999 dürfte sich dieser Streit zumindest entschärft haben, da § 1 GWB n. F. nunmehr ein echtes Verbot enthält.

[327] Nunmehr § 81 I Nr. 1 GWB.

[328] Nunmehr § 33 GWB.

[329] Vgl. *Schwintowski*, 301.

[330] Nunmehr § 20 I, II GWB.

Sodann bejahte er die Schutzgesetzeigenschaft des § 1 GWB über eine folgenorientierte Dogmatik[331] (S. 238):

> „Angesichts der Bedeutung, die dem Kartellverbot nach dem Gesetz in der Wirtschaftsordnung, insbesondere der machteinschränkenden Kontrolle eines gemeinsam vereinbarten Verhaltens auf dem Markt zukommt, genügt in einem Fall dieser Art die Rechtsschutzverweigerung allein, wie sie im § 1 GWB zum Ausdruck kommt, und die Bußgeldandrohung wegen einer Ordnungswidrigkeit (§ 38 I Nr. 1 (scl.: 81 I Nr. 1 GWB)) nicht. Mangels eines außerkartellrechtlichen Deliktsschutzes in diesem Interessenbereich, etwa aus dem Gesichtspunkt des Eingriffs in den eingerichteten und ausgeübten Gewerbebetrieb, und mangels eines hinreichenden kartellrechtlichen Deliktsschutzes im vorliegenden Fall ist auch aus deliktsrechtlicher Sicht ein solcher Schutz derjenigen *gesetzestreuen*[332] Wettbewerber geboten, auf deren Kosten die Abschnürung des Marktzutritts durch die Bekl. vollzogen wird".

Der erste Teil der Entscheidungsgründe vermittelt den Eindruck, als wäre das vom BGH gefundene Ergebnis die Folge tatbestandsmäßiger Subsumtion. In Wirklichkeit aber hat der Senat die im Rahmen des § 823 II BGB gebotene Differenzierung zwischen individual- und institutionenschützender Norm überhaupt nicht vorgenommen, sondern stattdessen frei von dogmatischem Beiwerk rechtspolitisch entschieden. Nicht das Bedürfnis nach Reparation eines Schadens, sondern ein *Sanktions- und Rechtsschutzdefizit* im Kartellrecht zwangen den Senat zu diesem Ergebnis, mit dem der einzelne zum „Funktionär der Rechtsordnung" gemacht wird. Ziel ist die dezentrale Durchsetzung des Kartellrechts mittels Rechtsverfolgung durch Private, weshalb der Senat auch ausdrücklich darauf hinweist (S. 238), daß ein Unternehmen, das die Gefährdung seiner Interessen am freien Wettbewerb zu besorgen hat, sich „nicht allein auf das Eingreifen der zuständigen Kartellbehörde verweisen zu lassen braucht". Besonders deutlich wird die Rechtsdurchsetzungsfunktion des Schadensersatzrechts in einem Beschluß des KG,[333] in dem das Gericht offen ausgesprochen hat, daß „§ 1 GWB nur dann als Schutzgesetz eingreift, wenn es an einem anderen Rechtsschutz fehlt"; weil im konkreten Fall für den Bf. anderweitige zivilrechtliche Möglichkeiten bestanden, sein Begehren durchzusetzen, hat das Gericht deshalb den Schutzgesetzcharakter des § 1 GWB für diesen Einzelfall verneint. Mangels näherer Präzisierung des durch das Kartellverbot geschützten Personenkreises durch den BGH bleibt unklar, ob der Senat den kartelldeliktsrechtlichen Schutz auch auf den *Endverbraucher* auszudehnen bereit

---

[331] Zur grundsätzlichen Problematik folgenorientierter Dogmatik vgl. aus systemtheoretischer Sicht *Luhmann*, Rechtssystem, insbes. 31 ff.

[332] Herv. v. mir.

[333] WuW/E OLG 1903 ff., 1905; (Beschl. v. 7.9.1977).

ist, was erst zu einer Präventionswirkung auf breiter Front führen würde. Tendenzen in diese Richtung ergeben sich jedoch aus einer Entscheidung v. 25. 1. 1983 desselben Senats (BGHZ 86, 324ff.; „Familienzeitschrift"),[334] in der der BGH erstmals auch die *Marktgegenseite* in den Schutzbereich des § 1 GWB einbezogen hat.[335] Mehrere Zeitungsverleger und Zeitungsdruckereien trafen bundesweit boykottähnliche Absprachen, um das Erscheinen der lokalen Familienzeitungen zu verhindern, woraufhin der Kl., eine Verlagsgesellschaft, die Druckverträge gekündigt wurden. Der Senat gab dem Schadensersatzbegehren der Kl. aus §§ 1, 38 I Nr. 1, 25 I[336] i. V. m. 35 GWB a. F. statt. Zur Schutzgesetzproblematik führte er aus (S. 330):

> „Aus den in der Entscheidung angeführten Gründen folgt, daß die Marktgegenseite jedenfalls dann und insoweit geschützt ist, als sich die Kartellabsprache oder das abgestimmte Verhalten gezielt gegen bestimmte Abnehmer und Lieferanten richtet. Das ist hier der Fall. Die – hier zu unterstellende – bundesweit organisierte Beschränkung des freien Wettbewerbs sollte die Rechtsvorgängerin der Klägerin treffen und dieser den Marktzutritt unmöglich machen".

Um den Schutz der Marktgegenseite ging es auch in einer Entscheidung des OLG Frankfurt:[337] Die Bekl. (Sparkasse) vereinbarte mit einer Wohnbau-GmbH ein sog. negatives Bietabkommen (pactum de non licitando), in dem sich die Bekl. verpflichtete, im Versteigerungstermin nicht mitzubieten, um Grundstücke zum Mindestgebot zu erwerben. Der Kl. und Vollstreckungsschuldner begehrte Schadensersatz aus §§ 1, 35 GWB a. F. Der Senat bejahte unter ausdrücklicher Aufgabe seiner anderslautenden früheren[338] Rechtsprechung den Schutzgesetzcharakter des § 1 GWB a. F. zugunsten des auf der Marktgegenseite stehenden Kl., weil „die Lage nicht anders ist als bei den Submissionskartellen,[339] vor deren Auswirkungen vor allem diejenigen zu schützen sind, welche Leistungen zur Submission ausschreiben". Auf derselben Linie liegt die Entscheidung des OLG Bremen v. 20. 4. 1989 (WuW/E OLG 4478ff.; „Versteigerung der Käuferposition"): Mehrere Personen interessierten sich als potentielle Käufer für die Übernahme eines maroden Unternehmens. Nach anfänglichem Wettbewerb setzten sie intern Kaufpreis und Käufer fest und „versteigerten" untereinander die Käuferposition. Der Auserkorene erwarb das Unternehmen und bezahlte an seine ehemaligen Wettbewerber Abfindungen von insgesamt DM 600000. Der Kl., Konkursverwalter, begehrte von den Bekl. wegen

---

[334] Restriktiv dagegen OLG Düsseldorf WuW/E OLG 4454.

[335] Zuletzt BGHZ 96, 337ff., 351 in einem obiter dictum.

[336] Nunmehr § 1 GWB.

[337] WuW/E OLG 4475ff., 4477; (Urt. v. 26. 1. 1989).

[338] OLG Frankfurt, WuW/E OLG 1615ff.

[339] Für Schutzgesetzcharakter des § 1 GWB bei Submissionskartellen schon BGHSt 16, 367; OLG Celle, WuW/E OLG 559, 561.

der Bieterabsprache Schadensersatz in dieser Höhe aus §§ 35 I 1, 1 I 1 GWB a.F., 830, 840 BGB. Der Senat bejahte die Schutzgesetzeigenschaft des § 1 GWB a.F. zugunsten der Marktgegenseite mit den Worten (4480):

> „Durch den Abschluß des Kartellvertrages im Sinne des § 1 I 1 GWB hat der Bekl. zu 1 gegen eine den Schutz des Kl. als der Marktgegenseite des Nachfragekartells bezweckende Vorschrift verstoßen (§ 35 I 1 (scl.: 33 S. 1 GWB)). § 1 GWB muß für die Fallgestaltung, wie sie hier vorgelegen hat, als Schutzgesetz angesehen werden, weil die Rechtsschutzverweigerung allein, wie sie in § 1 GWB zum Ausdruck kommt, und die Bußgeldandrohung wegen einer Ordnungswidrigkeit (§ 38 I Nr. 1 (scl.: 81 I Nr. 1 GWB)) mangels eines außerkartellrechtlichen und eines hinreichenden kartellrechtlichen Deliktsschutzes in diesem Fall nicht genügen würden (vgl. BGHZ 64, 232, 237f; 86, 324, 330), denn die bloße Feststellung der kartellrechtlichen Unwirksamkeit würde dem Kl. als der Marktgegenseite nichts nützen, insbesondere auch nicht die *Wiederholung dieses Verhaltens in anderen Fällen*[340] verhindern".

Der letzte Halbsatz dieses Teils der Entscheidungsgründe belegt nochmals sehr deutlich die auf dem Wettbewerbssektor dem Schadensersatzrecht übertragene Funktion eines Ordnungsinstruments mit generalpräventiver Wirkung. Die Qualifizierung der Norm als Schutzgesetz erfolgt nicht mehr in Auseinandersetzung mit ihrer Schutzzielrichtung, sondern rein nach Zweckmäßigkeitskriterien, wobei die Rechtsprechung umso eher geneigt ist, die Schutzgesetzeigenschaft zu bejahen, je krimineller die Schädigungsart ist. Die Bejahung des Schutzgesetzcharakters des § 1 GWB ist von allen Normen des GWB am problematischsten, weil sie nach ihrem eindeutigen Wortlaut keinerlei Anhaltspunkte für einen Drittschutz enthält. Sie hat deshalb Schrittmacherfunktion hinsichtlich aller übriger Normen des GWB. In demselben Maße wie die Rechtsprechung zunehmend Normen des GWB in Schutzgesetze verwandelt, wird die Grenze zwischen Institutionen- und Individualschutz verwischt. Dann aber ist es nur noch eine Frage des Geschmacks, ob man an der Voraussetzung für den Schadensersatzanspruch, daß eine dem Schutze einer verletzten Person dienende Norm verletzt worden ist, überhaupt noch festhalten will. Von der Zulassung der präventiv wirkenden Endverbraucherklage – vergleichbar der consumer action im US-amerikanischen Antitrustrecht – ist man dann nicht mehr weit entfernt. Zwar gestaltet sich der Schadensnachweis bei Personen, die von der wettbewerbswidrigen Handlung nur reflexartig betroffen sind, besonders schwierig. Dies ist für den BGH aber kein Grund, bei der Schutzgesetzqualifizierung restriktiv zu verfahren. Bereits in dem eingangs besprochenen „Krankenhauszusatzversicherungs-Urteil" hat der Senat im Zusammenhang mit der Schutzgesetzproblematik bei § 1 GWB festgestellt (S. 238):

---

[340] Herv. v. mir.

> „Daß beim Schadensersatzanspruch die Feststellung des Ausmaßes des Schadens unter Umständen gewisse Schwierigkeiten bereiten kann, ist kein durchgreifender Gesichtspunkt gegen diese Auslegung, weil Schwierigkeiten dieser Art im Wettbewerbsrecht auch sonst auftreten können".

Damit zeigt der Senat zugleich die Bereitschaft, im Interesse der Schaffung und Durchsetzung individueller Schadensersatzansprüche bei der Erkenntnis eines Schadens und seines Nachweises großzügig zu verfahren. Wenn auch für die Schadensberechnung wettbewerbsrechtliche Besonderheiten, wie wir sie etwa bei Immaterialgüterrechtsverletzungen in Gestalt der dreifachen Schadensberechnungsmethode kennen,[341] nicht gelten, so ist doch eine Entwicklung in diese Richtung auch hier nicht verkennbar. In diesem Zusammenhang ist der bereits erwähnte vom OLG Bremen[342] entschiedene Fall („Versteigerung der Käuferposition") richtungsweisend. Zur Schadensbezifferung führte der Senat aus (4480):

> „Durch das kartellrechtswidrige Verhalten des Bekl. zu 1 ist ein Schaden in Höhe von 600000 DM entstanden. Da v.W. bei der Versteigerung der „Käuferposition" 600000 DM über den Basispreis von 2950000 DM hinaus geboten hat, um das Unternehmen zu erwerben, entspricht es *dem natürlichen Gang der Dinge,*[343] daß er eben dieses Gebot auch abgegeben hätte, wenn nicht die „Käuferposition", sondern das Unternehmen selbst ausgeboten worden wäre; (...) Ob man dies als „Abfindung eines lästigen Gesellschafters" bezeichnen kann, kann offenbleiben, denn es geht nicht um Herausgabe einer Bereicherung oder Mehrerlösabschöpfung (§ 37b (scl.: 34 GWB)), sondern um Schadensersatz."

Ob es hier thematisch wirklich um Schadensausgleich geht, wie der Senat Glauben machen will, erscheint jedenfalls vom Standpunkt einer strengen Differenzlehre aus mehr als zweifelhaft. Nicht alles, was dem Schädiger durch die schädigende Handlung an Geldvorteilen zufließt, bedeutet zugleich einen Schaden beim Geschädigten in eben dieser Höhe. Eine solche pauschale Annahme ist reine Fiktion. Der Schadensersatz orientiert sich am Interesse des Geschädigten und nicht an der Bereicherung des Schädigers. Der Senat hat denn auch die §§ 249ff. BGB nicht einmal zitiert, sondern unter Hinweis auf den „natürlichen Gang der Dinge" pragmatisch entschieden. Die Entscheidung beruht auf dem natürlichen Empfinden, dem Schädiger keine Vorteile belassen zu wollen, die dieser aus kriminellen Machenschaften gezogen hat, weshalb der Senat das Schadensersatzrecht hier unterschwellig als Vorteilsabschöpfungsinstrument mißbraucht. Diese Funktion gebührt an sich

[341] Vgl. dazu Fallgruppe I (oben § 7 I).
[342] WuW/E OLG 4478ff.
[343] Herv. v. mir.

den §§ 81 II[344] GWB, 17 IV OWiG, die jedoch wegen ihrer geringeren Elastizität weit weniger effektiv sind;[345] zudem garantiert die zivilrechtliche Lösung durch ihre Aktivierung des Eigeninteresses der Betroffenen eine „flächendeckende" Durchsetzung des Wettbewerbsrechts. Der Geschädigte wird als Folge der Erleichterungen beim Schadensnachweis eher geneigt sein, gegen Wettbewerbsverletzungen vor Gericht zu gehen. Diese Art der Schadensberechnung, wie sie der Senat hier praktiziert, entspricht in der Sache der „dritten Schadensberechnungsmethode" bei Verletzung gewerblicher Schutzrechte, bei der die Rechtsprechung ebenfalls unter dem Titel des Schadensersatzes die Herausgabe des vom Schädiger durch die Rechtsgutsverletzung erwirtschafteten Gewinns an den Verletzten billigt.[346] Sie birgt aber auch Ansätze der „zweiten Schadensberechnungsmethode" in sich, weil immer dann, wenn Abstandszahlungen an die Scheinkonkurrenten ausnahmsweise einmal nicht erfolgt oder nicht nachzuweisen sind, nur noch die Möglichkeit einer an einem hypothetischen Wettbewerbspreis ausgerichteten pauschalierten Berechnung des Schadens analog der Lizenzgebühr verbleibt,[347] was vage Schätzungen miteinschließt, besonders dann, wenn eine Korrektur des Kartellpreises anhand des Marktpreises nicht in Betracht kommt, weil sich der Kartellpreis am Markt bereits (weitgehend) durchgesetzt hat. Andererseits wird der Vergleichsmaßstab des hypothetischen Wettbewerbspreises in Zukunft noch an Bedeutung gewinnen. Nachdem der II. Strafsenat des BGH im Jahre 1992[348] – ebenfalls über die Konstruktion eines hypothetischen Wettbewerbspreises – entschieden hat, daß Submissionsabsprachen nach § 263 StGB zu beurteilen sind, steht dem Geschädigten nunmehr eine weitere Anspruchsgrundlage (§§ 823 II BGB i.V.m. 263 StGB) beiseite,[349] und es ist zu erwarten, daß die Zivilgerichte einem auf diese Grundlage gestützten Begehren auch zum Erfolg verhelfen werden.

c) Eine Abkehr von der Differenzhypothese hin zu einem objektiven Schadensverständnis bedeuten auch die von der Rechtsprechung entwickelten besonderen Regeln bei Verstößen gegen das Boykott- und Diskriminierungsverbot (§§ 1, 21, 20 GWB) als den bei weitem wichtigsten Anwendungsfällen des § 33 GWB. Weil sich

---

[344] Ex-§ 38 IV GWB.

[345] Ähnliche Regelungen enthalten die §§ 73 I 2 StGB, 99 II OWiG, 8 I 1, 9 WiStG.

[346] Vgl. dazu Fallgruppe I (oben § 7 I).

[347] So wohl OLG Frankfurt, WuW/E OLG 4475ff., 4476f. (Urt. v. 26.1.1989), wo die Schadensberechnung (ausnahmsweise) unproblematisch war, weil zur Überzeugung des Gerichts feststand, daß die Bekl. ohne die Absprache ein um DM 400000 höheres Gebot abgegeben hätte.

[348] BGH NJW 1992, 921 (Urt. v. 8.1.1992).

[349] Vgl. ferner die durch das Ges. zur Bekämpfung der Korruption v. 13.8.1997 (BGBl. I, 2038) neu eingefügte Vorschrift des § 298 StGB. § 263 StGB wird durch § 298 StGB nicht verdrängt (*Tröndle/Fischer*, StGB, § 298 Rdnr. 1 a. E.).

dort die Schadensermittlung und -bezifferung äußerst schwierig gestaltet, greift die Sanktion des Schadensersatzes ohnehin nur, wenn man dem Gesperrten bzw. Diskriminierten gestattet, seinen Schaden nach Maßgabe der §§ 252 BGB, 287 ZPO zu pauschalieren, wobei als statistischer Anhaltspunkt ein Vergleich mit den Umsätzen und Gewinnen des betroffenen Unternehmens vor und nach dem Boykott oder mit Umsätzen und Gewinnen vergleichbarer Unternehmen in Betracht kommt.[350] Die nunmehr ständige Rechtsprechung[351] hat für diese Fälle jedoch zur effizienteren Durchsetzung von Kartellrecht die schadensrechtliche Sanktionsfolge nochmals dadurch verschärft, daß sie dem Geschädigten ein mittels des schadensersatzrechtlichen[352] Instrumentariums durchsetzbares „Recht auf Schadensverhütung"[353] zubilligt. Beispielhaft hierfür ist die Grundsatzentscheidung des BGH (Kartellsenat) v. 24.6.1965 (BGHZ 44, 279ff.; „Brotkrieg"): Die Bekl., die mit der Kl. in Geschäftsverbindung steht und diese mit Brot beliefert, stellte ihre Lieferung ein, weil die Kl. ihrer Forderung, das Brot zu einem bestimmten Preis zu verkaufen, nicht nachkam. Die Kl. begehrte gestützt auf §§ 25 I,[354] 26 I[355] i.V.m. 35 GWB a.F. u.a. Weiterbelieferung im üblichen Rahmen. Der Senat, der einen Verstoß gegen § 25 I GWB a.F. bejahte, führte zu den schadensersatzrechtlichen Folgen einer solchen Liefersperre zunächst in Einklang mit der schadensersatzrechtlichen Dogmatik aus (S. 282):

> „Insoweit könnte ihr in der Vergangenheit ein in Geld berechenbarer Schaden entstanden sein, weil ihr Absatz in Brot geringer oder für sie weniger vorteilhaft war, als er gewesen wäre, wenn die Bekl. weiter geliefert hätte. Nicht aber der Ersatz des aus der Liefersperre im Januar 1962 oder seither entstandenen Schadens, der nur ein Geldanspruch sein könnte, ist eingeklagt. Mit dem vom BerGe. zuerkannten Klaganspruch will die Kl. vielmehr erreichen, daß durch Fortsetzung ihrer Belieferung eine weitere Beeinträchtigung vermieden wird".

---

[350] *Immenga/Mestmäcker/Emmerich*, GWB, § 35 Rdnr. 84; zuweilen läßt die Rspr. auch die Tendenz zur Versagung der Vorteilsausgleichung erkennen, so in BGH BB 1990, 1727, 1728.

[351] BGHZ 36, 91ff., 100; BGHZ 41, 271ff., 280; 44, 279ff., 283; BGH NJW 1966, 1919, 1920; BGHZ 49, 90ff., 98; BGH NJW 1973, 280, 282; NJW 1976, 801, 803; GRUR 1980, 125, 128f.; OLG Düsseldorf, WuW/E OLG 2274, 2281; KG WuW/E OLG 2822ff., 2824; ausdrücklich die Art der Begründung offenlassend: BGH GRUR 1988, 642; dieser Linie überhaupt nicht folgend OLG Düsseldorf, WuW/E OLG 4481ff., 4484.

[352] Mit der Begründung als Unterlassunganspruch dagegen OLG Karlsruhe, WuW/E OLG 2085ff., 2091f.; 2217ff., 2223; KG WuW/E OLG 2210ff., 2212; OLG Düsseldorf, WuW/E OLG 3271; unklar in der Art der Begründung KG WuW/E OLG 2213.

[353] *Nipperdey*, Kontrahierungszwang, 57.

[354] Nunmehr § 1 GWB.

[355] Nunmehr § 21 I GWB.

Sodann stellte er fest (S. 283):

> „Wenn die Bekl. durch schuldhaften Verstoß gegen das Schutzgesetz des § 25 I (scl. 1 GWB) den rechtswidrigen Zustand herbeigeführt hat, so kann sie nach allgemeinen Grundsätzen des Schadensersatzrechts verpflichtet sein, diesen Zustand zu beseitigen (§ 249 S. 1 BGB; vgl. dazu Jahresbericht 1959 des BKartA, Deutscher Bundestag, 3. Wahlperiode, Drucksache 1791[356] S. 47 unter XVII; Antragsschrift des BKartA im Bußgeldverfahren Kart B 1/64 vor dem KG, WuW/E OLG 117; OLG Hamburg WuW/E OLG 352, 355; LG Hannover, WRP 1961, 88, 90). Hat also die Bekl. im Januar 1962 eine Lieferung unter Verstoß gegen § 25 GWB abgelehnt, so konnte die Kl. von ihr zunächst die *Nachholung* dieser Lieferung verlangen. Sollte aus diesem Vorfall zu folgern sein, daß die Bekl. auch künftig zur Belieferung nur unter Verstoß gegen § 25 GWB bereit wäre, so wird auch ein *Anspruch auf künftige Lieferung*[357] begründet sein können. Eine dahingehende Verurteilung würde für eine gegebenenfalls aus tatsächlichen Umständen zu begrenzende Zeit auszusprechen sein, wobei der Bekl. für den Fall, daß in Zukunft Tatbestandsvoraussetzungen entfallen sollten, die entsprechenden prozessualen Mittel auf Änderung des Urteils zur Seite stünden".

Die Verpflichtung des Bekl., mit dem Kl. zu kontrahieren, läßt sich schadensersatzrechtlich nicht begründen,[358] wobei dahinstehen kann, ob die Liefersperre dadurch erfolgt, daß unter Verstoß gegen §§ 25, 26 GWB a. F. eine bisher erfolgte Lieferung etwa im Rahmen eines Dauerschuldverhältnisses abgebrochen oder dadurch, daß eine Erstbelieferung verweigert wird, weil insoweit eine unterschiedliche Beurteilung sachlich nicht gerechtfertigt ist.[359] Zwar kennt das deutsche Recht als Sonderform des Schadensersatzes auch die Naturalrestitution durch Beseitigung, und der Senat meint damit den Kontrahierungszwang rechtfertigen zu können. Richtig wäre dies indes nur, wenn im Nichtabschluß des Vertrages ein Schaden liegt, was jedoch nicht eo ipso der Fall ist. Die Liefersperre kann lediglich Ursache für einen erst entstehenden und nachzuweisenden Schaden sein, nicht jedoch ist sie schon der Schaden selbst, denn sie bleibt vorerst ohne Rückwirkung auf das Vermögen des Geschädigten. In ihr selbst den Schaden zu sehen heißt, den Schaden vorzuverlegen vor die eigentliche Marktbetätigung, die allein Schutzgegenstand ist.[360] Mit herkömmlicher Schadensersatzdogmatik schwerlich vereinbar ist auch die vom BGH erwogene zeitliche Begrenzung des Kontrahierungszwangs. Eine schadensersatzrechtliche Einordnung dieser Rechtsprechung kann nur gelingen, wenn man den

---

[356] Druckfehler: es muß richtig lauten „1705".

[357] Herv. jew. v. mir.

[358] Auf das grundsätzliche Problem der Kollision mit dem Prinzip der Vertragsfreiheit kann hier nicht eingegangen werden, vgl. dazu etwa *Kilian*, ZHR 142 (1978), 453 ff., 480ff.

[359] A. A *Klaue*, ZHR 129 (1967), 159ff., 168, der jedoch zu Unrecht meint, daß auch der BGH eine dahingehende Differenzierung vornehme.

[360] So zu Recht *Klaue*, ZHR 129 (1967), 159ff., 168.

rechtswidrigen Zustand i. S. v. § 249 S. 1 BGB mit einem Schaden (dem Sozialschaden) gleichsetzt. Der Schadensersatzanspruch erhält so den Charakter eines zivilrechtlichen Folgenbeseitigungsanspruchs. Dies entspricht im wesentlichen der Lehre *Neuners*.[361] Dem Schadensersatzanspruch gebührt dann eine rechtsverfolgende Funktion, es geht um die Dokumentation der Rechtsverletzung und ihre Wiedergutmachung. Nur so erklärt sich, daß der Senat gar einen Anspruch auf Nachholung der verweigerten Lieferung zubilligt, obwohl in diesem Fall ein Ersatz (entgangener Gewinn, § 252 BGB) allenfalls noch in Form des Verzögerungsschadens (§ 286 I, §§ 326, 252 BGB) denkbar ist.[362] Nicht anders verhält es sich hinsichtlich des Anspruchs auf zukünftige Belieferung. Ein Fall des § 257 ZPO liegt zum einen offensichtlich nicht vor. Nach herkömmlichen Verständnis dient der Schadensersatz dem Ausgleich nachteiliger Vermögensfolgen, die der Geschädigte durch die schadensstiftende Handlung nachweislich *erlitten hat*, wohingegen die reine Verletzungshandlung, die nicht zu einem Schaden geführt hat, und der Versuch insoweit folgenlos bleiben und nur mit Mitteln des Straf- und Ordnungswidrigkeitenrechts geahndet werden. Der Senat räumt mittelbar selbst ein, daß der Schadensersatz hier nur den Zweck hat, die bloße Verletzungshandlung zu sanktionieren, wenn er einen Anspruch des Kl. auf zukünftige Belieferung im konkreten Fall mit folgender Erwägung verneint (S. 284):

> „Der jetzige Geschäftsführer der Bekl. war durch den Bußgeldbescheid vom 24. Oktober 1962 nachdrücklich darüber belehrt, daß er von der Kl. keine Preisbindungsverpflichtung verlangen durfte. Das BerGe. hat keine Feststellung darüber getroffen, daß die Bekl. zu der Zeit der Verhandlung vor dem Oberlandesgericht trotz der Gefahr weiterer Bußgeldbescheide noch, jetzt und für die Zukunft, an diesem Verlangen festhielt. Mangels solcher Feststellungen kann das Revisionsgericht nicht ohne weiteres davon ausgehen, daß die Bekl. mit ihrer Weigerung vor dem BerGe., dem Klagbegehren zu entsprechen, noch den Zweck verfolgte, und in Zukunft verfolgen würde, die Kl. „zu einem Verhalten zu veranlassen, das nicht zum Gegenstand einer vertraglichen Bindung gemacht werden darf" (§ 25 I (scl.: 1 GWB)). Verfolgte sie den gesetzwidrigen Zweck nicht mehr, so entfiel der Tatbestand des § 25 I (scl.: 1 GWB)".

Nur weil von der Bekl. ein gesetzeswidriges Verhalten nicht mehr zu befürchten war, sah der Senat keinen Anlaß mehr, gegen die Bekl. die Sanktion des Schadensersatzes zu verhängen. Damit hat er den Ausspruch dieser Sanktion abhängig gemacht von der rechtsethischen Bewertung des Täterverhaltens sowie der Tätergesinnung.

---

[361] Vgl. dazu oben § 4 II 2 a bb (1).

[362] So zu Recht *Immenga/Mestmäcker/Emmerich*, GWB, § 35 Rdnr. 83.

Bei strenger Bindung an den Ausgleichsgedanken hätte die Rechtsverletzung mangels schadensersatzrechtlicher Relevanz stattdessen rechtstechnisch exakt mit dem zur Verfügung stehenden öffentlich-rechtlichen Instrumentarium (Bußgeldverfahren gem. § 81 I GWB und Verwaltungsverfahren nach § 32 GWB) verfolgt werden müssen, deren Effizienz freilich weit geringer ist. Gerade das Untersagungsverfahren nach § 32 GWB findet in erster Linie gegen Systembehinderungen und -diskriminierungen Anwendung, von denen eine Vielzahl von Unternehmen betroffen sind,[363] weshalb die Kartellbehörde ein Einschreiten zugunsten eines volkswirtschaftlich unbedeutsamen Einzelfalls unter Verweis des Betroffenen auf den allgemeinen Zivilrechtsweg regelmäßig ablehnt.[364] Die Zuerkennung von Schadensersatzansprüchen bei Verstößen gegen die §§ 1, 21, 20 GWB zielt einzig auf die Wiederherstellung der Funktionsfähigkeit des Wettbewerbs. Dem entspricht es, daß der BGH die Zubilligung von Schadensersatz in Form der Lieferungsverpflichtung als Folge eines Verstoßes gegen § 20 I GWB lediglich mit dem Schutzzweck dieser Norm begründet, von dem er sagt, daß er „auf die Gleichheit der Marktchancen der „gleichartigen Unternehmen“ in ihrem Verhältnis zu den Normadressaten dieser Vorschrift – einschließlich der preisbindenden Unternehmen – gerichtet ist“.[365]

d) Als Instrument zur Durchsetzung von Geboten fungierte der Schadensersatz schließlich im Fall des 35 I 2 GWB a. F. Dies soll hier, da diese Bestimmung mangels praktischer Bedeutung[366] im Zuge der 6. GWB-Novelle ersatzlos gestrichen wurde, nur angedeutet werden.[367] Danach konnte, wenn vorsätzlich oder fahrlässig gegen eine aufgrund des § 27 GWB a.F.[368] erlassene Verfügung verstoßen wurde, der Geschädigte eine billige Entschädigung in Geld auch für Nichtvermögensschäden verlangen. In der amtlichen Begründung zu § 27 GWB a. F. heißt es:[369]

> „Durch eine Verfügung nach § 26 (scl.: § 27 GWB) kann jedoch die Kartellbehörde die öffentlich-rechtliche Pflicht begründen, dem Unternehmen den Beitritt zu gestatten. Zuwiderhandlungen führen *dann*[370] zu Schadensersatzansprüchen (§ 28) oder zu Geldbußen (§ 31 Nr. 3)“.

---

[363] Vgl. z. B. BGH WuW/E BGH 1429ff. („Asbach-Fachgroßhändlervertrag“); BGHZ 81, 322ff. („Original VW-Ersatzteile II“).

[364] Zur Zulässigkeit einer solchen Praxis vgl. BGHZ 51, 61ff., 67ff.; KG WuW/E OLG 1813ff., 1815f.

[365] BGHZ 49, 90ff., 99 (zu § 26 II GWB a. F.).

[366] Begr. RegE, BT-Drucks. 13/9720 zu § 33 GWB.

[367] Vgl. dazu ausf. *Schmidt*, Kartellverfahrensrecht, 280ff., 334ff.

[368] Nunmehr § 20 VI GWB.

[369] Begr. RegE, Anl. 1 zu BT-Drucks., 1955, II/1158, S. 44.

[370] Herv. v. mir.

Und zu § 35 I 2 GWB a. F. liest man:[371]

> „Die gleiche Ausnahme (scl.: von § 253 BGB) erscheint *angemessen*, wenn gegen ein auf Grund des § 26 (scl.: 27 GWB) erlassenes Verbot verstoßen wird. Weigert sich ein Wirtschafts- oder Berufsverband gegenüber einer unanfechtbar gewordenen Verfügung der Kartellbehörde, ein Unternehmen als Mitglied aufzunehmen, so zeigt sich der dadurch verursachte Schaden vielfach nicht in einer in Geld zu berechnenden oder (vergl. § 287 ZPO) zu schätzenden Vermögensminderung. Ein Schaden besteht auch darin, daß das Unternehmen durch diese Handlungsweise als ein Unternehmen „minderen Rechts" behandelt wird, dem die Mitwirkung an der Vertretung seiner beruflichen Interessen verschlossen bleibt. Das ist ein Nichtvermögensschaden, für den nach § 249 BGB zwar die sogenannte Naturalherstellung zulässig, aber praktisch kaum durchführbar ist. Es ist daher *angemessen,*[372] in diesem Falle auch für den immateriellen Schaden einen Anspruch auf Geldersatz zuzubilligen".

Die Begründung spricht für sich: § 35 I 2 GWB a. F. ist eine Hilfskonstruktion zur Durchsetzung schadensersatzfremder Zielsetzungen. Der Immaterialschadensersatz dient hier nicht etwa dem „Ausgleich" eines immateriellen Schadens; mangels einer entsprechenden Rechtsprechung[373] ist nicht vorstellbar, worin ein immaterieller Schaden in solchen Fällen bestehen könnte.[374] Reichlich gekünstelt ist die Annahme, durch die Verweigerung der Aufnahme werde das Unternehmen als ein solches „minderen Rechts" behandelt. Hierin eine Persönlichkeitsverletzung zu erblicken, geht nicht an, weil andernfalls die Ausdehnung der Bestimmung zumindest auf alle Fälle des Boykotts und der Diskriminierung nach §§ 21 I, 20 I GWB erwogen werden müßte.[375] Der Immaterialschadensersatz steht hier stellvertretend für einen nicht oder nur schwer nachweisbaren Vermögensschaden und dient somit der Kompensation eines privatrechtlichen Sanktionsdefizits, darüber hinaus wegen seines akzessorischen Charakters (vgl. „führen dann (!) zu Schadensersatzansprüchen"), auch der verstärkten Durchsetzung von Verwaltungszwang;[376] insoweit könnte diese Vorschrift eine Symbiose eingehen mit der bereits erörterten und intentionsverwandten Bestimmung des § 611 a II 1 BGB.[377] Für diese Deutung spricht ganz entscheidend die plötzliche Verkümmerung des § 35 I 2 GWB a. F., hervorgerufen durch die alsbaldige Verfolgung desselben Zwecks mit rechtstechnisch anderer Konstruktion. Schon zwei Jahre nach Inkrafttreten des GWB hat der BGH[378]

---

[371] Siehe Fn. 369.
[372] Herv. jew. v. mir.
[373] Vgl. zum Immaterialschadensersatz unten § 8 IXX.
[374] *Hennig* in: Langen/Bunte, KartR, § 35 Rdnr. 32.
[375] *Schmidt*, Kartellverfahrensrecht, 334.
[376] *Schmidt*, Kartellverfahrensrecht, 334.
[377] Siehe oben § 7 VII.
[378] BGHZ 29, 344ff., 351; BGHZ 37, 160ff.

entschieden, daß § 27 GWB a. F. Schutzgesetz i. S. d. § 35 GWB a. F. ist. Zwar, so der Senat, ergäben die §§ 27, 35 GWB a. F. „unmittelbar nichts für die Frage, ob die Vorschrift des § 27 GWB a. F. auch ein Schutzgesetz zugunsten eines einzelnen Unternehmens darstellt", doch könne „aus Sinn und Zweck des Kartellgesetzes keinerlei Anhalt dafür hergeleitet werden ..., daß das Gesetz in dieser Hinsicht eine einschneidende Verkürzung der Rechtsposition des einzelnen Unternehmens herbeiführen wollte". Der BGH hat deshalb einen quasinegatorischen Anspruch, gerichtet auf Aufnahme und gestützt auf §§ 35, 27 GWB a. F., *ohne vorheriges Tätigwerden* der Kartellbehörde bejaht, mit der Folge, daß, weil das ausgeschlossene Unternehmen seitdem bei der Durchsetzung seines Anspruchs auf Aufnahme nicht mehr auf die Hilfe der Kartellbehörden angewiesen ist, sondern diesen Anspruch selbst durch Klage vor den ordentlichen Gerichten verfolgen kann, § 35 I 2 GWB a. F. in der Praxis ohne Bedeutung blieb und deshalb ersatzlos gestrichen wurde. Die vom BGH vollzogene Neukonstruktion ist aber auch eine Entscheidung zugunsten dezentralisierter Durchsetzung von Kartellrecht, weil sie dem einzelnen einen vom Tätigwerden der Kartellbehörde unabhängigen Rechtsschutz gewährt. Der BGH[379] hat den akzessorischen Charakter des § 35 I 2 GWB a. F. denn auch selbst als „ausgesprochen unpraktisch" bezeichnet, u. a. deshalb, „weil für die Geltendmachung von Schadensersatzansprüchen *in Geld*[380] wegen Nichtaufnahme in einen Wirtschaftsverband ohnehin von vornherein der Rechtsweg vor den ordentlichen Gerichten beschritten werden müßte".

XIII. Nichtberücksichtigung hypothetischer Schadensursachen und rechtmäßigen Alternativverhaltens aus Sanktionsgründen

Von besonderer Qualität ist der Sanktionsgedanke in den Fällen, in denen dem Schädiger die Berufung auf hypothetische Schadensursachen („Reserveursachen") oder rechtsmäßiges Alternativverhalten (rmAV) versagt wird. Denn das Klangbild dieser von der Rechtsprechung entschiedenen Schadensfälle zeichnet sich regelmäßig durch ihre *Zufälligkeit* und *Einmaligkeit* aus. Im Gegensatz zu Bereichen, wo schadensstiftende Verhaltensweisen (nach immer demselben Muster) massenhaft auftreten und die Verhängung der Sanktion deshalb in erster Linie der Entstehung eines Sozialschadens vorbeugen soll, nimmt die Rechtsprechung hier mit der Verhängung der Sanktion des Schadensersatzes ausschließlich den Schädiger und sein Verhalten in den Blick und verleiht ihr, indem sie anläßlich dieses Einzelfalls ein Unwerturteil über den Täter spricht, in besonderem Maße eine *rechtsethische* Note.

---

379 BGHZ 29, 344ff., 349.

380 Herv. v. mir.

1. Unzulässigkeit der Berufung auf rechtmäßiges Alternativverhalten bei „Übeltätern" aus Sanktionsgründen

Während sich das RG noch für eine Pauschallösung ausgesprochen und den Einwand rmAV mehr oder weniger blindlings versagt hat,[381] entscheidet der BGH ad hoc, wobei er ganz entscheidend auf den Schutzzweck der verletzten Norm abstellt.[382] Die Analyse wird jedoch ergeben, daß hierbei nicht etwa ein der (wertungsneutralen) Differenzlehre verpflichteter, ideologiefreier und formaljuristischer Grundsatz über die Beachtlichkeit oder Unbeachtlichkeit rmAV entscheidet, sondern der BGH seine Entscheidung vornehmlich vom Grad der Verwerflichkeit der Tathandlung und damit vom Sühnebedürfnis abhängig macht, also rechtsethisch normativ judiziert. Immer dann, wenn sowohl ein rechtmäßiger wie auch ein rechtswidriger Weg zum „Ziel" (Schaden) führen, der Schädiger aber den rechtslosen Weg beschritten hat und sich gerade hierin seine verwerfliche Gesinnung zeigt,[383] wird er mit seinem Einwand rmAV nicht gehört. Die Möglichkeit rmAV wird sozusagen durch die Schwere der Täterschuld eliminiert.

Aus der Vielzahl der von der Rechtsprechung entschiedenen Fälle sollen hier nur einige wenige, aber besonders markante herausgegriffen werden:

a) BAGE 6, 321ff. (Urt. v. 31.10.1958, I. Senat; „Metallarbeiterstreik"): In Schleswig-Holstein hatte die IG Metall im Jahre 1956 vor Ablauf der tarifvertraglich vereinbarten Friedenspflicht zur Urabstimmung und damit zu Kampfmaßnahmen aufgerufen. Gemäß § 6 I, II der zwischen den Tarifparteien abgeschlossenen Schlichtungsvereinbarung[384] bestand die Friedenspflicht während der Dauer der von ihnen geführten Verhandlungen und noch fünf Tage nach dem Scheitern der Verhandlungen. Der alsbald ausgebrochene Streik erstreckte sich über mehr als dreieinhalb Monate. Die auf Schadensersatz verklagte Gewerkschaft wandte u. a. ein, daß es auch nach Ablauf der Friedenspflicht ohnehin zu Kampfmaßnahmen und zum Streik gekommen wäre. Der Senat ließ den Einwand rmAV nicht gelten.

---

[381] Im Sinne eines ungebrochenen Grundsatzes, jedoch mit umgekehrten Vorzeichen (Beachtlichkeit rmAV), entschied auch der OGHBZ, vgl. OGHZ 1, 308ff., 313ff. unter ausdrücklicher Ablehnung einer nach Maßgabe des Sanktions- und Präventionsaspekts differenzierten Betrachtungsweise.

[382] Statt aller BGH DNotZ 1986, 406, 411.

[383] Dementsprechend beruhen diejenigen Schadensfälle, in denen rmAV für beachtlich erklärt wurde, auf einer geradezu billigenswerten Motivation des Schädigers, vgl. nur OGHZ 1, 308ff. (eigenmächtige Inanspruchnahme eines Grundstücks zum Schutze vor Luftangriffen); BGHZ 20, 275ff. (Abriß eines Gebäudes in den Kriegswirren zur Schaffung von Fluchtwegen).

[384] Schlichtungsvereinbarung v. 14.6.1955, abgedruckt in RdA 1955, 302 sowie BAGE 6, 321ff., 325ff.

Erwähnenswert sind zunächst die Ausführungen des Senats allgemein zum Schadensumfang. Der Senat verurteilte die Gewerkschaft nicht nur zum Ersatz des (nur sehr geringen) „Verfrühungsschadens", also des Schadens, der lediglich dadurch entstanden war, daß sie mit dem Beginn ihrer Kampfmaßnahmen nicht den Ablauf der Fünftagefrist abgewartet hatte, sondern des *gesamten* den Arbeitgebern durch den Streik entstandenen Schadens.[385] Nur dies schien dem Senat die einzig gebotene Sanktion. Er führte aus (S. 375/374):

> „Nur wenn der tarifwidrig handelnde Initiator des Arbeitskampfes riskierte, daß er auch nach dem wirklichen Scheitern der Vertragsverhandlungen und nach Ablauf der fünf Tage noch haftbar gemacht werden konnte, nur wenn er den Ersatz des durch die vertragswidrige Maßnahme verursachten Gesamtschadens erwarten mußte, konnte eine genügende Sicherung der Vertragstreue erreicht werden ... (Andernfalls) würde dann vielfach ein nachweisbarer Schaden nicht gegeben sein. Der Versuchung, sich nicht an die freiwillig eingegangene Verpflichtung zu halten, wäre Tür und Tor geöffnet, da eine wirkliche und bedeutsame Sanktion fehlen würde".

Larenz hat in seiner Anmerkung[386] zu diesem Urteil die Hereinnahme des Präventionszwecks bei der Bemessung des Schadens kritisiert. Der Gedanke der Prävention habe Bedeutung lediglich bei der *Begründung* der Ersatzpflicht,[387] wohingegen bei der *Ausgestaltung* der Ersatzpflicht kein Raum für ihn sei. Insbesondere sei dem geltenden Schadensersatzrecht eine Dominanz des Präventions- gegenüber dem Ausgleichszweck fremd.[388] Dennoch hält *Larenz* das Urteil im Ergebnis für richtig. Er geht mit dem Senat davon aus, daß, um den Sinn der Schlichtungsvereinbarung nicht zu entwerten, es sachgerecht sei, den einmal vertragswidrig begonnenen Streik aufgrund eines „einheitlichen Handlungszusammenhangs" insgesamt als vertragswidrig zu deklarieren. Daß der in einer späteren Phase des Streiks entstandene Schaden nicht mehr die adäquate Folge der einleitenden Streikmaßnahmen sei, schade deshalb nicht.

Es muß ernstlich bezweifelt werden, ob sich diese Begründung noch im Rahmen vertretbarer Schadensersatzdogmatik hält oder, was wahrscheinlicher ist, es sich hier nur um eine Hilfskonstruktion zur Erzielung desselben Ergebnisses mit nur anderen Worten handelt. Denn es ist eine der Grundfesten des deutschen Schadensersatzrechts, daß der Schädiger nur für solche Schäden einzustehen hat, die er adäquat kausal verursacht hat.[389] Man mag sich über dieses Mindestkausalitätskriterium aus

---

[385] So auch BAG NJW 1964, 883ff., 886.
[386] *Larenz*, NJW 1959, 865.
[387] Zum Präventionsaspekt bei der Begründung der Haftung vgl. oben §§ 2 III 4 a cc; 3 I.
[388] *Larenz* scheint sich jedoch seiner selbst nicht sicher zu sein, wie aus seiner vorsichtigen Wortwahl ersichtlich (NJW 1959, 865): „Vollends von einem „Vorrang" des Präventionsprinzips kann ... *nicht wohl* (Herv. v. mir) die Rede sein".
[389] *Gottwald*, Karlsruher Forum, 4.

Gründen der Sanktion und Prävention hinwegsetzen. Doch sollte man dann, wie vom Senat getan, im Interesse der Wertungsoffenheit die Gründe hierfür beim Namen nennen.[390]

Mit nahezu denselben Erwägungen versagte der Senat auch die Berufung auf rmAV. Zunächst grenzte er die hier gegebene Fallkonstellation von denjenigen ab, in denen der hypothetische Tatbestand entweder von einem Dritten oder vom Geschädigten selbst ausging oder ein Zufallsereignis war. In solchen Fällen scheint der Senat in voller Verwirklichung des Ausgleichsprinzips die Berücksichtigung der hypothetischen Ursache für diskutabel zu halten. Sodann aber konstatierte er (S. 377/378):

> „Wenn dagegen in Rede steht, ob derjenige, der selbst einen realen Haftungstatbestand gesetzt hat, sich darauf berufen kann, daß er u. U. den Schaden auch legal und dann ohne Ersatzpflicht hätte verursachen können, *muß jedenfalls bei Vertragsverletzung im Interesse der Vertragstreue, die ein oberster Grundsatz unserer Rechtsordnung ist, das Prinzip der zivilrechtlichen Prävention (Schutzfunktion, Sanktionsfunktion) den Vorrang haben.*[391] Andere sprechen mit Recht vom Verantwortungsgedanken, vom Verhütungszweck. Wenn der Gesetzgeber dem Verschulden im haftungsbegründenden Tatbestand ausschlaggebende Bedeutung beimißt, geht er von der Vorstellung aus, daß dem Appell an den Willen, verantwortlich zu handeln, für den Bestand der Ordnung des Zusammenlebens der Menschen entscheidende Bedeutung zukommt (vgl. dazu Heck, Schuldrecht (1929) S. 41; Wilburg, Die Elemente des Schadensrechts (1941) S. 51; de Boor, Bürgerl. Recht (1949) S. 108, 156; *Neuner, AcP 133, 303;*[392] Coing, SJZ 1950, 871; Boehmer, Grundlagen der Bürgerlichen Rechtsordnung I (1950) S. 19; Michaelis, Beiträge zur Gliederung und Weiterbildung des Schadensrechts (1943) S. 59; Knappe, a.a.O., S. 103ff.; Albert A. Ehrenzweig, Die Schuldhaftung im Schadensersatzrecht, S. 4; Esser, Schuldrecht, S. 69). Das gilt auch für die Vereinbarung einer Friedenspflicht ... Im Arbeitskampfrecht würde die Verletzung der Friedenspflicht entgegen ihren von den Parteien mit in Kauf genommenen Folgen praktisch weitgehend sanktionslos sein, wenn man sich zur Berücksichtigung eines möglichen späteren, und zwar dann angeblich zulässigen Streiks als Reserveursache herbeiließe. Das hat der Senat bereits in seiner Entscheidung vom 8. Februar 1957, 1 AZR 169/55 (BAG 3, 280), ausgesprochen ... Die angebliche Reserveursache ist in Fällen der vorliegenden Art nicht ein zufälliges, von den Partnern gar nicht in Betracht gezogenes Ereignis oder die Handlung eines Dritten (vgl. oben). Sie ist vielmehr gerade die Handlung, die nach dem Vertrag während einer gewissen Dauer unterlassen werden muß, während sie nach-

---

[390] Vgl. auch die rechtsethisch gefärbten Worte des Sen. auf S. 379: „... denn sie (scl.: die Bekl.) haben sie (scl.: die Kampfmaßnahmen) ... *vorsätzlich vertragswidrig schuldhaft* (Herv. v. mir) eingeleitet ...".

[391] Herv. v. mir.

[392] Herv. v. mir.

> her wieder freisteht. Wer sich auf diese Reserveursache beruft, verlangt nicht im Hinblick auf die neuere Rechtsprechung mit Recht zu seiner Entlastung die Berücksichtigung einer besonderen nicht voraussehbaren Lage, sondern er will zu Unrecht die Folgen seiner Vertragsverletzung deshalb nicht tragen, weil er später entsprechend hätte handeln dürfen. Den Vertragsparteien kann aber der Wille, etwas Derartiges durch die Schlichtungsvereinbarung zu ermöglichen, nicht unterstellt werden. Sie wollten vielmehr die unzulässigen Handlungen ohne Rücksicht auf die spätere Freiheit des Handelns unter Sanktion stellen".

Die Argumentation legt die Stoßrichtung der Sanktion des Schadensersatzes offen zutage. Mit ihr beabsichtigt der Senat einzig und allein die repressive Ahndung des Schädigers wegen einer von ihm begangenen Verletzung des Verhaltenskodex. Zur Sicherstellung rechtstreuen Verhaltens ließ der Senat den Einwand, der Streik hätte auch mit legitimen Mitteln herbeigeführt werden können, von vornherein nicht gelten. Ausdrücklich lehnte er eine Gleichbehandlung mit Fällen der hypothetischen Kausalität ab. Dies schien ihm wohl deshalb geboten, weil im Gegensatz zu jenen Fällen sich hier der Schaden als das Werk des Schädigers darstellt, weshalb dieser unter rechtsethischen Gesichtspunkten eine Entlastung nicht verdiene, im Gegenteil sein böser Wille präventiv geahndet werden müsse. Mit diesen seinen Ausführungen hat der Senat den Schadensersatz sehr stark mit qualitativen Aspekten (Sanktion und Prävention) angereichert. Die vom Senat zitierten Literaturstimmen stehen damit in Einklang. Insbesondere der Verweis auf *Neuner*, der dem Schadensersatz von jeher eine rechtsverfolgende Funktion beimißt,[393] erscheint nur allzu konsequent. Im übrigen vermögen die Urteilsgründe kaum zu überzeugen. So vermengt der Senat die Frage der Haftungsbegründung mit der der Haftungsausfüllung und kompensiert über die Schadensersatzhöhe enttäuschte Vorstellungen einer Vertragspartei über die Sanktionsfolge. Dies ist dogmatisch vertretbar nur, wenn man dem Sanktionsgedanken eine eigenständige Bedeutung auch auf der Haftungsfolgenseite einräumt; wer hierzu nicht bereit ist, sieht sich gezwungen, die Parteien auf die Vereinbarung einer Vertragsstrafe[394] zu verweisen. Beides hat der Senat nicht getan, weshalb ihm nur ein fauler Kompromiß gelungen ist. Unhaltbar ist schließlich die Ansicht des Senats (S. 379), „eine hypothetische Ursache könnte nur dann überhaupt in Betracht gezogen werden, wenn sie mit Sicherheit oder mit einer an Sicherheit grenzenden Wahrscheinlichkeit eingetreten wäre". Dies kann eine Voraussetzung allenfalls für die Berücksichtigung hypothetischer Schadensursachen sein. Hier aber geht es, wovon auch der Senat – wenn auch mit zweideutiger Terminologie – ausgeht, um ein Problem rmAV. Hierfür kann aber nicht entscheidend sein, ob der

---

393 Vgl. dazu oben § 4 II 2 a bb (1).

394 Vgl. dazu oben § 3 I 2 b aa.

Vertragsverletzer auf rechtmäßige Weise denselben Schaden tatsächlich verursacht hätte, sondern nur, ob er ihn hätte verursachen *können*.

b) BAG NJW 1970, 1469ff. (Urt. v. 18.12.1969; II. Senat; „Inseratskosten"): Einen weiteren Fall der Sicherung von Vertragstreue durch Schadensersatz stellt die Rechtsprechung zur Ersatzpflichtigkeit von Inseratskosten dar.[395] Der bekl. Arbeitnehmer hatte rechtswidrig fristlos gekündigt, woraufhin sich die Arbeitgeberin per Inserat um eine Ersatzkraft bemühte. Mit ihrer Klage begehrte sie Ersatz der hierfür entstandenen Kosten (DM 7200!) vom Bekl. Dieser wandte ein, daß der Kl. diese Kosten auch bei ordnungsgemäßer Kündigung entstanden wären. Der Senat ließ den Einwand mangelnder Kausalität der Pflichtwidrigkeit jedoch nicht gelten.[396] Stattdessen betonte er im Anschluß an die Ausführungen des I. Senats des BAG im „Metallarbeiterstreik"-Urteil unter teilweise wortwörtlicher Wiedergabe der dort gemachten Ausführungen (S. 1470 l. Sp.):

> „Denn auch der Arbeitsvertragsbruch des Bekl., durch den er selbst einen realen Haftungstatbestand gesetzt hat, würde praktisch weitgehend sanktionslos sein, wenn er sich darauf berufen könnte, er hätte statt der rechtswidrigen fristlosen Kündigung eine rechtmäßige ordentliche Kündigung zum 31.12.1967 aussprechen können, durch welche der gleiche Schaden für die Kl. eingetreten wäre. *Im Interesse der Vertragstreue muß das Prinzip der zivilrechtlichen Prävention den Vorrang haben,*[397] so daß der Bekl. zum Ersatz des durch seinen Vertragsbruch entstandenen Schadens verpflichtet ist".

Unterstrichen wird der Sanktionszweck des Schadensersatzes noch dadurch, daß die Gerichte zuweilen die Höhe der Ersatzpflicht in Durchbrechung des Alles-oder-Nichts-Prinzips[398] am Einkommen des Arbeitnehmers ausrichten.[399]

Knapp sechs Jahre später mußte sich erstmals der V. Senat des BAG in seinem Urt. v. 14.11.1975 (NJW 1976, 644f.) mit diesem Problem beschäftigen. Wiederum begehrte der Arbeitgeber von seinem vertragsbrüchigen Arbeitnehmer Ersatz der Kosten für Zeitungsinserate. Der Senat bestätigte die Rechtsauffassung des II. Senats, hielt den Einwand rmAV jedoch nur bis zum non liquet ausgeschlossen, daß der Arbeitnehmer zum nächstmöglichen Termin gekündigt hätte. Dagegen sei es bedenklich, so der Senat in einem obiter dictum unter Hinweis auf die Kritik von *Medicus*[400] (S. 644), den Einwand rmAV auch dann abzuschneiden, „wenn feststeht, daß der vertragsbrüchige Arbeitnehmer (scl. in jedem Fall) zum erstmög-

---

[395] Vgl. bereits BAG v. 30.6.1961 (I. Sen.), AP Nr. 1 zu § 276 BGB mit Anm. *Hueck*; BAG v. 22.8.1964 (I. Sen.), SAE 1965, 73ff. mit Anm. *Beitzke*.

[396] So schon zuvor BAG NJW 1961, 1837ff. (Urt. v. 30.6.1961; I. Sen.).

[397] Herv. v. mir.

[398] Vgl. dazu oben § 4 II 3.

[399] BAG AP Nr. 1 zu § 276 BGB; LAG Frankfurt, ARSt 1980 Nr. 157 (ein Monatsgehalt als „Faustregel").

[400] AP Nr. 3 zu § 276 BGB.

lichen Zeitpunkt das Arbeitsverhältnis gekündigt hätte oder wenn er gar eine solche Kündigung schon mit der Verweigerung des Dienstantritts verbunden hat". In diesem Fall, so der Senat weiter, „läßt es sich kaum rechtfertigen, den Arbeitnehmer mit den Werbekosten zu belasten, mit denen der Arbeitgeber eine Ersatzkraft für die Zeit *nach* dem vertragsgemäßen Ende des Arbeitsverhältnisses sucht", weshalb er „es für fraglich hält, ob es mit dem geltenden Schadensersatzrecht vereinbar ist, mit Hilfe des „Prinzips der zivilrechtlichen Prävention" dem vertragsbrüchigen Arbeitnehmer stets die Berufung auf rmAV zu verwehren".

Eine dahingehende Differenzierung ist jedoch sinnwidrig und willkürlich, weil nämlich die Vertragsverletzung auch in diesem Fall eine rechtswidrige bleibt und es für die Beurteilung rmAV sachlich keinen Unterschied machen kann, ob der Vertragsverletzer ohnehin zum nächstmöglichen Termin gekündigt hätte oder nicht. Eine andere Frage ist, ob der vertragsbrüchige Arbeitnehmer aus der ihm obliegenden Fürsorgepflicht[401] gehalten ist, den Arbeitgeber über die bevorstehende Vertragsverletzung aufzuklären,[402] damit dieser sich darauf einrichten kann, eine Frage, die auf einer rechtstechnisch gesehen völlig anderen Ebene (positive Forderungsverletzung des Arbeitsvertrages) zu lösen ist. Dies dürfte auch der Sichtweise des Senats entsprechen, der die Schadensersatzpflicht des Bekl. letztendlich mit der Erwägung begründete (S. 645), es gehöre „zum Schutzbereich des Gebotes der Vertragstreue, bei Dienstverhältnissen dem vertragstreuen Teil den Anspruch auf die Vertragsleistung auch für einen möglicherweise begrenzten Zeitraum zu erhalten", damit er die Möglichkeit habe, „auf die Fortsetzung des Dienstverhältnisses über den erstmöglichen Beendigungszeitraum hinaus hinzuwirken". Eine Ausnahme soll danach nur gelten, wenn der Arbeitnehmer dem Arbeitgeber „den endgültigen und unwiderruflichen Entschluß vor Augen führt, das Dienstverhältnis ohnehin zum nächstmöglichen Zeitpunkt zu beenden".

In den achziger Jahren hat das BAG in mehreren Entscheidungen diese Rechtsprechung immer mehr eingeschränkt. Erstmals mit Urt. v. 22.5.1980 (SAE 1981, 283ff.) hat das BAG (III. Senat) eine Klage des Arbeitgebers auf Ersatz von Inseratskosten gegen den vertragsbrüchigen Arbeitnehmer abgewiesen. Jedoch zwang bereits die besondere Lagerung des Falles den Senat zu diesem Ergebnis: Der Arbeitnehmer trat eine für den Arbeitgeber kostenintensive sechsmonatige Schulung nicht an, an die das eigentliche Arbeitsverhältnis erst anknüpfen sollte. Der Senat sah sich deshalb zu einer abschließenden Klärung des Problemkreises nicht veranlaßt. Aus den Urteilsgründen wird jedoch deutlich, daß der Senat tendenziell für eine Berücksichtigung rmAV eintritt und er der von Seiten der Literatur geübten

---

401 Allgemein zur Fürsorgepflicht vgl. *Schaub*, Arbeitsrechts-Handbuch, § 108.

402 So für einen ähnlich gelagerten Fall BAG AP Nr. 10 zu § 276 BGB mit Anm. *Hoffmans*.

Kritik[403] an dem Urteil des II. Senats, das dem „Prinzip der zivilrechtlichen Prävention“ den Vorrang gab, zuzustimmen scheint.

Allgemein aussagekräftig ist demgegenüber die Entscheidung desselben Senats v. 26.3.1981 (SAE 1981, 285ff.). Der Bekl. schloß mit der Kl. einen Arbeitsvertrag, trat seinen Dienst jedoch nicht an. Die Kl. verlangte vom Bekl. im wesentlichen Ersatz für die von ihr in der Folgezeit aufgewendeten Insertionskosten zur Gewinnung einer Ersatzkraft i.H.v. DM 2183,60. Der Senat hat die Klage abgewiesen, weil diese Kosten nach seinem Dafürhalten nicht vom Schutzzweck der arbeitsvertraglichen Kündigungsfrist umfaßt werden. Etwas anderes (also Ersatzfähigkeit) gelte nur dann, wenn diese Kosten einen sog. „Verfrühungsschaden“[404] darstellen, also Aufwendungen beinhalten, die (S. 285) „bei ordnungsgemäßer Einhaltung der arbeitsvertraglichen Kündigungsfrist vermeidbar gewesen wären“. In diesem Zusammenhang betont der Senat aber, daß „der Arbeitgeber sich nicht darauf berufen kann, er hätte den Arbeitnehmer möglicherweise umstimmen können, wenn dieser die Arbeit wenigstens angetreten hätte“, weil „eine solche Möglichkeit nicht dem Schutzzweck der arbeitsvertraglichen Kündigungsfrist entpricht“. Die gegenteiligen Auffassungen des II. und V. Senats gibt der III. Senat ausdrücklich auf.[405]

Bemerkenswert ist die Divergenz zwischen dem V. und dem III. Senat. Beide Senate gelangen mit demselben rechtstechnischen Vehikel (Schutzzweck der verletzten Verhaltensnorm) zu völlig konträren Ergebnissen (Haftungs*ausweitung* auf der einen, Haftungs*begrenzung* auf der anderen Seite). Dies erhellt, daß das Ergebnis der Frage, ob ein bestimmter Schadensposten noch vom Schutzzweck der Norm erfaßt wird, vom Recht nicht streng vorgegeben ist, sondern in einem Wertungsvorgang entschieden wird, für dessen Ergebnis mitunter Aspekte wie Sanktion und Prävention mitentscheidend sind. So kam denn auch der III. Senat zur Haftungseingrenzung nur, weil er dem Gedanken der Prävention keine eigenständige Bedeutung im Schadensrecht beimessen wollte.

Er führte aus (S. 287 l. Sp.):

> „Das Schadensersatzrecht wirkt zwar in der Praxis präventiv, enthält aber keine allgemeine Sanktionsordnung. Sein einziger Zweck ist der Ausgleich und die Verhütung von Schäden. Deshalb kann es dort keine Präventionsfunktion entfalten, wo der gleiche Schaden auch bei rechtmäßigem Verhalten entstanden wäre, also kein Zusammenhang zwischen dem rechtswidrigen Verhalten und der Schadensfolge besteht ...“

---

[403] Vgl. hierzu die Nachw. in BAG SAE 1981, 284.

[404] Vgl. *Medicus*, AP Nr. 5 zu § 276 BGB.

[405] Dies war dem Senat ohne Anfrage bei den anderen Senat möglich, weil die Anrufung nach gefestigter Rspr. (vgl. nur BAGE 7, 186, 192; 12, 51, 55 m. Nachw. zur Rspr. des BGH) dann ausscheidet, wenn die Rechtsfrage, was der Sen. angenommen hat (S. 287), allein in die Zuständigkeit des entscheidenden Sen. fällt.

Der letzte Satz ist richtig wohl nur unter Zugrundelegung einer formaljuristischen Betrachtungsweise. Denn weiß der Arbeitnehmer, daß er jedenfalls *im Ergebnis* mit den Insertionskosten belastet wird, wenn er sich vertragsbrüchig verhält, so wird er dazu neigen, sich regelkonform zu verhalten, um derartige Schäden hintanzuhalten.

Mit Urt. v. 23.3.1984 (SAE 1984, 217ff.), dem ebenfalls ein Fall der Ablehnung der Arbeitsaufnahme zugrundelag, hat der VII. Senat das Urteil des III. Senats (erstmals)[406] bestätigt. Auch der VII. Senat geht von der grundsätzlichen Beachtlichkeit rmAV aus, wobei er ausdrücklich feststellt (S. 218 r. Sp.), „daß es schadensersatzrechtlich nur darauf ankommt, ob dieses rmAV aufgrund der vertraglichen Abmachungen (scl. hypothetisch) möglich gewesen wäre". Dagegen bedürfe es (S. 217) „keines Nachweises, daß der Arbeitnehmer von der vertraglich eingeräumten Kündigungsmöglichkeit fristgemäß Gebrauch gemacht hätte". Diesen Rechtssatz begründet der Senat wiederum mit dem Zweck des Schadensersatzrechts. So läßt der Senat den Einwand *Beitzkes,*[407] der Arbeitnehmer müsse beweisen, daß er im Fall der Arbeitsaufnahme zum erstmöglichen Kündigungstermin gekündigt hätte, könne diesen Beweis aber praktisch regelmäßig nicht führen, nur deshalb nicht gelten, weil er (S. 219 r. Sp.) „letztendlich die der Ausgleichsfunktion des Schadensersatzrechts entsprechende Möglichkeit der Berufung auf rmAV leerlaufen läßt", was wiederum zu einem vom Senat nicht gewollten Vorrang des Prinzips der zivilrechtlichen Prävention führen würde.

An dieser Rechtsprechung des BAG gefällt die Wertungsoffenheit, mit der die Senate ihr jeweiliges Ergebnis begründen. Ausschlaggebend hierfür war immer der dem Schadensersatz jeweils beigelegte Zweck. Zwei Positionen stehen sich gegenüber: diejenigen, die den Schadensausgleich als den einzigen Zweck des Schadensersatzrechts anerkennen, und jene, die auch seine Präventionsfunktion betonen. Je nachdem, welcher dieser konträren Trendenzen man anhängt, gelangt man zur Ersatzpflichtigkeit von Insertionskosten oder nicht. Es fällt auf, daß die ihre Ersatzfähigkeit bejahenden Entscheide in einer Zeit der Hochkonjunktur ergingen. Ein gesteigertes Präventionsbedürfnis könnte deshalb die frühere Rechtsprechung schnell wieder aufkeimen lassen.

c) BGH VersR 1967, 495f. (Urt. v. 3.2.1967; VI. ZS): Der bekl. Arzt hatte die ihm gegebene Einwilligung zur Entfernung des linken Eierstocks einer an Krebs erkrankten Frau überschritten und beide Eierstöcke nebst Eileiter und Gebärmutter entfernt. Hätte er dies nicht getan, wäre die Erkrankung des Eierstocks mit erheb-

---

[406] Desweiteren auch (beiläufig) in seinem Urt. v. 14.9.1984 (NJW 1985, 509), das jedoch einen anders gelagerten Sachverhalt betrifft.

[407] AP Nr. 7 zu § 276 BGB.

lichen Beschwerden und Gefahren für die Kl. fortgeschritten und in kurzer Zeit wäre eine zweite schwierige Operation erforderlich gewesen. Die Kl. hätte dabei mindestens gleich schwere körperliche Belastungen ertragen müssen. Auch wären die Krankenhauskosten und die Minderung der Erwerbsfähigkeit nicht geringer gewesen. Die Kl. begehrte mit ihrer Klage Ersatz materiellen und immateriellen Schadens.

Die Gerichte gingen davon aus, daß die Erweiterung der Operation trotzdem rechtswidrig war. Mangels Kausalität der Pflichtwidrigkeit hat das BerGe. die Klage trotzdem in vollem Umfange abgewiesen. Dem trat der BGH nur hinsichtlich des materiellen Schadens bei und versagte seinen Ersatz, weil (S. 495 r. Sp.) „ein durch die Operationserweiterung ursächlich bedingter Vermögensschaden" nicht vorliege. Anders beurteilte er dagegen den Schmerzensgeldanspruch. Mit der Begründung (S. 496):

> „In dem Verfahren über die Höhe dieses Anspruchs mußte das BerGe. davon ausgehen, daß der Bekl. unerlaubt und schuldhaft einen schwerwiegenden körperlichen Eingriff bei der Kl. vorgenommen hatte. Der Haftungsgrund liegt nach dem bindenden Grundurteil gerade darin, daß das Recht der Kl. verletzt wurde, in Freiheit und in eigener Verantwortung selbst darüber zu entscheiden, ob sie die operative Entfernung beider Eierstöcke und der Gebärmutter zuließ. Wird dieser Haftungsgrund ernst genommen, so geht es nicht an, die als Folge des eigenmächtigen Eingriffs verständliche seelische Belastung der Kl. mit den ganz anderen Schmerzen zu kompensieren, denen sie ohne den erweiterten Eingriff ausgesetzt gewesen wäre. Eine Differenzrechnung, wie sie bei vermögensrechtlichen Schäden stattfinden kann, ist hier nicht am Platze. Auch wenn die Befürchtung der Kl., sie sei erst als Folge der Totaloperation unfruchtbar geworden, objektiv unbegründet wäre, so ist es doch verständlich, daß sich die 31jährige Kl. diese Vorstellung bildete. Vor allem aber muß beachtet werden, daß das Schmerzensgeld auch die Funktion hat, dem Verletzten eine Genugtuung für die geschehene Rechtsverletzung zu gewähren. Dieser Genugtuungsfunktion des immateriellen Schadensersatzes wird das BerGe. mit seiner Betrachtungsweise nicht gerecht, die unter Vernachlässigung des konkreten Haftungsgrundes entscheidend darauf abstellt, ob der (unerlaubte) Eingriff im Ergebnis für die körperliche und seelische Gesundheit der Kl. förderlich gewesen ist".

Die Nichtanwendung der Differenzrechnung rechtfertigt sich aus der psychologischen Eigenart des Schmerzensgeldes, das maßgeblich auch das Rachegefühl des Verletzten besänftigen soll, was von vornherein zu einer isolierten und gesonderten Bewertung der Verletzungshandlung zwingt. Doch bezweckte der Senat mit seiner Zubilligung nicht den Ausgleich erlittener Schmerzen (wie ließe sich ein solcher Anspruch auch begründen, war der Eingriff ungeachtet seiner Rechtswidrigkeit seinem sozialen Sinngehalt nach doch auf Wiederherstellung der Gesundheit gerichtet und war der Erfolg, der den eigentlichen Schmerz der Kl. ausmachte, nämlich die

Unfruchtbarkeit, durch das rechtswidrige Verhalten des Bekl. gerade nicht herbeigeführt worden),[408] als vielmehr die Verhängung einer empfindlichen Sanktion gegen den Bekl. wegen eines von der Einwilligung nicht mehr gedeckten Eingriffs. Ziel ist die Sicherung der höchstpersönlichen Entscheidungsfreiheit des Patienten als solche. Der Schmerzensgeldanspruch schien dem Senat nur ein geeignetes Instrument hierzu. Die Entscheidung entspricht folgender Ansicht im Strafrecht: Wer als Arzt einen Heileingriff ohne Einwilligung des Patienten vornimmt, begeht eine tatbestandsmäßige Körperverletzung selbst dann, wenn die Maßnahme lege artis und erfolgreich durchgeführt wurde.[409] Auf diese Weise soll, weil ein Tatbestand der eigenmächtigen Heilbehandlung bislang fehlt,[410] das dem Patienten verfassungsrechtlich gewährleistete Selbstbestimmungsrecht unter den Schutz einer Sanktionsordnung gestellt werden.[411] Das Urteil ist wohl insofern inkonsequent, als es die Ersatzpflicht des Bekl. auf den immateriellen Schaden beschränkt. Eine unterschiedliche Behandlung beider Schadensposten ist wohl nicht gerechtfertigt, weil auch der immaterielle Schaden nicht durch die Operationserweiterung ursächlich bedingt war. Es kann auch nicht davon ausgegangen werden, daß der Senat in diesen Fällen allein den Tatbestand einer Persönlichkeitsrechtsverletzung für gegeben hält, weil er sonst konsequenterweise nicht, wie er es getan hat, den *körperlichen Schmerz* (verursacht nicht durch die fehlende Einwilligung, sondern durch den Eingriff an sich), sondern nur das durch die fehlende Einwilligung bedingte *seelische Unbill* der Kl. hätte zum Ausgleich bringen dürfen. Denkbar allenfalls, daß dem Senat eine so weitreichende Verurteilung eine zu harte Sanktion erschien.[412] Doch muß dann die Frage erlaubt sein, ob das Selbstbestimmungsrecht durch ein (meist nur symbolisches) Schmerzensgeld überhaupt effizient genug geschützt werden kann.[413]

Nicht geprüft hat der Senat eine hypothetische Einwilligung der Kl. Nach einem im Arzthaftungsrecht geltenden Grundsatz kann sich der in Anspruch genommene Arzt darauf berufen, daß der Patient auch bei ordnungsgemäßer Aufklärung in die betreffende Behandlung und Operation eingewilligt hätte.[414] Dieser Einwand verfängt nicht nur bei Aufklärungsfehlern, sondern auch in den Fällen mangelnder Ein-

---

[408] Darauf weist *Schiemann*, Argumente und Prinzipien, 12, hin.

[409] BGHSt 11, 111; 12, 379; 16, 309.

[410] Vgl. E 1962 §§ 161, 162 BR-Drucks. 200/62, S. 297ff; (AE) eines Strafgesetzbuchs, BT, Straftaten gegen die Person, Erster Halbband, § 123 und Anm. hierzu S. 79f.

[411] *Jescheck*, Lehrbuch, 341.

[412] Nach nunmehr st. Rspr. haftet der Arzt in diesen Fällen für alle Schadensfolgen, vgl. nur BGH NJW 1989, 1533; 1991, 2346, 2347.

[413] So die Sorge bei *Gottwald*, Schadenszurechnung, 164.

[414] Statt vieler: BGHZ 29, 176 ff., 187; 61, 118 ff., 123; BGH NJW 1980, 1333, 1334; 1994, 2414, 2415.

willigung.[415] Maßstab hierfür ist nicht der „vernünftige Patient", sondern es kommt nach der Rechtsprechung darauf an, ob gerade dieser Patient mit seinen Besonderheiten und Eigenheiten in seiner konkreten Lage eingewilligt hätte.[416] Unter diesen Umständen wird dem Arzt jedoch der Nachweis hypothetischer Einwilligung kaum je gelingen, was aber von der Rechtsprechung zum Schutze des Selbstbestimmungsrechts ausdrücklich hingenommen wird.[417] Die Gebundenheit des Richters an die persönliche Willensentscheidung des Verletzten, die Einwilligung nachträglich nicht zu erteilen, führt in diesen Fällen zu einer „handfesten Unrechtssanktion"[418] beim Verletzer.

d) OLG Hamm, NJW 1971, 468ff. (Urt. v. 4.12.1970): Der Kl. war Beamter bei der Bekl. Im Rahmen des Zulassungsverfahrens zum Rechtsanwalt offenbarte die Bekl. dem Oberlandesgerichtspräsidenten, daß gegen den Kl. ein Disziplinarverfahren anhängig sei. Der Kl. begehrt von der Bekl. Ersatz des ihm durch die Verzögerung seiner Zulassung entstandenen Schadens. Die Bekl. wendet ein, daß der Kl. auch ohne diese Offenbarung den gleichen Schaden erlitten hätte, weil das Zulassungsverfahren allein schon wegen der Weigerung des Kl., Einsicht in die Personalakten zu gewähren, ausgesetzt worden wäre.

Der Senat hielt das Begehren des Kl. dennoch nach § 839 BGB, Art. 34 GG für gerechtfertigt. Den von der Bekl. vorgebrachten Einwand rmAV ließ er nicht gelten. Mit der Begründung (S. 469 r. Sp.):

> „In der Rechtslehre ist anerkannt, daß ein solches Berufen auf ein rmAV unbeachtlich bleiben muß, wenn es um Verfahrensgarantien geht (v. Caemmerer, Gesammelte Schriften, Bd. I, S. 446ff.; Esser Schuldrecht, Allgem. Teil, 4, Aufl., S. 322 f.). Das ist hier der Fall. Das Verfahren der Auskunftserteilung aus vertraulichen Personalakten dient dem Schutz des Geheimhaltungsinteresses des Beamten. Wird dieses Verfahren verletzt, indem der Schädiger rechtswidrig unter Außerachtlassung dieses Verfahrens Auskunft erteilt, *so muß er die Konsequenzen seines Fehlverhaltens tragen.*[419] Wollte man anders werten, so würde jede Behörde sich mit dem Hinweis, sie habe den unter Verletzung von Verfahrensgarantien erfolgten Eingriff auch unter Beachtung des Verfahrens vornehmen können, einer Haftung zu entziehen suchen".

Sinn und Zweck der Schadensersatzpflicht bestehen hier allein darin, die Verwaltung zu verfahrenskonformem Verhalten zu erziehen, weshalb das Zivilrecht in die-

---

[415] BGH NJW 1991, 2342ff., 2343.

[416] BGH NJW 1980, 1333, 1334; 1984, 1397; 1990, 2928; 1991, 1543; 1991, 2342, 2344; 1991, 2344, 2345.

[417] Vgl. nur BGH NJW 1980, 1333, 1334: „Daß dadurch der Arzt ... mitunter in eine fast aussichtslose Beweislage geraten kann, muß um der Selbstbestimmung des Patienten willen in Kauf genommen werden".

[418] *Gottwald*, Schadenszurechnung, 163.

[419] Herv. v. mir.

ser Funktion offen in Konkurrenz mit den verwaltungsrechtlichen Rechtsbehelfen tritt. Der Senat führt aber noch einen weiteren Grund gegen die Anerkennung rmAV an. Seine Heranziehung bedeutet eine Ausstrahlung der Präventivfunktion des Schadensersatzes auf am Rechtsstreit nicht unmittelbar Beteiligte. Der Senat führt aus (S. 470 l. Sp.):

> „*Es geht nicht an,*[420] beim hypothetischen Kausalverlauf darauf abzustellen, ob die Landesjustizverwaltung allein wegen der Weigerung des Kl., Einsicht in die Personalakten zu gewähren, das Zulassungsverfahren ebenfalls ausgesetzt hätte. Vielmehr kommt es darauf an, wie die Landesjustizverwaltung *richtigerweise* hätte entscheiden müssen (BGHZ 36, 144, 154 f. = NJW 62, 583). Die richtige Entscheidung wäre aber – auch bei verweigerter Einsicht in die Personalakten – die Zulassung zur Rechtsanwaltschaft gewesen".

Damit wird inzident auch noch das rechtswidrige Handeln der Landesjustizverwaltung festgestellt und diese (wenn auch nur psychologisch) zur Ordnung gerufen.

Als Garant zur Durchsetzung subjektiver Schutzgarantien diente der Schadensersatz auch in den folgenden zwei Fällen.

e) BGHZ 63, 319ff. (Urt. v. 12.12.1974; III. ZS): Die Kl. begehrte von der bekl. Bundesrepublik Ersatz des Schadens, der ihr durch die Ablehnung der von ihr beantragten Einfuhrgenehmigung für Getreide entstanden ist. Der Bundesminister hatte die Verwaltung zu dieser Ablehnung angewiesen, obwohl diese nur durch Rechtsverordnung unter Mitwirkung des Parlaments hätte angeordnet werden können. Die bekl. Bundesrepublik wandte ein, daß die materiellen Voraussetzungen für den Erlaß einer Rechtsverordnung vorgelegen haben und der Bundesminister somit die Ablehnung auch auf rechtmäßige Weise hätte vornehmen können.

Der Senat bejahte die Voraussetzungen des § 839 BGB. Den von der Bekl. vorgebrachten Einwand rmAV schnitt er ab, weil

> „die pflichtwidrig handelnde Verwaltungsstelle die fehlende materielle Rechtsgrundlage für ihr Vorgehen nicht in alleiniger Zuständigkeit, sondern nur mit *parlamentarischer* Mitwirkung hätte schaffen können ... Der die Schadensersatzpflicht begründende Vorwurf geht in solchen Fällen gerade dahin, die Bindung der Verwaltung an das Gesetz zum Nachteil des Bürgers, der Anspruch auf den Vollzug der *bestehenden* Gesetze hat, mißachtet zu haben" (S. 325/326).

f) OLG Oldenburg, VersR 1991, 306ff. (Urt. v. 20.5.1988): Der Kl. wurde auf Veranlassung des bekl. Landkreises zwangsweise in die geschlossene Abteilung des Landeskrankenhauses eingewiesen. Die Unterbringung war rechtswidrig, weil sie unter Verletzung von Verfahrensvorschriften erfolgte. Mit seinem Klaganspruch verfolgt der Kl. u.a. die Zahlung eines Schmerzensgeldes i.H.v. DM 100000 vom

[420] Herv. v. mir.

Bekl. wegen widerrechtlicher Freiheitsentziehung. Das OLG bejahte die Voraussetzungen der §§ 847, 839 BGB i. V. m. Art. 34 GG und gab dem Begehren in Höhe von DM 5000 statt. Den Einwand des Bekl., er hätte die Freiheitsentziehung auch in rechtmäßiger Weise herbeiführen können, wies der Senat zurück. Er führte aus (S. 307 l. Sp.):

> „Im vorliegenden Fall ist gegen die in § 16 PsychKG ND niedergelegten Voraussetzungen verstoßen worden. Diese Vorschrift ist die Ausformung einer Verfassungsgarantie, wonach der Staat die Freiheit einer Person nur aufgrund eines förmlichen Gesetzes und nur unter Beachtung der darin beschriebenen Kautelen beschränken darf (Art. 2 und 104 GG)... Es handelt sich ... um eine wesentliche Schutznorm zur Sicherung der Rechte des Bürgers, *die ihre schadensersatzrechtliche Bedeutung nicht durch die Berücksichtigung rechtmäßigen Alternativverhaltens verlieren darf*[421] (so auch Hermann Lange, Schadensersatz § 4 XII 5; Staudinger/Medicus, BGB § 249 Anm. 114; Palandt/Heinrichs, BGB vor § 149[422] Anm. 5 C g). Aus dem gleichen Grund kann auch die Erwägung des LG, daß das AG, wäre es an diesem Tag zu einer Entscheidung in der Lage gewesen, die Unterbringung angeordnet hätte, den Bekl. nicht entlasten. Auch insoweit schließt der Schutzzweck der verletzten Norm die Berufung auf das rmAV aus".

Die Schadensersatzpflicht hat hier nicht nur die Funktion, den Bekl. wegen Nichteinhaltung von Verhaltensmaßstäben zu sanktionieren. Die Nichtbeachtung des Einwandes rmAV dient hier in besonderem Maße auch der Genugtuung für den Verletzten. Deutlich wird dies durch die Ausführungen des BGH (III. ZS) in seinem Nichtannahmebeschluß v. 29. 3. 1990 (VersR 1991, 308) zur Revision des Kl., mit der dieser ein weit höheres Schmerzensgeld erreichen wollte. Der Senat stellte fest (S. 308 l. Sp.):

> „Insbesondere ist der Umstand, daß die vorläufige Einweisung des Kl. gegen die Verfassungsgarantien der Art. 2 und 104 GG verstieß, mit dem ihm gebührenden Gewicht in die Bemessungsgrundlagen eingestellt worden. Das BerGe. hat nämlich gerade aus diesem Grund dem Bekl. die Berufung auf rmAV versagt und ihm so den Einwand abgeschnitten, der Kl. hätte möglicherweise auch bei rechtmäßigem Handeln des Amtsarztes am 22. 12. 1982 vorläufig eingewiesen werden müssen".

Die Begründung des Senats ist sachlogisch falsch, weil die Versagung des Einwands rmAV die Haftung des Bekl. überhaupt erst begründet. Für die Höhenbemessung des Schmerzensgeldes gibt sie insoweit nichts her. Sinn macht dieser Satz deshalb nur, wenn man nicht das Ergebnis der Schadensersatzpflicht als solcher, sondern den Weg zu ihr über das Abschneiden dieses Einwands betont. Denn der Kl. wird es als eine besondere Genugutung empfinden, wenn inzident ausdrücklich

---

[421] Herv. v. mir.

[422] Druckfehler! Richtig muß es lauten: § 249.

festgestellt wird, daß der Bekl. gerade deshalb Ersatz leisten muß, weil er das schadensstiftende Ereignis statt auf rechtmäßige, auf rechtswidrige Weise herbeigeführt und so den Verletzten erst in seine Misere gebracht hat.

g) DNotZ 1986, 406ff. (Urt. v. 24.10.1985; IX. ZS): Der bekl. Notar hatte eine Bescheinigung über die Fälligkeit des für einen Grundstückserwerb vereinbarten Kaufpreises ausgestellt, obwohl die von den Parteien im einzelnen festgelegten Fälligkeitsvoraussetzungen nicht sämtlich erfüllt waren. Die Kl. nahm den Bekl. auf Ersatz des ihr durch die frühzeitige Zahlung des Kaufpreises entstandenen Schadens in Anspruch. Der Bekl. wandte ein, daß er bei pflichtgemäßem Verhalten die Voraussetzungen für die Fälligkeit bis zu dem in Frage stehenden Datum hätte schaffen können und auch müssen.

Der Senat hielt das Begehren der Kl. nach § 19 I BNotO für gerechtfertigt. Interessant sind zunächst die allgemeinen Ausführungen des Senats zum rmAV. Der Senat möchte das Problem rmAV nicht als Unterfall der allgemeinen Kausalität der Pflichtwidrigkeit verstanden wissen,[423] sondern es gehe vielmehr (S. 411) „um die der Bejahung des Kausalzusammenhangs nachfolgende Frage, inwieweit einem Schadensverursacher die Folgen seines pflichtwidrigen Verhaltens bei *wertender* Betrachtung *billigerweise*[424] zugerechnet werden können". Sodann bekennt sich der Senat zu der Auffassung, die den Schutzbereich der jeweils verletzten Norm darüber entscheiden läßt, ob und inwieweit der Einwand im Einzelfall erheblich ist. Ausdrücklich verwahrt er sich gegen eine schematische Lösung der Zurechnungsfrage. Nach diesen „Grundsätzen" kommt er im konkreten Fall zur Unzulässigkeit des Einwands rmAV. Zur Begründung führt er aus (S. 412):

> „Der Haftung für diese Verschlechterung kann sich der Bekl. nicht mit dem Einwand entziehen, er hätte die Fälligkeitsvoraussetzungen pflichtgemäß schaffen können und müssen. Für den Anspruch der Kl. auf Ersatz des Verfrühungsschadens ist entscheidend, daß der Bekl. die Fälligkeitsvoraussetzungen tatsächlich nicht geschaffen hat. Es darf ihn nicht entlasten, daß er damit eine weitere Pflicht gegenüber den Vertragsbeteiligten verletzt hat. Sonst wäre das Vertrauen nicht wirksam geschützt, das die Beteiligten in die Zuverlässigkeit und Unparteilichkeit des Notars als amtlich bestellter Urkundsperson setzen, wenn sie Vermögensverfügungen von einer Notarbestätigung abhängig machen".

Eine Abkehr von der bisherigen Rechtsprechung zur Notarhaftung bedeutet die vom Senat benutzte Formel zur Ermittlung des natürlichen Ursachenzusammenhangs. Hierzu stellte die Rechtsprechung bislang völlig einmütig darauf ab, welchen Verlauf die Dinge bei pflichtgemäßem Verhalten genommen hätten, der Notar also die Pflichtverletzungen nicht begangen, *sondern pflichtgemäß gehandelt hätte*. Wohl

---

[423] So *Hanau*, Die Kausalität der Pflichtwidrigkeit, dessen Ansicht der Sen. ausdrücklich ablehnt.
[424] Herv. jew. v. mir.

wissend um diese Rechtsprechung, welche der Senat selbst noch zitiert,[425] ist er für diesen Fall (nur für diesen?) der Ansicht, daß zur Feststellung dieses Ursachenzusammenhangs lediglich die pflichtwidrige Handlung *hinweggedacht*, nicht aber pflichtgemäßes Verhalten hinzugedacht werden dürfe. Näher begründet hat er diese seine Ansicht indes nicht. Er begnügt sich stattdessen mit dem Hinweis, daß insoweit keine anderen Maßstäbe gelten können als im sonstigen Schadensersatzrecht. Doch dieser Hinweis verfängt schon im Hinblick auf ein drei Jahre später ergangenes BGH-Urteil[426] nicht. Dort hatte derselbe (!) Senat über einen nahezu identischen Sachverhalt zu entscheiden. Ohne sich insoweit mit seiner in DNotZ 1986, 406ff. vertretenen Auffassung auch nur ansatzweise auseinanderzusetzen, entschied der Senat nunmehr wieder auf der Grundlage der bisherigen Rechtsprechung zur Notarhaftung und stellte dementsprechend für die Ermittlung des Ursachenzusammenhangs darauf ab, wie sich die Dinge entwickelt hätten, wenn der Notar pflichtgemäß gehandelt hätte.[427]

Ohne auch nur entscheiden zu müssen, welche der beiden Ansichten nun die richtigere ist, wird deutlich: der willkürliche Wechsel in der Begründungsebene ist hausgemacht. Das Recht wird nicht „gefunden", sondern das (der Billigkeit entsprechende) Ergebnis vorweggenommen und nachträglich gerechtfertigt. Die Befugnis hierzu hat sich der Senat selbst erteilt, indem er eine auf normativer Betrachtungsweise basierende Fall-zu-Fall-Entscheidung favorisiert. *Hanau*, der in seiner Urteilsanmerkung diese Entscheidung heftig kritisiert hat, meint denn auch zu Recht, daß „die so gehandhabt(e) Schutzzwecklehre keine dogmatische Kategorie (mehr) ist, sondern eine durch Interessenabwägung ausfüllungsbedürftige Generalklausel ohne eigenen Gehalt".[428] In der Tat ist das Urteil Ausfluß derartiger Wertungen, wie sich aus den vom Senat angeführten Gründen gegen die Berücksichtigung rmAV ergibt: es geht nicht um „gerechten Schadensausgleich, sondern um die Umfunktionierung des Schadensersatzes zu einem ergänzenden Disziplinarrecht für Notare",[429] um eine „Sanktionsordnung für rechtstreues Verhalten".[430]

---

425 Vgl. die Nachw. auf S. 410f.

426 Urt. v. 16.6.1988 (WM 1988, 1454 ff., 1455), nach Auffassung des Sen. jedoch kein Fall rmAV.

427 WM 1988, 1455; und wiederum anders BGH WM 1997, 325 (Urt. v. 21.11.1996, IX. ZS) zu einem abermals „identischen" Sachverhalt.

428 *Hanau*, DNotZ 1986, 412, 413.

429 *Hanau*, DNotZ, 1986, 416.

430 *Hanau*, 87, 114f. Deutlich auch BGHZ 64, 52ff., 57: „Diese Regelung (scl. §§ 46–49 AktG) wäre weitgehend entwertet, wenn sich ein Gründungsprüfer, durch dessen Nachlässigkeit die Gesellschaft einen Vermögensnachteil erlitten hat, damit verteidigen könnte, die Gesellschaft „verdanke" seiner Pflichtverletzung ihre Entstehung und könne ihn deshalb nicht auf Schadensersatz in Anspruch nehmen".

2. Unzulässigkeit der Berufung auf hypothetische Schadensursachen bei „Übeltätern" aus Sanktionsgründen

Sanktionsmomente zeigen sich auch in den nun zu erörterten Fällen. Dennoch bestehen qualitative Unterschiede. Während in den Fällen rmAV die Entscheidung gegen eine Berücksichtigung eine unmittelbare Antwort auf den „bösen" Willen des Schädigers ist (er ist gleichsam das die Haftung begründende Moment), der sich statt für den rechtmäßigen Weg für den rechtslosen entschieden hat, und deshalb unmittelbar an diesen anknüpft, geht es hier um die Bewertung von Umständen, die dem *Einflußbereich des Schädigers entzogen* sind. Ihre Berücksichtigung oder Nichtberücksichtigung entscheidet zwar auch hier darüber, ob der Schädiger letztendlich die Sanktion des Schadensersatzes zu spüren bekommt, doch wird rechtstechnisch (!) gesehen die Entscheidung nicht vom Täter als vielmehr vom Geschädigten her gefällt, was der Sanktion an Schärfe nimmt. Auf eine umfassende Rechtsprechungsanalyse soll hier verzichtet werden. Denn die praktische Bedeutung dieses Problemkreises ist fünfzig Jahre nach Ende des Zweiten Weltkrieges, wo vor allem durch Kriegswirren bedingte Ereignisse die Gerichte beschäftigten, nurmehr gering.

Wann eine Berufung auf Reserveursachen zulässig ist und wann nicht, ist wenig geklärt. Eine allgemeingültige Formel hierzu gibt es nicht. Stattdessen kennzeichnet eine vor allem in der Literatur unüberschaubare Meinungsvielfalt den Stand der Diskussion. Das RG ging in ständiger Rechtsprechung[431] von der grundsätzlichen Unbeachtlichkeit hypothetischer Schadensursachen aus, ließ hiervon aber praktisch wichtige Ausnahmen zu. Im Gegensatz dazu steht die Rechtsprechung des BGH, der tendenziell und vom Ansatz her zugunsten ihrer Berücksichtigung entscheidet,[432] eine grundsätzliche Stellungnahme jedoch bisher vermieden hat. Als Hauptbeispiel gegen eine Berücksichtigung von Reserveursachen wird immer wieder folgender vom BGH (III. ZS) mit Urt. v. 22.1.1959 (BGHZ 29, 207ff.) entschiedene Fall zitiert: Im Jahre 1938 wurde ein Enteignungsverfahren gegen eine Grundstücksgesellschaft eingeleitet, in deren Verlauf die Bekl. (Land Berlin) sämtliche Baulichkeiten abreißen ließ. Infolge Kriegsausbruchs blieb das Verfahren ohne rechtsgültigen Abschluß. Durch den Abbruch der Gebäude enstand der Gesellschaft ein Schaden in Millionenhöhe, wovon die Kl. einen Teilbetrag aus abgetretenem Recht geltend macht. Die Bekl. wandte ein, sie hafte nicht, weil die Gebäude im Krieg

---

[431] RGZ 141, 365; 144, 80; 169, 117.

[432] Die entscheidende Wendung in dieser Rspr. erfolgte im Urteil des Obersten Gerichtshofs der britischen Besatzungszone v. 20.1.1949 (OGH BrZ 1, 308ff., 313), unter ausdrücklicher Ablehnung des Strafgedankens im Schadensersatzrecht.

durch die zahlreichen auf das Gelände gefallenen Bomben ohnehin zerstört worden wären.

Wie schon das BerGe. zuvor, schnitt auch der BGH diesen Einwand ab. Unter Wiedergabe des Meinungsstands in der Rechtsprechung führte er aus (S. 215/216):

> „Die Rspr. des BGH hat die Berücksichtigung solcher Umstände, die nach dem Eintritt eines Schadens denselben Erfolg herbeigeführt hätten, nur bei der Schadensberechnung und auch dort nur in beschränktem Umfang zugelassen. Bei Ersatzansprüchen für die Zerstörung einer Sache sind derartige Umstände regelmäßig unerheblich, *weil mit dem Eingriff sogleich der Anspruch auf Schadensersatz entstanden war und das Gesetz den späteren Ereignissen keine schuldtilgende Kraft beigelegt hat.*[433] Bei der Ermittlung des durch Zerstörung einer Sache eingetretenen Schadens sind allerdings Umstände von Bedeutung, die bereits bei dem Eingriff vorlagen und notwendig binnen kurzem denselben Schaden verursacht hätten, weil derartige Umstände den Wert der Sache bereits im Augenblick des Eingriffs gemindert haben ... Der Sen. sieht keinen Anlaß, von dieser Rspr. abzugehen (vgl. BGHZ 8, 288; 10, 6; 20, 275). Entsprechend dieser Rspr. hat das BerGe. hier die späteren Kriegsereignisse bei der Entschädigung für den Sachverlust außer Betracht gelassen, weil im Zeitpunkt des Abbruches keine den Wert der Gebäude beeinflussenden Umstände vorlagen, die eine alsbaldige Vernichtung als sicher erscheinen ließen. Davon abgesehen sind spätere Ereignisse und ihre hypothetische Einwirkung auf den Ablauf der Dinge nur bei der Berechnung entgangenen Gewinns, bei der Ermittlung des Schadens aus fortwirkender Erwerbsminderungen oder aus dem Ausfall ähnlicher langdauernder Vorteile von Bedeutung; insoweit schreibt teilweise das Gesetz ausdrücklich die Berücksichtigung der mutmaßlichen späteren Entwicklung vor (vgl. §§ 249, 252, 844 BGB)..."

Der Senat möchte den Eindruck erwecken, als seien die von ihm dargelegten Grundsätze das Ergebnis streng logischer Gesetzesdeduktion. Dem Gesetz selbst läßt sich indes ein allgemeines Prinzip für die Lösung dieses Problemkreises nicht entnehmen. § 249 S. 1 BGB besagt nur, daß das schädigende Ereignis wegzudenken, nicht aber, daß hypothetische Ursachen hinzuzudenken sind. Bei den Bestimmungen der §§ 252, 844 BGB und vielen anderen[434] handelt es sich um Sondervorschriften, die weder durch Analogie noch im Wege des Umkehrschlusses verallgemeinerungsfähig sind.[435] Fremd ist dem BGB insbesondere die vom BGH vorgenommene Differenzierung zwischen dem am Sachobjekt entstandenen unmittelbaren Schaden und Vermögensfolgeschaden.[436] Ähnliches gilt für die unter-

---

[433] Herv. v. mir.

[434] Z. B. §§ 287 S. 2, 848 BGB einerseits; §§ 440 BGB, 844 HGB andererseits.

[435] *Lange*, Schadensersatz, 178.

[436] *Larenz*, NJW 1950, 487, 492, der dennoch die Lösung dieses Problems anhand dieser Differenzierung trifft.

schiedliche Behandlung sog. Anlagefälle. Die vom Senat aufgestellten Regeln geben vielmehr eine von ihm zuvor selbst vollzogene Wertung wieder, bei welcher der Aspekt der Sanktion das maßgebliche Kriterium hierfür ist. Dafür spricht schon der zweite Satz dieses Teils der Entscheidungsgründe, der den Sanktionsaspekt („keine schuldtilgende Kraft") als tragendes Wertungskriterium klar mitbeinhaltet. Der Täter, der einen anderen schädigt, soll dafür geradestehen müssen. Mitleid mit dem Täter hat man nur dann, wenn das geschädigte Rechtsgut ohnehin dem Tode geweiht war. Nur eine am Gerechtigkeitsgedanken orientierte Betrachtungweise macht eine dahingehende Unterscheidung nachvollziehbar. Sachlogisch ist sie dagegen keineswegs, denn: mit der Geburt einer Person oder der Herstellung einer Sache ist deren Untergang sogleich mitbesiegelt.[437] Dies zwänge in letzter Konsequenz dazu, das hypothetische Ereignis in beiden Fällen entweder gleichermaßen zu berücksichtigen oder nicht. Spricht man sich für letzteres aus, bestünde dann Homogenität mit der im Strafrecht geltenden Sichtweise, wonach es den Mörder nicht entlastet, wenn das Opfer kurze Zeit später ohnehin gestorben wäre.[438] Wohl nur mit dem Sanktionsgedanken läßt sich auch die unterschiedliche Behandlung von Reserveursachen bei unmittelbaren Schäden (hypothetische Ursachen bleiben unberücksichtigt) und Vermögensfolgeschäden (hypothetische Ursachen finden Berücksichtigung) erklären. Bezeichnend hierfür ist schon, daß diese Unterscheidung zurückgeht auf die Lehre *Neuners*, der unter Beimessung einer rechtsverfolgenden Funktion des Schadensersatzes den objektiven Schaden als Mindestschaden ersetzt wissen will.[439] Eine dahingehende Differenzierung wird allenfalls einem subjektiv empfundenen Gerechtigkeitsdenken gerecht. Ersterenfalls steht ein greifbarer Besitzstand inmitten, den man dem Geschädigten vermögensmäßig zu erhalten als selbstverständlich betrachtet, besonders dann, wenn der real verursachte Schaden das Werk eines rücksichtslos handelnden Täters ist und deshalb die Berücksichtigung des hypothetischen Ereignisses für diesen eine Entlastung bedeuten würde, die er nicht „verdient" hat, wohingegen bei Vermögensfolgeschäden, die sich ohnehin oft im Bereich rechnerischer Spekulation bewegen, der Schutzgedanke verblaßt.

Dementsprechend kann es wohl schwerlich als Zufall gewertet werden, daß hinter den vom BGH entschiedenen Schadensfällen, bei denen das hypothetische Ereignis unberücksichtigt blieb, sich meist ein rücksichtsloser Übeltäter verbirgt.[440]

---

[437] So zutreffend MüKo/*Grunsky*, BGB, v. § 249 Rdnr. 80: „Jede Person und jede Sache hat begriffsnotwendig die Schadensanlage der zeitlichen Vergänglichkeit".

[438] *Tröndle/Fischer*, StGB, v. § 13 Rdnr. 18.

[439] *Neuner*, AcP 133 (1931), 277ff., 311f.

[440] BGH JR 1952, 70 (Unterschlagung eines PKW); BGHZ 8, 288 (Unterschlagung von Flüchtlingsgut); BGH VersR 1953, 339 (Einsturz bei fehlender Baugenehmigung); BGH JZ 1960,

Umgekehrt zeichnen sich diejenigen Fälle, in denen das hypothetische Ereignis Berücksichtigung fand, regelmäßig durch ein weit weniger anstößiges Tat- und Täterbild aus; stattdessen handelte der Schädiger oft nur zur Überwindung einer anderweitigen Notlage.[441] Eine ähnliche Tendenz ist für das hypothetische Ereignis zu beobachten. Dieses wirkt verstärkend gegen eine Berücksichtigung und damit zu Lasten des Erstschädigers, wenn es seinerseits einer verwerflichen Gesinnung entsprang, sowie umgekehrt verstärkend für eine Berücksichtigung und damit zugunsten des Erstschädigers, wenn es lediglich Ausfluß allgemeiner Unwägbarkeiten war. Letzterenfalls tut man sich schwer damit, dem Geschädigten die Verwirklichung nur des allgemeinen Lebensrisikos „auf Kosten des Schädigers" abzunehmen.[442] *Rother*, der unter ausführlicher Wiedergabe der reichsgerichtlichen Rechtsprechung bereits im Jahre 1965 zu einem ähnlichen Befund gelangte, meint denn auch zu Recht, daß nicht neue dogmatische Erkenntnisse als vielmehr Veränderungen in den tatsächlichen Verhältnissen überhaupt erst die Wende in der Rechtsprechung weg von der grundsätzlichen Unbeachtlichkeit hin zur grundsätzlichen Beachtlichkeit hypothetischer Ereignisse bewirkt haben. Hierzu stellt er fest,[443] daß „die Tatbestände, die zur Aufgabe der alten RG-Auffassung und zur Anerkennung der Beachtlichkeit der hypothetischen Schadensursache geführt haben, niemals einen moralisch besonders zu tadelnden Ersttäter zeigen, umgekehrt stattdessen sich mitunter auf Seiten des *Geschädigten* ein moralisches Minus zeigt".

3. Zusammenfassende Würdigung

Die Analyse des Rechtsprechungsmaterials hat gezeigt, daß der Sanktionsgedanke mitunter maßgeblich darüber entscheidet, ob hypothetische Schadensentwicklungen berücksichtigt werden oder nicht. Dies dürfte letztendlich auch der Grund dafür sein, warum die Rechtsprechung eine richtungsweisende Stellungnahme, die nur unter Rückgriff auf das pönale Prinzip gelingen könnte, hierzu bislang vermieden hat. Die jeweilige am Sanktionsgedanken ausgerichtete Entscheidung erfolgt

---

409 (vorsätzliche Sprengung eines Gebäudes in den Nachkriegswirren, aus dem später von Dritten Gegenstände gestohlen wurden); BGH LM § 823 (Be) Nr. 15 a (strafbare Begünstigung); BGH NJW-RR 1995, 936 ff. (sittenwidrige Schädigung eines Bankkunden durch Bankangestellten).

[441] So in OGHZ 1, 308 (eigenmächtige Inanspruchnahme eines Grundstücks zum Schutze vor Luftangriffen); OGH NJW 1950, 225 (Beschlagnahme eines KFZ in Notzeiten).

[442] So deutlich BGHZ 10, 6ff., 11, wo offen ausgesprochen wird, daß dem Geschädigten ungünstige Umstände nicht schon allein deshalb unberücksichtigt bleiben können, nur „weil ihm einmal Unrecht geschehen ist".

[443] *Rother*, 206f.

immer wieder von neuem anhand der rechtsethischen Bewertung des konkreten Einzelfalles. Dies macht es schlechterdings unmöglich, für die Lösung allgemeingültige Entscheidungsmaximen aufzustellen. Von einem allgemeinen Prinzip kann deshalb nur im Sinne der hier gewonnenen Erkenntnis die Rede sein.

XIV. Versagung der Vorteilsausgleichung bei mißbilligtem Verhalten des Schädigers aus Sanktionsgründen

Die compensatio lucri cum damno, deren Ursprung zurückgeht weit vor Schaffung des BGB[444] und deren Ausgestaltung die Gesetzesväter des BGB ausdrücklich der Rechtsprechung überlassen haben,[445] wurde ursprünglich begriffen als eine logische Konsequenz eines rechnerisch und „mechanisch" verstandenen Schadensrechts. Folgerichtig prägte *Mommsen* die Formel, wonach Vorteil und Nachteil zusammenzurechnen seien, so daß der Schaden sich nach Abzug des lucrum ergäbe.[446] Von diesem Verständnis hat sich wenigstens die Praxis inzwischen längst entfernt. Schon bald setzte ein Prozeß der Bewegung vom Rechnen zum Werten ein, in deren Verlauf das jeweilige Ergebnis immer stärker durch von der Wertungsjurisprudenz geprägten Entscheidungsmaximen beinflusst wurde.[447] Allgemeingültige Grundsätze lassen sich nicht aufstellen, der konkrete Einzelfall selbst scheint zugleich den Maßstab für seine Entscheidung anzugeben. Insbesondere steht die Anrechenbarkeit und Nichtanrechenbarkeit in keinem Regel-Ausnahme-Verhältnis zueinander,[448] obgleich in der Rechtsprechung eine deutliche Tendenz hin zur Versagung

---

[444] Vgl. schon *Ulpian*, D.17, 2, 23, 1; *Pomponius*, D.3, 5, 10; und hierzu *Medicus*, Id quod interest, 309; *Honsell*, Quod interest, 162ff.

[445] Mot. II,18f: „Die Entscheidung der Frage, ob und inwiefern bei Schadensersatzansprüchen der Vortheil, welcher dem Beschädigten durch den schadenbringenden Umstand zugefallen ist, von der Ersatzsumme in Abrechnung zu bringen sei (compensatio lucri et damni), muß der Rechtswissenschaft und Praxis überlassen werden ... (Es) versteht sich wohl von selbst, ... daß, wenn aus einer und derselben Maßregel oder aus einem Komplex von Maßregeln, für welche dieselbe Person einzustehen hat, schädliche und nützliche Folgen entstanden sind, diese nicht voneinander getrennt werden dürfen, sondern auf das Gesamtresultat gesehen werden muß. Allein der Versuch einer Entscheidung der Frage durch einen Ausspruch im Gesetze wäre insbesondere für Deliktsfälle bedenklich. Ihre Lösung hängt wesentlich mit der Feststellung des Schadensbegriffes zusammen, welche ohnedies nicht für alle Fälle nach allen möglichen auch sonst zweifelhaften Seiten hin durch das Gesetz erfolgen kann ... Die Praxis wird, uneingeengt durch eine gesetzliche Vorschrift, auch fernerhin im Einzelfalle sich zurecht finden".

[446] *Mommsen*, Interesse, 192.

[447] Zur Abkehr vom „rechnerischen" Verständnis der Vorteilsausgleichung vgl. insbes. *Zeuner*, AcP 163, (1963), 380, 384f.; *ders.*, GS Dietz, 102ff.; *Selb*, 21, 24; *ders.*, Karlsruher Forum, 4; vgl. auch schon *Neuner*, AcP 133 (1931), 277, 310.

[448] MüKo/*Grunsky*, BGB, v. § 249 Rdnr. 96.

des Vorteilsausgleichs zu beobachten ist.[449] Die weitgehende Abspaltung der Kategorie des Vorteilsausgleichs vom allgemeinen Schadensrecht und die damit einhergehende gedankliche Zäsur zwischen Vorteil und Nachteil ist aber nicht nur die Folge einer wertenden „Berechnung" des Schadens, sondern hat überhaupt erst die Bedingungen hierzu geschaffen. Dabei neigt die Rechtsprechung, dies sei schon jetzt gesagt, zur Versagung der Vorteilsausgleichung immer dann, wenn das anstößige Moment zwar nicht notwendig schon in der schadensstiftenden Handlung als solcher zu erblicken ist (im Großteil der Fälle handelte der Schädiger fahrlässig!), dem Schädiger aber aus anderen Gründen zum Vorwurf gereicht, daß er sich im speziellen Fall auf den Vorteilsausgleich beruft, obwohl materiale Gerechtigkeitserwägungen es geboten hätten, hiervon Abstand zu halten.

1. Keine Entlastung des Schädigers auf Kosten der Allgemeinheit („Schmarotzer"-Argument)

Die Frage des Vorteilsausgleichs wird besonders in Fällen des Dazwischentretens kollektiver Vorsorge akut. Treffen etwa Schadensersatzanspruch und Versicherungs- oder Entgeltfortzahlungsleistungen zusammen, bedarf es einer Entscheidung, wem der Schaden letztendlich zugerechnet werden soll. Zwar bestehen für viele dieser Fälle Bestimmungen, die insoweit den Übergang der Schadensersatzforderung des Verletzten auf die Stelle vorschreiben, die dem Verletzten aus Anlaß des Schadensereignisses Leistungen erbracht hat (vgl. etwa §§ 67 VVG, 116 SGB X, 6 EFZG, 87a BBG). Man darf sich jedoch nicht darüber hinwegtäuschen lassen, daß damit die Frage der Vorteilsausgleichung schon entschieden wäre – wenn auch diesen Bestimmungen eine Wertung gegen die Anrechenbarkeit zugrundeliegt, anderenfalls sie leerlaufen würden.[450] Denn übergehen kann eine Forderung ja nur, wenn und soweit sie einmal bestanden hat. Dies wiederum nötigt zur Beantwortung der Vorfrage, ob die an den Geschädigten erbrachten Versicherungsleistungen zugunsten des Schädigers in Ansatz zu bringen sind oder nicht, mit der Folge, daß – je nachdem – die Forderung (teilweise) erlischt oder fortbesteht.

a) Mit Urteil v. 19. 6. 1952 (BGHZ 7, 30 ff.) hatte der III. ZS des BGH darüber zu entscheiden, ob sich der geschädigte Arbeitnehmer die vom Arbeitgeber an ihn geleisteten Lohnfortzahlungen nach § 616 II BGB a.F.[451] zugunsten des Schädigers auf seinen Schadensersatz anrechnen lassen muß. Der Senat verneinte dies unter

[449] So die ausdrückliche Feststellung in BGHZ 22, 72, 75; bestätigend *Esser*, MDR 1957, 522ff.; *Rother*, 234.

[450] *Larenz*, Schuldrecht AT, 535f.

[451] Vgl. nunmehr § 3 EFZG, der insoweit keine sachliche Änderung bedeutet.

ausdrücklicher Ablehnung der entgegengesetzten Auffassung des RG[452] und begründete dies mit der Bedeutung und dem Zweck des § 616 II BGB a.F. (S. 47f.). Die Schaffung dieser Vorschrift beruht auf einer Notverordnung v. 1.12.1930 zur Überwindung von finanziellen Schwierigkeiten der öffentlich-rechtlichen Krankenkassen.[453] Durch eine Neufassung des § 189 RVO a. F.[454] wurde das Ruhen des bis dahin zu zahlenden Krankengeldes aus der Krankenversicherung für die Dauer der Entgeltfortzahlung durch den Arbeitgeber angeordnet und gleichzeitig in § 616 II BGB a.F. die Gehaltsfortzahlungspflicht des Arbeitgebers zwingend vorgeschrieben. Aus diesem Zusammenspiel beider Bestimmungen zog der Senat den Schluß (S. 47f.):

> „Daraus folgt aber schon, daß es nicht Sinn und Zweck dieser Bestimmung sein kann, mit seiner Hilfe auch bei unerlaubten Handlungen eine Entlastung des Schädigers herbeizuführen und Arbeitnehmer bzw Arbeitgeber im Endergebnis mit dem Schaden zu belasten. Der § 616 II BGB soll im Zusammenhang mit § 189 RVO die Krankenkasse entlasten, nicht aber bei unerlaubter Handlung den *Schadensstifter*[455] besser stellen, als er sonst dastünde".

Die Argumentation des Senats vermag schon deshalb nicht zu überzeugen, weil sie über die Zweckbestimmung der §§ 616 II BGB a.F., 189 RVO a.F. hinausgeht. Denn die ursprüngliche Intention einer Entlastung der Krankenkassen bleibt in jedem Falle gewahrt, gleichviel, ob dem Schädiger der Vorteilsausgleich zugestanden wird oder nicht. Der Zweck der Entlastung der Krankenkassen birgt nicht den der Belastung des Schädigers in sich. Insoweit hat das BerGe. folgerichtig einen Schadensersatzanspruch des verletzten Angestellten verneint, weil diesem ein *Differenzschaden* nicht entstanden sei.[456] Die Schlußfolgerung des Senats kann deshalb nur als Ausdruck eines Gefühls gewertet werden, dem Schädiger die Ausgleichung „sozialgebundener" Vorteile, wie sie die Entgeltfortzahlung als ein „Tropfen sozialistischen Öles"[457] darstellt, versagen zu müssen. Die Bezeichnung des Schädigers als „Schadensstifter" weckt leicht Assoziationen verwerflicher Tätergesinnung, was die Folgerung des Senats als selbstverständlich erscheinen läßt. An anderer Stelle spricht der Senat gar vom „Täter"[458] einer unerlaubten Handlung, der keinen Schutz

---

[452] Ausdrückl. BGHZ 7, 50 gegen RGZ 165, 236, 239ff.

[453] 1. Teil, Kap. 2, Art. 3 Nr. 4 der 1. VO zur Sicherung von Wirtschaft und Finanzen v. 1.12.1930, RGBl. 1930 I, 521; ergänzt durch 2. VO zur Sicherung von Wirtschaft und Finanzen v. 5.6.1931, RGBl. 1931 I, 281.

[454] Vgl. nunmehr § 49 I Nr. 1 SGB V, der insoweit keine sachliche Änderung bedeutet.

[455] Herv. v. mir.

[456] Vgl. BGHZ 7, 46, 48.

[457] *v. Gierke*, 10.

[458] BGHZ 7, 51.

verdiene. Zur dogmatischen Absicherung dieser rechtsethisch gefärbten Entscheidung für die Versagung des Vorteilsausgleichs bedurfte es denn auch mancherlei Begriffsakrobatik. Der Senat räumte zwar ein, daß zivilrechtlich der Schaden nicht schon in der Beeinträchtigung der Erwerbs*fähigkeit*, sondern immer erst in einer tatsächlichen Erwerbseinbuße liege, hielt aber (S. 48) die gegenteilige Auffassung des BerGe. für „rein begrifflich" und nicht wirklichkeitsgemäß. Näher dargelegt hat er dies indes nicht. Hierzu hat er lediglich ausgeführt (S. 49):

> „Wenn danach rein begrifflich die Tatsache der Körperverletzung in Verbindung mit der Tatsache der Dienstunfähigkeit eines Angestellten unter den angeführten Voraussetzungen allein noch keinen Schaden im bürgerlichrechtlichen Sinne ergibt, so ist ein solcher doch unter dem Gesichtspunkte der Vorteilsausgleichung zu bejahen. Durch die allerdings am Anfang stehende Frage der Entstehung eines Schadens darf der Blick für die weitere Frage des Schadensausgleichs und der Berechnung des wirklich entstandenen Schadens nicht versperrt werden. Beide Fragen stehen in unlöslichem Zusammenhang, sie können nicht begrifflich gesondert betrachtet werden".

Hieraus folgernd und speziell mit Blick auf den Schädiger führte er aus (S. 49f.):

> „Der vertragliche Anspruch des körperlich verletzten Angestellten, den dieser gegen seinen Arbeitgeber auf Grund des Arbeitsvertrages nach § 616 II BGB hat, (geht) den deliktischen Schädiger nichts an. Dieser kann nicht einwenden, daß dem Verletzten infolge seines Lohnanspruchs aus § 616 BGB überhaupt kein Schaden entstanden sei".

Obwohl die Kategorie des Vorteilsausgleichs dogmatisch gesehen an einen bereits eingetretenen Schaden anknüpft, benutzte sie hier der Senat dazu, um einen solchen erst zu begründen. Die Frage der Vorteilsausgleichung wurde so klammheimlich in den Prozeß der Schadensfeststellung mit eingebunden.[459] Dies ist aber selbst vom Standpunkt der Differenzhypothese aus konsequent nur, solange der Vorteilsausgleich ein schadensmindernder Faktor bleibt.[460] Angesichts dieser Funktionsvertauschung[461] überrascht es nicht, daß das Kriterium der Adäquanz des Vorteils, das die Rechtsprechung in diesem Zusammenhang von jeher bemühte,[462] keine Erwähnung findet. Bezeichnend für die rechtsethische Bedingtheit des Ergebnisses ist auch die fehlende Auseinandersetzung des BGH mit der gegenteiligen Ansicht des RG zur Vorteilsausgleichung bei Gehaltsfortzahlungen: Der Senat begnügt sich

---

[459] Anders die Rspr. und Lit. zu Zeiten des RG, vgl. RGZ 80, 155; 92, 57; 146, 287; 153, 264; 154, 236; 165, 236; *Fischer*, Schaden nach dem BGB, 222.

[460] So deutlich Staudinger/*Werner*, BGB, 11. Aufl., Vorbem. zu § 249ff. Rdnr. 102.

[461] Vgl. dazu die Kritik von *Werner*, NJW 1955, 769ff., 770.

[462] Grdl. RGZ 80, 155; ausführl. Überblick bei *Cantzler*, AcP 156 (1957), 29, 34ff., 36ff. m. Nachw; als „erste Voraussetzung (Mindestvoraussetzung) jeder Vorteilsausgleichung" noch im Urt. des VI. ZS v. 29.11.1977 (NJW 1978, 536f.).

hier mit dem spärlichen Hinweis, daß der Auffassung des RG „nicht gefolgt werden“ könne.

Soweit der Senat zur Stützung seiner Auffassung noch auf die Bestimmung des § 1542 RVO a. F.[463] verweist, von der er behauptet (S. 50f.), daß sie eine cessio legis „aus Billigkeitsgründen“ sei, weshalb keine „begrifflichen Bedenken“ gegen den Fortbestand des Schadens geltend gemacht werden könnten, hat dies nicht den Gehalt einer dogmatischen Begründung, sondern der Senat rekurriert abermals auf einen nicht näher auflösbaren Wertungsgesichtspunkt.

b) Derartige Wertungskriterien hat die Rechtsprechung auch in weiteren Entscheidungen für vergleichbare Sachverhalte immer wieder bemüht. Für ein freiwilliges Ruhegeld des früheren Arbeitgebers nach einem Schadensfall hat der BGH[464] unter Berufung auf „Treu und Glauben“ einen Vorteilsausgleich zugunsten des Schädigers versagt, damit dieser keinen „ungerechtfertigten Vorteil“ erlange, was ihm den Vorwurf einbrachte, „dem Straf- und Sühnegedanken maßgebliches Gewicht beigemessen“[465] zu haben. Der GS[466] spricht im Falle einer an die Witwe des getöteten Arbeitnehmers vom früheren Arbeitgeber geleistete Witwenpension gar von einer „Gefahr“, der verantwortliche Schädiger könne frei ausgehen und versagt ihm die Ausgleichung dieses Vorteils, weil es „widersinnig“ sei, ihn an dem Ertrag dieser Leistungen zu beteiligen. Zusätzlich verweist er auf die Anwendbarkeit des allgemeinen Rechtsgedankens aus § 843 IV BGB, nachdem der GS bereits zuvor[467] festgestellt hat, daß Leistungen der öffentlichen *Fürsorge* insoweit nicht anders zu behandeln seien als Vorteile aus privater *Vorsorge*. Im Anschluß an BGHZ 7, 30ff. hat der VI. ZS vier Jahre später[468] das vom damaligen III. ZS Ausgesprochene abermals bestätigt. Die angeführten Argumente und ihre terminologische Einbettung entspringen diesmal noch eindeutiger einer Täter-Opfer-Doktrin: Der Senat spricht von der Gehaltsfortzahlung als einer „sozialen Last“, die auf „Opfer“ anderer beruhe, und stellt ihren „spezifischen Fürsorgecharakter“ der Verantwortlichkeit des Schädigers gegenüber, der diese Last „billigerweise“ zu tragen habe, weil nur auf diese Weise ein „gerechter Ausgleich“ herbeigeführt werden könne, andernfalls „der sozialpolitische Sinn dieser Leistungen ins Gegenteil verkehrt würde“.[469] Er räumt zwar ein, daß die Schadensersatzpflicht mit der Differenzhypo-

---

[463] Vgl. nunmehr § 116 SGB X, der insoweit keine sachliche Änderung bedeutet.

[464] BGHZ 10, 107, 108, 110 (Urt. v. 17.6.1953; VI. ZS); vgl. aber schon RGZ 151, 330 im Anschluß an RGZ 146, 287.

[465] Staudinger/*Werner*, BGB, 11. Aufl., Vorbem. zu § 249ff. Rdnr. 110; *ders.*, NJW 1955, 769, 773.

[466] BGHZ 13, 360, 364, 369 (Beschl. v. 31.5.1954).

[467] BGHZ 9, 179ff., 191.

[468] BGHZ 21, 112ff. (Urt. v. 22.6.1956).

[469] BGHZ 21, 115ff., 119.

these nicht zu begründen ist, meint aber dennoch, dieses Ergebnis bedeute nicht, „den Schädigern unter dem Gesichtpunkt einer Bestrafung den Ersatz fingierter Schäden aufzuerlegen".[470] Eine andere Entscheidung[471] versagt dem Schädiger die Ausgleichung des Vorteils, weil eine Anrechnung für den Geschädigten „unzumutbar" wäre, umgekehrt den Schädiger „unbillig begünstigen" würde, andererseits die Leistung „ihrer Natur nach dem Schädiger nicht zugute kommen soll". Dieses Judiz ist insofern sehr aufschlußreich, als die Versagung der Vorteilsausgleichung in diesen Fällen von der Rechtsprechung im wesentlichen gerade mit dem spezifisch sozialfürsorgerischen Charakter der Leistungen begründet wurde, diesem Argument im konkreten Fall aber der Boden entzogen war, weil die Geschädigte nicht Arbeitnehmerin, sondern Komplementärin einer Kommanditgesellschaft war, deren Gesellschaftsvertrag die Fortentrichtung ihres Gehalts im Falle des verletzungsbedingten Ausfalles vorsah. Dies hinderte den Senat nicht, die Vorteilsausgleichung dennoch zu versagen;[472] er bemühte wiederum den in § 843 IV BGB angelegten Rechtsgedanken und rechtfertigte sein Ergebnis mit einem im deliktischen Haftungsrecht angeblich bestehenden besonderen „Zusammenhang zwischen Schadensentstehung und Vorteilsausleichung".[473]

c) Noch deutlicher wird die Interdependenz von Schädigerverhalten und des „Täters" Behandlung durch die Rechtsprechung in einer Entscheidung des GS v. 30.3.1953 (BGHZ 9, 179ff.) zum Übergang der Unterhaltsersatzforderungen nach § 844 II BGB, wenn der Getötete Sozialversicherungsrentner war. Anlaß gab die Rechtsprechung des III. ZS zu § 139 BBG a.F.,[474] der in einem vergleichbaren Fall den Schädiger „ungeschoren" hatte davonkommen lassen, weil jenem ein Schaden nicht entstanden sei und der Schädiger eben Glück gehabt habe.[475] Von dieser Rechtsprechung wollte der VI. ZS abweichen, in dessen Sinne der GS sodann entschied. Zur Begründung verweist der GS auf die Vorschrift des § 1542 RVO a.F., die er ausdrücklich als „Billigkeitsregelung" bezeichnet. Zu ihrem Inhalt führt er aus (S. 186f.):

> „Die Entstehungsgeschichte der einschlägigen Bestimmungen läßt keineswegs die Deutung zu, bei den Schadensersatzansprüchen der Verletzten gegen die Schädiger, die

---

470 BGHZ 21, 117, 119f.; so aber deutlich *Taube*, NJW 1954, 881, 882; die Fiktivität des Schadens in diesen Fällen betont dagegen OLG Stuttgart, NJW 1964, 305, 306.

471 BGH NJW 1963, 1051, 1052 (Urt. v. 5.2.1963; VI ZS); bestätigt durch BGH VersR 1967, 83, 84.

472 So i. E. auch BGH VersR 1967, 83; BGH NJW 1970, 95 (Geschäftsführender Gesellschafter einer GmbH als Verletzter); BGH NJW 1971, 1136 (Gesellschafter einer „Einmanngesellschaft" als Verletzter).

473 BGH NJW 1963, 1051, 1052.

474 Vgl. nunmehr § 87a BBG, der insoweit keine sachliche Änderung bedeutet.

475 BGHZ 1, 45; ausf. Wiedergabe der Rechtsansicht des III. ZS in BGHZ 9, 182.

> auf den öffentlichrechtlichen Träger übergegangen seien, handle es sich in Wirklichkeit um die Geltendmachung des dem Träger selbst erwachsenen Drittschadens; ... Eine solche Deutung würde im Gegenteil diejenige Schlichtung des Interessenwiderstreits der drei Beteiligten, die der Gesetzgeber klar gewollt hat, unmöglich machen. *Sie liefe auf eine Begünstigung des Schädigers hinaus, also desjenigen unter den drei Beteiligten, der diese Begünstigung am wenigsten verdient hat,*[476] während der Gesetzgeber gewollt hat, daß der Schädiger auf keinen Fall aus seinen Verpflichtungen entlassen werden soll und daß der Verletzte nicht doppelt entschädigt werden soll, daß also den Vorteil aus der doppelten Schadensleistung innerhalb des dreiseitigen Verhältnisses der öffentlichrechtliche Versorgungsträger haben soll, und zwar ersichtlich deswegen, weil er eine Allgemeinheit vertritt, deren Vermögen für allgemeine Versorgungszwecke bestimmt ist".

Der GS hat sein Ergebnis bei gänzlichem Dogmatikverzicht unmittelbar aus Leitprinzipien der Rechtsethik gewonnen, die den Schädiger einer „Begünstigung" nicht würdig erscheinen lassen. Die moralische Kategorie des „Verdienens" schließt die Aspekte der Verantwortung und des Verschuldens mit ein. Das Ergebnis ist umso verwunderlicher, als im konkreten Fall der Sozialversicherungsträger durch den Schadensfall nicht Ausgaben, sondern Ersparnisse hatte, weil die Hinterbliebenenrente hinter der zuvor gezahlten Altersrente zurückblieb. Der GS räumte zwar ein (S. 191), daß der Schädiger haftungsrechtlich auch einmal „Glück haben" könne. Dennoch meinte er (S. 190):

> „Eine Entscheidung der Rechtsfrage zugunsten des Schädigers würde auch dem sich aus *rechtsethischen Erwägungen* ergebenden Grundsatz nicht Rechnung tragen, daß es *den Schädiger keinesfalls entlasten darf,*[477] wenn der von ihm angerichtete Schaden durch Leistungen der öffentlichrechtlichen Versicherung ausgeglichen ist; denn diese Leistungen sind durch Arbeit und Beiträge verdient und in weiten Zweigen der Sozialversicherung nur mit erheblichen Zuschüssen des Staates, dh der Allgemeinheit möglich".

Das Argument aus der Rechtsethik heraus macht klar: Aus dem Schädiger ist ein „Täter", aus dem Schadensersatz „Strafe" geworden. Folgerichtig heißt es in einer weiteren Entscheidung[478] in diesem Zusammenhang, daß „der Schädiger nach dem Willen der Rechtsordnung die Folgen seiner Tat zu tragen hat", sowie unter Wiedergabe eines wörtlichen Zitats von *Heck,*[479] daß „die Rechtsordnung keinen Anlaß hat, die Mißhandlung versicherter Leute günstiger anzusehen als das gleiche Vor-

---

[476] Herv. v. mir.
[477] Herv. jew. v. mir.
[478] BGH NJW 1971, 936, 937 (Urt. v. 9.3.1971; VI. ZS).
[479] *Heck*, Grundriß, § 15.

gehen gegen andere", weiter, daß bei wirtschaftlicher Betrachtung „es unzweifelhaft näher liegt" die Gefährdenden statt der Gefährdeten mit den Kosten der finanziellen Vorsorge zu belasten, und schließlich, daß dieses Ergebnis gerade im Falle eines durch unerlaubte Handlung Geschädigten dem Rechtsempfinden entspreche. All diese in strafrechtliche Terminologie gekleideten Sachargumente machen deutlich, daß die Sanktionierung des „Täters" Grundlage dieser Rechtsprechung ist.[480] Ein Autor[481] meint gar, daß „damit (scl.: mit dieser Rspr.) der *sachfremde Gedanke der Sühne* in das Problem der Vorteilsausgleichung hineingetragen wurde". Dabei scheint man dem Sanktionsdenken so sehr verhaftet zu sein, daß eine Auseinandersetzung mit gewichtigen Argumenten gegen diese Rechtsprechung nicht einmal ansatzweise stattfindet: Die Sichtweise der Rechtsprechung läßt nämlich unberücksichtigt, daß der konkrete Einzelfall in der Versicherungsstatistik untergeht, weshalb der jeweilige Einzelschädiger als solcher nur sehr mittelbar, ja reflexartig,[482] zur Aufzehrung der Sozialleistungen beiträgt, desweiteren, daß auch er in das Kokon des Versicherungsnetzes mit eingebunden ist[483] und es letztendlich dem Zufall überbleibt, an welchem Versorgungsträger die Regulierung des Schadensfalles hängenbleibt.

d) Im Bestreben, dem Schädiger in diesen Fällen den gesamten „Sozialschaden" zu überbürden, verpflichtet die Rechtsprechung[484] diesen zum Ersatz des Bruttogehalts einschließlich der Arbeitgeberbeiträge zur Sozialversicherung und gibt dem das Entgelt fortzahlenden Arbeitgeber einen Regreß in eben dieser Höhe, wiewohl der Verletzte im Falle unterbliebener Entgeltfortzahlung einen Schaden nur in Höhe des Nettolohnes hätte. Ein Autor[485] hat in diesem Zusammenhang das Bedenken geäußert, ob hier „nicht schon ein vom Individualschaden des Verletzten gelöster Impensenregreß durchscheint, der das Schadensersatzsystem sprengt und poenalisiert", weshalb „es notwenig wäre, die „Bußgedanken" der Entscheidungen zu prüfen". Und in der Tat sind die von der Rechtsprechung herangezogenen Sachargu-

---

480 So auch *Gärtner*, JuS 1972, 69, 71 (Bespr. von BGH NJW 1971, 936); in diese Richtung wohl auch *Selb*, ÖJZ 1964, 388, 400: „Nirgends sollte es dem Schädiger zugute kommen, daß er in einer Gesellschaft lebt, die mehr und mehr den Bedarf des einzelnen durch Sozialleistungen sichert".

481 Staudinger/*Werner*, BGB, 11. Aufl., Vorbem. zu § 249ff. Rdnr. 108.

482 Vgl. nur den gleichnamigen Titel der Schrift von *Marschall v. Bieberstein*, Reflexschäden und Regreßrechte. Die Ersatzansprüche Dritter bei mittelbaren Vermögensschäden infolge vertraglicher und ähnlicher Beziehungen zum Verletzten. (Stuttgart/Berlin/Köln/Mainz 1967).

483 *Weyers*, 95; *Medicus*, JuS 1972, 553, 555f.

484 Vgl. nur BGH VersR 1961, 416; BGHZ 42, 76 ff.; 43, 378ff.; KG NJW 1963, 1065; OLG Köln, VersR 1964, 689; OLG Stuttgart, NJW 1964, 305; vgl. zum Ganzen *Busse*, VersR 1963, 614ff.; *Sieg*, VersR 1964, 8ff.

485 *Selb*, Karlsruher Forum, 19.

mente von solchen Gedanken entscheidend mitgeprägt, wenn es da etwa heißt, der „verantwortliche Schädiger" müsse insoweit eine Besserstellung des Geschädigten hinnehmen,[486] nur so könne eine „durch nichts gerechtfertigte Bevorzugung des Schädigers"[487] vermieden werden, oder fiskalpolitisch argumentiert wird, „die Auswirkungen der erheblichen Arbeitsausfälle, die vor allem durch die Verkehrsunfälle herbeigeführt werden, können billigerweise nur den Schädigern und nicht den Beschäftigungsbetrieben zur Last gelegt werden".[488] Hier ist der Zweck der Rechtsprechung, Verkehrsteilnehmer über das schadensersatzrechtliche Instrumentarium zu verkehrsgerechtem Verhalten zu erziehen, offensichtlich. Wo solche Gedanken ausnahmsweise einmal nicht zu finden sind, münden die Ausführungen in gekünstelten und begriffstheoretischen Begründungsversuchen.[489]

e) So sehr die Rechtsprechung die Versagung der Vorteilsausgleichung in diesen Fällen mit sozial- und fiskalpolitischen[490] Erwägungen begründet, so wenig überzeugend ist diese Begründung zugleich im Hinblick auf eine vom IV. ZS des BGH getroffene Entscheidung v. 24.10.1956 (BGHZ 22, 72ff.). Dort ging es um den Amtshaftungsanspruch gegen eine Gebietskörperschaft, weil das zuständige Jugendamt als Amtsvormund schuldhaft einen nachteiligen Unterhaltsvergleich abgeschlossen hatte. Die Amtspflichtverletzung hatte sich indes beim betroffenen nichtehelichen Kind nicht ausgewirkt, weil die Mutter und deren Eltern ausreichend für seinen Unterhalt aufkamen. Dennoch hat der Senat (in entsprechender Anwendung des § 844 II BGB) den Vorteilsausgleich versagt. Er räumte zwar ein (S. 76), „daß ... die Ablehnung einer Entlastung des Schädigers vielfach damit begründet worden ist, daß nicht die öffentliche Hand im Ergebnis den Schaden tragen dürfe und diese Entlastung nicht auf Kosten der Allgemeinheit gehen dürfe". Hiernach hätte also konsequenterweise eine Anrechnung des Vorteils stattfinden müssen, ging es doch um einen gegen den Staat i.w.S. gerichteten Anspruch. Der Senat meinte (S. 77) aber nunmehr, diese Erwägungen seien „nicht schlechthin unerläßliche Voraussetzungen dafür, um die Anrechnung abzulehnen". Stattdessen konstatierte er mit Blick auf den „Täter", daß die Schadloshaltung des Verletzten durch entferntere Unterhaltsverpflichtete „dem *wegen schuldhafter Pflichtverletzung haftbaren*[491] Vormund keinen Vorteil bringen darf". Drei Zeilen weiter fährt er fort:

---

486 BGHZ 69, 347, 350, 354.

487 KG NJW 1963, 1065, 1067.

488 BGHZ 43, 383.

489 Beispielhaft BGHZ 42, 76ff., wo zwanghaft versucht wird, diese Rspr. in die konkrete Schadensberechnungsmethode zu pressen.

490 Vgl. auch BGHZ 74, 103, 116: Keine Anrechnung von Steuervergünstigungen, die der Staat als Gemeinschaft dem Geschädigten gewährt, und die deshalb den Schädiger nicht entlasten sollen.

491 Herv. v. mir.

„Dafür, daß diesen Schaden im Ergebnis die in zweiter Linie unterhaltspflichtigen Personen tragen müßten, fehle die „innere Rechtfertigung". Er fügt hinzu: „... mag es sich bei ihnen auch um Privatpersonen handeln".

Der Senat wollte ersichtlich die vom Gesetz vorgegebene Rangfolge der Unterhaltspflichtigkeit gewahrt wissen. Mit der Unterhaltspflicht als eine sittliche und moralische Pflicht erschien es ihm unvereinbar, daß sich der primär Verpflichtete auf diese Weise aus der Verantwortung „stiehlt". Die „geringe Ergiebigkeit" der vom Senat benutzten Argumente, die immer nur auf ganz begrenzte und weitgehend ähnliche Fallkonstellationen zugeschnitten sind, ist zugleich Ausdruck der Erkenntnis, daß der täterbezogene Gesichtspunkt der Sanktion in höchstem Maße ein „einzelfallbezogenes" Kriterium ist, das seine Konturen von Fall zu Fall ändert.

f) Zusammenfassung

Zusammenfassend läßt sich festhalten, daß die Belastung des Schädigers mit der Haftpflicht beherrschendes Motiv für diese Rechtsprechung ist. Diese Zweckverfolgung führt hier zur völligen Preisgabe des Differenzschadensbegriffs bei gleichzeitiger Akzentuierung eines „Sozialschadens". Mit einem rechnerischen Schadensmodell ist diese Zielsetzung weder begründbar noch dogmatisch legitimierbar. Es gilt vielmehr das, was der BGH (VI. ZS) in seinem Urt. v. 27.4.1965 (BGHZ 43, 378ff.) für diese Fälle einmal frei ausgesprochen hat (S. 381):

> „Der Boden rein rechnerischer Überlegungen ist zugunsten einer wertenden Betrachtung bereits mit dem Schritt verlassen, der zur Bejahung eines übergangsfähigen Schadens trotz Gehalts- oder Lohnfortzahlung führt (Zitate). Denn als Differenz zweier Vermögenslagen ergibt sich dieser Schaden mangels einer wirtschaftlichen Einbuße des Verletzten nicht. ... Rechnerische Überlegungen können nur dazu führen, daß der Schaden bei Fortzahlung des Lohnes gleich Null ist. Der gleichwohl zu bejahende *normative*[492] Schaden ist andererseits nur als das vorstellbar, was der Verletzte in seinem konkreten Arbeitsverhältnis durch die Verwertung seiner Arbeitskraft laufend erworben hat und nunmehr trotz ihres zeitweiligen Ausfalls tatsächlich nicht verliert".

Stellt man die Leerformel[493] „normativer Schaden" unter das Gebot der Wertungsoffenheit, so lautet ihre Auflösung unter Berücksichtigung des Analysebefunds wie folgt: Zuspruch von Schadensersatz ohne Schaden (quantitativer Aspekt) aus Gründen der Sanktion (qualitativer Aspekt).

---

[492] Herv. v. mir.

[493] Vgl. dazu oben § 4 II 2 a.

2. Keine Entlastung des Schädigers auf Kosten der Erbmasse

a) Sanktionserwägungen dürften auch in der nun zu erörternden Fallgruppe der „innere Grund" für die Versagung der Vorteilsausgleichung sein. Gemeint sind damit einmal diejenigen Fälle, in denen der Schädiger den Tod eines Unterhaltspflichtigen verursacht hat und durch den der Unterhaltsberechtigte in den Genuß der Erbschaft gekommen ist. In diesem Fall stellt sich die Frage, inwieweit sich die angefallene Erbschaft auf den Anspruch des Drittgeschädigten nach § 844 II BGB auswirkt. Eine *im Zeitpunkt des Schadensereignisses* angestellte Differenzrechnung kann hier nur zu dem Ergebnis führen, daß der Unterhaltsberechtigte einen Schaden schon begrifflich nicht erlitten hat, dieser durch das schadensstiftende Ereignis im Gegenteil in Höhe der Erbschaft bereichert worden ist. Dennoch hat der BGH (VI. ZS) in einer Leitentscheidung v. 15.1.1953 (BGHZ 8, 325ff.) dem Erbschaftsanfall insoweit keine schadenstilgende Kraft beigelegt. Der Senat kreierte eine Formel, wonach lediglich die Erträgnisse der Erbschaft anzurechnen seien, das Stammkapital hingegen nicht. Zwar bejahte er noch den adäquaten Kausalzusammenhang zwischen schädigendem Ereignis und Vorteil. Die gegenteilige Auffassung des RG,[494] das schon diese Voraussetzung für nicht gegeben hielt, verwarf er ausdrücklich, weil sie (S. 329) „dem wirtschaftlich und nach Treu und Glauben zu erstrebenden Ergebnis nicht gerecht wird". Eine Anrechnung des Vorteils verbiete sich aber deshalb, weil sie „Sinn und Zweck der Schadensersatzpflicht" nicht entspreche (S. 329f.). Hierzu führte der Senat aus (S. 330):

> „Einen Rückgriff auf den Stamm der Erbschaft zu verlangen, hieße also, die Kl. zu veranlassen, *zugunsten des Schädigers*[495] das Vermögen zu mindern, das ihr sonst, wenn auch erst in einigen Jahren, in voller Höhe zufallen würde. Ihr Vorteil besteht nur in dem verfrühten Anfall des Stammes der Erbschaft. Dieser Vorteil kann nur zur Anrechnung der mit ihm gegebenen Einkünfte der Erbschaft, nicht aber dazu führen, die Kl. zu zwingen, den Stamm des Vermögens, das sonst unangetastet geblieben wäre, anzugreifen".

Der rechtstechnische Kunstgriff besteht hier im Hinausschieben des Abrechnungszeitpunkts auf einen späteren hypothetischen Zeitpunkt. Hinter der Berücksichtigung des hypothetischen Kausalverlaufs[496] steht freilich eine Wertung: Der Schädi-

---

[494] RGZ 10, 50, 52; 64, 350, 355; weitere Nachw. in BGHZ 8, 325, 328.

[495] Herv. v. mir.

[496] Das Beispiel ist ein klarer Beleg für die rechtstechnische Wesensähnlichkeit der Vorteilsausgleichung mit dem Problemkreis der hypothetischen Kausalität; für ein Verständnis der hypothetischen Kausalität als ein Anwendungsfall der Vorteilsausgleichung, MüKo/*Grunsky*, BGB, v. § 249 Rdnr. 83; *Grunsky*, FS Lange, 469.

ger soll aus dem von ihm „verschuldeten“ Tod eines Menschen kein „Kapital schlagen“; man fühlt sich in seinem Gerechtigkeitsgefühl empfindlich gestört, wenn sich der Schädiger im Zusammenhang mit dem Tod eines Menschen auf pekuniäre Vorteile für den Drittgeschädigten berufen könnte. Die Versagung der Vorteilsausgleichung verschafft hier dem Drittgeschädigten wenn nicht eine Genugtuung für begangenes, so aber zumindest für empfundenes Unrecht. Eine andere und plausiblere Erklärung für diese Rechtsprechung ist nicht auszumachen; umgekehrt hat die Argumentation des Senats den Charakter einer wenig überzeugenden Hilfskonstruktion, weil keineswegs sicher ist, daß der Drittgeschädigte den Geschädigten auch wirklich beerbt hätte, jener also nur eine vage „Aussicht“ hat.[497] Wenig einleuchtend ist auch eine insoweit unterschiedliche Behandlung von Zinsen und Stammkapital, was allenfalls als fauler Kompromiß der Rechtsprechung gewertet werden kann, um auf diese Weise die dogmatische Unzulänglichkeit dieses Denkansatzes insgesamt zu überspielen. Bei näherer Lektüre der Rechtsprechung fällt zudem auf, daß den Entscheidungen, die sich mit der Frage der Anrechnung von Erbschaften befassen, ausschließlich Ansprüche aus § 844 II BGB zugrundeliegen. Dies erhellt nochmals die rechtsethische Komponente solcher Schadensfälle, bei denen der Tod eines Menschen einer kühlen, rechnerischen und emotionslosen Bilanzerstellung Grenzen setzt.

Das Lösungsmodell des BGH überzeugt aber noch aus einem anderen Grunde nicht. Wenn schon mit der hypothetischen Entwicklung der Verhältnisse überhaupt argumentiert wird, dann hätte diese Argumentation konsequenterweise auch auf den Umfang der Erbschaft erstreckt werden müssen. Diese Konsequenz zieht der Senat jedoch nicht (Urt. v. 25.10.1960, NJW 1961, 119f.): Der Drittgeschädigte, der Pflichtteilsberechtigter war, hatte sich darauf berufen, daß der Nachlaß aus einer ausbaufähigen Holzhandlung bestand, weshalb bei einem späteren Tod ein wesentlich höherer Nachlaßwert zu erwarten gewesen wäre. Der Senat übertrug zwar die in BGHZ 8, 325ff. entwickelten Grundsätze auf den Pflichtteilsanspruch, wandte sich jedoch gegen eine Berücksichtigung der zukünftigen Vermögensentwicklung des Erblassers, weil dies zu einer unzulässigen Ausweitung des § 844 II BGB führen würde (S. 120):

> „*Es geht aber nicht an,*[498] den nach dem Standpunkt unserer Rechtsordnung nicht zu ersetzenden allgemeinen Vermögensschaden dadurch in die Berechnung des Unterhaltsschadens einzubeziehen, daß dieser allgemeine Schaden benutzt wird, um der bei einem Erbfall stattfindenden Vorteilsausgleichung hinsichtlich der zugefallenen Einkünfte aus der vorzeitigen Erbschaft zu entgehen“.

---

[497] So zu Recht Staudinger/*Werner*, BGB, Vorbem. zu §§ 249ff. Rdnr. 117; *Werner*, NJW 1955, 769ff., 773.

[498] Herv. v. mir.

Nichts anderes tut der Senat indes, wenn er eine Anrechnung des Vermögensstammes mit der Erwägung des hypothetischen Erbanfalls verneint. Auch in diesem Fall wird, wenn auch nur gedanklich, ein allgemeiner Vermögensschaden (in Form einer bloßen Chance) für ausgleichsfähig erklärt und letztendlich dazu benutzt, um die Vorteilsausgleichung zu versagen.

b) Der Billigkeitscharakter dieser Rechtsprechung wird bestätigt durch eine weitere Entscheidung des BGH (VI. ZS) v. 22. 9. 1967 (VersR 1967, 1154f.), in der der Senat nunmehr die Anrechnung auch des Erbschaftsstammes zur Diskussion stellte. Im zu entscheidenden Fall ging es um eine ältere Witwe, die von ihrem erwachsenen unverheirateten Sohn, der bei einem Verkehrsunfall getötet wurde, unterhalten worden war und diesen beerbt hatte. Die Revisionskl. meinte, im Hinblick auf ihr Alter müsse sich die Kl. neben den Erträgnissen auch das Erbschaftskapital anrechnen lassen. Der Senat hielt in der Tat nach der in BGHZ 8, 325/329 gebrauchten Formel vom Sinn und Zweck der Schadensersatzpflicht im Einzelfall eine Anrechnung für möglich. Was in der zitierten Entscheidung noch als eiserner Grundsatz im Dienste der Einschränkung der Anrechnung wiedergegeben worden war, wird nun anläßlich eines Einzelfalls in sein Gegenteil verkehrt. Aufgrund der nur noch geringen Lebenserwartung der Kl. hat man hier keine Bedenken, ihr die Anrechnung des Stammes zuzumuten. Das Kriterium der „Zumutbarkeit" diente dem Senat letztendlich auch, um im konkreten Fall eine Anrechnung des Stammwerts dennoch zu verneinen: weil es sich, so der Senat, bei dem Kapital um eine den Einkünften des Sohnes entsprechende, bescheidene Rücklage für Notfälle gehandelt habe, „die im Rahmen der gemeinsamen Lebensführung" schon vor dem Erbfall „zu ihren Lebensumständen" gehört habe, sei es der Kl. „nicht zuzumuten, diesen Betrag nunmehr zur *Entlastung der Schädiger*[499] aufzuzehren" (S. 1155).

c) Nicht nur eine Konkretisierung, sondern eine völlige Umgestaltung des von ihm in BGHZ 8, 325 aufgestellten Grundsatzes hat der VI. ZS schließlich in seinem Urteil v. 19. 3. 1974 (NJW 1974, 1236f.) vorgenommen. Der Senat meint nun, aus der früheren Entscheidung werde zu Unrecht der Grundsatz abgeleitet, daß allgemein nicht der Stamm, aber stets die Erträgnisse einer Erbschaft anzurechnen seien. Er formulierte den Grundsatz deshalb dahingehend neu, daß (S. 1237) „lediglich solche ererbten Vermögenswerte anzurechnen (seien), die auch vor dem Tod des Unterhaltspflichtigen zur Bestreitung des Unterhalts dienten – gleich ob es sich hierbei um Erträgnisse des Vermögens oder um den Stamm des Vermögens handelte". Nur eine solche Auffassung sei – so der Senat – mit dem Sinn und Zweck des Schadensersatzrechts vereinbar.

---

[499] Herv. v. mir.

3. Keine Entlastung des Schädigers auf Kosten privater Vor- und Nachsorge

a) Die Frage der Vorteilsausgleichung stellt sich auch, wenn dem Drittgeschädigten infolge der Tötung des Unterhaltsverpflichteten eine private Versicherungsleistung zufällt oder er einen hierauf gerichteten Anspruch erlangt. Die Rechtsprechung stellt hierbei entscheidend auf das Motiv des Versicherungsnehmers beim Abschluß des Versicherungsvertrages und der von ihm dem Vertrag beigelegten Zweckrichtung ab.[500] Doch fließen auch hier zuweilen Sanktionserwägungen in die Begründung mit ein. Beispielhaft ist eine Entscheidung des BGH (VI. ZS) v. 19.12.1978 (BGHZ 73, 109ff.): Die Kl. begehrten von den Bekl. Ersatz ihres Unterhaltsausfallschadens aus § 844 II BGB. Die Bekl. wollten u.a. die Erträgnisse aus einer vom Getöteten abgeschlossenen Lebensversicherung auf den Erlebens- und Todesfall (sog. Sparversicherung) schadensmindernd berücksichtigt wissen. Der BGH versagte einen Vorteilsausgleich unter Aufgabe von BGHZ 39, 249ff., wo noch zwischen Spar- und Risikoversicherung differenziert und nur hinsichtlich letzterer die Vorteilsausgleichung versagt wurde. Der Senat gab den Revisionskl. zwar zu, daß die Erträgnisse aus der Sparversicherung nach ihrem Sinn und Zweck einen Vorteil des Hinterbliebenen verkörpern. Gleichzeitig stellte er aber fest (S. 111):

> „Dennoch erscheint es bei Würdigung der gesamten Interessenlage angesichts des Sinns und Zwecks der Schadensersatzpflicht aus § 844 II BGB *nicht recht und billig*, wenn der Schädiger dem Hinterbliebenen die Anrechnung dieser Erträgnisse *zumuten*[501] dürfte".

Zwei Seiten später nahm der Senat dieses Billigkeitsargument nochmals auf und formulierte in wortgetreuer Wiederholung des RG,[502] daß

> „es dem Sinn des Versicherungsverhältnisses widerspräche, wenn die Leistungen des Versicherers dem Schädiger zugute kämen, im Ergebnis also die Wirkung einer Haftpflichtversicherung zugunsten des Schädigers einträte, bei der ein anderer, ohne es zu wollen, die Prämien für den Schädiger bezahlt hätte" (S. 113/ 114).

b) Um einen Fall privater Nachsorge geht es in der „Adoptionsentscheidung" des VI. ZS des BGH v. 22.9.1970 (BGHZ 54, 269ff.): Eine Landesversicherungsanstalt gewährte drei Kindern, deren Eltern bei einem Verkehrsunfall ums Leben kamen, Waisenrenten nach § 1267 RVO a.F.[503] Hieran änderte sich nichts, nachdem die

---

[500] BGHZ 19, 94, 98f.; 64, 260, 267.

[501] Herv. jew. v. mir.

[502] RGZ 146, 289.

[503] Vgl. nunmehr § 48 SGB VI.

Kinder an Kindes Statt angenommen wurden.[504] Der Haftpflichtversicherer des Schädigers verweigerte nunmehr wegen des neu erworbenen Unterhaltsanspruchs der Kinder (§§ 1757 I,[505] 1601 ff. BGB) die Erfüllung des Regreßanspruchs nach § 1542 RVO a. F.[506]

Der Senat ließ den Einwand der Vorteilsausgleichung nicht gelten. Er bejahte zwar noch die adäquate Verknüpfung von Vor- und Nachteil, versagte die Vorteilsanrechnung aber im Hinblick auf die stereotype Formel vom „Zweck des Schadensersatzes" und der nicht gebotenen „unbilligen Entlastung des Schädigers". Zunächst wandte er sich gegen die Auffassung der Revisionskl., wonach hier wie im Falle der Wiederverheiratung des Witwers, wo ein Unterhaltsschaden verneint wurde,[507] zu entscheiden sei. Dort hat der BGH die Anwendung des § 843 IV BGB abgelehnt, weil „der neue Unterhaltsanspruch nicht „aus Anlaß des Unfalls", (sondern) vielmehr erst durch das selbständig zu dem den Schaden begründenden Umstand hinzutretende Ereignis der neuen Verheiratung ausgelöst"[508] wurde, die Vorschrift sich aber nur auf Fälle der erstgenannten Art beziehe.

Danach hätte der Senat, weil hier der neue Unterhaltsanspruch ebenfalls erst durch ein in diesem Sinne autonom hinzutretendes Ereignis – der Adoption – aktiviert wurde, die Vorteilsanrechnung ebenfalls bejahen müssen. Er fand jedoch beide Fälle unter „*Billigkeitsgesichtspunkten,*[509] die den Zweck des Schadensersatzes berücksichtigen", verschieden (S. 272). Die vom Senat hierzu gemachten Ausführungen, die sich auf die Verschiedenartigkeit des Ehegatten- und Kindesunterhalts stützen, sind jedoch wenig überzeugend[510] und erscheinen eher als ein Versuch, ein von ihm längst vorgefaßtes Ergebnis nachträglich in das Gesetz zu pressen. Nicht umsonst stützte der Senat sogleich im Anschluß an diese Ausführungen seine Entscheidung auf folgende weitere Erwägung (S. 273/274):

> „Es wäre auch *unbillig*, den *Schädiger* deshalb *zu entlasten,*[511] weil Dritte es übernehmen, den durch sein Verhalten hilfsbedürftig gewordenen Unfallwaisen Unterhalt zu gewähren".

Was hier wie ein unbedeutender Nachsatz klingt, dürfte wohl der eigentliche Grund für die Versagung der Vorteilsausgleichung sein. Das volkstümliche Rechtsgefühl

---

[504] § 1267 RVO (= § 44 AnVG) knüpft nur an das Kindesverhältnis an; vgl. ferner LSG Berlin v. 15. 3. 1963 (Breithaupt 1964, 965).

[505] Jetzt § 1754 I.

[506] Vgl. nunmehr § 116 SGB X.

[507] BGH VersR 1970, 522 ff. (Urt. v. 16. 2. 1970; III ZS.).

[508] BGH VersR 1970, 525.

[509] Herv. v. mir.

[510] Vgl. die Kritik von *Rother* in seiner Anm. zu diesem Urteil, JZ 1971, 659, 660.

[511] Herv. jew. v. mir.

wäre verletzt, wollte man hier den „bösen“ Schädiger auf Kosten des barmherzigen Helfers in Not aus seiner Verantwortung entlassen, wo doch er das Opfer erst in seine mißliche Lage gebracht hat. Der Senat selbst spricht absichtlich konnotiert vom „Verhalten“ und nicht von der „Handlung“ des Schädigers.

Daneben führte der Senat auch noch ein rechtspolitisches Argument ins Feld (S. 275):

> „Gegen eine Anrechnung dieses Unterhaltsanspruchs auf den Schadensersatzanspruch aus §§ 10 II StVG, 844 II BGB spricht auch, daß dann die Adoption von Pflegekindern durch ihre Pflegeeltern in vielen Fällen erschwert und damit die rechtliche Festigung der Pflegekindverhältnisse verhindert werden würde“.

Um den Unterhaltsschaden endgültig entstehen lassen zu können,[512] bedürfte es im Verhältnis zum Schädiger noch der „Ausschaltung“ der den hinterbliebenen Kindern zufließenden Waisenrente. Dazu bediente sich der Senat wiederum des in der Rechtsprechung inzwischen fest etablierten Schmarotzer-Arguments.[513] Er führte aus (S. 275):

> „Soweit es sich, wie im vorliegenden Falle, um die Geltendmachung eines auf einen Sozialversicherungsträger übergegangenen Unterhaltsschadensanspruchs handelt, ist *im Rahmen der Billigkeit einer Vorteilsanrechnung*[514] schließlich zu berücksichtigen, daß die Versorgungsleistungen an Unfallwaisen ... ihren Grund in Beitragsleistungen Dritter haben, die dem Schädiger nach dem Zweck des Schadensersatzrechts nicht zugute kommen sollen“.

Diese Argumentation ist umso erstaunlicher, als hinter dem Schädiger eine Versicherung steht, die ihm die wirtschaftliche Last der Haftpflicht abnimmt. Das Sanktionsdenken wirkt damit bis in die verschiedenen Versicherungsträger selbst hinein. Der Schaden wird letztendlich unter mehreren Versicherungsträgern demjenigen zugerechnet, der eine Entlastung am wenigsten „verdient“ (hier: Haftpflichtversicherer als „verlängerter Arm“ des Schädigers). Das Fehlen einer gesetzlichen Regelung zum Rang- und Regreßverhältnis der verschiedenen Ansprüche untereinander hat dahingehende Entscheidungsmaximen aber überhaupt erst möglich gemacht. *Rother*[515] hat sich nicht zuletzt deshalb für eine baldige gesetzliche Regelung dieser Frage ausgesprochen und betont, daß hierbei „alle moralisierenden oder pönalisierenden Erwägungen beiseite bleiben sollten“.

---

[512] *Rother*, JZ 1971, 659, 660 spricht trefflich vom „Schluß vom Sollen zum Sein“ (im Anschluß an *Hattenhauer*, Kritik des Zivilurteils, 94).

[513] Siehe oben § 7 XIV 1.

[514] Herv. v. mir.

[515] JZ 1971, 659, 661.

4. Keine Berücksichtigung von auf überobligationsmäßigen Anstrengungen des Geschädigten beruhenden Schadensminderungen zugunsten des Schädigers

Wenn der Verletzte den Schaden selbst durch eigene Anstrengungen kompensiert oder zumindest in Grenzen gehalten hat, fehlt eine dem § 843 IV BGB vergleichbare Vorschrift zur Entscheidung der Vorteilsanrechnungsfrage. Eine Entscheidung nach der Zweckrichtung der Leistung, wie sie die Rechtsprechung bei Fremd- bzw. Drittleistungen vornimmt,[516] scheidet aus, weil ja der Geschädigte niemals den Haftpflichtigen, sondern stets nur sich selbst begünstigen will. Man könnte deshalb meinen, daß sich die Verpflichtung des Schädigers auf den Ausgleich des im Einzelfall konkret feststellbaren Vermögensabflusses beschränkt. Indes entspricht dies nicht der Praxis der Rechtsprechung, die auf der Grundlage einer wertenden Betrachtungsweise judiziert.

a) Richtungsweisend hierfür ist die Grundsatzentscheidung des BGH (III. ZS) v. 13.12.1951 (BGHZ 4, 170ff.): Eine Bäckermeisterswitwe hat nach dem Unfalltod ihres Mannes gegen ein monatliches Entgelt von DM 20 die Schulspeisung übernommen, und zwar vorwiegend deshalb, weil die Ersatzpflichtigen ihrer Verpflichtung zur Rentenzahlung aus § 844 II BGB nicht rechtzeitig nachgekommen waren.

Der Senat folgte einer vom RG[517] vertretenen Auffassung, die die Anrechnung des Erwerbs vom Maßstab für die Schadensabwendungs- und minderungspflicht nach § 254 II BGB abhängig machte. Pflichtgemäße Arbeiten sollten angerechnet werden, überobligationsmäßige Anstrengungen hingegen nicht. Zur Begründung der Nichtanrechnung überpflichtmäßiger Schadensminderung führte der Senat aus (S. 176/177):

> „In Fällen, in denen eine Witwe – sei es aus Not, sei es aus besonderer Arbeitsfreudigkeit oder aus welchem Grunde immer – eine Erwerbstätigkeit aufgenommen hat, obwohl ihr das den Umständen nach nicht zuzumuten gewesen wäre, erscheint die Anrechnung des erzielten Erwerbs auf den Schadensersatzanspruch nicht gerechtfertigt (RGZ 154, 236, 241). Es *erschiene geradezu unbillig,*[518] wenn der Witwe die Früchte ihrer Arbeit zugunsten des Schädigers entzogen würden in Fällen, in denen keine Verpflichtung zur Schadensminderung besteht".

Nur ein Denken in den Kategorien von „Gut" und „Böse" verbietet es hier, dem Schadensstifter die Opfertugend des Fleißes gutzubringen. Die Argumentation des

[516] Vgl. die Nachw. in Fn. 500.
[517] RGZ 154, 236, 240.
[518] Herv. v. mir.

Senats („geradezu unbillig") ist daher eher ein Appell an das Rechtsgefühl, als daß sie eine dogmatische Begründung enthielte.

Wann sich allerdings der Geschädigte einen erzielten Erlös anrechnen lassen muß und wann nicht, läßt sich nach Meinung des Senats nicht allgemein, sondern nur anhand des konkreten Einzelfalls beantworten. Als maßgebliche Entscheidungskriterien werden genannt (S. 176): die wirtschaftlichen und sozialen Verhältnisse, Alter, Leistungsfähigkeit und sonstige Lebensverhältnisse, vor allem bei eigener früherer Erwerbstätigkeit oder Berufsausbildung. Immer aber bildet der Topos der unbilligen Entlastung des Schädigers die äußerste Grenze der Vorteilsanrechnung.[519]

Gegen die Anrechnung des Erlöses im konkreten Fall führt der Senat noch ein *im Verhalten des Schädigers* begründetes Argument ins Feld: Die Kl. hat die gering entlohnte Tätigkeit nur aus Not wegen der verzögerlichen Rentenleistung der Bekl. übernommen (S. 177). Damit dient der Schadensersatz hier im wesentlichen als Sanktion gegen den Schädiger wegen hinausgezögerter Schadenswiedergutmachung, frei nach dem Motto: wer zu spät zahlt, soll mehr zahlen müssen.[520] Dabei wird übersehen, daß die Spätleistung nach dem Gesetz nur die Sanktion des Verzugsschadensersatzes auszulösen vermag (§§ 286ff. BGB). Was den Aspekt der unverhofften Notlage angeht, hätte der Bekl. das Rechtsinstitut der einstweiligen Verfügung nach §§ 935, 940 ZPO[521] zur Seite gestanden bzw. sie hätte zu ihrer vorübergehenden Überwindung Leistungen aus der Sozialfürsorge in Anspruch nehmen können.

b) Mit Urt. v. 16.2.1971 (BGHZ 55, 329ff.) hat der VI. ZS des BGH, der die Zuständigkeit vom III. ZS übernommen hat, diese Grundsätze nochmals bestätigt: Der Fahrschulwagen des Kl. war infolge eines vom Bekl. verschuldeten Unfalls mehrere Tage nicht gebrauchsfähig gewesen. Die ausgefallenen Fahrstunden hatte der Kl. jedoch in „Überstunden" restlos nachgeholt. Dennoch verlangte er Ersatz für die entgangenen Einnahmen von neun Arbeitstagen.

Der Senat räumt zwar ein, daß dem Kl. nach der „reinen Differenzhypothese" ein Gewinnausfallschaden nicht enstanden ist. Diese formale Betrachtungsweise bedürfe jedoch einer wertenden Korrektur. Hierzu führt der Senat aus (S. 333):

---

[519] BGHZ 16, 265, 275 (Urt. v. 9.2.1955; VI. ZS); BGH VersR 1967, 259, 260 (Urt. v. 13.12.1966; VI. ZS); BGH VersR 1969, 469, 470 (Urt. v. 11.2.1969; VI. ZS); BGH NJW 1974, 602, 603 (Urt. v. 25.9.1973; VI. ZS); BGH VersR 1976, 877, 878 (Urt. v. 6.4.1976; VI. ZS).

[520] Zu einer ähnlichen Praxis: Schmerzensgelderhöhung bei dilatorischer Schadensregulierung durch Versicherer, vgl. unten § 8 XVIII 2 b.

[521] In Form der Leistungsverfügung; sie ist heute allgemein anerkannt, vgl. *Zöller/Vollkommer*, ZPO, § 940 Rdnr. 1, 6; es fehlt jedoch am Verfügungsgrund, wenn der Verfügungskl. Sozialhilfe zur Deckung seines Notbedarfs erhält, vgl. die Nachw. (auch zur Gegenansicht) bei *Thomas/Putzo*, ZPO, § 940 Rdnr. 9.

„Auf diese Unterscheidung (Nichtentstehen eines Schadens oder Anrechnung eines Vorteils auf einen entstandenen Schaden) kommt es jedoch für die hier erhebliche Frage im Ergebnis nicht an. Auch wenn man entgegen dem BerGe. den durch die Nachholung der Fahrstunden erzielten Gewinn hier als bloßen Schadensberechnungsfaktor in einem engeren Sinne qualifiziert, führt das nicht ohne weiteres zur Abweisung des Schadensersatzanspruchs unter dem Gesichtspunkt fehlenden Schadenseintritts. Vielmehr ist eine rechtliche Wertung dahin nicht verwehrt, ggf. sogar geboten, ob dieser Umstand bei der Berechnung des Schadens einzusetzen oder von der Einstellung in die Differenzbilanz auszunehmen ist (Zitate). Abgesehen davon, daß die Abgrenzung zwischen Vermögensvorteilen im Sinne der Vermögensausgleichung und bloßen Schadensberechnungsfaktoren durchaus nicht eindeutig und zudem nach formalen Gesichtspunkten kaum möglich (Zitat) ist, läßt eine wertende Betrachtung keinen Sachgrund erkennen, der hier eine andere Beurteilung als unter dem Gesichtspunkt der Vorteilsausgleichung rechtfertigen könnte“.

Der Streit, ob in solchen Fällen beim Verletzten ein Schaden erst gar nicht eingetreten oder zwar eingetreten, aber später wieder weggefallen ist,[522] ist in der Tat müßig. Das Ergebnis bleibt in beiden Fällen gleich. Ein nach der Differenzhypothese unzweifelhaft nicht gegebener Schaden wird „konstruiert“, um den Schädiger mit der Haftpflicht zu belasten. Auf diese Zwecksetzung kommt der Senat erst am Ende der Urteilsgründe zu sprechen (S. 334):

„In jedem Fall trifft der im Bereich der Vorteilsausgleichung im eigentlichen Sinne entwickelte Grundsatz auch hier zu, daß die mit dem Schadensereignis verbundenen günstigen Umstände nur dann einzusetzen sind, wenn die Anrechnung dem *Zweck des Schadensersatzes* entspricht und den *Schädiger nicht unbillig entlastet.* Ebenso wie dort ist dem Rechtsgedanken und der gesetzlichen Wertung des § 254 II BGB zu entnehmen, daß eine Schadensverhinderung und -minderung durch überpflichtmäßige Anstrengungen des Geschädigten den *Schädiger nicht entlasten*[523] sollen“.

5. Versagung der Vorteilsausgleichung bei Verletzung von Vertragspflichten als Sanktion zur Sicherstellung der Vertragstreue

Die nunmehr zu erörternden Fälle, bei denen es um *Vertragspflichtverletzungen* geht, sind Beispiel dafür, daß die Frage der Schadensberechnung nicht vollkommen wertungsunabhängig vom Haftungsgrund entschieden wird. Besonders dann, wenn durch das schadensstiftende Verhalten die Vertragstreue als ein oberster Grundsatz

---

[522] Vgl. dazu *Larenz*, Schuldrecht AT, 537 f. einerseits, *Keuk*, 39 andererseits (für den Fall der Entgeltfortzahlung).
[523] Herv. jew. v. mir.

unserer Rechtsordnung verletzt ist, scheint die Rechtsprechung geneigt zu sein, dem Schädiger hierfür die „Rechnung zu präsentieren".

a) In der vielfach diskutierten[524] Entscheidung v. 15.11.1967 (BGHZ 49, 56ff.) ging es um einen Fall unterlassener Schönheitsreparaturen durch den Mieter. Der Vermieter verlangte die Kosten der Schönheitsreparaturen, zu denen sich der Mieter vertraglich verpflichtet hatte, obwohl der Nachfolgemieter die Wohnung zwischenzeitlich auf eigene Kosten hergerichtet hatte.

Der VIII. ZS versagte dem früheren Mieter die Vorteilsausgleichung,[525] wobei er dahingestellt ließ, ob die Mindestvoraussetzung des adäquaten ursächlichen Zusammenhangs zwischen schadensstiftendem Ereignis und schadensbeseitigendem Umstand im konkreten Fall vorgelegen hat. Er führte aus (S. 62):

> „Das schadensmindernde oder schadensbeseitigende Ereignis kann vielmehr als zureichender Grund für die Befreiung des Schädigers von der Ersatzpflicht nur anerkannt werden, wenn seine Berücksichtigung bei Würdigung aller Umstände den Schädiger nicht unbillig entlasten würde (BGHZ 10, 107, 108; 30, 29, 33). Zu einer nicht gerechtfertigten Begünstigung des Schädigers käme es aber dann, wenn die Schadensbeseitigung eines Dritten berücksichtigt würde, der eine vertragliche Abmachung mit dem Geschädigten zugrundeliegt, die den Schädiger nichts angeht (BGHZ 7, 30, 49; BGH Urt. v. 5. Februar 1963 – VI ZR 33/62 = NJW 1963, 1051). So liegt der Fall hier".

Der lapidare Nachsatz („So liegt der Fall hier") überrascht angesichts der Begründung des Ergebnisses allein mit seiner Billigkeit nicht. Was jedoch im konkreten Einzelfall „billig" ist und was nicht, darüber läßt sich trefflich streiten, ergibt sich eine Antwort hierauf doch nicht aus einer dogmatischen Rechtskategorie, sondern spiegelt nur das jeweilige Rechtsempfinden des Entscheidenden wider.[526] So verwundert es nicht, daß das OLG Hamm[527] in dieser Problematik mit *derselben* Argumentationsfigur („Billigkeit") zu einem völlig konträren Ergebnis gelangt ist. Das Gericht begründete seine Entscheidung gerade dahingehend, daß „es unbillig wäre, der Kl. den ... Anspruch auf Ersatz des Schadens zu belassen, obwohl sie den Schaden ohne eigene Einbuße auf die neuen Mieter abgewälzt hat", mit der Folge, daß „die Kl. auf diesem Weg einen Schaden ... doppelt ersetzt erhielte". Bezeichnenderweise hat sich der Senat mit dieser von ihm lediglich zitierten Entscheidung nicht näher auseinandergesetzt. Stattdessen hat er sein Ergebnis mit einer weiteren

---

[524] Vgl. etwa *Keuk*, 121ff.; *Frotz*, NJW 1963, 884ff.; *Hadding*, JuS 1969, 407ff.; zur entsprechenden Entwicklung im US-amerikanischen Recht vgl. *Köndgen*, RabelsZ 56 (1992), 696, 707 mit Nachw.

[525] So schon KG NJW 1963, 349f.; KG NJW 1964, 725f.; a. A. OLG Hamm, NJW 1964, 1373ff.

[526] Beispielhaft KG NJW 1964, 726, das sein Ergebnis mit der „Ungerechtigkeit" der gegenteiligen Ansicht begründet.

[527] OLG Hamm, NJW 1964, 1375.

Erwägung untermauert, um so der Entscheidung doch noch einen rechtsdogmatischen Charakter zu verleihen: Unter Heranziehung von § 267 BGB stellt der Senat die Willensrichtung des Nachfolgemieters heraus, der mit der Übernahme der Schönheitsreparaturen nur ein eigenes Interesse befriedige. Ähnliches gelte auch für den Vermieter; dies schon deshalb, weil die Herbeischaffung eines zur Übernahme der Schönheitsreparaturen bereiten Mieters eine überpflichtmäßige schadensmindernde Handlung darstelle. Denn jener habe sich, wenn er die Übernahme von Schönheitsreparaturen bei ungeschmälertem Mietzins durchsetzen wollte, „von vornherein bei der Auswahl seiner Mieter auf diejenigen beschränken" müssen, „die mit einer solchen, ihnen nachteiligen Regelung einverstanden waren" (S. 63).

Diese Überlegungen geben indes nur allzu Selbstverständliches wieder, weshalb ihnen keine über ihren materiellen Aussagegehalt hinausgehende Bedeutung zukommt. Keinesfalls sind sie geeignet, einen beim Vermieter nachweislich nicht auszumachenden Schaden zu begründen. Die Renovierung durch den neuen Mieter hat den Schaden beim Vermieter endgültig beseitigt, gleichviel, ob jener aus eigensüchtigen oder – völlig abwegig – altruistischen Motiven heraus tätig wurde. Ein Schaden wird so offensichtlich nur fingiert, um den vertragsbrüchigen Mieter nicht „ungeschoren" davonkommen zu lassen. Diese Zielrichtung läßt der Senat selbst anklingen, wenn er im Zusammenhang mit der Erörterung des auf die Kosten der Schönheitsreparaturen gerichteten Erfüllungsanspruchs hypothetisch ausspricht, daß „der Mieter sich nicht durch den Auszug seiner während der Vertragszeit *vernachlässigten* Instandsetzungspflicht *entziehen*[528] kann" (S. 59).

b) Auf derselben Linie liegt die Entscheidung des BAG (V. Sen.) v. 24.8.1967 (NJW 1968, 221ff.): Die bekl. Arbeitnehmerin (Arzthelferin) ist unter Verletzung ihrer Vertragspflichten der Arbeit ferngeblieben. Der kl. Arbeitgeber begehrte Ersatz des durch den Ausfall bedingten Schadens. Das LAG hat als BerGe. einen ersetzbaren Vermögensschaden des Kl. verneint, weil dieser – unstreitig – den Ausfall der Arbeitskraft durch eigene Mehrarbeit aufgefangen hat. Dem folgte das BAG nicht. Der Senat räumte zwar ein, daß der Kl. durch den Arbeitsvertragsbruch eine Einkommensminderung tatsächlich nicht erlitten hat. Dies sei aber nur Folge der überobligationsmäßigen Schadensminderungsmaßnahme des Kl., die der Bekl. nicht zugute kommen dürfe. Der Senat führte aus (S. 222 r. Sp.):

> „Es wäre nun *in hohem Maße unbillig* wenn sich die Bekl. darauf berufen könnte, infolge der besonderen Anstrengungen des Kl. sei ja die drohende wirtschaftliche Einbuße vermieden bzw. wettgemacht worden. *Unserem gesamten Schadensersatzrecht liegt der Gedanke zugrunde, daß der Schaden vom Geschädigten auf den Schädiger ab-*

---

[528] Herv. v. mir.

> *gewälzt wird.*[529] Dieser Gedanke würde in sein Gegenteil verkehrt, wenn über den Weg einer Vorteilsausgleichung Ersatzmaßnahmen des Geschädigten dem Schädiger zugute kämen, mit der Folge, daß dieser ganz oder zum Teil von seiner Schadensersatzpflicht befreit würde".

Die Berufung auf einen angeblichen Grundgedanken dieses Instituts dient dem Senat als Rettungsanker, um eine Schadensersatzpflicht trotz fehlender Vermögenseinbuße zu begründen. Dabei unterliegt der Senat jedoch einer petitio principii: Nach bisherigem Verständnis ist der Schädiger nur zum Ausgleich solcher Schäden verpflichtet, die beim Geschädigten auch zu einer negativen Vermögensbilanz geführt haben. Schlüssig wird dieser vom Senat geprägte „Rechtssatz" nur dann, wenn man die Versagung der Vorteilsausgleichung zur ausnahmslosen Regel erhebt. Das Bestreben des Senats, die vertragsbrüchige Arbeitnehmerin mit der vollen Sanktion des Schadensersatzes büßen zu lassen, ist hier unverkennbar.[530]

Zur dogmatischen Absicherung des gefundenen Ergebnisses verweist der Senat noch auf § 843 IV BGB, der Beleg dafür sei, daß unsere Rechtsordnung auch einen „hypothetischen Schaden" für ausgleichsfähig hält. Mit dieser Sinnwidrigkeit versucht der Senat dem Vorwurf zu entgehen, Schadensersatz ohne Schaden zuzusprechen. Die Entscheidung berührt noch einen weiteren weitgehend ungeklärten Problemkreis, nämlich die Frage, inwieweit die Einbuße an Freizeit Vermögenswertcharakter hat.[531] Dazu nur soviel: Zwar hat sich das BAG in seiner Entscheidung klar und offen gegen die Ersatzfähigkeit einer solchen Position ausgesprochen. *Im Ergebnis* jedoch hat es die Einbuße an Freizeit inzident zu einer ersatzfähigen Position aufgewertet, weil sie dem Kl. für die von ihm geleistete Arbeit entschädigt hat. Für die Entschädigung führt der Senat eine Wertung an: Der Verdienstausfall wäre viel höher gewesen, wenn der Kl. nicht selbst vier Stunden täglich zusätzlich gearbeitet hätte. Dahinter steht wohl die Erwägung, daß dem Geschädigten nicht zum Vorteil gereichen soll, daß der Geschädigte von der Einstellung einer Ersatzkraft (im konkreten Fall konnte der Kl. keine finden) abgesehen hat.

c) Gar in Richtung Sanktion im Sinne von Sühne für begangenes Unrecht bewegt sich die versagte Vorteilsausgleichung in einer Entscheidung des BGH (II. ZS) v. 4.12.1958 (VersR 1959, 36f.): Der Bekl. hat sich als geschäftsführendes Vorstandsmitglied einer GmbH, die Bankgeschäfte betreibt, mehrere Verfehlungen zuschulde kommen lassen und ist hierwegen zu einer Gefängnisstrafe verurteilt wor-

---

529 Herv. jew. v. mir.

530 Interessant ist, daß es sich hier um eine Fallgruppe handelt, bei der auch nach US-amerikanischem Recht punitive damages zugesprochen werden, vgl. etwa Seamen's Direct Buying Serv. v. Standard Oil, 686 P. 2d 1158 (1984).

531 Vgl. hierzu MüKo/*Grunsky*, BGB, v. § 249 Rdnr. 23ff., 29ff.

den. Durch die Verfehlungen des Bekl. war eine Sonderprüfung notwendig geworden, deren Kosten die GmbH vom Bekl. ersetzt verlangt. Dieser begehrt die Anrechnung eines Betrags in Höhe von vier Monatsgehälter, die die Kl. durch seine fristlose Entlassung erspart hat. Der Senat hat dem Kl. den Ausgleich dieses Vorteils versagt. Erstaunlicherweise operiert der Senat nicht mit der gängigen Formel der „unbilligen Entlastung", sondern knüpft unmittelbar an das Täterverhalten an und versagt die Anrechnung im konkreten Fall, weil sie „dem Geschädigten bei sachgerechter *Bewertung der Beziehungen zwischen Vorteil und Tat*[532] unzumutbar ist" (S. 36). Sodann macht der Senat, um die böse Gesinnung des Täters herauszustellen, Ausführungen zum Tatbild des Geschehens, wie man sie in einem staatsanwaltlichem Plädoyer erwarten würde (S. 37):

> „Der Bekl. hat durch zahlreiche und tiefgreifende Obliegenheitsverletzungen eine Unordnung hervorgerufen, die nur mit höheren Kosten behoben werden konnte. Er hat mit Geldern, die Kunden der Steuer hinterzogen hatten, eine schwarze Kasse geführt und daraus unverbuchte Kredite gewährt. Er hat auch Kredite, die er aus ordnungsmäßig verbuchten Einlagen, aber unter Überschreitung seiner Befugnisse gab, unverbucht gelassen. Um Bilanzen und Buchwerk in Einklang zu halten, hat er Kundenkonten belastet, ohne daß ihre Inhaber eine Verfügung vorgenommen hatten. Wechsel und Schecks honorierte er zu Lasten gar nicht betroffener Kunden. Um derartige Bemühungen rechtmäßig erscheinen zu lassen, fälschte er Unterschriften. Anderseits nahm er bei Rückzahlung unverbuchter Kredite Gutschriften auf den dafür in Anspruch genommenen Konten vor. Die von ihm gefertigten Bilanzen waren falsch, seine privaten Aufzeichnungen über die schwarzen Bankgeschäfte und die Falschbuchungen vernichtete er vor seiner Verhaftung. Wie das Urteil der Strafkammer hervorgehoben hat, waren die Bücher der Kl. so durcheinander und entsprachen so wenig der wirklichen Lage, daß die Vermögensverhältnisse der Bank aus ihnen nicht zu ersehen waren. Es bedurfte erst einer öffentlichen Aufforderung an alle Kunden, ihre Kontobücher vorzulegen, damit die veranstaltete Sonderprüfung einigermaßen Klarheit in die verworrenen Verhältnisse bringen konnte".

Hieraus folgerte der Senat nach Art eines Schuldspruchs (S. 37):

> „Bei dieser Sachlage ... kommt die vom Bekl. begehrte Anrechnung von 2400 DM auf den von ihm schuldhaft verursachten Schaden daher nicht in Betracht".

Diese Ausführungen – sie machen nahezu den ganzen Teil der Entscheidungsgründe aus – in einem Zivilurteil, das – nach herkömmlichem Verständnis – lediglich einen ideologiefreien Interessenausgleich zwischen zwei Parteien schaffen soll, müssen überraschen. Umso mehr machen sie nochmals deutlich, daß die Rechtsprechung die Frage der Vorteilsausgleichung entscheidend von der Bewertung der

---

[532] Herv. v. mir.

Täterhandlung abhängig macht. In einem anderen Fall hat das BAG[533] gerade umgekehrt entschieden und dem Schädiger die Anrechnung des infolge seiner fristlosen Kündigung dem Geschädigten ersparte Gehalt auf den Schadensersatz gestattet. Ein zu mißbilligendes Verhalten des Arbeitnehmers stand dort nicht im Raume, die Rechtmäßigkeit der fristlosen Kündigung wurde gar vom BerGe. in Zweifel gezogen. Das Gericht stellt die Anrechenbarkeit in nur einem kurzen Satz als Selbstverständlichkeit hin, ohne die anderslautende Entscheidung des II. Senats auch nur anzudeuten.

XV. Die Beweislastumkehr bei groben Verstößen gegen Berufspflichten als pönales Moment in der Schadenszurechnung

a) Daß die Beweislastumkehr beim potentiellen Schädiger eine präventive Wirkung entfaltet, ist nicht neu; dieser wird, um dem über ihm schwebenden Damoklesschwert der Haftung zu entgehen, in besonderem Maße bemüht sein, Dritte vor einer Schädigung zu bewahren. Doch bezweckt die von der Rechtsprechung entwickelte Beweislastsonderregel bei groben Verstößen gegen Berufspflichten darüber hinaus auch eine Sanktionierung des „Täters" wegen mißbilligten Verhaltens.

Entgegen dem allgemeinen gesetzlichen Grundsatz, wonach der Geschädigte gemäß § 286 ZPO den vollen Beweis für die schadensbegründende Kausalität erbringen muß, sanktioniert die Rechtsprechung grobe Verstöße gegen Berufspflichten mit diesbezüglichen Beweiserleichterungen bis hin zur Beweislastumkehr zugunsten des Geschädigten. Ihre Anfänge genommen hat diese Rechtsprechung im Arzthaftungsrecht, wo sie auch heute noch ihren Hauptanwendungsbereich hat; in der Folgezeit wurde sie auf andere Berufszweige übertragen.[534] Diese haben mit dem Arzt die hohe Wertigkeit der ihnen unmittelbar anvertrauten Rechtsgüter gemeinsam, doch gilt die Beweislastumkehr auch in der Tiermedizin.[535] Bei Fehlen dieser Unmittelbarkeit oder zum Schutze von Rechtsgütern unter dem Rang von Leib oder Leben ist eine Beweislastumkehr von der Rechtsprechung bislang abgelehnt worden.[536]

---

533 JZ 1971, 380, 381 (Urt. v. 24.4.1970; III. Sen.).

534 BGH NJW 1962, 959 (Schwimmlehrer); BGH NJW 1971, 241 (Krankenpflegepersonal); OLG Köln, VersR 1970, 229 (Kirmesveranstalter); OLG Braunschweig, VersR 1987, 76 (Hebamme); weitere Nachw. s. *Baumgärtel*, Handbuch, § 823 I Rdnr. 12, § 823 II Rdnr. 50, § 282 Anh. Rdnr. 71 ff.

535 BGH NJW 1977, 1102; OLG München, VersR 1989, 714.

536 BGHZ 61, 118, 121 (Verletzung einer Aufklärungspflicht); BGHZ 104, 323, 332; BGHZ 116, 60, 76 (jew. Produkthaftung); BGH NJW 1988, 200, 203; 1994, 3295, 3298 (jew. Anwaltshaftung).

Grundsätzlich muß der Patient den Behandlungsfehler, den Schaden, die Ursächlichkeit des Behandlungsfehlers für den eingetretenen Schaden und das Verschulden des Arztes beweisen.[537] Anderenfalls würde der Arzt mit einer von ihm nicht geschuldeten Garantie für den Erfolg der Behandlung belegt.[538] Verschuldet der Arzt jedoch einen groben Behandlungsfehler, der zur Herbeiführung einer Schädigung wie der eingetretenen geeignet war,[539] überbürdet die Rechtsprechung ihm das Beweislastrisiko mit der Folge, daß er, möchte er eine Haftung vermeiden, den Gegenbeweis dafür erbringen muß, daß der schädigende Erfolg nicht auf sein Verhalten zurückzuführen ist.[540] Nach einer wenig konturenhaften Umschreibung des BGH liegt ein „grober Behandlungsfehler" vor, wenn ein Fehlverhalten vorliegt, „das zwar nicht notwendig aus subjektiven, in der Person des Arztes liegenden Gründen, aber aus objektiver ärztlicher Sicht bei Anlegung des für einen Arzt geltenden Ausbildungs- und Wissensmaßstabes nicht mehr verständlich und verantwortbar erscheint, weil ein solcher Fehler dem behandelnden Arzt aus dieser Sicht ‚schlechterdings nicht unterlaufen darf'".[541]

b) Als Begründung für diese Beweislastregelung, die sowohl für die vertragliche als auch deliktische Haftung gilt,[542] beruft sich die Rechtsprechung im wesentlichen auf Billigkeitsargumente sowie rechtsethische Erwägungen: die Grundsätze der *„gerechten Interessenabwägung"* und der *„Billigkeit"* erforderten es, den Arzt dafür einstehen zu lassen, daß er durch den leichtfertig begangenen Behandlungsfehler eine Lage geschaffen habe, die nicht mehr erkennen lasse, ob sein Versagen oder eine andere Ursache den schädigenden Erfolg herbeigeführt habe,[543] dieser die Gefahr der Unaufklärbarkeit vielmehr selbst heraufbeschworen habe;[544] bei dieser Konstellation dürfe dem Arzt *„gerechterweise"* nicht gestattet werden, sich seiner *„Verantwortlichkeit"* zu entziehen;[545] er sei *„näher daran"* mit dem Beweislastrisiko belastet zu werden als der Patient, der kaum etwas zur Aufklärung beitragen könne;[546] die Beweislastumkehr diene daher der Herstellung der *„prozessualen*

---

537 BGH NJW 1980, 1333; MüKo/*Emmerich*, BGB, v. § 275 Rdnr. 363.

538 BGHZ 61, 118, 120; BGH NJW 1980, 1333; BGHZ 99, 391; MüKo/*Mertens*, BGB, § 823 Rdnr. 412; *Giesen*, Arzthaftungsrecht, 319.

539 BGH NJW 1983, 333, 334.

540 Erstmals im wesentlichen BGH VersR 1956, 499 (Urt. v. 21.12.1955; VI. ZS) im Anschluß an RGZ 171, 168.

541 BGH NJW 1983, 2080, 2081; vgl. auch BGH NJW 1988, 1511.

542 *Stoll*, AcP 176 (1976), 145, 166.

543 RG HRR 1937 Nr. 1301; RGZ 171, 168, 171; BGH VersR 1956, 499, 500; 1958, 849, 850; 1959, 598 601; NJW 1971, 241, 243; BGHZ 72, 132, 136; NJW 1981, 2513, 2514; 1983, 2080, 2081.

544 BGH VersR 1962, 960.

545 BGH VersR 1962, 960, 961.

546 BGH NJW 1967, 1508, 1509.

Waffengleichheit" zwischen den Parteien;[547] es sei *„angemessen"*, die Beweislast umzukehren;[548] durch den groben Behandlungsfehler sei das Spektrum der für den Mißerfolg in Betracht kommenden Ursachen gerade wegen der besonderen Schadensneigung des Fehlers verbreitert bzw. verschoben worden, weshalb das Aufklärungserschwernis aus Gründen der *„Billigkeit"* dem Arzt angelastet werden müsse.[549]

c) Mit der bloßen Erwägung der Beweisnot des Patienten läßt sich die Umkehrung der Beweislast nur bei groben Behandlungsfehlern nicht rechtfertigen. Denn die Schwierigkeit eines Nachweises des Ursachenzusammenhangs zwischen Behandlungsfehler und schädigendem Erfolg besteht ganz generell, gleichviel, ob der Behandlungsfehler als grob zu werten oder dem Arzt ein nur leicht fahrlässiger Fehler unterlaufen ist oder dieser seinen Ursprung gar nur im Bereich typischen ärztlichen Handelns[550] hat.[551] Ein erhöhtes Maß an Pflichtwidrigkeit hat nicht notwendig erhöhte Schwierigkeiten bei der Kausalfeststellung zur Folge.[552] Die Frage der Kausalverknüpfung kann vielmehr nur wertungsfrei-logisch entschieden und mit Ja oder Nein beantwortet werden. Wegen dieses ontologischen Charakters[553] der Kausalität erweisen sich die wertenden Kriterien der Schwere des Fehlers sowie des Arztverschuldens als für die Kausalitätsfeststellung von vornherein untauglich. So erklärt sich auch, daß die Rechtsprechung schon die Tendenz gezeigt hat, die Beweislast auch bei fahrlässig begangenen Fehlern zugunsten des Patienten umkehren zu wollen und dies über eine extensive Auslegung des „groben Behandlungsfehlers" der Sache nach auch praktiziert hat.[554] Ebensowenig läßt sich die Beweislastumkehr in diesen Fällen mit einer vom Schädiger anzulastenden Beweisvereitelung begründen. Als beweisvereitelungstauglich können von vornherein nur solche Handlungen angesehen werden, die dem schadensstiftenden Ereignis vor- oder nachgelagert sind, sich mit diesem jedenfalls nicht decken.[555] Handlun-

---

[547] BVerfGE 52, 131, 144 ff.; BGH NJW 1978, 1681, 1682.

[548] BGH NJW 1968, 1185.

[549] BGH NJW 1983, 333, 334; NJW 1988, 2303, 2304; 1995, 778.

[550] Hierfür lehnt die Rspr. eine unmittelbare oder entsprechende Anwendung des § 282 BGB ausdrücklich ab, vgl. nur BGH NJW 1980, 1333.

[551] An dieser Erkenntnis scheitert letztendlich auch der Erklärungsversuch von *Möllers*, 142ff., der den Sachgrund für die Beweislastumkehr im Rechtsgüterschutz sieht; *Möllers*, aaO, bleibt eine Antwort auf die Frage schuldig, warum die Beweislastumkehr bei nur fahrlässigem Arztverschulden nicht greift; hier scheint sich mir der von *Möllers*, 143, aufgegriffene, i. E. aber in Abrede gestellte Verdacht des Zirkelschlusses doch zu bewahrheiten.

[552] *Baumgärtel*, GS Bruns, 97; *Hanau*, 133; *ders.*, NJW 1968, 2291; *Matthies*, NJW 1983, 335.

[553] Vgl. dazu *Schulin*, 5 mit Fn. 25, ferner zur „logischen und naturwissenschaftlichen" Kausalität, 13, zur „mechanisch-naturwissenschaftlichen" Kausalität nach der Rspr., 18f.

[554] BGH NJW 1968, 2291.

[555] Davon geht auch § 444 ZPO aus (vgl. § 415 ZPO: „... begründen...vollen Beweis des ... beur-

gen, die den schädlichen Erfolg gerade erst herbeiführen, scheiden hierbei denknotwendig aus. In der überwiegenden Zahl der Fälle wird die Unaufklärbarkeit aber gerade erst durch das schadensstiftende Ereignis selbst herbeigeführt. Auf sie paßt der Aspekt der Beweisvereitelung daher nicht.[556] Zudem: wäre es richtig, daß der Kausalitätsbeweis bei groben Behandlungsfehlern auf eine ursächlich-gesteigerte Erschwernis stößt, dann wäre die Beweislastumkehr schon allein aus diesem Grunde gerechtfertigt und es bedürfte daneben nicht mehr des Rückgriffs auf Billigkeitserwägungen. Diese sind nicht Korrelat der Kausalität, sondern der Schwere des Arztverschuldens, das als der eigentliche Auslöser für die Beweislastumkehr gelten muß. Denn indem die Beweislastumkehr auf den Fall des groben Behandlungsfehlers beschränkt wird, wird sie, weil seine Begehung ein schweres Verschulden des Arztes bedingt, letztendlich von der rechtsethischen Bewertung des Arzthandelns abhängig gemacht. Das schwere Arztverschulden wird durch den groben Kunstfehler nur dokumentiert.[557] Daß Verschulden und grober Behandlungsfehler miteinander verflochten sind, davon geht auch die Literatur aus, wenn da etwa von „systemfremdem pönalen Element",[558] „angebrachter Reaktion auf einen groben Behandlungsfehler",[559] „materiellrechtlicher Sanktion des schweren Arztfehlers",[560] „systemwidrigen Fremdkörper(s) mit Strafcharakter",[561] „Regelung mit Strafcharakter"[562] oder ganz allgemein von „pönalem Sanktionsdenken"[563] die Rede ist. Die Beweislastumkehr zielt hier deshalb, weil den Arzt die Schadensersatzpflicht auch dann trifft, wenn dessen Verantwortlichkeit gerade nicht bewiesen ist, auf Sanktion, worin auch ihre innere Rechtfertigung zu sehen ist.[564] Gegen ein solches Verständnis hat sich der VI. ZS des BGH erstmals offen in einer Entscheidung v. 26.11.1991 (NJW 1992, 754ff.) vehement gewehrt:[565] das BerGe. hat den Behandlungsfehler eines Arztes lediglich als nicht mehr im Bereich der einfachen Fahrlässigkeit ge-

---

kundeten ‚Vorganges'"); i. ü. paßt § 444 ZPO hier nicht, weil es nicht um einen Fall der Vernichtung von Beweismitteln geht.

556 *Baumgärtel*, FS Kralik, 63, 69f.; *Kleinewefers/Wilts*, VersR 1967, 617, 621; *Foerste*, VersR 1988, 958, 960.

557 Ähnlich OLG Hamm, VersR 1980, 291.

558 *Lange*, Schadensersatz, 164.

559 MüKo/*Mertens*, BGB, § 823 Rdnr. 413.

560 *Baumgärtel*, GS Bruns, 93, 97.

561 *Hanau*, 133f; *ders.*, NJW 1968, 2291.

562 *Sick*, 106.

563 *Prölss*, 98.

564 *Prölss*, ZZP 82 (1969), 468, 475; *Matthies*, NJW 1983, 335; a. A. *Steffen*, Entwicklungslinien, 180 Rdnr. 515: „Keine Sanktion für Arztverschulden".

565 Vgl. auch schon OLG Zweibrücken, VersR 1988, 165 im Anschluß an *Steffen*, Entwicklungslinien, 81, 117 (1. Aufl., 1984).

legen bewertet. Der Kl. wollte aus dieser Feststellung weiter den Schluß eines groben Behandlungsfehlers gezogen wissen und begehrte Schadensersatz. Hiergegen wandte sich der Senat mit den Worten (S. 755 l. Sp.):

> „Bei der Beurteilung der Frage, ob ein grober Behandlungsfehler vorliegt, der zugunsten des Patienten zu Beweiserleichterungen für den Kausalitätsbeweis führen kann, geht es nicht – wie die Rev. meint – um den Grad subjektiver Vorwerfbarkeit gegenüber dem Arzt. Auf die subjektive Seite des Fehlers ist dabei nicht zu sehen (a. A. Deutsch, ArztR und ArzneimittelR, 2. Aufl., S. 153; ähnlich wohl Giesen, ArzthaftungsR, 1990, S. 223). Die Beweiserleichterungen, welche die höchstrichterliche Rspr. bei groben Behandlungsfehlern gewährt, sind keine Sanktion für ein besonders schweres Arztverschulden. Sie knüpfen vielmehr daran an, daß die Aufklärung des Behandlungsgeschehens wegen des Gewichts des Behandlungsfehlers und seiner Bedeutung für die Behandlung in besonderer Weise erschwert worden ist, so daß der Arzt *nach Treu und Glauben* dem Patienten den (vollen) Kausalitätsbeweis *nicht zumuten kann*".[566]

Weil der Sanktionszweck der Beweislastumkehr offensichtlich ist und mit Sachargumenten nicht widerlegt werden kann, gelangen die vom Senat gemachten Ausführungen zur „Stützung" seiner gegenteiligen Meinung zwangsläufig nicht über den Charakter einer schlichten Behauptung hinaus. Das auch hier vom Senat wiederum benutzte, aber bereits widerlegte Argument der Kausalitätserschwernis wird abermals mit Billigkeitserwägungen vermischt. Auch hier die Frage: wozu bedarf es ihrer, wenn eine angebliche Aufklärungserschwernis der tragende Grund für die Umkehr der Beweislast sein soll? Der Senat verweist (S. 755 r. Sp.) noch auf zwei Urteile,[567] in denen er die Beweislastumkehr mit dem Grad der Verantwortlichkeit und der subjektiven Willensrichtung des Arztes in Verbindung gebracht hat und die deshalb die pönale Sanktionsfunktion der Beweislastumkehr bestätigen. Dort ist die Rede von *„Vorsatz"*, *„grober Leichtfertigkeit"*, *„Verschulden"* und *„Vorwurf"*, allesamt Begriffe, wie sie uns vom Strafrecht[568] her geläufig sind. Andere[569] Entscheidungen sprechen von einem *„gegen den Bekl. zu erhebenden schwerwiegenden Schuldvorwurf"*, einem *„sich Zuschuldekommenlassen eines groben Verstoßes gegen ärztliche Pflichten"*, *„vorsätzlicher oder grob fahrlässiger Herbeiführung einer Gefahr für den Patienten"* oder von *„Umständen, die den Vorwurf mildern"*.

---

566 Herv. jew. v. mir.

567 BGH VersR 1956, 499 (Urt. v. 21.12.1955) und BGH NJW 1983, 2080, 2081 (Urt. v. 10.5.1983).

568 Vgl. auch BGH NJW 1993, 781, 783f., wo der Bewertung des Behandlungsfehlers als grob eine maßgebliche Rolle bei der Genugtuungsfunktion des Schmerzensgeldes beigemessen wird; vgl. auch *Müller*, VersR 1993, 909, 915.

569 BGH VersR 1959, 598, 600 f.; 1962, 960, 961; 1963, 659, 660; 1965, 91, 92 (Ablehnung der Beweislastumkehr mangels schweren Verschuldens); NJW 1967, 1508, 1509; BGHZ 72, 132, 135.

Der Senat meint nun freilich, an den dortigen Ausführungen nicht mehr festhalten zu wollen.[570] Dies ändert jedoch nichts am gefundenen Ergebnis. Der Sanktionscharakter der Beweislastumkehr ist und bleibt eine Folge der hier untersuchten Rechtsprechung und verschwindet nicht schon deshalb, weil er vom Senat nicht (mehr) gewollt ist. Ein diesbezüglicher Wille ist allenfalls geeignet, der Sanktionswirkung ihre äußere Legitimation abzusprechen, nicht aber kann sie damit als bestehendes Faktum aus der Welt geschafft werden. Um dies zu erreichen, hätte der Senat, weil der grobe Behandlungsfehler mit einem schweren Verschulden des Arztes korreliert,[571] schon auf dieses Differenzierungskriterium verzichten und die Umkehr der Beweislast auf jedwedes Arzthandeln gleichermaßen erstrecken müssen.[572] Nur dies hätte ein Abrücken von seiner früheren Rechtsprechung bedeutet. So hat er aber nur allzu Bekanntes wiederholt und lediglich von der Offenlegung der tragenden Wertungsgesichtspunkte abgesehen.

d) Der Sanktionsgedanke dominiert noch aus einem anderen Grund: Die Entscheidungen lassen die Tendenz erkennen, daß es der Rechtsprechung nicht so sehr um Schadens*abnahme* beim Geschädigten geht als vielmehr um die Schadens*übernahme* durch den Schädiger, wobei die Beweislastumkehr das Mittel zu diesem Zwecke ist.[573] So werden die Anforderungen an den Gegenbeweis bewußt so weit hochgeschraubt, daß er dem Arzt in nahezu keinem Falle mehr gelingt. Die Unerfüllbarkeit der Anforderungen an den Gegenbeweis wird von der Rechtsprechung denn auch offen eingeräumt.[574] Beispielsweise ist der Arzt nach der Rechtsprechung nicht schon dann entlastet, wenn dieser die bloße Möglichkeit dartut, daß der schädliche Erfolg anderweitig eingetreten ist, sondern sie sieht den Gegenbeweis nur bei vollem Nachweis als erbracht an.[575] Andererseits ist zwar Voraussetzung für die Beweislastumkehr, daß der Fehler geeignet war, einen Schaden der eingetretenen Art herbeizuführen. Dieser zunächst zugunsten des Arztes streitende Vorteil wird aber sogleich wieder dadurch zunichte gemacht, daß Zweifel an der Ursächlichkeit im konkreten Einzelfall die allgemeine Eignung nicht erschüttern können sollen.[576] Die Rechtsprechung hält dies ausdrücklich für geboten, weil nur so die Beweislastum-

---

570 BGH NJW 1992, 755.

571 *Blomeyer*, AcP 158 (1959–1960), 97, 104 ff.; *ders.*, Verhandlungen des 46. DJT, Gutachten 2 A, 12; a. A. *Stoll*, FS v. Hippel, 517, 552 Fn. 143.

572 Dafür etwa *Giesen*, JZ 1982, 448, 452.

573 *Deutsch*, JZ 1971, 244, 246.

574 BGH NJW 1971, 241, 243; 1981, 2513, 2514; BGHZ 88, 248, 256 jew. hinsichtlich des (positiven) Nachweises der Ursächlichkeit durch den Patienten; der Nachweis der Nichtursächlichkeit durch den Arzt ist indes nicht minder schwer.

575 BGH VersR 1959, 598, 601.

576 BGH NJW 1968, 1185.

kehr zu der erstrebten Verteilung der Beweislast führe.[577] So gesehen läßt sich der immer nur theoretisch denkbare hypothetische Ursachenverlauf in praxi kaum je beweisen: die Verurteilung des Arztes hat dann die Wirkung einer Prävention auf Verdacht, der dennoch zulässige Gegenbeweis wird zur reinen Formalie – der Arzt haftet im Endeffekt für erfolgsqualifiziertes Unrecht.[578] Diese Haftungsverlagerung durch beweisrechtliche Mittel[579] hat dazu geführt, daß Arzthaftungsprozesse im wesentlichen nur noch darum geführt werden, ob ein grober Behandlungsfehler vorliegt oder nicht; denn diese Kardinalfrage entscheidet de facto über den Ausgang des Prozesses. Der elastische Begriff des „groben Behandlungsfehlers" ermöglicht dabei sehr leicht eine ergebnisgelenkte Entscheidung.[580]

e) Diese Beweislastsonderregel, wie sie von der Rechtsprechung hier praktiziert wird, zeitigt Auswirkungen auch auf das materielle Haftungsrecht. Die Beweislastumkehr zusammen mit dem kaum zu vollbringenden Gegenbeweis bedeutet eine Aufweichung des Schuldprinzips in Richtung Gefährdungshaftung. Der Arzt haftet auch für möglicherweise nicht kausal verursachte Schäden. Es kommt deshalb nicht von ungefähr, daß die Gerichte in diesem Zusammenhang daneben verstärkt zu dem „Allheilmittel"[581] des § 287 ZPO greifen.[582] Diese Vorschrift, hinter der die Gerichte die eigentlichen tragenden Wertungsgesichtspunkte verbergen, paßt für den hier in Frage stehenden Sachverhalt indes nicht. § 287 ZPO gereicht dem Geschädigten zum Vorteil nur hinsichtlich der gedanklich später liegenden Frage des Schadensausmaßes (schadensausfüllende Kausalität) und setzt damit ihrerseits einen konkreten Haftungsgrund bereits voraus.[583] Keinesfalls berechtigt sie den Richter, dem Kl. den Nachweis der haftungsbegründenden Kausalität zu schenken. Zur Egalisierung dieser dogmatischen Ungereimtheiten gibt es, möchte man auf die erhoffte Präventivwirkung nicht verzichten und läßt sie sich auch nicht anderweitig – etwa durch „Erfindung" von Verkehrssicherungspflichten[584] – erzielen, nur zwei Wege: entweder man bekennt sich zum Sanktionscharakter dieser Rechtsprechung und anerkennt ihn insoweit als eigenständigen Grundgedanken oder man bewertet bereits die Heilungschance eines Menschen/Tieres als ein selb-

---

577 BGH NJW 1968, 1185.

578 *Gottwald*, Schadenszurechnung, 162; *ders.*, Karlsruher Forum, 16.

579 Vgl. MüKo/*Mertens*, BGB, § 823 Rdn 413: „Beweislastumkehr als Mittel zur Verlagerung des Durchsetzungsrisikos".

580 Vgl. etwa BGH NJW 1968, 2291.

581 *Stoll*, AcP 176 (1976), 145, 181.

582 So etwa BGH VersR 1965, 583 sowie Vorinstanz zu BGH NJW 1968, 2291.

583 Deutlich BGH VersR 1965, 91, 92; NJW 1968, 2291, 2293 mit insoweit abl. Anm. *Hanau*, S. 2292; *Thomas/Putzo*, ZPO, § 287 Rdnr. 4; *Zöller/Greger*, ZPO, § 287 Rdnr. 3; a. A. *Gottwald*, Schadenszurechnung, 78 ff.

584 Beispielhaft BGHZ 116, 60, 76.

ständiges Rechtsgut und gewährt Ersatz für ihre Vereitelung, wie sich dies besonders in der französischen Rechtsprechung durchgesetzt hat.[585] Ist auch die letzte Variante mit dem geltenden deutschen Recht unvereinbar,[586] sie wäre jedoch der Preis dafür, um den Sanktionsgedanken aus diesem Bereich verabschieden zu können.

XVI. Der Strafgedanke als Primärzweck des Schadensregresses nach § 110 SGB VII gegen den vorsätzlich oder grob fahrlässig handelnden Schädiger

a) Einen der abgestuften Verantwortlichkeit nach Verschuldensgraden bei der Arbeitnehmerhaftung strukturell verwandten Fall betrifft der originäre Rückgriffsanspruch (obligatio ex lege) der Sozialversicherungsträger aus § 110 SGB VII n. F. gegen die gemäß §§ 104–107 SGB VII n. F. ursprünglich haftungsprivilegierten Schädiger. Hier wie dort[587] verkümmert die Ausgleichsfunktion des Schadensersatzes zum bloßen Reflex und es tritt stattdessen die Sanktionsfunktion deutlich in den Vordergrund. Durch das Gesetz zur Einordnung des Rechts der gesetzlichen Unfallversicherung in das Sozialgesetzbuch (UVEG) v. 7. 8. 1996[588] wurde in das Sozialgesetzbuch das Sozialgesetzbuch VII (gesetzliche Unfallversicherung) eingefügt und § 110 SGB VII n. F. gegenüber § 640 RVO a. F. geringfügig geändert. § 110 SGB VII lautet nun in seiner neuen Fassung wie folgt:

> „(1) Haben Personen, deren Haftung nach den §§ 104 bis 107 beschränkt ist, den Versicherungsfall vorsätzlich oder grob fahrlässig herbeigeführt, haften sie den Sozialversicherungsträgern für die infolge des Versicherungsfalls entstandenen Aufwendungen, jedoch nur bis zur Höhe des zivilrechtlichen Schadensersatzanspruchs. Statt der Rente kann der Kapitalwert gefordert werden. Das Verschulden braucht sich nur auf das den Versicherungsfall verursachende Handeln oder Unterlassen zu beziehen.
> (2) Die Sozialversicherungsträger können nach billigem Ermessen, insbesondere unter Berücksichtigung der wirtschaftlichen Verhältnisse des Schädigers, auf den Ersatzanspruch ganz oder teilweise verzichten.“

Bei dem Rückgriffsanspruch, der nach nunmehr gefestigter Rechtsprechung im Rechtswege der ordentlichen Gerichte geltend zu machen ist,[589] handelt es sich sei-

---

[585] „Perte d'une chance“; dazu ausf. *Müller-Stoy*, Schadensersatz für verlorene Chancen. Eine rechtsvergleichende Untersuchung. (Freiburg 1973).

[586] *Fleischer*, JZ 1999, 766, 773 f.; *Stoll*, AcP 176 1976), 145, 158; vgl. aber auch *ders.*, FS Steffen, 465, 476 ff.; favorisiert wird sie von *Deutsch*, NJW 1986, 1541; *ders.*, VersR 1988, 1, 3 f.; *ders.*, VersR 1991, 189; anders nun *ders.*, in: Deutsch/Taupitz, 275, 292.

[587] Zum Sanktionscharakter des Schadensersatzes bei der Arbeitnehmerhaftung vgl. oben § 7 XI.

[588] BGBl. I, S. 1254.

[589] BGH VersR 1968, 64 und fortan.

ner Rechtsnatur nach um einen zivilrechtlichen Schadensersatzanspruch.[590] Als einen solchen begreift ihn nun auch die Rechtsprechung,[591] nachdem sie früher[592] noch von einem „Anspruch privatrechtlicher Natur eigener Art auf Ersatz mittelbaren Schadens" gesprochen hat. Letzten Zweifeln an dieser Qualifizierung ist jedenfalls im Hinblick auf § 110 I 1 letzter HS SGB VII der Boden entzogen. Der Rückgriffsanspruch ist im Gegensatz zum früheren Recht (§ 640 RVO a. F.) nunmehr ausdrücklich auf die Höhe des zivilrechtlichen Schadensersatzanspruchs beschränkt,[593] weshalb sich § 110 SGB VII jedenfalls in seinem wirtschaftlichen Ergebnis mit dem Regreßanspruch des § 116 SGB X, durch den ein Schadensersatzanspruch des Verletzten übergeleitet wird, deckt. Gerade die nach altem Recht mögliche weitergehende Haftung diente aber als ein gewichtiges Argument gegen das Verständnis dieses Anspruchs als Schadensersatzanspruch.[594] Letztlich aber ändert auch die rechtstechnische Ausgestaltung des § 110 SGB VII als obligatio ex lege nichts daran, daß diese Bestimmung Sanktions- und Präventionszwecke im Interesse der Unfallverhütung (vgl. §§ 1 Nr. 1, 14ff. SGB VII n. F.) verfolgt und die Rechtsprechung diese Zweckverfolgung nunmehr ausdrücklich unter dem Titel des Schadensersatzes billigt. Im Bericht des Sozialpolitischen Ausschusses des Bundestages zum Unfallversicherungsneuregelungsgesetz (UVNG) v. 30. 4. 1963[595] heißt es (BT-Drucks. IV/938 – neu – S. 18):

> „...; der selbständige Anspruch des § 639 (scl. § 640) gründet sich auf die Tatsache, daß der Schädiger ein *strafwürdiges Verhalten* gezeigt hat, indem er sich vorsätzlich oder grobfahrlässig verhalten hat. Es geht wegen der Verhütung von Unfällen nicht an, daß die haftungsprivilegierten Personen der §§ 633, 634 (scl. §§ 636, 637) des Entwurfs *selbst bei Verschulden* keine Ersatzansprüche zu befürchten haben. Von der Mehrzahl der Mitglieder des Ausschusses wurde allerdings die Besorgnis laut, daß es insbesondere bei sozial schwachen Personen zu existenzvernichtenden Ersatzforderungen kommen könnte. *So hart sollte aber nicht gestraft werden müssen.*[596] Deshalb hat sich der Ausschuß im Absatz 2 auf eine Formulierung geeinigt, die den Trägern der Sozialversicherung in allen Fällen die Möglichkeit einräumt, auf den Ersatzanspruch zu verzichten ..."

---

[590] *Lauterbach*, Unfallversicherung, RVO, § 640 Anm. 21.

[591] Vgl. nur BGH VersR 1985, 237, 238.

[592] Vgl. etwa BGH VersR 1969, 848; 1973, 818, 820.

[593] Auf mit dieser Neuregelung verbundene praktische Schwierigkeiten der Schadensberechnung im Regreßprozeß weist *Wussow*, WJ 1996, 201, 202 hin.

[594] Vgl. etwa *Feyock*, NJW 1964, 1706, 1707; *Ilgenfritz*, WzS 1964, 257, 262; *Konertz*, VersR 1980, 209, 214.

[595] BGBl. I, S. 241.

[596] Herv. jew. v. mir.

Diese Ausführungen, die auch für § 110 SGB VII n. F. Gültigkeit haben, lassen die Norm als einen Straftatbestand in zivilrechtlichem Gewande erscheinen. Ein Autor spricht trefflich von einer „sozial-strafrechtlichen Erziehungsnorm“.[597] Nicht ein Schaden des Geschädigten soll ausgeglichen, sondern die individuelle Verantwortlichkeit des Täters gesühnt werden. Der mit dem Ersatzanspruch verbundene wirtschaftliche Vorteil für die Sozialversicherungsträger ist nur „erwünschte Nebenwirkung“.[598] Vor diesem Hintergrund erklärt sich auch die auf den ersten Blick sinnwidrige Hervorhebung „selbst bei Verschulden“, das hier nicht im zivilistischen, sondern rechtsethischen Sinne zu verstehen ist. Wie im Strafrecht markieren die wirtschaftliche Leistungsfähigkeit und die Schwere der Schuld des Täters auch hier die äußerste Grenze der Strafe. Gerade letztere ist ein Gesichtspunkt, der bei der Frage über einen Verzicht maßgeblich in die Entscheidung miteinfließt.[599] Die Strafgesetzqualität dieser Bestimmung ist so offensichtlich, daß schon ihre Einfügung in das materielle Strafrecht gefordert wurde.[600] Die gegenteilige Auffassung,[601] die den Zweck des Regreßanspruchs lediglich im Schadensausgleich sieht, geht schon deshalb fehl, weil sie nicht erklären kann, warum der Rückgriff dann auf Vorsatz und grobe Fahrlässigkeit beschränkt ist. Es ist gerade das Wesen der Ausgleichsfunktion, daß der Geschädigte ohne Rücksicht auf den Verschuldensgrad entschädigt wird (Totalreparation). Dem widerspricht es auch, daß die Rechtsprechung die Sozialversicherungsträger sogar für verpflichtet hält, auf die Durchsetzung des Schadensersatzanspruchs zu verzichten, wenn billiges Ermessen dies gebietet, was wiederum unter Berücksichtigung seiner Erziehungs- und Straffunktion entschieden werden soll.[602] Auch in der Judikatur wurde der Straffunktion zunächst nur eine untergeordnete Bedeutung neben dem als Primärziel betrachteten wirtschaftlichen Schadensausgleich beigemessen. Die Negierung der Sanktionsfunktion als Primärziel stand dabei zumeist im Zusammenhang mit der Frage nach dem für die Geltendmachung des Regresses zulässigen Rechtsweg. Wohl weil man der (irrigen) Annahme war, die Verhängung von Sanktionen sei beschränkt auf das öffentliche Recht, betonte man den Strafcharakter nur sehr beiläufig, um von dieser Warte aus den Rechtsweg zu den Zivilgerichten begründen zu können. Erst viel später hat sich auch in der Rechtsprechung allmählich eine Akzentverschiebung

---

597 *Ebel*, VersR 1951, 281, 283 (zu § 903 RVO a. F. – Vorgänger zu § 640 RVO a. F.); den Strafcharakter betonen ferner *Linthe*, BArbBl. 1963, 343, 350; *Elleser*, BB 1964, 1493; *Feyock*, NJW 1964, 1706, 1708; *Sanden*, VersR 1968, 12, 15 (jew. zu § 640 RVO a. F.).

598 *Marschall v. Bieberstein*, VersR 1968, 509, 514.

599 BGH VersR 1971, 1167, 1169; *Lauterbach*, Unfallversicherung, RVO, § 640 Anm. 47.

600 So ausdrücklich *Weyers*, 660.

601 *Ilgenfritz*, WzS 1964, 257, 260; *Wussow*, BG 1964, 409, 410.

602 BGH VersR 1971, 1167, 1168 unter ausdrücklicher Bezugnahme auf BGHZ 18, 149ff. zur Genugtuungsfunktion des Schmerzensgeldes (vgl. dazu unten § 8 XVIII 1 a).

zugunsten der Straffunktion bemerkbar gemacht. Erstmals mit Urt. v. 20.11.1979 (VersR 1980, 164f.) hat der VI. ZS des BGH dann die Straffunktion ausdrücklich als die gegenüber dem Schadensausgleich primäre Funktion anerkannt. Der Senat führte aus (S. 165 l. Sp.):

> „Der Rückgriffsanspruch des § 640 RVO ist den SVT vor allem deswegen eingeräumt, weil es angemessen erscheint, diese dann für ihre satzungsgemäßen Aufwendungen zu Lasten des verantwortlichen Schädigers (sei es der Unternehmer, sei es der Arbeitskollege) schadlos zu stellen, wenn eine an sich nach §§ 636, 637 RVO von ihr zu entlastende Person den Unfall durch ein *besonders zu mißbilligendes Verhalten* herbeigeführt hat (Senatsurteil v. 15.1.1974 – VI ZR 137/72 – VersR 74, 651 (652); Marschall von Bieberstein VersR 72, 991, 994 m.w. Nachw.). Damit verliert hier der das Schadensersatzrecht beherrschende Ausgleichsgedanke an Gewicht. Ersatz seiner Aufwendungen soll dem SVT im wesentlichen *aus präventiven, erzieherischen Gründen*[603] gewährt werden (Zitat ...)".

Wegen des Überwiegens der Straffunktion forderte der Senat damals noch, daß Vorsatz oder grobe Fahrlässigkeit des Schädigers auch Eintritt und Umfang des Schadens umfaßt haben. Der Versicherte muß das Bewußtsein haben, sein Verhalten werde den schädlichen Erfolg haben.[604] Die Haftungsprivilegierung verliere ihre Berechtigung erst dann, wenn der Schädiger „den Unfall selbst, also das die Versichertengemeinschaft finanziell belastende Ereignis, vorsätzlich (oder beim Regreß aus § 640 RVO auch nur grob fahrlässig) herbeigeführt hat" (S. 164/165). Bedeutet die Erstreckung dieser Wissens- und Willenselemente auf den Schadenserfolg – von § 826 BGB einmal abgesehen – auch eine Anomalie im zivilrechtlichen Haftungssystem, erklärt sie sich doch aus der dem Regreß inhärenten Zweckfunktion, bei der der Schadensausgleich nahezu keine Rolle spielt. Die Überwälzung des Schadens auf die Versichertengemeinschaft[605] erscheint nur dann „nicht mehr vertretbar",[606] wenn der Schädiger diese Begünstigung nicht verdient hat, er ihr mithin nicht würdig ist, was nur dann der Fall ist, wenn sich seine Schuld wie im Strafrecht gerade auch auf den Schadenseintritt beziehen läßt. Dann, aber auch nur dann ist es gerechtfertigt, das „geschlossene System der Schadensbereinigung"[607] zu Lasten des Täters, der „sich in besonders grobem Maße oder in gezielter Schädigungsabsicht bezüglich eines anderen aus dieser Gemeinschaft katapul-

---

[603] Herv. jew. v. mir.
[604] BGH VersR 1980, 165 m.w.N. aus der Rspr.
[605] BGHZ 87, 381ff., 383, 385 benutzt den rechtsethisch unterlegten Begriff „Solidargemeinschaft".
[606] BGH VersR 1980, 165.
[607] BGH VersR 1980, 165.

tiert hat" und somit „sich dieses Privilegs nicht wert erwiesen hat",[608] zu durchbrechen; hier besteht eine gewisse Parallele zur versagten Vorteilsausgleichung, wenn der Geschädigte sozialversichert war;[609] das Motto „Haftungsersetzung durch Versicherungsschutz"[610] hat angesichts der „besonderen Verwerflichkeit"[611] des Verhaltens, durch das der Schädiger „in besonders vorwerfbarer Weise"[612] der Gemeinschaft Schaden zugefügt hat, seine rechtsethische Gültigkeit verloren. Nach § 110 I 3 SGB VII n. F. braucht sich freilich das Verschulden nur noch auf den die Haftung begründenden Tatbestand beziehen. Doch liegt es in Fällen, in denen es beim Schädiger am Vorsatz hinsichtlich des Schadenseintritts fehlt nahe, auf den Ersatzanspruch je nach Schwere der Schuld ganz oder teilweise zu verzichten, weil der Zweck des Rückgriffs hier nicht zutrifft.[613]

Fünf Jahre später hat derselbe Senat in seinem Urt. v. 27.11.1984 (VersR 1985, 237f.) den Strafcharakter des Regresses zum wiederholten Male bekräftigt. Der bekl. Beamte hielt dem Rückgriff nach § 640 RVO a. F. die Haftungsabnahme durch seinen Dienstherrn nach Art. 34 GG entgegen. Der Senat verwarf diesen Einwand im Hinblick auf die Zweckverfolgung der Regreßbestimmung, die eine individuelle Inanspruchnahme erfordere. Er führte aus (S. 238 l. Sp.):

> „... Damit verliert hier der das Schadensersatzrecht beherrschende Ausgleichsgedanke an Gewicht. Ersatz soll dem SVT im wesentlichen aus präventiven, erzieherischen Gründen gewährt werden. Diese spezifische Zweckbestimmung gibt den §§ 640, 641 RVO ihr Gepräge (Zitat ...). Folgerichtig begründen sie eine persönliche Erstattungspflicht, für die der Grundsatz der Haftungsabnahme nach Art. 34 GG ... keine Geltung beanspruchen kann".

Auf dem Hintergrund der Strafe als einer Sanktion mit höchstpersönlichem Charakter versteht sich dieses Postulat von selbst.[614] Aus demselben Grunde ist dem in Anspruch genommenen Dienstherrn die Berufung auf die Leistungen der gesetzlichen Unfallversicherung als anderweitiger Ersatz i. S. v. § 839 I 2 BGB versagt. Andernfalls würde dies „den Sanktions- und Erziehungszweck der Rückerstattungspflicht der §§ 640, 641 RVO ... in Frage stellen".[615] Zudem betont der BGH[616] das

---

608 OLG Celle (Urt. v. 11.9.1978), VersR 1979, 518, 519 (Vorinstanz).
609 Vgl. dazu oben § 7 XIV 1 c.
610 Vgl. dazu oben § 4 VI 1.
611 BGH VersR 1974, 651, 653.
612 BGH VersR 1980, 165.
613 A. A. noch BGH VersR 1980, 164, 165 (freilich zu § 640 RVO a. F.).
614 Vgl. aber auch BGHSt 37, 226, wonach die Bezahlung einer Geldstrafe durch Dritte keine Vollstreckungsvereitelung (§ 258 II StGB) ist.
615 BGH VersR 1973, 818, 820.
616 VersR 1980, 164, 165; 1985, 237.

Zusammenspiel von Regreßhaftung und Haftungsausschluß als ein in sich geschlossenes – quasi autopoietisches[617] – System, das eine Einbeziehung von Regelungsmodellen aus dem abgelösten Haftungssystem verbiete. Der „Schuldige“[618] kann deshalb der Regreßforderung eine Mitschuld des Verunglückten (§ 254 BGB) nicht entgegenhalten.[619] Dann erscheint es aber inkonsequent, wenn der BGH meint, der Regreßanspruch könne sich bei Ableben des Schuldners gegen dessen Erben richten.[620] Dies widerspricht dem höchstpersönlichen Charakter dieser Strafsanktion, die wie die öffentliche Strafe an die Person des Geschädigten gebunden sein sollte. Eine Analogie zu den §§ 459 c III StPO, 101 OwiG, 45 I 2 AO 1977 liegt deshalb nahe. Der BGH stützte seine gegenteilige Auffassung vor allem auf den Zweck des Rückgriffs,[621] den er primär im Schadensausgleich erblickte. Nachdem der BGH nunmehr selbst eine Akzentverschiebung zugunsten des Strafzwecks vorgenommen hat, sollte er seine Ansicht überdenken.

Die mit der öffentlichen Strafe gemeinsame Zielrichtung des Regreßanspruchs hat zu einem vom allgemeinen Zivilrecht weitgehend abgelösten und speziell auf den Täter zugeschnittenen Sorgfalts- und Verschuldensmaßstab geführt. In Anlehnung an die strafrechtliche Schuld[622] trifft den Schädiger die Haftung nur, wenn ihm sein Handeln subjektiv vorwerfbar ist,[623] er sich also „für das Unrecht entschieden hat, obwohl er sich für das Recht hätte entscheiden können“.[624] Die Schuld des Täters muß positiv festgestellt sein, weshalb der Schluß von einem objektiv groben Pflicht- oder Verkehrsverstoß auf ein entsprechendes grobes[625], personales Verschulden ebenso unzulässig ist wie ein hierauf gerichteter Anscheinsbeweis.[626] Die personale Schuldseite ist geprägt von der individuellen Verantwortlichkeit des Betroffenen, der „seiner“ gerechten Strafe zugeführt werden soll. Die Schuldfeststellung ist damit der eigentliche Auslöser der Haftung – sie wirkt „strafbegründend“. Dem individuellen Täterprofil kommt hierbei entscheidende Bedeutung zu. Dabei scheint man mit jugendlichen Tätern eher Erbarmen zu haben als mit Erwachsenen.[627]

---

617 Zur Autopoiese von Systemen aus der Sicht der Systemtheorie, vgl. *Luhmann*, Soziale Systeme, insbes. 403 ff.; ders., Recht der Gesellschaft, 38 ff.

618 BGH VersR 1973, 818, 820; 1978, 35; 1981, 251.

619 BGH VersR 1972, 171 m.w.N.; 1973, 818 f.

620 BGH VersR 1969, 77; 1969, 848; 1972, 270 f.

621 BGH VersR 1969, 848; 1972, 270.

622 Vgl. dazu oben § 3 I 1 c aa (3).

623 BGH VersR 1968, 768, 769 f.; 1969, 848; 1972, 944 f.; 1978, 348.

624 BGHSt 2, 194 ff., 200; deutlich OLG Stuttgart, VersR 1968, 953, 954.

625 Zum Rechtsbegriff der groben Fahrlässigkeit grundlegend BGHZ 10, 14 ff.

626 BGH VersR 1969, 77, 78; 1970, 568 ff., 569; 1972, 171, 172; 1972, 944, 945; 1981, 75.

627 Vgl. BGH VersR 1978, 441 f. (Versagung des Regreßanspruchs gegen einen 14jährigen Jungen trotz gegebener Verantwortlichkeit i. S. v. § 828 II BGB, weil „jugendlicher Übermut und Sensationslust die maßgebende Triebfeder“); VersR 1980, 164, 165 (Versagung des Regreß-

b) Die Präventivfunktion des Ersatzanspruchs ist jedoch durch eine weitgehende Versicherungsmöglichkeit inhibiert. Zumindest für den praktisch wichtigen Bereich der groben Fahrlässigkeit wird eine daraus folgende Ersatzpflicht von der vom Unternehmer regelmäßig abgeschlossenen privaten Haftpflichtversicherung gedeckt. Eine Präventivwirkung ist dann – vom eher seltenen Fall des vorsätzlichen Verschuldens (vgl. §§ 152 VVG, 4 II Nr. 1 AHB) einmal abgesehen – nur noch mittelbar über das versicherungstechnische Bonus-Malus-System erreichbar. Dagegen ist für den Arbeitnehmer eine dahingehende Versicherungmöglichkeit wenn auch grundsätzlich gegeben (e contrario § 4 I Nr. 3 AHB), so doch weitgehend unüblich. Dieser hat, weil grob fahrlässiges Handeln i.S.v. 110 SGB VII regelmäßig die Verantwortlichkeit nach den Grundsätzen des innerbetrieblichen Schadensausgleichs[628] bei ihm verbleiben läßt, auch keinen Freistellungsanspruch gegen seinen Arbeitgeber. Dennoch ist die Haftung nach § 110 SGB VII n.F. insofern schärfer, als nach Satz 3 dieser Bestimmung das Verschulden sich nur auf den haftungsbegründenden Tatbestand beziehen muß, während es bei der Arbeitnehmerhaftung auch die Schadensfolgen mitumfassen muß,[629] weshalb der Arbeitnehmer im konkreten Fall doch einmal in den Genuß des Freistellungsanspruchs kommen kann. Diskrepanzen sind zumindest vorprogrammiert. Deckungsfähig ist der Anspruch aus § 110 SGB VII aber im Rahmen der Kfz-Haftpflichtversicherung, was sich als Folge seiner privatrechtlichen Qualifizierung ergibt, § 10 AKB.[630]

XVII. Die schadensersatzvertretende Funktion der Gewinnabschöpfung im Rahmen der §§ 281, 667 BGB, 384 II HGB als überkompensatorische Sanktion für Vertragsbruch

Die hier als letzte innerhalb des Sektors der Vermögensschädigungen noch zu behandelnde Fallgruppe unterfällt rechtstechnisch formal gesehen eigentlich nicht dem Schadensersatzrecht. Daß wir sie dennoch kurz ansprechen, liegt daran, daß die Gewinnabschöpfung eine besondere Sachnähe zum Schadensersatzrecht aufweist[631] und deshalb leicht als pauschale Schadensregelung im weitesten Sinne aufgefaßt werden kann. Bestätigt wird dieses Verständnis schon durch die gegenwärtige Schadensersatzpraxis, und zwar am deutlichsten in Gestalt der dritten

anspruchs gegen eine 13jährige, weil „Raufereien in der Schule ... für Kinder und Jugendliche typisch und ... Ausfluß der besonderen Schulsituation".

628 BAG BB 1983, 1157ff. (vgl. dazu oben § 7 XI b).

629 BAG VersR 1967, 169f.

630 BGH VersR 1969, 363; 1971, 1167, 1169.

631 So hinsichtlich des Eintrittsrechts nach § 61 I HGB ausdrücklich auch BAG BB 1962, 638.

Schadensberechnungsmethode bei Verletzung von gewerblichen Schutz- und Urheberrechten, wonach dem Verletzten „als Schadensersatz" der Verletzergewinn auch dann gebührt, wenn die engen Voraussetzungen des § 252 S. 2 BGB nicht erfüllt sind.[632] Desweiteren sind zu nennen § 113 HGB[633] sowie die pragmatische Entscheidungspraxis zu § 33 GWB,[634] beides Fälle, denen Anklänge der dreifachen Schadensberechnungsmethode zugrundeliegen. Sie alle sind Ausprägungen des auf Sanktion gegen den Täter zielenden Mottos: „This court never allows a man to make profit by a wrong".[635] Mit diesen bereits näher aufgezeigten Fallgestaltungen harmonieren nach Art einer Symbiose zwei weitere und nun zu erörternde Gewinnabschöpfungstatbestände.

a) Nach ständiger Rechtsprechung sind Geschäftsbesorger und Kommissionäre gemäß §§ 667 i. V. m. 675 BGB, 384 II HGB verpflichtet, die in Ausübung ihrer Geschäftsbesorgungstätigkeit von Dritten vereinnahmten *Schmier- und Bestechungsgelder* an den Geschäftsherrn auszukehren,[636] und zwar selbst dann, wenn sie der Gewährende nur dem ungetreuen Angestellten zukommen lassen wollte[637] und ohne daß diesem der Gegenbeweis gestattet wäre,[638] die Annahme dieser Begünstigungen habe sich (ausnahmsweise) nicht zum Nachteil des Geschäftsherrn ausgewirkt, den Geschäftserfolg im Gegenteil positiv gefördert. Dieses Postulat ist keineswegs das Ergebnis wertneutraler Begründungsarbeit am Buchstaben des Gesetzes, wie dies den Eindruck erwecken mag, wenn teilweise[639] – nur allzu formalistisch – danach differenziert wird, ob dem Auftragnehmer die Bestechungs- oder Schmiergelder „aus" oder nur „bei Gelegenheit" der Geschäftsbesorgung zugewendet wurden. Ebensowenig verfängt die Annahme, dem zugeflossenen Entgelt beim Geschäftsbesorger entspreche ein Schaden beim Auftraggeber in gleicher Höhe. Ist schon allein dieser blinde Schluß fehlerbehaftet, weil Zufluß beim einen und Schaden beim anderen nicht zwei Seiten derselben Medaille, sondern etwas wesens-

---

632 Vgl. dazu oben § 7 I 1.

633 Vgl. dazu oben § 7 IX.

634 Vgl. insbes. OLG Bremen, WuW/E OLG 4478ff. und dazu oben § 7 XII b.

635 Lord Hatherley in: Jegon v. Vivian, L. R. Ch. App. VI, 759 (1871).

636 Vgl. nur RGZ 99, 31; BGHZ 38, 171, 175; 39, 1; Erman/*Hauß*, BGB, § 667 Rdnr. 4; Palandt/*Thomas*, BGB, § 667 Rdnr. 3; Soergel/*Mühl*, BGB, § 667 Rdnr. 11; Staudinger/*Wittmann*, § 667 Rdnr. 17 jew. m. w. N; a. A. MüKo/*Seiler*, § 667 Rdnr. 17; *Baumbach/Hopt*, HGB, § 384 Rdnr. 9.

637 RGZ 99, 31, 34.

638 RGZ 99, 31, 35; BGH BB 1966, 99; Erman/*Hauß*, BGB, § 667 Rdnr. 4; *König*, FS v. Caemmerer, 179ff., 202f., trotz Anerkennung des schadensersatzvertretenden Charakters der Gewinnabschöpfung; vgl. aber BGHZ 39, 2f.; NJW 1982, 1752; MDR 1987, 825; WM 1988, 1320, 1321; NJW 1991, 1224: Die Vorteile müssen der Art sein, daß sie „eine Willensbeeinflussung zum Nachteil des Auftraggebers befürchten lassen".

639 RGZ 96, 53ff., 55; 99, 33; BGHZ 39, 2f.

gemäß Verschiedenes sind, so müßte zumindest ein hierauf gerichteter Anscheinsbeweis[640] die Möglichkeit des Gegenbeweises miteinschließen, was aber gerade nicht zugelassen wird. Dahinter steht vielmehr eine *rechtsethische Erwägung*, die es gebietet, die durch anrüchiges und zu mißbilligendes Verhalten (vgl. §§ 299ff StGB) vereinnahmte Zuwendung abzuschöpfen, und zwar deshalb, weil sie dem Geschäftsführer zu belassen „innerlich ungerechtfertigt"[641] wäre und „mit dem *im Volke wurzelnden Rechtsgefühl*[642] in schroffen Gegensatz treten hieße"[643] und sie in einem zweiten Schritt dem Geschäftsherrn gutzuschreiben, weil von beiden er es ist, „der nach *Recht und Billigkeit* den nächsten und meistbegründeten Anspruch auf sie hat – nach Billigkeit deshalb, weil er zum mindesten der *Gefahr*[644] einer Schädigung ausgesetzt war und den Nachweis einer solchen bei geschickter Geschäftsführung des Beauftragten oft nur schwer oder gar nicht zu erbringen imstande sein wird".[645] Die Bezugnahme auf das Rechtsgefühl impliziert zwangsläufig ein Denken in den Kategorien von „Gut" und „Böse", wodurch das Ergebnis „selbstverständlich" erscheint, ja vorprogrammiert ist. Mag sich diese Rechtsprechung auch populistischer Beliebtheit erfreuen, so läßt sie sich doch ohne Ausweitung des Normzwecks des § 667 BGB nicht begründen, was heute auch kaum noch bestritten wird.[646] § 667, 2. Alt. BGB ist nämlich nichts anderes als Ausfluß des auf Ausführung des Auftrags gerichteten primären Erfüllungsanspruchs.[647] Auf diesen läßt sich die Pflicht zur Auskehrung der vereinnahmten Schmier- und Bestechungsgelder aber gerade nicht zurückführen. Ihre Abschöpfung beim Geschäftsbesorger soll diesen vielmehr zu einem interessenwahrenden Handeln anhalten bzw. im Verstoßensfalle hierfür bestrafen.[648] Der Erfüllungsanspruch mutiert so zu einer Sanktion für Vertragsverletzung, die nicht einmal ein Verschulden des Geschäftsbesorgers zur Voraussetzung hat.[649]

b) Ganz ähnlich, nämlich Gewinnabschöpfung als Sanktion zur Sicherung der Vertragstreue, liegen die Dinge bei § 281 BGB, gemäß dem die Rechtsprechung und herrschende Lehre den Verkäufer, der die bereits anderweitig verkaufte Sache

---

640 Vgl. BGH NJW 1962, 1099, 1100; BGHZ 39, 5.

641 RGZ 164, 98, 103.

642 Herv. v. mir.

643 RGZ 99, 34.

644 Herv. jew. v. mir.

645 RGZ 99, 34; ähnlich RGZ 146, 194, 206: „vom Rechtsgefühl gefordertes Ergebnis".

646 Statt vieler Erman/*Hauß*, BGB, § 667 Rdnr. 4; anders noch RGZ 99, 32.

647 *Köndgen*, RabelsZ 56 (1992), 696ff., 751.

648 *Köndgen*, RabelsZ 56 (1992), 752.

649 *Köndgen*, RabelsZ 56 (1992), 752, der zu Recht meint, eine methodische Legitimation dieses Gewinnabschöpfungsanspruches gelinge nur aus einer Analogie zu anderen Gewinnabschöpfungsansprüchen oder aus einer offenen Rechtsfortbildung überhaupt.

kurzerhand an einen mehr bietenden Dritten veräußert hat, für verpflichtet hält, den durch den Vertragsbruch erzielten Mehrgewinn an das Vertragsbruchopfer herauszugeben.[650] Auch hier soll die durch Ausweitung der ursprünglichen Zwecksetzung[651] dieser Bestimmung sowie Überspielung begriffslogischer Argumente[652] erkaufte Erstreckung der Herausgabepflicht auf das sog. commodum ex negotiatione verhindern, daß „derartige Vertragsverletzungen für den Schuldner nahezu risikolos wären und er deshalb unbedenklich auf Kosten des Gläubigers spekulieren könnte“[653] („breach must not pay“!) und damit der Vertragsbruch „weitgehend sanktionslos bliebe“.[654] Aus diesem Grund gebührt dem Ersatzberechtigten der Veräußerungserlös auch dann, wenn er ihn selbst nicht hätte erzielen können[655] oder dieser gar auf einem durch Gesetz verbotenen oder sittenwidrigen Veräußerungsgeschäft beruht.[656] Dem Schuldner einen Gewinn zu belassen, den dieser letztendlich nur deshalb hat erzielen können, weil er sich vorher über die Rechte des Gläubigers hinweggesetzt hat, wird als unbillig empfunden.[657] Das Ergebnis entspricht einer pragmatischen, der ökonomischen Analyse des Rechts entlehnten Sichtweise. Praktischer Hauptanwendungsfall ist nach wie vor der Doppelverkauf von Grundstücken, was das Gros der hierzu ergangenen Entscheidungen ausmacht. Dagegen wird eine Anwendung des § 281 BGB beispielsweise auf Verletzung vertraglicher Wettbewerbsverbote bislang versagt,[658] was schon deshalb sehr mißlich ist, weil gerade in diesen Fällen der Verletzte nur selten in der Lage sein wird, seinen Schaden exakt zu beziffern und nachzuweisen,[659] weshalb die Gewinnabschöpfung beim Verletzer das einzige und erfolgsversprechende Mittel zur Schaffung präventiver Verhaltensanreize darstellt.

---

650 BGHZ 46, 260, 264; 75, 204, 206; NJW 1983, 929, 930; Palandt/*Heinrichs*, BGB, § 281 Rdnr. 6; Staudinger/*Löwisch*, BGB, § 281 Rdnr. 17 m.w.N. Beachtenswert ist die Forderung von *Köndgen*, RabelsZ 56 (1992), 696, 742ff., die Gewinnherausgabe auf Fälle des vorsätzlichen Vertragsbruchs zu beschränken.

651 Vgl. dazu Soergel/*Wiedemann*, BGB, § 281 Rdnr. 1.

652 Der Erlös fließt aus dem schuldrechtlichen Grundgeschäft, wohingegen die Leistung unmittelbar erst durch das dingliche Erfüllungsgeschäft unmöglich wird.

653 MüKo/*Emmerich*, BGB, § 281 Rdnr. 16.

654 Soergel/*Wiedemann*, BGB, § 281 Rdnr. 30.

655 BGH NJW-RR 1988, 902, 903.

656 RGZ 105, 84, 90f.; *Haselhoff*, NJW 1947/48, 286, 289.

657 RGZ 105, 90; 138, 45, 48; *Haselhoff*, NJW 1947/48, 289.

658 Erman/*Battes*, BGB, § 281 Rdnr. 4; MüKo/*Emmerich*, BGB, § 281 Rdnr. 4; Soergel/*Wiedemann*, BGB, § 281 Rdnr. 7; anders offensichtlich nur *Schulz*, AcP 105 (1909), 1ff.; gegen ihn wiederum Staudinger/*Löwisch*, BGB, § 281 Rdnr. 9; für eine analoge Anwendung neuerdings mit Nachdruck *Köndgen*, RabelsZ 56 (1992), 740, 746.

659 Vgl. die Äußerung von *Schricker*, GRUR 1979, 1, 3: „Unlauterer Wettbewerb rentiert sich immer“; wie hier auch *König*, FS von Caemmerer, 204.

§ 8 Bei Nichtvermögensschädigungen

XVIII. Die Fortentwicklung des Schmerzensgeldanspruches in Richtung Strafschadensersatz durch die Rechtsprechung

Nach § 847 BGB kann der Geschädigte wegen der Verletzung der dort genannten Rechtsgüter vom Schädiger auch für den Schaden, der nicht Vermögensschaden ist, eine billige Entschädigung in Geld verlangen. Es liegt in der Natur der Sache, daß bei immateriellen Schädigungen ein echter Schadensausgleich im Sinne einer rechnerischen Bezugsgröße nicht möglich ist.[660] Allenfalls kann es sich hierbei um eine von dem Verletzten als solche „empfundene Wiedergutmachung"[661] handeln. Das Kriterium der Billigkeit eröffnet dabei dem Richter einen weitgehenden Ermessensspielraum hinsichtlich der Bemessungshöhe. Die Höhenbemessung liegt im diskretionären Ermessen des Tatrichters, das revisionsgerichtlicher Überprüfung entzogen ist.[662] Die „rechtsprechende Kraft" des BGH beschränkt sich deshalb im wesentlichen auf die Vorgabe bestimmter und von den Tatsachengerichten im Quantifizierungsprozeß zu beachtender Parameter; lediglich bei ihnen handelt es sich um revisionsgerichtlich nachprüfbare Rechtsfragen. Diese reduzieren sich im wesentlichen auf die Frage nach der Funktion des Schmerzensgeldanspruchs.

Die Rechtsprechung hielt zunächst auch im Rahmen des Immaterialschadensersatzes am Ausgleichsgedanken fest. In seiner Entscheidung v. 29. 9. 1952[663] mußte der III. ZS darüber entscheiden, ob die Vermögensverhältnisse des Schädigers bei der Höhe des Schmerzensgeldes zu berücksichtigen seien. Der Senat hielt dies für unzulässig[664] und begründete[665] dies im wesentlichen mit dem Sinn und Zweck des Schadensersatzes, der auch bei ideellen Schäden nur darauf gerichtet sei, die durch die schädigende Handlung beim Geschädigten hervorgerufenen negativen Folgen zu beseitigen. Ihre Berücksichtigung sei nur dann geboten, wenn die Bestimmung des § 847 BGB den Charakter einer Strafvorschrift[666] hätte, eine Deutung, die ihr nach Ansicht des Senats jedoch nicht beigelegt werden kann und die dem gesamten Rechtssystem zuwiderliefe.[667]

---

660 Vgl. dazu oben § 3 I 1 d bb (2).

661 *Larenz*, AT, 475.

662 Etwa BGH NJW 1953, 1626; VersR 1970, 134; VersR 1977, 255; BGH NJW 1991, 1544, 1545; BAG WM 1971, 634.

663 BGHZ 7, 223.

664 So schon RGZ 136, 60, 61.

665 BGHZ 7, 224 ff.

666 Offengelassen in Mot. II, 802.

667 BGHZ 7, 225.

Bei dieser Betrachtung ist es jedoch nicht lange geblieben. Die weitere Entwicklung des Schmerzensgeldanspruchs in der Rechtsprechung ist gekennzeichnet durch eine deutliche Pönalisierungstendenz bis hin zu seinem Einsatz als mechanisches Sanktionsinstrument zur Verwirklichung schadensersatzfremder Zielsetzungen.

1. Die pönale Genugtuungslehre I – Genugtuung für den Verletzten

a) Den ersten Markstein in dieser Entwicklung bildet der Beschluß des GS v. 6.7.1955 (BGHZ 18, 149ff.), in dem die Funktion des Schmerzensgeldes wie folgt umschrieben wird (S. 154ff.):

„... Das Schmerzensgeld hat rechtlich eine doppelte Funktion. Es soll dem Geschädigten einen angemessenen Ausgleich bieten für diejenigen Schäden, für diejenige Lebenshemmung, die nicht vermögensrechtlicher Art sind. Es soll aber zugleich dem Gedanken Rechnung tragen, daß der Schädiger dem Geschädigten *für das, was er ihm angetan hat,*[668] Genugtuung schuldet.
Dabei steht der Entschädigungs- oder Ausgleichsgedanke im Vordergrund. Der Zweck des Anspruchs ist der Ausgleich für die erlittene Beeinträchtigung. Diese läßt sich jedoch nicht streng rechnerisch ermitteln. Den zugrunde liegenden Gedanken könnte man etwa dahin formulieren, daß der Schädiger, der dem Geschädigten über den Vermögensschaden hinaus das Leben schwer gemacht hat, nun durch seine Leistung dazu helfen soll, es ihm im Rahmen des Möglichen wieder leichter zu machen. Im Hinblick auf diese Zweckbestimmung des Schmerzensgeldes bildet zwar die Rücksicht auf Größe, Heftigkeit und Dauer der Schmerzen, Leiden und Entstellungen die wesentlichste Grundlage bei der Ausmessung der billigen Entschädigung. Der für einen Ausgleich erforderliche Geldbetrag hängt daher in erster Linie von dem Umfang dieser Schäden ab ... Wenn auch den Schadensersatzansprüchen aus unerlaubter Handlung, auch denen auf Entschädigung wegen immaterieller Schäden, kein unmittelbarer Strafcharakter mehr innewohnt, *so schwingt doch in dem Ausgleichsgedanken auch heute noch etwas vom Charakter der Buße*[669] oder, um mit dem treffenden Ausdruck der entsprechenden Schweizer Rechtseinrichtung zu reden, der Genugtuung mit. Die Rechtsgeschichte zeigt, daß sich das Schmerzensgeld aus dem Strafrecht entwickelt hat ... Der Schmerzensgeldanspruch des § 847 ist zwar formal vom Gesetzgeber als bürgerlichrechtlicher Schadensersatzanspruch konstruiert. Seinem Inhalt nach ist er aber jedenfalls nicht ein solcher der üblichen, d.h. der auf Ersatz von Vermögensschäden zugeschnittenen Art. Die Wiederherstellungsfunktion läßt sich hier nicht wie bei der Naturalherstellung von Vermögensschäden durchführen. Es gibt insoweit keine wirkliche Wiedergutmachung.

[668] Herv. v. mir.
[669] Herv. v. mir.

Es soll gewiß ein Ausgleich vorgenommen werden; dieser ist aber rechnerisch nicht streng festlegbar. Das alleinige Abstellen auf den Ausgleichsgedanken ist unmöglich, weil immaterielle Schäden sich nie und Ausgleichsmöglichkeiten nur beschränkt in Geld ausdrücken lassen. Immaterielle Schäden betreffen entgegen einer gelegentlich vertretenen Ansicht nicht „in Geld meßbare Güter". Der zu ihrem Ausgleich zu gewährende Geldbetrag läßt sich nicht dadurch ermitteln, daß „man sozusagen die Schmerzen mit den Freuden saldiert, durch die der Verletzte die Erinnerung an die Schmerzen tilgen soll". Auch da, wo die Möglichkeit besteht, körperliche und seelische Leiden durch Annehmlichkeiten und Bequemlichkeiten etwa auszugleichen, bleiben fast immer sehr verschiedene Möglichkeiten, wie ein Ausgleich gewährt werden kann. Der Ausgleichszweck allein gibt, je größer der immaterielle Schaden ist, für die Bemessung der Entschädigung nur einen recht groben Anhalt ..."

Der Beschluß des GS, dessen Ausführungen die Demarkationslinie zwischen Strafe und Schadensersatz zu verwischen scheint, ist in der Literatur wie kaum eine andere Entscheidung umfassend und zahlreich diskutiert worden. Dies erklärt sich wohl aus der geschichtlichen Dimension dieses Spruches. Man fühlt sich durch ihn zurückversetzt in längst überwundene Zeiten; spätestens seit *Jhering* gelten Strafe und Schadensersatz als etwas bestimmungsgemäß Verschiedenes.[670] Die Entscheidung des GS ist deshalb nicht ohne Kritik geblieben.[671] Sogar Strafrechtler haben sich zu Wort gemeldet und ein Eindringen in ihre Domäne angemahnt.[672] Ob und inwieweit der Genugtuungsfunktion wirklich etwas „strafendes" anhängt, braucht hier nicht näher untersucht zu werden.[673] Auch sind lediglich begriffstheoretische Erörterungen[674] über diesen Terminus im Hinblick auf das hier gestellte Untersuchungsziel wenig produktiv. Man mag die Genugtuung für den Verletzten für den Schadensausgleich bei immateriellen Schäden für unerläßlich halten.[675] Doch sollte

---

670 Vgl. dazu oben § 3 I.

671 Die Genugtuungsfunktion ablehnend insbes. Esser/*Schmidt*, Schuldrecht, § 30 II 1 a 3; *Köndgen*, Haftpflichtfunktionen, 84, 117; *Lorenz*, 95ff., 111, 135, 221; *Kötz*, FS v. Caemmerer, 392; *Honsell*, VersR 1974, 205; *Schwerdtner*, JuS 1978, 289, 295.

672 Besonders energisch *Hirsch*, FS Engisch, 304 ff., 323f: „... Sache des dafür allein kompetenten Strafrichters ... Die Kriminalpolitik wird leicht zur Farce, wenn das, was die Strafgesetzgebung für nicht strafwürdig ansieht und deshalb straflos läßt, dann eben im Zivilrecht seine pönale Erledigung findet"; ferner *Bötticher*, MDR 1963, 353, 359; *ders.*, Verhandlungen des 45. DJT, Sitzungsberichte C, C 15ff., 114; *Niemeyer*, NJW 1976, 1792; vgl. aber auch *Hellmer*, FS Mayer, 665 ff., 673ff., der die Genugtuungslehre für ein rechtspolitisch zu begrüßendes Mittel zur Entlastung des Strafrechts hält.

673 Vgl. dazu ausf. *Niemeyer*, Genugtuung des Verletzten durch Buße. Eine Untersuchung der Bußvorschriften im Alternativ-Entwurf (Tübingen 1972).

674 Vgl. etwa *Küster*, JZ 1954, 1ff.

675 In diesem Sinne *Wiese*, Recht und Staat, 55ff.; *Stoll*, Verhandlungen des 45. DJT, Gutachten, 152.

man sich dann im klaren darüber sein, daß sich Genugtuung (im Sinne einer Besänftigung des Rachegefühls)[676] für den Verletzten nur durch Berücksichtigung von in der Sphäre des Verletzers liegenden Umständen erzielen und quantifizieren läßt. Dies anerkennt auch der GS, der die Höhenbemessung des Schmerzensgeldes konsequenterweise auch von der Schwere des Verschuldens[677] des Schädigers sowie dessen Vermögenslage abhängig macht, beides Faktoren, wie sie bei der Strafzumessung gemäß § 46 II 2 StGB ins Gewicht fallen und deren Berücksichtigung mit einem ideologiefreien Schadensausgleich deshalb nicht in Einklang zu bringen sind. Insoweit zielt das Schmerzensgeld in der Genugtuungsfunktion primär auf Sanktion und Prävention,[678] was freilich zu einer Umkehrung der Zweckstaffelung im Schadensersatzrecht führt. Die Interdependenz von Sanktionsmaß und *rechtsethischer Bewertung der Tathandlung* umreißt der GS wie folgt: (S. 158):

> „... kann es der Billigkeit entsprechen, wenn im Einzelfall Vorsatz und grobe Fahrlässigkeit bei der Festsetzung der Entschädigung aus § 847 BGB zu Ungunsten des Schädigers, besonders leichte Fahrlässigkeit dagegen zu seinen Gunsten berücksichtigt wird. *Es wäre nicht zu verstehen,*[679] wenn dem Tatrichter nicht die Befugnis zustände, das Schmerzensgeld für die Folgen eines *Verbrechens*[680] höher festzusetzen als für die äußerlich gleichen Folgen eines Fehlverhaltens im Verkehr, wie es jedem unterlaufen kann".

Daß der Täter durch die Auferlegung der Buße womöglich wirtschaftlich ruiniert wird, nimmt der GS dabei bewußt in Kauf. Zwar hält er ein solches Ergebnis nicht grundsätzlich für wünschenswert. Eine Ausnahme soll aber bei besonders unwürdigem Verhalten gelten (S. 159/160):

> „... Besonders *verwerfliches Verhalten* des Schädigers, wie *rücksichtsloser Leichtsinn* oder gar *Vorsatz,*[681] können den Gedanken weitgehend zurückdrängen, ihn vor wirtschaftlicher Not zu bewahren. Andererseits kann es bei besonders günstigen wirtschaftlichen Verhältnissen des Schädigers billig erscheinen, die Entschädigung im Rahmen des richterlichen Ermessensspielraums höher festzusetzen".

---

676 Vgl. für das schweizerische Recht *v. Tuhr/Peter*, 126: „Die dadurch erzeugte Befriedigung und das Bewußtsein, daß diese Geldsumme dem Schuldigen abgenommen wird, soll ... zur Besänftigung des Rachegfühls dienen, welches auch beim modernen Menschen, trotz Christentum und Zivilisation, nicht erloschen ist".

677 So schon RGZ 136, 60, 62 aus der Erwägung heraus, daß „ein besonders grobes Verschulden des Schädigers ... auf den Geschädigten verbitternd wirken kann".

678 So insbes. *Deutsch*, Haftungsrecht, 473; *ders.*, FS Wahl, 339ff., 342; *ders.*, JuS 1969, 197, 202; *Magnus*, Landesreferate, 39, 41.

679 Herv. v. mir.

680 Herv. v. mir; vgl. auch §§ 12 I, II, 23 I StGB, die den besonders hohen Unwertgehalt von Verbrechen widerspiegeln.

681 Herv. jew. v. mir.

Schmerzensgelderhöhend soll auch wirken, wenn hinter dem Täter eine Versicherung steht, die die von ihm verwirkte Schuld letztendlich übernimmt.[682] Die Haftung folgt dann insoweit der Versicherung. Dagegen hat das RG die Berücksichtigung dieses Umstandes ausdrücklich abgelehnt, weil die Versicherung der Haftung folgen müsse.[683] Diese formaljuristisch einzig korrekte Betrachtung verliert jedoch dann an Gewicht, wenn man Versicherten und Versicherer als eine psychologisch vermittelte „Haftungsgemeinschaft" begreift, die aus der Sicht des Opfers diesem „wie ein Mann" gegenübersteht. Dies ist wohl auch der tiefere Grund, warum ein kränkender Prozeßvortrag des Versicherers im Haftpflichtprozeß dem Schädiger als ein das schmerzensgelderhöhender Umstand zugerechnet wird.[684] Der Senat möchte darüber hinaus auch die Vermögensverhältnisse des Geschädigten berücksichtigt wissen; sind diese besonders günstig, soll die Ausgleichsfunktion zugunsten der Genugtuungsfunktion zurücktreten.[685] Dahinter scheint die konnotative Erwägung zu stehen, daß der Bedarf nach Schadensersatz geringer sei, wenn der Betroffene ohnehin „genug" habe.[686]

b) Nach der Rechtsprechung des BGH können Ausgleichs- und Genugtuungsfunktion nicht exakt voneinander getrennt werden, beide Funktionen werden vielmehr als bloße Modifikatoren innerhalb des einen Schmerzensgeldanspruchs begriffen, weshalb sie nicht betragsmäßig aufgespalten und gesondert ausgewiesen werden könnten.[687]

Ein solches Verständnis kann jedoch nur als Versuch gewertet werden, den offensichtlich vorhandenen, aber nach herkömmlicher Ansicht im Schadensersatzrecht nur allzu anrüchigen Strafgedanken unter Rückgriff auf rechtstechnische Kunstgriffe zu verschleiern. Verlangt das Klangbild des Schadensfalles eine Aktivierung beider Funktionen, so kann die Festsetzung des Gesamtbetrages des Schmerzensgeldes nicht in einem Atemzug, sondern *denknotwendig* nur in zwei Schritten erfolgen, weil die bei ihrer Transformierung in quantifizierbare Größen bedingte Blickrichtung eine jeweils verschiedene ist: Geht es um den Ausgleich von Schmerzen und Leid beim Verletzten, so bildet *er* den Beziehungspunkt für die Entschädigungsleistung; dagegen richtet sich der Blick auf den *Täter,* wenn es darum geht, dessen Tat zu sühnen. Beidemale werden rechnerische Größen aufgrund eines

---

682 BGHZ 18, 165f.; zum Einfluß versicherungsrechtlicher Aspekte auf die Haftung vgl. ausf. *Fuchs*, AcP 191 (1991), 318ff.

683 RGZ 136, 60f.

684 Vgl. nur BGH VersR 1964, 1103, 1104f.

685 BGHZ 18, 159.

686 In der amerikanischen Lit. spricht man in einem solchen Zusammenhang von einem „deep pocket"-Argument, vgl. *Weyers*, 526ff.

687 Vgl. etwa BGH VersR 1961, 164f.

eigenen und neuen „Tatentschlusses" gedanklich gesondert festgesetzt und später addiert.[688] Es wird lediglich darauf verzichtet, diese Gedankenschritte im Rechnungsergebnis wertungsoffen freizulegen. Aus deutlichste bestätigt wird die Richtigkeit dieser Auffassung durch ein Urteil des OLG Celle v. 12.6.1968 (JZ 1970, 548):[689] Der Kl., Opfer einer vorsätzlichen Körperverletzung, bekam erstinstanzlich gegen den Täter ein Schmerzensgeld i.H.v. DM 1200 zugesprochen. Auf die Berufung des Bekl. wurde der Betrag auf DM 600 reduziert. Der Senat führte aus (S.548):

> „Bei der Bemessung des Schmerzensgeldes hat das LG neben den sonstigen zu berücksichtigenden Umständen auch die Genugtuungsfunktion des Schmerzensgeldes erwähnt und mit besonderem Gewicht berücksichtigt. Es hat jedoch ersichtlich außer Betracht gelassen, daß der Bekl. wegen diese Vorfalles strafgerichtlich belangt und mit einer Gefängnisstrafe von zwei Monaten belegt ist. Mag auch mit dieser Bestrafung in erster Linie dem staatlichen Strafanspruch genügt worden sein, so kann doch nicht unberücksichtigt bleiben, daß eine derartige Bestrafung auch dem Genugtuungsbedürfnis des Verletzten Rechnung trägt. Den Schädiger gerichtlicher Bestrafung ausgesetzt zu sehen, verschafft dem Opfer eines vorsätzlich rechtswidrigen Angriffs ganz allgemein das befriedigende Gefühl, der Gerechtigkeit sei nun Genüge getan, der Angreifer müsse seine Tat verdientermaßen büßen, ihm geschehe damit Recht. Die Genugtuungsfunktion des Schmerzensgeldes darf daneben nicht mehr besonders hoch bewertet werden. Unter diesen Umständen hält es der Senat angesichts der nicht besonders schweren Verletzung des Kl. für billig, die Entschädigung für den nicht vermögensrechtlichen Schaden deutlich herabzusetzen, weil ein für ihre Bemessung wesentlicher Umstand offenbar außer Ansatz geblieben war".

Die eigenständige rechnerische Bewertung der Genugtuungsfunktion durch das BerGe. mit exakt DM 600 erhellt, daß diese ein juristisches Eigenleben neben dem Ausgleichsgedanken führt und nicht lediglich einen diesen modifizierenden Berechnungsfaktor darstellt; dies zeigt sich auch daran, daß die in informellen Schmerzensgeldtabellen[690] wiedergegebenen Geldbeträge nur den erlittenen Schmerz widerspiegeln (können), weil nur dieser nach weitgehend äußeren und formalisierbaren Kategorien, wie etwa Art und Schwere der Beeinträchtigung, quantifizierbar ist, während die Bewertung der Tätergesinnung regelmäßig dem subjektiven und rational nicht mehr nachvollziehbaren Rechtsempfinden des Richters vorbehalten bleibt.

---

[688] So i.E. auch *Stoll*, Verhandlungen des 45. DJT, Gutachten, 154f.; *Hirsch*, FS Engisch, 304ff., 312; *Lorenz*, VersR 1997, 622.

[689] Vgl. ferner LG Trier VersR 1983, 791: „Es (ist) gerechtfertigt, ein zum Ausgleich ... ausreichendes Schmerzensgeld zum Zwecke der Genugtuungsfunktion bis zu 1/3 zu erhöhen".

[690] Vgl. etwa *Hacks/Ring/Böhm*, SchmerzensgeldBeträge. ADAC-Handuch, 18. Aufl., (München 1997).

Freilich hat der BGH neuerdings dieser Praxis der Anrechnung strafgerichtlicher Verurteilung auf die Genugtuungsfunktion des Schmerzensgeldes eine Absage erteilt.[691] Dies kann die Stimmigkeit des hier gefundenen Ergebnisses indes nicht trüben; denn die vom BGH gegebene Begründung gelangt über eine unbeachtliche petitio in principii nicht hinaus. In dem der Entscheidung zugrundeliegenden Sachverhalt hat das OLG als BerGe. das dem Opfer eines erpresserischen Menschenraubes erstinstanzlich zugesprochene Schmerzensgeld i. H. v. DM 8 000 unter Berücksichtigung der von den Tätern zu verbüßenden Freiheitsstrafen auf DM 4 000 reduziert. Dagegen wandte sich der BGH, weil „dieses Vorgehen zu einer Aufspaltung des Schmerzensgeldes in Beträge, die auf Ausgleichs- und Genugtuungsfunktion entfallen führt", was „jedoch unzulässig ist, da es sich bei der Entschädigung nach § 847 BGB um einen einheitlichen Anspruch handelt, der nicht nach dem Gewicht der jeweils in Betracht kommenden Funktionen betragsmäßig aufgespaltet werden kann, sondern eine ganzheitliche Betrachtung und Bemessung des Anspruchs erfordert".[692] Hierbei werden vom Senat offensichtlich Voraussetzung und Folge nach dem Motto: weil nicht sein kann, was nicht sein darf, (bewußt!) miteinander verwechselt (vertauscht): Die Quantifizierung der Genugtuungsfunktion kann, wie bereits dargelegt, nur in einem isolierten Gedankengang erfolgen. Diese *Voraussetzung* hat unvermeidlich die (gedankliche) Aufspaltung des Schmerzensgeldes in zwei Rechnungsposten zur *Folge*. Daß diese Folge unerwünscht ist, ändert daran nichts. Daß der BGH hier einem logischen Fehlschluß erlegen ist, gibt er denn insgeheim auch selbst zu, wenn er zur „Absicherung" seiner Ansicht noch auf Praktikabilitäts- und Sachargumente verweist.[693] Und auch scheint sich der Senat eine Tür offenhalten zu wollen, wenn er eine Anrechnung nur „grundsätzlich"[694] für ausgeschlossen hält.

c) Zusammenfassend ist deshalb festzuhalten, daß Ausgleichs- und Genugtuungsfunktion nicht wesenseigene Komponenten des einen Schmerzensgeldanspruches sind, sondern vielmehr etwas wesensgemäß Verschiedenes mit jeweils funktional unterschiedlicher Wirkungsweise, weshalb sie im Interesse der *Wertungsoffenheit* von der Rechtsprechung auch so behandelt werden sollten.[695] Insofern bietet es sich an, von Ausgleichs- und Genugtuungs*gedanken* zu sprechen.[696]

---

691 BGH NJW 1995, 781 ff. bestätigt in BGH NJW 1996, 1591.

692 BGH NJW 1995, 782.

693 BGH NJW 1995, 782.

694 BGH NJW 1995, 783.

695 So i. E. auch *Pecher*, AcP 185 (1985), 387; *Kern*, AcP 191 (1991), 272; für eine zumindest rechtstheoretische Trennung auch *Deutsch*, JuS 1969, 197.

696 *Deutsch*, JuS 1969, 197, 201 gebraucht die Termini „Ausgleich(sgeld)" und „Genugtuung(sgeld)".

Auch die Fortentwicklung der Schmerzensgeldrechtsprechung durch den BGH macht ihre isolierte Herausstellung unerläßlich. Konnte die Genugtuung in den Anfängen der Rechtsprechung, obzwar (auch) als Sanktion gegen den Täter gerichtet, immer noch als Ausgleich i. w. S. für das dem Opfer zugefügte Leid verstanden werden, kristallisierten sich zunehmend Fallkonstellationen heraus, bei denen das Schmerzensgeld bald zum reinrassigen Strafschaden mutierte. Sie aufzuzeigen gilt es im folgenden.

2. Die pönale Genugtuungslehre II – Genugtuung für das Recht und als Sanktion gegen den Verletzer (punitive damages)

a) Schmerzensgeld auch bei totalem Verlust der Wahrnehmungs- und Empfindungsfähigkeit

aa) Hat das schädigende Ereignis beim Verletzten aufgrund einer Schwerstschädigung zur völligen oder weitgehenden Ausschaltung seines Empfindungsvermögens geführt, dürfte dem Betroffenen ein Schmerzensgeld im Hinblick auf die ihm zukommenden Funktionen konsequenterweise nicht zugesprochen werden, weil der so Geschädigte als „ein körperliches Überbleibsel einer menschlichen Person“,[697] als ein lediglich als „körperliche Hülle hinvegetierender Verletzter“[698] weder Genugtuung empfinden kann, noch überhaupt fähig ist, einen wie auch immer gearteten Zusammenhang der Entschädigungszahlung mit seinem Schaden herzustellen. Der Betroffene müßte insoweit einem Toten gleichgestellt werden. Dennoch hat der BGH diese strikte Konsequenz nicht gezogen, wobei er die Begründung mehrfach wechselte.

bb) Anlaß über einen solchen Fall zu entscheiden hatte der BGH[699] (VI. ZS) erstmals in seinem Urt. v. 16.12.1975 (NJW 1976, 1147 ff.), dem folgender Sachverhalt zugrundelag: Der Bekl. geriet infolge Trunkenheit und weit überhöhter Geschwindigkeit mit seinem Pkw auf den Bürgersteig und verletzte die damals 14 Monate alte Kl. lebensgefährlich. Durch den Unfall wurde das Kind infolge schwerster Hirnschädigung völlig gelähmt, so daß es keiner geistigen Betätigung oder Sinneswahrnehmung mehr fähig war.

Der Senat bestätigte das BerGe., das der Kl. eine einmalige Schmerzensgeldzahlung i. H. v. DM 30000 zuerkannt hatte. Der Senat hält dies in Einklang mit dem BerGe. indes nur unter dem Gesichtspunkt der Genugtuungsfunktion für begründet,

---

[697] So die Äußerung des medizinischen Sachverständigen in BGH NJW 1976, 1147.
[698] So die Äußerung des medizinischen Sachverständigen in BGH NJW 1982, 2123.
[699] Vgl. früher schon OLG Schleswig, MDR 1966, 926f.

weil die sonst im Vordergrund stehende Ausgleichsfunktion gänzlich außer Betracht zu bleiben habe, „wenn ... die Verletzte zwar noch (als Voraussetzung für ihren eigenen Anspruch) lebt, ... aber gerade die schadensbedingte Zerstörung ihrer Persönlichkeit ihr die Einsicht *sowohl* in ihren Verlust *wie* in die Bedeutung des Ausgleichs benimmt".[700] Ein irgendwie gearteter Ausgleich sei nicht zu erreichen, „denn als Ausgleich kann es nicht schon angesehen werden, wenn dem Verletzten ‚lediglich ein Bankkonto verschafft wird'".[701]

Dieser Aspekt trifft jedoch in gleichem Maße auch für die Genugtuungsfunktion zu, soweit dadurch das gekränkte Rechtsgefühl des Opfers besänftigt werden soll.[702] In diesem Sinne kann Genugtuung nicht wie die öffentliche Strafe „erteilt",[703] sondern nur „empfunden" werden. Ist der Verletzte einer solchen Empfindung nicht mehr fähig, wird ein Schmerzensgeld aber dennoch zugesprochen, erlangt dieses die *Funktion einer öffentlichen Strafe* mit dem ihr eigenen Ziel des Rechtsgüterschutzes. Seine Funktion erschöpft sich dann in der „Bewehrung und Bewährung des Rechts"[704] durch Abgeltung „legalistischer" Schmerzen. Die vom Senat angeführten Argumente für einen Schmerzensgeldanspruch in diesen Fällen bestätigen dies nur allzu deutlich. Dem Einwand der Bekl., ein Schmerzensgeld müsse wegen der Empfindungsunfähigkeit der Kl. entfallen, entgegnete der Senat mit den Worten (S. 1148 r. Sp.):

> „Sie verkennen, daß beim Schmerzensgeldanspruch, wenn er auch nicht in eine Privatstrafe ausarten soll (Zitat), vor allem unter dem Aspekt der Genugtuung unverkennbar auch noch etwas vom Charakter der Buße mitschwingt (Zitate)".

Die Berufung auf BGHZ 18, 149ff. trägt zur Klärung des Problems wenig bei. Sie erfolgte ersichtlich nur deshalb, weil sich der GS schon damals in einem obiter dictum für die Gewährung eines Schmerzensgeldes auch in solchen Fällen ausgesprochen hat.[705] Dem Senat kommen denn auch selbst höchste Zweifel, ob damit die Rechtsfigur der Genugtuung nicht überschritten werde.[706] Dennoch meinte er,

> „ein nicht notwendig pönaler, verfeinerter Sühnegedanke im Sinne der gesetzlichen Regelung fordert, daß die schwere Beeinträchtigung des Menschseins nicht ohne eine wenigstens zeichenhafte Wiedergutmachung bleibe. Diese Wiedergutmachung kann hier allerdings nicht auf die konkret oder abstrakt für den Betroffenen fühlbare Korrek-

---

700 BGH NJW 1976, 1148.

701 BGH NJW 1976, 1148.

702 So *v. Jhering*, 73f., 84f., 86f.; *Stoll*, Verhandlungen des 45. DJT, Gutachten, 152; *Honsell*, VersR 1974, 205.

703 Zur austeilenden Gerechtigkeit vgl. oben § 3 I 1 c aa (1).

704 *Deutsch*, Haftungsrecht, 473.

705 BGHZ 18, 156f.

706 BGH NJW 1976, 1148, 1149.

> tur einer empfundenen Verletzung bezogen sein, sondern nur in symbolhafter Weise die Beeinträchtigung der *in der Rechtsordnung bedingungslos geschützten Person*[707] sühnen" (S. 1148 r. Sp.).

Hieraus folgerte er (S. 1149 l. Sp.):

> „Das bedeutet ..., daß die Zahlung den Schädiger als fühlbares Opfer treffen soll. Daß dieses Opfer trotz seines vorherrschenden Sühnecharakters anders als eine Geldstrafe versicherbar und im Bereich des Straßenverkehrs meist auch so wie hier durch Versicherungsschutz gedeckt ist, hat außer Betracht zu bleiben".

Das Schmerzensgeld hat hier allein den Sinn und Zweck, die *bloße Rechtsverletzung zu dokumentieren* und den Täter zukünftig zur „Wahrung der personalen Würde"[708] anzuhalten. Hierfür hielt der Senat in casu den vom BerGe. gegenüber der Erstinstanz (DM 75 000) stark reduzierten Betrag trotz der ungewöhnlichen Schwere der Verletzung für nicht rechtsfehlerhaft, weil jede Erhöhung zu einer Bereicherung von Angehörigen oder Erben führte, was weder sittlich noch volkswirtschaftlich wünschenswert wäre und der ein eigener Sinn fehle.[709] In zwei[710] weiteren Urteilen hat der Senat seine Rechtsprechung nochmals bestätigt.

cc) Knapp siebzehn Jahre später erfolgte dann die große Kehrtwende. Mit Urt. v. 13.10.1992 (BGH NJW 1993, 781 ff.) hat der BGH (VI. ZS) seine bis dahin praktizierte Rechtsprechung ausdrücklich aufgegeben. Der Entscheidung lag folgender Sachverhalt zugrunde: Infolge eines ärztlichen Behandlungsfehlers während des Geburtsvorgangs wurde die Kl. schwerstgeschädigt geboren. Ihre Empfindungsfähigkeit umfaßte zwar in eingeschränktem Maße noch Gefühlswahrnehmungen wie Freude, Wohl- und Unlustgefühl, jedoch war sie aufgrund ihrer Behinderung nicht in der Lage, ihren Zustand als solchen zu begreifen. Das BerGe. hat auf der Grundlage der alten Rechtsprechung der Kl. als symbolhafte Entschädigung ein Schmerzensgeldkapital i.H.v. DM 30 000 und eine Schmerzensgeldrente von monatlich DM 250 zugesprochen.

Diese Entschädigungspraxis hielt der Senat nunmehr für nicht mehr gerechtfertigt. Er führte aus (S. 783 l. Sp.):

> „Beeinträchtigungen von solchem Ausmaß, wie es im Streitfall bei der Kl. der Fall ist, verlangen mit Blick auf die verfassungsrechtliche Wertentscheidung in Art. 1 GG eine

---

[707] Herv. v. mir.

[708] BGH NJW 1976, 1149.

[709] BGH NJW 1976, 1149.

[710] BGH NJW 1982, 2123 f. (Urt. v. 22.6.1982; VI. ZS); BGH VRS 69 (1985), 339 ff. (Urt. v. 2.7.1985; VI. ZS).

stärkere Gewichtung und verbieten eine lediglich symbolhafte Bewertung. Unter diesem Blickwinkel ist weniger der für das zivilrechtliche Haftungs- und Schadensersatzrecht allgemein nicht tragfähige Gedanke der Sühne von Bedeutung, der bei Fahrlässigkeitstaten ohnehin nur eine untergeordnete Rolle spielen kann. Anzuknüpfen ist vielmehr an den immateriellen Schaden, den jemand durch eine Körperverletzung oder Gesundheitsschädigung erleidet und der nach § 847 BGB durch eine Geldzahlung zu ersetzen ist. Ein solcher Schaden besteht nicht nur in körperlichen und seelischen Schmerzen, also in Mißempfindungen oder Unlustgefühlen als Reaktion auf die Verletzung des Körpers oder die Beschädigung der Gesundheit. Vielmehr stellt die *Einbuße der Persönlichkeit*, der *Verlust an personaler Qualität* infolge schwerer Hirnschädigung *schon für sich*[711] einen auszugleichenden immateriellen Schaden dar unabhängig davon, ob der Betroffene die Beeinträchtigung empfindet. Das bedeutet nicht, daß der immaterielle Schaden generell nur in der körperlichen Beeinträchtigung zu sehen ist. Eine wesentliche Ausprägung des immateriellen Schadens kann darin bestehen, daß der Verletzte sich seiner Beeinträchtigung bewußt ist und deshalb in besonderem Maße unter ihr leidet. Dieser Gesichtspunkt kann daher für die Bemessung des Schmerzensgeldes durchaus von Bedeutung sein".

Zur „Objektivierung" dieser von ihm getroffenen Wertentscheidung bedient sich der Senat eines verdeckten „Erst-Recht-Schlusses" (S. 782 r. Sp.):

„Es müßte angesichts des hohen Wertes, den das Grundgesetz in Art. 1 und 2 der Persönlichkeit und der Würde des Menschen beimißt, jedenfalls in Fällen wie dem vorliegenden als nicht auflösbarer Widerspruch in sich erscheinen, die vom Schädiger zu verantwortende weitgehende Zerstörung der Grundlagen für die Wahrnehmungs- und Empfindungsfähigkeit als Umstand anzusehen, der das Schmerzensgeld mindern muß".

Die Ausführungen des Senats sind ein schönes Beispiel für die Fungibilität formaljuristischer Argumente. Während früher die Empfindungsunfähigkeit als schmerzensgeldreduzierender Gesichtspunkt gebraucht wurde, diente er jetzt dem Senat dazu, ein Schmerzensgeld gerade zu forcieren. Aus einem schmerzensgeld*mindernden* Umstand ist ein schmerzensgeld*begründender* geworden. Mit den beiden herkömmlichen Funktionen des Schmerzensgeldes – wie sie die Rechtsprechung versteht – läßt sich diese Entscheidung freilich nicht begründen. Deshalb sieht sich der Senat genötigt, die *Beeinträchtigung als solche* für ausgleichsfähig zu erklären, während eine daneben noch vorhandene Empfindungsfähigkeit des Betroffenen nur noch einen zusätzlichen, das Schmerzensgeld erhöhenden Faktor darstellen soll. Damit steht die Entscheidung ganz im Zeichen des objektiven Rechtsgüterschutzes, was dem Schadensersatz hier rechtswahrende und rechtsfeststellende Züge verleiht.

---

711 Herv. jew. v. mir.

Dennoch hat der Senat die Begründung für seine Entscheidung nicht im Schadensersatzrecht gesucht, sondern unmittelbar aus Leitprinzipien der Verfassung gewonnen. Der vorschnelle Griff zu den Sternen[712] ist dabei nur die leidliche Folge einer nach wie vor beharrlichen Weigerung der Rechtsprechung, das Schadensersatzrecht *offen* zu Sanktions- und Präventionszwecken einzusetzen. Nur dann wäre es auch gerechtfertigt, von einem „nicht auflösbaren Widerspruch" zu sprechen. Denn in einem rein rechnerisch verstandenen Schadensmodell sind solche (scheinbaren) Widersprüche auch sonst nicht selten: wer etwa eine alleinstehende Person derart schwer verletzt, daß diese zeitlebens an den Rollstuhl gefesselt ist, der tut gut daran, sie für immer ins Jenseits zu befördern, um so seine Ersatzpflicht auf die geringen Beerdigungskosten zu beschränken. Dagegen zieht im Strafrecht bei gleichem subjektiven Tatbestand die schwerere und intensivere Rechtsverletzung stets eine härtere Sanktion nach sich. Der Senat hat sich bei der Lösung des Falles denn auch von dieser strafrechtlichen Wertentscheidung leiten lassen. Dahinter steht die vom Senat unausgesprochene Erwägung, daß derjenige, der dem Opfer schon die „Basis für die Empfindungsfähigkeit"[713] geraubt hat, nicht besser stehen dürfe, als derjenige, dessen Verletzungshandlung beim Betroffenen nur Schmerz und Pein hervorgerufen hat, also das rechtstechnisch gesehen gleiche Argument, mit dem die Rechtsprechung schon die dreifache Schadensberechnungsmethode bei Eingriffen in Immaterialgüterrechte rechtfertigte.[714] Daß der Senat hierbei wiederum an den Ausgleichsgedanken anknüpft, kann nicht darüber hinwegtäuschen, daß diesem vom Senat nun eine ganz neue, nämlich auf Abgeltung allein der Rechtsverletzung als solcher zielende Zweckfunktion unterschoben wird. Der stolze Satz, daß „das geltende Recht Schmerzensgeld nur für die selbstempfundene Unbill gewährt",[715] wird so in sein Gegenteil verkehrt. Dies zwang den Senat zu der ausflüchtigen Feststellung, daß es „sich bei Schäden dieser Art um eine eigenständige Fallgruppe handelt".[716] Dabei läßt schon die methodische Herleitung des Ergebnisses zu wünschen übrig. Unabhängig davon, ob Grundrechte hier überhaupt tangiert oder verletzt werden,[717] steht jedenfalls der pauschale und undifferenzierte Rückgriff auf das Grundgesetz in Widerspruch zu seiner Bedeutung im Privatrecht lediglich als Orientie-

---

[712] Vgl. auch Larenz/*Canaris*, Schuldrecht BT, § 83 III 2 b, der diese Rspr. unter Berufung auf die Philosophie Kants billigt, weil „die Rechtsordnung den Menschen nicht lediglich als Teil der empirisch faßbaren Welt – ... nicht nur als homo phaenomenon, sondern als homo noumenon – behandeln darf, ...". Demgegenüber sollte man erwarten dürfen, daß das Schadensrecht ohne metaphysische Bezugsquellen auskommt.

[713] BGH NJW 1993, 782.

[714] Vgl. oben § 7 I 1 a, b.

[715] *Deutsch*, JuS 1969, 197, 200.

[716] BGH NJW 1993, 783.

[717] Verneinend *Kern*, FS Gitter, 447ff., 455 m.w.N.

rungshilfe bei der Interpretation des einfachen Gesetzes. Der Senat hat aber umgekehrt das einfache Gesetz völlig beiseite geschoben und stattdessen die Verfassung als Ermächtigung zum gesetzesfreien Judizieren mißbraucht. Die Verfassung als Rettungsanker zu bemühen bestand indessen nicht der geringste Anlaß, hätte sich der Senat dazu durchgerungen, mancherlei qualitative Aspekte des Schadensersatzes herauszustellen. Hierzu hat *Deutsch* das Richtige getroffen, wenn er in seiner Urteilsanmerkung ausführt:[718]

> „Dabei hätte es nahegelegen, auf die von *Neuner* und *Wilburg* herausgearbeitete, ‚rechtsverfolgende Funktion' des Haftungsrechts Bezug zu nehmen (*Neuner*, AcP 133, 291; *Wilburg*, JhJb 82, 130). Danach setzt sich das verletzte Rechtsgut im Anspruch auf Schadensersatz oder Schmerzensgeld fort. In Anwendung einer Art Surrogationsprinzip tritt der Anspruch an die Stelle des Gutes. Die rechtsverfolgende Funktion des Haftungsanspruchs überwindet die reine Differenzhypothese (*Mommsen*, Zur Lehre von dem Interesse, 1855), welche nur die Vermögensstände vor und nach der Tat vergleicht und daher für den immateriellen Schaden besonders ungeeignet ist. An die Stelle der voll entwickelten Person tritt beim schweren Geburtsschaden das besondere Schmerzensgeld".

Bei einem solchen Verständnis stellt es dann auch keine Sinnwidrigkeit[719] mehr dar, daß das Opfer von dem ihm zugesprochenen Betrag überhaupt nichts hat, dieser vielmehr den Angehörigen oder Erben zugutekommt. Denn die dem Täter auferlegte „Sühneleistung" fungiert als Genugtuung nicht für den Verletzten, sondern – wie im Strafrecht – für das Recht und die Rechtsgemeinschaft. Aus diesem Grund ist es auch nicht richtig, wenn etwa behauptet wird, diese Rechtsprechungsänderung habe „einen wesentlichen Stützpfeiler aus dem dogmatischen Fundament der Genugtuungsfunktion gerissen".[720] Daran ändert auch die Tatsache nichts, daß der BGH das Schmerzensgeld in diesen Fällen nunmehr unter der Etikette des Ausgleichs gewährt. Dinge ändern sich nicht schon allein deshalb, weil man ihnen einen neuen Namen gibt.[721] Der Empfindungsunfähige weiß weder einen Ausgleich zu schätzen, noch ist er in der Lage, eine Genugtuung zu empfinden. An dieser medizinischen Unumstößlichkeit kommt auch das Recht nicht vorbei. Beiläufig

---

718 NJW 1993, 784.

719 So etwa BGH NJW 1976, 1147, 1149; *Schiemann*, Argumente und Prinzipien, 16; *Kern*, FS Gitter, 456; *Niemeyer*, NJW 1976, 1792; *Hammen*, VersR 1989, 1121, 1123.

720 *Giesen*, JZ 1993, 519ff., 520; vgl. auch *Teichmann*, Anm. zu BGH LM Nr. 90 zu § 847 BGB; *Müller*, ZRP 1998, 258, 260.

721 Vgl. auch *Kern*, AcP 191 (1991), 247ff., 254: „Das Problem würde verlagert, nicht gelöst"; richtig deshalb die Entscheidung des OLG Stuttgart, VersR 1994, 736 in der nach wie vor die Genugtuungsfunktion betont wird; dagegen *Jaeger*, VersR 1996, 1177ff., 1180 Fn. 36, der aber gerade dem Wortspiel des BGH erlegen ist; vgl. auch die in sich widersprüchliche Begründung des LG Göttingen, VersR 1997, 621f.

werden freilich auch die Angehörigen, die in der Regel den Betroffenen pflegen (müssen) und unter dieser Situation ganz besonders leiden, reflexartig mitentschädigt. Dagegen ist jedoch nichts einzuwenden, da diese mit dem Betroffenen eine Art Schmerzgemeinschaft bilden.[722] Diese Wertung steht auch nicht im Widerspruch zum Höchstpersönlichkeitscharakter des Schmerzensgeldes. Fälle, in denen es einmal nicht dem Willen des Betroffenen entspricht, daß die Verwandten oder seine Erben in den Genuß des Schmerzensgeldes kommen, dürften die seltene Ausnahme bleiben;[723] zudem hat die Streichung des § 847 I 2 BGB dem Schmerzensgeldanspruch viel von seinem höchstpersönlichen Charakter geraubt.[724] Die Ahndung der Rechtsverletzung bedingt freilich auch die Sanktionierung des Täters. Keine Tat ohne Täter! Folgerichtig hat sich der Senat kurze Zeit später[725] auch in diesen Fällen für eine Berücksichtigung der täterbezogenen Kriterien wie Schwere der Schuld sowie wirtschaftliche Leistungsfähigkeit bei der Schmerzensgeldbemessung ausgesprochen.

b) Strafzuschlag zum Schmerzensgeld bei dilatorischer Schadensregulierung durch Versicherer

Zu einer völligen Umfunktionierung des Schmerzensgeldanspruchs zum bloßen Ordnungsinstrument kommt es in der nun zu erörternden praktisch wichtigen Fallkonstellation: nach einer fest eingespielten Gerichtspraxis erhält das Opfer eines Straßenverkehrsunfalls einen Zuschlag zum verletzungsangemessenen Schmerzensgeld, wenn der Kfz-Haftpflichtversicherer die Ersatzleistung durch eine Verschleppung der Schadensabwicklung oder eine darauf ausgerichtete Prozeßführung in schuldhafter Weise hinauszögert. Die Rechtsprechung hat dies anfänglich mit der dadurch bedingten *seelischen Belastung* des Opfers als eines dem Schädiger zurechenbaren Schadens zu rechtfertigen versucht.[726] Es gehe nicht darum, die Bekl. wegen eines Vorwurfs der beharrlichen Prozeßverzögerung zu bestrafen, sondern lediglich darum, die dadurch verursachte negative *Wirkung* auf den Gesundheitszustand des Betroffenen auszugleichen.[727] Indessen lassen sich schon Ursache und

---

[722] So i. E. auch *Hupfer*, NJW 1976, 1792, 1793.

[723] BGHZ 69, 323; BGH LM Nr. 32 zu § 847 BGB; BGH JR 1984, 504, 505; *Behr*, NJW 1961, 2242; *Behr*, VersR 1976, 1106, 1112.

[724] Völlig zu Recht bedarf es nach BGH NJW 1995, 783 für seine Geltendmachung auch keiner Willenskundgebung durch den verstorbenen Verletzten.

[725] BGH NJW 1993, 1531 f. (Urt. v. 16. 2. 1993).

[726] BGH VersR 1960, 401, 403; 1961, 703, 704; 1970, 134, 135; OLG Hamburg, VersR 1966, 499, 500; KG VersR 1966, 345, 346; OLG Celle, NJW 1968, 1677, 1678; OLG Koblenz, VersR 1970, 551 f.

[727] BGH VersR 1960, 401, 403.

Wirkung so messerscharf nicht trennen. Ein maßstabgerechter Ausgleich des Seelenschmerzes bedingt hier schon naturgemäß eine rechtsethische Bewertung des (Fehl-)Verhaltens des Versicherers. Folgerichtig wurde denn auch bald die Genugtuungsfunktion bemüht,[728] ohne jedoch zu beachten, daß der Versicherer nicht der Schädiger ist,[729] bis es schließlich zu einem totalen Perspektivenwechsel kam: nicht mehr der Schmerz des Geschädigten, sondern das Maß der Pflichtwidrigkeit des Versicherers, gegen den das Unfallopfer gemäß § 3 PflVG einen gesetzlichen Direktanspruch hat, bestimmte fortan die Höhe des Zuschlags. Damit soll der Versicherer zu einer zügigen Schadensregulierung angehalten und im Verstoßensfalle hierfür bestraft werden. Richtungsweisend hierfür ist ein Urteil des OLG Karlsruhe/Freiburg v. 2.11.1972 (NJW 1973, 851 ff.), in dem diese Zweckfunktion des Zuschlags erstmals wertungsoffen ausgesprochen wird. Der Haftpflichtversicherer hatte dem schuldlos und lebensgefährlich verletzten Unfallopfer trotz wiederholter Bitten während der Dauer von mehr als einem Jahr jegliche Zahlung von Schmerzensgeld und Schadensersatz verweigert, weil er einen Strafprozeß abwarten wollte und weil zudem ein zweiter Schädiger (bzw. dessen Versicherung) als (alleiniger) Ersatzpflichtiger in Betracht kam. Das OLG als BerGe. hielt neben einer Schmerzensgeldrente von DM 200 einen Betrag i.H.v. DM 30000 für verletzungsangemessen. Diesem Betrag schlug es sodann wegen der Verzögerungstaktik des Versicherers unter dem Gesichtspunkt der Genugtuung nochmals DM 10000 zu. Der Senat führte aus (S. 852 r. Sp./853 l. Sp.):

> „Die Versicherer sind verpflichtet, von sich aus die Schadensregulierung zu fördern. Dies gilt vornehmlich für die Zwangsversicherung des Erstbekl. Der Gesetzgeber hat zwar das Haftpflichtversicherungswesen privatwirtschaftlich geregelt; aber die privaten Versicherungsgesellschaften haben insoweit zugleich eine *öffentliche* Aufgabe zu erfüllen, als die Teilnehmer am Kraftverkehr gesetzlich *gezwungen* sind, Haftpflichtversicherungsverträge abzuschließen ... Und diese öffentliche Aufgabe besteht darin, die durch den Kraftverkehr Geschädigten im Rahmen der Gesetze nicht nur vollständig, sondern vor allem auch *rechtzeitig* und *unverzüglich* zu entschädigen ... Diese „Förderungspflicht" leitet der Sen. – gewissermaßen als Gegenstück zur Pflicht des Geschädigten, einen eingetretenen Schaden gering zu halten (§ 254 BGB) – schon aus den Grundsätzen von Treu und Glauben her, die auch das gesetzliche Schuldverhältnis zwischen Geschädigten und Schädiger beherrschen. Sie folgt aber ferner aus der Not-

---

[728] BGH VersR 1964, 1103, 1104; VersR 1967, 256, 257; KG VersR 1970, 379, 380 unter der restriktiven Voraussetzung, daß der Versicherer seine Einstandspflicht kannte oder kennen mußte, also nicht wenn die Rechtslage zweifelhaft war, weil dann die Zahlungsverweigerung nicht als Kränkung des Geschädigten angesehen werden könne; vgl. auch OLG Hamm, VersR 1980, 683.

[729] Darauf weist *Honsell*, VersR 1974, 205, 207 hin.

wendigkeit einer verfassungskonformen Rechtsanwendung, die den Erfordernissen des *sozialen* Rechtsstaates Rechnung trägt, insbesondere der Aufgabe der Rspr., einen – sei es auch nur objektiven – Mißbrauch wirtschaftlicher Macht einzudämmen ... Hat somit schon der gesundheitlich ungeschwächte Privatmann bei derartigen Auseinandersetzungen grundsätzlich einen schweren Stand, so gilt dies in vervielfachtem Maße dann, wenn ... der ersatzbegehrende Privatmann körperlich und seelisch noch schwer unter den Unfallfolgen leidet: hier ist er überaus schwach, und hier ist er der hohen Gefahr ausgesetzt, sich durch zermürbende Zahlungsverzögerung zum Nachgeben veranlaßt, insbesondere zu selbstschädigenden Abfindungsvergleichen gedrängt zu sehen. Hier ist folglich der ersatzberechtigte Privatmann gegenüber derartigen, in ihrer *Wirkung* potentiell zermürbenden Zahlungsverweigerungen schon grundsätzlich darauf angewiesen, daß die Rechtsordnung seine Schwäche erkennt und schützt, und insbesondere darauf, daß eine aufmerksame Rspr. darüber wacht, daß diese Schwäche nicht durch die Wirtschaftsmacht der Versicherungen ausgenützt wird. Hier kommt der Rspr. die Aufgabe zu, aufgetretene Nachteile wieder gut zu machen und künftigen *Mißbräuchen vorzubeugen;*[730] und in diesem Rahmen hat die Genugtuungsfunktion des Schmerzensgeldes einen wesentlichen Platz ... Eine entsprechende Schmerzensgeldpraxis der Gerichte muß die Versicherungen *abschrecken,*[731] indem sie in entsprechenden Fällen ... dem Geschädigten ein Schmerzensgeld zuspricht, welches für die Zukunft die Versicherungen mit dem Risiko ähnlicher, empfindlicher Vermögenseinbußen bedroht und hierdurch von nicht vertretbaren Zahlungsverweigerungen *abschreckt.*[732] Schließlich darf auch aus dem Zinsgefälle zwischen den derzeit hohen Zinsen im Bereiche der privaten Wirtschaft und den niedrigeren Sätzen der gesetzlichen Verzugs- und Prozeßzinsen für zahlungsunwillige Versicherungen kein Anreiz zur verzögerlichen Regulierung geschaffen werden. Auch hier ist es Aufgabe der Rspr., solchen Anreizen entgegenzutreten".

Mit diesen Ausführungen schießt der Senat weit über das (herkömmlich verstandene) Ordnungsziel[733] des Zivilrechts hinaus. Das Schadensrecht wird hier vom Senat über die Köpfe der Parteien hinweg bewußt zur Verfolgung ordnungspolitischer Zielsetzungen instrumentalisiert.[734] Die Rechtsprechung soll ein Gegengewicht zur Machtkonzentration bei den Versicherern bilden, um zu verhindern, daß der Schwache[735] unter die Räder kommt. Zwei Dinge verdienen in diesem Zusammenhang besonderer Erwähnung: die Gerichte übernehmen damit eine Steue-

---

730 Herv. v. mir.

731 Herv. v. mir.

732 Herv. v. mir.

733 Vgl. dazu oben § 3 I 1 b.

734 Ähnlich *Magnus*, Landesreferate, 39, 41: „Auf diese Weise soll eine Branche zur Ordnung gerufen werden, in der Mißstände aufgetreten sind".

735 Vgl. nur *Weitnauer*, Der Schutz des Schwächeren im Zivilrecht. Karlsruher Studiengesellschaft. Heft 123 (Karlsruhe 1975).

rungsaufgabe, die primär in den Zuständigkeits- und Verantwortungsbereich des Gesetzgebers fällt; und betrachtet man die Regelungsmaterie, so ist man sich schnell bewußt, daß hier das Zivilrecht als „Gestalter einer politischen Ordnung“[736] fungiert und somit zum Träger öffentlicher Funktionen hochstilisiert wird. Vor diesem Hintergrund erscheint die von Seiten der Literatur gegen diese Rechtsprechung vorgebrachte Kritik wie ein Tropfen auf den heißen Stein: mit ihr werde ein elementarer Grundsatz des Prozeßrechts, nämlich der der Waffengleichheit, beseitigt.[737] Als Instrument zur Verwirklichung dieser Zielsetzung benutzt der Senat freilich den Schmerzensgeldanspruch; dieser läßt sich besonders leicht „begründen“, weil in diesen Fällen eine seelische Belastung des Opfers im weitesten Sinne nicht vom Tisch zu weisen ist.[738] Daß es dieser Rechtsprechung aber nicht so sehr darum geht, beim Betroffenen einen Schaden wiedergutzumachen (allenfalls Reflex!), sondern vielmehr um die Sanktionierung opportunistischen Verhaltens, machen bereits die Ausführungen des Senats deutlich, ergibt sich im übrigen aber auch durch die „blinde“ und mechanische Heranziehung des Schmerzensgeldanspruchs bei gänzlichem Subsumtionsverzicht, sobald und wann immer ein solches Versicherungsverhalten im Raume steht. Anspruchsbegründend wirkt schon allein die Zahlungsverzögerung[739] als solche bei Kenntnis oder Kennenmüssen der Zahlungspflicht,[740] wobei das „Strafgeld“[741] umso höher auszufallen scheint, je pietätloser der Versicherer gefeilscht hat und je schwerer das Schicksal des Betroffenen wiegt.[742] Strafe und Abschreckung sind somit die prägenden Wesensmerk-

---

[736] *Großfeld*, Karlsruher Studiengesellschaft, 14.

[737] *Schwerdtner*, 287; *Honsell*, VersR 1974, 205, 207.

[738] Vgl. aber RGZ 75, 19ff., 21, wonach Aufregungen des Prozesses nur zu berücksichtigen sind, wenn sie den durch die Verletzung hervorgerufenen Krankheitszustand verschlimmern.

[739] Unverkennbar bergen die Ausführungen des Sen. zum Verzögerungsschaden Ansätze der ökonomischen Analyse des Rechts in sich, vgl. dazu *Köndgen*, RabelsZ 56 (1992), 696ff., 727f., 737, der aber gerade unter diesem Blickwinkel dieser Rspr. jegliche Präventivwirkung abspricht.

[740] Zu dieser Voraussetzung vgl. OLG Karlsruhe/Freiburg, NJW 1973, 853 und die in Fn. 726 genannten Urteile.

[741] *Magnus*, 210.

[742] OLG München, VersR 1981, 560: Ablehnung jeglicher Schadensregulierung gegenüber einem erheblich verletzten und eindeutig unschuldigen jugendlichen Unfallopfer – 15000 DM; OLG Koblenz, VersR 1989, 629ff: Verweigerung der Schadensregulierung über sechs Jahre hinaus gegenüber einer durch einen ärztlichen Behandlungsfehler Geschädigten – 70000 DM; OLG Nürnberg, ZfS 1995, 452: Kleinliches Regulierungsverhalten der Haftpflichtversicherung – 130000 DM; LG München, VersR 1983, 593: Einlegung offensichtlich aussichtsloser Rechtsmittel und völlig unzulängliche Schmerzensgeldvorschüsse erst drei Jahre nach dem Unfall infolge dessen die Kl. schwerstbehindert ist – 75000 DM unter Berücksichtigung hälftigen Mitverschuldens; LG Duisburg, DAR 1983, 24: Verzögerliche Schadensregulierung sowie Zahlung unzureichender Vorschüsse an das Verkehrsunfallopfer – 40000 DM; OLG Frankfurt,

male dieser Rechtsprechung, weshalb das OLG München in einem anderen[743] Zusammenhang einmal zu Recht betonte, daß man mit ihr „dem Institut der punitive damages bereits nahekommt".[744]

c) Weitere Fälle

Werkzeugfunktion hat der Schmerzensgeldanspruch noch in drei weiteren hier bereits diskutierten Fällen: dies gilt einmal in besonderem Maße für die nach dem Machtwort des EuGH[745] „gefundene" und bis zur Neufassung des § 611 a II BGB praktizierte und nun in § 611 a II BGB n. F. gesetzlich legitimierte arbeitsgerichtliche Rechtsprechung zur Durchsetzung europarechtlicher Vorgaben.[746] Ganz ähnlich verhält es sich bei der Bestimmung des § 35 I 2 GWB a. F.,[747] wo der Immaterialschadensersatz der Durchsetzung von Kartellrecht diente und darüberhinaus dazu herhalten mußte, Unzulänglichkeiten beim Nachweis eines Vermögensschadens zu kompensieren; letzteres wiederum beweckt auch die Regelung in § 97 II UrhG,[748] weshalb beide Bestimmungen als Ausdruck eines zweckbetonten Schadensersatzes insoweit funktional den früheren Bußanspruch[749] des Verletzten fortführen. An die bloße Rechtsverletzung knüpft die Rechtsprechung das Schmerzensgeld schließlich auch in Fällen des ohne (wirksame) Einwilligung vorgenom-

---

NJW 1999, 2447: Verdoppelung des an sich angemessenen Schmerzensgeldes, weil sich Haftpflichtversicherer in „nicht mehr verständlicher und in hohem Maße tadelnswerter Weise dem berechtigten Entschädigungsverlangen entgegengestellt" hat; weitere Entscheidungen bei *Hacks/Ring/Böhm*, SchmerzensgeldBeträge, Nrn. 719; 923 (zögerliches Verhalten des Bekl. bei den außergerichtlichen Regulierungsverhandlungen); 1070; 1239; 1241; 1271 (Prozeßverhalten); 1282; 1512; 1595 (uneinsichtiges und mutwilliges Verhalten des Bekl.); 1677; 1680; 1685; 1714; 1720; 1726; 1760; 1784; 1800; 1844; 1865; 1921; 1933; 1961; 1962; 1988 (vorbildliches Verhalten der Haftpflichtversicherung); 2007; 2009; 2017; 2030; 2033; 2099; 2108; 2127.

[743] Das Gericht hatte über die Zulässigkeit der Zustellung einer auf „punitive damages" gerichteten Klage nach dem Haager Übereinkommen über die Zustellung gerichtlicher und außergerichtlicher Schriftstücke im Ausland in Zivil- oder Handelssachen v. 15. 11. 1965 (HZÜ) zu entscheiden. Es räumte die vom Antragsgegner vorgebrachten, auf dem Bestrafungscharakter der punitive damages beruhenden Bedenken gegen eine Zustellung unter Hinweis auf diese Schadensersatzpraxis aus. Der Beschluß ist auch insofern sehr aufschlußreich, als das die punitive damages auslösende Verhalten einen nahezu identischen Sachverhaltstypus betraf. Sie wurden dem Antragsteller wegen „böswilliger und vorsätzlicher Verzögerung der Rückerstattung" von Schadensersatzansprüchen aus einer Rückversicherung zugesprochen.

[744] OLG München, NJW 1989, 3102, 3103 (Beschl. v. 9. 5. 1989 – rechtskräftig).

[745] EuGHE 1984, 1891 ff. und 1984, 1921 ff.

[746] Vgl. dazu oben § 7 VII.

[747] Vgl. dazu oben § 7 XII d.

[748] Vgl. dazu *Schwerdtner*, 283.

[749] Vgl. dazu oben § 3 I 1 d aa.

menen Heileingriffs, wo die Sanktion des Schmerzensgeldes lediglich dazu bestimmt ist, das Selbstbestimmungsrecht des Patienten zu gewährleisten und durchzusetzen.[750]

XIX. Abschreckung, Sanktion, Prävention und Rechtsverfolgung als selbständige Hauptzwecke des Schadensersatzes bei schweren Eingriffen in das Persönlichkeitsrecht

a) Auf dem Gebiet des Persönlichkeitsschutzes hat sich in der zivilrechtlichen Judikatur eine Entwicklung vollzogen, an deren Ende heute der *Strafschadensersatz* das Spielfeld beherrscht. Wegbereiter[751] hierzu waren die Entscheidungen des BGH v. 25.5.1954[752] zur erstmaligen Anerkennung des „allgemeinen Persönlichkeitsrechts" sowie des GS v. 6.7.1955[753] über die Genugtuungsfunktion des Schmerzensgeldes. Dabei zeigt sich, daß die Bedeutung gerade letzterer Entscheidung nicht so sehr auf dem Terrain des Schmerzensgeldes, sondern dem des allgemeinen Persönlichkeitsrechts liegt.[754] Haben wir bereits darauf hingewiesen,[755] daß der Genugtuungsgedanke, wie er von der Rechtsprechung gehandhabt wird, nicht lediglich *Bemessungs*faktor bei der Schmerzensgeld*höhe* ist, sondern eine eigenständige Kategorie umreißt, stand er im „Herrenreiter"-Urteil des I. ZS v. 14.2.1958 (BGHZ 26, 349ff.)[756] Pate für die (konstitutive) *Begründung* des Schmerzensgeldanspruchs bei Persönlichkeitsrechtsverletzungen. Dadurch wurde die Persönlichkeit aus dem Schadensbereich in den Verletzungsbereich vorverlegt,[757] was dem Schadensersatz rechtsverfolgende Züge verleiht.

Der Kernsachverhalt, der diesem Urteil zugrundelag, war im wesentlichen dergleiche wie im „Dahlke"-Fall.[758] Anders als dort hätte der „Herrenreiter" jedoch aufgrund seiner beruflichen und gesellschaftlichen Stellung eine Einwilligung in die öffentliche Zurschaustellung seines Fotos niemals erteilt. Es ging somit nicht nur um die im konkreten Fall fehlende Einwilligung, sondern darum, daß es dem Betroffenen schon an der grundsätzlichen Bereitschaft mangelte, sich für Werbe-

---

750 Vgl. dazu oben § 7 XIII 1 c.
751 Vgl. dazu oben § 3 I 1 d cc (2).
752 BGHZ 13, 334ff.
753 BGHZ 18, 149ff.; vgl. dazu oben § 8 XVIII 1 a.
754 *Bötticher*, AcP 158 (1959/60), 385ff.
755 Oben § 8 XVIII 1 b.
756 = NJW 1958, 827 m. Anm. *Larenz*.
757 *Deutsch*, JuS 1969, 197, 202.
758 Vgl. dazu oben § 7 II.

zwecke überhaupt abbilden zu lassen. Das BerGer. sprach dem Kl. unter dem Gesichtspunkt der entgangenen Lizenzgebühr einen Ersatzanspruch in Höhe von DM 10000 zu. Hiergegen wandte sich der Senat mit den Worten (S. 353):

> „Diese Art der Schadensberechnung kommt nur in Betracht, wenn davon ausgegangen werden kann, daß ein Vermögensschaden *irgendwelcher Art*[759] zugefügt worden ist und nur der oftmals schwierige Nachweis der Höhe dieses Schadens erleichtert werden soll. Sie versagt, wenn eine Beeinträchtigung vermögensrechtlicher Belange überhaupt nicht in Frage steht. Sie versagt im vorliegenden Falle auch um deswillen, weil sie dem Kl. ein Verhalten unterstellen müßte, das er – und nicht nur er, sondern auch alle andern in der gleichen beruflichen und gesellschaftlichen Stellung befindlichen Personen – als kränkend und als erneute Persönlichkeitsminderung empfinden müßten. Sie müßte unterstellen, daß der Kl. sich für viel Geld doch freiwillig in die unwürdige Lage gebracht hätte, gegen die er sich nun wehrt".

Die vom Senat gegen eine Schadensliquidation nach der Linzenzgebühr ins Feld geführte Begründung dürfte schwerlich überzeugen. Der Senat meint zunächst, eine abstrakte Schadensberechnung komme nur in Betracht, wo es darum gehe, lediglich die Schadenshöhe festzustellen, nicht aber dürfe sie den Nachweis ersetzen, daß ein Vermögensschaden überhaupt eingetreten sei. Gemessen an den herkömmlichen Grundsätzen des Schadensersatzrechts ist das sicherlich richtig. Die abstrakte Bewertung des Interesses soll nur die restlose Aufklärung jedweder Bewertungsfaktoren ersparen, nicht aber darf sie dazu führen, daß dem Geschädigten Schadensersatz ohne Schaden gewährt wird. Doch setzt sich der BGH mit dieser seiner Begründung in Widerspruch zu der von ihm geübten Praxis bei Eingriffen in Immatgerialgüterrechte. Dort hat er nämlich dem Verletzten einen Anspruch auf die Lizenzgebühr auch dann gegeben, wenn ein Vermögensschaden gerade nicht eingetreten oder nachgewiesen war.[760] Die „abstrakte Schadensberechnung" hat in diesen Fällen dazu gedient, eine Schadensersatzpflicht auch ohne Vorliegen eines Vermögensschadens erst zu begründen, um die Rechtsverletzung des Schädigers nicht ohne Sanktion zu lassen.

Nicht anders liegt es hinsichtlich des zweiten Einwands gegen die Anwendung der Lizenzanalogie in diesen Fällen. Bei Verletzungen von Immaterialgüterrechten stellt die fehlende Verwertungsbereitschaft des Verletzten für den BGH auch keinen Hinderungsgrund für die Zulassung der Linzenzanalogie dar,[761] und dies selbst bei Eingriffen in solche Rechtspositionen, die, ähnlich wie das Recht am eigenen Bild, einen erheblich persönlichkeitsrechtlichen Gehalt aufweisen. Auch kann ein Ver-

---

[759] Herv. v. mir.

[760] Vgl. dazu oben § 7 I 1 c; ferner *Steindorff*, AcP 158 (1959/60), 431 ff., 454.

[761] Vgl. dazu oben § 7 I 1 c.

mögensschaden nicht schon deshalb verneint werden, weil es beim Betroffenen an der *grundsätzlichen* Bereitschaft für seine Abbildung gefehlt hat. Insoweit rekurriert der Senat auf ein Kriterium, das für den immateriellen Schaden gilt. Unwille ist das Charakteristikum immateriellen Schadens;[762] die Erwünschtheit eines Zustandes kann allenfalls immateriellen Schaden ausschließen, nicht aber materiellen Schaden. Ansonsten kann die innere Willensrichtung des Verletzten in der Gestalt subjektiven Empfindens keinen Einfluß darauf haben, ob ein Schaden überhaupt und welche Art von Schaden entstanden und zu ersetzen ist. Dies entscheidet sich allein nach den maßgeblichen gesetzlichen Bestimmungen, die eine derartige Differenzierung nicht vornehmen. Die Untauglichkeit dieses Kriteriums ergibt sich auch aus seiner Unnachprüfbarkeit. Zufallsergebnisse wären vorprogrammiert. Die strenge Ausrichtung der zu gewährenden Schadensersatzart am subjektiven Empfindungswillen des Betroffenen kann für diesen bei nicht spezifizierter Hervorhebung seines Genugtuungsbedürfnisses sogar den Verlust des Prozesses bedeuten.[763] Das vom Senat bemühte Argument der Vertiefung der Persönlichkeitsverletzung wirkt schließlich konstruiert und verliert im übrigen dann an Gewicht, wenn der Verletzte – wie auch im vorliegenden Fall – Ersatz des materiellen Schadens dennoch begehrt. In diesem Fall gilt der Satz: Volenti non fit iniuria.

Der BGH ließ den Kl. freilich nicht leer ausgehen. Am Ergebnis des Urteils des BerGe. hat der Senat nicht gerüttelt. Er hat lediglich den Anspruch auf eine andere dogmatische Grundlage gestellt.[764] Diesem Wechsel in der Begründungsebene bei gleichbleibender (!) Schadensersatzhöhe entspricht eine Austauschbarkeit verschiedener Mittel zum selben Zwecke. Zur Zielrichtung des Ersatzanspruchs führt der Senat aus (S. 353):

> „Insbesondere die Begründung des Berufungsurteils für die Höhe des dem Kl. entstandenen Schadens zeigt, ..., daß nach Ansicht des BerGer. der Kl. tatsächlich einen irgendwie faßbaren Vermögensschaden nicht erlitten hat. In Wahrheit verlangt er nicht Ersatz eines gar nicht vorhandenen Vermögensschadens, sondern begehrt eine *fühlbare Genugtuung*[765] für einen widerrechtlichen Eingriff in seine durch § 22 KunstUrhG, Art. 1 und 2 Grundgesetz geschützte Persönlichkeitssphäre".

Um dem Verletzten für das erlittene Unrecht die begehrte Genugtuung zu verschaffen, billigte der BGH diesem gegen den Verletzer ein Schmerzensgeld in Analogie zu dem in § 847 BGB genannten Tatbestand der Freiheitsentziehung („Freiheitsbe-

---

[762] Statt vieler Staudinger/*Medicus*, BGB, § 253 Rdnr. 16.

[763] So im Fall BGHZ 30, 7ff. (Catarina Valente – Urt. v. 18.3.1959; IV ZS).

[764] Für eine Lösung auf der Grundlage von BGHZ 20, 345 („Dahlke") *Bötticher*, AcP 158 (1959/60), 385, 402ff.; *ders.*, MDR 1963, 353.

[765] Herv. v. mir.

raubung im Geistigen")[766] zu.[767] Motiv dieser Rechtsprechung ist jedoch weniger der Ausgleich einer individuellen Einbuße als vielmehr die Verwirklichung von Rechtsgüterschutz mit zivilrechtlichen Mitteln in Form nachtatlicher Prävention auf breiter Basis und nicht mehr beschränkt auf die gesetzlich ausgeformten Teilbereiche, wie etwa das Recht am eigenen Bild (§ 22 KUG). Diese Zielsetzung erschien dem Senat notwendig, weil

> „der nach dem Grundgesetz gebotene *wirksame Rechtsschutz,*[768] solange es an einer gesetzlichen Sonderregelung fehlt, tatsächlich nur durch ihre Einbeziehung in die in § 847 BGB angeführten Verletzungstatbestände erzielt werden (kann)" (S. 356).

Der Senat räumt selbst ein, daß er hier eine Aufgabe übernommen hat, die an sich dem Gesetzgeber oblegen hätte.[769] Freilich wollte er sich diese Kompetenz nur vorübergehend anmaßen, war sich dabei aber wohl nicht bewußt, daß er damit der gedrängten Notwendigkeit für ein gesetzgeberisches Eingreifen den Boden entziehen würde. Schon allgemein ist es so, daß der Ruf nach dem Gesetzgeber, wenn auch billig, immer öfter ungehört bleibt.[770] Umso mehr gilt dies dann, wenn das regelungsbedürftige Problem von anderer Stelle besorgt ist.[771] Nach Erlaß dieses Urteils hat es an Stimmen nicht gefehlt, die, unter voller Billigung seines Ergebnisses, eine gesetzliche Regelung lediglich im Hinblick auf die methodologischen Unzulänglichkeiten[772] dieser Rechtsfindung forderten.[773] Daß aber der Gesetzgeber tätig wird, nur um eine in Schieflage geratene Dogmatik wieder ins Lot zu bringen, kann ernstlich nicht erwartet werden. Das Schadensersatzrecht tritt seitdem als Instrument des Persönlichkeitsschutzes neben das Strafrecht. In dem zur damaligen

---

[766] BGHZ 26, 356.

[767] Ausdrücklich offengelassen ist die Ersatzfähigkeit des ideellen Schadens bei Persönlichkeitsrechtsverletzungen noch in BGHZ 26, 52, 68 (Urt. v. 15.11.1957; I. ZS).

[768] Herv. v. mir.

[769] *Larenz*, NJW 1958, 827 ff.; vgl. auch die Forderung des 42. DJT (Bd. II, Tübingen 1957, Sitzungsberichte, D 155, Beschluß 3) und 45. DJT (Bd. II, München/Berlin 1965, Sitzungsberichte, C 127) nach einer gesetzlichen Regelung; demgegenüber sah der 58. DJT, (Bd. II, München 1990, Sitzungsberichte, K 218, Beschluß 2a) keinen Regelungsbedarf mehr; der von der BReg. im Jahre 1959 eingebrachte „Entwurf eines Gesetzes zur Neuordnung des zivilrechtlichen Persönlichkeits- und Ehrenschutzes" (BTDrucks. III/1237) blieb unverabschiedet; ebenso unterblieb eine parlamentarische Beratung des vom BJM im Jahre 1967 veröffentlichten Referentenentwurfs eines „Gesetzes zur Änderung und Ergänzung schadensersatzrechtlicher Vorschriften".

[770] Vgl. dazu allgemein *Diederichsen*, Die Flucht des Gesetzgebers aus der politischen Verantwortung im Zivilrecht, Karlsruher Studiengesellschaft. Heft 114. (Karslruhe 1974) und speziell zur hier diskutierten Fallgruppe, S. 56ff.

[771] So wurden etwa die gesetzgeberischen Regelungsbemühungen nach Findung der GEMA-Rspr. wieder fallengelassen, vgl. dazu oben § 7 IV b Fn. 125.

[772] Hierzu ausf. *Schiemann*, Argumente und Prinzipien, 19ff.

[773] Vgl. etwa *Larenz*, NJW 1958, 829.

Zeit für diese Fälle noch in Kraft gewesenen Bußanspruch des Verletzten (§ 35 KUG)[774] sah der Senat vor allem wegen seiner engen[775] Anwendungsvoraussetzungen kein Hindernis gegen diese Rechtsschöpfung. Dies erscheint schon deshalb sachgerecht, weil mittels des Bußanspruchs nur die unberechtigte Bildveröffentlichung geahndet werden konnte, Persönlichkeitsschmähungen aber auch auf mannigfach andere Weise erfolgen können. Durch die Abschaffung der Bußenregelung in der Folgezeit hat der vom Senat angeführte Gesichtpunkt aber noch zusätzlich an Bedeutung gewonnen.

b) Noch offener ausgesprochen ist der Sanktionscharakter des Schadensersatzes bei Persönlichkeitsrechtsverletzungen in der „Ginsengwurzel"-Entscheidung des VI. ZS des BGH v. 19.9.1961 (BGHZ 35, 363ff.), in der auch erstmals für diese Fälle eine strafrechtliche Ausdifferenzierung des Verschuldensmaßstabes des § 276 I BGB erfolgte. Der Sachverhalt ähnelte dem in der „Herrenreiter"-Entscheidung. Die Bekl. benutzte unbefugterweise den Namen und Titel des Kl. zur Werbung für ein auch sexuelles Stärkungsmittel. Dieser begehrte Schadensersatz wegen Verletzung seines Persönlichkeitsrechts. Der BGH bestätigte das BerGe., das dem Kl. ein Schmerzensgeld in Höhe von DM 8000 zugesprochen hatte.

Der Senat teilte das Ergebnis des I. ZS im „Herrenreiter"-Urteil, bemühte sich aber, wohl wegen der von Seiten der Literatur geäußerten Kritik[776] an jener Methodik der Rechtsfindung, verstärkt um eine rechtsdogmatische Begründung. Danach soll nun bei Persönlichkeitsrechtsverletzungen die Sperrvorschrift des § 253 BGB durch Art. 1 I, 2 I GG außer Kraft gesetzt sein. Die Bedeutung des Urteils liegt indessen auch diesmal in seiner pragmatischen Dimension, zu der die dogmatischen und ergebnisgelenkten Rechtfertigungsbemühungen des Senats wie ein bloßes Anhängsel erscheinen. Zum Sanktionsdefizit im Persönlichkeitsschutz führte der Senat aus (S. 367):

> „Die unter dem Einfluß der Wertentscheidung des Grundgesetzes erfolgte Ausbildung des zivilrechtlichen Persönlichkeitsschutzes wäre ... lückenhaft und unzureichend, wenn eine Verletzung des Persönlichkeitsrechts keine der ideellen Beeinträchtigung adäquate Sanktion auslösen würde".

Erstaunlich ist die Selbstverständlichkeit, mit der der Senat die Notwendigkeit gerade einer zivilrechtlichen Sanktion bei Persönlichkeitsverletzungen begründet. Die Annahme dieser Notwendigkeit setzt voraus, daß anderweitige Mittel hierfür ungeeignet sind. Der Senat betont deshalb wenig später die gesteigerte Verantwortung des Zivilrechts auf diesem Sektor von Rechtsverletzungen. Er führt aus (368):

---

[774] Vgl. dazu oben § 3 I 1 d aa (1).

[775] BGHZ 26, 357 und oben § 3 I 1 d aa (3).

[776] Vgl. nur *Larenz*, Methodenlehre, (Berlin/Göttingen/Heidelberg 1960), 318f.

> „Die Ausschaltung des immateriellen Schadensersatzes im Persönlichkeitsschutz würde bedeuten, daß Verletzungen der Würde und Ehre des Menschen ohne eine Sanktion der Zivilrechtsordnung blieben, in der zum Ausdruck kommt, daß wesentliche Werte gestört sind und daß der Verletzer dem Betroffenen für das ihm angetane Unrecht eine *Genugtuung* schuldet. Die Rechtsordnung würde auf das *wirksamste und oft einzige Mittel*[777] verzichten, das geeignet ist, die Respektierung des Personenwertes des einzelnen zu sichern".

Diese Ausführungen unterstreichen hier die Funktion des Schadensersatzes als dynamisches Sanktions- und Abschreckungsinstrument. Demgegenüber spielt der Ausgleich beim Verletzten nur eine weit untergeordnete Rolle. Der Senat räumt diese Umkehr der Zweckstaffelung von Ausgleich und Sanktion denn auch selbst ein (S. 369):

> „Bei Verletzungen des allgemeinen Persönlichkeitsrechts rückt die Genugtuungsfunktion des Schmerzensgeldes gegenüber der Entschädigungsfunktion durchaus in den Vordergrund (Larenz, NJW 1959, 828)".

Im Anschluß hieran folgerte der Senat (S. 369):

> „Daher wird stets zu prüfen sein, ob es nach der Art der Verletzung des Persönlichkeitsrechts erforderlich ist, dem Betroffenen, dessen Einbuße auf andere Art nicht auszugleichen ist, eine Genugtuung für die erlittene Unbill zuzusprechen. Das wird im allgemeinen nur dann der Fall sein, wenn den Schädiger der *Vorwurf einer schweren Schuld*[778] trifft oder wenn es sich um eine objektiv erheblich ins Gewicht fallende Beeinträchtigung des Persönlichkeitsrechts handelt. Nur bei solch ernsten Störungen darf die Zivilrechtsordnung, die es mit dem Schutz der Persönlichkeit und ihres Eigenwertes ernst nimmt, nicht darauf verzichten, auf die Verletzung mit der Zubilligung einer Genugtuung an den Betroffenen zu reagieren. Unbedeutende Beeinträchtigungen erfordern eine Genugtuung nicht. Von einer der Eigenart der Persönlichkeitsverletzung angemessenen Beschränkung des immateriellen Schadensersatzes auf schwere Fälle geht auch das Schweizer Recht aus, das dem Rechtsschutz der Persönlichkeit größere Aufmerksamkeit gewidmet hat als das Bürgerliche Gesetzbuch (vgl. Art. 49 Abs. 1 des Schweizerischen Obligationsrechts)".

Die alleinige und unmittelbare Anknüpfung an die Genugtuungsfunktion zur Bestimmung der Verletzersanktion unter Außerachtlassung des § 847 BGB[779] in Tatbestand und Rechtsfolge ist ein weiterer Beweis für die bereits dargelegte[780]

---

[777] Herv. jew. v. mir.
[778] Herv. v. mir.
[779] Eine Anlehnung an § 847 BGB taucht aber erstmals wieder in BGH JZ 1972, 320 auf.
[780] Vgl. oben § 8 XVIII 1 b.

Eigenständigkeit dieses Gedankens.[781] Er entscheidet sowohl über die Notwendigkeit einer Sanktion überhaupt sowie über deren Umfang. Die Beschränkung des Genugtuungsgeldes auf Fälle der „schweren“[782] Persönlichkeitsrechtsverletzung verleiht dem Schadensersatz in besonderem Maße pönale Züge. Mit dem objektiv schweren Eingriff in die Persönlichkeitssphäre des Opfers korrespondiert regelmäßig ein schweres subjektives Verschulden des Täters.[783] Dieses Erfordernis eines „bösen Willens“ beim Verletzer hatte schon der für bestimmte Fälle gesetzlich vorgesehene und inzwischen aufgehobene Bußanspruch des Verletzten[784] zur Voraussetzung. Dort wurde die Schwere der Schuld durch die kriminalstrafrechtliche Verurteilung dokumentiert. Parallelen zur früheren Buße ergeben sich aber noch in anderer Hinsicht. Der Senat maß im vorliegenden Fall der Tatsache, daß die Bekl. das Persönlichkeitsrecht zu kommerziellen Zwecken mißbrauchte, besondere Bedeutung zu. Hierzu stellte er fest (S. 369):

> „Solchem unlauteren Gewinnstreben kann wirksam nur entgegengetreten werden, wenn es mit dem Risiko eines fühlbaren materiellen Verlustes belastet wird, und andererseits darf der, der mittels unlauteren Eingriffs in eine fremde Persönlichkeitssphäre Geld zu verdienen sucht, sich nicht beschwert fühlen, wenn er zu einem *Ausgleich in Geld*[785] herangezogen wird“.

Die „Fühlbarmachung“ des Verlustes lenkt bei der Schadensbemessung unweigerlich den Blick auf den Täter, der von rechtswidrigen Eingriffen abgeschreckt werden soll. Im übrigen klingen die Worte „Ausgleich in Geld“ in diesem Zusammenhang sibyllinisch, da sie offenlassen, *wozu* der Ausgleich erfolgen soll. Der Senat selbst benutzt das Gewinnstreben der Bekl. zwar nur als einen die Schwere der Schuld begründenen qualitativen Faktor. Nicht selten haben Persönlichkeitsrechtsverletzungen beim Betroffenen aber auch materielle Einbußen zur Folge. Ein Autor hat diesen wirtschaftlichen Bezug von Persönlichkeitsverletzungen gar zum alleingültigen Kriterium erhoben und den Ersatz des Nichtvermögensschadens bei Persönlichkeitsrechtsverletzungen lediglich als „eine Fortsetzung des Ersatzes des Vermögensschadens mit anderen Mitteln“[786] charakterisiert. In diesem Zusammen-

---

781 *Deutsch*, Haftungsrecht, 474.

782 Anders noch BGHZ 26, 349, 357: „jede schuldhafte Verletzung“.

783 Die Frage, ob beide Voraussetzungen in Anlehnung an Art. 49 OR kumulativ (so wohl BVerfGE 34, 269, 286) oder nur alternativ (so BVerfGE 54, 129, 139; BGHZ 35, 363, 369) vorliegen müssen, bleibt deshalb theoretisch; vgl. aber BGH NJW 1996, 985 ff., wonach sich eine Vielzahl nicht schwerwiegender Eingriffe insgesamt zu einem schweren Eingriff kumulieren können.

784 Vgl. dazu oben § 3 I 1 d aa (3).

785 Herv. v. mir.

786 *Schwerdtner*, 283 f., 289, 290, 293.

hang verweist er[787] auf die Motive, wonach die Bedeutung der dort behandelten Bußvorschrift (§ 231 I StGB a. F.) auch (!) darin liegt, daß die Verletzung „einen vermögensrechtlichen Nachteil zur Folge hat, ohne daß dieser als solcher mit der zu seiner Bemessung erforderlichen Deutlichkeit hervortritt“[788] sowie auf die alte Bußvorschrift des § 188 StGB,[789] deren Verhängung gerade an nachteilige Folgen für die Vermögensverhältnisse des Verletzten geknüpft war. Ein solch einseitiges Verständnis wird indessen der gesamten Tragweite von Persönlichkeitsrechtsverletzungen nicht gerecht. Es ist zwar unabweislich, daß Eingriffe in die Persönlichkeitssphäre negative Auswirkungen auch auf das Vermögen des Verletzten haben *können* und auch oft haben, doch ist dies nicht zwangsläufig der Fall. Fallgestaltungen, bei denen der Akzent auf immateriellem Gebiet liegt, sind zumindest ebenso häufig, wenn nicht die Regel. Als krassestes Beispiel mag der Fall gelten, daß der Täter dem Opfer im stillen Kämmerlein ins Gesicht spuckt. Daß diese Tathandlung zu einer Vermögensminderung beim Opfer führt, wird wohl ernstlich niemand behaupten wollen. Hier aber die Ahndung der Persönlichkeitsverletzung allein dem Strafrecht zu überlassen,[790] hieße die gesamte Entwicklung des zivilrechtlichen Ehrschutzes, die ihren Ausgangspunkt gerade in vermögensirrelevanten Persönlichkeitsrechtsverletzungen genommen hat, in sein Gegenteil verkehren. Soweit die Rechtsverletzung auch Nachteile für das Vermögen des Betroffenen mit sich bringt, können diese dem Entschädigungsbetrag zugeschlagen werden. Eine minutiöse Aufspaltung zwischen beiden Schadensarten ist, wie gerade die gekünstelte Begründung des BGH für die unterschiedliche Behandlung des „Dahlke“- und „Herrenreiter“-Falls zeigt, naturgemäß nicht möglich, eine Erkenntnis, die zur Einführung der Bußenregelung geführt hat. Persönlichkeitsschutz und Güterschutz ziehen in diesen Fällen am gleichen Strang. Von einem Segeln unter falscher Flagge kann deshalb keine Rede sein. Andernfalls würde dem Immaterialschadensersatz ein Zweck imputiert, der in dieser Absolutheit und Ausschließlichkeit ihm nicht zukommt. Schon das Rechtsinstitut der Buße war von seiner Funktion[791] her nicht auf den Ausgleich nur materiellen Schadens beschränkt. Sie bildete vielmehr einen pauschalen Ersatz für beide Schadensposten in einer Summe, und die von der Rechtsprechung nunmehr praktizierte klammheimliche[792] Ausrichtung der Schadensbemessung am Verletzergewinn läßt erahnen, daß dieser Binärzweck jenes Institut überlebt hat und nun auf diese Weise befriedigt wird.

---

[787] *Schwerdtner*, 277 (mit falschem Zitat in Fn. 79 c), 309.
[788] *Mugdan*, Motive zum Entwurfe des BGB, Bd. II, S. 800/801.
[789] Vgl. dazu oben § 3 I 1 d aa (1).
[790] So *Schwerdtner*, 289.
[791] Zu den Funktionen der Buße vgl. oben § 3 I 1 d aa (5).
[792] Vgl. etwa BGHZ 26, 358; 35, 365.

c) Im „Fernsehansagerin"-Urteil v. 5.3.1963 (BGHZ 39, 124ff.) hat der Senat seine in der „Ginsengwurzel"-Entscheidung vertretene Auffassung bestätigt, sah sich jedoch zu Nachbesserungen bei der Begründung veranlaßt. Unter völliger Loslösung vom gesetzlichen Leitmodell greift er nunmehr auf ein pragmatisches Argument zurück (S. 131f.):

> „Neben einer gewandelten Rechtsauffassung fällt für die Rechtsentwicklung weiter ins Gewicht, daß sich seit 1900 tiefgreifende technische und soziale Entwicklungen vollzogen haben. Sie schufen nicht nur ganz neue, für den Gesetzgeber schlechthin unvorhersehbare Möglichkeiten einer Verletzung von Persönlichkeitsgütern, sondern auch – zumal mit dem Einfluß und der Verbreitung der sogenannten Massenmedien – besonders günstige Voraussetzungen für eine nachhaltige Auswirkung von Persönlichkeitsverletzungen. Dem damit gegebenen Bedürfnis eines verstärkten und der Eigenart der Verletzung adäquaten Rechtsschutzes der Persönlichkeit wurde die Regelung des Bürgerlichen Gesetzbuches offenbar nicht mehr gerecht, dessen Verfasser sich von den Auffassungen hatten leiten lassen, die um die Jahrhundertwende „zumal in den besseren Volkskreisen" über Wiedergutmachung ideeller Schäden herrschten (Mugdan a.a.O. Band II S. 517)".

Sodann begründet er nochmals die Notwendigkeit der Kompensation dieses Schutzdefizits im gesetzlichen Regelungswerk (S. 131f.):

> „Wird der Schutz der Würde des Menschen als vordringliche Aufgabe der Staatsgewalt und die Bindung des Richters an die Wertentscheidungen des Grundrechtskatalogs (insbesondere an Art. 2 GG) ernst genommen und nicht nur als Proklamation verstanden, so kann der Richter nicht mehr an die Entscheidung des Gesetzgebers von 1900 gebunden sein, die den immateriellen Schadensersatz derart einschränkt, daß er auch bei schwerwiegenden Persönlichkeitsverletzungen entfällt. Denn dieser Ausschluß würde unter den heutigen Verhältnissen bedeuten, daß der Rechtsschutz der Persönlichkeit von vornherein verkümmert würde und die Rspr. resignierend auf den Versuch einer angemessenen Restitution verzichten müßte".

Der BGH nimmt hier allein das bloße praktische Bedürfnis für eine geeignete Sanktion gegen Persönlichkeitsverletzungen zum Anlaß, den einfachgesetzlichen Rahmen zu verlassen. An die Stelle des einfachen Gesetzes treten eigene, wenn auch verfassungsrechtlich vorgeprägte Wertungen. Daß der Senat mit dieser Gestalterrolle eine an sich dem Gesetzgeber vorbehaltene Aufgabe übernommen hat, mag man kritisieren.[793] Umso mehr jedoch sollte man dann aber den Mut des BGH zu dieser rechtspolitisch-gestalterischen Tätigkeit anerkennen.

d) Mit Beschl. v. 14.2.1973 hat das BVerfG (E 34, 269–293) die Rechtsprechung zur Ersatzfähigkeit des ideellen Schadens bei schweren Persönlichkeitsverletzun-

---

[793] Vgl. nur die eingehende Kritik von *Giesen*, NJW 1971, 801f.

gen verfassungsrechtlich bestätigt. Danach ist der Anspruch auf Geldentschädigung nicht im eigentlichen Sinne ein Schmerzensgeldanspruch, sondern folgt aus dem Schutzauftrag von Art. 1 und 2 GG. Letztendlich hält das BVerfG die Zubilligung einer Entschädigung bei Verletzung des allgemeinen Persönlichkeitsrechts als mit der Verfassung in Einklang, weil

> „es gerade der Durchsetzung und dem wirksamen Schutz eines Rechtsgutes dient, das diese Verfassung selbst als Mittelpunkt ihres Wertsystems ansieht“ (S. 291).

Das Judiz ist über den konkret entschiedenen Einzelfall hinaus zum allgemeinen Prüfmaßstab für die Befugnis zur Rechtsfortbildung durch die Revisionsgerichte geworden. Die ergebnisgelenkten Argumentationsstrukturen des Senats sind geprägt von einem weitgehend „pragmatischen Methodenverständnis.“[794] Besonders deutlich wird dies bei der verfassungsrechtlichen Beurteilung der legislativen Kompetenzanmaßung. Die Ausführungen des Senats hierzu enden mit folgender Feststellung (S. 292):

> „Dem unter Entscheidungszwang stehenden Richter kann deshalb kein Vorwurf gemacht werden, wenn er zu der Überzeugung gelangt, er dürfe nicht im Vertrauen auf eine noch ganz ungewisse künftige Intervention des Gesetzgebers formale Gesetzestreue auch um den Preis einer erheblichen Einbuße an Gerechtigkeit im Einzelfall üben“.

Die Kritik an dieser Rechtsprechung ist auch nach ihrer verfassungsrechtlichen Billigung durch das BVerfG nicht verstummt.[795] Diese richtet sich aber nach wie vor weniger gegen das Ergebnis als solches – die Notwendigkeit eines umfassenden zivilrechtlichen Ehrschutzes wird selbst von den schärfsten Kritikern dieser Rechtsprechung weitgehend anerkannt – als vielmehr gegen den methodisch-dogmatischen Weg dorthin. Ungeachtet dessen wird sich diese über Jahrzehnte hinweg eingefahrene Spruchpraxis nicht mehr ändern lassen. Hier gilt es unter Zurücksetzung dogmatischer Bedenken an ihr festzuhalten.[796] Eine Kritik an dieser Rechtsprechung mit dem Ziel ihrer Aufgabe widerspräche jedenfalls dem Anliegen vorliegender Arbeit, die in der Instrumentalisierung des Schadensersatzrechts zur Unterbindung von Sozialschäden einen richtungsweisenden Fortschritt sieht.

e) Den vorläufigen Höhepunkt in der strafschadensersatzrechtlichen Entwicklung bilden zwei jüngst erlassene Urteile des VI. ZS des BGH v. 15.11.1994 (NJW 1995, 861 ff.) und v. 5.12.1995 (NJW 1996, 984 f.), beide in Sachen „Caroline von

---

[794] *Schiemann*, Argumente und Prinzipien, 28.

[795] Vgl. etwa *Honsell*, VersR 1974, 205 f. mit Fn. 765; *Knieper*, ZRP 1974, 137; *Schiemann*, Argumente und Prinzipien, 27 ff.

[796] Staudinger/*Schäfer*, § 847 Rdnr. 152; *Deutsch*, Haftungsrecht, 469.

Monaco". In diesen Grundsatzentscheidungen hat der BGH neben dem im Vordergrund stehenden Genugtuungsgedanken erstmals[797] ausdrücklich den dem Strafrecht verhafteten Gedanken der Prävention[798] herangezogen.

Die Kl. verlangte von der Bekl., einem Zeitschriftenverlag, u. a. eine Geldentschädigung für immaterielle Nachteile wegen Verletzung ihrer Persönlichkeit durch Veröffentlichung sog. Paparazzi-Fotos sowie frei erfundener Geschichten über ihr Intimleben. Das BerGe., das sich ausdrücklich gegen eine Berücksichtigung des Präventionsgedankens bei der Bemessung der Geldentschädigung ausgesprochen hat, billigte der Kl. ein Schmerzensgeld von DM 30 000 zu. Diesen Betrag hielt der Senat für zu niedrig, weil er der „Zweckbestimmung der Geldentschädigung" in diesen Fällen nicht gerecht werde. Zunächst (S. 865) bestätigt der Senat nochmals seine Ausführungen im „Ginseng"- und „Fernsehansagerin"-Urteil zur Notwendigkeit einer zivilrechtlichen Sanktion gegen Persönlichkeitsverletzungen. Den Entschädigungsanspruch bezeichnet der Senat im Anschluß an die Ausführungen des BVerfG[799] zu seiner konstruktiven Herleitung nur noch schlicht als „Rechtsbehelf", was seine Instrumenthaftigkeit verdeutlicht. Sodann imputiert er der Geldentschädigung einen neuen, weiteren Zweck. Er führt aus (S. 865):

> „Der Fall ist dadurch gekennzeichnet, daß die Bekl. unter vorsätzlichem Rechtsbruch die Persönlichkeit der Kl. als Mittel zur Auflagensteigerung und damit zur Verfolgung eigener kommerzieller Interessen eingesetzt hat. Ohne eine für die Bekl. fühlbare Geldentschädigung wäre die Kl. einer solchen rücksichtslosen Zwangskommerzialisierung ihrer Persönlichkeit weitgehend schutzlos ausgeliefert; ...Eine Verurteilung zur Geldentschädigung ist aber nur dann geeignet, den aus dem Persönlichkeitsrecht heraus gebotenen *Präventionszweck*[800] zu erreichen, wenn die Entschädigung der Höhe nach ein Gegenstück auch dazu bildet, daß hier die Persönlichkeitsrechte zur Gewinnerzielung verletzt worden sind. Das heißt zwar nicht, daß in solchen Fällen rücksichtsloser Kommerzialisierung der Persönlichkeit eine „Gewinnabschöpfung" vorzunehmen ist, wohl aber, daß die Erzielung von Gewinnen aus der Rechtsverletzung als Bemessungsfaktor in die Entscheidung über die Höhe der Geldentschädigung einzubeziehen ist. Von der Höhe der Geldentschädigung muß deshalb ein echter Hemmungseffekt auch für solche Vermarktung der Persönlichkeit ausgehen. Als weiterer Bemessungsfaktor kann die Intensität der Persönlichkeitsrechtsverletzung berücksichtigt werden".

Die nahezu gleichen Erwägungen finden sich auch in der zweiten Entscheidung des BGH. Zusätzlich stellt der Senat dort zur Zweckstaffelung von Ausgleich und Prävention fest (S. 985 l. Sp.):

---

[797] Vgl. aber schon BGH NJW 1985, 1617, 1619.
[798] Vgl. auch OLG Hamburg, NJW-RR 1996, 90.
[799] BVerfGE 34, 269ff., 292.
[800] Herv. v. mir.

> „Dies bedeutet, daß hier der Ausgleichsgedanke, auf den sich das BerGer. bei der Bemessung der Geldentschädigung maßgeblich gestützt hat, zugunsten des Präventionsgedankens in den Hintergrund treten muß (vgl. *Dunz*, in RGRK, Anh. I zu § 823 Rdnrn. 141 ff.)".

Damit entscheidet im (Sonder-)fall der Zwangskommerzialisierung der Persönlichkeit fortan das Vergeltungs- und Präventionsbedürfnis – und damit rein täterbezogene Kriterien – über die Schadensersatzhöhe, während der Ausgleich beim Geschädigten nur noch den äußeren Anlaß hierzu gibt. Dies bedeutet, daß die reine Rechtsverletzung allein die Grundlage für die Entschädigung bildet, weshalb ihr Charakter dem der punitive damages in nichts nachsteht.[801] Unehrlich ist die dogmatische Einbettung der „Gewinnabschöpfung" als bloßer Berechnungsfaktor bei der Bemessungshöhe durch den BGH. In der Sprache der ökonomischen Analyse des Rechts[802] gesprochen, verhält sich der Vorsatztäter nur dann normgerecht, wenn eine Kosten-Nutzen-Analyse ergibt, daß ihm die Unterlassung der schadensstiftenden Handlung wirtschaftlich günstiger kommt als deren Begehung. Dies ist aber erst dann der Fall, wenn der Schadensersatz mindestens die Höhe des durch die Rechtsverletzung erwirtschafteten Gewinns erreicht,[803] weshalb die Berechnungsmethode des BGH jedenfalls der Sache nach doch auf eine Gewinnabschöpfung hinausläuft. Zumindest aber zeigen sich deutliche Parallelen zur dritten Schadensberechnungsmethode bei Eingriffen in Immaterialgüterrechte.[804] War die Zwangskommerzialisierung als Motiv für die Persönlichkeitsrechtsverletzung früher nur ein die besondere Schwere der Schuld begründender qualitativer Faktor,[805] dient sie dem BGH jetzt als Maßstab bei der Transformierung der Prävention in eine quantifizierbare Größe. In diesem Sinne völlig zu Recht hat das OLG Hamburg, das nach Zurückverweisung durch den BGH die Geldentschädigung auf nunmehr DM 180000 festgesetzt hat, in einem obiter dictum folgenden generalpräventiven Aspekt[806] ausgesprochen:[807]

---

801 Vgl. dazu den polemischen Kommentar von *Seitz*, NJW 1996, 2848 ff.

802 Vgl. dazu oben § 4 VI 2.

803 Esser/*Weyers*, Schuldrecht, § 61 II 3, die darüber hinaus einen Präventivzuschlag verlangen; *Prinz* (Klägervertreterin von Caroline von Monaco), NJW 1996, 953, 955; *Körner*, NJW 2000, 241, 246.

804 Vgl. dazu oben § 7 I.

805 Vgl. oben § 8 XIX b.

806 Zur Notwendigkeit der Auswerfung hoher Entschädigungen zur Abschreckung finanzkräftiger Presseunternehmen vgl. schon ausdrücklich BGH NJW 1969, 1488 f.; 1971, 698, 699; 1977, 626, 628; vgl. aber noch OLG Hamburg, NJW 1995, 885, 886: „Die von der Kl. genannten Gesichtspunkte, daß ein Schmerzensgeld den aus dem rechtswidrigen Verhalten gezogenen Gewinn abschöpfen und als Strafsanktion präventiv wirken müsse, kommen ... bei der Bemessung eines immateriellen Schadens nicht zum Tragen".

807 NJW 1996, 2873.

> „Ob in solchen Fällen noch höhere Geldentschädigungen erforderlich werden, dürfte insbesondere von dem künftigen Verhalten der Medien abhängen; diese Frage betrifft aber nicht mehr den vorliegenden Rechtsstreit".

Ein Vergleich der bei Persönlichkeitsverletzungen ausgeworfenen hohen Beträge mit denen bei Körperverletzungen[808] unterstreicht die abschreckende Zielwirkung des Schadensersatzes als wirksames Schutzinstrument *vor* der Presse.[809] Ob dies eine Mißachtung der in § 847 BGB genannten höherwertigen Rechtsgüter bedeutet,[810] mag an dieser Stelle dahinstehen. In der Literatur stieß diese Rechtsprechung auf geteiltes Echo, wobei ihre Befürworter freilich deutlich überwiegen. Soweit sie abgelehnt wird, verbergen sich dahinter meist Autoren, die wohl den in der Rechtsprechung sich abzeichnenden Öffnungsprozeß in Richtung Instrumentalisierung des Schadensersatzrechts nicht wahrnehmen (wollen) und deshalb seine Ausrichtung auf Sanktions- und Präventionswirkung zu Unrecht als Rückfall in alte Zeiten brandmarken.[811] Indes wird man dieser Rechtsprechung schon deshalb zustimmen müssen, weil dort, wo der Zweck die Mittel heiligt, die Forderung nach ihrer Aufgabe meist aussichtslos bleibt. Das bedeutet aber nicht eine Zustimmung lediglich aus Resignation; vielmehr ist sie auch ein zur Komplementierung des defizitären strafrechtlichen Mindestehrschutzes wichtiger Schritt in die richtige Richtung.

---

[808] Vgl. etwa AG Radolfszell, NJW 1996, 2874: 5000 DM Schmerzensgeld wegen sexuellen Mißbrauchs einer Schülerin, die während der Tat um ihr Leben fürchtete und seither unter Panikzuständen leidet.

[809] Die Notwendigkeit eines wirksamen zivilrechtlichen Schutzes vor der unseriösen Presse ist schon frühzeitig erkannt worden, vgl. *Bussmann*, JR 1955, 202ff., 205; neuerdings nachdrücklich *Prinz*, NJW 1995, 817ff.; *ders.*, NJW 1996, 953ff.

[810] So etwa *Seitz*, NJW 1996, 2848: „Verhöhnung von Vergewaltigungsopfern"; vgl. auch *v. Bar*, NJW 1980, 1724, 1727ff.

[811] In diese Richtung *Seitz*, NJW 1996, 2848; ferner *Barton*, AfP 1995, 452; *Canaris*, FS Deutsch, 85, 105, 107f., der sich für eine bereicherungsrechtliche Einordnung der Caroline-Doktrin ausspricht.

Zweiter Abschnitt. Schadensersatz als Sanktion de lege ferenda

Bevor wir die Fallgruppenanalyse abschließen, wollen wir noch kurz einen Blick in die Zukunft werfen. Über die von der Rechtsprechung praktizierten Fälle hinaus gibt es zahlreiche weitere Bereiche, auf denen der Einsatz des Schadensersatzrechts zu Sanktionszwecken gefordert wird. Da nicht jedwedem „Gedankenblitz“ nachgegangen werden kann, wollen wir uns auf Vorschläge beschränken, die bereits konkretere Formen angenommen haben. Von diesen mehreren wiederum verdienen die folgenden drei besondere Erwähnung.

XX. Der Gedanke der Privatbuße im Entwurf eines Gesetzes gegen Ladendiebstahl – Entwurf AE-GLD

Bemühungen um eine wirksame Bekämpfung des Massenphänomens „Ladendiebstahl“ führten im Jahre 1974 zu einem Entwurf eines Gesetzes gegen den Ladendiebstahl,[1] der, im Zusammenhang mit dem Alternativ-Entwurf eines Strafgesetzes, von einem Arbeitskreis deutscher und schweizerischer Strafrechtslehrer vorgelegt wurde. Dieser sieht in § 2 I 1, 2 vor, daß der Verletzte *neben* den sonstigen Herausgabe- und Schadensersatzansprüchen „als Sanktion“ den Ladenpreis des rechtswidrig Erlangten, mindestens aber DM 50, verlangen kann.

„Der Verletzte kann jedoch keinen Ersatz für Kosten der Deliktsbekämpfung oder der Ermittlung des Täters verlangen“.[2] Gleichzeitig soll damit der Ladendiebstahl entkriminalisiert werden, weshalb der Entwurf in § 9 den grundsätzlichen[3] Ausschluß der öffentlichen Strafverfolgung anordnet.

Allein die „Ausschaltung“ der Strafverfolgung verdeutlicht, daß hier eine Bestrafung mit zivilrechtlichen Mitteln durchgesetzt wird. Dazu paßt es, wenn es in der Erläuterung zu § 2 AE-GLD heißt:[4]

---

[1] AE-GLD, Recht und Staat, Heft 439; zur Diskussion dazu *Schoreit*, JZ 1976, 49ff.; 167; *Arzt*, JuS 1974, 693ff.; *ders.*, JZ 1976, 54ff.

[2] § 2 I 3 AE-GLD; vgl. auch § 12 I 3 AE-GLD.

[3] Eine Ausnahme (Rückfalltäter) sieht § 10 AE-GLD vor.

[4] Recht und Staat, Heft 439, 15.

„Die Sanktion knüpft ... an: ... an die Aktivierung der *Generalprävention*[5] des Zivilrechts durch einen „Zuschlag" zum materiellen Schaden (Rspr. zum allg. Persönlichkeitsrecht)".

Demgegenüber hat der VI. ZS des BGH in seiner Entscheidung v. 6.11.1979 (BGHZ 75, 230ff.) im Zusammenhang mit der Erörterung zur Höhe der Erstattungsfähigkeit einer Fangprämie[6] einen vom Ausgleich verselbständigten Präventionszuschlag ausdrücklich abgelehnt (S. 239):

„Ein über den Schadensausgleich hinausgehender *Zuschlag* zur Erhöhung der Abschreckungswirkung wird durch den zivilrechtlichen Schadensersatz nicht, auch nicht bei vorsätzlicher Schädigung, gedeckt".

Der Sache nach unterscheiden sich die Regelung in § 2 I 1, 2 AE-GLD und die Rechtsprechung zur zivilrechtlichen Verfolgung von Ladendiebstählen[7] indes kaum. In beiden Fällen dient der Schadensersatz ausschließlich Sanktions- und Präventionszwecken. Allerdings geht der AE-GLD davon aus, daß Deliktsbekämpfungskosten nicht als Schaden i.S.d. Deliktsrechts anzusehen sind (§ 2 I 3 AE-GLD),[8] während die Rechtsprechung[9] insoweit zumindest die Fangprämie als grundsätzlich erstattungsfähigen „Präventions-Schaden"[10] wertet. Damit tritt in § 2 AE-GLD die Sanktion *neben* den Ersatz des konkreten, aber *anstelle* des Ersatzes des abstrakten Schadens.

Der Deutsche Richterbund hat den Entwurf ausdrücklich abgelehnt;[11] dieser mute wie ein rechtshistorischer Anachronismus an, der kehrt mache in der jahrhundertelangen Entwicklung von der Privatrache zum rechtsstaatlichen Strafen und kehre zur „privaten Strafjustiz" zurück.[12]

---

5 Herv. v. mir.
6 Vgl. dazu oben § 7 V.
7 BGHZ 75, 230, 233.
8 Vgl. auch Erläuterung zu § 2, Recht und Staat, Heft 439, 16.
9 BGHZ 75, 230, 235ff.
10 *Deutsch*, Verhandlungen des 51. DJT, Gutachten E, E 69.
11 Abl. auch 51. DJT (Bd. II, München 1976, Sitzungsberichte, N, N 178–181, Beschlüsse II 1–10); vgl. auch Esser/*Schmidt*, Schuldrecht, 207.
12 DRiZ 1976, 176.

XXI. Die Straffunktion der Schadensersatzansprüche der Verbraucher im Rahmen des § 13 a II 2 E-UWG – Anspruch auf das Erfüllungsinteresse als Rechtsfolge einer unerlaubten Handlung

Als Instrument zur Durchsetzung ordnungspolitischer Belange fungiert der Schadensersatz in § 13 a II 2 Entwurf UWG-ÄndG v. 6.12.1977. Dessen Bestimmung lautet wie folgt: [13]

> „Ist der Abnehmer durch eine irreführende Werbeangabe (§ 3) zur Abnahme bestimmt worden, so kann er als Schaden auch die Differenz zwischen dem tatsächlichen Wert der Waren, Leistungen oder Rechte und dem Wert geltend machen, den diese nach dem Inhalt der Werbeangabe hätte haben müssen".

Seinem Inhalt nach ist der Schadensersatz hier auf das Erfüllungsinteresse gerichtet. Weil es sich aber bei § 13a II 2 E-UWG eindeutig nur um eine deliktische [14] Schadensersatzregelung handeln kann und im Deliktsrecht prinzipiell nur das negative Interesse zu ersetzen ist,[15] führt diese Rechtsfolge in der Person des Betroffenen zu einer schadensersatzrechtlichen Überkompensation. Ein Schaden des Abnehmers besteht in diesen Fällen lediglich in der Bindung an den Vertrag.[16] Dies ist aber kein in Geld ausdrückbarer Vermögensschaden (§ 253 BGB). Der Getäuschte könnte deshalb nach allgemeinen Schadensersatzgrundsätzen allenfalls die Entlassung aus der vertraglichen Bindung oder Freistellung verlangen (§ 249 S. 1 BGB). Hiergegen ist eingewandt worden, daß eine solche Sanktion das Risiko des Werbenden ungerechtfertigt gering halten würde.[17] Zur Verstärkung der Präventionswirkung des Schadensersatzes müsse der Abnehmer deshalb auch das Erfüllungsinteresse ersetzt verlangen können. Dies sei ein „Gebot materieller Gerechtigkeit".[18] Der Werbende soll diesem nicht entgegenhalten können, die gekaufte Ware sei ihr Geld wert, wenn sie nach dem Inhalt der Werbung einen höheren Wert hätte haben müssen. Vielmehr sei diese Schadensberechnung im Hinblick darauf gerechtfertigt, daß die Haftung nach § 3 nicht nur den Vermögensbestand des Abnehmers schützen, sondern darüber hinaus auch die *Entscheidungsfreiheit des Abnehmers* und sein *Vertrauen in die Richtigkeit der Werbeangabe* sichern soll.[19]

---

[13] Wortlaut abgedruckt in WRP 1978, 277 mit Begründung (S. 287).

[14] *Bork*, WRP 1978, 333, 336.

[15] *Lange*, Schadensersatz, 68.

[16] Zur insoweit völlig gleichgelagerten Problematik vgl. schon Fallgruppe VIII (oben § 7 VIII).

[17] *Krieger*, BB 1978, 625, 627.

[18] *Krieger*, BB 1978, 627.

[19] So die Begr. zu § 13 a II 2 E-UWG, WRP 1978, 277, 287; vgl. auch die ähnliche Problematik im Arzthaftungsrecht, wo die Entscheidungsfreiheit des Patienten ebenfalls durch die Sanktion des Schadensersatzes gesichert wird (oben § 7 XIII 1 c).

Der Schadensersatz dient dann aber nicht mehr dem Ausgleich eines Differenzschadens, sondern zielt auf Abgeltung des erlittenen „Vertragsschadens“,[20] weshalb das Schadensersatzrecht insoweit in eine strafbewehrte Verhaltensordnung umfunktioniert wird. Kritisiert wurde auch, daß damit eine bestimmte Form der Schadensberechung gesetzlich festgelegt wird, während üblicherweise in Gesetzen nur abstrakt auf die Sanktion „Schadensersatz“ bei bestimmten Tatumständen hingewiesen werde.[21] Daran wird man aber zumindest aus heutiger Sicht keinen Anstoß mehr nehmen können; denn mit demselben Phänomen haben wir es auch bei § 611 a II 1 BGB[22] zu tun.

Obwohl § 13a II 2 E-UWG nicht Gesetz wurde, zeigt die Bestimmung deutlich, daß der Gedanke, das Schadensersatzrecht offen zu Sanktions- und Präventionszwecken einzusetzen, nicht tot ist.

XXII. Strafsanktion gegen säumige Schuldner im Richtlinienentwurf des Europäischen Parlaments und des Rates zur Bekämpfung von Zahlungsverzug im Handelsverkehr

Zu einer Instrumentalisierung des Schadensersatzes käme es schließlich im Falle der Umsetzung des auf Art. 100a EGV[23] gestützten Richtlinienentwurfs des Europäischen Parlaments und des Rates zur Bekämpfung von Zahlungsverzug[24] in innerstaatliches Recht.

Dort heißt es in Teil II, Artikel 3 Abs. 1e:

> „Die Höhe der Verzugszinsen (der „gesetzliche Zinssatz“), die der Gläubiger fordern kann, bestimmt sich aus der Summe des Repo-Satzes der Europäischen Zentralbank (der „Bezugszinssatz“) zuzüglich mindestens acht Prozentpunkte („Spanne“), sofern im Vertrag oder den allgemeinen Verkaufsbedingungen nicht anders vereinbart. Für Mitgliedstaaten, die nicht an der dritten Phase der Wirtschafts- und Währungsunion teilnehmen, wird der Referenzzinssatz durch die jeweilige Zentralbank festgesetzt“.

Zur Begründung wird ausgeführt (lit. 12):

> „Zahlungsverzug ist ein Vertragsbruch, der aber für Schuldner in den meisten Mitgliedstaaten durch niedrige Verzugszinsen und/oder langsame Schadensersatzverfahren

---

20 Begr. zu § 13a II 2 E-UWG, WRP 1978, 277, 284.

21 So der Zentralausschuß in der Werbewirtschaft (ZAW) in seiner Stellungnahme zum Entwurf einer UWG-Novelle, WRP 1978, 259.

22 Siehe dazu Fallgruppe VII (oben § 7 VII).

23 Jetzt Art. 95 EGV.

24 Noch unveröffentlicht, vgl. Schreiben der Kommission v. 24/25. 3. 1998, Az.: KOM (1998) 126 endgültig, 98/0099 (COD).

> finanziell begünstigt wird; um diesen Negativtrend umzukehren, ist ein durchgreifender Wandel erforderlich; die *Konsequenzen* des Zahlungsverzugs müssen sowohl von der Überschreitung der Zahlungsfristen *abschrecken*,[25] als auch für einen vollen Ausgleich der damit verbundenen Kosten für die Gläubiger sorgen".

Der Sache nach geht es hier weniger um Prävention durch Kompensation denn um Prävention durch Überkompensation.[26] Der offen ausgesprochene Gedanke der Abschreckung macht deutlich, daß die Sanktion nicht an einen Schaden post moram knüpft, sondern vielmehr die Unsitte des Zahlungsverzugs als solchen bekämpfen soll. Deshalb verwundert es nicht, daß der Richtlinienentwurf, der sich nach Art. 1 auf alle Schulden im Handelsverkehr, d. h. zwischen Unternehmen sowie Unternehmen und öffentlichen Behörden bezieht und vorrangig zum Schutze kleiner und mittlerer Unternehmen (KMU) vor Konkurs durch schlechte Zahlungspraktiken geschaffen wurde, KMU sogar *Nettogewinne* prophezeit, die sich daraus ergeben, daß ihnen mehr Geld geschuldet wird, als sie selber größeren Unternehmen schulden.[27] Vor diesem Hintergrund würden bei einer Transformierung der Richtlinie in nationales Recht die kompensatorisch konzipierten[28] Bestimmungen der §§ 286, 288 I BGB, von denen, ohne daß der Wortlaut darauf hindeutet, bekanntlich auch letztere als abstrakte oder pauschale Schadensberechnung interpretiert wird,[29] gehörig ins Wanken geraten. Dabei ist mit der Verschärfung der Verzugssanktion das Ende der Fahnenstange möglicherweise noch nicht einmal erreicht. In Art. 3 Abs. 2 der RL heißt es:

> „Die in Absatz 1 e) genannte Spanne kann durch die Kommission ... geändert werden, wenn sich herausstellt, daß der gesetzliche Zinssatz nicht mehr ausreicht, um säumige Zahler *abzuschrecken* ...".[30]

Die Tatsache, daß dem Vertragsbruchopfer dadurch etwaige Zufallsgewinne verbleiben, kann von dem hier vertretenen Standpunkt aus nur als legitim angesehen werden. Und sie ist – wie in allen hier einschlägig erörterten Fallgruppen – unter dem Gesichtspunkt des Anreizes zur *Rechtsverfolgung*[31] (private Klage im öffentlichen Interesse) auch durchaus begrüßenswert.

---

[25] Herv. jew. v. mir.

[26] Vgl. dazu oben § 2 III 4 a cc.

[27] S. 5 des Entwurfs.

[28] Vgl. aber auch *Basedow*, ZHR 143 (1979), 317, 323, wonach die Verzinsungspflicht schon jetzt einen primär präventiven Zweck verfolgt.

[29] BGHZ 74, 231, 235: „§ 288 Abs. 1 BGB enthält die gesetzliche Fiktion eines Mindestschadens ..."; MüKo/*Thode*, BGB, § 288 Rdnr. 1; Palandt/*Heinrichs*, BGB, § 288 Rdnr. 1; *Larenz*, SchuldR AT, § 23 II.

[30] Herv. v. mir.

[31] Vgl. zu dieser Funktion der punitive damages im US-amerikanischem Recht oben § 1 IV 1 c.

Der Zentralverband des Deutschen Handwerks (ZDH) hat in einem an die verschiedenen Interessenverbände des Deutschen Handwerks gerichteten Rundschreiben vom 6. 5. 1998[32] zu diesem Entwurf aus handwerklicher Sicht Stellung genommen und dabei die drastische Erhöhung des Verzugszinses kritisiert.[33] Er führt aus (Seite 2 des Rundschreibens):

> „... Nach derzeitigem Stand würde der Verzugszins damit bei etwa 12 % anzusiedeln sein. Ein Verzugszins in dieser Höhe hätte unzweifelhaft *Strafcharakter* und wäre im Hinblick auf unser Privatrechtssystem als *Fremdkörper*[34] anzusehen".

Es wäre jedoch nicht das erste Mal, daß der bundesdeutsche Gesetzgeber zur Erfüllung europarechtlicher Vorgaben sich des Schadensersatzes als bloßes Sanktionsinstrument bedient.[35] Die deutliche Erhöhung des Verzugszinses ist auch eine notgedrungene Folge der ökonomischen Analyse[36] dieses Instituts.[37] In zwei weiteren Stellungnahmen[38] zu diesem RL-Entwurf hat der ZDH denn auch seine Meinung geändert und eine drastische Erhöhung des Verzugszinses ausdrücklich begrüßt.

---

32 Vgl. Anhang 1.

33 Vgl. demgegenüber das von der Handwerkskammer für Schwaben an den ZDH gerichtete Schreiben v. 9. 6. 1998 (vgl. Anhang 3), in dem für eine drastische Verschärfung der Verzugssanktion plädiert wird.

34 Herv. jew. v. mir.

35 Vgl. hierzu Fallgruppe VII (oben § 7 VII).

36 Zur ökonomischen Analyse des Rechts vgl. oben § 4 VI 2.

37 Dazu *Basedow*, ZHR 143 (1979), 317, 323.

38 ZDH-Stellungnahme v. 4. 6. 1998, S. 5 (vgl. Anhang 2) und v. 6. 7. 1998, S. 5f. (vgl. Anhang 4).

Teil 3: Analyseauswertung und Folgerungen

Der Überblick über die Fallgruppen ist abgeschlossen. Der nun folgende Teil faßt die gefundenen Ergebnisse wertend zusammen und untersucht, welche Folgerungen sich hieraus im Hinblick auf die „Gestaltung“ des Schadenskonzepts sowie im Hinblick auf die Anerkennungsfähigkeit US-amerikanischer punitive-damages-Urteile in der Bundesrepublik Deutschland ziehen lassen.

§ 9 Zusammenfassende Auswertung des Rechtsprechungsmaterials

I. Einsatz des Schadensersatzrechts zu Sanktions- und Präventionszwecken

a) Die Analyse hat ergeben, daß der Schadensersatz in den hier untersuchten Fallgruppen, die leicht um weitere Fälle vermehrt werden könnten – beispielsweise um die Fälle des Schadensersatzes für vergeudete Urlaubstage (§ 651f II BGB),[1] des Ersatzes für an sich erforderliche, aber aus Geldmangel nicht gekaufte ärztlich verordnete Stärkungsmittel,[2] des Schadensersatzes bei Rentenneurosen[3] – *maßgeblich am Sanktions- und Präventionsgedanken ausgerichtet* ist und zuweilen[4] eine wirtschaftliche Verhältnisse gestaltende Funktion übernimmt. Zwar dient der Schadensersatz in den meisten der hier behandelten Fällen neben der Sanktion und Prävention auch dem Schadensausgleich. Bei Verfolgung dieser mehreren Zwecke zeigte sich jedoch eine dem BGB-Schadenskonzept[5] widerstreitende Umkehrung der Zweckstaffelung:[6] die Schadensabnahme tritt stets hinter den Gedanken der Sanktion und Prävention deutlich zurück. Es zeigten sich aber auch Falltypen, bei denen der Schadensersatz jegliche Verbindung zum Ausgleichsgedanken verloren hat, dieser vielmehr zur Durchsetzung schadensersatzfremder Zielsetzungen instrumentalisiert wird. Als Beispiele hierfür sind zu nennen insbesondere die Regelungen der §§ 611a II 1 BGB,[7] 35 I 2 GWB a. F.,[8] die von der Rechtsprechung betriebene Ausweitung der Schadensersatzpflichten nach § 33 S. 1 GWB durch eine verstärkte Qualifizierung von Normen des GWB als Schutzgesetze[9] sowie die von der Rechtsprechung entwickelten besonderen Regeln bei Verstößen gegen das Boykott- und Diskriminierungsverbot (§§ 1, 21, 20 GWB);[10] desweiteren gehören hierher die

---

[1] Vgl. dazu *Lange*, Schadensersatz, 11.
[2] BGH VersR 1958, 176.
[3] Vgl. BGH NJW 1965, 2293.
[4] Vgl. insbes. Fallgruppe XII (oben § 7 XII).
[5] Dazu oben §§ 4 II; 5 I.
[6] Dazu ausf. *Deutsch*, Haftungsrecht, 73ff.; *ders.*, JZ 1971, 244, 246f.
[7] Oben § 7 VII.
[8] Oben § 7 XII d.
[9] Oben § 7 XII a, b.
[10] Oben § 7 XII c.

Schmerzensgeldpraxis bei verzögerlicher Schadensregulierung durch Versicherer,[11] die Zuerkennung von Schmerzensgeld an empfindungs- und wahrnehmungsunfähig Schwerstgeschädigte[12] sowie die neuerdings eingeleitete Schmerzensgeldsonderrechtsprechung zur Zwangskommerzialisierung der Persönlichkeit durch die Presse.[13] Ihnen[14] allen ist gemeinsam, daß hier die Sanktion des Schadensersatzes an die *reine Verletzung* einer Verhaltenspflicht als solche geknüpft ist.

b) So offensichtlich es ist, daß der Schadensersatz in zahlreichen Problemkomplexen primär oder gar ausschließlich eine Sanktions- und Präventionsfunktion übernimmt, so sehr überrascht doch die zur Gewinnung dieses Befunds abverlangte Mühsal. In den wenigsten der hier behandelten Fallgruppen ist die sanktionelle Zielsetzung des Schadensersatzes von der Rechtsprechung wertungsoffen ausgesprochen.[15] Meist verbergen sich die das Ergebnis tragenden Wertungsgesichtspunkte der Sanktion und Prävention unter Begriffsmänteln, von denen zu entkleiden erst dem intrinsischen Blick zwischen die Zeilen Erfolg beschieden war. Das beflissene Abdrängen dieser Wertungskriterien ins Unausgesprochene kann freilich nur als Folge eines blinden Festhaltens an dem als unumstößlich und alleingültig empfundenen und dem historischen Schadenskonzept zugrundeliegenden Ausgleichsprinzip gewertet werden, mit dem offen zu brechen man den Mut nicht hat. Die undifferenzierte[16] Vorstellung, den Schadensersatz durch seine Anreicherung mit präventiven und sanktionellen Wertungen sogleich in die Nähe des Strafrechts zu rücken und sich so dem Vorwurf einer archaischen Rechtsschöpfung auszusetzen, hat letztendlich dazu geführt, daß die Rechtsprechung mit der Offenlegung dieser Wertungsgesichtspunkte hinterm Berg hält und stattdessen auf Scheinbegründungen rekurriert, die die Entscheidung indes nicht tragen.

II. Legitimationsdefizite in der Rechtsprechung als Folge mangelnder Wertungsoffenheit

1. Billigkeitsargumente

Ein von der Rechtsprechung überaus häufig bemühtes Argument für die „Begründung“ der Schadensersatzpflicht in der Person des Schädigers ist das Billigkeitsargument. Billigkeit meint dabei freilich nicht die im Gesetz inkorporierte[17] Billig-

[11] Oben § 8 XVIII 2 b.
[12] Oben § 8 XVIII 2 a.
[13] Oben § XIX e.
[14] Zu weiteren Fällen siehe oben § 8 XVIII 2 c.
[15] Vgl. auch *Kötz*, 23 ff., der die mangelnde Wertungsoffenheit als ein Dilemma besonders in der deutschen Entscheidungspraxis sieht.
[16] Vgl. nur die Entscheidungsgründe in BGHZ 118, 312.
[17] Vgl. dazu *Gernhuber*, FS Tübinger Juristenfakultät, 193 ff.

keit, bei der, wie etwa in §§ 829, 847 BGB, der Richter die Entscheidung unter Berücksichtigung eines gesetzlich vorgeprägten, aber ausfüllungsbedürftigen Wertungsmaßstabes zu fällen hat. Gemeint ist auch nicht eine Billigkeit i. S. v. § 242 BGB, die lediglich dazu dient, ein nach streng positivrechtlichen Grundsätzen gewonnenes, aber im Einzelfall unbilliges Ergebnis nachträglich zu korrigieren (Billigkeitstest). Die Billigkeit setzt hier vielmehr selbst den Maßstab für die Entscheidung. Es handelt sich durchweg um eine „außergesetzliche", aus dem subjektiven Rechtsempfinden des Richters fließende Billigkeit, die letztendlich darüber entscheidet, ob der Schädiger im konkreten Fall mit der Sanktion des Schadensersatzes belegt wird oder nicht. Durch die Berufung auf „Billigkeit" wird beim Leser leicht die Vorstellung suggeriert, der Urteilsspruch sei das Ergebnis wohlverstandener Bemühungen auf der Suche nach einer „gerechten" Auflösung eines zwischen zwei Parteien bestehenden Interessenwiderstreits. Indes steht diese Billigkeit – der Rückgriff auf rechtsethische Erwägungen[18] impliziert dies – in allen hier einschlägig diskutierten Fallgruppen nicht für die das Zivilrecht beherrschende *ausgleichende* Gerechtigkeit (justitia commutativa), sondern für die im Strafrecht lebendige *austeilende* Gerechtigkeit (justitia distributiva); die rechtliche Beurteilung des Falles erfolgt nicht im Hinblick auf das Verhältnis von Schädiger zu Geschädigtem, sondern *im Verhältnis von Richter* – und dieser stellvertretend für die Rechtsgemeinschaft – *zu Schädiger.*

Einen fast schon angestammten Platz hat das Billigkeitsargument im Fall des versagten Vorteilsausgleichs.[19] Die vom historischen Gesetzgeber[20] dem Richter bei der Entscheidung über eine Vorteilsanrechnung gewährte Freiheit schaffte den Nährboden für eine hypertrophe Billigkeitsrechtsprechung. Die Begründung der Entscheidung mit der Billigkeit seines Ergebnisses macht diese rational unnachprüfbar. Denn in der Unmöglichkeit der rationalen Überprüfung besteht das Wesen des Billigkeitsarguments. Wenn der Vorteilsausgleich von der Rechtsprechung versagt wird, weil andernfalls der „Schädiger unbillig entlastet" würde[21] oder seine Durchführung dem Geschädigten „nicht zuzumuten" wäre,[22] so ist damit über das eigentliche *Motiv* für seine Versagung noch nichts gesagt. Der Grund, warum etwas „unbillig" oder „unzumutbar" sein soll, ist in diesen Termini nicht enthalten. Erst die ausdrückliche Mitteilung der Ursache der Unbilligkeit und Unzumutbarkeit gibt hierüber Aufschluß und macht die Entscheidung rational nachprüfbar. Weil sich

[18] Vgl. dazu oben § 6 III.
[19] Dazu oben § 7 XIV.
[20] Mot. II, 18 f.
[21] Inbes. BGHZ (GS) 9, 179, 186 ff. (vgl. oben § 7 XIV c).
[22] BGH VersR 1959, 36 (vgl. oben § 7 XIV 5 c); BGH VersR 1967, 1154, 1155 (vgl. oben § 7 XIV 2 b).

aber der versagte Vorteilsausgleich über weite Strecken nur aus dem Sanktionsprinzip heraus erklären läßt,[23] ist der Rechtsprechung an einer rationalen Kontrolle ihrer Argumentation nicht gelegen. Durch den Gebrauch von Adverbien der Evidenz (z.B. *„erschiene geradezu* unbillig*";*[24] *„in hohem Maße* unbillig*"*[25]) gibt sie vielmehr zu erkennen, daß sie rationale Zweifel aufzubringen von vornherein nicht bereit ist, daß ihr die Ergebnisse bereits ohne vorherige Überprüfung gewiß dünken. Die von der Rechtsprechung[26] daneben gebrauchte Formel vom „Sinn und Zweck des Schadensersatzes" hat nicht mehr als den Charakter einer leeren Hülse,[27] die erst noch anläßlich des konkreten Schadensfalles durch Einzelwertungen ausgefüllt werden muß.

Ebenso zu einer Verkürzung des tatsächlichen Hintergrunds (Sanktion) führt die Heranziehung des Billigkeitsarguments zur Begründung der Beweislastumkehr bei groben Verstößen gegen Berufspflichten.[28] Auch hier begnügt sich die Rechtsprechung mit dem kargen Hinweis, daß wegen des Gewichts des Behandlungsfehlers der Kausalitätsbeweis nach „Treu und Glauben" dem Patienten „nicht zuzumuten" ist, weshalb das Aufklärungserschwernis aus Gründen der „Billigkeit" dem Arzt angelastet werden müsse.[29] Die Beschränkung der Beweislastumkehr auf Fälle des groben Arztverschuldens erhellt nochmals, daß hier nicht etwa ausgleichende, sondern austeilende Gerechtigkeit vollzogen wird. Denn in Beweisnot befindet sich der Geschädigte gleichermaßen auch dann, wenn der Behandlungsfehler nur leicht fahrlässig verursacht wurde,[30] weshalb die Beweislastumkehr konsequenterweise auf alle Formen des Arztverschuldens hätte erstreckt werden müssen; nur dann wäre sie Ausdruck des Gebots *ausgleichender* Gerechtigkeit im Verhältnis von Schädiger und Geschädigtem und damit eine Angelegenheit von Treu und Glauben (§ 242 BGB).

Billigkeitsargumenten bedient sich die Rechtsprechung schließlich auch zur Begründung der zweiten Schadensberechnungsmethode (Lizenzgebühr) bei unerlaubten Eingriffen in Immaterialgüterrechte oder diesen gleichgestellte Rechte[31]

---

[23] Vgl. auch *Diederichsen*, FS Klingmüller, 81: „Mit der Formel, der Schädiger dürfe nicht unbillig ‚entlastet' oder ‚begünstigt' werden, entfernt man sich weit vom Ausgleichsprinzip, pönalisiert durch Geldstrafe, wo ein Schaden nicht mehr gegeben ist".

[24] BGHZ 4, 170, 176f. (vgl. oben § 7 XIV 4 a).

[25] BAG NJW 1968, 221, 222 (vgl. oben § 7 XIV 5 b).

[26] Z.B. BGHZ 8, 325, 329 (vgl. oben § 7 XIV 2 a).

[27] Esser/*Schmidt*, Schuldrecht, 236: „Allerweltsformel, (die) jegliche Rationalitätsgarantien vermissen läßt"; *Lange*, JuS 1978, 649, 651; *ders.*, Schadensersatz, § 9 III 3: „liegt im Bereich des Irrationalen".

[28] Oben § 7 XV.

[29] BGH NJW 1983, 333, 334; 1988, 2303, 2304; 1992, 754, 755; 1995, 778 (vgl. oben § 7 XV b).

[30] Dazu oben § 7 XV c.

[31] Vgl. oben § 7 I.

sowie des hundertprozentigen Tarifzuschlags für die GEMA.[32] Allerdings fungiert bei der Lizenzgebühr die Billigkeit nicht als das eigentliche Primat für ihre Begründung. Was dort von der Rechtsprechung[33] als „Billigkeitserwägung" bezeichnet wird, ist in Wahrheit die bloße Herstellung einer Wertungskonsequenz. Dagegen verdeckt der Rückgriff auf Billigkeitsargumente in der GEMA-Rechtsprechung wiederum das wahre Motiv für diese Praxis. Auch hier begnügt sich die Rechtsprechung mit der spärlichen und der sich den Schein des Selbstverständlichen gebenden Aussage, daß die Überwachungskosten „billigerweise" von den Rechtsverletzern zu tragen seien und eine andere Entscheidung „unbillig" sei.[34]

Die Intention der Rechtsprechung, durch den Gebrauch des Billigkeitsarguments jede rationale Argumentation bei der Entscheidungsfindung zu unterdrücken, spiegelt sich in seiner Stellung im Aufbau des Urteils wider: die Billigkeitserwägungen stehen sämtlich nicht an letzter Stelle eines Gedankenganges, wie es dem Wesen des Billigkeitsarguments als letzte Hilfe der Argumentation entpräche, sondern es wird umgekehrt der entscheidende Gedanke mittels seiner erst aufgenommen und eingeleitet. Besonders deutlich zeigt sich dieses zielgerichtete Zusteuern auf Billigkeitserwägungen beim versagten Vorteilsausgleich; ihr selbstbewußter Gebrauch vermittelt dort den Eindruck, als wären sie alleingültige Entscheidungsmaxime.

2. Fiktion als Mittel der Urteilsbegründung

Zu einer Verkürzung im Wertungsakt führt die Fiktion als Mittel der Begründung[35] der Lizenzanalogie bei Verletzung fremder Ausschließlichkeitsrechte. Zwar hat der BGH die dieser Fiktion zugrundeliegende Wertung selbst offen ausgesprochen: der schuldhafte Verletzer eines Immaterialgüterrechts soll nicht besser gestellt sein als derjenige, der sorgfältig fremde Rechte beachtet und sich vorher des Einverständnisses des Rechtsinhabers versichert.[36] Anstatt sich aber endgültig und offen zum Sanktionscharakter dieses Gedankens zu bekennen, reduziert der BGH diese Wertungskonsequenz auf das rechtstechnische Mittel der Fiktion und verdeckt so das maßgebliche Motiv für diese Wertung.[37] Die Begründung wird auf diese Weise zu

[32] Vgl. oben § 7 IV.

[33] Z.B. BGHZ 20, 345, 353; 26, 349, 352 (vgl. oben § 7 I 1 c).

[34] BGHZ 17, 376, 383; 59, 286, 292 f. (vgl. oben § 7 IV).

[35] Vgl. BGHZ 44, 372, 379 (vgl. oben § 7 I 2 a).

[36] BGHZ 44, 379; so schon RG JW 1912, 407 (vgl. oben § 7 I 1 b).

[37] Vgl. *Horak*, Rationes decidendi I, 30 Fn. 24: „Die Fiktion, daß solche durch Induktion erschlossene Rechtsgrundsätze positives Recht seien, verhilft dazu, den Schein zu wahren, man habe nur geltendes, positives Recht ermittelt, wo man in Wahrheit Recht neu geschaffen hat. Man

einer Scheinbegründung herabgesetzt. Der Gebrauch der Fiktion als Mittel der Urteilsbegründung ist zudem dogmatisch verfehlt, weshalb sie von den Gerichten vermieden werden sollte.[38] Denn die Urteilsbegründung erhebt, anders als ein Rechtssatz, wo die Fiktion als Mittel der Gesetzestechnik fungiert, Anspruch auf Richtigkeit im Sinne einer rationalen Erkenntnis; sie ordnet nicht an, sondern will überzeugen.[39] Dies macht die Fiktion als Mittel rationaler Argumentation von vornherein untauglich.

3. Verfassung als Begründungsmittel

Ein von der Rechtsprechung häufig beschrittener Weg, um die *aktive Sanktionsrolle des Schadensersatzes* herunterzuspielen, ist der allzu forsche Rückgriff auf das Grundgesetz. Die Anpassung des vorkonstitutionellen BGB an die zwingenden Vorschriften der Verfassung ist eine selbstverständliche Aufgabe der Revisionsgerichte. Doch folgt hieraus nicht schon zwingend, daß etwa ein schwerwiegender Eingriff in das Persönlichkeitsrecht entgegen § 253 BGB eine Geldentschädigung nach sich ziehen müßte.[40] Der von der Verfassung gebotene Schutz der Persönlichkeit hätte (theoretisch) auch anderweitig unternommen werden können, wie etwa durch einen kräftigen Ausbau des strafrechtlichen Ehrenschutzes und dgl. mehr.[41] Solche Möglichkeiten werden vom BGH aber nicht einmal ansatzweise erörtert. In einer Entscheidung heißt es lediglich, das BGB werde dem Rechtsschutz der Persönlichkeit „offenbar nicht mehr gerecht".[42] Dadurch entsteht der Eindruck, der Schutz der Ehre gerade durch Schadensersatzsanktionen sei hier das allein in Betracht kommende und von der Verfassung aufgezwungene Mittel. In Wirklichkeit aber hat sich der BGH, gestützt auf praktisch-empirische Tatsachen, ganz bewußt für die Schadensersatzsanktion als Mittel zum Schutze der Ehre entschieden, weil auf diese Weise effektiver Rechtsschutz am ehesten garantiert ist. Er hat lediglich darauf verzichtet, diesen Hintergrund kundzutun, um so nicht das Bild eines bewußten und aktiven Einsatzes des Schadensersatzrechts zu Sanktions- und Präventionszwecken zu vermitteln.

---

spart sich dadurch die Frage nach der Legitimation zu solcher Neuschöpfung"; vgl. auch *Esser*, AcP 172 (1972), 97, 105f.

[38] *Larenz*, Methodenlehre, 264; vgl. auch *Esser*, AcP 172 (1972), 97ff., 105.

[39] *Larenz*, Methodenlehre, 264.

[40] So aber BGHZ 26, 349, 356; 35, 363, 367f.; 39, 124, 131f. (vgl. oben § 8 XIX a, b, c); dagegen *Larenz*, Methodenlehre, 425f.

[41] Vgl. etwa *Leipold*, ZZP 84 (1971), 150ff., der für einen wirksamen Ehrenschutz durch gerichtliche Feststellung von Tatsachen plädiert.

[42] BGHZ 39, 124, 131 (vgl. oben § 8 XIX c).

Ähnlich liegen die Dinge bei der Berufung auf das Sozialstaatsprinzip zur Begründung des Strafzuschlags gegen Versicherer wegen verzögerlicher Schadensregulierung.[43] Auch hier läßt die Rechtsprechung jeglichen Akt des Bekennens *gerade für die Schadensersatzsanktion* vermissen, und dies obwohl für diese Branche eine umfassende Versicherungsaufsicht besteht.[44] Durch die Bezugnahme auf das Grundgesetz wird wiederum der Eindruck vermittelt, es werde lediglich das einfache Gesetz anhand der Verfassung interpretiert. Daß die Verfassung zu einer solchen Praxis nicht zwingt, ist nur allzu offensichtlich und bedarf keiner näheren Ausführung. Stattdessen hätte es sich auch hier geziemt, die gesteigerte Verantwortung gerade des Schadensersatzrechts zur Bekämpfung mißbilligter Verhaltensweisen im Sinne seines fallgruppenweisen Einsatzes zu Sanktions- und Präventionszwecken offen herauszustellen. Der schlagwortartigen Erwähnung verfassungsrechtlicher Leitprinzipien hätte es daneben nicht bedurft.

4. Europäisches Gemeinschaftsrecht als Begründungsmittel

Was von der Verfassung als Begründungsmittel gesagt wurde, gilt in noch stärkerem Maße für das europäische Gemeinschaftsrecht. Veränderungen in der zivilrechtlichen Dogmatik werden von den bundesdeutschen Behörden vorschnell als Produkt europarechtlicher „Zwänge" abgetan, ohne sich gewahr zu werden, daß sie diese aufgrund eigener Entschließungsfreiheit selbst in Kauf genommen haben. Beispielhaft hierfür ist die Entwicklung der Schadensersatzsanktion zur Durchsetzung des arbeitsrechtlichen Benachteiligungsverbots gemäß der RL 76/207/EWG.[45] Die RL ist ein „Diktat" nur hinsichtlich des zu erzielenden Erfolgs, stellt aber die Wahl der Mittel zum Erfolg in das freie Ermessen des Mitgliedsstaates (Art. 249 III EGV). Mit der Entscheidung für die Sanktion des Schadensersatzes hätte deshalb das offene Eingeständnis einhergehen müssen, daß für diesen Teilbereich das Schadensersatzrecht bewußt zu Sanktions- und Präventionszwecken eingesetzt wird.[46] Ein Lippenbekenntnis dieser Art sucht man indes vergebens. Stattdessen wird der Eindruck vermittelt, man beuge sich nur einem notwendigen Übel.[47] Bezeichnend hierfür sind Sätze wie: „Diese Form der Entscheidung ließ sich auf Grund des Aus-

---

[43] OLG Karlsruhe/Freiburg, NJW 1973, 851, 852f. (vgl. oben § 8 XVIII 2 b).
[44] Vgl. insbes. § 81 I 1 VAG.
[45] Oben § 7 VII.
[46] Vgl. schon *Müller*, JA 2000, 119, 122f.
[47] Deutlich dokumentiert sich dies in der Gesetzesbegründung BT-Drucks. 13/20242, S. 6ff: das Sanktionsmittel wird nicht „diskutiert", sondern die Vorgaben des EuGH im Maßstab 1:1 umgesetzt.

legungsurteils des EuGH ... ‚finden'"[48] oder „Dies muß dazu führen, eine Persönlichkeitsverletzung ... regelmäßig als anspruchsbegründend ‚anzusehen'".[49] Mit diesen Aussagen soll die Verantwortung für die Instrumentalisierung des Schadensersatzes auf die „Gemeinschaftsebene" abgeschoben werden. Dem entspricht die immer nur tröpfchenweise Ausrichtung des Schadensersatzes am Sanktions- und Präventionsgedanken, was zu zahlreichen Rügen wegen mangelnder Umsetzung der RL geführt hat.

5. Verdeckte Wertungen

Nur sehr schwer nachweisbar sind die Aspekte der Sanktion und Prävention in Fällen, in denen sich die Rechtsprechung zur „äußeren" Begründung der Entscheidung einer streng formaljuristischen und die Nähe zum Gesetz vermittelnden Argumentation bedient, wodurch die die Entscheidung tragenden Wertungsgesichtspunkte geradezu heimtückisch überspielt werden. Ein Beispiel hierfür bildet die Nichtberücksichtigung hypothetischer Schadensursachen[50] bei Ersatzansprüchen wegen Zerstörung einer Sache, die der BGH mit der Erwägung begründet, daß „mit dem Eingriff sogleich der Anspruch auf Schadensersatz entstanden war und das Gesetz den späteren Ereignissen keine schuldtilgende Kraft beigelegt hat".[51] Entgegen dem hier vom BGH erweckten Anschein zwingt das Gesetz jedoch keineswegs zu diesem Ergebnis.[52] § 249 S. 1 BGB hätte im Anschluß an OGHZ 1, 308 ebensogut dazu herhalten können, das Pendel in die entgegengesetzte Richtung ausschlagen zu lassen:[53] nicht die Berücksichtigung, sondern die Nichtberücksichtigung hypothetischer Ursachen bedürfte bei begrifflicher Ableitung einer besonderen Begründung. Weil hier der nüchterne Buchstabe des Gesetzes das Ergebnis völlig offenläßt, hätte sich der BGH nicht damit begnügen dürfen, dieses lediglich zu behaupten; erst die ausdrückliche Erwähnung des für die Entscheidung hier maßgeblichen[54] Wertungsgesichtspunkts der Sanktion hätte ihr die notwendige Legitimation verschafft.

Ebenso völlig unausgesprochen bleiben die Wertungsgesichtspunkte der Sanktion und Prävention bei der schadensersatzrechtlichen Sanktionierung von VOB/A-Verstößen öffentlicher Auftraggeber.[55] Die Gewährung des Erfüllungsinteresses als

---

[48] ArbG Hamm, DB 1984, 2700 (vgl. oben § 7 VII).
[49] BAG DB 1989, 2279, 2280 (vgl. oben § 7 VII).
[50] Vgl. dazu oben § 7 XIII 2.
[51] BGHZ 29, 207, 215 (vgl. oben § 7 XIII 2).
[52] Vgl. oben § 7 XIII 2.
[53] *Hagen*, FS Hauß, 83ff., 90.
[54] Vgl. oben § 7 XIII 2.
[55] Vgl. dazu oben § 7 VI.

Rechtsfolge einer culpa in contrahendo begründet die Rechtsprechung dort aus den Grundsätzen dieses Rechtsinstituts selbst heraus. Sie begnügt sich mit dem Hinweis, daß der Schadensersatzanspruch aus culpa in contrahendo im allgemeinen nur auf das Vertrauensinteresse und nur ausnahmsweise auf das Erfüllungsinteresse gehe;[56] hieran schließt sich die apodiktische Bemerkung: „Ein solcher Ausnahmefall liegt hier jedoch vor".[57] Oder sogleich die besondere Lagerung des Falles betonend: „Ganz ausnahmsweise allerdings kann der Geschädigte auch Ersatz des sog. positiven Interesses verlangen".[58] Hierdurch wird der Eindruck erweckt, das Ergebnis sei Ausfluß einer rein logischen Anwendung des Rechtsinstituts der culpa in contrahendo auf den konkreten Sachverhalt. Das wahre Motiv für diese Rechtsfolgenbestimmung bleibt dabei völlig im dunkeln. Erst in späteren Entscheidungen[59] begann die Rechtsprechung, dieses allmählich aufzudecken.

6. Reductio ad absurdum

Ein in den Entscheidungsgründen immer wiederkehrendes Argument ist die reductio ad absurdum (r. a. a.),[60] verstanden als ein „Operieren mit Extremfällen":[61] Führt eine folgerichtig zu Ende gedachte Behauptung „zu unerträglichen, lächerlichen, widersinnigen, vielleicht unmöglichen, kurz, zu absurden Konsequenzen",[62] so kann diese Behauptung nicht zutreffen. Dabei scheint sich für die vorliegende Entscheidungsanalyse die These zu bestätigen, daß die Überzeugungskraft der reductio ad absurdum letztlich „nicht am Wert der Wahrheit, sondern an dem der Gerechtigkeit gemessen"[63] wird. So begründet die Rechtsprechung[64] die volle Haftung jedes einzelnen Demonstrationsteilnehmers für den gesamten durch die Demonstration verursachten Schaden letztendlich mit der Erwägung, daß andernfalls (Haftung nur für eigenen Ursachenbeitrag) die „schuldlos Geschädigten" auf ihren Schaden sitzenblieben, was nach Ansicht des BGH „in elementarer Weise gegen den Gerechtigkeitsgedanken verstieße". Ähnlich hält die Rechtsprechung Geschäftsbesorger und Kommissionäre zur Herausgabe von Schmier- und Bestechungsgeldern deshalb

[56] OLG Düsseldorf, BauR 1986, 107, 111 (vgl. oben § 7 VI b).
[57] OLG Düsseldorf, BauR 1986, 107, 111.
[58] OLG Düsseldort, BauR 1989, 195, 189 (vgl. oben § 7 VI b).
[59] BGH BauR 1993, 217; OLG Düsseldorf, BauR 1996, 98, 102 (vgl. oben § 7 VI b).
[60] Vgl. dazu *Diederichsen*, FS Larenz, 155 ff.
[61] *Horak*, Rationes Decidendi I, 267ff.
[62] *Horak*, Rationes Decidendi I, 267ff.
[63] *Canaris*, Systemdenken und Systembegriff, 24 Fn. 26.
[64] BGH NJW 1972, 1571, 1574 (vgl. oben § 7 X b).

verpflichtet, weil sie ihnen zu belassen „innerlich ungerechtfertigt“[65] wäre und „mit dem im Volke wurzelnden Rechtsgefühl in schroffen Gegensatz treten hieße“.[66] Eine solche der Gerechtigkeit gehorchende Rechtsprechung erfreut sich zweifelsohne populistischer Beliebtheit; doch ohne *Umformung* dieser „Begründungen“ *in ein schadensrechtliches Prinzip* bleiben diese die Entscheidung tragenden „Argumente“ ohne methodische Grundlage. Die hier wiedergegebenen Rechtsprechungszitate sind Ausfluß austeilender Gerechtigkeit (fiat justitia et pereat mundus) und damit von Sanktion. Gleiches gilt hinsichtlich der Vokabel der „gerechten Interessenabwägung“, mit der der BGH[67] die Beweislastumkehr bei groben Verstößen gegen Berufspflichten begründet. Welche Interessen hier gegeneinander abgewogen werden, bleibt unerwähnt; der BGH[68] meint nur, in diesem Fall dürfe dem Arzt „gerechterweise“ nicht gestattet werden, sich seiner „Verantwortlichkeit“ zu entziehen. Insgesamt zeigt sich, daß dort, wo das Gerechtigkeitsgefühl zu einer bestimmten Entscheidung zwingt, eine Auseinandersetzung mit gegenteiligen Ansichten nicht stattfindet. Meist begnügt sich die Rechtsprechung dann mit ad hoc-Argumenten wie „es gehe (aber) nicht an“,[69] „erschiene … nicht gerechtfertigt“,[70] „liefe auf eine Begünstigung des Schädigers hinaus, also desjenigen unter den drei Beteiligten, der diese Begünstigung am wenigsten verdient“,[71] „würde rechtsethischen Erwägungen nicht Rechnung tragen“,[72] „es wäre nicht zu verstehen“,[73] „könne nicht rechtens sein“,[74] „sei sozial gerecht“,[75] um die eigene Auffassung gegen andere Interpretationsmöglichkeiten abzusichern. Im Gebrauch dieser Floskeln liegt keine Begründung, sondern eine *Begründungsverweigerung*. Der die Entscheidung tragende Gedanke der Sanktion bleibt hintergründig und unausgesprochen. Den Sanktionsgedanken dokumentiert ferner, wenn auch in abgeschwächter Form, eine im Zusammenhang mit dem versagten Vorteilsausgleich vom BGH[76] gebrauchte reductio ad absurdum, wonach „der sozialpolitische Sinn“ der Lohnfortzahlung „ins Gegenteil verkehrt würde“, wenn sie die Ersatzpflicht des verantwort-

[65] RGZ 164, 98, 103.
[66] RGZ 99, 34.
[67] BGH VersR 1962, 960 (vgl. oben § 7 XV a, b).
[68] BGH VersR 1962, 961.
[69] BGH NJW 1961, 119, 120 (vgl. oben § 7 XIV 2 a); OLG Hamm, NJW 1971, 468, 470 (vgl. oben § 7 XIII 1 d).
[70] BGHZ 4, 170, 177 (vgl. oben § 7 XIV 4 a).
[71] BGHZ 9, 179, 186 (vgl. oben § 7 XIV 1 c).
[72] BGHZ 9, 179, 190 (vgl. oben § 7 XIV 1 c).
[73] BGHZ 18, 149, 158 (vgl. oben § 8 XVIII 1 a).
[74] BAG NJW 1975, 1987, 1989 (vgl. oben § 7 IX c).
[75] BAG BB 1961, 639 (vgl. oben § 7 XI b).
[76] BGHZ 21, 115, 119 (vgl. oben § 7 XIV 1 b).

lichen Schädigers wegfallen ließe. Auf das nicht der juristischen Sphäre entstammende[77] Praktikabilitätsargument der reductio ad absurdum hat die Rechtsprechung auch zur Begründung der Schadensliquidierung nach der entgangenen Lizenzgebühr bei unerlaubten Eingriffen in fremde Ausschließlichkeitsrechte zurückgegriffen. Für die Zulassung dieser Schadensberechnungsmethode bestehe, so der BGH,[78] ein „praktisches Bedürfnis". Gerade letzteres Argument unterstreicht den außerlogischen Charakter der reductio ad absurdum, weshalb die Rechtsprechung hier ein gutes Stück weit „Wirklichkeitsjurisprudenz"[79] betreibt.

7. Normativierung des Schadens

Die mangelnde Bereitschaft der Rechtsprechung, bestimmte die Entscheidung tragende Wertungsgesichtspunkte offenzulegen, führte sogar zu einem neuen Verständnis von Schaden als dem zentralen Ordnungsbegriff unserer Zivilrechtsordnung.[80] Die „Erfindung" des normativen Schadensbegriffs[81] ist ein häßliches Beispiel dafür, wie sehr die Rechtsprechung bestrebt ist, Wertungen, zu denen zu bekennen sie nicht bereit ist, unter Begriffsmänteln zu verstecken.[82] Schon *begrifflich* kann Schaden immer nur eine *quantitativ-rechnerische Größe* umreißen, was freilich nicht bedeutet, daß zu seiner Feststellung auf den Rückgriff normativer (wertender) Kriterien gänzlich verzichtet werden könnte. Dies ist aber nur Ausdruck der Erkenntnis, daß die Transformierung der außerrechtlichen Wirklichkeit in die Rechtswirklichkeit (hier: Umformung des Schadens im natürlichen Sinne in einen Schaden im rechtlichen Sinne)[83] einen Akt des Wertens und Bewertens miteinschließt,[84] was in letzter Konsequenz zur Etablierung der „Wertungsjurisprudenz"[85] geführt hat. Demgegenüber vermittelt aber der normative Schadensbegriff den Anschein, als folge das gefundene Ergebnis mehr oder weniger zwangsläufig aus einer

---

[77] *Diederichsen*, FS Klingmüller, 65ff., 78.
[78] BGHZ 20, 345, 353 (vgl. oben § 7 I 1 c).
[79] *Diederichsen*, FS Larenz, 155ff., 160.
[80] Zu den verschiedenen Schadensbegriffen vgl. oben § 4 II 2 a aa, bb.
[81] Vgl. BGHZ 43, 378, 381 (vgl. oben § 7 XIV 1 f).
[82] Ähnlich *Lieb*, JZ 1971, 358, 360: „sie (scl. die Wertungen) sollten offen ausgesprochen und diskutiert und nicht hinter abstrakten Leerformeln versteckt werden".
[83] Vgl. dazu oben § 3 I 1 c cc (1).
[84] So i. E. auch *Magnus*, 289, 303 Fn. 2; in diesem Sinne auch *Selb*, AcP 173 (1973), 366ff: „Alle Ausdrücke sind eben ‚normativ' und das Wort vom ‚normativen Schaden' ist nur eine Absage an juristischen Naturalismus oder eine Einleitung, mit der ganz konkrete Wertungen innerhalb der Differenzrechnung angekündigt werden ...".
[85] Vgl. dazu *Larenz*, Methodenlehre, 119ff.

Subsumtion des Tatbestands unter diesen Begriff.[86] Daß dem aber nicht so ist, zeigen allein schon die weitschweifigen Ausführungen, mit denen die Rechtsprechung beispielsweise einen Schaden des arbeitsunfähig verletzten Arbeitnehmers trotz an ihn geleisteter Versicherungs- oder Entgeltfortzahlungsleistungen zu begründen versucht.[87] In der Versagung der Vorteilsausgleichung liegt in diesen Fällen ein normativ-wertender Akt – getragen vom qualitativen Aspekt der Sanktion –, mit dem die Rechtsprechung letztendlich zum Schadensersatz ohne Schaden gelangt. Der daneben zu allem Überfluß bemühte normative Schadensbegriff hat nicht mehr als die Bedeutung eines Schlagworts für das eigentlich Wesentliche: Ermächtigung zum Judizieren vom Ergebnis her[88] und damit zu wertender Beurteilung unter Verzicht auf Offenlegung der tragenden Beurteilungs*kriterien*. Erst die Offenlegung dieser Kriterien aber macht das Ergebnis einer rationalen Begründung zugänglich.

8. Offene Wertungen

Nicht immer läßt die Rechtsprechung die Wertungsgesichtspunkte der Sanktion und Prävention unausgesprochen. Das Spektrum reicht von ihrer völligen Verdeckung bis hin zu ihrer bekenntnishaften Offenlegung. Ein honoriges Beispiel für letzteres bildet etwa die neuere Schmerzensgeldrechtsprechung zur Zwangskommerzialisierung der Persönlichkeit durch die Presse.[89] Zwischen beiden Extrema liegen zahlreiche Fälle, in denen die Rechtsprechung die tragenden Wertungsgesichtspunkte nur sehr knapp und ansatzweise durchschimmern läßt. So begründet die Rechtsprechung[90] die Qualifizierung des § 1 GWB als Schutzgesetz kurzerhand mit dem „(Fehlen) eines außerkartellrechtlichen und eines hinreichenden kartellrechtlichen Deliktsschutzes". Neben dem Hinweis auf dieses Rechtsschutzdefizit fehlt es an einem positiv formulierten Bekenntnis der Rechtsprechung, dieses Defizit durch eine bewußte Ausrichtung des Schadensersatzrechts am Sanktions- und Präventionsgedanken zu kompensieren. Ähnlich kurz ausgesprochen ist die der GEMA-Rechtsprechung zugrundeliegende Wertung, Musikaufführungsrechte Verletzungen nicht „schutzlos preiszugeben".[91] Sehr knapp bleiben ferner die zur Begründung der Schadensersatzsanktion gegen Persönlichkeitsrechtsverletzungen herangezogenen

---

86 *Hagen*, FS Hauß, 83 ff., 95; vgl. auch oben § 4 II 2 a.

87 BGHZ 7, 30ff.; BGHZ 9, 179 ff. (vgl. oben § 7 XIV 1 a, b, c).

88 Vgl. *Rother*, JZ 1971, 659, 660: „Schluß vom Sollen zum Sein"; *Hattenhauer*, Kritik des Zivilurteils, 94; dagegen *Hagen*, FS Hauß, 83ff., 101 mit Fn. 75.

89 BGH NJW 1995, 861, 865; 1996, 984, 985 (vgl. oben § 8 XIX e).

90 BGHZ 64, 232, 238; OLG Bremen, WuW/E OLG 4478, 4480 (vgl. oben § 7 XII b).

91 BGHZ 59, 286, 291 (vgl. oben § 7 IV b).

Wertungen, nämlich der „Schutz der inneren Freiheit“,[92] die „Respektierung des Personenwertes“[93] sowie schließlich die „Verkümmerung“[94] des Rechtsschutzes der Persönlichkeit. Ein weiteres Beispiel ist die Selbstverständlichkeit und Knappheit, mit der der „Verzögerungsgedanke“ verwendet wird.[95]

Der Hinweis auf die erhöhte Schutzbedürftigkeit dieser Rechte bedeutet zunächst nur, Sanktionen zu ihrem Schutze überhaupt zu unternehmen; über die konkrete Sanktionsart ist dabei aber noch nicht entschieden. In allen Fällen fehlt es an einem offenen Bekenntnis der Rechtsprechung, warum sie den Schutz dieser Rechte gerade durch Schadensersatzsanktionen unternimmt. Erst eine ausdrückliche Stellungnahme hierzu hätte sie gezwungen, die Verfolgung von Sanktions- und Präventionszwecken als eine legitime Aufgabe des Schadensersatzrechts herauszustellen und so dem Gebot der Wertungsoffenheit Rechnung zu tragen.

§ 10 Konsequenzen für das Schadenskonzept

Die bislang gefundenen Ergebnisse zwingen zu Veränderungen in der Ausgestaltung des überkommenen Schadensmodells.[96] Dies kann freilich nicht darüber hinwegtäuschen, daß im Schadensrecht letztendlich nur das fallgruppenweise gefundene Ergebnis zählt und gerade auf diesem Gebiet die Theorie der Praxis wenig helfen kann.[97] Doch aus diesen Gründen auf ein Konzept zu verzichten, geht nicht an. Denn mit dem Einsatz des Schadensersatzrechts zu Sanktions- und Präventionszwecken entfernt man sich von seinem Grundverständnis als *rechnerische Ausgleichsordnung* und tangiert (funktional) die Systemgrenze zwischen Schadensersatz und Strafe, was unweigerlich die Frage nach der Legitimität des Sanktions- und Präventionsgedankens im deutschen Schadensersatzrecht aufwirft.

I. Die „Ergänzungsbedürftigkeit“ des BGB-Schadensrechts um ein Sanktionsprinzip de lege lata

Den hier untersuchten Fallgruppen ist gemeinsam, daß das historische Entschädigungskonzept die zu ihnen gefundenen Ergebnisse weder tragen noch erklären kann. Die täterbezogenen und qualitativen Aspekte der Sanktion und Prävention stehen „außerhalb“ einer quantitativen Schadensersatzordnung, die allein darauf

[92] BGHZ 26, 349, 356 (vgl. oben § 8 XIX a).
[93] BGHZ 35, 363, 368 (vgl. oben § 8 XIX b).
[94] BGHZ 39, 124, 131 f. (vgl. oben § 8 XIX c).
[95] BGHZ 4, 170, 177 (vgl. oben § 7 XIV 4 a).
[96] Zu den verschiedenen Modellen des Schadensrechts vgl. oben § 5 I, II.
[97] *Medicus*, Unmittelbarer Schaden, 43.

abzielt, bilanzmäßige Verluste im Vermögen des Geschädigten pekuniär zu kompensieren. Wesenseigen sind dem BGB-Schadenskonzept – weil vom Täter her konzipiert – die Gesichtspunkte der Sanktion und Prävention lediglich bei der Haftungs*begründung*, was *Rudolph von Jhering* zu der berühmten Feststellung bewog: „Nicht der Schaden verpflichtet zum Schadensersatz, sondern die Schuld".[98] Dagegen trifft diese These *Jherings* auf die Ausgestaltung der Haftungs*folgen* nicht zu: sobald nämlich die Verantwortlichkeit des Schädigers einmal feststeht, bestimmt fortan nicht mehr das Verschulden, sondern der *Schaden* den Ersatz. Proportionalität zwischen Schuld und Schadensersatz ist dem BGB fremd[99] (Grundsatz der Totalreparation).

Die Fallgruppenanalyse hat jedoch gezeigt, daß die *Rechtswirklichkeit* der Maxime *Jherings* Geltung auch auf der *Rechtsfolgenseite* verschafft. Nahezu sämtliche Fallgruppen zeichnen sich dadurch aus, daß der Rechtsfolgenausspruch nicht so sehr der Reparation eines Schadens beim Geschädigten dient, sondern in erster Linie und in nicht wenigen Fällen sogar ausschließlich ein Unwerturteil über zu mißbilligende Verhaltensweisen von Tätern bezweckt – der Schadensersatz mutiert zu einer zivilrechtlichen Geldstrafe. Dieser Befund zwingt zur Anerkennung des Sanktionsprinzips im Schadensersatzrecht als eigenständigen Grundgedanken neben dem Ausgleichsprinzip, und zwar schon de lege lata.

1. Verfassungsrechtliche Rahmenbedingungen

Eine solche Aufwertung der nach weitläufiger Ansicht[100] nur den Rang eines „erwünschten Nebenprodukts" zukommenden Aspekte von Sanktion und Prävention zu einem selbständigen Grundgedanken des Schadensersatzrechts verstößt entgegen einiger Stimmen in der Literatur[101] nicht gegen Art. 103 II GG (Art. 103 III GG). Schon der Gedanke an diese Bestimmung zeugt von einem völlig verengten Grundverständnis, das die sanktionelle Ausformung des Schadensersatzes zwangsläufig als einen Rückfall in den mühsam erarbeiteten Trennungsprozeß[102] zwischen Schadensersatz und Strafe deutet. Dabei wird verkannt, daß nicht alles „Strafe" im Sinne dieser Vorschrift ist, was der Betroffene als eine solche empfindet. Art. 103 II

[98] *v. Jhering*, Schuldmoment, 40.

[99] Eine Ausnahme von diesem Grundsatz stellt freilich die Regelung des § 254 I BGB dar.

[100] Vgl. statt vieler *Larenz*, Schuldrecht AT, 423; *Lange*, 10.

[101] Etwa *Mertens*, 97f.; für die Genugtuungslehre *Hirsch*, FS Engisch, 304, 325ff.; wie hier BVerfGE 26, 186, 204; 34, 269, 293 (zur Genugtuungsfunktion des § 847 BGB); *Schaper*, NJW 1963, 1764ff. (zu Ordnungsgeld bzw. -haft gem. § 890 ZPO); *Großfeld*, Privatstrafe, 123 (für Privatstrafen); *Gottwald*, Schadenszurechnung, 148, jedoch mit der Einschränkung, daß der Verstoß gegen die Verhaltenspflicht einen realen Schaden verursacht hat.

[102] Vgl. dazu oben § 3 I.

GG gibt dem Einzelnen einen negativen Abwehranspruch nur gegen die strafrechtliche Verfolgung durch den Staat.[103] Nur diese „hoheitliche" Art der Übelszufügung unterfällt dieser Vorschrift. Demgegenüber stellt der sanktionell ausgerichtete Schadensersatz keine echte Reaktion auf eine Straftat dar, sondern dient primär präventiven und erzieherischen Zwecken (Sanktion i. S. v. nachtatlicher Prävention), während die Kriminalstrafe in die Vergangenheit blickend die Tat des Täters sühnt. Zwar kennt die Kriminalstrafe neben der Vergeltung als weiteren Strafzweck auch die Prävention. Doch steht bei ihr wesensgemäß die rechtliche und gesellschaftliche Stigmatisierung des Täters im Vordergrund. Dieser Unterschied in der Zweckintention ist es, der es verbietet, den „strafenden" Schadensersatz mit der Kriminalstrafe auf eine Stufe zu stellen. Krassestes Beispiel hierfür ist die sog. Zweispurigkeit des deutschen Strafrechts. Danach können gegen einen Straftäter *neben* einer Kriminalstrafe Maßregeln der Besserung und Sicherung verhängt werden (§ 61 StGB). So kann z. B. bei Vorliegen der weiteren Voraussetzungen gegen den Täter *neben* der Strafe eine Sicherungsverwahrung (§ 66 StGB) angeordnet werden. Diese ist für den Täter regelmäßig mindestens ebenso einschneidend wie die Verbüßung einer Kriminalstrafe und unterscheidet sich auch sonst faktisch nicht von ihr,[104] weshalb sie aus der Sicht des Betroffenen wie eine Strafe wirkt. Dennoch wird sie einer solchen nicht gleichgestellt,[105] ersichtlich deshalb, weil sie sich – wie der Schadensersatz – von der Strafe in der Stoßrichtung unterscheidet: Schadensersatz und Maßregel bezwecken nicht echte Sühne für begangenes Unrecht, sondern ausschließlich Vorbeugung durch Besserung des Täters/Schädigers zum sicheren Schutze der Allgemeinheit/von Rechtsgütern. Beide haben dennoch in der Sache ein gewisses Maß an Übelcharakter. Für die Maßregel versteht sich dies von selbst. Für den Schadensersatz folgt dies einmal daraus, daß der Schädiger Ersatz überhaupt leisten muß, entscheidend aber und hier allein relevant aus seiner *sanktionellen Ausformung auf der Rechtsfolgenebene* durch die Rechtsprechung. Wenn aber ein so drakonisches Mittel wie die Sicherungsverwahrung nicht dem Strafbegriff des Art. 103 II, III GG unterfällt, dann kann es insoweit von Verfassung wegen auch nicht zu beanstanden sein, das Schadensersatzrecht entgegen der historischen Intention des Gesetzgebers am Sanktions- und Präventionsgedanken auszurichten.

---

[103] *Dürig* in: Maunz/Dürig, GG, Art. 103 Abs. 2 Rdnr. 100.

[104] Besonders deutlich wird dieser Gleichklang von Sicherungsverwahrung und Strafe dadurch, daß jene nicht in einer Krankenanstalt, sondern unter den Bedingungen des Strafvollzugs durchgeführt wird (§§ 129ff.; insbes. § 130 StVollzG). Dieser Gleichklang hat den Vorwurf des „Etikettenschwindels" eingebracht, vgl. dazu *Jescheck*, Lehrbuch, 78.

[105] Vgl. BGHSt 24, 103, 106; mit dieser Begründung hat BVerfGE 55, 28, 30 im nachträglichen Eintritt von Führungsaufsicht (§§ 61 Nr. 4, 68 f StGB) einen Verstoß gegen Art. 103 III GG verneint; offengelassen BVerfGE 74, 102, 126.

2. Systematisches Erfordernis

Diesen im Ergebnis unberechtigten verfassungsrechtlichen Zweifeln stehen gewichtige systematische Gründe gegenüber, die zu einer Anerkennung des Sanktionsgedankens im deutschen Schadensersatzrecht zwingen.

In der Jurisprudenz ist es üblich geworden, zwischen dem „inneren" und „äußeren" (abstrakt begrifflichen) System zu unterscheiden.[106] Während letzteres ein nach den Regeln der formalen Logik gebildetes System der abstakt-allgemeinen Begriffe umschreibt,[107] ist es Aufgabe des „inneren" Systems, die über einzelne Regelungskomplexe hinausgreifenden *allgemeinen Rechtsgedanken* und *Wertungsmaßstäbe* sichtbar werden zu lassen.[108] Dabei kommt den Rechtsprinzipien für die Systembildung eine entscheidende Rolle zu. Für das Schadensrecht gilt dies wegen des dort bestehenden Normenmangels und der damit verbundenen Vorherrschaft des Richterrechts in ganz besonderem Maße. Nicht wenige Entscheidungen sind nicht das Ergebnis streng logischer Gesetzessubsumtion, sondern erklären sich erst aus dem Bestehen eben dieser Prinzipien.

Die vorliegende Fallgruppenanalyse hat gezeigt, daß sich die zu ihnen gefundenen Ergebnisse nur aus der *Herrschaft des Sanktions- und Präventionsprinzips* rechtfertigen lassen. Damit stehen sie aber allesamt in *Widerspruch zum gesetzlichen Schadenskonzept*, wonach das Ausgleichsprinzip das Fundament unseres Schadensersatzrechts ist.[109] Zur Überwindung dieser Diskrepanz zwischen gesetzlichem Leitmotiv und praktizierter Rechtswirklichkeit gibt es nur zwei Wege: entweder man geht einen Schritt zurück und tritt für eine Lösung der einschlägigen Fallgruppen auf der Grundlage des Ausgleichsprinzips ein oder man hält an den gewonnenen Ergebnissen fest und anerkennt dafür das Sanktionsprinzip als einen qua Rechtsprechung legitimierten eigenständigen Grundgedanken des Schadensersatzrechts. Die Beschreitung eines dieser Wege ist aber eine unverzichtbare Notwendigkeit, um die innere Sinneinheit des Rechts zu wahren. Es liegt auf der Hand, daß von diesen zweien allein letzterer realistisch ist. Daß sich eine teilweise über Jahrzehnte praktizierte Rechtsprechung, die noch dazu gesellschaftlichen Veränderungen Rechnung trägt, rückgängig machen läßt, kann als ausgeschlossen gelten.

Gegen eine Systematisierung des Sanktionsgedankens läßt sich nicht einwenden, daß die hier untersuchten Fallgruppen lediglich Ausnahmen vom Grundsatz des Schadensausgleichs darstellen und als solche diesen geradezu bekräftigen. Die

---

[106] *Larenz*, Methodenlehre, 437ff., 473ff.; die Unterscheidung geht zurück auf *Heck*, Begriffsbildung und Interessenjurisprudenz, 139ff., 142f.

[107] *Larenz*, Methodenlehre, 437.

[108] *Larenz*, Methodenlehre, 473.

[109] Vgl. oben § 4 II 1, 3.

Parömie „Die Ausnahme bestätigt die Regel" schöpft ihre Geltungskraft nicht aus sich selbst heraus, sondern muß ihre Stichhaltigkeit erst noch hinsichtlich der entsprechenden Regelungsmaterie unter Beweis stellen. Für das Schadensrecht kann dieser Beweis schon längst nicht mehr geführt werden. Die steigende Tendenz sowohl in der Rechtsprechung als auch in der Literatur, das Schadensersatzrecht für Sanktions- und Präventionszwecke fruchtbar zu machen, zwingt hier zur Umformung jener Parömie in folgendem Sinne: „Die Ausnahme bestätigt nicht immer die Regel, sondern sie kann auch die Ankündigung einer neuen sein". Daß man sich dieser Erkenntnis bis heute verschließen konnte,[110] hat seinen Grund in der immer nur isolierten Betrachtung der verschiedenen Fallgruppen, wodurch wertvolle Erkenntnisse unentdeckt bleiben, die sich erst beim gesamtschaumäßigen Überblick über alle hier analysierten Fallgruppen erschließen. So verfahren hat man freilich keinen Anlaß, an der Alleingültigkeit des Ausgleichsgedankens auch nur im geringsten zu zweifeln. Stattdessen werden Ergebnisse, die das BGB-Schadenskonzept nicht trägt, nur allzu schnell als Ausnahmen vom Grundsatz deklariert oder bestenfalls noch gewohnheitsrechtlich legitimiert.[111] Wenn aber die Ausnahmen so zahlreich werden, daß sie für sich zusammen eine neue Tendenz einleiten, wenn sie sozusagen den Sprung von der Quantität zur Qualität vollziehen, dann steht der von ihnen durchlöcherte Grundsatz nur noch auf dem Papier, verdrängt von der Rechtswirklichkeit. Sämtliche hier untersuchten Fallgruppen stehen nicht gleichgültig und autonom nebeneinander, sondern ziehen zusammen am gleichen Strang; sie harmonieren miteinander nach Art einer Symbiose und verschaffen dadurch dem Sanktionsgedanken seine Legitimität im Schadensersatzsystem.

Das blinde Festhalten am Ausgleichsgedanken hat zur Folge, daß verschiedene schädliche Verhaltensweisen schadensrechtlich sanktionslos blieben, dies hinzunehmen man aber in vielen Fällen nicht bereit ist.[112] Um sie letztendlich doch schadensrechtlich fassen zu können, kreierte man – ohne insoweit die Alleingültigkeit des Ausgleichsgedankens in Frage zu stellen – auf sie speziell zugeschnittene Schadensregeln,[113] mit der der Systematik abträglichen Folge, daß heute jeder die-

---

[110] Eine rühmliche Ausnahme macht *Weyers*, 97ff., der darauf hinweist, daß es an der Zeit sei, die Legitimität des Sanktionsgedankens zu prüfen, ihn i.E. jedoch ablehnt.

[111] Vgl. etwa BGHZ 59, 286ff., 287f., 291 zum doppelten Tarifzuschlag für die GEMA unter ausdrücklichem Hinweis auf die Unmöglichkeit ihrer schadensersatzrechtlichen Einordnung (vgl. oben § 7 IV b); bezeichnend auch *Ebenroth*, JZ 1988, 18, 27.

[112] Besonders deutlich etwa BGHZ 59, 286, 291 – GEMA (vgl. oben § 7 IV b); BAGE 6, 321, 374f., 377f. – Metallarbeiterstreik (vgl. oben § 7 XIII 1 a); BAG NJW 1970, 1469, 1470 – Inseratskosten (vgl. oben § 7 XIII 1 b).

[113] Vgl. etwa: Schadensberechnung nach der Lizenzgebühr (vgl. oben § 7 I 1); § 611 a II 1 BGB: „angemessene Entschädigung in Geld in Höhe von höchstens drei Monatsverdiensten" (vgl. oben § 7 VII); abgestufter Haftungsmaßstab bei der Arbeitnehmerhaftung (vgl. oben § 7 XI)

ser Problemkomplexe sein „eigenes“ Schadensrecht kennt. Daß so die Gefahr eines Systemverfalls eingeläutet wird, ist offensichtlich. Ihr zu entgehen, heißt all jene im Wege der Rechtsfortbildung gewonnenen Schadensregeln in den allgemeinen Rahmen des Schadensersatzrechts einzugliedern [114] und, weil sie im Zeichen der Sanktion stehen, den Sanktionsgedanken als einen dem Schadensersatzsystem immanenten Grundgedanken neben dem Ausgleichsprinzip anzuerkennen.

Die Aufwertung der Aspekte von Sanktion und Prävention zu einem eigenständigen Prinzip des Schadensersatzrechts bedeutet dabei keineswegs eine Überbewertung der Rechtswirklichkeit. Zwar ließe sich einwenden, daß sich viele der hier analysierten Fallgruppen schon allein mit dem Begriff des „normativen“ Schadens lösen ließen und es deshalb eines so allgemeinen Prinzips gar nicht bedürfe. Dieser Einwand würde jedoch der gesamten Tragweite des Analysebefunds nicht gerecht. Zum einen ist der sog. normative Schadensbegriff ohne eigene Aussagekraft, weil er nur das zahlenmäßig erwünschte Ergebnis liefert, ohne die ihm zugrundeliegenden Wertungen offenzulegen;[115] im Begriff ist die Wertung lediglich impliziert, während das Prinzip sie explizit macht und darum besser geeignet ist, die Wertungseinheit des Rechts wiederzugeben.[116] Zum anderen lassen sich mit ihm nicht alle Falltypenergebnisse erklären, bei denen der Sanktionsaspekt durch den Schaden ausgedrückt wird. Wo beispielsweise die Höhe des Schadensersatzes nach der Schuld des Täters bemessen wird, wie etwa bei der Arbeitnehmerhaftung,[117] stößt selbst ein normativer Schadensbegriff an die Grenze seiner Erklärbarkeit. Dieser fungiert nämlich von jeher als Ermächtigung für den Richter, entweder einen Vermögensschaden ohne Vermögensdifferenz *zur Gänze* anzunehmen [118] oder trotz Vermögensdifferenz *zur Gänze* abzulehnen. Zur Festlegung eines nach der Schuld des Schädigers abgestuften Haftungsumfangs erweist er sich dagegen als ungeeignet. Entscheidend kommt jedoch hinzu, daß die Aspekte der Sanktion und Prävention nicht nur durch den zentralen Ordnungsbegriff des Schadens dokumentiert werden, sondern die Fallgruppenanalyse auch andere Mecha-

---

und beim Schadensregreß nach § 110 SGB VII (vgl. oben § 7 XVI); Schadensbemessung nach der Höhe des Verletzergewinns im Rahmen des § 33 S. 1 GWB (vgl. oben § 7 XII b); § 35 I 2 GWB a.F.: Immaterialschadensersatz als zivilrechtliches Vehikel (vgl. oben § 7 XII d); § 13 a II E-UWG: Erfüllungsinteresse als Rechtsfolge einer unerlaubten Handlung (vgl. oben § 8 XIX).

[114] Vgl. *Wilburg*, AcP 163 (1963), 346: „Das Privatrecht muß, um seine Aufgabe in der Gesamtrechtsordnung zu erfüllen und der Gefahr eines Verfalles zu entgehen, neue Ideen in sich aufnehmen und ausgegliederte Gebiete in seinen Rahmen zurückholen. Vor allem muß es aber seinen eigenen Aufbau überprüfen und aus inneren Kräften vervollkommnen“.

[115] Vgl. dazu oben § 9 II 7.

[116] *Canaris*, Systemdenken und Systembegriff, 50.

[117] Dazu oben § 7 XI.

[118] So in Fällen des versagten Vorteilsausgleichs, vgl. BGHZ 43, 378, 381 (vgl. oben § 7 XIV 1 f).

nismen der Sanktionserzielung aufgezeigt hat: hierzu zählen die Beweislastumkehr bei groben Verstößen gegen Berufspflichten,[119] die Überwindung der Kausalschranke in der GEMA-Rechtsprechung,[120] die verstärkte Qualifizierung von Normen des GWB als Schutzgesetze,[121] der Immaterialschadensersatz als Instrument zur Durchsetzung rechtlicher Verhaltensmaßstäbe in den Fällen der §§ 35 I 2 GWB a. F.,[122] 611 a II 1 BGB,[123] der fehlenden ärztlichen Einwilligung,[124] der flagranten Persönlichkeitsrechtsverletzung[125] sowie im Falle verzögerlicher Schadensregulierung durch Versicherer,[126] und schließlich der Schadensregreß nach § 110 SGB VII gegen den vorsätzlich oder grob fahrlässig handelnden Schädiger.[127]

Diese Sanktionserzielung auf quasi allen Ebenen, verlangt eine Aufwertung des Gesichtspunktes der Sanktion zu einem eigenständigen Grundgedanken.

Die Forderung nach Anerkennung des Sanktionsgedankens als eigenständigen Grundgedanken bedeutet keine Mißachtung der positivrechtlichen Ausgestaltung unseres Schadensersatzrechts. Sie hat nicht rechtspolitischen Charakter, sondern drängt lediglich auf Offenlegung dessen, was ohnehin längst Fakt ist: des Gedankens der *Sanktion als ein das Schadensersatzsystem tragendes Prinzip*. Zwar entspricht allein der Ausgleichsgedanke der subjektiven Auffassung der Gesetzesväter des BGB und hat diese auch in mannigfachen festen Regeln ihren objektiven Niederschlag gefunden: von diesen vielen[128] sind insbesondere zu nennen, die fehlende Abstufung des Schadensersatzes nach der Schwere des den Schädiger treffenden Verschuldens[129] sowie die Haftungsfreiheit des an einer rechtswidrigen Gefährdung im Sinne des § 830 I 2 BGB schuldhaft Beteiligten, der nachweisen kann, daß sein Tatbeitrag den Schaden nicht verursacht hat.[130] Diese Rechtsgedanken des BGB-Schadenskonzepts verbieten sicherlich eine *Ersetzung* des Ausgleichsgedankens durch den Sanktionsgedanken, nicht aber seine *Ergänzung* um ein Sanktionsprinzip. Seine Anerkennung unter Berücksichtigung des Analysebefunds zu versagen hieße systemtheoretische Errungenschaften ungenutzt lassen. Das Denken in Syste-

[119] Vgl. oben § 7 XV.
[120] Vgl. oben § 7 IV.
[121] Vgl. oben § 7 XII.
[122] Vgl. oben § 7 XII d.
[123] Vgl. oben § 7 VII.
[124] Vgl. oben § 7 XIII 1 c.
[125] Vgl. oben § 8 XIX.
[126] Vgl. oben § 8 XVIII 2 b.
[127] Vgl. oben § 7 XVI.
[128] Vgl. dazu *Mertens*, 99 f.
[129] Vgl. demgegenüber Fallgruppe XI (oben § 7 XI).
[130] Vgl. demgegenüber Fallgruppe X (oben § 7 X).

men hat heute einen festen Platz auch in der Jurisprudenz.[131] Es ist darauf gerichtet, die Einheit in der Vielfalt sichtbar zu machen. Ordnung und Einheit sind die wesentlichen Bestandteile des allgemeinen Systembegriffs,[132] die ihre juristische Entsprechung im Gedanken der wertungsmäßigen Folgerichtigkeit und inneren Einheit der Rechtsordnung finden.[133] Nur ein als „teleologische Ordnung allgemeiner Rechtsprinzipien" definiertes System ist geeignet, diesen Gedanken zum Ausdruck zu bringen.[134] Es besteht kein Zweifel, daß der Schadensausgleich ein in diesem Sinne allgemeines Rechtsprinzip umreißt – er ist *ein* tragender Grundgedanke unseres Schadensersatzrechts, doch nicht (mehr) der einzige. Seine Alleingültigkeit zu postulieren ist legitim nur von der Warte des BGB-Schadenskonzepts aus; denn im Laufe der Zeit hat dieses Postulat seine Unumstößlichkeit eingebüßt. Für das System charakteristisch ist nämlich seine „Offenheit" im Sinne von Unabgeschlossenheit, Entwicklungsfähigkeit, Modifizierbarkeit.[135] Dies gilt sowohl für das „wissenschaftliche System" als auch für das „objektive System".[136] Hinsichtlich des ersteren bedeutet Offenheit die Unabgeschlossenheit und Vorläufigkeit der *wissenschaftlichen Erkenntnis*, hinsichtlich des letzteren die Wandelbarkeit der *Grundwertungen der Rechtsordnung*.[137] Dabei ist das wissenschaftliche System eine „Kopie" des objektiven Systems; es steht in strenger Abhängigkeit zu diesem, d. h. es ist zu verändern, wenn entweder neue und „richtigere" Erkenntnisse des geltenden Rechts gewonnen worden sind, oder wenn sich das objektive System gewandelt hat.[138]

Für das Schadensersatzrecht hat die Fallgruppenanalyse gezeigt, daß sich in diesem Sinne seine tragenden Grundwertungen verschoben haben. Beherrschte unmittelbar nach Erlaß des BGB vor hundert Jahren noch der Ausgleichsgedanke die Szene, muß heute neben diesem auch das Sanktionsprinzip als systemtragend angesehen werden. Als systemverändernde Faktoren spielten dabei eine Rolle die Gesetzgebung (vgl. etwa §§ 611a II 1 BGB,[139] 35 I 2 GWB a.F.,[140] 110 SGB VII[141]), das Gewohnheitsrecht (vgl. insbes. die dreifache Schadensberechnungsmethode bei

---

[131] Vgl. grundlegend *Canaris*, Systemdenken und Systembegriff in der Jurisprudenz entwickelt am Beispiel des deutschen Privatrecht. 2. Aufl., (Berlin 1983).
[132] *Canaris*, Systemdenken und Systembegriff, 11, 155.
[133] *Canaris*, Systemdenken und Systembegriff, 13ff., 155.
[134] *Canaris*, Systemdenken und Systembegriff, 41 ff., 155f.
[135] *Canaris*, Systemdenken und Systembegriff, 61.
[136] *Canaris*, Systemdenken und Systembegriff, 62.
[137] *Canaris*, Systemdenken und Systembegriff, 63.
[138] *Canaris*, Systemdenken und Systembegriff, 66.
[139] Vgl. oben § 7 VII.
[140] Vgl. oben § 7 XII d.
[141] Vgl. oben § 7 XVI.

Eingriffen in fremde Ausschließlichkeitsrechte[142] sowie die GEMA-Rechtsprechung[143]) sowie die richterliche Rechtsfortbildung (vgl. etwa den abgestuften Haftungsmaßstab bei der Arbeitnehmerhaftung[144] und die Zuerkennung von Immaterialschadensersatz bei Verletzung des Persönlichkeitsrechts[145]). Zwar mag vom Standpunkt der traditionellen Rechtsquellenlehre aus bezweifelt werden, ob auch letzterer insoweit wirklich systemverändernde Kraft zukommt; denn das durch Rechtsfortbildung geschaffene Recht ist unabhängig vom Eingreifen des Gesetzgebers entstanden und seine Geltung kann auch nicht auf Gewohnheitsrecht gestützt werden, weil dessen Voraussetzungen jedenfalls im Zeitpunkt ihrer erstmaligen Anerkennung keinesfalls schon gegeben waren, so daß man sie als ursprünglich nicht „geltend" ansehen müßte.[146] Dies ändert sich aber schlagartig, wenn man sich dazu durchringt, entweder das Richterrecht in den Rang einer (im normativen Sinne) eigenständigen Rechtsquelle neben Gesetz und Gewohnheitsrecht zu heben oder man „außerpositive" Geltungskriterien anerkennt, als welche sich vor allem die „Rechtsidee" und die „Natur der Sache" anbieten.[147] Während die letzte Lösung allgemein favorisiert wird,[148] wurde gegen die erste Alternative eingewandt, sie sei mit dem Grundsatz der Gewaltenteilung (Art. 20 III GG) unvereinbar.[149] So schlagkräftig dieses Argument auf den ersten Blick scheint, so wenig überzeugt es für den Bereich des Schadensrechts. Wegen der dort zwangsläufig bestehenden Abstinenz des Gesetzgebers, der, um der Beurteilung des Einzelfalles hinreichend Raum zu lassen, stets nur rudimentäre Regeln schaffen kann,[150] muß ein „ersatzgesetzgeberisches" Tätigwerden der Gerichte hier als durchaus legitim angesehen werden. Dabei bedeutet die Berücksichtigung des fortgebildeten Rechts für die Frage nach der Eigenständigkeit des Sanktionsgedankens in unserem Schadensersatzrecht nicht die Berücksichtigung lediglich *rechtspolitischer* Zielsetzungen. Es anzuerkennen heißt, sich weiterhin im geltenden Schadensersatzsystem zu bewegen, denn die Offenheit des Systems ist ohne jede Bedeutung für die Zulässigkeit der Rechtsfortbildung: diese ist nicht zulässig, weil jenes offen ist, sondern jenes ist offen, weil diese – aus außerhalb der Systemproblematik liegenden Gründen – zulässig ist.[151]

---

[142] Vgl. oben § 7 I.
[143] Vgl. oben § 7 IV.
[144] Vgl. oben § 7 XI.
[145] Vgl. oben § 8 XIX.
[146] *Canaris*, Systemdenken und Systembegriff, 67f.
[147] *Canaris*, Systemdenken und Systembegriff, 69.
[148] *Canaris*, Systemdenken und Systembegriff, 70.
[149] *Canaris*, Systemdenken und Systembegriff, 69f.
[150] *Magnus*, 282.
[151] *Canaris*, Systemdenken und Systembegriff, 65.

Diese aufgrund der Fallgruppenanalyse *gewonnene Erkenntnis* eines Systemwandels im Schadensersatzrecht zwingt zu einer neuen Ausrichtung des wissenschaftlichen Systems durch Ergänzung des BGB-Schadensrechts um ein Sanktionsprinzip. „Ergänzung" ist dabei freilich nicht im Sinne (gesetzlicher) „Einführung" dieses Prinzips (etwa analog den punitive damages im US-amerikanischen Recht) zu verstehen, was einer rechtspolitischen Forderung gleichkäme, die umzusetzen zweifelsohne dem Gesetzgeber vorbehalten wäre. Das Sanktionsprinzip soll weder „gesetzt" noch „postuliert", sondern durch seine Anerkennung lediglich „entdeckte" und „gefundene" Wandlungen im objektiven System zu einem einheitsstiftenden Grundprinzip geformt zum Ausdruck gebracht werden. Das Sanktionsprinzip ist dabei nicht mehr als ein wirklichkeitsgetreues Abbild (der Wandlungen) des objektiven Schadensersatzsystems – mit ihm wird nur ausgesprochen, was „an sich" schon gilt.[152]

3. Erfordernis der Wertungsoffenheit

Erst durch die Anerkennung des Sanktionsprinzips als ein neben dem Ausgleichsprinzip weiteres systemtragendes Prinzip des Schadensersatzrechts werden die Gerichte dazu ermutigt, die ihren Ergebnissen zugrundegelegten Wertungsgesichtspunkte der Sanktion und Prävention offen auszusprechen. Auf diese Weise lassen sich Legitimationsdefizite[153] weitgehend kompensieren, mit der erstrebenswerten Folge, daß Rationalität an die Stelle irrationaler Impulse tritt, also wirklich maßgebende Entscheidungsgründe an die Stelle begrifflicher Scheinbegründungen. Der Mut zu einem *wertungsoffenen Pragmatismus* bedeutet auch einen nicht zu unterschätzenden Fortschritt für das Recht. Scheinargumente wie etwa die „Billigkeit"[154] stehen oft einer klaren Rechtsentwicklung im Wege. Es hat sich gezeigt, daß die Überzeugungskraft rein dogmatischer Argumente häufig überschätzt wird.[155] Bezeichnend hierfür ist die allgemeine Fungibilität dogmatischer Argumente.[156] Wo

---

[152] *Canaris*, Systemdenken und Systembegriff, 72f.

[153] Siehe oben § 9 II.

[154] Siehe oben § 9 II 1.

[155] Zu den Grenzen des dogmatischen Denkens im Zivilrecht vgl. ausf. *Esser*, AcP 172 (1972), 97ff.

[156] So etwa deutlich beim versagten Vorteilsausgleich (vgl. paradigmatisch BGHZ 49, 56ff. einerseits und OLG Hamm, NJW 1964, 1375 andererseits: konträre Ergebnisse mit derselben Argumentationsfigur bei gleicher Problematik, vgl. oben § 7 XIV 5) sowie bei hypothetischen Schadensursachen und rechtmäßigem Alternativverhalten (vgl. paradigmatisch BAG NJW 1976, 644f. einerseits und BAG SAE 1981, 283ff. andererseits: konträre Ergebnisse mit demselben rechtstechnischen Vehikel bei gleicher Problematik, vgl. oben, § 7 XIII 1 b).

dogmatische Formeln und Begriffe dazu herhalten müssen, die Entscheidung zu rechtfertigen, beruht deren Ergebnis nicht selten dennoch auf pragmatischen Entscheidungskriterien. Nur durch ihre Herausstellung kann zur Entstehung eines rational nachvollziehbaren Wertungsgerüsts, das im Schadensrecht unausweichlich ist,[157] beigetragen werden. Kurzschlußentscheidungen, welche etwa die „Billigkeit" oder „Unzumutbarkeit" schlechthin zum Argument erheben und zum alleintragenden Stück der Begründung machen,[158] sind damit unvereinbar. Ähnliches gilt für die von der Rechtsprechung häufig benutzten ad hoc-Argumente,[159] wodurch die Einsicht in ein Präventionsdenken in den einschlägigen Fallgruppen vertuscht wird. Bei ihnen handelt es sich nicht eigentlich um juristische Argumente, sondern um Zusatz„argumente", mit denen die Begründung für ein erwünschtes, aber dogmatisch nicht erklärbares Ergebnis selbstverständlich gemacht werden soll.

II. Aufgabe der Erfindung des „normativen" Schadensbegriffs und Rückbesinnung auf „rechnerisch-objektiven" Schadensbegriff bei gleichzeitiger Offenlegung der für seinen Einsatz maßgeblichen Wertungsgesichtspunkte (der Sanktion und Prävention)

Aus dem Gebot der Wertungsoffenheit folgt zwangsläufig das „Verbot" eines normativen Schadensbegriffs. Ganz abgesehen davon, daß der normative Schadensbegriff für die Erkenntnis eines Schadens untauglich ist,[160] hemmt seine „Existenz" beim Richter jeglichen Akt des Bekennens zu den die Entscheidung tragenden Wertungsgesichtspunkten.[161] Um ihn zur bequemen Schlummerrolle des Richters unbrauchbar zu machen, bleibt nur seine „Aufgabe".[162]

Stattdessen sollte man sich zurückbesinnen auf ein rein rechnerisches Schadensverständnis, und zwar im Sinne einer abstrakt-objektivierenden Schadensbetrachtung und -berechnung. Schon der Begriff des Schadens impliziert seine quantitativ-rechnerische Bedingtheit, und nur ein solches Verständnis verhindert, daß der Schaden als zentraler Ordnungsbegriff unserer Zivilrechtsordnung seine Konturen

---

[157] *Magnus*, 281.

[158] Vgl. dazu ausf. *Esser*, Wandlungen von Billigkeit und Billigkeitsrechtsprechung im modernen Privatrecht. In: Summum ius summa iniuria, 22ff., 33.

[159] Vgl. oben § 9 II 6 Fn. 65ff.

[160] Vgl. oben §§ 4 II 2 a; 9 II 7; 10 I 2.

[161] Etwa BGHZ 43, 378, 381 (vgl. oben § 7 XIV 1 f); *Esser*, AcP 172 (1972), 97, 119, 121.

[162] So i. E. auch MüKo/*Grunsky*, vor § 249 Rdnr. 8; *Lange*, Schadensersatz, 45; *Schmidt*, Grundlagen, 562f.; *Mertens*, 87ff.; *Magnus*, 288f.; *Littbarski*, Rechtstheorie, 171, 190ff.

völlig verliert. Den objektiven Schadensbegriff einzufordern heißt jedoch nicht, dem subjektiven Schadensbegriff das „Sterbeglöckchen“ läuten. Für eine objektivierende Schadensberechnung besteht nur dort ein Bedürfnis, wo die klassische Differenzhypothese versagt, dem Geschädigten Ersatz aber dennoch zugesprochen wird. In vielen der hier untersuchten Fallgruppen lassen sich die zu ihnen erzielten Ergebnisse auf der Grundlage eines objektiven Schadensverständnisses rechtfertigen: so beim Immaterialgüterschutz,[163] in den GEMA-Fällen[164] (Ersetzung des doppelten objektiven Wertes), beim versagten Vorteilsausgleich,[165] dem Problem der hypothetischen Kausalität,[166] der Chancenproblematik bei VOB/A-Verstößen öffentlicher Auftraggeber,[167] hinsichtlich der von der Rechtsprechung entwickelten besonderen Regeln bei Verstößen gegen das Boykott- und Diskriminierungsverbot, §§ 20, 21 GWB[168] sowie beim Schmerzensgeld in Fällen totaler Wahrnehmungs- und Empfindungsunfähigkeit.[169] In diesen Fällen sollte die Rechtsprechung nicht, wie sie das zuweilen tut, mit rechtstechnischen Kunstgriffen arbeiten (vgl. etwa „Billigkeitserwägung“/„Fiktion“ zur Begründung der Lizenzgebühr bei Eingriffen in Immaterialgüterrechte;[170] „unbillige Entlastung des Schädigers“ als Begründung für den versagten Vorteilsausgleich;[171] verfassungsrechtliche Ausschweifungen zur Rechtfertigung des Schmerzensgeldes in den Schwerstgeschädigtenfällen[172] und dgl. mehr), sondern stattdessen den objektiven Schadensbegriff für die Fallentscheidung fruchtbar machen. Dieser umschreibt den *durch die Rechtsverletzung als solcher dokumentierten Schaden*, der als Mindestschaden ersetzt verlangt werden kann.[173] Diese Theorie des Mindestschadens zielt auf Schutz der *Güter- und Vermögensintegrität* – ein Gedanke wie er schon in der gesetzlichen Bevorzugung der Naturalrestitution angelegt ist. Weil der objektive Ersatz somit ganz im Zeichen des *Rechtsgüterschutzes* steht, erhält er seine Rechtfertigung aber erst durch die Verbindung zum Rechtsverfolgungs-,[174] Sanktions-,[175] Präventions-[176] und Genugtuungs-

---

163 *Neuner*, AcP 133 (1931), 277, 308f.; *Steindorff*, AcP 158 (1959/60), 431ff. (vgl. oben § 7 I).
164 Vgl. dazu oben § 7 I IV.
165 *Wilburg*, JherJb 82 (1932), 51ff.; *Thiele*, AcP 167 (1967), 193ff. (vgl. oben § 7 XIV).
166 *Neuner*, AcP 133 (1931), 277, 311. (vgl. oben § 7 XIII 2).
167 Vgl. oben § 7 VI c.
168 Vgl. oben § 7 XII c.
169 *Deutsch*, BGH NJW 1993, 784. (vgl. oben § 8 XVIII 2 a).
170 Vgl. oben § 7 I 1 c, 2 a.
171 Vgl. oben § 7 XIV.
172 Vgl. oben § 8 XVIII 2 a.
173 *Neuner*, AcP 133 (1931), 277, 296ff.
174 *Neuner*, AcP 133, (1931), 277, 291ff.; *Steindorff*, AcP 158 (1959/60), 431, 453f., 457f.; *Koziol*, ZfRV 1969, 22, 24f.; abl. *Waitz*, 155.
175 *Bydlinski*, 29, 80; *Rother*, 204ff.
176 *Oftinger*, Haftpflichtrecht, 11ff.; *Tunc*, I.E.C.L., 155; *Deutsch*, FS Wahl, 339, 341, 345.

gedanken,[177] denn: keine Tat ohne Täter! Aufs ganze gesehen sind die Fallgruppenergebnisse ein wesentlicher Beleg für die von *Neuner*[178] „entdeckte" rechtsverfolgende Funktion des Schadensersatzanspruchs, bei der es (nur) darum geht, ein *Recht festzustellen und zu wahren.* Damit scheint sich noch einmal mehr die von *Steindorff* aufgestellte These zu bestätigen, wonach sich die *Entscheidung über die Zulässigkeit abstrakter Schadensberechnungen* nicht allein mit prozeßrechtlichen Normen wie §§ 287 ZPO, 252 S. 2 BGB begründen läßt, sondern vielmehr *rechtspolitische Wertungen* für die Zuteilung der Befugnis hierzu entscheidend sind.[179] Die Rechtsprechung sollte deshalb im Interesse der Wertungsoffenheit das jeweilige Motiv für den „Einsatz" des objektiven Schadensbegriffs in jedem Anwendungsfall auch offen aussprechen.

III. Materieller/immaterieller Schaden

Zu keiner grundsätzlichen Änderung veranlassen die aus der Fallgruppenanalyse gewonnenen Ergebnisse hinsichtlich der Unterteilung des einheitlichen Schadensbegriffs in immateriellen und Vermögensschaden. Doch hat sie gezeigt, daß dem Immaterialschadensersatz eine Trippelfunktion zukommt: dieser dient nicht lediglich dem Ausgleich genuin nichtvermögensrechtlicher Einbußen (Funktion 1), sondern wird von der Rechtsprechung in zunehmendem Maße als *Instrument zur Durchsetzung rechtlicher Verhaltensmaßstäbe* herangezogen (Funktion 2).[180] Hiergegen bestehen keine dogmatischen Bedenken, wenn und soweit der Gedanke der Sanktion dies im Einzelfall gebietet und die Sanktion nicht als Regelsanktion ausgesprochen, sondern fallgruppenorientiert (fort-)entwickelt wird. § 253 BGB steht einem solchen Unternehmen nicht entgegen, weil es in diesen Fällen nicht darum geht, immaterielle Einbußen, für die das Gesetz einen Ausgleich nicht vorsieht, für ersatzwürdig zu erklären; es geht nicht um Ersatz für das Opfer, sondern um Sanktion gegen den Täter. Der Verletzte ist nur „Zahlstelle", weshalb § 253 BGB nur sehr mittelbar, ja reflexartig und auch nur für den konkreten Fall „unterlaufen" wird. Andererseits tangiert[181] nahezu jeder Verstoß gegen ein Ge- oder Verbot den Betroffenen in seinem Persönlichkeitsrecht, weshalb sich ein Schmerzensgeld-

---

[177] Vgl. Esser/*Schmidt*, Schuldrecht, 159.

[178] AcP 133 (1931), 277, 287, 292; vgl. ferner *Bydlinski*, 29ff.; *Wilburg*, JherJb 82 (1932), 51ff., 130 vgl. oben § 4 II 2 a bb (1); *Coing*, SJZ 1950, 865ff., insb. 871f.; *Steindorff*, AcP 158 (1959/60), 431, 451ff.

[179] *Steindorff*, AcP 158 (1959/60), 431ff., 450f., 454f., 457f., 467ff.

[180] Vgl. die Zusammenstellung der wichtigsten Fälle oben § 8 XVIII 2 c; *Steffen*, ZRP 1997, 10 spricht in diesem Zusammenhang trefflich von „Aushilfeaufgaben" des Schmerzensgeldes; *ders.*, FS Odersky, 726.

[181] Der Übergang vom Tangiertsein zum Verletztsein ist dabei fließend.

anspruch zumindest der Sache nach fast immer begründen läßt. Diese Weite im Anwendungsspektrum sowie die Täterbezogenheit der Genugtuung[182] machen den Immaterialschadensersatz zur Bekämpfung unerwünschter Verhaltensweisen besonders geeignet.

Nichts einzuwenden ist ferner gegen die Praxis, den Immaterialschadensersatz einzusetzen, um Unzulänglichkeiten beim Nachweis eines Vermögensschadens auszugleichen[183] (Funktion 3). Seit dem Wegfall des früheren Bußanspruchs[184] des Verletzten besteht hierfür sogar ein gesteigertes Bedürfnis.

IV. Der Grundsatz der Totalreparation

Ebensowenig gibt der Analysebefund dazu Anlaß, das schadensrechtliche Alles-oder-Nichts-Prinzip[185] in seinem Kern anzutasten. Es bedeutet kein[186] Hindernis, das Schadensersatzrecht zu Sanktionszwecken einzusetzen, wenn auch der Sanktionscharakter des Schadensersatzes häufig durch eine Abstufung seines Umfangs nach dem Grad des Verschuldens ausgedrückt wird:[187] einen *eigenständigen Zurechnungsfaktor* stellt die Schwere der Schuld dar insbesondere bei der Arbeitnehmerhaftung,[188] in den Fällen der §§ 14 a I 3 GeschmMG, 139 II 2 PatG, 24 II 2 GebrMG[189] (hinsichtlich des Umfangs der Ersatzpflicht), im Fall des § 110 SGB VII[190] (sowohl hinsichtlich des Umfangs als auch der Begründung der Schadensersatzpflicht) und schließlich im Falle der Beweislastumkehr bei groben Verstößen gegen Berufspflichten[191] (hinsichtlich der Begründung der Ersatzpflicht). Auch hier gilt: wo die individuelle Ahndung des Schädigers einen stufenlosen Sanktionsrahmen verlangt, ist ein Abweichen von diesem Prinzip durchaus legitim, ohne daß es dazu dessen Änderung,[192] die das BGB-Schadenskonzept fundamental berühren würde, bedürfte.

---

[182] Zur Genugtuungfunktion des Schmerzensgeldes vgl. oben § 8 XVIII 1.

[183] Vgl. die Anwendungsfälle oben § 8 XVIII 2 c.

[184] Vgl. dazu oben § 3 I 1 d aa.

[185] Vgl. dazu oben § 4 II 3.

[186] So zu Recht schon *Coing*, SJZ 1950, 865, 872; ferner *Mertens*, AcP 178 (1978), 227, 261 These 7: „Abstufungen des Schadensersatzes, wie sie sich im Sonderprivatrecht etwa aus Präventionsgründen oder zum Zwecke der Abschöpfung von Verletzergewinnen oder zur Herstellung eines billigen Ausgleichs als erforderlich erweisen können, sind in einem beweglichen System des Deliktsrechts nicht ausgeschlossen, ...".

[187] Vgl. oben § 6 II 2.

[188] Vgl. oben § 7 XI.

[189] Vgl. oben § 7 I 1 c.

[190] Vgl. oben § 7 XVI.

[191] Vgl. oben § 7 XV.

[192] Ein entsprechender Änderungsvorschlag betrifft insbesondere die Reduktionsklausel, die in § 255 a des im Jahre 1967 vom BJM veröffentlichten Referentenentwurfs eines „Gesetzes zur

V. Fallgruppenweise Fortentwicklung der Schadensersatzordnung zu einem ausgereiften Sanktionensystem de lege ferenda

Der bisherige Untersuchungsverlauf hat gezeigt, daß der Sanktionsgedanke im deutschen Schadensersatzrecht schon nach geltendem Recht eine eigenständige Rechtskategorie umreißt. Dies zu erkennen heißt jedoch nicht, daß wir uns darauf beschränken dürfen, den Gedanken der Sanktion – losgelöst vom jeweiligen Schadensfall – in einer abstrakten Formel niederzulegen, was schon angesichts der Vielgestaltigkeit der Schadensbilder unmöglich ist und überdies auch der *Rechtssicherheit* widerstreben würde. Möglich und durchführbar bleibt allein seine fallgruppenbetonte „Einführung". Dabei muß das Sanktionsmoment freilich so beschaffen sein, daß es auf den Schädiger möglichst schadenspräventiv wirkt. „Verkümmerte" Sanktionen, die dieser Zielsetzung nicht gerecht werden (können), sind deshalb, soweit möglich, zu einem ausgereiften Sanktionenarsenal fortzuentwickeln.

1. Kein Rückfall in antiquiertes Rechtsdenken, sondern moderne Zivilrechtsdogmatik

Die (rechtspolitische) Forderung, das Mittel des Schadensersatzes offen zu schadenspräventiven Zwecken einzusetzen, bedeutet dabei keinen Rückschritt gegegenüber dem mühsam erarbeiteten Trennungsprinzip zwischen Schadensersatz und Strafe,[193] wie dies gelegentlich behauptet wird.[194] In der Instrumentalisierung des Schadensersatzes ist im Gegenteil der Fortschritt des Rechts zu suchen; sie bedeutet keine „Verarmung", sondern eine „Bereicherung" des Rechts.

a) Wachsendes Bedürfnis nach zivilrechtlicher Verantwortung für Sanktionen

Die Fallgruppenanalyse hat eine gesteigerte Notwendigkeit für die Zuweisung von über das Individuum hinausgreifenden Ordnungsfunktionen an das Zivilrecht offenbart; in vielen der hier aufgezeigten Fällen hat der Schadensersatz seinen

---

Änderung und Ergänzung schadensersatzrechtlicher Vorschriften" vorgeschlagen wurde; siehe dazu die Begründung des Entwurfs S. 34ff.

[193] Vgl. dazu oben § 3 I.

[194] Vgl. etwa *Lange*, Schadensersatz, Einl. III 2 d; *Honsell*, VersR 1974, 205 (bzgl. des Genugtuungsgedankens beim Schmerzensgeld); Deutscher Richterbund, DRiZ 1976, 176 (bzgl. Entwurf AE-GLD); *Herrmann*, ZfA 1996, 19, 39 (bzgl. § 611 a II BGB; *Herrmann*, aaO, 39 hält diese Regelung wegen ihres Strafschadenscharakters sogar für nichtig); wohl auch *Annuß*, NZA 1999, 738, 740ff., 744 (bzgl. § 611 a II BGB).

„dienenden Charakter“ [195] verloren, und Rechtsprechung und Gesetzgebung gebrauchen das Schadensersatzrecht bewußt als Rechtsdurchsetzungsinstrument, um ganze Wirtschaftsbereiche zur Ordnung zu rufen.[196] Dabei handelt es sich meist um Bereiche, auf denen eine Regulierung durch Straf- oder Öffentliches Recht sich als wenig effektiv erwiesen hat:[197] ein entscheidender Vorzug der Durchsetzung von Sanktionen mittels des Schadensersatzrechts besteht in der höheren „Treffsicherheit“. Der Schadensersatzanspruch erlaubt eine wesentlich stärkere Pauschalierung des Tatbestandes und Abschwächung der Beweislast als dies bei Strafen oder Bußen möglich ist.[198] Viele Tathandlungen, die deshalb durch das Raster der Straf- oder Bußvorschriften fallen (würden), bleiben mittels des Schadensersatzrechts sanktionierbar, was eine schnelle Reaktion auch auf unvorhergesehene Entwicklungen miteinschließt.

Wo aber das zivilrechtliche Instrumentarium die letzte Hoffnung ist, um das erwünschte Regelungsziel dennoch zu erreichen, heiligt der Zweck „alle“ Mittel. Wenn also in diesem Bestreben das Schadensersatzrecht von der Rechtsprechung am Sanktions- und Präventionsgedanken ausgerichtet wird, dann liegt hierin alles andere als ein „rechtshistorischer Anachronismus“.[199] Diesen Vorwurf müssen sich vielmehr die Kritiker dieser Praxis gefallen lassen, die das Ausgleichsprinzip um jeden Preis hochhalten wollen, dafür aber gesellschaftliche Probleme ungelöst lassen müssen (Regelungstorso), was letztendlich auf eine Betreibung der Rechtswissenschaft als Selbstzweck hinausliefe. Aber auch in der Zivilrechtswissenschaft selbst mehren sich die Stimmen, die das Privatrecht, allem voran das Schadensersatzrecht, für die Verfolgung gesellschaftspolitischer Zielsetzungen fruchtbar machen wollen,[200] und es ist unabweislich, daß technische Neuerungen und gesell-

---

[195] Esser/*Schmidt*, Schuldrecht, § 30 II, 158.

[196] So in den Fallgruppen I (oben § 7 I), V (oben § 7 V), VI (oben § 7 VI), VII (oben § 7 VII), XII (oben § 7 XII), XVI (oben § 7 XVI), XVIII 2 b (oben § 8 XVIII 2 b), IXX (oben § 8 XIX).

[197] So in den Fallgruppen I, V und VI; in den Fallgruppen VII, XVIII 2 b und IXX wurde die Möglichkeit öffentlichrechtlicher Sanktionen nicht einmal in Erwägung gezogen. Vor diesem Hintergrund ist auch die Überführung des Regelungskomplexes der §§ 57a–57c HGrG (sog. „haushaltsrechtliche Lösung“) durch das Vergaberechtsänderungsgesetz v. 26. 8. 1998 zu sehen (vgl. oben § 7 VI); dadurch soll der Wettbewerbscharakter dieser Materie und ihre zivilrechtliche Sanktionsbewe(ä)hrtheit unterstrichen werden; die Vereinigten Staaten haben im Rahmen des bilateralen Außenhandels mit der Bundesrepublik zudem beklagt, daß im Gegensatz zu den USA Vergabestreitigkeiten nicht vor den ordentlichen Gerichten ausgetragen werden können. (BT-Drucks. 13/9340, S. 22).

[198] Vgl. auch oben § 6 I.

[199] So die Äußerung des Deutschen Richterbundes, DRiZ 1976, 176.

[200] *Roxin*, Strafrecht AT, § 2 Rdnr. 60; *Magnus*, 233 ff., 282; *Möllers*, 6 ff.; *Loewenheim*, ZHR 135 (1971), 97ff., 124; *Steindorff*, FS Larenz, 217ff., 241; *ders.*, FS Raiser, 621 ff., 641, 643; *ders.*, ZHR 138 (1974), 504ff., 521, 532; *Schricker*, ZHR 139 (1975), 208, 247 (These 1); *Tilmann*, ZHR 141 (1977), 32ff., 63, 80; *Großfeld*, Karlsruher Studiengesellschaft; *Mertens*, ZHR 138

schaftliche Veränderungen auch in Zukunft dazu zwingen werden, dieses Plädoyer in noch stärkerem Maße in die Rechtspraxis umzusetzen.[201] Eine solche am amerikanischen Vorbild orientierte Entwicklung des Schadensersatzrechts läge auch auf der Linie der Zeit, in der strafrechtliche Sanktionen mehr und mehr abgebaut werden.

b) Wiedereinführung der abgeschafften Bußenregelung überflüssig

Daß der verstärkte Einsatz des Schadensersatzrechts zu Sanktions- und Präventionszwecken keinen Rückfall in antiquiertes Rechtsdenken bedeutet, sondern umgekehrt die völlige Loslösung davon dokumentiert, erhellt sich vollends daraus, daß es Stimmen[202] gibt, die einer Wiedereinführung der Bußenregelung[203] für bestimmte Teilbereiche das Wort reden. So führt ein Autor für den Ersatz der Kosten der Überwachungsorganisation in den GEMA[204] – und Ladendiebstahlsfällen[205] (Vorsorgekosten) aus:[206]

> „Die dogmatisch angemessene Lösung für eine Bezahlung von Vorsorgekosten durch ertappte Rechtsbrecher wäre daher die Schaffung einer Bußenregelung. Eine solche würde wegen ihrer Zwischenstellung zwischen Straf- und Zivilrecht sowohl Ausgleichsinteressen des Verletzten über den Rahmen des Deliktsrechts hinaus berücksichtigen als auch präventiven und poenalen Zwecken gegenüber dem Schädiger dienen. Obwohl zur Zeit Bußen ausdrücklich abgeschafft sind, sind doch zumindest im Immaterialgüterrecht nach wie vor entsprechende Tendenzen zu beobachten".

Und zur Arbeitnehmerhaftungsproblematik schreibt ein Autor:[207]

> „Abschreckung ist hier unabweisbar. Deshalb ist zu überlegen, ob nicht an die Stelle einer Haftung für den Schaden die Drohung mit *Ordnungsstrafen* (Vertragsstrafen) oder *Betriebsbußen* treten sollte".

(1974), 269ff., 271; *ders.*, ZHR 139 (1975), 438, 448, 458, 460; *ders.*, AcP 178 (1978), 227ff., 256; *Assmann*, BB 1985, 15, 25; *Kern*, AcP 191 (1991), 247, 263f.; *Köndgen*, RabelsZ 56 (1992), 696ff.; *Engel*, JZ 1995, 213ff.; *Koch*, JZ 1999, 922ff.

201 Vgl. nur die Problematik des Umweltschutzes: diskutiert wird, die Anforderungen an den Nachweis von Schaden und Kausalität so weit zu senken, daß nahezu jede umweltschädigende Handlung mit Schadensersatzansprüchen sanktioniert werden kann, um so das Umweltbewußtsein der Bevölkerung zu erzwingen, etwa *Leonhard*, 395, 397.

202 Vgl. den Vorschlag von *Ehrenzweig*, 77 zum Verkehrsunfallrecht; ferner *Großfeld*, Privatstrafe, der für die gesetzliche Einführung der Privatstrafe zum Schutz des allgemeinen Persönlichkeitsrechts bei immateriellen Schäden plädiert; *Niemayer*, NJW 1976, 1792; *Weyers*, 659.

203 Vgl. dazu oben § 3 I 1 d aa.

204 Vgl. Fallgruppe IV (oben § 7 IV).

205 Vgl. Fallgruppe V (oben § 7 V).

206 *v. Falkenhausen*, 182.

207 *Gamillscheg*, Verhandlungen des 45. DJT, Sitzungsberichte, G, G 30, der jedoch selbst nicht über alle Zweifel erhaben ist, ob dies nicht einen Rückschritt bedeutet, vgl. G 31.

Bei streng getreuem Verständnis des Schadensrechts als Ausgleichsrecht scheint die Forderung nach Einführung einer Bußenregelung durchaus konsequent. An diesem Verständnis entzündet sich aber erst die eigentliche Diskussion. Abermals müssen wir uns fragen, ob die Ausgleichsfunktion die alleingültige Funktion des Schadensersatzes sein kann und darf. Und abermals kann die Antwort nur nein lauten. Wer, um angeblich einem Rückschritt in längst überwundene Zeiten vorzubeugen, sich zwar vehement gegen einen Einsatz des Schadensersatzrechts zu Sanktions- und Präventionszwecken ausspricht, dafür aber für die Schaffung einer Bußenregelung plädiert, kann in diesem seinem Bestreben nicht ernst genommen werden. Denn gerade die Buße wiedereinzuführen hieße, den Prozeß der formalrechtlich vollständigen Trennung von Strafe und Schadensersatz,[208] der längst seinen historischen Abschluß gefunden hat, in entgegengesetzter Richtung wiederaufzunehmen. Demgegenüber macht der *zweckbetonte Schadensersatz* alle Spekulationen über die Notwendigkeit einer Bußenregelung, die zudem aufgrund ihrer durch gesetzliche Fixierung bedingten Starrheit für eine flexible Anpassung an soziale Verhältnisse wenig geeignet wäre, von vornherein überflüssig und verhindert damit gerade das, wovor ihre Befürworter warnen. Seine Ausrichtung am Sanktions- und Präventionsgedanken bedeutet deshalb einen Fortschritt, der den Rückschritt erst verhindert.

2. Ansatz: Ökonomische Analyse des Rechts

Ausgangspunkt unserer Überlegungen zur Ausreifung des schadensersatzrechtlichen Sanktionensystems bildet die ökonomische Analyse des Rechts,[209] deren Erkenntnisse für die Ausgestaltung der jeweiligen Schadensersatzsanktion fruchtbar gemacht werden sollen.

3. Rüstzeug

a) Sanktionsmechanismen zur Entwicklung eines dynamischen Schadensrechts

Um den Schadensersatz als Mittel zur Bekämpfung zivilen Unrechts effektiv zu gestalten, bedarf es der Schaffung *breitgefächerter Sanktionsmöglichkeiten*, die eine Reaktion auch auf solche schadensstiftende Verhaltensweisen erlauben, die

---

[208] Vgl. dazu oben § 3 I.

[209] Vgl. dazu oben § 4 VI 2.

vom Standpunkt eines rein „rechnerisch-blinden" Schadensverständnisses aus sanktionslos hingenommen werden müßten. Ganz allgemein gesprochen bedeutet dies die Fortentwicklung des Schadensrechts vom passiv-statischen zu einem aktiv-dynamischen Institut.[210] Auf diese Weise wird dem statischen[211] BGB-Schadenskonzept die zur Bewältigung der einschlägigen Problemkonstellationen erforderliche „Entscheidungskraft" verliehen. Dabei gilt es das hierzu erforderliche Rüstzeug, das sich ansatzweise schon in der Rechtswirklichkeit findet, auszureifen.

aa) Fallgruppenorientierte Sanktionierung realer Verletzungshandlungen durch Einsatz des objektiven Schadensbegriffs – Anwendungsfelder

Mit dieser Zielsetzung zwangsläufig verbunden ist die *Vorverlagerung der Sanktion* des Schadensersatzes *vom Schadens- in den Verletzungsbereich* für bestimmte Teilbereiche.[212] Die Versagung des Schadensersatzes immer dann, wenn sich die konkrete Rechtsverletzung nicht durch einen Bilanzverlust dokumentieren läßt, ist einer der Hauptgründe, warum das Schadensrecht bei der Bekämpfung schädlichen Verhaltens weitgehend leerläuft. Dies zu ändern heißt, das Schadensrecht von den Fesseln der strengen Differenzhypothese zu lösen und stattdessen auf der Grundlage des objektiven Schadensbegriffs[213] zu entscheiden. Dieser ist zugleich Garant dafür, daß die Schadensersatzsanktion nicht zur reinen Strafsanktion gerinnt. Denn Voraussetzung ist, daß die Rechtsverletzung zumindest einen *realen Schaden* verursacht hat; der bloße Verstoß gegen eine rechtliche Verhaltenspflicht allein genügt grundsätzlich nicht.[214] Lediglich die exakte Bewertung der Einbuße sowie ihr Nachweis wird dem Geschädigten erlassen. Hierin zeigt sich die „dynamische Kraft" des objektiven Schadensbegriffs. Nicht selten steht der Geschädigte vor dem Dilemma, einen unzweifelhaft erlittenen Schaden nicht beweisen zu können. Trefflich konstatiert ein Autor: „Daß im Wirtschaftsleben durch einen Wettbewerbsverstoß den Betroffenen ein Schaden entsteht, ist ebenso gut wie sicher; ihn zu beziffern, ist jedoch schon sehr schwer; ihn zu beweisen dagegen so gut wie unmöglich".[215] Was hier für das Wettbewerbsrecht ausgesprochen ist, trifft auf viele andere Bereiche gleicher-

---

210 Vgl. dazu oben § 3 I 1c cc (2).

211 Bezeichnend hierfür Esser/*Schmidt*, Schuldrecht, § 30 II, S. 158, wonach „das engere Schadensrecht des BGB wesentlich dienenden Charakter hat".

212 Vgl. schon den Vorschlag von *Steindorff*, AcP 158 (1959/60), der für die fallgruppenorientierte Anerkennung eines objektiven Schadens bei besonders leicht verletzlichen Gütern plädiert.

213 Vgl. dazu oben § 4 II 2 a bb; vgl. auch *Fikentscher*, § 49 III 3 e, S. 286: „Die Berücksichtigung ‚objektiven Ersatzes' ist nichts anderes als die Einführung der ‚nominal damages' des englischen Rechts ins deutsche Recht".

214 Vgl. aber unten § 10 V 3 a) dd).

215 *Pastor*, 984.

maßen zu. In all diesen Fällen müssen wir es mit dem Opfer halten: *wenn die Rechtsverletzung feststeht, darf Schadensersatz nicht wegen Bewertungsschwierigkeiten verweigert werden.* Nur so wird die Rechtsordnung dem Anspruch des Verletzten auf Wahrung seiner Rechtssphäre vollends gerecht.

Die abstrakte Schadensberechnung, wie sie auch im US-amerikanischem Recht verbreitet ist,[216] ist formal auch mit dem Differenzschadensbegriff vereinbar. Denn die Differenzberechnung setzt nicht notwendig eine subjektive Interessebewertung voraus, sondern ist offen für einen Vergleich objektiver Verkehrswerte,[217] wie schon § 376 II HGB zeigt, der nur *ein Beispiel* für die Zulassung abstrakter Schadensberechnung ist.[218] Doch geht es, weil der Schadensersatz hier primär an die Rechtsverletzung anknüpft, weniger um Schadensausgleich denn um Sanktion.[219] Der abstrakt errechnete Schaden gibt lediglich den Maßstab dafür an, wie hoch die Sanktion im konkreten Falle festzusetzen ist.

Von der Rechtsprechung praktiziert wird die objektive Schadensberechnung aus Gründen der Sanktion bei Verletzung fremder Ausschließlichkeitsrechte.[220] Zum Ausgleich von Sanktionsdefiziten kann jedoch ihre Ausweitung auf weitere Bereiche geboten sein. Dies liegt insbesondere dort nahe, wo eine *symbiotische Betrachtung* einschlägiger Fallgruppen zu einer solchen Erweiterung zwingt. Dies trifft insbesondere auf den Schadensersatzanspruch des § 33 S. 1 GWB zu, was hier nur kurz angedeutet werden kann.

(1) Es ist hinlänglich bekannt, daß zivilrechtliche Sanktionen zur Durchsetzung von Kartellrecht am geeignetsten sind.[221] Alle Bemühungen um Verschärfung der Sanktionstechniken haben deshalb hier anzusetzen. Völlig zu Recht qualifiziert die Rechtsprechung deshalb zunehmend Normen des GWB als Schutzgesetze i. S. v. § 33 S. 1 GWB.[222] Nur beiläufig sei bemerkt, daß diese Praxis keine unzulässige Verwischung der Grenze zwischen Institutionen- und Individualschutz bedeutet; daß hier der Einzelne zum Funktionär der Rechtsordnung gemacht wird, stimmt nur zum Teil. Institutionen- und Individualschutz sind nämlich keine Gegensätze,

---

[216] Vgl. *Magnus*, 32; *Stoll*, JZ 1972, 365, 368.

[217] *Gottwald*, Schadenszurechnung, 149.

[218] *Steindorff*, AcP 158 (1959/60), 431 ff., 469.

[219] Vgl. schon oben § 10 II.

[220] Vgl. oben § 7 I.

[221] *Steindorff*, ZHR 138 (1974), 504ff., 532; *Hennig* in: Langen/Bunte, KartR, § 35 Rdnr. 3: „Im System der kartellrechtlichen Sanktionen nehmen die zivilrechtlichen Ansprüche einen wichtigen Platz ein"; für eine Sanktionsfunktion des Schadensersatzes im Kartellrecht sprechen sich ferner aus *Mailänder*, 127ff.; *Ullrich*, 367f.

[222] Vgl. oben § 7 XII a, b; für eine dahingehende behutsame Rechtsentwicklung zum Zwecke des Ausbaus eines wettbewerbsprivatrechtlichen Verbraucherschutzes schon *Tilmann*, ZHR 141 (1977) 32ff., 39ff., 59ff.

sondern im Gegenteil nur zwei Seiten derselben Medaille[223] – beide stehen im Verhältnis gegenseitiger Wechselwirkung zueinander.

Beizupflichten ist der Rechtsprechung ferner in ihrer pragmatischen Haltung, wonach Schwierigkeiten der Schadensbezifferung kein Grund für eine restriktive Auslegung des § 33 S. 1 GWB sind.[224] Es gilt vielmehr diese Unzulänglichkeiten durch Zulassung einer objektiven Schadensberechnung zu kompensieren. Die Problematik ist insoweit völlig vergleichbar mit der bei Wettbewerbsverbotsverletzungen i. S. v. § 113 I HGB, wo Schwierigkeiten des Schadensnachweises durch Geltendmachung des gesetzlich vorgesehenen Eintrittsrechts, das seiner Natur nach nichts anderes ist als eine „pauschale Schadensregelung",[225] überwunden werden können und das die Rechtsprechung deshalb zu Recht als die allein geeignete Sanktion zur Durchsetzung des Wettbewerbsverbots ansieht.[226] Was dort das Eintrittsrecht leistet, kann hier durch eine Übertragung der Schadensberechnungsgrundsätze bei Eingriffen in gewerbliche Schutzrechte,[227] die ohnehin schon weit in den Bereich unlauteren Wettbewerbs vorgedrungen sind,[228] bzw. der Grundsätze bei Schmiergeldzahlungen[229] erreicht werden: Orientierung des Schadensersatzes am Verletzergewinn bzw. abstrakte Schadensberechnung anhand von Erfahrungs- und Durchschnittssätzen,[230] die bei Beschränkungen des Preiswettbewerbs auch an einem hypothetischen Wettbewerbspreis ausgerichtet wäre – Ansätze, wie sie

---

223 So zu Recht *Immenga/Mestmäcker/Emmerich*, GWB, § 35 Rdnr. 16 m. w. N. auch zur Gegenansicht; *Hefermehl*, GRUR 1976, 156, 157; aus diesem Grunde kann kein Zweifel darüber bestehen, daß die den freien Wettbewerb schützenden Vorschriften der §§ 298ff. StGB n. F. Schutzgesetzqualität i. S. v. § 823 II BGB haben (müssen).

224 BGHZ 64, 232ff., 238 (vgl. oben § 7 XII b).

225 BAG BB 1962, 638 (zum rechtstechnisch vergleichbaren § 61 HGB); MüKo/*Hoyningen-Huene*, HGB, § 61 Rdnr. 15 (ebenfalls zu § 61 HGB).

226 BGHZ 38, 306, 309 (vgl. oben § 7 IX a).

227 Vgl. dazu oben § 7 I; hiergegen *v. Gamm*, KartR, § 35 Rdnr. 15.

228 Vgl. dazu oben § 7 I 2 b; zu Recht weist *Schwintowski*, Vorwort, darauf hin, daß eine Trennung zwischen GWB und UWG sachlich nicht legitimierbar ist, beide Gesetze vielmehr einen gemeinsamen Schutzgegenstand haben, der auf die Funktionsfähigkeit des Wettbewerbs zielt; vgl. auch *Emmerich*, 13; für eine Schadensberechnung nach den zu § 1 UWG entwickelten Grundsätzen in bestimmten Einzelfällen auch *Immenga/Mestmäcker/Markert*, GWB, § 26 Rdnr. 342; für unzulässig hält die abstrakte Schadensberechnung im Kartellrecht (mit auch sonst durchwegs restriktiver Tendenz) *Benisch* in: GK, GWB, § 35 Rdnr. 25 mit der Begründung, sie führe zu einer Nivellierung der wechselnden Bedingungen des Marktgeschehens durch den Richter, was der Funktion des Wettbewerbs als Ordnungsprinzip widerspreche; dem hält *Fikentscher*, BB 1956, 793, 798 zu Recht entgegen, daß es nicht darum gehe, daß der Richter einen Preis „macht", sondern darum, daß er den Schaden zuspricht.

229 Vgl. dazu oben § 7 XVII.

230 *Immenga/Mestmäcker/Emmerich*, GWB, § 35 Rdnr. 89, 94; vgl. auch BGHZ 57, 116, 118 (vgl. oben § 7 I 1 c), wo auf das pragmatische Kriterium der „Lebenserfahrung" abgestellt wird.

bereits in der Rechtsprechung erkennbar sind.[231] Gleichzeitig sollte die Gewinnabschöpfung über die §§ 81 II GWB, 17 IV OWiG auf zwingende Fälle beschränkt werden[232] (Rechtsgedanke des § 73 I 2 StGB). Die Schadensersatzklage ist wegen ihrer rückverteilenden Funktion dem staatlichem Zugriff auf die Verletzergewinne überlegen; sie schlägt nicht nur eine Wunde beim Verletzer, sondern heilt zugleich eine beim Verletzten und fördert damit die Mobilisierung privater Initiative auf breiter Basis.

(2) Wenig sachgerecht erweist sich demgegenüber die dreifache Schadensberechnung bei Verletzung von Persönlichkeitsrechten.[233] Im Gegensatz zu gewerblichen Schutzrechten haben Persönlichkeitsrechtsverletzungen in der Regel keine vermögensrechtliche Relevanz. Bei ihnen steht der immaterielle Schaden klar im Vordergrund.[234] Ihre Verletzung kann deshalb grundsätzlich nur ein Schmerzensgeld gemäß § 847 I BGB nach sich ziehen.[235] Dem entspricht es, daß die dreifache Schadensberechnungsmethode seit Erlaß des „Herrenreiter"-Urteils im Jahre 1958[236] auf diesem Gebiet nicht mehr praktiziert wurde. Schadensersatz wurde seither nur noch als Ersatz immateriellen Schadens gewährt. Dies erhellt, daß die Funktion dieser Berechnungsmethode von Anfang an nur darin bestand, dem Opfer unter der Tarnkappe des Vermögensschadens eine Genugtuung für die erlittene Unbill gegen den Täter zu verschaffen. Da diese Zweckfunktion nunmehr (effektiver) über die Zuerkennung eines Schmerzensgeldes unternommen werden kann, sollte sich die Rechtsprechung insoweit klar und deutlich zu ihrer Aufgabe bekennen. Soweit im Einzelfall die vermögensrechtliche Relevanz einmal ausnahmsweise nicht geleugnet werden kann (etwa in Fällen gewerbsmäßiger Zurschaustellung von Fotomodellen etc.) kann dies bei der Festsetzung der „billigen Entschädigung" ausreichend berücksichtigt werden.[237] Der Immaterialschadensersatz gewährt dann, wie schon in anderen Fällen,[238] Ersatz für materielle und immaterielle Einbußen in einer Summe (Fortführung der alten Buße[239] mit modernen Mitteln). Es kann als sicher gelten, daß der BGH den „Dahlke"-Fall heute über § 847 BGB lösen würde.

---

[231] Beispielhaft OLG Bremen, WuW/E OLG 4478, 4480 (vgl. oben § 7 XII b); für die gesetzliche Einführung eines Schadensersatzes in dreifacher Höhe in diesen Fällen plädiert *Schmidt*, Wettbewerbspolitik, 390.

[232] A. A. *Steindorff*, ZHR 138 (1974), 504, 518, der sich insoweit für einen Vorrang des staatlichen Zugriffs ausspricht.

[233] Vgl. dazu oben § 7 II.

[234] Vgl. oben § 8 XIX b; BGHZ 26, 349, 356; so auch *Steffen*, NJW 1997, 10, 14.

[235] Richtig deshalb OLG Hamburg, NJW-RR 1994, 990, 991.

[236] BGHZ 26, 349ff. (vgl. oben § 8 XIX a).

[237] Vgl. oben § 8 XIX b.

[238] Vgl. etwa §§ 35 I 2 GWB a.F., 97 II UrhG (dazu oben § 8 XVIII 2 c).

[239] Vgl. dazu oben § 3 I 1 d aa.

Daß dies die „richtigere" Entscheidungsmaxime ist, hat er schon in jenem Urteil anklingen lassen, indem er dort nur allzu Selbstverständliches besonders erwähnt hat, daß nämlich ein Ersatz immateriellen Schadens nur in den in § 253 BGB geregelten Fällen möglich sei, worunter die Verletzung des Rechts am eigenen Bild aber nicht falle.[240] Wohl nur um das Verletzerverhalten nicht völlig ohne Sanktion zu lassen – ein umfassender Strafrechtsschutz ist naturgemäß, wie überall, auch auf diesem Gebiet nicht machbar –, behalf er sich mit der Lizenzanalogie.

Nicht angezeigt ist eine generelle Anwendung der dreifachen Schadensberechnungsmethode auch bei Verletzung von Sachenrechten.[241] Die zu ihrer Entwicklung erwogenen Sachgründe treffen hier nicht zu.[242] Doch schließt dies nicht aus, diese Art der Schadensberechnung zum Zwecke der Rechtsgütergarantie wenigstens insoweit auf Eigentumsverletzungen zu übertragen, „als es um die Abschöpfung rechtswidriger Gewinne geht".[243]

(3) Umgekehrt ist bei Eingriffen in gewerbliche Schutz- und Urheberrechte eine Präventionswirkungsverstärkung dringend geboten. Denn wenn der Verletzte nicht mehr als das verlangen können soll, was „vernünftige Vertragspartner" als Lizenzgebühr vereinbart hätten,[244] so entfällt bei potentiellen Verletzern jeglicher Anreiz zu normgerechtem Verhalten – es kommt zur „Zwangslizenz". Die Verletzersanktion ist deshalb so weit hochzuschrauben, daß dem potentiellen Schädiger die Unterlassung der Rechtsverletzung wirtschaftlich (wesentlich) günstiger kommt als deren Begehung. Nur dann wird er auch geneigt sein, Präventivmaßnahmen zum Schutze dieser Rechte zu ergreifen.

Zum Ausgleich dieses Sanktionsdefizits bietet sich an, Verletzungen dieser Rechte durch Schadensersatz in Höhe der doppelten Lizenzgebühr zu sanktionieren, wie dies in der Literatur teilweise gefordert[245] und von der Rechtsprechung

---

[240] BGHZ 20, 345, 352.

[241] Vgl. dazu oben § 7 III.

[242] BGHZ 75, 366 (Urt. v. 30.11.1979; V. ZS); BayObLG NJW 1965, 973, 975f; a.A. *Schulte*, 101ff.

[243] So *Hagen*, Anm. zu BGH LM Nr. 26 zu § 252 BGB; zum Schadensersatz als Instrument strafrechtlicher Gewinnabschöpfung vgl. noch unten § 10 V 3 a bb; für Vertragsverletzungen verneinend *Schulte*, 116ff.

[244] Etwa BGH GRUR 1982, 286, 288f. (Fersenabstützvorrichtung).

[245] Insbes. *Assmann*, BB 1985, 15ff., der diese Schadensberechnung jedoch zu Unrecht als mit dem Primat des Ausgleichsgedankens vereinbar hält; schon die Legitimation der einfachen Lizenzgebühr gelingt nur, wenn man den Sanktionsgedanken zum alleingültigen Kriterium erhebt, vgl. oben § 7 I 1; gegen die Übertragung der GEMA-Grundsätze sowie einen „Verletzerzuschlag" ausdrücklich BGHZ 77, 16, 26f; vgl. aber auch OLG München, GRUR 1983, 578, 582; zu weiteren Vorschlägen zur Sanktionsverschärfung vornehmlich in der Praktikerliteratur vgl. die Nachw. bei *Schricker*, UrhR, § 97 Rdnr. 70.

in den GEMA-Fällen[246] praktiziert wird. Gegen eine dahingehende Ausweitung dieser bislang auf die GEMA-Ansprüche beschränkten Rechtsfigur bestehen vom Standpunkt der hier vertretenen Auffassung, wonach dem Sanktionsgedanken schon de lege lata eine eigenständige Bedeutung in unserem Schadensersatzrecht beizumessen ist, nicht die geringsten (dogmatischen) Bedenken. Denkbar wäre auch die Verhängung eines Mehrfachschadensersatzes, wie dies in der US-amerikanischen Schadensersatzpraxis[247] insbesondere bei Patentverletzungen üblich ist.

(4) Uneingeschränkt zuzustimmen ist schließlich der im Richtlinienentwurf des Europäischen Parlaments und Rates vorgesehenen drastischen Erhöhung des Verzugszinses.[248] Nur die Zulasssung *„objektiv-pragmatischer"* Schadensbewertungskriterien ist geeignet, der Unsitte des Zahlungsverzugs Einhalt zu gebieten. Das wahre Schadensausmaß besteht in diesen Fällen nicht so sehr im Zinsverlust; wer so denkt, neigt zu wirklichkeitsfremden Rechenspielen. Die schlechte Zahlungsmoral bewirkt vielmehr Liquiditätsprobleme, eine Beeinträchtigung der Rentabilität und eine Gefährdung der Wettbewerbsfähigkeit.[249] Jeder vierte Konkurs wird europaweit durch Zahlungsverzug verursacht.[250] Eine Sanktion, die hier nur den rein rechnerischen Zinsverlust ausgleicht, ist keine echte Sanktion, sondern Kosmetik. Sie läßt den Gläubiger, der seinem Geld hinterherlaufen muß, mit seinem Ärger und Verdruß allein, vom dafür aufgebotenen Zeitverlust ganz zu Schweigen. Der durch den Verzug verursachte Schaden liegt hier im Verzug selbst und als solchem, nur daß er sich bilanzmäßig nicht niederschlägt. Völlig zu Recht weist deshalb ein Autor[251] darauf hin, daß die Verzinsungspflicht von jeher nicht dem Ausgleich eines Differenzschadens dient, als vielmehr einen primär präventiven Zweck verfolgt. Nur ansatzweise schlägt sich dieses Verständnis auch in der Rechtsprechung nieder: sie verzichtet der Sache nach häufig auf den Nachweis der Kausalität in § 286 I BGB und gewährt so klammheimlich höhere als die gesetzlichen Verzugszinsen.[252] Die Transformierung der Richtlinie in nationales Recht würde eine solche Hereinnahme des Präventionszwecks „durch die Hintertür" überflüssig machen und die Rechtsprechung könnte § 286 I BGB auf solche Fälle beschränken, in denen der

---

246 Vgl. dazu oben § 7 IV.

247 Vgl. dazu etwa *Pagenberg*, GRUR Int. 1980, 286ff.

248 Vgl. dazu Fallgruppe XXII (oben § 8 XXII); energisch zust. auch Handwerkskammer für Schwaben, vgl. Schreiben v. 9.6.1998 (Anhang 3).

249 Vgl. das noch unveröff. Schreiben der Kommission v. 24/25.3.1998, Az.: KOM (1998) 126 endgültig, 98/0099 (COD), S. 2.

250 Schreiben, aaO.

251 *Basedow*, ZHR 143 (1979), 317, 323.

252 Vgl. die Nachw. bei *Basedow*, ZHR 143 (1979), 317, 319.

Schaden wirklich kausal nachgewiesen ist.[253] Eine großzügige Bemessung dieser Sanktion begünstigt ferner die Rechtsdurchsetzung,[254] weil das betroffene Vertragsbruchopfer leichter den Weg zu den Gerichten finden wird, als dies bei einem „lächerlichen" Zinssatz von 4 % der Fall wäre.

bb) Schadensersatz als Instrument strafrechtlicher Gewinnabschöpfung („This court never allows a man to make profit by a wrong") – Anwendungsfelder

Erheblich an Sanktionsschärfe gewinnt der Schadensersatz durch seinen Einsatz als Gewinnabschöpfungsinstrument. Im Vordergrund steht dann der Blick auf den „Täter", der aus der Rechtsverletzung keinen Profit schlagen soll. Die (Netto-)Gewinnabschöpfung aus einer Unrechtstat dient nicht nur der Unrechtsvorbeugung, sondern ist zugleich ein unumstrittenes Gerechtigkeitspostulat. Obzwar eine primäre Aufgabe des Bereicherungsrechts,[255] besteht auch im Schadensrecht ein praktisches Bedürfnis nach Abschöpfung unrechtmäßiger Gewinne.[256] Schon die Erkenntnis der Eigenständigkeit des Sanktionsgedankens in unserem Schadensersatzrecht[257] liefert die (fallgruppenbeschränkte) Legitimation hierzu. Ein entscheidender Vorteil der schadensrechtlichen gegenüber der strafrechtlichen Gewinnabschöpfung liegt in ihrer rückverteilenden Funktion. Während das Strafrecht nur „nimmt", wirkt der Schadensersatz in seiner Gewinnabschöpfungsfunktion retributiv insofern, als das dem Täter Genommene dem Opfer der Rechtsverletzung gutgebracht wird.[258] Dem Schadensersatz diese Funktion zu überantworten fällt umso leichter, als bereits in der gegenwärtigen Schadensersatzpraxis dahingehende Ansätze erkennbar sind, die sich m. E. darüber hinaus leicht zu einem allgemeinen Prinzip der Gewinnhaftung formen lassen. So führt die Rechtsprechung zur Herausgabe vereinnahmter Schmier- und Bestechungsgelder sowie des aus dem Doppelverkauf einer Sache erzielten Mehrerlöses an das Vertragsbruchopfer zu einer echten Gewinnhaftung beim Schädiger.[259] Bei verbotener Konkurrenztätigkeit des Gesellschafters einer OHG oder des Komplementärs einer KG (§ 113 HGB), des Vor-

---

[253] Teil II, Art. 3 Abs. 1 g des RL-Entwurfs läßt die Geltendmachung eines weiteren Schadens unberührt.

[254] Vgl. zu dieser Funktion der punitive damages im US-amerikanischen Recht oben § 1 IV 1 c.

[255] Vgl. BGH DB 1986, 1719, 1720, wonach „das Bereicherungsrecht in besonderem Maße dem Gebot der Billigkeit unterliegt".

[256] Vgl. oben § 10 V 1 a; vgl. aber *Hagen*, FS Larenz, 867ff: „Schadensersatz und Bereicherungsrecht sind Ausgleichsordnungen mit unterschiedlicher, aber sich ergänzender Funktion".

[257] Vgl. dazu oben § 10 I 2.

[258] Ähnlich *Tilmann*, ZHR 141 (1977), 32, 63, der aber eine Gewinnabschöpfungsfunktion des Schadensersatzes i. E. ablehnt, aaO, 61.

[259] Vgl. dazu oben § 7 XVII.

standsmitglieds einer AG (§ 88 II AktG) sowie der Handlungsgehilfen (§ 61 HGB) ist die Gewinnhaftung sogar gesetzlich verankert.[260] In all diesen Fällen werden schadensmindernde Einwände des Schädigers von der Rechtsprechung ganz bewußt nicht zugelassen. Ähnlich verhält es sich bei der dritten Schadensberechnungsmethode bei Verletzung gewerblicher Schutz- und Urheberrechte.[261] Was dort von der Rechtsprechung dem Geschädigten unter dem Titel des Schadensersatzes zugesprochen wird, entpuppt sich bei näherem Hinsehen nicht selten als pure Gewinnabschöpfung beim Verletzer, etwa dann, wenn als Schaden der Verletzergewinn zugesprochen wird, obwohl feststeht, daß der Geschädigte diesen Gewinn selbst nicht erzielt hätte oder hätte erzielen können (§ 252 S. 2 BGB);[262] die Gewinnabschöpfung ist hier inzwischen teilweise sogar vom Gesetzgeber übernommen worden.[263] Völlig zu Recht konstatiert ein Autor in seiner rechtsvergleichenden Skizze,[264] „daß die deutschen Gerichte vielfach zu einer Gewinnhaftung im Rahmen der Schadensbemessung nach §§ 249, 252 BGB, 287 ZPO gelangen, (indem) sie den entgangenen Gewinn großzügig nach dem Verletzergewinn (bemessen)". Er fährt fort:[265] „Der Schadensersatzanspruch erfüllt in Deutschland ... zu einem guten Teil die Funktion der anglo-amerikanischen Gewinnhaftung. Wünschenswert wäre es aber, beide Behelfe auch in der deutschen Praxis deutlich voneinander abzugrenzen". Diese beherzigenswerte Forderung nach Methodenehrlichkeit ist vom BGH zuletzt in seiner neueren Rechtsprechung zur Zwangskommerzialisierung der Persönlichkeit durch die Presse mißachtet worden.[266]

Für die Zukunft sollte die Rechtsprechung von der Funktion des Schadensersatzes als Gewinnabschöpfungsinstrument verstärkt Gebrauch machen und sich offen zu ihr bekennen. Auszubauen ist die Gewinnabschöpfung insbesondere dort, wo der reale Schaden stets ungleich größer ist als der rechtlich ersatzfähige.[267] Dies gilt vornehmlich bei Verstößen gegen den Wettbewerb[268] sowie bei Immaterialgüterrechtsverletzungen. Wer hier streng auf der Grundlage des Ausgleichsprinzips entscheidet, wird der wirtschaftlichen Dimension dieser Rechtsverletzungen nicht gerecht, wie etwa die jüngste Entscheidung des I. ZS des BGH v. 2.2.1995 (NJW 1995, 1420ff.) zur Zulässigkeit der objektiven Schadensberechnung unter dem

---

[260] Vgl. dazu oben § 7 IX.
[261] Vgl. dazu oben § 7 I.
[262] So wohl RGZ 130, 108, 110 (vgl. oben § 7 I 1 b).
[263] Vgl. Staudinger/*Medicus*, § 249 Rdnr. 179 sowie oben § 7 I 1 d.
[264] *König*, FS v. Caemmerer, 179ff., 202.
[265] *König*, FS v. Caemmerer, 203.
[266] Vgl. dazu oben § 8 XIX e.
[267] Zum Unterschied vgl. oben § 3 I 1 c cc (1).
[268] So schon *Schricker*, ZHR 139 (1975), 208, 245 (für das Recht gegen den unlauteren Wettbewerb).

Gesichtspunkt der Herausgabe des Verletzergewinns zeigt, die einen Fall wettbewerbswidriger Leistungsübernahme betrifft und deren amtlicher Leitsatz wie folgt lautet (S. 1420):

> „Fehlt es aufgrund besonderer Umstände des Sachverhalts gänzlich an dem von der Rechtsprechung zum Ausgangspunkt einer Schadensberechnung durch Herausgabe des Verletzergewinns genommenen (Regel-)Zusammenhang zwischen der Entwicklung des Verletzergewinns und der des Schadens auf seiten des Verletzten – und zwar in concreto deshalb, weil mit dem Anstieg des Verletzergewinns ausschließlich ein Anstieg auch des Gewinns (und keinerlei Schadenswachstum) auf seiten des Verletzten verbunden ist –, so kann eine Schadensberechnung nach der objektiven Methode der Herausgabe des Verletzergewinns (weil *unvereinbar mit dem das Schadensersatzrecht bestimmenden Ausgleichsgedanken*)[269] ausnahmsweise nicht in Betracht kommen".

Die Entscheidung erscheint konsequent, solange man den Verletzergewinn nicht als selbständigen Schadensgrund anerkennt, sondern lediglich als Hilfskriterium bei der Berechnung der Schadenshöhe zuläßt.[270] Diesem formalrechtlichen Verständnis fehlt indes der gesunde Schuß Pragmatismus, der zu einer effizienten Verfolgung solcher Verstöße dringend erforderlich ist. Weil die Rechtsverletzung weiterhin im Raume steht, ist es nur legitim, die im Zusammenhang mit der Rechtsverletzung dem Verletzer zugeflossenen Gewinne an das Opfer auszukehren,[271] um auf diese Weise den Geltungsanspruch des verletzten Rechts zu dokumentieren. Der Sache nach geht es dann freilich nicht mehr um Schadensausgleich im herkömmlichen Sinne, sondern um Gewinnabschöpfung (Schadensausgleich i. w. S) aus Gründen der Sanktion und Prävention, eine vom Standpunkt der hier vertretenen Auffassung legitime Zweckfunktion des Schadensersatzes.

cc) Unzulässigkeit von Schadenskorrekturen insbesondere bei sozialschadensverursachenden Verletzungshandlungen

Ein effektiver Einsatz des Schadensrechts zu Sanktions- und Präventionszwecken bedingt ferner, daß den Täter möglichst das gesamte Schadensausmaß der von ihm begangenen Rechtsverletzung als Sanktion trifft. Mit dieser Zielsetzung unvereinbar ist die Vornahme von Schadenskorrekturen, die die Sanktion mildern oder gar entfallen lassen. Unangebracht ist ein solcher „Schadensrabatt" besonders dann, wenn die Rechtsverletzung zu einem über das Verhältnis zwischen Täter und Opfer hinausweisenden, die Allgemeinheit belastenden „Sozialschaden" geführt hat.

(1) Es wäre geradezu aberwitzig, etwa bei *Verstößen gegen das Wettbewerbsrecht (GWB/UWG)*, die nicht nur den unmittelbar Betroffenen schaden, sondern zugleich

---

269 Herv. v. mir.
270 So BGH NJW 1995, 1421 m. w. N. aus der Rspr.
271 So schon RGZ 35, 63ff., 71.

an den Grundfesten des Wettbewerbs als Institution und damit dem ordre public nagen, im Rahmen der Schadensregulierung den *Grundsatz des Vorteilsausgleichs* auch nur gedanklich ins Spiel zu bringen. Geboten ist hier vielmehr eine pragmatische Sichtweise, die dem Rechnung trägt, was der BGH[272] einmal zum Schmerzensgeldanspruch ausgeführt hat:

> „... Der Zweck des Anspruchs ist der Ausgleich für die erlittene Beeinträchtigung. Diese läßt sich jedoch nicht streng rechnerisch ermitteln ... Die Wiederherstellungsfunktion läßt sich hier nicht wie bei der Naturalherstellung von Vermögensschäden durchführen. Es gibt insoweit keine wirkliche Wiedergutmachung ... Das alleinige Abstellen auf den Ausgleichsgedanken ist unmöglich, weil immaterielle Schäden sich nie und Ausgleichsmöglichkeiten nur beschränkt in Geld ausdrücken lassen ... Der zu ihrem Ausgleich zu gewährende Geldbetrag läßt sich nicht dadurch ermitteln, daß ‚man sozusagen die Schmerzen mit den Freuden saldiert, durch die der Verletzte die Erinnerung an die Schmerzen tilgen soll' ..." (S. 154f.).

Obgleich es bei Wettbewerbsverstößen primär um den Ausgleich eines Vermögensschadens geht, liegt doch der wirkliche Schaden auf immateriellem Gebiet im weitesten Sinne (geschädigter Ruf,[273] Wettbewerbsverzerrungen und dgl.) und ist als solcher kaum wiedergutzumachen. Ein Vorteilsausgleich kommt deshalb, wie beim Schmerzensgeld,[274] nicht in Betracht. Für den praktisch wichtigen Fall des Kartellschadens bedeutet dies, daß der von den Tätern gegenüber dem Opfer eines Kartelldelikts vorgebrachte Einwand, dieses könne seinen Schaden auf die nachgelagerte Marktstufe weiterwälzen (sog. Passing-on-Problem) und sei deshalb nicht oder nicht mehr[275] geschädigt, für unbeachtlich zu erklären ist. Der Ausschluß dieses Einwands entsprechend den Grundsätzen der Vorteilsausgleichung[276] ist hier in erster Linie ein Gebot der Sanktion. Daneben dient der „volle" Schadensersatz Verbraucherschutzzwecken – eine nach hier vertretener Auffasssung legitime Zielbestimmung des Schadensersatzrechts – und erhöht den Klageanreiz bei den Betroffenen, was die Durchsetzung von Kartellrecht auf breiter Basis fördert. Zum selben Ergebnis gelangt man, wenn man mit der hier vertretenen Auffassung auf dem Gebiet des Kartellrechts eine abstrakt-objektive Schadensberechnung zuläßt und diesen Schaden als Mindestschaden ersetzt.[277]

---

[272] BGHZ 18, 149ff.

[273] Vgl. nur die Regelung des § 35 I 2 GWB a. F. und ihre amtliche Begr. (dazu oben § 7 XII d).

[274] MüKo/*Grunsky*, BGB, vor § 249 Rdnr. 96 b.

[275] Die Frage, ob die Schadensweiterwälzung einen bereits entstandenen Schaden entfallen läßt oder schon seine Entstehung verhindert (vgl. dazu *Linder*, 127), ist gekünstelt und führt in der Sache nicht weiter.

[276] Für ihre Anwendbarkeit auf passing-on-Sachverhalte *Mailänder*, 188f.; *Kahrs*, 153f.; *Steindorff*, ZHR 138 (1974), 504ff., 518; dagegen *Linder*, 126ff.

[277] Vgl. oben § 10 II.

Kein Platz für eine Vorteilsausgleichung ist ferner bei *Immaterialgüterrechtsverletzungen,* wo es ebenfalls keine wirkliche Wiedergutmachung geben kann (Verwässerung von Markenzeichen, wirtschaftliche Entwertung von Patenten etc.), weshalb sich auch hier „Schmerzen" und „Freuden" nur schwer isolieren lassen.

Schließlich bestehen gegen eine Versagung der Vorteilsausgleichung aus Gründen der Sanktion auch keine dogmatischen Bedenken, weil die Gesetzesväter des BGB die Regelung dieser Frage bewußt Wissenschaft und Praxis überlassen haben.[278] Der in der Praxis aus Sanktionsgründen versagte Vorteilsausgleich[279] bewegt sich deshalb in einem zulässigen Rahmen und stellt insbesondere keine Gesetzeskorrektur dar.[280] Ohnehin geht es ja lediglich um den Ausgleich eines wirklich entstandenen Schadens.

(2) Aus denselben Gründen legitim ist die Nichtberücksichtigung hypothetischer Schadensursachen aus Sanktionsgründen.[281] Auch hier ist eine bestimmte Lösung vom Gesetz nicht vorgegeben,[282] weshalb die Praxis in ihrer Entscheidung weitgehend frei ist. Vor dem Hintergrund des objektiven Schadensbegriffs versteht sich der Ausschluß dieses Einwands von selbst.[283]

Kein Gehör finden sollte dieser Einwand insbesondere bei Verletzung höherwertiger Rechtsgüter, wie Gesundheit, Leib und Leben. Gerade im *Arzthaftungsrecht* ist insoweit eine Verschärfung der Sanktion angezeigt. So ist nicht einzusehen, warum der Arzt, der dem Patienten schuldhaft das Raucherbein amputiert hat, sich darauf berufen dürfen soll, daß eine Amputation zu einem späteren Zeitpunkt ohnehin notwendig gewesen wäre.[284] So zu entscheiden, hieße das Rechtsgut für „vogelfrei" zu erklären.[285] Auch in diesem Fall muß die Wertung gelten, daß dem späteren Ereignis „keine schuldtilgende Kraft"[286] zukommt. Eine unterschiedliche Behandlung dieser sog. „Anlagefälle" ist gesetzlich nicht veranlaßt und daher rein willkürlich[287] und widerspricht auch dem im Zivilrecht sonst geltenden Grundsatz, daß der Schädiger den Geschädigten „so nehmen muß, wie er ist". Eine Rechtsprechung, die diesen Einwand zuläßt, spekuliert nicht nur mit der Gesundheit des Menschen, sondern muß sich darüber hinaus den Vorwurf gefallen lassen, zwischen höher- und

---

278 Vgl. oben § 7 XIV Fn 2.
279 Vgl. dazu oben § 7 XIV.
280 *Medicus*, VersR 1981, 593ff., 597.
281 Zu Recht klassifiziert *Grunsky*, FS Lange, 469 das Problem der hypothetischen Kausalität als einen Unterfall der Vorteilsausgleichung; vgl. auch *Rother*, 225, 237.
282 Vgl. oben §§ 7 XIII 2; 9 II 5.
283 Vgl. oben §§ 7 XIII 2; 10 II.
284 So die Rspr. in den sog. Anlagefällen (vgl. oben § 7 XIII 2).
285 So zu Recht *Deutsch*, Haftungsrecht, 172.
286 BGHZ 29, 207ff., 215f.
287 Vgl. oben § 7 XIII 2.

minderwertigem Leben zu differenzieren. Die Entscheidung kann deshalb nicht anders ausfallen als im Strafrecht, wo dahingehende Einwände den Täter nicht entlasten.[288] Nur so wird die Rechtsordnung ihrer Verantwortung für die Schaffung eines möglichst umfassenden Rechtsgüterschutzes gerecht.

(3) Als letzter hier zu erörtender schadensmindernder Faktor bleibt das rechtmäßige Alternativverhalten. Eine Berufung hierauf sollte von der Rechtsprechung zur präventiven Ahndung des bösen Willens, wie etwa bei groben und beharrlichen Vertragsverletzungen,[289] großzügig versagt werden. Das Sanktionsprinzip verschafft einer solchen Praxis die Legitimation. Die Schadensersatzordnung entwickelt sich dann zur (reinen) Verhaltensordnung. Eine Sanktionsverschärfung ist wiederum im Arzthaftungsrecht geboten: Zur Bew(e)ährung des Selbstbestimmungsrechtes des Patienten erscheint es sachgerecht, dem Arzt, der einen Heileingriff ohne wirksame Einwilligung vornimmt, den Einwand, der Patient hätte auch bei ordnungsgemäßer Aufklärung in die betreffende Behandlung oder Operation eingewilligt, abzuschneiden. Jedenfalls im Ergebnis entspricht dies schon jetzt der Praxis. Obwohl die Rechtsprechung diesen Einwand grundsätzlich zuläßt,[290] hilft dies dem Arzt regelmäßig nicht weiter, weil sie die Anforderungen an den Nachweis dieses hypothetischen Ereignisses bewußt so weit hochschraubt, daß dieser kaum je erbracht werden kann.[291] Dann aber erscheint es methodenehrlicher, einen dahingehenden Einwand schon generell für unzulässig zu erklären.[292] Der Arzt haftet in diesen Fällen nicht nur für den immateriellen,[293] sondern auch materiellen[294] Schaden.

Unbezifferbare Sozialschäden einerseits und das Sanktionsprinzip andererseits können schließlich selbst ein Abrücken von elementaren Grundsätzen der Dogmatik rechtfertigen. Wenn § 13 a II E-UWG einen Anspruch auf das Erfüllungsinteresse als Rechtsfolge einer unerlaubten Handlung gewährt,[295] so befindet sich dieser Entwurf auf der hier vertretenen Linie.

---

[288] Vgl. oben § 7 XIII 2.

[289] Der Sanktionsgedanke dürfte unterschwellig eine Rolle gespielt haben in OLG Köln, NJW-RR 1997, 542: Unbeachtlichkeit des Einwandes rmAV im Falle einer unberechtigten Kündigung des Dienstverhältnisses mehrere Jahre vor dem frühestmöglichen Ablauf des Vertrags; die vom OLG Köln, aaO, gegebene anderweitige Begründung überzeugt kaum.

[290] Vgl. die Nachw. oben § 7 XIII 1 c Fn. 39.

[291] Paradigmatisch BGH NJW 1980, 1333, 1334 (oben § 7 XIII 1 c Fn. 417).

[292] So mit anderer Begründung (Schutzzweck der verletzten Pflicht), *Deutsch*, NJW 1979, 1905, 1906; vgl. aber auch *Deutsch*, NJW 1984, 1400; abl. MüKo/*Grunsky*, BGB, v. § 249 Rdnr. 82 der hierin eine mit dem Zweck des Schadensersatzrechts unvereinbare Pönalisierung sieht.

[293] So aber BGH VersR 1967, 495, 496 (oben § 7 XIII 1 c).

[294] BGH NJW 1976, 363; OLG Oldenburg, MedR 1983, 192; OLG Celle, MedR 1984, 106; MüKo/*Mertens*, BGB, § 823 Rdn 455.

[295] Vgl. dazu oben § 8 XXI.

dd) Immaterialschadensersatz als Sanktionsinstrument – Anwendungsfelder

Als besonders schlagkräftig im Kampf gegen unerwünschte Verhaltensweisen erweist sich der „instrumentierte" Immaterialschadensersatz. Darunter soll verstanden werden die *Verhängung einer Schmerzensgeldsanktion unter dem Titel der Persönlichkeitsrechtsverletzung zur Durchsetzung rechtlicher Verhaltensmaßstäbe*. In diesem Sinne wurde er von der Rechtsprechung als Provisorium zur Durchsetzung des arbeitsrechtlichen Benachteiligungsverbots nach § 611 a I BGB bis zur Neufassung des § 611 a II 1 BGB benutzt.[296] Der Durchsetzung dieses Verbots nach Maßgabe der europarechtlichen Vorgaben widerstrebt jedoch eine Rechtsprechung, die „professionellen Diskriminierungsklägern"[297] den Anspruch aus § 611 a II BGB unter dem Gesichtspunkt des Rechtsmißbrauchs versagt.[298] Weil die Sanktion weniger dem Schadensausgleich beim Opfer als vielmehr der Sanktion gegen den Täter dient, darf die Verfolgung von Rechtsverletzungen durch Private nicht inhibiert werden. Nur Generalprävention auf breiter Basis durch dezentralisierte Rechtsdurchsetzung ermöglicht hier eine effiziente Zielverwirklichung. In diesem Sinne begeht der „professionelle Diskriminierungskläger" nicht Rechts*mißbrauch*, sondern betreibt im Gegenteil Rechts*förderung*.[299] Daß dieser eventuell Klagen bewußt zu dem Zweck unternimmt, um aus ihnen Kapital zu schlagen,[300] steht dem nicht entgegen. Denn indem sich der deutsche Gesetzgeber zur Erfüllung der europarechtlichen Vorgaben für eine zivilrechtliche Sanktion entschieden und damit den einzelnen zum Rechtsverfolgungsinstrument gemacht hat, hat er diese Situation selbst geschaffen. Sie verschafft dem einzelnen erst den nötigen finanziellen Anreiz, Tatbestände des § 611 a I BGB offenzulegen (punitive damages in ihrer Rechtsdurchsetzungsfunktion).[301] Ein weiteres Beispiel für die Werkzeugfunktion des Immaterialschadensersatzes ist die Bestimmung des § 35 I 2 GWB a. F.[302] Auch hier wird eine Persönlichkeitsrechtsverletzung lediglich konstruiert, um schadensersatzfremde Zwecke zu verfolgen. Andererseits läßt sich aufgrund der Weite des Persönlichkeitsrechts nahezu jede schadensstiftende Verhaltensweise als eine Persönlichkeitsrechtsverletzung begreifen. Diese Elastizität macht den Immaterialschadensersatz zur Bewältigung auch völlig unerwarteter Problemkonstellationen besonders tauglich. Die Anerkennung der Genugtuungsfunk-

[296] Vgl. oben § 7 VII.
[297] *Pfarr*, RdA 1995, 204, 208.
[298] Etwa BAG MDR 1999, 489, 490 mit abl. Anm. *Müller*, MDR 1999, 750; ArbG Köln, ZIP 1997, 804; ArbG Düsseldorf, DB 2000, 381, 382; im Grundsatz auch LAG Hamm, BB 1997, 525; *Ehrich*, BB 1996, 1007, 1008; wie hier *Volmer*, BB 1997, 1582, 1584f. mit i.E. freilich anderer Konsequenz.
[299] So zu Recht *Müller*, MDR 1999, 750; *ders.*, JA 2000, 119, 123.
[300] So *Ehrich*, BB 1996, 1007: „Nebenverdienst".
[301] Vgl. dazu oben § 1 IV 1 c.
[302] Vgl. oben § 7 XII d.

tion durch die Rechtsprechung[303] tut ihr übriges. Wegen ihrer Täterbezogenheit eignet sich die Genugtuung hervorragend für die Ahndung gerade vorsätzlicher Rechtsverletzungen. Hieraus sind die Konsequenzen zu ziehen: die Rechtsprechung sollte sich verstärkt des Immaterialschadensersatzes als Sanktionsvehikel bedienen und sich offen hierzu bekennen.

(1) Wertvolle Dienste könnte der Immaterialschadensersatz bei der Bekämpfung des Ladendiebstahls[304] leisten. Allen Bemühungen, dieses Problem mit Mitteln des Strafrechts in den Griff zu bekommen, war bislang wenig Erfolg beschieden. Dies liegt nicht zuletzt daran, daß, soweit es in diesen Fällen zu einer Anklageerhebung durch die öffentlichen Strafverfolgungsbehörden überhaupt kommt (§ 248 a StGB!), ausgesprochene Strafen letztlich trivial sind, weshalb es ihnen an der nötigen Abschreckungswirkung fehlt.[305] Insoweit sind Stimmen,[306] die einer Entkriminalisierung des Ladendiebstahls das Wort reden – so umstritten diese Forderung rechtspolitisch auch sein mag[307] – eine zumindest ehrliche Konsequenz dieses Befunds.

Demgegenüber entbehrt die Schmerzensgeldsanktion wegen ihrer grundsätzlich quantitativen Unbegrenztheit dieser Abschreckungswirkung nicht. Die „Annahme" einer Persönlichkeitsverletzung liegt hier auch nicht ferner als etwa bei Verstößen gegen das arbeitsrechtliche Benachteiligungsverbot. Folgende Überlegung mag dies verdeutlichen: Der Täter eines (jedenfalls vollendeten) Kaufhausdiebstahls ist zugleich auch Täter eines Hausfriedensbruchs[308] (§ 123 StGB). Geschütztes Rechtsgut des § 123 StGB ist „das *Hausrecht*, das als ‚ein Stück lokalisierter Freiheitssphäre' ein persönliches Rechtsgut besonderer Art darstellt".[309] Dann aber ist es nur noch ein kleiner Schritt, dem Opfer dieses Delikts zugleich die Tangiertheit seiner Persönlichkeitssphäre zu bescheinigen. Daß diese regelmäßig nur „berührt" und nicht „verletzt" ist, kann hier ebensowenig schaden, wie in den oben genannten Fäl-

---

303 BGHZ 18, 149ff., 154 ff. (vgl. oben § 8 XVIII 1).

304 Verstanden als „Diebstahl geringwertiger Sachen" i. S. d. § 248 a StGB.

305 Dies hat zu dem befremdlichen Vorschlag geführt, Ladendiebe künftig mit einem Fahrverbot (§ 44 StGB) zu belegen (vgl. erstmals *Schöch*, Verhandlungen des 59. DJT, Gutachten C, C 120 und jüngst wieder diskutiert, vgl. Süddeutsche Zeitung v. 5. 11. 1998, S. 2: „Führerscheinstrafe. Strafen wo es wirklich weh tut. Wenn Ladendiebe oder Fußballrowdys mit Verzicht aufs Autofahren büßen sollen"; Süddeutsche Zeitung v. 30. 11. 1998, S. 9 (SZ-Interview mit Justizministerin Däubler-Gmelin): „Ich will schnelle Strafen ohne großen Aufwand"). Diese Sanktion wird indes auf wenig soziale Akzeptanz stoßen, was letztendlich dazu führt, daß die Betroffenen geradezu in ein Anschlußdelikt (§ 21 I Nr. 1 StVG) hineinmanövriert werden.

306 Etwa *Mayer*, 65; *Baumann*, JZ 1972, 1 ff.; *ders.*, ZRP 1972, 273; *Vogler*, ZStW 90 (1978), 132, 159ff. (Auslagerung in das Recht der Ordnungswidrigkeiten); vgl. ferner die Entkriminalisierungsvorschläge von *Hirsch*, ZStW 92 (1980), 218, 245 f.; *Lampe*, 55 ff.; *Ostendorf*, ZRP 1995, 18 ff.

307 Dagegen etwa *Hirsch*, ZStW 92 (1980), 218: Kein „Kavaliersdelikt".

308 Schönke/Schröder/*Lenckner*, StGB, § 123 Rdnr. 26 a. E.

309 Schönke/Schröder/*Lenckner*, StGB, § 123 StGB Rdnr. 1.

len, in denen dieses *Minus* in den Tatbestandsvoraussetzungen *durch das Sanktionsprinzip kompensiert* wird. Insofern ist der von Strafrechtslehrern (!) vorgelegte Entwurf AE-GLD,[310] der an die Rechtsprechung zum allgemeinen Persönlichkeitsrecht anknüpft, ein Schritt in die richtige Richtung. Doch ungeachtet seiner politischen Realisierbarkeit, die wohl als gering zu veranschlagen ist – inzwischen sind über zwanzig Jahre vergangen – würde seine Umsetzung doch auf eine Wiederbelebung der alten Buße hinauslaufen (vgl. insbesondere die Regelung in § 11 AE-GLD), eine rückschrittliche Tendenz, der es vorzubeugen gilt.[311] Dagegen träte mit der hier favorisierten Lösung anstelle der abstrakten Bußvorschrift eine *individuelle Punktsanktion.* Über das in § 847 I BGB enthaltene Tatbestandsmerkmal „billig" ließe sich eine der Tat- und Täterschuld im Einzelfall adäquate Sanktion aussprechen, die auch die Kosten der Deliktsbekämpfung und Ermittlung des Täters (Fangprämie) mitabgelten sollte. Freilich läßt auch dieser Vorschlag Fragen offen. So bedarf es einer grundsätzlichen Klärung, welche Auswirkung die Verhängung einer Zivilsanktion auf eine ggf. daneben noch in Betracht kommende strafgerichtliche Verurteilung hat. § 9 AE-GLD ordnet insoweit den grundsätzlichen Ausschluß der öffentlichen Strafverfolgung an. Indes sollte von einer diesbezüglich vorgreiflichen Regelung dieses Verhältnisses zunächst abgesehen werden. Stattdessen sollten die Zivilrichter zur „Aufnahme" dieser Rechtsprechung ermutigt und ihre Auswirkung auf die strafrechtliche Judikatur abgewartet und erst die im Anschluß hieran sich im Laufe der Zeit herausbildende Praxis – sofern geboten – in Gesetzesform gegossen werden. Dies hätte den Vorteil, daß etwas geregelt wird, was sich in praxi bereits erprobt hat.[312] Problematisch kann schließlich sein, ob die Sanktion bei jugendlichen Tätern erzieherisch angemessen ist.[313] Insgesamt aber würde die hier vorgeschlagene „zivilrechtliche Lösung", die die Rechtsverfolgung in die Hände der Geschädigten legt, wegen der von ihr ausgehenden Klageanreizfunktion eine flächendeckende Durchsetzung des Rechts begünstigen und zu einer radikalen Entlastung der öffentlichen Strafverfolgungsbehörden und Gerichte führen.

(2) Erstrebenswert und konsequent ist der Gebrauch des Immaterialschadensersatzes ferner zur Ahndung von VOB/A-Verstößen öffentlicher Auftraggeber.[314] Die Problematik ist im wesentlichen die gleiche wie bei § 611 a II 1 BGB. Hier wie dort geht es um die *Durchsetzung gesellschaftlicher Teilhabechancen.* Unterschiede bestehen lediglich in der rechtlichen Qualität der jeweils gestellten Verhaltensanforderung. Das rechtskonforme Verhalten ist einmal positiv formuliert als Gebot

---

310 Vgl. dazu oben § 8 XX.
311 Vgl. dazu oben § 10 V 1 b.
312 Zum insoweit ähnlichen Procedere bei § 611 a II 1 BGB n. F. vgl. oben § 7 VII.
313 Dazu etwa *Stoll*, Verhandlungen des 51. DJT, Sitzungsberichte, N, N 27.
314 Vgl. dazu oben § 7 VI.

(Auswahl desjenigen Bieters mit dem annehmbarsten Angebot, § 25 Nr. 3 III 2 VOB/A) und das anderemal negativ als Verbot abgegrenzt (Unzulässigkeit der unterschiedlichen Behandlung wegen des Geschlechts, § 611 a I 1 BGB). Doch muß in beiden Fällen der Entscheidende gleichermaßen unter mehreren Bewerbern eine Auswahl treffen und damit „unterscheiden". Im Verlauf dieses Unterscheidungsprozesses kann es zu zahlreichen Rechtsverletzungen/Diskriminierungen kommen, die vom Standpunkt einer *opferorientierten Schadensersatzordnung* aus ohne hinreichende Sanktion blieben.[315] Die Rechtsprechungspraxis, die dem zu Unrecht übergangenen Bieter gegen den „Vergebenden" einen Anspruch auf das Erfüllungsinteresse gewährt, bezweckt nicht eigentlich den Ausgleich einer Vermögenseinbuße beim Geschädigten – eine solche hat dieser regelmäßig nicht (jedenfalls nicht in dieser Höhe) zu beklagen –, sondern zielt auf Sanktionierung des Schädigers.[316] Steht aber dieser Zweck eindeutig im Vordergrund, zwingt der damit notwendig verbundene Blick auf den Schädiger[317] das Urteil im Interesse der Wertungsoffenheit[318] auf der Grundlage einer *täterorientierten Sanktionsordnung* zu sprechen. Der Immaterialschadensersatz in Verbindung mit dem täterbezogenen Genugtuungsgedanken trägt dem Rechnung; er erlaubt eine rechtsethische Bewertung der Tathandlung und ihre Ahndung entsprechend der „Täterschuld" im konkreten Fall. Gegenüber der gegenwärtigen Rechtsprechungspraxis hat dieser Vorschlag den Vorzug, daß er den Grundsatz der Privatautonomie respektiert;[319] die Sanktion soll dem Geschädigten keinen Ausgleich für den rechtswidrig vereitelten Vertragsschluß verschaffen, sondern zielt in erster Linie auf Vergeltung begangenen Unrechts, weshalb schon die reine[320] Pflichtverletzung als sanktionsauslösend zu werten ist. Demgegenüber verwischt die gegenwärtige Rechtsprechung die Konturen des Vermögensschadensbegriffs, weil sie im Ergebnis darauf hinausläuft, bereits der bloßen Chance als solcher Vermögenswert beizumessen, was zu einer Aushöhlung des § 253 BGB führt.[321] Ob für den Verlust einer Aussicht Ersatz verlangt werden kann oder nicht, ist von so grundsätzlicher Bedeutung, daß die Antwort hierauf nicht von Fall zu Fall unterschiedlich ausfallen kann, sondern dies einer grundsätzlichen Klärung bedarf.[322] Letztendlich aber kann das Chancenproblem

---

[315] Vgl. nur § 611 a II 1 BGB a. F. (vgl. oben § 7 VII) sowie die bis in die achtziger Jahren praktizierte Rspr. zu VOB/A-Verstößen (vgl. oben § 7 VI): Ersatz nur des Vertrauensschadens.

[316] Vgl. oben § 7 VI b.

[317] Vgl. oben § 6 III.

[318] Vgl. oben § 10 I 3.

[319] Vgl. oben § 7 VI c.

[320] So i. E. auch *Feber*, BauR 1989, 553, 559.

[321] Siehe oben § 7 VI c.

[322] Vgl. hierzu ausf. *Müller-Stoy*, Schadensersatz für verlorene Chancen. Eine rechtsvergleichende Untersuchung. (Freiburg 1973).

dahinstehen, weil es hier allein um die präventive Ahndung von Rechtsverletzungen mit schadensersatzrechtlichen Mitteln geht, wobei die Sanktion, die den Schädiger als Last trifft, dem Geschädigten als Nutzen zufällt. Der Geschädigte ist nur „Zahlstelle“ und der Schadensersatz steht hier, wie in § 611a II 1 BGB n.F. auch, stellvertretend für eine an den Staat zu zahlende Geldbuße. Im Vordergrund steht die Abschreckung. Hierzu ist der Immaterialschadensersatz, weil er für den Täter seiner Höhe nach nicht vorhersehbar und deshalb ein für ihn unkalkulierbares Risiko darstellt, am geeignetsten. Durch seinen Einsatz ließe sich ein den europarechtlichen Vorgaben[323] gerecht werdender Rechtsschutz für die Bieter am ehesten verwirklichen. Zwar soll dieser gemäß RL 89/665/EWG primär über ein Nachprüfungsverfahren erzielt werden. Doch ist dieses primär auf solche Fälle zugemünzt, in denen Fehler des Vergabeverfahrens noch behebbar sind (Schadensvermeidung vor Schadensregulierung), vgl. Art. 1 I RL 89/665/EWG. Können dagegen Verstöße nicht mehr beseitigt werden, muß sich der Betroffene mit Schadensersatzansprüchen begnügen (Art. 2 I c RL 89/665/EWG), wobei die Richtlinie keine Aussage über die Höhe des zu erkennenden Schadensersatzbetrages trifft. Der EuGH hat jedoch in einem anderen Zusammenhang festgestellt, „daß es nicht zulässig sein kann, den entgangenen Gewinn bei einem Verstoß gegen das Gemeinschaftsrecht vollständig vom ersatzfähigen Schaden auszuschließen“.[324] Er fährt fort: „Insbesondere bei Rechtsstreitigkeiten wirtschaftlicher oder kommerzieller Natur ist nämlich ein solcher vollständiger Ausschluß des entgangenen Gewinns geeignet, den Ersatz des Schadens tatsächlich unmöglich zu machen“.[325] Auf den hier in Frage stehenden Sachverhalt übertragen heißt dies: die Sanktion des Schadensersatzes ist selbst dann zu verhängen, wenn die Rechtsverletzung nur die bloße Chance des Opfers, Vermögenswerte zu erzielen, vernichtet hat. Generell bedeutet dies, um auf der Linie des EuGH zu bleiben, daß „der ... zu leistende Ersatz der Schäden ... dem erlittenen Schaden angemessen sein muß“,[326] wodurch die Instrumenthaftigkeit des Schadensersatzes („Rechtsbehelfsfunktion“) unterstrichen wird. In Ermangelung dieser Voraussetzung wird man deshalb § 126 S. 1 GWB n.F., soweit er dem übergangenen Bieter nur das negative Interesse gibt, als nicht europarechtskonform werten können. Als Schadensbemessungsfaktoren gebührlich berücksichtigt werden sollten darüber hinaus, wegen des auf diesem Gebiet massenhaften Auftretens von Rechtsverletzungen, das Abschreckungsbedürfnis sowie der finanzielle Anreiz für die Rechtsverfolgung. Letzteres würde die auf diesem Gebiet notwendige dezentra-

---

[323] Siehe hierzu oben § 7 VI c.

[324] EuGH EuZW 1996, 205, 211 Rz. 87 (Haftung der Mitgliedsstaaten bei Verstößen gegen das Gemeinschaftsrecht).

[325] EuGH EuZW 1996, 211 Rz. 87.

[326] EuGH EuZW 1996, 211 Rz. 90.

lisierte Rechtsdurchsetzung durch private Initiative begünstigen. Im einzelnen kann, weil es sich hier um einen strukturell ähnlichen Falltypus wie bei § 611 a II 1 BGB handelt, auf die von der Rechtsprechung dort entwickelten Grundsätze verwiesen werden.[327]

(3) Die Verhängung von Immaterialschadensersatz als Sanktion sollte dem Richter auch in bestimmten Fällen von Vertragsbruch möglich sein. Damit soll nicht etwa einer grundsätzlichen Ersatzfähigkeit des immateriellen Schadens bei Vertragsverletzungen das Wort geredet werden.[328] Vielmehr knüpft auch hier der Immaterialschadensersatz weniger an die Gütersphäre des Opfers eines Schadensfalles, sondern bezweckt in erster Linie die Durchsetzung von Vertragsdisziplin durch Maßregelung des Verletzers. Die Fallgruppenanalyse hat zahlreiche Beispiele aufgezeigt, die belegen, daß die Rechtsprechung den Schadensersatz schon gegenwärtig als ein legitimes Mittel zur Sicherstellung von Vertragstreue anerkennt.[329]

Ein praktisches Bedürfnis für die Erziehung zur Vertragstreue qua Schadensersatz besteht insbesondere bei *Versicherungsverträgen.* Die unberechtigte Leistungverweigerung der Versicherung gefährdet nicht selten die materielle Existenz des Anspruchstellers und die Versicherungsbranche scheint nur allzu oft ihre Wirtschaftsmacht zu Lasten ihrer Versicherten auszuspielen.[330] Hier gilt es zum Schutz des Schwächeren durch Schadensersatzpflichten auf eine stärkere Vertragsdisziplin hinzuwirken. Nachdem sich zur Zwangsversicherung eine entsprechende Praxis herausgebildet hat,[331] liegt ihre Übertragung auch auf die freiwillige Versicherung nahe. Jedenfalls ist kein Grund ersichtlich, hier anders zu verfahren. Auch hier befindet sich der Versicherte naturgemäß in einer schwächeren Verhandlungsposition und wirkt die hartnäckige Zahlungsverweigerung auf ihn psychisch belastend. Neben

---

[327] Vgl. oben § 7 VII.

[328] Vgl. hierzu *Braschos*, Der Ersatz immaterieller Schäden im Vertragsrecht. (Köln/Berlin/Bonn/München 1979), der für eine Erstreckung des § 847 BGB auch auf vertragliche Ersatzansprüche plädiert; dagegen Palandt/*Heinrichs*, BGB, § 253 Rdnr. 1; vgl. auch die Nachw. bei *Wiese*, Recht und Staat, 12 Anm. 30.

[329] Ausdrücklich BGHZ 49, 56, 59 – Schönheitsreparaturen (vgl. oben § 7 XIV 5 a); BAGE 6, 321 ff., 377 – Metallarbeiterstreik (vgl. oben § 7 XIII 1 a); BAG NJW 1970, 1469, 1470 – Inseratskosten (vgl. oben § 7 XIII 1 b); wohl auch BAG NJW 1968, 221 ff. – Arzthelferin (vgl. oben § 7 XIV 5 b); vgl. schon *v. Jhering*, JherJb. 18 (1880), 1, 98: „Meines Erachtens müßte auch dem Zivilrichter die Befugnis eingeräumt werden, bei einer frivolen Nichterfüllung eines Kaufkontraktes (z. B. beim doppelten Verkauf) auf Antrag der Partei dem verletzten Rechtsgefühl derselben durch Zusprechung einer Satisfactionssumme gerecht zu werden", sowie JherJb. 18 (1880), 52: „Satisfaction zum Zwecke der Sicherung des verübten Vertragsbruches ist für die Sicherheit des Vertragsrechts ebenso unentbehrlich als Strafandrohung zum Zwecke der Abwehr des noch erst zu besorgenden".

[330] So zuletzt deutlich OLG Frankfurt, NJW 1999, 2447 f. unter Bezugnahme auf OLG Karlsruhe/Freiburg, NJW 1973, 851.

[331] Vgl. dazu oben § 8 XVIII 2 b.

dem Präventionsbedürfnis sollten für die Bemessung des Strafzuschlags die Mühewaltung des Betroffenen bei der Anspruchsverfolgung, der damit verbundene Zeitaufwand, sowie dessen Ärger und Verdruß verstärkt Berücksichtigung finden. Aber auch in sonstigen Sonderbeziehungen, in denen sich Parteien mit *strukturell ungleicher Verhandlungsstärke*[332] und asymmetrisch verteilten Risiken gegenüberstehen, eignet sich der Immaterialschadensersatz hervorragend als ordnungspolitisches und quasimarktregulierendes Instrument und sollte deshalb zu diesem Zwecke von den Gerichten auch herangezogen werden. Freilich wird hier im einzelnen noch vieles zu klären sein und wird man die hier vorgezeichnete Entwicklung nur sehr behutsam und auch nur fallgruppenweise angehen können. Eine unreflektierte Übernahme der amerikanischen Gangart (punitive damages) verbietet sich. Dagegen wird man gegen eine schleichende „Amerikanisierung" hier nichts einwenden können.

Desweiteren kann der Immaterialschadensersatz dann ein geeignetes Instrument zur Durchsetzung von Gewährleistungsrechten sein, wenn der Schuldner begründete Mängelansprüche hartnäckig nicht erfüllt.[333] Der Sache nach praktiziert hat dies einmal das OLG Frankfurt,[334] das in einem solchen Fall dem Käufer einer Sache gegen den Verkäufer Ersatz für den dadurch entstandenen Freizeitverlust zugesprochen hat. Angebracht ist diese Sanktion besonders dann, wenn die zur Anspruchsverfolgung aufgewendete Freizeit den hintergründigen Vertragszweck vereitelt, wie dies bei Verletzung von Verträgen der Fall ist, die die Vermittlung oder Erbringung von Sach- oder Dienstleistungen für die Urlaubsgestaltung betreffen, also etwa bei Verträgen über die Teilnutzung von Wohngebäuden zu Erholungszwecken (§ 1 TzWrG). In diesen Fällen hat der Betroffene ein gesteigertes Interesse an einer ordnungsgemäßen und reibungslosen Vertragserfüllung – die dem § 651 f II BGB zugrundeliegende Wertung, durch Verhängung von Schadensersatz Mißständen in der Reisebranche vorzubeugen,[335] trifft auch hier zu.

(4) Schließlich könnte der Immaterialschadensersatz ein geeignetes Mittel zum Schutze vor sexueller Belästigung am Arbeitsplatz sein. Seit Inkrafttreten des Beschäftigtenschutzgesetzes am 1. 9. 1994[336] wird der Schutz der sexuellen Selbstbestimmung der Frau erstmals in einer breiten Öffentlichkeit diskutiert.[337] Doch das BeschSG, das zu diesem Schutze geschaffen wurde, hat seine Erwartungen nicht erfüllt.[338] Insbesondere was die Rechtsfolgenebene angeht, kennt das BeschSG

---

332 Vgl. auch BVerfG NJW 1994, 36.

333 Dafür *Magnus*, 235.

334 NJW 1976, 1320.

335 Den Sanktions- und Präventionsaspekt des Schadensersatzes für vergeudete Urlaubstage betonen *Magnus*, 229; *Tolk*, 80; *Küppers*, 152f; *Diederichsen*, FS Klingmüller, 82.

336 Art. 10 des 2. GleichberG, BGBl. I 1994, 1406, 1412.

337 Zahlen, Daten, Fakten zu dieser Thematik finden sich bei *Linde*, BB 1994, 2412ff.

338 Vgl. im einzelnen etwa *Hohmann*, ZRP 1995, 167ff.; *Hohmann/Moors*, KJ 1995, 151, 161ff.

keine „echte“ Sanktion, was ihm den Vorwurf eingebracht hat, ein „Gesetz mit bloßem Symbolgehalt“[339] zu sein. Um dieses Schutzdefizit zu kompensieren wurde schon frühzeitig vorgeschlagen, Schadensersatz unter dem Gesichtspunkt des allgemeinen Persönlichkeitsrechts zu gewähren.[340] Dies ist zwar insofern keine Errungenschaft, als eine sexuelle Belästigung i.S.v. § 2 II BeschSG[341] ohnehin als eine Persönlichkeitsrechtsverletzung im Sinne der Rechtsprechung zu werten sein wird. Doch ist der von den Gerichten in diesen Fällen ausgeworfene Schmerzensgeldbetrag vergleichsweise (§ 611 a II BGB!) gering,[342] so daß es an einer wahren Abschreckungswirkung fehlt. Um auch finanzstarke Betriebe hier an ihre Pflichten (§ 4 BeschSG) zu erinnern, sind die Schmerzensgeldbeträge kräftig anzuheben. Eines gesetzgeberischen Tätigwerdens bedarf es hierzu nicht,[343] zumal der Ruf nach dem Gesetzgeber meist ungehört bleibt.[344] Bis dahin sind die Gerichte in der „Pflicht“, diese Sanktionslücke auf der Rechtsfolgenseite mittels des Notbehelfs des Immaterialschadensersatzes zu füllen. Der ausgeworfene Schmerzensgeldbetrag bildet dann kein Gegenstück zu den erlittenen Schmerzen des Belästigungsopfers, sondern orientiert sich in erster Linie am Präventionsbedürfnis des Täters und „seiner“ Tat. Der Betrag ist so zu bemessen, daß potentielle Belästiger abgeschreckt werden (punitive damages).[345] Der hier vorgezeichnete Weg entspräche damit dem, den die Gerichte schon einmal bis zur europarechtskonformen Neufassung des § 611a II BGB beschritten haben.[346]

ee) Ausrichtung der Schadensersatzsanktion am Verschuldensgrad des Täters

Aus der Anerkennung des Sanktionsprinzips als Zweckprogramm des Schadensersatzrechts folgt unmittelbar die Legitimität der Schwere der Täterschuld als ein maßgebliches Entscheidungskriterium beim Sanktionsfolgeausspruch („moral-wrong-doing-aspect“). Die Festlegung der Schadensersatzschuld erfolgt in Einklang mit der rechtsethischen Bewertung der schadensstiftenden Handlung. Dabei kann die Schwere der Schuld einen eigenständigen Zurechnungsfaktor sowohl bei

---

339 *Hohmann*, ZRP 1995, 167; *Hohmann/Moors*, KJ 1995, 151, 165: „Symbol-Charakter“.

340 *Hohmann/Moors*, KJ 1995, 151, 163.

341 Die Bestimmung lautet: „Sexuelle Belästigung am Arbeitsplatz ist jedes vorsätzliche, sexuell bestimmte Verhalten, das die Würde von Beschäftigten verletzt ...“

342 Vgl. etwa BAG DB 1989, 2279: Schmerzensgeld für gesamte Diskriminierung ein Monatseinkommen.

343 So aber wohl *Hohmann*, ZRP 1995, 167, 168.

344 Vgl. nur die „unendliche“ Gesetzesgeschichte zu § 611 a II BGB, und dies trotz europarechtlicher „Zwänge“ (vgl. dazu oben § 7 VII).

345 Für eine ausnahmsweise sogar ausdrückliche Anerkennung von punitive damages in diesen Fällen *Hohmann*, ZRP 1995, 167, 168.

346 Vgl. dazu oben § 7 VII.

der Begründung als auch den Umfang der Schadensersatzpflicht darstellen. Eine solche Interdependenz von Schuld und Schaden widerspricht auch nicht dem Alles-oder- Nichts-Prinzip, das als wertungsneutrales quantitatives Prinzip der Gütersphäre des Geschädigten verpflichtet ist und an dem festgehalten wird,[347] sondern entspricht im weitesten Sinne dem qualitativen Wertungsgerüst des BGB-Haftungsrechts, das nicht vom Opfer, sondern vom „Täter" her konzipiert ist.[348]

Das Sanktionsprinzip einzufordern heißt unweigerlich, Schuld und Schaden auf eine Weise abzustimmen, die die individuelle Verantwortlichkeit des Schädigers zur Geltung bringt; denn nur eine schuldangemessene Sanktion wirkt erzieherisch.[349]

(1) Vom Verschuldensgrad des Täters sollte namentlich die Entscheidung abhängig gemacht werden, ob dieser mit dem Einwand der hypothetischen Schadensverursachung gehört wird.[350] Wie die Rechtsprechungsanalyse gezeigt hat,[351] ist eine sachgerechte Lösung dieses Problemkomplexes nicht begrifflich vorgegeben, sondern läßt sich nur fallgruppenweise unter Abwägung von Ausgleichs-, Präventions- und Sanktionzweck entwickeln.[352] Ähnliches gilt für die Versagung des Einwandes rechtmäßigen Alternativverhaltens.

(2) Der böse Wille des Schädigers sollte weiter ein *offen ausgesprochenes* Kriterium für die Versagung der Vorteilsausgleichung sein.[353] Der „Sinn und Zweck des Schadensersatzes"[354] besteht dann in der Sanktionierung des Täters.[355] Freilich sind die Kriterien der Sanktion und Prävention in dieser Absolutheit als entscheidungsbestimmende Faktoren zunächst sehr unbestimmt,[356] was aber auf die übrigen in der

---

[347] Siehe oben § 10 IV.

[348] *Deutsch*, Haftungsrecht, 8ff., 72; *Schiemann*, Argumente und Prinzipien, 191 ff.

[349] Vgl. *v. Jhering*, Vermischte Schriften, 163: „Das Gleichgewicht herzustellen zwischen dem Maß des Übels und der Schuld ist die höchste Aufgabe der Gerechtigkeit"; diesen Grundsatz verwirklichen etwa die Bestimmungen der §§ 14 a I 3 GeschmMG, 139 II 2 PatG, 24 II 2 GebrMG (vgl. dazu oben § 7 I 1 d).

[350] Vgl. schon *Knappe*, 111, 116; dagegen MüKo/*Grunsky*, BGB, v. § 249 Rdnr. 82; *v. Cammerer*, Karlsruher Studiengesellschaft, 28; *Kahrs*, Kausalität, 169 ff., allesamt von einem die Sanktionsfunktion des Schadensersatzes ablehnenden Standpunkt aus.

[351] Vgl. oben § 7 XIII 2.

[352] *Gottwald*, Schadenszurechnung, 128.

[353] Vgl. dazu oben § 7 XIV.

[354] So die stereotype Formel des BGH, vgl. nur BGHZ 8, 325, 329 (oben § 7 XIV 2).

[355] So zutreffend *Rother*, 245 mit i. E. freilich anderer Tendenz, nämlich das Schadensersatzrecht auf den notwendigen Ausgleich von Schadensverlusten zu beschränken und die Sanktionswirkung dem Strafrecht zu überlassen; ähnlich *Gärtner*, JuS 1972, 69ff., 71 (Bespr. von BGH NJW 1971, 936, vgl. dazu oben § 7 XIV 1 c); zur rechtsverfolgenden und präventiven Funktion der Unrechtshaftung als (auch dogmatischem) Ansatzpunkt für eine Versagung der Vorteilsausgleichung vgl. ferner *Deutsch*, Haftungsrecht, 454.

[356] Hierauf weist *Lieb*, JZ 1971, 358, 362 hin.

Literatur bemühten Entscheidungskriterien in noch höherem Maße zutrifft.[357] Dies liegt jedoch in der Natur der Sanktion als einer individuellen Antwort der Rechtsordnung auf eine ganz konkrete Tat, begangen durch einen ganz bestimmten Täter. Diesem individuellen Zug der Sanktion entspricht es, daß, wie zu Recht behauptet wird, es ein allgemeingültiges Kriterium für die Berücksichtigung bzw. Nichtberücksichtigung von Vorteilen nicht gibt und auch ein Regel-Ausnahmeverhältnis weder in der einen noch in der anderen Richtung anerkannt werden kann.[358] Eine weitgehende Konkretisierung läßt sich aber durch Schaffung vertypter Tatbestände erzielen,[359] ein Weg, wie ihn die Rechtsprechung längst beschritten hat. Aufs Ganze gesehen sollte aber die in der Rechtsprechung deutlich auszumachende Tendenz gegen eine Vorteilsanrechnung fortgeführt werden.

(3) Nach dem Verschuldensgrad des Schädigers ist schließlich zu entscheiden, ob ein durch die Rechtsverletzung erzielter Gewinn beim Täter abgeschöpft werden soll. Dabei sollte in Anlehnung an die amerikanische Praxis[360] eine Gewinnabschöpfung bei vorsätzlichen Rechtsverletzungen immer in Betracht gezogen werden. (Rechtsgedanke §§ 687 II i.V.m. 681 S. 2, 666, 667 BGB). Bei grob fahrlässigen Eingriffen bietet sich eine Teilabschöpfung an. Einzelheiten müssen der Fortentwicklung durch die Gerichtspraxis vorbehalten werden.

b) Weitere Vorschläge

Die hier favorisierte Grundtendenz, das Schadensersatzrecht zu Sanktionszwecken einzusetzen, läßt noch eine Reihe weiterer Änderungen geboten erscheinen.

aa) Aus dem Bereich der Vorteilsausgleichung betrifft dies die Abstimmung zwischen individuellem Schadensrecht und kollektiver Schadensvorsorge. Beim Zusammentreffen von Schadensersatzanspruch und Versicherungs- oder Entgeltfortzahlungsleistung steht man vor der entscheidenden Wahl, ob man die Ansprüche beim Geschädigten häufen oder entweder den Schädiger oder den Dritten entlasten soll.[361] Wir haben gesehen, daß die Rechtsprechung eine Entlastung des Schädigers aus *rechtsethischen Gesichtspunkten* ablehnt.[362] Dem ist nach dem hier vertretenen

---

[357] Vgl. *Cantzler*, AcP 156 (1957), 29 ff., 51: („Die adäquate ‚Kausalität' ist zu weit, zu locker"), 56: („Der Gesichtspunkt der Billigkeit ist ... zu weit, der der Adäquanz nicht sachentsprechend"); *Esser*, MDR 1957, 522, 524 („Adäquanz als unsachgemäßes Kriterium aus dem Rechtsbereich der Vorteilsausgleichung verbannen").

[358] MüKo/*Grunsky*, BGB, v. § 249 Rdnr. 96 a.E.; *Rother*, 236f.; *Keuk*, 249 mit Fn. 80.

[359] Erman/*Kuckuk*, BGB, v. § 249 Rdnr. 95; MüKo/*Grunsky*, BGB, v. § 249 Rdnr. 96 a.E. („induktiv von den wichtigsten Fallgruppen her").

[360] Vgl. dazu *König*, FS v. Caemmerer, 179ff.

[361] *Rother*, 238.

[362] Deutlich BGHZ 9, 179ff., 190 (vgl. dazu oben § 7 XIV 1 c).

Grundverständnis vom Schadensersatzrecht ohne Einschränkung beizupflichten. Von den zwei verbleibenden Alternativen wiederum entspricht letztere geübter Rechtspraxis. Diese Lösung widerstrebt jedoch dem *Sanktionszweck des Schadensersatzes*, weil der Schädiger rein wirtschaftlich betrachtet nicht eine Schuld des Geschädigten, sondern des Dritten (Versicherung, Arbeitgeber) erfüllt. Der vom Sanktionszweck getragene Wille, den „Schädiger nicht zu entlasten" allein ist aber nur hinreichende und nicht ausreichende Bedingung zur Verwirklichung dieses Zwecks. Hierzu wäre erforderlich, daß die Belastung des Täters mit der Schadensersatzpflicht gerade zugunsten des Opfers unternommen wird. Nur auf diese Weise läßt sich eine dem Genugtuungsbedürfnis des Opfers Rechnung tragende Verbindung zwischen Vorteil und Tat herstellen und wirkt der Schadensersatz retributiv. Aber auch sonst erscheint der Geschädigte unter den drei Beteiligten der würdigste für die Belassung des Vorteils.[363] Er ist es, der den Schmerz erdulden und die mit dem Schadensfall verbundenen Unbequemlichkeiten wie Zeitverlust, Ärger und Verdruß auf sich nehmen muß. Umgekehrt ist der Dritte seiner wirtschaftlichen Verfassung nach am wenigsten schutzbedürftig und seine Entlastung auch deshalb nicht angezeigt, weil er seinerseits aus anderem und besonderem Rechtsgrunde verpflichtet war.[364] Der Einwand, die Doppelentschädigung des Geschädigten führe bei diesem zu einer unzulässigen[365] Bereicherung ist nur allzu formal und wird schon allein durch die Anerkennung der Eigenständigkeit des Sanktionsgedankens, der die Legitimation einer Opferbereicherung klar mitbeinhaltet, entkräftet. Freilich hat die hier favorisierte Lösung der Doppelentschädigung des Opfers, solange die Zessionsbestimmungen nach Art der §§ 67 VVG, 116 SGB X bestehen, nur rechtspolitische Bedeutung. Ihre Abschaffung trüge aber, indem Unrecht dort wiedergutgemacht wird, wo es geschehen ist, zu einer längst überfälligen Stärkung des Opferschutzes bei.

bb) Der Gesichtspunkt des Opferschutzes ist weiterhin ein Argument für eine vorsichtige Ausdehnung der von der Rechtsprechung entwickelten Beweislastumkehr bei groben Verstößen gegen Berufspflichten auf andere Bereiche. Der Sanktionsgedanke schafft die methodische Legitimation hierzu: die Analyse hat gezeigt, daß *schweres Arztverschulden* der eigentliche Sachgrund für die Beweislastumkehr im Arzthaftungsrecht ist.[366] Das Verschulden fungiert dort als echtes

---

[363] *Rother*, 238.

[364] *Rother*, 239; *Gärtner*, JuS 1972, 69ff., 70 spricht in diesem Zusammenhang zu Recht von „systemfremden Zufallseinnahmen" der SVT.

[365] *Rother*, 238f. hält den Satz, daß der Geschädigte nicht bereichert werden dürfe, letztlich für unbeweisbar, begründet ihn aber dann doch aus der „Generallinie des ganzen Schadensersatzrechts". Dies entspricht seinem Grundverständnis vom Schadensersatzrecht als reiner Ausgleichsordnung, die die Sanktionswirkung dem Strafrecht überläßt (S. 245).

[366] Vgl. oben § 7 XV.

Zurechnungskriterium. Als weiteres wichtiges Anwendungsfeld käme der Produkthaftungsprozeß in Frage, soweit es um die Verletzung höherrangiger Rechtsgüter wie Gesundheit, Leib oder Leben geht. Hat etwa der Hersteller Warnpflichten in gröbster Weise verletzt, entgeht er der Haftung nur, wenn er beweist, daß die von ihm begangene Pflichtverletzung für den eingetretenen Schaden nicht ursächlich war. Auf dieser Grundlage hätte schon der bekannte „Kindertee"-Fall[367] entschieden werden müßen.[368]

Das Verschulden als Anknüpfungspunkt für eine Beweislastumkehr hat zudem den nicht zu unterschätzenden Vorteil, daß insoweit auf starre Regeln verzichtet und dadurch den besonderen Umständen des konkreten Einzelfalles Rechnung getragen werden kann.

cc) Das Dazwischentreten von Versicherungen führt häufig dazu, daß die Sanktion beim Schädiger nicht „ankommt", was insbesondere dann mißlich ist, wenn gerade die *persönliche Inanspruchnahme des Schädigers* bezweckt ist, wie dies für den Anspruch aus § 110 I SGB VII anerkannt ist.[369] Dann aber ist es nur folgerichtig, die Deckungsfähigkeit dieses Anspruchs im Rahmen der Kfz-Haftpflichtversicherung entgegen der Rechtsprechung[370] zu verneinen.[371] Gleiches hat auch für die Privathaftpflichtversicherung zu gelten (§ 4 I Nr. 3 AHB). Nur auf diese Weise wird man der erzieherischen Funktion[372] dieses „Denkzettelregresses"[373] gerecht und wären die Berufsgenossenschaften gezwungen, im Rahmen des Ersatzanspruchsverfahrens den Unglücksfall und dessen Ursache mit dem Schädiger prophylaktisch aufzuarbeiten, wodurch sich künftige Vorfälle dieser Art vermeiden ließen.[374] Der hier weitläufig geforderte Ausschluß der Versicherbarkeit der Schadensersatzsanktion entspräche dann der in den USA sich abzeichnenden Tendenz gegen die Versicherbarkeit von punitive damages.[375] Damit unvereinbar ist das Dogma von der „Haftungsersetzung durch Versicherungsschutz".[376] Daß sich dieser

---

[367] BGHZ 116, 60.

[368] Gegen eine solche Tendenz zur Haftungsverschärfung aus rechtspolitischen Gründen, *Littbarski*, NJW 1995, 217ff., der hierin eine „Fehlentwicklung des Haftungsrechts" sieht.

[369] Deutlich BGH VersR 1985, 237, 238 (vgl. oben § 7 XVI a).

[370] BGH VersR 1969, 363; 1971, 1167, 1169.

[371] So i. E. schon *Konertz*, VersR 1980, 209, 215; zum Gedanken individueller Verantwortung im Verkehrsunfallrecht allgemein vgl. *v. Hippel*, 83 ff., die sich für einen Ausschluß bzw. eine Beschränkung der Versicherungsmöglichkeit gegen Rückgriffsansprüche in Fällen „unverzeihlichen Verschuldens" ausspricht.

[372] BGH VersR 1980, 164, 165 (vgl. oben § 7 XVI a); BGH VersR 1985, 237, 238 (vgl. oben § 7 XVI a).

[373] *Motsch*, JZ 1984, 211ff., 220.

[374] Darauf weist *Konertz*, VersR 1980, 209, 215 hin.

[375] Vgl. etwa die Nachw. bei *v. Hippel*, 88 Fn. 27.

[376] Vgl. dazu oben § 4 VI 1.

Gedanke in so reiner Form ohnehin nicht durchführen läßt, ist schon de lege lata durch zahlreiche Fallkonstellationen[377] belegt, die zeigen, daß es mit der „Emanzipation des Haftpflichtrechts vom Strafgedanken“[378] nicht weit her ist und ein entideologisiertes Schadensersatzrecht, ein wertneutrales Ausgleichssystem also, immer nur ungehörte Theorie bleiben wird.

Aus der dieser Zweckbestimmung des § 110 SGB VII resultierenden „persönlichen Erstattungspflicht“[379] folgt weiter, daß dem Arbeitnehmer und Schädiger insoweit auch ein Freistellungsanspruch (§ 257 BGB) gegen seinen Arbeitgeber per se zu versagen ist.[380] Dagegen wurde eingewandt, dies bedeute eine unsoziale Durchbrechung der Grundsätze des innerbetrieblichen Schadensausgleichs, mit der Folge, daß der Konflikt auf dem Rücken des Arbeitnehmers ausgetragen werde.[381] Doch wer so argumentiert, wird der Bedeutung der Unfallverhütung für Leib und Leben als zentrales Anliegen der Unfallversicherung (vgl. §§ 1, 14ff. SGB VII) nicht gerecht.[382] Die Sozialversicherungsträger sind hier gehalten, etwaige Härten im Einzelfall über die Bestimmung des § 110 II SGB VII zu lindern, wozu sie nicht nur berechtigt, sondern – wenn billiges Ermessen das gebietet – auch verpflichtet sind.[383]

Mit dem Straf- und Erziehungszweck des § 110 SGB VII[384] ferner unvereinbar ist die Bestimmung des § 110 I 3 SGB VII. Nur wenn auch der Eintritt des Schadens vom Verschulden des Schädigers umfaßt war, wird dieser, wie im Strafrecht auch, ein Einsehen in seine Tat haben und wirkt die verhängte Sanktion erzieherisch. Insoweit sollte man § 110 I 3 SGB VII streichen und wieder zu alten Praxis zurückfinden.[385] Es bestünde dann wieder Konkordanz mit der Arbeitnehmerhaftung, bei der das Verschulden von jeher auch die Verletzungsfolgen mitumfassen muß.[386] Der Strafrechtsnormcharakter des § 110 SGB VII bedingt ferner den grundsätzlichen Ausschluß dieses Anspruchs entsprechend § 67 II VVG, wenn ein in häuslicher Gemeinschaft mit dem Schuldigen lebender Familienangehöriger verletzt worden

377 Besonders deutlich BGHZ 9, 179, 190 (vgl. dazu oben § 7 XIV 1 c).

378 *Weyers*, 376.

379 BGH VersR 1985, 237, 238.

380 So i. E. auch *Lauterbach*, Unfallversicherung, RVO, § 640 Anm. 28 unter Hinweis auf § 636 RVO (nun § 104 SGB VII).

381 *Gitter*, 256.

382 Es verwundert deshalb nicht, daß Gitter, 256, sogar für eine Beschränkung des Regresses auf vorsätzliche Schädigungen plädiert; so auch *Marschall v. Bieberstein*, VersR 1968, 509ff., 515 unter Hinweis auf § 152 VVG; weil aber Arbeitsunfälle i. d. R. nicht vorsätzlich begangen werden, würde damit die Prävention gleichsam totgeschrieben.

383 BGH VersR 1971, 1167, 1168.

384 Vgl. oben § 7 XVI.

385 Vgl. BGH VersR 1980, 164, 165 (vgl oben § 7 XVI a).

386 BAG VersR 1967, 169f.

ist.[387] Diese Wertung entspricht dem materiellen Strafrechtsgrundsatz des § 60 StGB (Absehen von Strafe), der von der strafrechtlichen Judikatur[388] zuweilen angewandt wird, wenn die fahrlässige Tat des Täters den Tod seines Angehörigen oder eines sonst ihm nahestehenden Menschen verursacht hat.

Aus dem Erfordernis der individuellen Inanspruchnahme folgt schließlich der Untergang des Anspruchs mit dem Tode des Verpflichteten. Weil der Erziehungszweck des § 110 SGB VII in diesem Fall nicht mehr erreicht werden kann, verbietet es sich, den Anspruch gegen dessen Erben zu richten.[389] Folgt man dem nicht, hätte zumindest der Erziehungszweck als ein die Regreßhöhe maßgeblich bestimmender Faktor bei einer Vollstreckung in den Nachlaß des Betroffenen außen vor zu bleiben.

Schließlich sei noch darauf hingewiesen, daß die Betonung von Sanktions- und Präventionszwecken bei § 110 SGB VII nicht, wie gelegentlich behauptet wird,[390] schon deshalb unzulässig ist, weil der Gesetzgeber für diese Zwecke (auch) die Buße vorgesehen hat (vgl. § 209 I Nr. 1 SGB VII). Daß es insoweit zu einer Überlagerung der Ordnungswidrigkeits- durch die Zivilrechtssanktion kommen kann, ist nur begrüßenswert, weil verhängte Bußen meist trivial sind und ihnen deshalb die nötige Abschreckungswirkung fehlt.

dd) Beim Schmerzensgeldanspruch ist de lege ferenda eine *Trennung von Ausgleichs- und Genugtuungsfunktion* vorzunehmen. Die Analyse hat gezeigt, daß beide Funktionen wesensverschieden sind.[391] Es ist deshalb schon allein unter dem Aspekt der *Wertungsoffenheit*[392] nur konsequent, das Schmerzensgeld in Ausgleichs- und Genugtuungsfunktion gesondert auszuweisen. Erst dies ermöglicht eine rationale Erörterung der jeweils in Betracht kommenden Bemessungsfaktoren.[393] Die Genugtuung tritt dann nicht mehr automatisch, sondern nur noch bei „aggravated circumstances" zur Ausgleichsfunktion hinzu, also etwa bei

> „schuldhaftem Zivilunrecht ..., bei welchem die Kränkung des Rechtsgefühls des Verletzten gewichtiger ist als der angerichtete Schaden und das in solchem Maße der privaten Sphäre angehört, daß es entweder strafrechtlich überhaupt nicht zu erfassen ist oder aber die Ahndung im Strafverfahren unangemessen wäre".[394]

---

[387] A. A. VersR 1978, 35.

[388] Vgl. die Nachw. bei *Tröndle/Fischer*, StGB, § 60 Rdnr. 3.

[389] Vgl. oben § 7 XVI a.

[390] *Marschall v. Bieberstein*, VersR 1968, 509ff., 513f.; *ders.*, VersR 1972, 991ff., 995.

[391] Vgl. oben § 8 XVIII 1 b.

[392] Vgl. oben § 10 I 3.

[393] Esser/*Weyers*, Schuldrecht, 528; *Pecher*, AcP 171 (1971), 44, 79; *Kern*, AcP 191 (1991), 247, 268.

[394] *Stoll*, Verhandlungen des 45. DJT, Gutachten, 152f.

Weil das Schmerzensgeld in seiner Genugtuungsfunktion (Kriminal-)straffunktionen[395] übernimmt, muß dies zu weiteren Konsequenzen führen: damit die Genugtuungssumme den Täter – aber auch nur den Täter – als fühlbares Vermögensopfer trifft, ist sie aus einer etwaigen Versicherung herauszunehmen[396] und verbietet sich insoweit eine Vollstreckung in den Nachlaß des Verurteilten (§ 459 c III StPO analog). Dagegen ist eine Wiedereinführung der Unvererblichkeit für Schmerzensgeld in der Genugtuungsfunktion[397] nicht geboten, weil die im Todesfalle des Opfers profitierenden Erben mit diesem eine Schmerzgemeinschaft bildeten.[398] Eines eigenen Schmerzensgeldanspruchs für Angehörige[399] bedarf es hierfür nicht.

Zur Bemessung der Genugtuungssumme bietet sich ein Rückgriff auf das im Strafrecht gängige Tagessatzsystem an (§ 40 StGB analog). Der Sache nach wird dieses System schon jetzt von der Rechtsprechung[400] praktiziert. In diesem Zusammenhang stellt sich dann die Frage der Anrechenbarkeit einer etwaigen strafgerichtlichen Verurteilung des Täters auf die Genugtuungssumme erneut.[401] Die Entscheidung kann nicht absolut getroffen werden. Auszugehen ist vom Grundsatz der Nichtberücksichtigung. Denn obwohl das Schmerzensgeld in der Genugtuungsfunktion Strafcharakter hat,[402] dient es nicht der Verwirklichung des staatlichen Strafanspruches im Verhältnis Staat zu Täter, sondern der Besänftigung des Rachegefühls des Opfers im Verhältnis zum Schädiger. Von diesem Grundsatz ist aber eine Ausnahme dann zu machen, wenn die Genugtuung nur noch den Sinn haben kann, „legalistische" Schmerzen abzugelten, wie etwa in den „Schwerstgeschädigten"-Fällen.[403] In diesem Fall tritt die Täter-Opfer-Beziehung zurück und im Vordergrund steht die Genugtuung nicht für das Opfer, sondern für das Recht. Die Anrechenbarkeit gilt dann selbstverständlich auch im umgekehrten Sinne. Folgt

---

395 Vgl. nur die strafrechtlichen Argumentationsfiguren in BGHZ 18, 149, 154ff., 158ff. (vgl. dazu oben § 8 XVIII 1 a).

396 So zu Recht *Sieg*, VersR 1980, 1085, 1090; vgl. auch *Hartung*, NJW 1957, 125ff.; *Bötticher*, AcP 158 (1959/60), 385, 398; *Honsell*, VersR 1974, 205, 206; vgl. auch den Entwurf zu einem Zweiten Gesetz zur Änderung schadensersatzrechtlicher Vorschriften v. 27. 1. 1998, wonach bei einer vorsätzlichen Tat das Schmerzensgeld (in der Ausgleichs- und Genugtuungsfunktion) nicht versicherbar sein soll, dazu *Deutsch*, ZRP 1998, 291ff.; anders die h. M., vgl. nur *Lange*, Schadensersatz, 436 m. w. N.; widersprüchlich BGH NJW 1976, 1147, 1149 (vgl. dazu oben § 8 XVIII 2 a).

397 So *Kern*, AcP 191 (1991), 247, 269.

398 Vgl. oben § 8 XVIII 2 cc.

399 So aber *Kern*, FS Gitter, 456, 457; *Vorndran*, ZRP 1988, 293, 295.

400 Seit BGHZ 18, 149 ff. (vgl. dazu oben § 8 XVIII 1a).

401 Vgl. dazu oben § 8 XVIII 1 b.

402 Vgl. auch *Kern*, AcP 191 (1991), 247, 268, 272: „Privatstrafe".

403 Vgl. dazu oben § 8 XVIII 2 a.

das Strafverfahren der zivilrechtlich rechtskräftigen Verurteilung nach, so ist dies bei der Strafzumessung zu berücksichtigen. Bei gleichzeitiger Anhängigkeit von Zivil- und Strafverfahren ist entsprechend § 149 ZPO zu verfahren.

Ist die strikte Trennung beider Funktionen somit schon eine logische[404] Notwendigkeit, führt sie darüber hinaus auch zu überzeugenden Lösungen in Fällen, in denen das Schmerzensgeld allein eine Genugtuung für das Recht und die Rechtsgemeinschaft bezweckt. Namentlich in den bereits erwähnten „Schwerstgeschädigten"-Fällen ist die Rechtsprechung bis heute eine sachliche und die Entscheidung tragende Begründung schuldig geblieben. Der vom BGH zuletzt benutzte Kunstgriff, die Einbuße der Persönlichkeit als solche für ausgleichsfähig zu erklären,[405] bringt das Problem einer Lösung nicht näher, weil damit die Notwendigkeit eines Ausgleichs nur *behauptet*, aber nicht *begründet* wird. Schon eher liegt ein richtiger Begründungsansatz in der Entscheidung BGH NJW 1976, 1147ff.,[406] in der der „*bedingungslose Schutz der Person durch die Rechtsordnung*" herausgestellt wird. Der Senat hätte nur den von ihm dort aufgeworfenen *Gedanken der Rechtsverfolgung* konsequent zuendedenken müssen. Dies hätte ihn zur sachlichen Aufspaltung von Ausgleichs- und Genugtuungsfunktion gezwungen. Die Abkoppelung der Genugtuungs- von der Ausgleichsfunktion hätte dann, weil hier das Schmerzensgeld allein als Genugtuung für das Recht fungiert und deshalb nach strafrechtlichen Grundsätzen und Wertungen zu bemessen ist, zwanglos die Verhängung einer über einen symbolhaften Betrag weit hinausgehenden Genugtuungssanktion ermöglicht und auch erfordert. Was der BGH als einen (scheinbar) „nicht auflösbaren Widerspruch"[407] bezeichnet, entpuppt sich dann schnell als die bloße *Herstellung einer Wertungskonsequenz*: die Sanktion fällt umso höher aus, je schwerer die Rechtsgutverletzung wiegt. Die Lösung der „Schwerstgeschädigten"-Fälle rechtfertigt sich dann nicht mehr lediglich unter dem Gesichtspunkt einer „eigenständigen Fallgruppe",[408] sondern ist Ausfluß dieses Prinzips. Viele Umstände, die die Rechtsprechung bislang als schmerzensgeld*mindernd* berücksichtigt hat, wirken dann bei Ausblendung der Ausgleichsfunktion und soweit eine Genugtuung lediglich für das Recht in Frage steht, schmerzensgeld*erhöhend*, so etwa, wenn die Verletzung gar den Tod des Opfers verursacht hat;[409] der Wortlaut des § 847 I BGB steht dem nicht

---

404 Vgl. oben § 8 XVIII 1 b.

405 BGH NJW 1993, 781, 783 (vgl. oben § 8 XVIII 2 a cc).

406 Vgl. dazu oben § 8 XVIII 2 a.

407 BGH NJW 1993, 781, 782 (vgl. dazu oben § 8 XVIII 2 a cc).

408 BGH NJW 1993, 783 (vgl. dazu oben § 8 XVIII 2 a cc); *Deutsch*, NJW 1993, 784 spricht in diesem Zusammenhang von der „Würdefunktion" des Schmerzensgeldes.

409 A. A. die h. M, vgl. BGH NJW 1976, 1147, 1149 m. w. N; BGH ZIP 1998, 1272, 1273; OLG Karlsruhe, VersR 1988, 59, 60; OLG Oldenburg, MDR 1996, 54; OLG Düsseldorf, NJW 1997, 806; KG VersR 1997, 327; vgl. aber auch LG München, VersR 1981, 69, 70: „Der tödliche

entgegen, weil sich der Tod – wie im Strafrecht – leicht als die intensivste Form der Körperverletzung begreifen läßt. Nur ein solches Verständnis wird auch der besonders hohen Wertigkeit dieser Rechtsgüter[410] gerecht. Ein Schutz dieser kostbaren Rechtsgüter ist heute aufgrund gewandelter Wertvorstellungen sowie wegen der durch den technischen Fortschritt bedingten Zunahme von Gefahren für Leib und Leben weit dringender als bei Schaffung des BGB vor hundert Jahren. Die Rechtsprechung sollte diesen Veränderungen Rechnung tragen. Vor allem im schmerzensgeldempfindlichen Bereich des Straßenverkehrs bleibt die Sühne der durch Fremdverschulden tödlich Verunglückten meist nur symbolhaft. Wenn der Täter einer fahrlässigen Tötung gerade einmal soviel bezahlen muß wie der Täter einer vorsätzlichen Sachbeschädigung, so beruht dies auf einer völligen Verdrehung der Werte.[411] Hier gilt es die Sanktion nicht nur am bösen Willen des Täters, sondern vornehmlich an der Wertigkeit des verletzten Rechtsguts auszurichten. Das Schadensrecht macht eine derartige rechtsgutbetonte, empfindliche Sanktion möglich. Gleichzeitig könnte das Strafrecht entlastet werden.

ee) Eine verstärkt *pragmatische Sichtweise* ist bei der Bemessung der Verletzersanktion in Fällen der Persönlichkeitsrechtsverletzung durch Massenmedien angezeigt. Zu Recht betont der BGH[412] die Effektivität des Persönlichkeitsschutzes qua Schadensersatz. Andere Mittel[413] sind zum Schutze dieses Rechts wenig geeignet: wegen der Einmaligkeit des Eingriffs werden die Voraussetzungen für negatorische Ansprüche regelmäßig nicht gegeben sein.[414] Der Vorschlag von *Leipold,*[415] Ehrenschutz durch gerichtliche Feststellung von Tatsachen zu bewerkstelligen, ist wenig effektiv im Falle der kommerzialisierten Persönlichkeitsverletzung und hat sich auch sonst nicht durchgesetzt. Der strafgerichtliche Ehrenschutz schließlich hat sich als defizitär erwiesen und wird von den Betroffenen wegen seiner durch die Gerichtsberichtserstattung bedingten, die Verletzung noch vertiefenden Wirkung häufig nicht in Anspruch genommen.[416] Andererseits werden sich gerade Massen-

---

Unfallausgang wirkt weder anspruchserhöhend noch ermäßigend"; wie hier tendenziell *Brüggemeier*, in: Ott/Schäfer, 171, 188f.

410 Vgl. auch die Kritik von *Jaeger*, VersR 1996, 1177, 1178 zur Schmerzensgeldhöhe.

411 Trefflich der polemische Kommentar von Däubler, NJW 1999, 1611; vgl. schon die Empfehlung des 34. VGT (1996), S. 11, wonach eine „Neugewichtung bei den Schadensersatzleistungen für Personen- und Sachschäden" vorzunehmen ist („Tendenz zu höheren Schmerzensgeldbeträgen bei sehr schweren Unfallverletzungen wird befürwortet"); ferner *Foerste*, NJW 1999, 2951, 2952: „Ermutigung zu sehr hohen Schmerzensgeldern".

412 Deutlich BGHZ 35, 363, 368 (vgl. oben § 8 XIX b).

413 Vgl. die Zusammenstellung bei *Prinz*, NJW 1995, 817ff.

414 BGH NJW 1971, 698, 699; RGRK/*Dunz*, BGB, § 823 Anh. 1 Rdnr. 7; *Larenz*, NJW 1958, 827, 829; *Wiese*, Recht und Staat, 40.

415 *Leipold*, ZZP 84 (1971), 150 ff.

416 *Deutsch*, Haftungsrecht, 469.

medien von einer symbolhaften Geldstrafe, die ohnehin nur den einzelnen Journalisten und nicht das Unternehmen träfe, nicht abschrecken lassen. Freilich kommt die Schadensersatzsanktion hinsichtlich der konkreten Verletzung zu spät, so daß sie insoweit kaum eine Schutzfunktion zeitigt.[417] Doch gilt es hier, genauso wie im Strafrecht, das Phänomen als solches – durch Stärkung des Verantwortungsbewußtseins der Medien – zu bekämpfen, und hierzu eignet sich der Schadensersatz vorzüglich.

Bei der Festsetzung der Sanktion gegenüber den wirtschaftlich besonders starken Massenmedien fällt neben dem bei Persönlichkeitsrechtsverletzungen im Vordergrund stehenden Genugtuungsgedanken[418] der *Präventionsgedanke* zusätzlich ins Gewicht.[419] Er muß das Maß aller Dinge sein, wenn es darum geht, potentielle Verletzer von erneuten Rechtsverletzungen abzuhalten.[420] Der hierfür notwendige, präventive Verhaltensanreiz läßt sich nur dann erzielen, wenn sämtliche aus der Verletzung erzielten Gewinne abgeschöpft werden.[421] In der neueren Rechtsprechung zur Zwangskommerzialisierung der Persönlichkeit wird die Gewinnabschöpfung zwar (ansatzweise) praktiziert,[422] doch sollte diese Rechtsfigur von den Gerichten im Interesse der Methodenehrlichkeit auch als solche offen ausgewiesen werden. Der immaterielle Schaden bemißt sich dann weitgehend nach materiellen Gesichtspunkten.[423] Darüber hinaus kann je nach Lage der Dinge noch ein Zuschlag geboten sein, dessen Höhe sich maßgeblich nach der Wiederholungsgefahr[424] und der Verletzerintention[425] bemißt.

---

[417] Hierauf weist *Schiemann*, Argumente und Prinzipien, 21 hin.

[418] Vgl. BGHZ 35, 363, 369 (vgl. oben § 8 XIX b).

[419] Erstmals deutlich BGH NJW 1995, 861, 865; NJW 1996, 984, 985 (vgl. oben § 8 XIX e).

[420] Trefflich *Steffen*, ZRP 1994, 196, 197: „Das Schmerzensgeld sollte so ausgestattet werden, daß es den Medien ... auch weh tut"; *ders.*, ZRP 1996, 366, 367: „Das Schmerzensgeld soll ruhig schmerzen"; Vgl. demgegenüber noch OLG Hamburg, NJW-RR 1994, 990, 991: „zuzubilligen ist ..., daß die Zuerkennung eines – möglichst hohen – Schmerzensgeldes mithelfen könnte, die Bekl. von erneuten Rechtsverletzungen abzuhalten. Das ist indes nicht der Sinn des Schmerzensgeldes"; vgl. aber nunmehr BGH NJW 1995, 861 ff.; NJW 1996, 984 f.; OLG Hamburg, NJW 1996, 2873 (dazu oben § 8 XIX e); LAG Berlin, NZA-RR 1998, 488 f.; zur Kollision von Ehrenschutz und Meinungsfreiheit vgl. die Beiträge von *Kriele*, NJW 1994, 1897 ff. einerseits und *Soehring*, NJW 1994, 2926 ff. andererseits.

[421] *Steffen*, ZRP 1994, 196, 197.

[422] Vgl. oben § 8 XIX e.

[423] Vgl. schon den Vorschlag von *Mertens*, JuS 1962, 261, 268 und *Däubler*, JuS 1969, 49, 51, die Bemessung des ideellen Schadens bei reinen Persönlichkeitsverletzungen in analoger Anwendung der Grundsätze über die Bemessung des Vermögensschadens bei Verletzung von Immaterialgüterrechten zuzulassen.

[424] Vgl. schon BGHZ 35, 363, 370; *Prinz*, NJW 1996, 953, 955.

[425] Vgl. BGHZ 18, 149, 158; BGH NJW 1977, 1288; NJW 1995, 861, 865 (vgl. dazu oben § 8 XIX e); *Müller*, VersR 1993, 909, 915; *Prinz*, NJW 1996, 953, 955.

ff) Im Vermögensrecht noch wenig ausgereift ist der Gedanke der Gewinnabschöpfung. Wir haben festgestellt, daß die (fallgruppenbetonte) Gewinnabschöpfung eine legitime Aufgabe auch des Schadensersatzrechts ist.[426] Die *symbiotische Betrachtung* vereinzelter Gewinnabschöpfungstatbestände zwingt zu einer bereichsgegenständlichen Ausweitung dieses Gedankens. So folgt aus dem Zusammenspiel der §§ 281 BGB einerseits und 113 I, 61 I HGB, 284 II AktG andererseits unweigerlich die (zumindest entsprechende) Anwendung des § 281 BGB bei Verletzung *vertraglicher Wettbewerbsverbote*.[427] Wenn der BGH zu § 113 HGB sagt, daß „allein die Zubilligung (des Eintrittsrechts) die geeignete und wirtschaftliche Sanktion für das Wettbewerbsverbot des § 112 HGB darstellt",[428] so trifft dies der Sache nach gleichermaßen auch für das vertragliche Wettbewerbsverbot zu. Eine unterschiedliche Behandlung ist insoweit sachlich nicht gerechtfertigt. Der pauschale Verweis auf die Möglichkeit der Vereinbarung einer Vertragsstrafe ist nicht sachgerecht, weil sie dem Gläubiger nur dort hilft, wo er in Erwartung eines Vertragsbruches eine solche vereinbart hat und der Schuldner sich hierzu bewegen ließ. Wenn man schon nicht bereit ist, diese Sanktionslücke durch eine Rechtsanalogie zu den §§ 61, 113 HGB, 88 II 2 AktG zu schließen,[429] so ist die dort durch das gesetzlich vorgesehene Eintrittsrecht erzielte Präventionswirkung hier zumindest über eine Anwendung der auf dem Grundsatz „Vertragsbruch darf sich nicht lohnen" basierenden Vorschrift des § 281 BGB[430] sicherzustellen.[431] Freilich verbietet es die Präventionsthese, die Gewinnabschöpfung als Regelsanktion auszusprechen. Für den Sanktionsfolgenausspruch bietet es sich an, die in den §§ 14 a I 3 GeschmMG, 139 II 2 PatG, 24 II 2 GebrMG enthaltene Regelung[432] zu übernehmen: Haftung des Schuldners auf den vollen Gewinn, wenn er vorsätzlich oder grob fahrlässig gehandelt hat,[433] sowie die Möglichkeit einer Festsetzung der Entschädigung in den Grenzen zwischen dem Schaden des Verletzten und dem Verletzervorteil bei nur leichter Fahrlässigkeit.[434]

---

426 Vgl. oben § 10 V 3 a bb.

427 So auch *Schulz*, AcP 105 (1909), 1 ff., 30 ff.; *Köndgen*, RabelsZ 56 (1992), 696, 740, 746; a. A. die h. M., vgl. Staudinger/*Löwisch*, BGB, § 281 Rdnr. 9; Soergel/*Wiedemann*, BGB, § 281 Rdnr. 7; MüKo/*Emmerich*, BGB, § 281 Rdnr. 4.

428 BGHZ 38, 306 ff., 309 (vgl. oben § 7 IX a).

429 Vgl. zum Meinungsstand ausf. *Köndgen*, RabelsZ 56 (1992), 696, 748 f., der diesen Weg für gangbar hält.

430 Vgl. oben § 7 XVII b.

431 BGH NJW 1964, 817 hätte deshalb anders entschieden werden müssen.

432 Vgl. oben § 7 I 1 d.

433 Für eine Beschränkung auf vorsätzlichen Vertragsbruch *Köndgen*, RabelsZ 56 (1992), 696, 742 ff.

434 Den Verschuldensgedanken betont auch Enneccerus/*Lehmann*, § 46 II; demgegenüber abl. *Höhn*, 47.

4. Ausblick

Auf dem Weg zur Ausreifung der Schadensersatzordnung zu einem dynamischen Sanktionensystem ist die deutsche Rechtsprechung bislang nur ein kleines Stück vorangekommen. Ihn konsequent weiterzugehen, dazu soll diese Untersuchung ermutigen. Die künftige Entwicklung wird zeigen, daß in der Instrumentalisierung des Schadensersatzrechts für Sanktions- und Präventionszwecke der Fortschritt des Rechts zu suchen ist; schon von daher ist eine „Umkehr" wenig wahrscheinlich, und der „point of no return" längst erreicht. Insofern wird der von Verfechtern der wirtschaftswissenschaftlichen Analyse eingenommene Standpunkt immer nur ungehörte Theorie bleiben. Eine strikte Trennung von Strafe und Schadensersatz ist nur rein formalrechtlich möglich und begrüßenswert. Dagegen ist, weil Strafe immer etwas Irrationales ist und beide Sanktionsformen derselben historischen Wurzel entspringen, eine Trennung zwischen Schadensersatz und Strafe weder gedanklich noch erlebnismäßig möglich. Es ist diese materielle Verbundenheit zwischen beiden, aus der der Sanktionsgedanke im Schadensersatzrecht letztendlich seine Kraft schöpft. Nur ein dynamisches Haftungs- und Schadensrecht vermag schließlich auch den *Gesetzgeber* initiieren, bei der Schaffung von Sanktionen zur Bekämpfung schädlicher Verhaltensweisen verstärkt auf das zivilrechtliche Potential zurückzugreifen.[435] Gleichzeitig bekäme die Rechtsprechung eine eindeutige Legitimation für eine solche Spruchpraxis und die Gerichte könnten sich ihrer Rolle als „Reparaturbetrieb" für unzulängliche, weil „sanktionsarme" Präventivmaßnahmen wieder entledigen.

§ 11 Das deutsche Schadensersatzrecht und Punitive Damages im Hinblick auf den deutschen ordre public

Am Ausgangspunkt unserer Untersuchung stand die Frage, ob punitive damages (soweit sie ausschließlich *qualitative* Funktionen erfüllen)[436] hierzulande anerkennungsfähig sind, genauer, ob ihre Anerkennung nicht im Hinblick auf den materiellrechtlichen ordre public (§ 328 I Nr. 4 ZPO) zu versagen ist.[437] Eine Bewertung des Analysebefunds führt zu dem Ergebnis, diese Frage im Grundsatz zu verneinen.

---

[435] Bedarf für ein gesetzgeberisches Tätigwerden in diese Richtung besteht allemal, vgl. etwa für das Gesellschaftsrecht, *Lutter*, ZHR 159 (1995), 287, 304ff.; *Götz*, AG 1995, 337, 351f.

[436] Vgl. dazu oben § 1 IV 1.

[437] So die noch h. M., vgl. BGHZ 118, 312, 338ff.; *Stiefel/Stürner*, VersR 1987, 829, 838, 846; *Schütze*, FS Nagel, 392, 399f.; *ders.*, Urteilsanerkennung, 163, 169ff.; *Greger*, NJW 1989,

I. Umkehrung des Regel-Ausnahme-Verhältnisses: Anerkennung die Regel, Nichtanerkennung die Ausnahme

Die Rechtsprechungsanalyse hat ergeben, daß auch das deutsche Schadensersatzrecht auf dem Sanktionsprinzip beruht (neben dem Ausgleichsprinzip).[438] Hieraus folgt, daß die Anerkennung von punitive-damages-Urteilen nicht zu einem Ergebnis führen kann, das mit „wesentlichen Grundsätzen" des deutschen (*Schadensersatz*) Rechts „offensichtlich" unvereinbar ist (§ 328 I Nr. 4 ZPO). Hierzu wäre nach einer Umschreibung des BGH[439] erforderlich, daß „das Ergebnis der Anwendung des ausländischen Rechts zu Grundgedanken der deutschen Regelung und der in ihnen liegenden Gerechtigkeitsvorstellungen in so starkem Widerspruch steht, daß es für uns für untragbar gehalten wird". Weil aber der Sanktionsgedanke im deutschen Schadensersatzrecht wirksam ist, kann hiervon keine Rede sein. Daß er eine gegenüber den punitive damages des US-amerikanischen Rechts freilich *schwächere Qualität* aufweist, hat hierbei (zunächst) außer Betracht zu bleiben. Der Aspekt der Sanktion ist ein qualitativer Aspekt, der zwar umso schärfer wird, je höher die auferlegte „Strafe" ist. Im Gegensatz zum US-amerikanischen Recht, wo der Sanktions- und Präventionszweck über punitive damages in quantifizierter Form deutlich zum Ausdruck kommt, ist dies im deutschen Recht nur ausnahmsweise der Fall.[440] Dies ändert aber nichts daran, daß das deutsche Schadensersatzrecht Sanktions- und Präventionsfunktionen übernimmt. Eine Anerkennung von punitive-damages-Urteilen kann deshalb insoweit nicht mehr aus den vom BGH[441] vorgebrachten Gründen versagt werden. Dies gilt dem Grundsatz nach für alle punitive-damages-Urteile, ohne Rücksicht auf den konkreten Einzelfall. Die Regelanerkennung unter Ausblendung des konkreten Einzelfalles ist nur scheinbar ein Verstoß gegen den elementaren Grundsatz, daß es für die Frage, ob ein Verstoß gegen die Klausel des § 328 I Nr. 4 ZPO vorliegt, nicht auf einen (abstrakten) Vergleich zwischen dem ausländischen und dem deutschen Recht ankommt, sondern nur darauf, ob das *Ergebnis* der Anwendung ausländischen Rechts *im konkreten Fall* in untragbarem Widerspruch zu grundlegenden deutschen Gerechtigkeitsvor-

---

3103, 3104; *Zekoll*, 152ff.; *Schack*, IZVR, Rdnr. 869; *Hoechst*, 122; *ders.*, VersR 1983, 13, 16f.; für das Schweizer Recht, *Drolshammer/Schärer*, SJZ 1986, 309, 315ff.; *Mörsdorf-Schulte*, 300; wohl auch *Graf v. Westphalen*, RIW 1981, 141, 148f.

438 Vgl. dazu oben § 10 I; zutreffend daher *v. Bar*, Gemeineuropäisches Deliktsrecht I, Rdnr. 611: „Daß der Strafschadensersatz eine Besonderheit des Common Law sei, läßt sich … nicht mehr vertreten. Das Common Law geht mit ihm lediglich offener und unverkrampfter um".

439 BGHZ 50, 376; 75, 32; 104, 243; 118, 330; 123, 270.

440 So in den Fallgruppen VII (oben § 7 VII), XVIII 2 b (oben § 8 XVIII 2 b) und XIX (oben § 8 XIX).

441 BGHZ 118, 312, 338 ff. (vgl. dazu oben § 2 III 4 a).

stellungen steht;[442] denn der Sanktions- und Präventionsgedanke trifft auf alle punitive-damages-Urteile gleichermaßen zu, ungeachtet des ihnen jeweils zugrundeliegenden Sachverhalts. Wir haben es mithin immer mit derselben Erscheinungsform zu tun, weshalb ihre Anerkennung hinsichtlich der qualitativen Aspekte der Sanktion und Prävention immer die Lösung desselben Problems aufgibt, der Sache nach also immer dasselbe Kernproblem im Raume steht, was eine immer wieder erneute Auseinandersetzung mit der Anerkennungsfrage von Fall zu Fall überflüssig macht.

Ebensowenig impliziert es einen (abstrakten) Vergleich zwischen dem deutschen und dem US-amerikanischen Schadensrecht, wenn wir die Entscheidung der Anerkennungsfrage davon abhängig machen, ob sich im deutschen Schadensersatzrecht das *Sanktions- und Präventionsprinzip* als solches nachweisen läßt; diese Vorgehensweise besagt nur, daß Meßlatte für die Anerkennungsfrage nicht ein „differenzierter Vergleichsmaßstab",[443] sondern immer nur ein für das *gesamte* deutsche Schadensersatzsystem geltender *Grundgedanke* sein kann. Zu fragen ist, ob das deutsche Schadensrecht als Rechtsinstitut Präventions- und Sanktionszwecke verfolgt, nicht dagegen, ob punitive-damages-Urteile mit Grundsätzen seiner jeweils tangierten Teilbereiche kollidieren.[444] Nur ein solches Verständnis wird dem Wortlaut (vgl. „Grundsatz") des § 328 I Nr. 4 ZPO gerecht und erweist seine Richtigkeit gerade und in ganz besonderem Maße für den Bereich des Schadensersatzrechts. Weil der Normenmangel auf diesem Gebiet die Rechtsprechung zum „Ersatzgesetzgeber" gemacht hat und ihre Entscheide zunehmend nur die Problematik des Einzelfalles widerspiegeln, mußte untersucht werden, ob sich die unterschiedlichen Erwägungen, von denen sich die Rechtsprechung bei der Lösung des Falles hat leiten lassen, in ihrer Gesamtheit zu einem Leitgedanken dieses Instituts verdichten lassen. Ein unterhalb dieser Schwelle gezogener Vergleich zwischen beiden Schadensersatzmodellen[445] ist rechts*dogmatisch* wertlos, ein auf diese Weise gewonnenes Ergebnis hat allenfalls rechts*politische* Bedeutung.

---

[442] BGH WM 1979, 1392; BGHZ 118, 331.

[443] *Stiefel/Stürner*, VersR 1987, 829, 837.

[444] So aber der Ansatz von *Stiefel/Stürner*, VersR 1987, 829, 837f.; zur Problematik des isolierten Problemdenkens vgl. schon oben § 10 I 2.

[445] So etwa die Arbeiten von *Rosengarten*, 181ff.; *Burst*, 120 ff.; *Brockmeier*, 51ff.; 102ff.; *Mörsdorf-Schulte*, 31 ff.; *Herrmann*, 250ff.; ferner *Seitz*, NJW 1996, 2848, 2849; *Stiefel/Stürner*, VersR 1987, 829, 837 f.; *Zekoll/Rahlf*, JZ 1999, 389 ff. (im Zusammenhang mit US-amerikanischen Antitrust-Treble-Damages-Urteilen).

II. Jedoch Kappungsgrenze: derzeit DM 800000 (Grundsatz der Verhältnismäßigkeit)

Wenn auch punitive-damages-Urteile hierzulande grundsätzlich[446] anerkennungsfähig sind, ist damit noch nicht entschieden, bis zu welcher Höhe eine Anerkennung noch tragbar erscheint. Eine Anerkennung in unbegrenzter Höhe scheitert schon im Hinblick auf die unterschiedliche Qualität des Sanktions- und Präventiongedankens in beiden Rechtsordnungen.

Gemeint ist dabei weniger der Unterschied, der sich daraus ergibt, daß bei punitive damages die *Nachteilszufügung gegenüber dem Schädiger* weitaus stärker im Vordergrund steht als dies im deutschen Schadensersatzrecht der Fall ist. Sanktionsentscheidendes und -auslösendes Moment sind dort (nach Art eines Automatismus) allein „aggravated circumstances",[447] während die überkompensatorische Sanktion im deutschen Schadensersatzrecht mehr dem Erfolg des schädigenden Ereignisses durch *Vorteilszufügung an den Geschädigten* gilt, was schon dadurch zum Ausdruck kommt, daß ein „Strafgeld" nicht gesondert ausgeworfen wird. Dieser graduelle Unterschied allein vermag die Vorbehaltsklausel des § 328 I Nr. 4 ZPO, deren Ausnahmecharakter durch das Attribut „offensichtlich" unterstrichen wird, nicht auszulösen, möchten wir nicht unser Recht zum Maß aller Dinge machen, was der internationalprivatrechtlichen Gerechtigkeit[448] widerstreben würde. Hinzukommt, daß sich auch im deutschen Schadensersatzrecht zunehmend Fallgruppen auftun, bei denen der „moral-wrong-doing-aspect" sanktionsalleinentscheidend ist.[449] Dabei überrascht, daß es sich hierbei zumeist um Fallkonstellationen handelt, bei denen auch punitive damages verstärkt zugesprochen werden, also etwa in den Fällen der dilatorischen Schadensregulierung durch Versicherungsunternehmen,[450] der Diskriminierung von Arbeitnehmern beim Zugang zur Beschäftigung,[451] der vertragswidrig unterbliebenen Schönheitsreparaturen[452] sowie der Verletzung von gewerblichen Schutz- und Urheberrechten.[453] Vom Rechtsinstitut der punitive damages beeinflußt sind schließlich auch die Schadensersatzbestimmungen in den §§ 97

---

[446] So auch *Rosengarten*, 207; *ders.*, NJW 1996, 1935, 1937f.; *Burst*, 211; *Brockmeier*, 130.

[447] Vgl. dazu oben § 1 II 2.

[448] Dazu Palandt/*Heldrich*, BGB, Art. 6 EGBGB Rdnr. 1.

[449] So insbes. in den Fallgruppen VII (oben § 7 VII), XVI (oben § 7 XVI), XVIII 2 a und b (oben § 8 XVIII a, b) und XIX e (oben § 8 XIX e).

[450] Vgl. etwa Communale v. Traders & General Inc. Co., 50 Cal. 2d 654, 328 P. 2d 198, 68 A.L.R. 2d 883 (1958); Crisci v. Security Inc. Co. of New Haven, Conn., 58 Cal. Rptr. 13, 426 P. 2d 173 (1967); Continental Assurance Co. v. Kountz, 461 So. 2d 802, 807 (Alabama 1984).

[451] Vgl. die Nachw. bei *Rosengarten*, 107f.

[452] Vgl. die Nachw. bei *Köndgen*, RabelsZ 56 (1992), 696, 707 Fn. 48.

[453] Vgl. die Nachw. bei *Assmann*, BB 1985, 15ff.

II UrhG, 27, 35 I 2 GWB a.F.,[454] und die deutsche Rechtsprechung weiß sich auch in Einklang mit der amerikanischen Praxis,[455] wenn sie dem Schädiger die Berufung auf den Vorteilsausgleich tendenziell versagt.

Anerkennungshöhereduzierend muß jedoch wirken, daß ein „strafender Schadensersatz" von den Gesetzesvätern des BGB ausdrücklich mißbilligt,[456] ein solcher mithin nur *faktisch* praktiziert wird. Fehlt somit dem Sanktionsgedanken die gesetzliche Legitimation, müssen wir uns hinsichtlich der Anerkennungshöhe von punitive damages zumindest im Rahmen dessen halten, was die deutsche Schadensersatzpraxis insoweit zu bieten hat. Dies drängt unweigerlich den Blick auf den Schmerzensgeldanspruch des § 847 BGB. Diesen benutzt die Rechtsprechung in seiner Genugtuungsfunktion zur Verfolgung *generalpräventiver und sozialsteuernder* Zwecke[457] sowie zur Dokumentation der *Unverbrüchlichkeit der Rechtsordnung*.[458] Mit ihr hat die deutsche Rechtsprechung ein den punitive damages vergleichbares Instrument geschaffen,[459] weshalb nichts näher liegt, als daß wir uns in der Frage der Anerkennungshöhe an den Spitzenwerten der hierzulande zugesprochenen Schmerzensgeldbeträgen orientieren. Diese liegen bei derzeit DM 500000 bis 800000.[460] Daß mit diesen Beträgen freilich auch Ausgleichsinteressen mitabgegolten sind, kann nicht zu einer Minderung der Anerkennungshöhe führen, weil die Rechtsprechung eine betragsmäßige Aufspaltung von Genugtuungs- und Ausgleichsfunktion nach wie vor ablehnt.[461] Punitive damages sind somit, soweit sie qualitative Aspekte verfolgen, bis zu einer Höhe von derzeit maximal DM 800000 anerkennungsfähig, was freilich nicht heißt, daß dieser Betrag von den Gerichten voll ausgeschöpft werden müßte.[462] Erst eine Anerkennung über diese Höhe hinaus verstößt gegen den (schadensersatzrechtlichen) Verhältnismäßigkeits-

---

[454] *Schiemann*, Argumente und Prinzipien, 229.

[455] Vgl. dazu *Ackmann*, JZ 1991, 967ff.

[456] Vgl. dazu oben § 4 II.

[457] Vgl. dazu die Fallgruppen XVIII 2 b (oben § 8 XVIII) und XIX (oben § 8 XIX).

[458] Vgl. dazu Fallgruppe XVIII 2 a (oben § 8 XVIII 2 a).

[459] *Magnus*, Landesreferate, 39, 41.

[460] Vgl. *Hacks/Ring/Böhm*, SchmerzensgeldBeträge, 18. Aufl., 1997.

[461] Vgl. dazu oben § 8 XVIII 1 b.

[462] Maßgeblich sind die Umstände des Einzelfalles (z. B. Sanktions-, Präventions- und Gewinnabschöpfungsbedürfnis), wobei – wie generell beim ordre public – die Inlandsbeziehung des Falles zu berücksichtigen ist: je schwächer die Inlandsbeziehung eines Falles, desto weniger kann der ordre public eingreifen (*Martiny*, Handbuch, IZVR, Rdnr. 1029); der Inlandsbezug ist am stärksten, wenn der deutsche Sachrichter einen Sachverhalt in Anwendung US-amerikanischen Rechts zu entscheiden hat (vgl. oben § 2 I 1) und am schwächsten im Falle der Zustellung (vgl. dazu BVerfG NJW 1995, 649) einer in den USA erhobenen Klage in Deutschland (vgl. oben § 2 I 3); vgl. zur Methode der Konkretisierung des ordre public BGHZ 50, 370; *Jayme*, Karlsruher Studiengesellschaft, Heft 183.

grundsatz, der zweifelsohne ein wesentlicher Grundsatz des deutschen Rechts i.S.d. § 328 I Nr. 4 ZPO ist[463] und der besagt, daß Schaden und Ersatz in einem angemessenen Verhältnis zueinander stehen müssen (sog. Institutsverhältnismäßigkeit) und der einzelne nicht in unzumutbarer Weise belastet werden darf.[464]

Andererseits bedeutet eine Anerkennung beschränkt auf DM 800000 keinen Verstoß gegen das Verbot der révision au fond § 723 I ZPO). Die schlichte Höhe der Schadensersatzsummen ist unbeachtlich für die Prüfung der Vereinbarkeit mit dem ordre public nur insoweit, als sie quantitative Zwecke verfolgen.[465] So liegt beispielsweise kein Verstoß gegen die Vorbehaltsklausel vor, wenn ausländische Gerichte horrende Summen für immaterielle Schäden zusprechen, weil es nicht unerträglich ist, wenn Leben und Gesundheit in anderen Staaten finanziell höher bewertet werden als in Deutschland.[466] Schon aus der Unmöglichkeit der Meßbarkeit von Schmerzen in Geld folgt, daß es hierfür keine starre Bemessungsgrenze, sondern allenfalls einen Bemessungsspielraum geben kann, dessen Bandbreite von der materiellen Wertschätzung des verletzten Rechtsguts, also von rechtsethischen und rechtspolitischen Gesichtspunkten beeinflusst ist. Darum geht es hier aber nicht. Während dort lediglich Divergenzen im Maß des Schadensausgleichs im Raume stehen, regieren punitive damages auf einer anderen Ebene. Sie zielen auf eine Maßregelung des Schädigers anläßlich des Schadensfalles und tragen somit ein Stück „Strafe" in unser Zivilrecht hinein. Hierzu gemachte Vorbehalte können mit dem Verbot der révision au fond schon vom Ansatz her nicht in Konflikt geraten.

Führt der Schadensfall dazu, daß der Beklagte von mehreren Klägern auf punitive damages in Anspruch genommen wird, so ist jedes dieser Urteile bis zu einem Höchstbetrag von DM 800000 anzuerkennen. Eine Anerkennung nur des zeitlich zuerst ergangenen Urteils bei Ablehnung der späteren[467] ist schon deshalb nicht geboten, weil dies zwischen den Klägern zu einem Wettlauf mit der Zeit führen würde und es letztendlich dem Zufall überlassen bliebe, wer unter ihnen ein Vollstreckungsurteil zuerst in Händen hält.

Ebensowenig steht einer Anerkennung entgegen, daß der Schädiger wegen derselben Handlung, aufgrund der er zu punitive damages verurteilt wurde, bereits strafrechtlich verfolgt worden ist. Auch nach deutschen Recht muß der Schädiger, falls seine zum Schadensersatz führende Handlung auch einen Straftatbestand verwirklicht, neben der Verurteilung zu Schadensersatz selbstverständlich auch eine strafrechtliche Sanktion hinnehmen.

---

[463] BGHZ 118, 312, 343.

[464] BVerfGE 34, 269, 285 f.

[465] Falsch daher *Rosengarten*, 201, der sich zu Unrecht auf *Martiny*, Handbuch, IZVR, bezieht.

[466] *Martiny*, Handbuch, IZVR, Rdnr. 1045.

[467] So *Rosengarten*, 205.

III. „Individuelle Feinkorrektur" auf Vollstreckungsebene, § 765 a ZPO: Existenzverlust

Verstößt damit die Anerkennung von punitive-damages-Urteilen bis zu einer Höhe von DM 800000 nicht schon per se gegen den Grundsatz der Verhältnismäßigkeit, ist damit noch nicht gesagt, daß eine unzumutbare Belastung des Schuldners auch im konkreten Fall ausgeschlossen ist. Derartigen Härten, die sich für den Schuldner erst aus der Vollstreckung des anerkannten Urteils ergeben, kann indes nur auf dieser Ebene, insbesondere über die Vorschrift des § 765 a ZPO, entgegengesteuert werden, und sind grundsätzlich nicht geeignet, schon seine Anerkennung auf ein gerade noch erträgliches Maß zu beschränken, möchten wir die auf dem Gebiet der internationalen Entscheidungsanerkennung gebotene Toleranz gegenüber ausländischen Problemlösungen nicht konterkarieren. Insofern muß den in der Rechtsprechung erkennbaren Tendenzen, unzumutbare Härten mittels des Grobrasters des verfassungsrechtlichen Grundsatzes der Verhältnismäßigkeit bereits auf der Ebene des Erkenntnisverfahrens auszugleichen,[468] eine klare Absage erteilt werden.

Für die Entscheidung des Antrags auf Vollstreckungsschutz nach § 765 a ZPO gelten jedoch folgende Besonderheiten: für die Frage, ob dem Schuldner Vollstreckungsschutz zu gewähren ist oder nicht, ist der Verhältnismäßigkeitsgrundsatz besonders zu beachten.[469] Dabei ist insbesondere zu berücksichtigen, daß der Gläubiger auf die Erfüllung des vollstreckbaren Anspruchs insoweit nicht dringend angewiesen ist,[470] als er zur Abgeltung qualitativer Aspekte[471] und damit nicht dem eigentlichen Schadensausgleich dient. In diesem Fall steht jedenfalls das Schutzbedürfnis des Gläubigers[472] der Gewährung von Vollstreckungsschutz nicht eo ipso entgegen. Denn dieser wird dadurch nicht wirtschaftlich schwächer gestellt als er vor dem Schadensfall gestanden hat, sondern „verliert" letztendlich nur den über den tatsächlich entstandenen Schaden hinausgehenden („Ersatz"-)Anspruch. Das grundsätzlich schutzwürdige Interesse des Gläubigers, seinen vollstreckbaren Titel sogleich im Wege der Zwangsvollstreckung durchzusetzen,[473] hat in diesen Fällen weit weniger Gewicht.

Andererseits kann sich die für § 765 a ZPO erforderliche sittenwidrige Härte für den Schuldner daraus ergeben, daß dieser im Falle der Nichtgewährung von Voll-

---

468 Vgl. etwa BVerfG, NJW 1994, 36; ferner *Canaris*, JZ 1987, 993, 995 f., 1001 f.

469 Zur Geltung des Grds. der VHMK i. w. S. auch in der Zwangsvollstreckung, vgl. BVerfGE 48, 396; zur Anwendung im Rahmen des § 765 a ZPO, vgl. *Wieser*, 13 ff.

470 Trefflich *Canaris*, Grundrechte und Privatrecht, 53: „Konstellation der ruinösen Ersatzpflicht gegenüber einem 'reichen' Geschädigten"; *Canaris*, aaO, plädiert in diesen Fällen jedoch für eine Haftungsbegrenzung schon auf Erkenntnisebene.

471 Vgl. dazu oben § 1 IV 1.

472 *Thomas/Putzo*, ZPO, § 765 a Rdnr. 10.

473 *Baumbach/Lauterbach/Albers/Hartmann*, ZPO, § 765 a Rdn 10.

streckungsschutz seine Existenz verlieren würde. Zwar stellt der bloße Existenzverlust allein nicht grundsätzlich auch eine „sittenwidrige" Härte dar. Da aber nur eine solche die Gewährung von Vollstreckungsschutz rechtfertigt, wird allgemein angenommen, daß § 765 a ZPO dem Schuldner in diesen Fällen nicht ohne weiteres hilft.[474] Indes muß hier eine Ausnahme gelten, die sich daraus ergibt, daß für die Beurteilung der Härte und Sittenwidrigkeit auch der Rechtsgrund des beizutreibenden Anspruchs zu berücksichtigen ist.[475] Die hier diskutierten Fälle unterscheiden sich von den üblichen in ihrer unterschiedlichen Interessenlage. Vollstreckt der Gläubiger gegen den Schuldner aus einem Schadensersatzurteil, begehrt er Wiedergutmachung dessen, was der Schuldner an seinem Vermögen „verbrochen" hat. Führt die Vollstreckung zum Existenzverlust beim Schuldner, trifft ihn das sicherlich hart; „sittenwidrig" i.S.v. § 765a ZPO wäre sie indes nicht. Es gilt der eiserne Grundsatz „Geld muß man haben" (§ 279 BGB analog).[476] Dagegen macht der Gläubiger mit der Vollstreckung von Urteilen, soweit sie punitive damages zum Gegenstand haben, nicht ein ureigenes, sondern nur ein allgemein wirtschaftliches Interesse geltend. Wenn ihm punitive damages auch rechtsgültig zugesprochen wurden, so steht doch diesem Betrag ein Schaden auf Seiten des Geschädigten de facto nicht gegenüber und die materielle Gerechtigkeit wäre, würde man dem Schuldner den Schutz des § 765 a ZPO gewähren und der Gläubiger deshalb mit seiner Forderung insoweit ausfallen, jedenfalls in ihrem Kerngehalt sicherlich nicht berührt.[477] Hinzu kommt folgendes: Soweit man dem Geschädigten punitive damages gewährt, erfolgt dies nicht in der primären Absicht ihn zu bereichern, sondern den Schädiger für sein Verhalten zu bestrafen. Punitive damages sind deshalb nur ein Mittel zum Zweck, die damit einhergehende Bereicherung beim Geschädigten nur Reflex. Es ist deshalb jedenfalls nicht schon grundsätzlich ausgeschlossen, daß eine Vollstreckung insoweit mit den guten Sitten unvereinbar ist. Das Gegenteil ist der Fall. Da mittels der punitive damages in erster Linie staatliche Interessen durchgesetzt werden, der Schädiger quasi zum Funktionär der Rechtsordnung gemacht wird, wäre ein Existenzverlust in höchstem Maße eine Folge dieser rechtspolitischen Zielsetzung, und der deutsche Staat würde hierzu Handlangerdienste erweisen, wenn er dem Schuldner einen Vollstreckungsschutz nicht gewähren würde. Derartige Staatsinteressen dürfen aber nicht auf Kosten der Existenz des einzelnen verfolgt werden. Im Falle eines drohenden Existenzverlustes hat der Staat im Gegenteil seine Interessen nicht nur hintanzustellen, sondern es obliegt ihm auch, sich gleichsam schützend vor den Betroffenen

---

474 *Baumbach/Lauterbach/Albers/Hartmann*, ZPO, § 765 a Rdnr. 12.

475 *Zöller/Stöber*, ZPO, § 765 a Rdnr. 10.

476 BGHZ 83, 300.

477 Bezüglich US-amerikanischer Antitrust-Treble-Damages-Urteile vom Ansatz her ähnlich *Zekoll/Rahlf*, JZ 1999, 384, 393, ohne jedoch zwischen der Anerkennungs- und Vollstreckungsebene zu differenzieren.

zu stellen und Ruin von ihm abzuwenden. Dies gilt umso mehr, als die Früchte dieser rechtspolitischen Zielsetzung dem deutschen Staat ohnehin nicht zugute kommen. Vielmehr würden nur US-amerikanische Staatsinteressen auf Kosten deutscher Schädiger verwirklicht werden.

IV. Ausblick

Die Entscheidung der Anerkennungs- und Vollstreckungsfähigkeit ausländischer Urteile hängt nicht nur von rechtsdogmatischen, sondern zum großen Teil auch von *rechtspolitischen* Erwägungen ab.[478] Für punitive-damages-Urteile haben wir gesehen, daß ihre Anerkennung jedenfalls nicht grundsätzlich aus rein dogmatischen Gründen versagt werden kann. Dies schließt indes nicht aus, ihre Anerkennung aus rechtspolitischen Gründen dennoch zu versagen. Wer für einen Abbau der Grenzen und für internationale Freizügigkeit plädiert, wird hierzu weniger bereit sein als derjenge, der sich gegen einen solchen Öffnungsprozeß ausspricht. Wer jedoch mit der hier vertretenen Linie auch de lege ferenda einen verstärkten Einsatz des Schadensrechts zu schadenspräventiven Zwecken fordert, kann selbst vom rechtspolitischen Standpunkt aus konsequenterweise nur für eine Anerkennung von punitive damages plädieren. Mit dieser Linie unvereinbar erweist sich zugleich die spezielle ordre-public-Klausel des Art. 40 III Nr. 1 u. 2 EGBGB n. F.,[479] mit der die Geltendmachung von Strafschadensersatz sowie mehrfachem Schadensersatz ausgeschlossen werden soll.[480] Vielmehr könnte selbst im Falle der intensivsten Berührung des deutschen Rechtssystems mit diesem Institut, also dem Fall, daß der deutsche Sachrichter über eine Klage auf punitive damages zu Gericht sitzt,[481] eine Verurteilung hierzu nicht im Hinblick auf den deutschen ordre public versagt werden.[482]

---

478 So zu Recht *Gottwald*, ZZP 103 (1990), 257, 259.

479 Vgl. dazu oben § 2 III 3.

480 BT-Drucks. 14/343, S. 12.

481 Vgl. dazu oben § 2 I 1.

482 Die Regelung des Art. 40 III Nr. 1 u. 2 EGBGB n. F. spiegelt – unter Berücksichtigung des hier gewonnenen Befundergebnisses (vgl. oben § § 9, 10) – den deutschen ordre public insoweit unzutreffend wider, als mit ihr die Geltendmachung von Strafschadensersatz eo ipso abgewehrt werden soll, wenn auch die Neuregelung gegenüber Art. 38 EGBGB a. F. an die Abwehr ausländischen Rechts strengere Voraussetzungen knüpft (zu der sich daraus ergebenden Übergangsregelungsproblematik vgl. *Spickhoff*, NJW 1999, 2209, 2210); sie ist – das hier gewonnene Befundergebnis zeigt dies – kein wirklichkeitsgetreues Abbild des deutschen Schadensersatzsystems und hat deshalb keinen rechtsdogmatischen Gehalt; dieses dogmatische Defizit sollte von den Gerichten durch eine besonders enge Auslegung der Vorbehaltsklausel korrigiert werden (für eine sehr restriktive Anwendung auch *Staudinger*, DB 1999, 1589, 1592). Die Tatbestandsmerkmale „wesentlich" (Art. 40 III Nr. 1 EGBGB) und „offensichtlich" (Art. 40 III Nr. 2 EGBGB) lassen hierzu ausreichenden Spielraum. Als Direktive zu Art. 40 III Nr. 2 EGBGB n. F. mag gelten: Die Geltendmachung von Strafschadensersatz ist nur insoweit ausgeschlossen, als dieser DM 800000 (vgl. dazu oben § 11 II) übersteigt. Gleiches gilt für die Geltendmachung mehrfachen Ausgleichsschadensersatzes (Art. 40 III Nr. 1 EGBGB n. F.).

Zusammenfassung der wichtigsten Ergebnisse

I.

Die deutsche Rechtsprechung und Gesetzgebung setzen das Schadensersatzrecht zunehmend und verstärkt zu *Sanktions- und Präventionszwecken* ein. Das Anschauungsmaterial vor allem der Rechtsprechung hat für die hier untersuchten Fallgruppen ein dem *historischen Schadenskonzept* widerstreitendes Vorherrschen dieser Zwecke gegenüber dem Schadensausgleichszweck ergeben. Diese Zweckverfolgung wird von den Gerichten jedoch in den wenigsten Fällen *wertungsoffen* ausgesprochen. Geradezu auffällig ist der Versuch der Rechtsprechung, diese Wertungsgesichtspunkte in ihren Entscheiden durch Scheinbegründungen (Billigkeitsargumente, reductiones ad absurdum, normativer Schaden und dgl.) zu übertünchen. *Legitimationsdefizite* sind so die Folge.

II.

Das BGB-Schadensrecht ist *de lege lata* um ein *Sanktionsprinzip* zu ergänzen. Hierzu zwingen systematische Gründe sowie das Gebot der Wertungsoffenheit. Im Schadensersatzrecht haben sich die Grundwertungen in den letzten Jahren stark verschoben. Das Sanktionsprinzip hat sich in der *Rechtswirklichkeit* längst zu einem allgemeingültigen Prinzip geformt und ist neben dem Ausgleichsprinzip ein das Schadensersatzsystem tragendes Prinzip. Als systemverändernde Faktoren spielten dabei eine Rolle die Gesetzgebung, die richterliche Rechtsfortbildung sowie das Gewohnheitsrecht. Diesen Wandlungen im objektiven („inneren") System des Schadensersatzrechts muß das wissenschaftliche („äußere") System als dessen wirklichkeitsgetreues Abbild Rechnung tragen. Die Ergänzung des BGB-Schadensrechts um ein Sanktionsprinzip hat deshalb nicht den Charakter einer *rechtspolitischen* Forderung und ist damit nicht ein Akt der *Rechtssetzung*, sondern ein solcher der *Rechtserkenntnis*. Nur wer sich dieser gewonnenen Erkenntnis nicht verschließt, wird den Mut finden, die der Entscheidung zugrundeliegenden Wertungsgesichtspunkte der Sanktion und Prävention auch offen auszusprechen. Die Ergänzung des BGB-Schadenskonzepts ist damit letztendlich auch ein Erfordernis der

Wertungsoffenheit. Auf diese Weise lassen sich Legitimationsdefizite vermeiden und es entsteht ein rational nachprüfbares Wertungsgerüst, das gerade im Schadensrecht Not tut.

Wertungsoffenheit einzufordern heißt weiter, einen „normativen" Schadensbegriff abzulehnen. Dieser verlangt zwar nach Wertungen, gibt die erforderlichen Kriterien hierfür aber nicht an. Stattdessen sollte man sich zurückbesinnen auf ein rechnerisches Schadensverständnis.

Der Immaterialschadensersatz erfüllt drei Funktionen: neben dem Ausgleich ideeller Einbußen benutzt ihn die Rechtsprechung zweitens als *Instrument zur Durchsetzung rechtlicher Verhaltensmaßstäbe,* sowie drittens um *Unzulänglichkeiten beim Nachweis eines Vermögensschadens* auszugleichen. Die Bestimmung des § 253 BGB steht einer solchen Praxis nicht entgegen, da es in beiden Fällen nicht um Ersatz für das Opfer, sondern um Sanktion gegen den Täter geht, weshalb § 253 BGB nur reflexartig „unterlaufen" wird.

Der Sanktionscharakter des Schadensersatzes dokumentiert sich häufig durch eine Abstufung seines Umfangs nach dem Verschuldensgrad. Dies ist jedoch nur scheinbar ein Verstoß gegen den Grundsatz der Totalreparation, weil auch in diesem Fall der Grundsatz nur „reflexartig" durchbrochen wird.

III.

De lege ferenda ist der Einsatz des Schadensrechts zu schadenspräventiven Zwecken zu verstärken. Eine solche Tendenzrichtung bedeutet keinen Rückfall in antiquiertes Rechtsdenken, sondern in ihr ist umgekehrt der Fortschritt des Rechts zu suchen. Das Strafrecht hat auf vielen Bereichen versagt, weshalb ein wachsendes Bedürfnis nach Verantwortung des Zivilrechts für Sanktionen besteht. Um dieser Aufgabe gerecht zu werden, sind die Schadensersatzsanktionen *fallgruppenspezifisch* auszureifen. Hierbei sollten die Gerichte Erkenntnisse der ökonomischen Analyse des Rechts angemessen berücksichtigen. Allgemein gesprochen bedeutet dies die Fortentwicklung des Schadensrechts von einem *„passiv-statischen"* zu einem *„aktiv-dynamischen"* Institut. Als Rüstzeug steht zur Verfügung der *objektive Schadensbegriff,* den die Gerichte immer dann bemühen sollten, wenn die schadensstiftende Handlung auf der Grundlage der Differenzhypothese ohne Sanktion bliebe, man aber nicht hinnehmen möchte, daß der Schädiger „ungeschoren" davonkommt.

Die von der Rechtsprechung auf die Verletzung musikalischer Aufführungsrechte beschränkte Schadensberechnung nach der doppelten Lizenzgebühr (GEMA-Rechtsprechung) ist auf alle Fälle von Immaterialgüterrechtsverletzungen auszudehen.

Eine dreifache Schadensberechnung bei Verletzung von Persönlichkeitsrechten ist abzulehnen. Gleiches gilt bei Verletzung von Sachenrechten, soweit es nicht ausnahmsweise um Abschöpfung rechtswidriger Gewinne geht.

Die *Gewinnabschöpfung* ist ein weiteres Instrument zur Sanktionsverschärfung des Schadensersatzes, die gerade zur Bekämpfung von Wettbewerbsrechtsverstößen (GWB/UWG) unerläßlich ist. Sie sollte deshalb als eine legitime Aufgabe des Schadensersatzes (an)erkannt und ausgebaut werden.

Kraftvolle Dynamik verleiht dem Schadensersatzrecht ferner der *„instrumentierte“ Immaterialschadensersatz*, verstanden als Verhängung einer Schmerzensgeldsanktion unter dem Gesichtspunkt der Persönlichkeitsrechtsverletzung zur Durchsetzung rechtlicher Verhaltensmaßstäbe. In dieser Eigenschaft vom Gesetzgeber und der Rechtsprechung bereits in vielen Bereichen (z. B. §§ 611 a II 1 BGB n. F., dilatorische Schadensregulierung durch Versicherer) benutzt, würde er sich hervorragend eignen auch zur Bekämpfung der Kleinkriminalität wie etwa des Ladendiebstahls, ferner zur Ahndung von VOB/A-Verstößen öffentlicher Auftraggeber sowie zur Durchsetzung von Vertragsdisziplin, besonders in Fällen wirtschaftlicher Machtkonzentrationen (z. B. Versicherungsverträge).

Die Forderung nach einem „dynamischen“ Schadensrecht impliziert zwangsläufig einen *pragmatischen* Entscheidungskanon. Damit unvereinbar ist die Vornahme von *„Schadenskorrekturen“* (Vorteilsausgleichung, Berücksichtigung hypothetischer Schadensursachen/rechtmäßigen Alternativverhaltens). Dies gilt jedenfalls dann, wenn die schädigende Handlung zu einem *Sozialschaden* geführt hat oder aus Gründen des Rechtsgüterschutzes ihre Berücksichtigung nicht geboten erscheint. Im übrigen ist die rechtsethische Bewertung der Tathandlung zur Grundlage der Entscheidung zu machen. Eine Ausrichtung der Schadensersatzsanktion am *Verschuldensgrad des Täters* ist insoweit durchaus legitim.

IV.

Hinsichtlich der Anerkennungsfähigkeit und Vollstreckbarkeit von US-amerikanischen punitive-damages-Urteilen führt die Untersuchung zu folgendem Ergebnis:

Punitive-damages-Urteile sind, auch soweit sie lediglich die Bestrafung und Abschreckung des Schädigers bezwecken, hierzulande grundsätzlich *anerkennungsfähig*. Ihre Anerkennung bedeutet schon deshalb keinen Verstoß gegen den materiellrechtlichen ordre public (§ 328 I Nr. 4 ZPO), weil auch im deutschen Schadensersatzrecht das Sanktionsprinzip wirksam ist. Ihre Anerkennung ist jedoch der Höhe nach auf gegenwärtig DM 800 000 beschränkt. Diese Begrenzung ist verfassungsrechtlich geboten, weil dem Sanktionsgedanken die gesetzliche Legitimation fehlt und er nur *faktisch praktiziert* wird. Die Obergrenze von DM 800000 entspricht dabei den Spitzenwerten der hierzulande zugesprochenen Schmerzensgeldbeträgen und ist mit diesen zu dynamisieren.

Soweit die *Vollstreckung* des anerkannten Urteils (§ 723 II ZPO) für den Schuldner eine unzumutbare Härte bedeuten würde, kann dies nur auf Vollstreckungsebene – insbesondere über die Bestimmung des § 765 a ZPO – individuell korrigiert werden und darf nicht dazu führen, schon seine Anerkennung auf ein gerade noch erträgliches Maß herabzuschrauben. Dem Antrag auf Vollstreckungsschutz ist stattzugeben, wenn die Vollstreckung des Urteils beim Schuldner zum Existenzverlust führen würde.

Anhang

1. Rundschreiben des ZDH v. 6. 5. 1998
2. ZDH-Stellungnahme v. 4. 6. 1998 (Auszug)
3. Schreiben der Handwerkskammer für Schwaben v. 9. 6. 1998
4. ZDH-Stellungnahme v. 6. 7. 1998 (Auszug)

ZENTRALVERBAND DES DEUTSCHEN HANDWERKS

JOHANNITERSTRASSE 1 · HAUS DES DEUTSCHEN HANDWERKS · 53113 BONN

ZENTRALVERBAND DES DEUTSCHEN HANDWERKS
POSTFACH 120270 · 53044 BONN

An die

- Handwerkskammern
- Zentralfachverbände des Handwerks
- Regionalen Handwerkskammertage
- Regionalen Vereinigungen der Landesverbände

Bonn, 6. Mai 1998
Sz/no - 260-50

Vorschlag für eine Richtlinie des Europäischen Parlaments und des Rates zur Bekämpfung von Zahlungsverzug im Handelsverkehr

Sehr geehrte Damen und Herren,

in der Anlage übersenden wir Ihnen den im Betreff näher bezeichneten Richtlinienentwurf.

Anliegen der Europäischen Kommission ist es, eine Harmonisierung der Bestimmungen zum Zahlungsverzug herbeizuführen. Des weiteren sollen - ähnlich dem deutschen Mahnverfahren - beschleunigte Gerichtsverfahren eingeführt werden, um bei unbestrittenen Forderungen möglichst rasch zu einem vollstreckbaren Titel gelangen zu können.

Aus handwerklicher Sicht sind die folgenden beiden Punkte von besonderem Interesse:

Nach Art. 2 Nr. 1 des Richtlinienentwurfs sollen unter Handelsverkehr nur die Transaktionen zwischen natürlichen oder juristischen Personen zu verstehen sein, die mit ihrem Unternehmen eine Handels- oder Berufstätigkeit ausüben. Damit fällt aus dem Anwendungsbereich der Richtlinie der gesamte Kreis der vertraglichen Beziehungen zwischen Handwerksunternehmen und privaten Auftraggebern heraus. Insofern greift der Richtlinienentwurf sicherlich zu kurz.

Telefon: (02 28) 545-0 · Telefax: (02 28) 545-205 · E-Mail: info@zdh.handwerk.de
Bankkonto: Volksbank Bonn 2001458062 (BLZ 380 601 86) · Postbank Köln 105444-508

Problematisch ist aber auch die Regelung des Art. 3 Abs. 1 e), wonach der Verzugszins 8% über dem jeweiligen Refinanzierungssatz der Europäischen Zentralbank liegen soll. Nach derzeitigem Stand würde der Verzugszins damit bei etwa 12% anzusiedeln sein. Ein Verzugszins in dieser Höhe hätte unzweifelhaft Strafcharakter und wäre im Hinblick auf unser Privatrechtssystem als Fremdkörper anzusehen.

Es ist seitens des ZDH beabsichtigt, die Position des Deutschen Handwerks über die UEAPME gegenüber der Europäischen Kommission zu verdeutlichen. Eine erste Stellungnahme wird daher gegenüber der UEAPME abgegeben werden. Sollten Sie für diese ZDH-Stellungnahme Vorschläge und Anregungen haben, bitten wir Sie uns diese bis zum

Mittwoch, 17. Juni 1998

zuzuleiten. Für unsere Arbeit wäre es sehr hilfreich, wenn Sie in Ihrer Stellungnahme Angaben dazu machen könnten, welchen Anteil die vertraglichen Beziehungen der Handwerksbetriebe mit privaten Auftraggebern am Gesamtumsatz haben.

Für Ihre Bemühungen bedanken wir uns bereits jetzt.

Mit freundlichen Grüßen

RA Schwannecke RA Schmitz

Anlage

ZENTRALVERBAND DES DEUTSCHEN HANDWERKS
JOHANNITERSTRASSE 1 · HAUS DES DEUTSCHEN HANDWERKS · 53113 BONN

ZENTRALVERBAND DES DEUTSCHEN HANDWERKS
POSTFACH 120270 · 53044 BONN

An die

- Handwerkskammern
- Zentralfachverbände des Handwerks
- Regionalen Handwerkskammertage
- Regionalen Vereinigungen der Landesverbände

Bonn, 4. Juni 1998
Sz/no - 260-50

Vorschlag für eine Richtlinie des Europäischen Parlaments und des Rates zur Bekämpfung von Zahlungsverzug im Handelsverkehr

Sehr geehrte Damen und Herren,

im Nachgang zu unserem Rundschreiben vom 6. Mai 1998 übersenden wir Ihnen in der Anlage den Entwurf einer ZDH-Stellungnahme zur im Betreff näher bezeichneten Richtlinie der Europäischen Kommission.

Sollten wir bis zu der in unserem ersten Rundschreiben gesetzten Frist (17. Juni 1998) zu unserem Entwurf keine weiteren Vorschläge und Anregungen von Ihrer Seite erhalten, gehen wir davon aus, daß Sie mit dem Inhalt der Stellungnahme einverstanden sind.

Mit freundlichen Grüßen

RA Hans-Jürgen Aberle
Geschäftsführer

RA Schmitz

Anlage

5. Artikel 3e (Höhe des Verzugszinses)

Nach dieser Vorschrift soll sich die Höhe des Verzugszinses, auf die der Gläubiger Anspruch hat, aus der Summe des Repro-Satzes der Europäischen Zentralbank zuzüglich mindestens acht Prozentpunkte ergeben.

Grundsätzlich begrüßt der Zentralverband des Deutschen Handwerks eine drastische Erhöhung des Verzugszinses. In diesem Zusammenhang darf jedoch nicht übersehen werden, daß die kleinen und mittleren Unternehmen im Falle des eigenen Verzugs durch diese Regelung genauso betroffen sind wie ihre Schuldner. Dennoch ist das ZDH-Präsidium anläßlich seiner Sitzung am 21. April 1998 in Bonn zu der Ansicht gelangt, daß die positiven Aspekte eines nachhaltig erhöhten Verzugszinses überwiegen.

Bei der Befürwortung kann auf die positiven Erfahrungen verwiesen werden, die die skandinavischen Länder mit ihrem hohen Verzugszins gemacht haben. Sie stehen mit ihren niedrigen Verzugszeiten im europäischen Vergleich an der Spitze. Allerdings ist darauf hinzuweisen, daß ein hoher Verzugszins alleine noch keine Verbesserung der Zahlungsmoral bewirkt, wie dies das Beispiel Italien belegt. Dort war kurzzeitig der Verzugszins von 5 auf 10% erhöht worden, ohne daß sich ein nennenswerter positiver Effekt auf die Zahlungsmoral hätte nachweisen lassen. Inzwischen wurde der Verzugszins wieder auf 5% herabgesenkt. Das Beispiel Italien verdeutlicht, daß neben geeigneten Regelungen zum Zahlungsverzug auch ein leistungsstarkes und effizientes Gerichtswesen zur Durchsetzung von Ansprüchen notwendig ist.

Hwk
Handwerkskammer
für Schwaben

Briefanschrift: Handwerkskammer für Schwaben, 86147 Augsburg

Zentralverband des
Deutschen Handwerks
z. Hd. Herren RA Schwannecke,
RA Schmitz und RA Aberle
Johanniterstr. 1

53113 Bonn

Ihre Zeichen	Ihre Nachricht	Aktenzeichen	Datum
		IIa-Ml/rei	9.6.1998

Vorschlag für eine Richtlinie des des Europäischen Parlaments und des Rates zur Bekämpfung von Zahlungsverzug im Handelsverkehr
- Ihre Rundschreiben vom 6. Mai 1998 und 4. Juni 1998 -

Sehr geehrte Herren,

Ihrer Stellungnahme zum obengenannten Richtlinienentwurf der Europäischen Kommission kann von unserer Seite im großen und ganzen zugestimmt werden. Zu weiteren Vorschlägen sehen wir uns deshalb nicht veranlaßt. Dagegen können wir Ihre Bedenken, die Sie hinsichtlich der Bestimmung des Artikel 3, Abs. 1 e) der Richtlinie haben, nicht teilen. Hierzu nehmen Sie in Ihrem Rundschreiben vom 6. Mai 1998 auf Seite 2 Anstoß an der Höhe des sich im Ergebnis auf etwa 12 % belaufenden Verzugszinses. Ein Verzugszins in dieser Höhe hätte Ihrer Ansicht nach Strafcharakter, weshalb diese Sanktion im Hinblick auf unser Privatrechtssystem als "Fremdkörper" anzusehen wäre. Hierzu sei folgendes bemerkt: Die Höhe dieser Sanktion - es handelt sich bei ihr in Wahrheit um einen zweckbetonten Schadensersatz - bemißt sich nach dem verfolgten Zweck. In Worten der ökonomischen Analyse des Rechts gesprochen, muß die Sanktionshöhe so dosiert sein, daß sich für den potentiellen Vertragsbruchtäter ein Vertragsbruch nicht lohnt, weil der für ihn hieraus entstehende Nachteil den von ihm erhofften Nutzen überwiegen würde. Um diesen Anreiz zu vertragstreuem Verhalten zu gewährleisten, ist - wie die Kommission eingehend dargelegt hat - ein Verzugszins in Höhe von 8 % über dem jeweiligen Refinanzierungssatz der Europäischen Zentralbank durchaus erforderlich. Die großzügige Bemessung dieser Sanktion begünstigt ferner die Rechtsdurchsetzung, weil das betroffene Vertragsbruchopfer leichter den Weg zu den Gerichten finden wird, als dies bei einem „lächerlichen" Zinssatz von 4 % der Fall wäre. Daß diese Sanktion Strafcharakter hat, steht außer Frage. Sie aber deshalb als mit unserem

- 2 -

Handwerkskammer
für Schwaben
Körperschaft des
öffentlichen Rechts

Briefanschrift:
86147 Augsburg, Postfach
Hausanschrift:
86152 Augsburg, Schmiedberg 4

Telefon 08 21/32 59-0
Telefax 08 21/32 59-271

Postgiro München
BLZ 700 100 80, Kto. 315 11-807
Raiffeisen-Volksbank Augsburg
BLZ 720 601 00, Kto. 2 133 334
Stadtsparkasse Augsburg
BLZ 720 500 00, Kto. 0 503 375

Privatrechtssystem unvereinbar zu werten, geht nicht an. Auch unser Privatrechtssystem, und gerade das Schadensersatzrecht, kennt Sanktionen mit Strafcharakter zuhauf. Das Schadensersatzrecht wird von der deutschen Rechtssprechung zunehmend und verstärkt zu Sanktions-und Präventionszwecken eingesetzt. In nicht wenigen Fallgestaltungen verfolgt der Schadensersatz auch im deutschen Recht primär die Sanktionierung des Täters, demgegenüber der Schadensausgleich beim Geschädigten völlig zurücktritt. Auf eine eingehende Darlegung wird hier verzichtet. Aber nicht nur die Rechtsprechung, sondern auch der deutsche Gesetzgeber benutzt den Schadensersatz zuweilen als bloßes Sanktionsinstrument. Hierzu ist etwa auf die Bestimmung des § 611 a Abs. 2 Satz 1 BGB n.F. hinzuweisen, die nicht einen beim Geschädigten (ohnehin nicht) entstandenen Schaden ausgleichen, sondern den Schädiger wegen sozialschädlichen Verhalten bestrafen soll. Mit dieser Bestimmung hat der bundesdeutsche Gesetzgeber ebenfalls europarechtliche Vorgaben in nationales Recht transformiert. Mit der Erfüllung der in Artikel 3 Abs. 1 e der Richtlinie genannten Vorgaben wird die Bundesrepublik Deutschland eine die rechtspolitische Instrumentalisierung des Schadensersatzes sich längst abzeichnende Entwicklung nur fortsetzen. Dem Richtlinienentwurf stehen deshalb insoweit weder rechtspolitische noch rechtsdogmatische Bedenken entgegen. Ihm sollte deshalb entsprochen werden.

Mit freundlichen Grüßen

Handwerkskammer für Schwaben

Ass. Peter Müller
- Außenwirtschaftsberatung -

ZENTRALVERBAND DES DEUTSCHEN HANDWERKS

JOHANNITERSTRASSE 1 · HAUS DES DEUTSCHEN HANDWERKS · 53113 BONN

ZENTRALVERBAND DES DEUTSCHEN HANDWERKS
POSTFACH 120270 · 53044 BONN

An die

- Handwerkskammern
- Zentralfachverbände des Handwerks
- Regionalen Handwerkskammertage
- Regionalen Vereinigungen der Landesverbände

Bonn, 6. Juli 1998
Sz/no - 260-50

Vorschlag für eine Richtlinie des Europäischen Parlaments und des Rates zur Bekämpfung von Zahlungsverzug im Handelsverkehr

Sehr geehrte Damen und Herren,

in der Anlage erhalten Sie die endgültige Fassung der ZDH-Stellungnahme zur im Betreff näher bezeichneten Richtlinie der Europäischen Kommission zur Kenntnisnahme.

Mit freundlichen Grüßen

RA Schwannecke RA Schmitz

Anlage

Telefon: (02 28) 545-0 · Telefax: (02 28) 545-205 · E-Mail: info@zdh.handwerk.de
Bankkonto: Volksbank Bonn 2001458062 (BLZ 380 601 86) · Postbank Köln 105444-508

5. Artikel 3e (Höhe des Verzugszinses)

Nach dieser Vorschrift soll sich die Höhe des Verzugszinses, auf die der Gläubiger Anspruch hat, aus der Summe des Repo-Satzes der Europäischen Zentralbank zuzüglich mindestens acht Prozentpunkte ergeben.

Grundsätzlich begrüßt der Zentralverband des Deutschen Handwerks eine nachhaltige Erhöhung des Verzugszinses. In diesem Zusammenhang darf jedoch nicht übersehen werden, daß die kleinen und mittleren Unternehmen im Falle des eigenen Verzugs durch diese Regelung genauso betroffen sind wie ihre Schuldner. Insgesamt sind wir aber der Auffassung, daß die positiven Aspekte eines erhöhten Verzugszinses überwiegen.

Bei der Befürwortung kann auf die positiven Erfahrungen verwiesen werden, die die skandinavischen Länder mit ihrem hohen Verzugszins gemacht haben. Sie stehen mit ihren niedrigen Verzugszeiten im europäischen Vergleich an der Spitze. Allerdings ist darauf hinzuweisen, daß ein hoher Verzugszins alleine noch keine Verbesserung der Zahlungsmoral bewirkt, wie dies das Beispiel Italien belegt. Dort war kurzzeitig der Verzugszins von 5 auf 10% erhöht worden, ohne daß sich ein nennenswerter positiver Effekt auf die Zahlungsmoral hätte nachweisen lassen. Inzwischen wurde der Verzugszins wieder auf 5% herabgesenkt. Das Beispiel Italiens verdeutlicht, daß neben geeigneten Regelungen zum Zahlungsverzug auch ein leistungsstarkes und effizientes Gerichtswesen zur Durchsetzung von Ansprüchen notwendig ist.

Die Erhöhung des Verzugszinses macht es für Auftraggeber nicht mehr interessant, die Zahlungen möglichst lange hinauszuzögern. Mit dem Zinssatz in der vorgeschlagenen Höhe wäre es für die kleinen und mittleren Betriebe im Handwerk nicht mehr erforderlich, den konkreten Zinsschaden nachzuweisen, der allerdings regelmäßig nur geringfügig unter dem Verzugszins des Richtlinienentwurfs liegen dürfte. Der Anteil, mit dem der Verzugszinssatz über dem üblichen Zinssatz läge, könnte teilweise diejenigen Kosten der Handwerksunternehmen abdecken, für die Nachweisschwierigkeiten bestehen oder die aus Rechtsgründen nicht geltend gemacht werden können, etwa wenn der eigene Aufwand für das Beitreibungsverfahren nicht in Rechnung gestellt werden kann.

English Summary: Recognition and Enforcement of Punitive Damages in Germany

More and more German Court decisions and legislation use the law of compensation for damages increasingly with a view to sanctions and prevention. *De lege lata* the German law of damages has to be supplemented by a principle of sanctions, *de lege ferenda* its application ought to be intensified for the purpose of prevention.

The consequences with regard to the recognition and enforcement of US punitive judgments for damages are as follows:

Punitive judgments for damages, in as much as they aim only at punishment and deterrent to the damaging party, ought to be recognized in Germany on principle. Recognition of the judgments does not mean any violation of the substantive public policy (§ 328 I no. 4 ZPO (= German Code of Civil Procedure)), if only for the reason, that the principle of sanctions is an effective part also of the German law of compensation for damages. However, recognition is currently limited to a maximum amount of DM 800,000. The idea of sanction being without any legal legitimation and being practised de facto solely, requires the said limitation pursuant to constitutional law. The upper limit of DM 800,000 corresponds to the highest sums awarded in Germany as compensation for pain and suffering and has to be adjusted to these accordingly.

In so far as the enforcement of the recognized judgment (§723 II ZPO) proves to be an unreasonable hardship to the debtor, this can be corrected individually at the level of enforcement solely – in particular by way of § 765 a ZPO – and must not lead to a reduction in recognition to a level which is only just tolerable. A petition for exemption from judicial execution shall be granted, if enforcement of the judgment would mean a loss of the minimum subsistence on the part of the debtor.

Literaturverzeichnis

Das zugezogene Schrifttum ist in alphabetischer Reihung verzeichnet. Soweit ein Schrifttumsnachweis sich auf eine frühere Auflage bezieht, wird dies im Text der Fußnote klargestellt. Wo keine besondere Kennzeichnung (§, Rdnr., Rz., Tz., n.) angebracht ist, wird auf die Seitenzahl verwiesen.

Ackmann, Hans-Peter: Die deutsche und amerikanische Rechtsprechung zur Anrechenbarkeit von Erbschaftsstamm und -erträgen auf Unterhaltsersatzansprüche (§ 844 Abs. 2 BGB) im Wege der Vorteilsausgleichung – Teil 2. JZ 1991, 967–973.

Adomeit, Klaus: Arbeitsrecht auf Abwegen. NJW 1997, 2295–2296.

Alternativkommentar, Kommentar zum Bürgerlichen Gesetzbuch. Hrsg. von Wassermann, Rudolf. Bd. 2 (Neuwied/Darmstadt 1980). Zit.: AK-BGB/Bearb.

American Jurisprudence. A modern comprehensive text statement of American law. State and Federal. Volume 22, Damages. Second edition, (Rochester/New York/San Francisco/California 1988, Supp. 1995).

Annuß, Georg: Grundfragen der Entschädigung bei unzulässiger Geschlechtsdiskriminierung. NZA 1999, 738–744.

Arzt, Gunther: Zur Bekämpfung der Vermögensdelikte mit zivilrechtlichen Mitteln – Der Ladendiebstahl als Beispiel. JuS 1974, 693–698.

– Offener oder versteckter Rückzug des Strafrechts vom Kampf gegen Ladendiebstahl? Eine Entgegnung auf Schoreit. JZ 1976, 54–58.

Assmann, Heinz-Dieter: Schadensersatz in mehrfacher Höhe des Schadens. Zur Erweiterung des Sanktionensystems für die Verletzung gewerblicher Schutzrechte und Urheberrechte. BB 1985, 15–25.

Ballerstedt, Kurt: Zur zivilrechtlichen Haftung für Demonstrationsschäden. JZ 1973, 105–110.

v. Bar, Christian: Schmerzensgeld und gesellschaftliche Stellung des Opfers bei Verletzungen des allgemeinen Persönlichkeitsrechtes. NJW 1980, 1724–1729.

– Internationales Privatrecht. Zweiter Band. Besonderer Teil. (München 1991).

– Gemeineuropäisches Deliktsrecht. Erster Band. Die Kernbereiche des Deliktsrechts, seine Angleichung in Europa und seine Einbettung in die Gesamtrechtsordnungen. (München 1996).

Barton, Dirk Michael: Pressefreiheit und Persönlichkeitsschutz. AfP 1995, 452–458.

Basedow, Jürgen: Die Aufgabe der Verzugszinsen in Recht und Wirtschaft. Bemerkungen zu § 288 BGB und § 352 BGB. ZHR 143 (1979), 317–337.

Baumann, Jürgen: Über die notwendigen Veränderungen im Bereich des Vermögensschutzes. JZ 1972, 1–6.

– Grabgesang für das Legalitätsprinzip. ZRP 1972, 273–275.
– Endlich strafrechtliche Bekämpfung des Submissionsbetruges. NJW 1992, 1661–1665.
Baumbach, Adolf/Hefermehl, Wolfgang: Wettbewerbsrecht. Gesetz gegen den unlauteren Wettbewerb, Zugabeverordnung, Rabattgesetz und Nebengesetze. 21. Aufl., (München 1999).
Baumbach, Adolf/Hopt, Klaus J.: Handelsgesetzbuch mit GmbH & Co., Handelsklauseln, Bank- und Börsenrecht, Transportrecht (ohne Seerecht). 29. Aufl., (München 1995).
Baumbach, Adolf/Lauterbach, Wolfgang/Albers, Jan/Hartmann, Peter: Zivilprozeßordnung mit Gerichtsverfassungsgesetz und anderen Nebengesetzen. 58. Aufl., (München 2000).
Baumgärtel, Gottfried: Das Wechselspiel der Beweislastverteilung im Arzthaftungsprozeß. In: Gedächtnisschrift für Rudolf Bruns, (München 1980), 93–109.
– Die Beweislastverteilung im Zivilprozeß. In: Festschrift für Winfried Kralik zum 65. Geburtstag, (Wien 1986), 63–74.
– Handbuch der Beweislast im Privatrecht. Band 1: Allgemeiner Teil und Schuldrecht BGB mit VOB, HOAI, KSchG und ProdhaftG. 2. Aufl., (Köln/Berlin/Bonn/München 1991).
Baumgartner, Samuel Anmerkung zum Urteil des Supreme Court of the United States v. 20.5.1996. JZ 1997, 158–160.
Baur, Fritz: Die Bewährungsauflage der Schadenswiedergutmachung und das Zivilrecht. GA 1957, 338–346.
Behr, Heinz: Vererblichkeit des Schmerzensgeldanspruches. NJW 1961, 2242–2243.
Behr, Volker: Der Zeitpunkt der Vererblichkeit von Schmerzensgeldansprüchen. VersR 1976, 1106–1114.
Behrens, Peter: Die ökonomischen Grundlagen des Rechts. Politische Ökonomie als rationale Jurisprudenz. (Tübingen 1986).
Beitzke, Günther: Anmerkung zu BAG AP Nr. 7 zu § 276 BGB.
Benisch, Werner: In: Gemeinschaftskommentar. Gesetz gegen Wettbewerbsbeschränkungen und europäisches Kartellrecht. 4. Aufl., 6. Lieferung (§§ 34–39 GWB), (Köln/Berlin/Bonn/München 1982). Zit.: Benisch in GK.
Benkard, Georg: Patentgesetz, Gebrauchsmustergesetz. 9. Aufl., (München 1993). Zit.: Benkard/Bearb.
Bertelsmann, Klaus: Anmerkung zu LAG Hamburg AiB 1987, 268. AiB 1987, 270–271.
Beseler, Georg: System des gemeinen deutschen Privatrechts. Erste Abtheilung. Allgemeiner Theil. Das allgemeine bürgerliche Recht. 4. Aufl., (Berlin 1885).
Beyer, Thomas C.W./Möllers, Thomas M.J.: Die Europäisierung des Arbeitsrechts – dargestellt am Problem der Sanktionierung einer geschlechtsspezifischen Diskriminierung durch den Arbeitgeber anläßlich der Begründung eines Arbeitsverhältnisses –. JZ 1991, 24–30.
Binding, Karl: Lehrbuch des Gemeinen Deutschen Strafrechts. Besonderer Teil. Erster Band. 2. Aufl., (Leipzig 1902).
– Die Normen und ihre Übertretung. Eine Untersuchung über die rechtmäßige Handlung und die Arten des Delikts. Erster Band. Normen und Strafgesetze. 4. Aufl., (Leipzig 1922).
Birk, Rolf: Auswirkungen der Rechtsprechung des EuGH zur Gleichbehandlung von Frauen und Männern beim Berufszugang. NZA 1984, 145–149.

Blomeyer, Arwed: Die Umkehr der Beweislast. AcP 158 (1959–1960), 97–106.
– Beweislast und Beweiswürdigung im Zivil- und Verwaltungsprozeß. Empfiehlt es sich, das Recht der Beweislast und der Beweiswürdigung durch gesetzliche Vorschriften fortzubilden und in welchem Sinne? Verhandlungen des 46. Deutschen Juristentages, Bd. I, (München/Berlin 1966), Gutachten, Teil 2 A, 1–54.
Bockelmann, Erika: Die Haftung des Arbeitnehmers – Schadensausgleich oder (notwendige) Erziehungsmaßnahme? –. ZRP 1972, 283–290.
Boesen, Arnold: Der Rechtsschutz des Bieters bei der Vergabe öffentlicher Aufträge. NJW 1997, 345–352.
Bork, Hans-Günther: Abermals UWG-„Reform"? Ein Beitrag betreffend den „Beruf unserer Zeit für Gesetzgebung". WRP 1978, 333–338.
Bötticher, Eduard: Zur Ausrichtung der Sanktion nach dem Schutzzweck der verletzten Privatrechtsnorm. AcP 158 (1959/60), 385–409.
– Die Einschränkung des Ersatzes immateriellen Schadens und der Genugtuungsanspruch wegen Persönlichkeitsminderung. MDR 1963, 353–360.
– Empfiehlt sich eine Neuregelung der Verpflichtung zum Geldersatz für immateriellen Schaden? Verhandlungen des 45. Deutschen Juristentages, Bd. II, (München/Berlin 1965), Sitzungsberichte, Teil C. C 7–29.
– Diskussionsbeitrag. Verhandlungen des 45. Deutschen Juristentages, Bd. II, (München/Berlin 1965), Sitzungsberichte, Teil C. C 114–116.
Braschos, Franz-Joseph: Der Ersatz immaterieller Schäden im Vertragsrecht. (Köln/Berlin/Bonn/München 1979).
Breher, Ludwig: Schadensersatz und Buße. Vergleichende Gegenüberstellung. (Kempten 1913).
Brinker, Jürgen: Die Dogmatik zum Vermögensschadensersatz. Differenzierungsdefizite, Ressourcenverwendungspläne und das Wertproblem. (Berlin 1982).
Brockmeier, Dirk: Punitive damages, multiple damages und deutscher ordre public. Unter besonderer Berücksichtigung des RICO-Act. (Tübingen 1999).
Brüggemeier, Gert: Haftungsfolgen, Entwicklungstendenzen im europäischen und deutschen Schadensersatzrecht. In: Ott, Claus/Schäfer, Hans-Bernd, (Hrsg.), Die Präventivwirkung zivil- und strafrechtlicher Sanktionen. Beiträge zum VI. Travemünder Symposium zur ökonomischen Analyse des Rechts vom 25.–28. März 1998, (Tübingen 1999), 171–193.
– Harmonisierung von Haftungsrecht durch Nicht-Harmonisierung. Entwicklungstendenzen im europäischen und deutschen Schadensersatzrecht. In: Festschrift für Erwin Deutsch zum 70. Geburtstag, (Köln/Berlin/Bonn/München 1999), 45–62.
Buchner, Herbert: Berufshaftpflichtversicherung oder gesetzliche Beschränkung der Arbeitnehmerhaftung? – Zu den Möglichkeiten einer versicherungsmäßigen Lösung und zum Entwurf des 2. Arbeitsrechtsbereinigungsgesetzes –. RdA 1972, 153–171.
Bufe, Peter: § 817 S. 2 BGB. AcP 157 (1958), 215–258.
Bungert, Hartwin: Vollstreckbarkeit US-amerikanischer Schadensersatzurteile in exorbitanter Höhe in der Bundesrepublik. Zugleich eine Besprechung des Urteils des BGH vom 4. Juni 1992, ZIP 1992, 1256. ZIP 1992, 1707–1725.

Bunte, Hermann Josef: Der Gedanke der normativen Prävention im deutschen Zivilrecht. In: Freiheit und Zwang. Rechtliche, wirtschaftliche und gesellschaftliche Zwecke. Festschrift zum 60. Geburtstag von Hans Giger, (Bern 1989), 55–74.

Burst, Silke: Pönale Momente im ausländischen Privatrecht und deutscher ordre public. (Freiburg 1994).

Busse, Günter: In welchem Umfang kann der das Gehalt weiterzahlende Dienstherr eines dienstunfähig gewordenen Beamten über § 87a BBG von dem Haftpflichtigen Ersatz verlangen? VersR 1963, 614–618.

Bussmann, Kurt: Persönlichkeitsrecht und Berichterstattung in Presse, Film und Funk. JR 1955, 202–205.

Bydlinski, Franz: Probleme der Schadensverursachung nach deutschem und österreichischem Recht. (Stuttgart 1964).

– Juristische Methodenlehre und Rechtsbegriff. 2. Aufl., (Wien/New York 1991). Zit.: Methodenlehre.

v. Caemmerer, Ernst: Bereicherung und unerlaubte Handlung. In: Festschrift für Ernst Rabel, Band I, (Tübingen 1954), 333–401.

– Das Problem der überholenden Kausalität im Schadensersatzrecht. In: Karlsruher Studiengesellschaft. Heft 54. (Karlsruhe 1962).

Calabresi, Guido: Some Thoughts on Risk Distribution and the Law of Torts. 70 Yale L.J. (1961) 499–553.

– The Decision for Accidents: An Approach to Nonfault Allocation of Costs. 78 Harvard L.Rev. (1965) 713–745.

– The Costs of Accidents. A Legal and Economic Analysis. 5. Aufl. (New Haven/London 1977).

Canaris, Claus-Wilhelm: Systemdenken und Systembegriff in der Jurisprudenz entwickelt am Beispiel des deutschen Privatrechts. 2. Aufl., (Berlin 1983).

– Verstöße gegen das verfassungsrechtliche Übermaßverbot im Recht der Geschäftsfähigkeit und im Schadensersatzrecht. JZ 1987, 993–1004.

– Die Bedeutung der iustitia distributiva im deutschen Vertragsrecht. (München 1997).

– Gewinnabschöpfung bei Verletzung des allgemeinen Persönlichkeitsrechts. In: Festschrift für Erwin Deutsch zum 70. Geburtstag, (Köln/Berlin/Bonn/München 1999), 85–109.

– Grundrechte und Privatrecht – eine Zwischenbilanz –. (Berlin/New York 1999). Zit.: Grundrechte und Privatrecht.

Cantzler, Klaus: Die Vorteilsausgleichung beim Schadensersatzanspruch. AcP 156 (1957), 29–59.

Coing, Helmut: Interesseberechnung und unmittelbarer Schaden. SJZ 1950, 865–872.

v. Craushaar, Götz: Haftung aus culpa in contrahendo wegen Ablehnung des Vertragsschlusses – BGH, LM § 276 (Fa) BGB Nr. 28. JuS 1971, 127–131.

Dähne, Horst: Bieteransprüche bei Vergabeverstößen der öffentlichen Hand. In: Festschrift für Carl Soergel zum 70. Geburtstag, (Stamsried 1993), 21–33.

Däubler, Wolfgang: Anspruch auf Lizenzgebühr und Herausgabe des Verletzergewinns – atypische Formen des Schadensersatzes. JuS 1969, 49–54.

– Sachen und Menschen im Schadensrecht. NJW 1999, 1611–1612.
Deutsch, Erwin: Schmerzensgeld und Genugtuung. JuS 1969, 197–204.
– Die Zwecke des Haftungsrechts. JZ 1971, 244–248.
– Haftungsrecht und Strafrecht. In: Festschrift für Eduard Wahl zum 70. Geburtstag, (Heidelberg 1973), 339–352.
– Haftungsrecht. Erster Band: Allgemeine Lehren. (Köln/Berlin/Bonn/München 1976).
– Empfiehlt es sich, in bestimmten Bereichen der kleinen Eigentums- und Vermögenskriminalität, insbesondere des Ladendiebstahls, die strafrechtlichen Sanktionen durch andere, zum Beispiel zivilrechtliche Sanktionen abzulösen, gegebenenfalls durch welche? Verhandlungen des 51. Deutschen Juristentages, Bd. I, (München 1976), Gutachten, Teil E. E 1–81.
– Zum Zeitpunkt der ärztlichen Aufklärung und die antizipierte Einwilligung des Patienten. NJW 1979, 1905–1909.
– Anmerkung zu BGH JZ 1980, 99. JZ 1980, 102–103.
– Anmerkung zu BGH NJW 1984, 1397. NJW 1984, 1399–1400.
– Anmerkung zu BGH NJW 1986, 1540. NJW 1986, 1541.
– Der grobe Behandlungsfehler: Dogmatik und Rechtsfolgen. VersR 1988, 1–4.
– Anmerkung zu OLG Köln VersR 1991, 186. VersR 1991, 189.
– Anmerkung zu BGH NJW 1993, 781. NJW 1993, 784.
– Die Haftung für Ärzte und Krankenhäuser in den Ländern der Europäischen Gemeinschaft nach zu erwartendem EG-Recht. In: Deutsch, Erwin/Taupitz, Jochen, (Hrsg.), Haftung der Dienstleistungsberufe. Natürliche Vielfalt und europäische Vereinheitlichung, (Heidelberg, 1993), 275–293.
– Über die Zukunft des Schmerzensgeldes. Pläne zur Reform des Haftungsrechts. ZRP 1998, 291–294.
Deutscher Richterbund: Zum Thema „Private Strafjustiz“. DRiZ 1976, 176.
Diederichsen, Uwe: Die „Reductio Ad Absurdum“ in der Jurisprudenz. In: Festschrift für Karl Larenz zum 70. Geburtstag, (München 1973), 155–179.
– Argumentationsstrukturen in der Rechtsprechung zum Schadensersatzrecht. In: Festschrift für Ernst Klingmüller, (Karlsruhe 1974), 65–85.
– Die Flucht des Gesetzgebers aus der politischen Verantwortung im Zivilrecht. In: Karlsruher Studiengesellschaft. Heft 114. (Karlsruhe 1974).
– Zur gesetzlichen Neuordnung des Schuldrechts. AcP 182 (1982), 101–125.
Diederichsen, Uwe/Marburger, Peter: Die Haftung für Demonstrationsschäden. NJW 1970, 777–784.
Diehl, Heinz: Die Strafbarkeit von Baupreisabsprachen im Vergabeverfahren. BauR 1993, 1–9.
– Schadensersatzansprüche und deren Nachweis bei Submissionsabsprachen. ZfBR 1994, 105–111.
Dilcher, Hermann: Die Bewährungsauflage der Schadenswiedergutmachung im Verhältnis zur zivilrechtlichen Haftung. NJW 1956, 1346–1347.
Dobbs, Dan B.: Handbook on the Law of Remedies. Damages-Equity-Restitution. 2. Aufl., (St. Paul/Minn. 1993).
Graf zu Dohna, Alexander: Die Stellung der Busse im reichsrechtlichen System des Immaterialgüterschutzes. (Berlin 1902).

Dreher, Meinrad: Der Rechtsschutz bei Vergabeverstößen nach „Umsetzung" der EG-Vergaberichtlinien. ZIP 1995, 1869–1879.

Drolshammer, Jens/Schärer, Heinz: Die Verletzung des materiellen ordre public als Verweigerungsgrund bei der Vollstreckung eines US-amerikanischen „punitive damages-Urteils" (Urteilsanmerkung). SJZ 1986, 309–318.

Düringer/Hachenburg, Max: Das Handelsgesetzbuch vom 10. Mai 1897 (unter Ausschluß des Seerechts) auf der Grundlage des Bürgerlichen Gesetzbuchs. 5 Bde., (Mannheim/Berlin/Leipzig 1930ff.). Zit.: Düringer/Hachenburg/Bearb.

Ebel, Wilhelm: Sozialrechtliche und privatrechtliche Unternehmerhaftung. VersR 1951, 281–283.

Ebenroth, Carsten Thomas: Neuere Entwicklungen im deutschen internationalen Gesellschaftsrecht – Teil 1. JZ 1988, 18–30.

Ebke, Werner F: Neuere Entwicklungen im US-amerikanischen Handels- und Wirtschaftsrecht. RIW 1990, 145–152.

Ehrenzweig, Albert: Deutsches (österreichisches) Versicherungsvertragsrecht. (Wien 1952).

Ehrenzweig, Albert A.: Psychoanalytische Rechtswissenschaft. (Berlin 1973). Zit.: Rechtswissenschaft.

Ehrich, Christian: Die Entschädigung nach § 611 a Abs. 2 BGB – ein neuer Nebenverdienst? BB 1996, 1007–1008.

Eisemann, Hans: Der Ersatz von immateriellen „Diskriminierungsschäden". AuR 1988, 225–234.

Elleser, Karl: Haftung der Unternehmer und Betriebsangehörigen gegenüber den Trägern der Sozialversicherung. BB 1964, 1493–1495.

Emmerich, Volker: Das Recht des unlauteren Wettbewerbs. 5. Aufl., (München 1998).

Engel, Christoph: Zivilrecht als Fortsetzung des Wirtschaftsrechts mit anderen Mitteln. Rechtspolitische und verfassungsrechtliche Überlegungen am Beispiel des Haftungsrechts. JZ 1995, 213–218.

Enneccerus, Ludwig/Lehmann, Heinrich: Lehrbuch des Bürgerlichen Rechts. Recht der Schuldverhältnisse. Zweiter Band. 13. Bearb., (Tübingen 1950).

Erman, Walter, Handkommentar zum Bürgerlichen Gesetzbuch. 2 Bde., 9. Aufl., (Münster 1993). Zit.: Erman/Bearb.

Esser, Josef: Zur Entwicklung der Lehre von der Vorteilsausgleichung. MDR 1957, 522–524.

– Wandlungen von Billigkeit und Billigkeitsrechtsprechung im modernen Privatrecht. In: Summum ius summa iniuria. Individualgerechtigkeit und der Schutz allgemeiner Werte im Rechtsleben. (Tübingen 1963), 22–40.

– Möglichkeiten und Grenzen des dogmatischen Denkens im modernen Zivilrecht. AcP 172 (1972), 97–130.

Esser, Josef/Schmidt, Eike: Schuldrecht. Band I. Allgemeiner Teil. Teilband 2: Durchführungshindernisse und Vertragshaftung, Schadensausgleich und Mehrseitigkeit beim Schuldverhältnis. Ein Lehrbuch. 7. Aufl., (Heidelberg 1993). Zit.: Schuldrecht.

Esser, Josef/Weyers, Hans-Leo: Schuldrecht. Band II. Besonderer Teil. Ein Lehrbuch. 7. Aufl., (Heidelberg 1991). Zit.: Schuldrecht.

v. Falkenhausen, Alexander: Vorhalte- und Vorsorgekosten. Schadensvorsorgeaufwendungen im Spannungsfeld zwischen dem Kausalitätsprinzip und präventiv-poenalen Intentionen des Deliktsrechts. (Königstein 1979).

Feber, Andreas: Schadensersatzansprüche aus culpa in contrahendo bei VOB/A-Verstößen öffentlicher Auftraggeber. BauR 1989, 553–559.

Ferid, Murad: Internationales Privatrecht. Das neue Recht. Ein Leitfaden für Praxis und Ausbildung. 3. Aufl., (Frankfurt 1986).

v. Feuerbach, Paul Johann Anselm: Lehrbuch des gemeinen in Deutschland geltenden Peinlichen Rechts. (Gießsen 1801, Nachdruck Frankfurt 1985).

Feyock, Hans: Die Rechtsnatur des Rückgriffanspruchs der Sozialversicherungsträger aus § 640 RVO. NJW 1964, 1706–1709.

Fezer, Karl-Heinz: Aspekte einer Rechtskritik an der economic analysis of law und am property rights approach. JZ 1986, 817–824.

– Nochmals: Kritik an der ökonomischen Analyse des Rechts. JZ 1988, 223–228.

Fikentscher, Wolfgang: Horizontale Wettbewerbsbeschränkungen und Verträge mit Dritten. BB 1956, 793–798.

– Schuldrecht. Lehrbuch. 8. Aufl., (Berlin/New York 1992).

Fischer, Hans Albrecht: Der Schaden nach dem Bürgerlichen Gesetzbuche für das Deutsche Reich. (Jena 1903). Zit.: Schaden nach dem BGB.

Fischer, Theo: Schadenberechnung im gewerblichen Rechtsschutz, Urheberrecht und unlauteren Wettbewerb. (Basel 1961).

Fischer, ohne Vorname: Anmerkung zu BGH LM Nr. 1 zu § 113 HGB.

Fleischer, Holger: Schadensersatz für verlorene Chancen im Vertrags- und Deliktsrecht. JZ 1999, 766–775.

Fleming, John G.: The American Tort Process. (Oxford 1988).

Flume, Werner: Die Vereinsstrafe. In: Festschrift für Eduard Bötticher zum 70. Geburtstag, (Berlin 1969), 101–141.

– Allgemeiner Teil des Bürgerlichen Rechts. Zweiter Band: Das Rechtsgeschäft. 4. Aufl., (Berlin/Heidelberg/New York/London/Paris/Tokyo/Hongkong/Barcelona/Budapest 1992). Zit.: Rechtsgeschäft.

Foerste, Ulrich: Anmerkung zu BGH VersR 1988, 930. VersR 1988, 958–961.

– Schmerzensgeld bei brutalen Verbrechen. NJW 1999, 2951–2952.

Frehsee, Detlev: Schadenswiedergutmachung als Instrument strafrechtlicher Sozialkontrolle. Ein kriminalpolitischer Beitrag zur Suche nach alternativen Sanktionsformen. (Berlin 1987).

Frotz, Gerhard: Zur Schadensersatzhaftung des Mieters wegen vertragswidrig nicht ausgeführter Schönheitsinstandsetzungen. NJW 1963, 884–888.

Fuchs, Maximilian: Versicherungsschutz und Versicherbarkeit als Argumente bei der Schadensverteilung. AcP 191 (1991), 318–345.

Gamillscheg, Franz: Empfiehlt es sich, die Haftung des Arbeitnehmers gegenüber dem Arbeitgeber abweichend vom Schuldrecht des BGB zu regeln? Verhandlungen des 45. Deutschen Juristentages, Bd. II, (München/Berlin 1965), Sitzungsberichte, Teil G. G 7–35.

– Diskussionsbeitrag. Verhandlungen des 45. Deutschen Juristentages, Bd. II, (München/ Berlin 1965), Sitzungsberichte, Teil G. G 46–50; 77–81.

v. Gamm, Otto-Friedrich: Urheberrechtsgesetz, Kommentar. (München 1968).

– Geschmacksmustergesetz, Kommentar. 2. Aufl., (München 1989).

– Kartellrecht. Kommentar zum Gesetz gegen Wettbewerbsbeschränkungen und zu Art. 85, 86 EWGV. 2. Aufl., (Köln/Berlin/Bonn/München 1990).

Gärtner, Rudolf: Vorteilsanrechnung und Sozialversicherung – BGH, NJW 1971, 936. JuS 1972, 69–73.

Gernhuber, Joachim: Die integrierte Billigkeit. Eine Skizze zur Billigkeit als Tatbestandselement von Normen. In: Tradition und Fortschritt im Recht. Festschrift gewidmet der Tübinger Juristenfakultät zu ihrem 500jährigen Bestehen, (Tübingen 1977), 193–221.

v. Gierke, Otto: Die soziale Aufgabe des Privatrechts. (Frankfurt 1889).

– Der Entwurf eines Bürgerlichen Gesetzbuches und das deutsche Recht. (Leipzig 1889). Zit.: Entwurf.

– Deutsches Privatrecht. Systematisches Handbuch der Deutschen Rechtswissenschaft. Dritter Band. Schuldrecht. (München und Leipzig 1917). Zit.: Deutsches Privatrecht.

Giesen, Dieter: Anmerkung zu BGH NJW 1971, 698. NJW 1971, 801–802.

– Arzthaftungsrecht im Umbruch (III) – Beweisrechtsprobleme in der Rechtsprechung seit 1974 –. JZ 1982, 448–459.

– Anmerkung zu BGH JZ 1993, 516. JZ 1993, 519–521.

– Arzthaftungsrecht. Die zivilrechtliche Haftung aus medizinischer Behandlung in der Bundesrepublik Deutschland, in Österreich und der Schweiz. 4. Aufl., (Tübingen 1995).

Gitter, Wolfgang: Schadensausgleich im Arbeitsunfallrecht. Die soziale Unfallversicherung als Teil des allgemeinen Schadensrechts. (Tübingen 1969).

Gotthardt, Peter Jürgen: Doppelte Tarifgebühr für die GEMA bei ungenehmigter öffentlicher Musikwiedergabe oder die Wiederkehr der Drachen. Betrachtungen zum Urteil des Bundesgerichtshofs vom 10. März 1972 – I ZR 160/70. UFITA 71 (1974), 77–92.

Gottwald, Peter: Schadenszurechnung und Schadensschätzung. Zum Ermessen des Richters im Schadensrecht und im Schadensersatzprozeß. (München 1979). Zit.: Schadenszurechnung.

– Kausalität und Zurechnung – Probleme und Entwicklungstendenzen des Haftungsrechts – In: Karlsruher Forum 1986, 3–32.

– Grundfragen der Anerkennung und Vollstreckung ausländischer Entscheidungen in Zivilsachen. ZZP 103 (1990), 257–293.

Götz, Heinrich: Die Überwachung der Aktiengesellschaft im Lichte jüngerer Unternehmenskrisen. AG 1995, 337–353.

Gotzler, Max: Rechtmäßiges Alternativverhalten im haftungsbegründenden Zurechnungszusammenhang. (München 1977).

Greger, Reinhard: Anmerkung zu OLG München NJW 1989, 3102. NJW 1989, 3103–3104.

Großfeld, Bernhard: Die Privatstrafe. Ein Beitrag zum Schutz des allgemeinen Persönlichkeitsrechts. (Frankfurt/Berlin 1961). Zit.: Privatstrafe.

– Zivilrecht als Gestaltungsaufgabe. In: Karlsruher Studiengesellschaft. Heft 130. (Heidelberg/Karlsruhe 1977).

Grünberger, Johannes: Gesetz zur Änderung des Gesetzes zur Bekämpfung der Schwarzarbeit und zur Änderung anderer Gesetze. NJW 1995, 14–17.

Grunsky, Wolfgang: Aktuelle Probleme zum Begriff des Vermögensschadens. (Bad Homburg vor der Höhe/Berlin/Zürich 1968). Zit.: Aktuelle Probleme.

– Art und Umfang des zu ersetzenden Schadens, Jura 1979, 57–71.

– Hypothetische Kausalität und Vorteilsausgleichung. In: Festschrift für Hermann Lange zum 70. Geburtstag, (Stuttgart/Berlin/Köln 1992), 469–481.

Hacks, Susanne/Ring, Ameli/Böhm, Peter: SchmerzensgeldBeträge. ADAC-Handbuch. 18. Aufl., (München 1997).

Hadding, Walther: Die unterlassenen Schönheitsreparaturen – BGHZ 49, 56. JuS 1969, 407–413.

Hagen, Horst: Funktionale und dogmatische Zusammenhänge zwischen Schadens- und Bereicherungsrecht. In: Festschrift für Karl Larenz zum 70. Geburtstag, (München 1973), 867–884.

– Zur Normativität des Schadensbegriffs in der Rechtsprechung des Bundesgerichtshofes. In: Festschrift für Fritz Hauß zum 70. Geburtstag, (Karlsruhe 1978), 83–102.

– Anmerkung zu BGH LM Nr. 26 zu § 252 BGB.

Hager, Johannes: Gesetzes- und sittenkonforme Auslegung und Aufrechterhaltung von Rechtsgeschäften. (München 1983).

Hahn, Ubbo: Haftung aus „culpa in contrahendo" bei der Vergabe im Baurecht. BauR 1978, 426–428.

Haines, Hartmut: Anmerkung zu BGH NJW 1972, 102. NJW 1972, 482–483.

Hammen, Horst: Zur geplanten Streichung von § 847 Abs. 1 S. 2 BGB. VersR 1989, 1121–1123.

Hanau, Peter: Anmerkung zu BGH NJW 1968, 2291. NJW 1968, 2291–2292.

– Die Kausalität der Pflichtwidrigkeit. Eine Studie zum Problem des pflichtmäßigen Alternativverhaltens im bürgerlichen Recht. (Göttingen 1971).

– Anmerkung zu BGH DNotZ 1986, 406. DNotZ 1986, 412–416.

Handelsgesetzbuch. Großkommentar. Begr. von *Staub, Hermann.* Zweiter Band, 1. Halbband, §§ 105–144. 3. Aufl., (Berlin/New York 1973). Zit.: Bearb. in Großkomm. HGB.

Hartung, Hansrudolf: Haftpflichtversicherung und Schmerzensgeld. NJW 1957, 125–127.

Haselhoff, Wilhelm: Voller Ersatz für Sachschäden. Versuch einer zeitgemäßen Lösung des Schadensersatzproblems. NJW 1947/48, 286–290.

Hattenhauer, Hans: Die Kritik des Zivilurteils. Eine Anleitung für Studenten. (Frankfurt/Berlin 1970).

Heck, Philipp: Die Ausdehnung des § 817, S. 2, auf alle Bereicherungsansprüche. AcP 124 (1925), 1–68.

– Grundriß des Schuldrechts. 2. Neudruck der Ausgabe Tübingen 1929, (Aalen 1974). Zit.: Grundriß.

– Begriffsbildung und Interessenjurisprudenz. (Tübingen 1932).

Hefendehl, Roland: Fallen die Submissionsabsprachen doch unter den Betrugstatbestand? – zugleich eine Besprechung von BGH ZfBR 1992, 126 –. ZfBR 1993, 164–170.

Hefermehl, Wolfgang: Anmerkung zu BGH GRUR 1976, 153. GRUR 1976, 156–157.

Heidenberger, Peter: Zur Vollstreckbarerklärung von US-Jury-Urteilen gegen deutsche Hersteller. Anmerkung zu dem Urteil des Landgerichts Berlin, RIW 1989 S. 988ff. RIW 1990, 804–808.

Hellmer, Joachim: Zur Bedeutung der neuen Schmerzensgeldrechtsprechung für das Strafrecht. In: Beiträge zur gesamten Strafrechtswissenschaft. Festschrift für Hellmuth Mayer zum 70. Geburtstag, (Berlin 1966), 665–684.

Henckel, Wolfram: Vorbeugender Rechtsschutz im Zivilrecht. AcP 174 (1974), 97–144.

Henkel, Heinrich: Die „richtige" Strafe. Gedanken zur richterlichen Strafzumessung. In: Recht und Staat. Heft 381/382 (Tübingen 1969).

Herrmann, David: Die Anerkennung US-amerikanischer Urteile in Deutschland unter Berücksichtigung des ordre public. Eine rechtsvergleichende Untersuchung zum „Justizkonflikt" zwischen Deutschland und den USA. (Frankfurt a. M. u. a. 2000).

Herrmann, Elke: Die Abschlußfreiheit – ein gefährdetes Prinzip. Zugleich der Versuch einer dogmatischen Erfassung der vorvertraglichen Regelungen des § 611 a BGB. ZfA 1996, 19–68.

v. Hippel, Eike: Schadensausgleich bei Verkehrsunfällen. Haftungsersetzung durch Versicherungsschutz. Eine rechtsvergleichende Untersuchung. (Berlin/Tübingen 1968).

– Verbraucherschutz. 2. Aufl., (Tübingen 1979). Zit.: Verbraucherschutz.

Hirsch, Hans Joachim: Zur Abgrenzung von Strafrecht und Zivilrecht. In: Festschrift für Karl Engisch, Frankfurt a. M. 1969), 304–327.

– Zur Behandlung der Bagatellkriminalität in der Bundesrepublik Deutschland – Unter besonderer Berücksichtigung der Stellung der Staatsanwaltschaft –. ZStW 92 (1980), 218–254.

Hoechst, Peter: Zur Versicherbarkeit von punitive damages. VersR 1983, 13–18.

– Die US-amerikanische Produzentenhaftung. (Köln/Berlin/Bonn/München 1986).

Hohmann, Harald: Thesen zur Weiterentwicklung des Beschäftigtenschutzgesetzes mit dem Ziel eines besseren Schutzes vor sexueller Belästigung am Arbeitsplatz. ZRP 1995, 167–169.

Hohmann, Harald/Moors, Christiane: Schutz vor sexueller Belästigung am Arbeitsplatz im Recht der USA (und Deutschlands). KJ 1995, 151–171.

Hohmeister, Frank: EuGH-konforme Gesetzesänderungen zu Geschlechtsdiskriminierung und Nachweisrichtlinie. BB 1998, 1790–1793.

Höhn, Holger: Die Beeinträchtigung von Rechten durch Verfügungen. Eine Untersuchung der Ansprüche aus §§ 281 Abs. 1, 816 Abs. 1, 818 Abs. 1 BGB. (München 1986).

Honsell, Heinrich: Quod interest im bonae-fidei-iudicium. Studien zum römischen Schadensersatzrecht. (München 1969).

– Die Funktion des Schmerzensgeldes. VersR 1974, 205–207.

Horak, Franz: Rationes decidendi. Entscheidungsbegründungen bei den älteren römischen Juristen bis Labeo. 1. Bd., (Aalen 1969).

Horten, Heinrich: Schadensersatz und Strafe. (Wien 1905).

v. Hoyningen-Huene, Gerrick: Die Haftungseinschränkung des Arbeitnehmers – Rechtsfortbildung ohne Rechtsfortschritt –. BB 1989, 1889–1896.

Huber, Christian: Fragen der Schadensberechnung. 2. Aufl., (Wien 1995).

Hubmann, Heinrich: Gewerblicher Rechtsschutz. (Patent-, Gebrauchsmuster-, Geschmacksmuster-, Warenzeichen- und Wettbewerbsrecht). Ein Studienbuch. 5., neubearb. Aufl., (München 1988).

v. Hülsen, Hans-Viggo: Produkthaftpflicht USA 1982. RIW 1983, 633–641.

Hupfer, Heinz: Anmerkung zu BGH NJW 1976, 1147. NJW 1976, 1792–1793.

Ilgenfritz, Georg: Der Rechtsweg für Ersatzansprüche der Träger der Sozialversicherung nach § 640 RVO. WzS 1964, 257–264.

Immenga, Ulrich/Mestmäcker, Ernst-Joachim: Gesetz gegen Wettbewerbsbeschränkungen, Kommentar. 2. Aufl., (München 1992). Zit.: Immenga/Mestmäcker/Bearb.

Ingenstau, Heinz/Korbion, Hermann: VOB – Teile A und B – Kommentar. 13. Aufl., (Düsseldorf 1996).

Jäckle, Wolfgang: Die Haftung der öffentlichen Verwaltung aus culpa in contrahendo im Licht der oberinstanzlichen Rechtsprechung. NJW 1990, 2520–2525.

Jaeger, Lothar: Höhe des Schmerzensgeldes bei tödlichen Verletzungen im Lichte der neueren Rechtsprechung des BGH. VersR 1996, 1177–1186.

Jahr, Günther: Schadensersatz wegen deliktischer Nutzungsentziehung – zu Grundlagen des Rechtsgüterschutzes und des Schadensersatzrechts. AcP 183 (1983), 725–794.

Jakobs, Horst Heinrich: Eingriffserwerb und Vermögensverschiebung in der Lehre von der ungerechtfertigten Bereicherung. (Bonn 1964).

Jarass, Hans D./Pieroth, Bodo, Grundgesetz für die Bundesrepublik Deutschland. 4. Aufl., (München 1997).

Jayme, Erik: Methoden der Konkretisierung des ordre public im Internationalen Privatrecht. In: Karlsruher Studiengesellschaft. Heft 183. (Heidelberg 1989).

Jescheck, Hans-Heinrich: Die Entschädigung des Verletzten nach deutschem Strafrecht. JZ 1958, 591–595.

– Lehrbuch des Strafrechts. Allgemeiner Teil. 4. Aufl., (Berlin 1988).

v. Jhering, Rudolph: Das Schuldmoment im römischen Privatrecht. Eine Festschrift. (Giessen 1867). Zit.: Schuldmoment.

– Der Kampf um's Recht. 13. Aufl., (Wien 1897).

– Ein Rechtsgutachten. Theoretische Ausführungen, betreffend die Fragen 1. von der Natur und Handlungsfähigkeit eines sog. Comités, 2. von dem angeblichen Erforderniß des Geldwerths und des eigenen Interesses bei obligatorischen Ansprüchen, 3. von der Anwendung des Begriffes der höheren Gewalt auf Geldschulden. JherJb. 18 (1880), 1–128.

– Vermischte Schriften Juristischen Inhalts. (Aalen 1968, Neudruck der Ausgabe Leipzig 1879). Zit.: Vermischte Schriften.

Kahrs, Hans Jürgen: Kausalität und überholende Kausalität im Zivilrecht. (Hamburg 1969). Zit.: Kausalität.

Kahrs, Werner: Zivilrechtliche Ansprüche auf Grund einer Verletzung des Diskriminierungsverbots. (Baden-Baden 1965).

Kaiser, Gisbert: Kontrahierungszwang des öffentlichen Bauherrn nach dem GWB bei einem Verstoß gegen § 25 VOB/A? BauR 1978, 196–201.

– „Privatautonomie" der auftragsvergebenden und -abwickelnden Bauverwaltung. BauR 1980, 99–112.

Kaser, Max: Römisches Privatrecht. Ein Studienbuch. 16. Aufl., (München 1992).

Kegel, Gerhard: Internationales Privatrecht. Ein Studienbuch. 7. Aufl., (München 19995).

Kern, Bernd-Rüdiger: Die Genugtuungsfunktion des Schmerzensgeldes – ein pönales Element im Schadensrecht? AcP 191 (1991), 247–272.

– Schmerzensgeld bei totalem Ausfall aller geistigen Fähigkeiten und Sinnesempfindungen? In: Festschrift für Wolfgang Gitter zum 65. Geburtstag, (Wiesbaden 1995), 447–459.

Kern, Eduard: Die Buße und die Entschädigung des Verletzten. In: Festschrift für Edmund Mezger zum 70. Geburtstag, (München/Berlin 1954), 407–413.

Keuk, Brigitte: Vermögensschaden und Interesse. (Bonn 1972).

Kilian, Wolfgang: Diskriminierungsverbot und Kontrahierungszwang für Markenartikelhersteller. Eine kritische Analyse der höchstrichterlichen Rechtsprechung zu § 26 Abs. 2 S. 2 GWB. ZHR 142 (1978), 453–485.

Kionka, Edward J.: Torts in a Nutshell. Injuries to person and property. (St. Paul/Minn. 1977).

Klaue, Siegfried: Zur Auslegung des § 25 Abs. 1 GWB. Ein Beitrag zum Kontrahierungszwang im Gesetz gegen Wettbewerbsbeschränkungen. ZHR 129 (1967), 159–170.

Kleinewefers, Herbert/Wilts, Walter: Die Beweislast für die Ursächlichkeit ärztlicher Kunstfehler. VersR 1967, 617–625.

Kleinknecht, Theodor/Meyer-Goßner, Lutz: Strafprozeßordnung mit GVG und Nebengesetzen. 43. Aufl., (München 1997).

Knappe, Hans-Joachim: Das Problem der überholenden Kausalität. Die Beutung eines nachträglichen hypothetischen Schadensereignisses im Recht der Schadenshaftung. (Göttingen 1954).

Knieper, Rolf: Soraya und die Schmerzensgeldrechtsprechung des BVerfG. ZRP 1974, 137–140.

Koch, Harald: Die Präventions- und Steuerungswirkung des Schuld- und Wettbewerbsrechts. Vertrags-, delikts- und wettbewerbsrechtliche Instrumente zur Kontrolle wirtschaftlicher Tätigkeit. JZ 1999, 922–930.

Köndgen, Johannes: Haftpflichtfunktionen und Immaterialschaden am Beispiel von Schmerzensgeld bei Gefährdungshaftung. (Berlin 1976).

– Immaterialschadensersatz, Gewinnabschöpfung oder Privatstrafen als Sanktionen für Vertragsbruch? – Eine rechtsvergleichend-ökonomische Analyse –. RabelsZ 56 (1992), 696–756.

Konertz, Wolfram: Der Rückgriffsanspruch des Sozialversicherungsträgers nach § 640 RVO. VersR 1980, 209–215.

König, Detlef: Gewinnhaftung. In: Festschrift für Ernst v. Caemmerer zum 70. Geburtstag, (Tübingen 1978), 179–207.

Korbion, Hermann: Die Haftung des öffentlichen Auftraggebers bei der Bauvergabe nach VOB Teil A. In: Spezielle Fragen des Bauvertrags- und Architektenrechts, Schriftenreihe der Deutschen Gesellschaft für Baurecht e. V., Band 7, 1976, 7–28.

Kornblum, Udo: Die folgenreiche Großdemonstration – BGH, NJW 1984, 1226. JuS 1986, 600–608.

Körner, Marita: Zur Aufgabe des Haftungsrechts – Bedeutungsgewinn präventiver und punitiver Elemente. NJW 2000, 241–246.
Kötz, Hein: Über den Stil höchstrichterlicher Entscheidungen. (Konstanz 1973).
– Sozialer Wandel im Unfallrecht. In: Karlsruher Studiengesellschaft. Heft 125. (Karlsruhe/Heidelberg 1976). Zit.: Sozialer Wandel.
– Zur Reform der Schmerzensgeldhaftung. In: Festschrift für Ernst v. Caemmerer zum 70. Geburtstag, (Tübingen 1978), 389–409.
– Ziele des Haftungsrechts. In: Festschrift für Ernst Steindorff zum 70. Geburtstag, (Berlin/NewYork 1990), 643–666.
– Deliktsrecht. 7. Aufl., (Neuwied/Kriftel/Berlin 1996). Zit.: Deliktsrecht.
Koziol, Helmut: Zum Begriff des Vermögensschadens im bürgerlichen Recht. Eine Buchbesprechung. ZfRV 1969, 22–37.
Kramer, Helmut: Ladendiebstahl und Privatjustiz. ZRP 1974, 62–66.
Kraßer, Rudolf: Schadensersatz für Verletzungen von gewerblichen Schutzrechten und Urheberrechten nach deutschem Recht. GRUR Int. 1980, 259–272.
Krause, Siegfried/Westphal, Thomas: Demonstration als unerlaubte Handlung. Anmerkung zum Grohnde-Urteil des OLG Celle vom 16. 12. 1981. KJ 15 (1982), 179–187.
Krieger, Albrecht: Zum Schadensersatzanspruch des Verbrauchers bei irreführender Werbung. BB 1978, 625– 629.
Kriele, Martin: Ehrenschutz und Meinungsfreiheit. NJW 1994, 1897–1904.
Kropholler, Jan: Anmerkung zu BGH JZ 1983, 903. JZ 1983, 905–907.
Küppers, Karsten: Zauberformel Frustrationslehre Zugleich eine Anmerkung zu BGH v. 18. 9. 1975 VersR 76, 46 = NJW 75, 2341 –. VersR 1976, 604–610.
– Verdorbene Genüsse und vereitelte Aufwendungen im Schadensersatzrecht. Eine Untersuchung zur Kommerzialisierungsthese und Frustrationslehre. (Karlsruhe 1976).
Küster, Otto: Poena aut satisfactio. JZ 1954, 1–4.
Lampe, Ernst-Joachim: Ein neues Konzept für die Kleinkriminalität: Das Verfehlungsverfahren zwischen Bußgeld- und Strafverfahren. In: Deutsche Wiedervereinigung. Die Rechtseinheit. Arbeitskreis Strafrecht. Band I. Vorschläge zur prozessualen Behandlung der Kleinkriminalität. Hrsg. von Lampe, Ernst-Joachim, (Köln/Berlin/Bonn/München 1993), 55–92.
Lampe-Helbig, Gudrun/Zeit, Christiane: Die Anwendung der zivilrechtlichen Haftung aus culpa in contrahendo auf die Vergabe von Bauleistungen nach der VOB/A durch die öffentliche Hand. BauR 1988, 659–666.
Lange, Hermann*:* Schadensersatz und Privatstrafe in der mittelalterlichen Rechtstheorie. (Münster/Köln 1955). Zit.: Privatstrafe.
– Die Vorteilsausgleichung. JuS 1978, 649–657.
– Schadensersatz. Handbuch des Schuldrechts in Einzeldarstellungen. 2. Aufl., (Tübingen 1990).
Langen, Eugen/Bunte, Hermann, Josef: Kommentar zum deutschen und europäischen Kartellrecht. 7. Aufl., (Neuwied/Kriftel/Berlin 1994). Zit.: Bearb. in Langen/Bunte.
Larenz, Karl: Die Berücksichtigung hypothetischer Schadensursachen bei der Schadensermittlung. NJW 1950, 487–493.

– Anmerkung zu BGH NJW 1958, 827. NJW 1958, 827–829.
– Präventionsprinzip und Ausgleichsprinzip im Schadensersatzrecht. (Zum Urteil des BAG im Metallarbeiterstreik). NJW 1959, 865–866.
– Lehrbuch des Schuldrechts. Erster Band. Allgemeiner Teil. 14. Aufl., (München 1987). Zit.: Schuldrecht AT.
– Allgemeiner Teil des deutschen Bürgerlichen Rechts. Ein Lehrbuch. 7. Aufl., (München 1989). Zit.: AT.
– Methodenlehre der Rechtswissenschaft. 6. Aufl., (Berlin/Heidelberg/New York/London/Paris/Tokyo/Hong Kong/Barcelona/Budapest 1991). Zit.: Methodenlehre.

Larenz, Karl/Canaris, Claus-Wilhelm: Lehrbuch des Schuldrechts. Zweiter Band. Besonderer Teil. 2. Halbband. 13. Aufl., (München 1994). Zit.: Schuldrecht BT.

Lauterbach, Herbert: Gesetzliche Unfallversicherung. Kommentar zum 3. und 5. Buch der Reichsversicherungsordnung und zu den die Unfallversicherung betreffenden Vorschriften des 1., 4., 5., 10., und 11. Buches des Sozialgesetzbuches. Band 3. 3. Aufl., (Stuttgart/Berlin/Köln 1967, Stand 1. Jan. 1996).

Leipold, Dieter: Wirksamer Ehrenschutz durch gerichtliche Feststellung von Tatsachen. ZZP 84 (1971), 150–162.

Leipziger Kommentar: Strafgesetzbuch. Hrsg. von *Jescheck, Hans-Heinrich/Ruß, Wolfgang/Willms, Günther.* 7 Bde. (Berlin/New York). Bd. 1, 10. Aufl., 1985. Zit.: LK/Bearb.

Lenz, Christian: Amerikanische Punitive Damages vor dem Schweizer Richter. (Zürich 1992).

Leonhard, Marc: Der ökologische Schaden. Eine rechtsvergleichende Untersuchung. (Baden-Baden 1996).

Lieb, Manfred: „Wegfall der Arbeitskraft" und normativer Schadensbegriff. Besprechung der Entscheidungen BGH VI ZR 212/68 vom 5.5.1970 und BAG 3 AZR 324/69 vom 24.4.1970. JZ 1971, 358–362.

Linde, Godela: Sexuelle Belästigung am Arbeitsplatz. BB 1994, 2412–2417.

Linder, Ludwig: Privatklage und Schadensersatz im Kartellrecht. Eine vergleichende Untersuchung zum deutschen und amerikanischen Recht. (Baden-Baden 1980).

Linthe, Hans: Die versicherten Personen und Fragen der Haftung nach dem UVNG. BArbBl. 1963, 343–350.

Littbarski, Sigurd: Neuere Entwicklungen zum Schadensbegriff unter besonderer Berücksichtigung der Rechtsprechung des BGH. In: Rechtstheorie 15 (1984), 171–207.
– Herstellerhaftung ohne Ende – ein Segen für den Verbraucher? NJW 1995, 217–222.

Loewenheim, Ulrich: Möglichkeiten der dreifachen Berechnung des Schadens im Recht gegen den unlauteren Wettbewerb. ZHR 135 (1971), 97–143.
– Schadensersatz in Höhe der doppelten Lizenzgebühr bei Urheberrechtsverletzungen? JZ 1972, 12–15.
– Anmerkung zu BGH JZ 1973, 790. JZ 1973, 792–794.

Lorenz, Egon: Immaterieller Schaden und „billige Entschädigung in Geld": eine Untersuchung auf der Grundlage des § 847 BGB. (Berlin 1981).
– Anmerkung zu LG Göttingen, VersR 1997, 621. VersR 1997, 622.

Lötzsch, Markus/Bornheim, Helmerich: Zivilrechtliche Rechtsfolgen bei Nichtbeachtung der neuen Vergabevorschriften der VOB/A durch private Auftraggeber. NJW 1995, 2134–2139.
Löwe, Ewald/Rosenberg, Werner: Die Strafprozeßordnung und das Gerichtsverfassungsgesetz, Großkommentar. 6 Bde. 24. Aufl., (Berlin/New York 1987ff.). Zit.: Bearb. in Löwe/Rosenberg.
Luhmann, Niklas: Rechtssystem und Rechtsdogmatik. (Stuttgart/Berlin/Köln/Mainz 1974). Zit.: Rechtssystem.
– Soziale Systeme. Grundriß einer allgemeinen Theorie. 2. Aufl., (Frankfurt 1985). Zit.: Soziale Systeme.
– Das Recht der Gesellschaft. 1. Aufl., (Frankfurt 1993). Zit.: Recht der Gesellschaft.
Lutter, Marcus: Defizite für eine effiziente Aufsichtsratstätigkeit und gesetzliche Möglichkeiten der Verbesserung. ZHR 159 (1995), 287–309.
Magnus, Ulrich: Die Schmerzensgeldhaftung. In: Deutsche Landesreferate zum Privatrecht und Handelsrecht. XI. Internationaler Kongreß für Rechtsvergleichung. Caracas 1982. Hrsg. von Ulrich Drobnig/Hans-Jürgen Puttfarken. (Heidelberg 1982), 39–54. Zit.: Landesreferate.
– Schaden und Ersatz. Eine rechtsvergleichende Untersuchung zur Ersatzfähigkeit von Einbußen. (Tübingen 1987).
Mailänder, Peter K.: Privatrechtliche Folgen unerlaubter Kartellpraxis. (Karlsruhe 1964).
Marschall v. Bieberstein, Wolfgang: Reflexschäden und Regreßrechte. Die Ersatzansprüche Dritter bei mittelbaren Vermögensschäden infolge vertraglicher und ähnlicher Beziehungen zum Verletzten. (Stuttgart/Berlin/Köln/Mainz 1967). Zit.: Reflexschäden.
– Haftungsbefreiung im dreispurigen Schadensausgleich. Versicherungsprinzip und Präventivfunktion bei der Haftung des Unternehmers nach § 640 RVO. VersR 1968, 509–516.
– Der Regreß in der sozialen Unfallversicherung und in der Privatversicherung. VersR 1972, 991–997.
Martiny, Dieter: Anerkennung ausländischer Entscheidungen nach autonomem Recht. In: Handbuch des Internationalen Zivilverfahrensrechts. Band III/1. (Tübingen 1984). Zit.: Handbuch IZVR.
Marton, Géza: Versuch eines einheitlichen Systems der zivilrechtlichen Haftung. AcP 162 (1963), 1–87.
Matthies, Karl-Heinz: Anmerkung zu BGH NJW 1983, 333. NJW 1983, 335–336.
Maunz, Theodor/Dürig, Günther: Grundgesetz, Kommentar (Loseblatt). 4 Bde., (München 1958 ff.). Zit.: Bearb. in Maunz/Dürig.
Mayer, Hellmuth: Strafrechtsreform für heute und morgen. (Berlin 1962).
McCormick, Charles T.: Handbook on the Law of Damages. (St. Paul 1935).
Medicus, Dieter: Id quod interest. Studien zum römischen Recht des Schadensersatzes. (Köln/Graz 1962).
– Durchblick: Schadensabwälzung beim Verkehrsunfall. JuS 1972, 553–561.
– Vergütungspflicht des Bewucherten? In: Gedächtnisschrift für Rolf Dietz, (München 1973), 61–77.

– Unmittelbarer und mittelbarer Schaden. In: Karlsruher Studiengesellschaft. Heft 131. (Heidelberg/Karlsruhe 1977).
– Normativer Schaden. JuS 1979, 233–239.
– Schadensersatz und Billigkeit. VersR 1981, 593–603.
– Anmerkung zu BAG AP Nr. 3 zu § 276 BGB.
– Anmerkung zu BAG AP Nr. 5 zu § 276 BGB.
– Ansprüche auf das Erfüllungsinteresse aus Verschulden bei Vertragsverhandlungen? In: Festschrift für Hermann Lange zum 70. Geburtstag, (Stuttgart/Berlin/ Köln 1992), 539–560.
– Bürgerliches Recht. Eine nach Anspruchsgrundlagen geordnete Darstellung zur Examensvorbereitung. 17. Aufl., (Köln/Berlin/Bonn/München 1996). Zit.: Bürgerliches Recht.

v. Meibom, Wolfgang/Byok, Jan: Anmerkungen zur Notwendigkeit eines Vergabegesetzes in Deutschland. EuZW 1995, 629–632.

Merkt, Hanno: Abwehr der Zustellung von „punitive damages"-Klagen. Das Haager Zustellungsübereinkommen und US-amerikanische Klagen auf „punitive damages", „treble damages" und „RICO treble damages". (Heidelberg 1995).

Merten, Detlef: Kein Haftungsprivileg für Demonstrationsschäden! Der Bundesgerichtshof zur Blockade von Presseunternehmen. AfP 1973, 354–356.

Mertens, Hans-Joachim: Persönlichkeitsrecht und Schadensersatz – BGHZ 35, 363. JuS 1962, 261–269.
– Der Begriff des Vermögensschadens im Bürgerlichen Recht. (Stuttgart/Berlin/Köln/Mainz 1967).
– Insiderproblem und Rechtspolitik. ZHR 138 (1974), 269–277.
– Kollektivrechtlicher Schadensersatz als Mittel des Verbraucherschutzes. Überlegungen zur Einführung eines kollektivrechtlichen Schadensersatzanspruchs im Rahmen von § 3 UWG. ZHR 139 (1975), 438–475.
– Deliktsrecht und Sonderprivatrecht – Zur Rechtsfortbildung des deliktischen Schutzes von Vermögensinteressen. AcP 178 (1978), 227–262.

Mestmäcker, Ernst-Joachim: Eingriffserwerb und Rechtsverletzung in der ungerechtfertigten Bereicherung. JZ 1958, 521–526.

Mestmäcker, Ernst-Joachim/Schulze, Erich: Kommentar zum deutschen Urheberrecht. Band 1, 23. Lieferung, Loseblatt, (Neuwied/Kriftel/Berlin 1997).

Meyer, Fritz: Das „Eintrittsrecht" der Aktiengesellschaft gemäß § 88 Abs. 2 Satz 2 Aktiengesetz. Unter besonderer Berücksichtigung der durch Straf- oder Bußgeldbestimmungen verbotenen Geschäfte. AG 1988, 259–263.

Mitsch, Wolfgang: Rechtsprechung zum Wirtschaftsstrafrecht nach dem 2. WiKG. JZ 1994, 877–889.

Möhring, Philipp: Das Problem des Schadensersatzes bei der Gefährdung des Urheberrechts. GRUR Int. 1973, 299–302.

Möllers, Thomas M. J.: Rechtsgüterschutz im Umwelt- und Haftungsrecht. Präventive Verkehrspflichten und Beweiserleichterungen in Risikolagen, (Tübingen 1996).
– Doppelte Rechtsfortbildung contra legem? Zur Umgestaltung des Bürgerlichen Gesetzbuches durch den EuGH und nationale Gerichte. EuR 1998, 20–46.

Mommsen, Friedrich: Zur Lehre von dem Interesse. (Braunschweig 1855).
Mörsdorf-Schulte, Juliana: Funktion und Dogmatik US-amerikanischer punitive damages. Zugleich ein Beitrag zur Diskussion um die Zustellung und Anerkennung in Deutschland. (Tübingen 1999).
Motive zu dem Entwurfe eines Bürgerlichen Gesetzbuches für das Deutsche Reich. Bd. II, Recht der Schuldverhältnisse, (Berlin 1896).
Motsch, Richard: Schadenersatz als Erziehungsmittel. Haftungsrechtliche Entwicklungen in den beiden deutschen Staaten. JZ 1984, 211–221.
Müller, Gerda: Zum Ausgleich des immateriellen Schadens nach § 847 BGB. VersR 1993, 909–916.
– Zum Entwurf eines Zweiten Gesetzes zur Änderung schadensersatzrechtlicher Vorschriften. ZRP 1998, 258– 261.
Müller, Peter: Anmerkung zu BAG MDR 1999, 489. MDR 1999, 750.
– Der steinige Weg des § 611a BGB zur Europarechtskonformität – Ein Plädoyer für Wertungsoffenheit in Entscheidungsbegründungen. JA 2000, 119–123.
Müller-Dietz, Heinz: Zur Befreiung des Strafrechts vom zivilistischen Denken – am Beispiel der Schadenswiedergutmachung (§ 56b II Nr. 1 StGB). In: Gedächtnisschrift für Dietrich Schultz, (Köln/Berlin/Bonn/München 1987), 253–269.
Müller-Stoy, Walter: Schadensersatz für verlorene Chancen. Eine rechtsvergleichende Untersuchung. (Freiburg 1973).
v. Münch, Ingo/Kunig, Philip: Grundgesetz-Kommentar. 3 Bde., (München). Bd. 3, 3. Aufl., 1996; Bd. 1, 4. Aufl., 1992. Zit.: Bearb. in Münch/Kunig.
Münchener Kommentar zum Bürgerlichen Gesetzbuch. Hrsg. von Rebmann, Kurt/Säcker, Franz Jürgen. 10 Bde., (München 1977 ff.). Bd. 2, 3. Aufl., 1994; Bd. 4, 3. Aufl., 1997; Bd. 5, 3. Aufl., 1997; Bd. 10, 3. Aufl., 1998. Zit.: MüKo/Bearb.
Münchener Kommentar zum Handelsgesetzbuch. Hrsg. von Schmidt, Karsten (Band 1–6)/ Basedow, Jürgen (Band 7). 7 Bde., (München 1996, Band 7 1997). Zit.: MüKo/Bearb.
Münchener Kommentar zur Zivilprozeßordnung mit Gerichtsverfassungsgesetz und Nebengesetzen. Hrsg. von *Lüke, Gerhard/Walchshöfer, Alfred.* 3 Bde., (München 1992). Zit.: Müko/Bearb.
Neumann-Duesberg, Horst: Einzelprobleme der überholenden Kausalität. JZ 1955, 263–267.
Neuner, Robert: Interesse und Vermögensschaden. AcP 133 (1931), 277–314.
Neuwald, Jost: Der zivilrechtliche Schadensbegriff und seine Weiterentwicklung in der Rechtsprechung. (München 1968).
Niemayer, Jürgen: Genugtuung des Verletzten durch Buße. Eine Untersuchung der Bußvorschriften im Alternativ-Entwurf. (Tübingen 1972).
– Anmerkung zu BGH NJW 1976, 1147. NJW 1976, 1792.
Nipperdey, Hans Carl: Kontrahierungszwang und diktierter Vertrag. (Jena 1920).
Note: Exemplary Damages in the Law of Torts. 70 Harv.L.Rev. (1956–1957), 517–533.
Oftinger, Karl/Stark, Emil W.: Schweizerisches Haftpflichtrecht. Erster Band: Allgemeiner Teil. 5. Aufl., (Zürich 1995). Zit.: Haftpflichtrecht.
v. Olshausen, Justus: Kommentar zum Strafgesetzbuch für das Deutsche Reich. 2 Bde. 12. Aufl., (Berlin 1942).

Ostendorf, Heribert: Präventionsmodell „Ladendiebstahl“: Doppelter Wertersatz. ZRP 1995, 18–23.

Ott, Claus/Schäfer, Hans-Bernd: Die Anreiz- und Abschreckungsfunktion im Zivilrecht. In: Ott, Claus/Schäfer, Hans-Bernd, (Hrsg.), Die Präventivwirkung zivil- und strafrechtlicher Sanktionen. Beiträge zum VI. Travemünder Symposium zur ökonomischen Analyse des Rechts vom 25.–28. März 1998, (Tübingen 1999), 131–155.

Owen, David G.: Punitive Damages in Products Liability Litigation. 74 Mich.L.Rev. (1976), 1257–1371.

Pagenberg, Jochen: Die amerikanische Schadensersatzpraxis im gewerblichen Rechtsschutz und Urheberrecht. Mehrfacher Schadensersatz für Patentverletzungen als Modell für Europa? GRUR Int. 1980, 286–298.

Palandt, Otto: Bürgerliches Gesetzbuch mit Einführungsgesetz u. a. 59. Aufl., (München 2000). Zit.: Palandt/Bearb.

Parker, Reginald: Das Privatrecht der Vereinigten Staaten von Amerika. (Wien 1960).

Pastor, Wilhelm L.: Der Wettbewerbsprozeß. Verwarnung – Einstweilige Verfügung – Unterlassungsklage. Systematische Darstellung für die Praxis. 3. Aufl., (Köln/Berlin/Bonn/München 1980).

Pecher, Hans Peter: Der Anspruch auf Genugtuung als Vermögenswert. AcP 171 (1971), 44–81.

Peifer, Karl Heinz: Neueste Entwicklung zu Fragen der Arbeitnehmerhaftung im Betrieb. ZfA 1996, 69–82.

Peterson, Courtland H.: United States Supreme Court on the Constitutionality of Punitive Damages. IPRax 1990, 187–190.

Pfarr, Heide M.: Das Zweite Gleichberechtigungsgesetz. RdA 1995, 204–211.

Pfister, Bernhard: Nochmals: Der günstige Weiterverkauf – OLG Hamm, NJW 1974, 2091. JuS 1976, 373–374.

Pietzner, Rainer: Auskunft, Rechnungslegung und Schadensersatz bei wettbewerbswidrigen Eingriffen in fremde Firmenrechte. GRUR 1972, 151–161.

Posner, Richard A.: Economic Analysis of Law. 2. Aufl., (Boston/Toronto 1977).

Prinz, Matthias: Der Schutz der Persönlichkeitsrechte vor Verletzungen durch die Medien. NJW 1995, 817–821.

– Geldentschädigung bei Persönlichkeitsrechtsverletzungen durch Medien. NJW 1996, 953–958.

Prölss, Jürgen: Beweiserleichterungen im Schadensersatzprozeß. (Karlsruhe 1966).

– Anmerkung zu BGH ZZP 82 (1969), 466. ZZP 82 (1969), 468–475.

Prosser, William L.: Handbook of the Law of Torts. 4. Aufl., (St. Paul/Minn. 1971).

Protokolle der Kommission für die zweite Lesung des Entwurfs des Bürgerlichen Gesetzbuchs. Im Auftrage des Reichs-Justizamts bearb. von *Achilles/Gebhard/Spahn.* Bd. I, Allgemeiner Theil und Recht der Schuldverhältnisse Abschn. I, Abschn. II Tit. I, (Berlin 1897).

Raiser, Ludwig: Der Stand der Lehre vom subjektiven Recht im Deutschen Zivilrecht. JZ 1961, 465–473.

– Rechtsschutz und Institutionenschutz im Privatrecht. In: Summum ius summa iniuria. Individualgerechtigkeit und der Schutz allgemeiner Werte im Rechtsleben. (Tübingen 1963), 145–167.

Referentenentwurf: Referentenentwurf eines Gesetzes zur Ergänzung des Internationalen Privatrechts (außervertragliche Schuldverhältnisse und Sachen) v. 1.12.1993. IPRax 1995, 132–133.

Reichsgerichtsräte: Das Bürgerliche Gesetzbuch mit besonderer Berücksichtigung der Rechtsprechung des Reichsgerichts und des Bundesgerichtshofes. Kommentar herausgegeben von Mitgliedern des Bundesgerichtshofes. 12. Aufl., (Berlin 1974ff.). Zit.: RGRK/Bearb.

Reinecke, Horst: Schaden und Interesseeinbuße. Beiträge zu einer Schadens- und Schadensersatzordnung. (Berlin 1968).

Restatement of the Law, second. American Law Institute. Torts 2d, Volume 4 , §§ 708-End. (St. Paul/Minn. 1979).

Rosengarten, Joachim: Punitive damages und ihre Anerkennung und Vollstreckung in der Bundesrepublik Deutschland. (Hamburg 1994).

– Der Präventionsgedanke im deutschen Zivilrecht. NJW 1996, 1935–1938.

Rotering, ohne Vorname: Schadensersatzverbindlichkeit und Strafe. ArchBürgR 33 (1909), 45–73.

Roth, Herbert: Geltungserhaltende Reduktion im Privatrecht. JZ 1989, 411–419.

Rother, Werner: Haftungsbeschränkung im Schadensrecht. (München/Berlin 1965).

– Anmerkung zu BGH JZ 1971, 657. JZ 1971, 659–661.

Roxin, Claus: Die Wiedergutmachung im System der Strafzwecke. In: *Schöch*, Heinz (Hrsg), Wiedergutmachung und Strafrecht. Symposion aus Anlaß des 80. Geburtstages von Friedrich Schaffstein. (München 1987), 37–53 und 62–63.

– Zum Strafgrund der Teilnahme. In: Beiträge zur Rechtswissenschaft. Festschrift für Walter Stree und Johannes Wessels zum 70. Geburtstag, (Heidelberg 1993), 365–382.

– Strafrecht. Allgemeiner Teil. Band 1. Grundlagen. Der Aufbau der Verbrechenslehre. 3. Aufl., (München 1997). Zit.: Strafrecht AT.

Rüdorff, Hans: Strafgesetzbuch für das Deutsche Reich. Hrsg. von Stenglein, M., 3. Aufl., (Berlin/Leipzig 1881).

Rutkowsky, Stefan: Der Nachweis eines Vermögensschadens bei Submissionsabsprachen. ZfBR 1994, 257–258.

Sanden, Georg: Versicherungsschutz bei Ansprüchen aus § 640 RVO. VersR 1968, 12–16.

Schack, Heimo: Art. 12 EGBGB in deutschen Urteilsanerkennungs- und Regreßverfahren. VersR 1984, 422–425.

– Einführung in das US-amerikanische Zivilprozeßrecht. 2. Aufl., (München 1995).

– Internationales Zivilverfahrensrecht. Ein Studienbuch. 2. Aufl., (München 1996). Zit.: IZVR.

Schäfer, Hans-Bernd/Ott, Claus: Lehrbuch der ökonomischen Analyse des Zivilrechts. 2. Aufl., (Berlin/Heidelberg/New York/Barcelona/Budapest/Hong Kong/London/Mailand/Paris/Tokyo 1995).

Schaper, Philipp: Nochmals: Die Zulässigkeit der Kriminalstrafe neben der Strafe des § 890 ZPO. NJW 1963, 1764–1766.

Schaub, Günter: Arbeitsrechts-Handbuch. Systematische Darstellung und Nachschlagewerk für die Praxis. 8. Aufl., (München 1996).

Schaupensteiner, Wolfgang: Submissionsabsprachen und Korruption im öffentlichen Bauwesen. ZRP 1993, 250–252.

Schiemann, Gottfried: Argumente und Prinzipien bei der Fortbildung des Schadensrechts – dargestellt an der Rechtsprechung des BGH –. (München 1981).

Schlosshauer-Selbach, Stefan: Internationales Privatrecht. Eine Einführung in die Grundlagen und das System der Fallbearbeitung. (Heidelberg 1989).

Schlueter, Linda L./Redden, Kenneth R.: Punitive Damages. 2. Aufl., Vol. 1 (Charlottesville 1989) (Supp. 1990); Vol. 2 (Charlottesville 1989) (Supp. 1990).

Schmidt, Eike: Grundlagen des Haftungs- und Schadensrechts. In: Grundlagen des Vertrags- und Schuldrechts. Band 1. (München 1974), 465–614. Zit.: Grundlagen.

Schmidt, Ingo: US-amerikanische und deutsche Wettbewerbspolitik gegenüber Marktmacht. Eine vergleichende Untersuchung und kritische Analyse der Rechtsprecchung gegenüber Tatbeständen des externen und internen Unternehmenswachstums sowie des Behinderungswettbewerbs. (Berlin 1973). Zit.: Wettbewerbspolitik.

Schmidt, Jürgen: Schadensersatz und Strafe. Zur Rechtfertigung des Inhaltes von Schadensersatz aus Verschuldenshaftung. (Frankfurt 1973). Zit.: Schadensersatz und Strafe.

– Prävention als Zielbestimmung im Zivilrecht. KritV 1 (1986), 83–103.

Schmidt, Karsten: Kartellverfahrensrecht – Kartellverwaltungsrecht – Bürgerliches Recht. Kartellrechtspflege nach deutschem Recht gegen Wettbewerbsbeschränkungen. (Köln/Berlin/Bonn/München 1977). Zit.: Kartellverfahrensrecht.

– Handelsrecht. 4. Aufl., (Köln/Berlin/Bonn/München 1994).

Schmidt-Salzer, Joachim: Zur Technik der topischen Rechtsbildung: Angemessene Lizenzgebühr und Verletzergewinn als Grundlage der Schadensberechnung. JR 1969, 81–90.

– Internationales Umwelthaftungsrecht II. Individueller und kollektiver Schadensausgleich. Hrsg. von Christian v. Bar. (Köln/Berlin/Bonn/München 1995). Zit.: Umwelthaftungsrecht.

Schmittmann, Michael: Die EG-Rechtsmittelrichtlinie zur Vergabe öffentlicher Liefer- und Bauaufträge. EuZW 1990, 536–539.

Schnorbus, York: Entwicklung und aktuelle Probleme der Arbeitnehmerhaftung. MDR 1994, 961–966.

Schöch, Heinz: Empfehlen sich Änderungen und Ergänzungen bei den strafrechtlichen Sanktionen ohne Freiheitsentzug? Verhandlungen des 59. Deutschen Juristentages, Bd. I, (München 1992), Gutachten, Teil C. C 1–138.

Scholz, Rupert: Anmerkung zu EuGH SAE 1984, 244. SAE 1984, 250–253.

Schönke, Adolf/Schröder, Horst: Strafgesetzbuch, Kommentar. 25. Aufl., (München 1997). Zit.: Schönke/Schröder/Bearb.

Schoreit, Armin: Der in Zusammenhang mit dem Alternativentwurf eines Strafgesetzbuches vorgelegte Entwurf eines Gesetzes gegen Ladendiebstahl (AE-GLD) im Lichte der Kriminalstatistik 1974 und moderner Opferforschung. JZ 1976, 49–54.

– Strafrechtlicher Eigentumsschutz gegen Ladendiebe. Schlußwort in einer Diskussion um den Alternativentwurf eines Gesetzes zur Bekämpfung des Ladendiebstahls mit zivilrechtlichen Mitteln (AE-GLD). JZ 1976, 167.

Schricker, Gerhard: Gesetzesverletzung und Sittenverstoß. Rechtsvergleichende Untersuchung zur wettbewerbsrechtlichen Haftung bei Verletzung außerwettbewerbsrechtlicher Normen. (München 1970).

- Möglichkeiten zur Verbesserung des Schutzes der Verbraucher und des funktionsfähigen Wettbewerbs im Recht des unlauteren Wettbewerbs. ZHR 139 (1975), 208–248.
- Zur Reform des Gesetzes gegen den unlauteren Wettbewerb – Schadensersatzanspüche der Abnehmer und Rücktritt vom Vertrag bei irreführender und unlauterer Werbung. GRUR 1979, 1–8.
- Urheberrecht. Kommentar. (München 1987).

Schulin, Bertram: Der natürliche – vorrechtliche – Kausalitätsbegriff im zivilen Schadensersatzrecht. (Berlin 1976).

Schulte, Werner: Schadensersatz in Geld für Entbehrungen. Die Entwicklungslinien der Rechtsprechung und ihre dogmatischen Grundlagen. (Berlin 1978).

Schulz, Fritz: System der Rechte auf den Eingriffserwerb. AcP 105 (1909), 1–485.

Schulze, Erich: Rechtsprechung zum Urheberrecht. Entscheidungssammlung mit Anmerkungen. Band V. 1.–25. Ergänzungslieferung, (München 1979).

Schütze, Rolf A.: Die Anerkennung und Vollstreckbarerklärung US-amerikanischer Schadenersatzurteile in Produkthaftungssachen in der Bundesrepublik Deutschland. In: Beiträge zum internationalen Verfahrensrecht und zur Schiedsgerichtsbarkeit. Festschrift für Heinrich Nagel zum 75. Geburtstag, (Münster 1987), 392–401.
- Deutsch-amerikanische Urteilsanerkennung. (Berlin/New York 1992).
- Anmerkung zu BGH RIW 1993, 132. RIW 1993, 139–141.

Schwerdtner, Peter: Das Persönlichkeitsrecht in der deutschen Zivilrechtsordnung. Offene Probleme einer juristischen Entdeckung. (Berlin 1977).
- Der zivilrechtliche Persönlichkeitsschutz. JuS 1978, 289–299.

Schwintowski, Hans-Peter: Wettbewerbsrecht (GWB/UWG). Rechtsfälle in Frage und Antwort. 2. Aufl., (München 1992).

Seiler, Hans Hermann: § 817 S. 2 BGB und das römische Recht. In: Festschrift für Wilhelm Felgentraeger zum 70. Geburtstag, (Göttingen 1969), 379–392.

Seitz, Walter: Prinz und die Prinzessin – Wandlungen des Deliktsrechts durch Zwangskommerzialisierung der Persönlichkeit. NJW 1996, 2848–2850.

Selb, Walter: Schadensbegriff und Regreßmethoden. (Heidelberg 1963).
- Individualschaden und soziale Sicherung. In: Schaden und Schädiger, Karlsruher Forum, 1964, 3–20. Zit.: Karlsruher Forum.
- Individualschaden und soziale Sicherung. ÖJZ 1964, 388–400.
- Besprechung von Keuk, Vermögensschaden und Interesse, (Bonn 1972), AcP 173 (1973), 366–369.

Sick, Joachim: Beweisrecht im Arzthaftpflichtprozeß. (Frankfurt 1986).

Sieg, Karl: Der Umfang des auf den Arbeitgeber übergegangenen Ersatzanspruch des verletzten Arbeitnehmers. VersR 1964, 8–10.
- Überlagerung der bürgerlich-rechtlichen Haftung durch kollektive Ausgleichssysteme. VersR 1980, 1085–1091.

Siehr, Kurt: Zur Anerkennung und Vollstreckung ausländischer Verurteilungen zu „punitive damages“. RIW 1991, 705–709.

Soehring, Jörg: Ehrenschutz und Meinungsfreiheit. NJW 1994, 2926–2929.

Soergel, Hans Theodor: Bürgerliches Gesetzbuch mit Einführungsgesetz und Nebengesetzen. 10 Bde. 12. Aufl., (Stuttgart/Berlin/Köln/Mainz 1988 ff.). Zit.: Soergel/Bearb.

Spengler, Albrecht: Einige Rechtsfragen betreffend die GEMA. GRUR 1953, 78–81.

Spickhoff, Andreas: Die Restkodifikation des Internationalen Privatrechts: Außervertragliches Schuld- und Sachenrecht. NJW 1999, 2209–2215.

Staudinger, Ansgar: Das Gesetz zum Internationalen Privatrecht für außervertragliche Schuldverhältnisse und für Sachen vom 21. 5. 1999. DB 1999, 1589–1594.

v. Staudinger, Julius: J.V. Staudingers Kommentar zum Bürgerlichen Gesetzbuch mit Einführungsgesetz und Nebengesetzen. 12. Aufl., (Berlin 1978 ff.); 13. Aufl., (Berlin 1993 ff.). Zit.: Staudinger/Bearb.

Steffen, Erich: „Ein Schmerzensgeld sollte den Medien weh tun". ZRP-Rechtsgespräch. ZRP 1994, 196–198.

– „Das Schmerzensgeld soll den Verleger ruhig schmerzen". ZRP-Rechtsgespräch. ZRP 1996, 366–367.

– Die Aushilfeaufgaben des Schmerzensgeldes. In: Festschrift für Walter Odersky zum 65. Geburtstag, (Berlin/New York 1996), 723–736.

– Arzthaftungsrecht. Neue Entwicklungslinien der BGH-Rechtsprechung. 7. Aufl., (Köln 1997).

– Schmerzensgeld bei Persönlichkeitsverletzung durch Medien. Ein Plädoyer gegen formelhafte Berechnungsmethoden bei der Geldentschädigung. NJW 1997, 10–14.

Stein, Friedrich/Jonas, Martin: Kommentar zur Zivilprozeßordnung. 7 Bde., (Tübingen). Bd. 6, 21. Aufl., 1995. Zit.: Bearb. in Stein/Jonas.

Steindorff, Ernst: Abstrakte und konkrete Schadensberechnung. AcP 158 (1959/60), 431–469.

– Gewinnentgang und Schadensberechnung des Verkäufers. JZ 1961, 12–15.

– Anmerkung zu BGH JZ 1964, 420. JZ 1964, 423–425.

– Bemerkungen zur Haftung des Arbeitnehmers für die von ihm verursachten Schäden. AuR 1966, 65.

– Politik des Gesetzes als Auslegungsmaßstab im Wirtschaftsrecht. In: Festschrift für Karl Larenz zum 70. Geburtstag, (München 1973), 217–244.

– Gesetzgeberische Möglichkeiten zu verbesserter Durchsetzung des Gesetzes gegen Wettbewerbsbeschränkungen. ZHR 138 (1974), 504–532.

– Wirtschaftsordnung und -steuerung durch Privatrecht? In: Funktionswandel der Privatrechtsinstitutionen. Festschrift für Ludwig Raiser zum 70. Geburtstag, (Tübingen 1974), 621–643.

Steiner, Gert H.: Schadensverhütung als Alternative zum Schadensersatz. (Köln/Berlin/Bonn/München 1983).

Stiefel, Ernst C./Stürner, Rolf: Die Vollstreckbarkeit US-amerikanischer Schadensersatzurteile exzessiver Höhe. VersR 1987, 829–846.

Stiefel, Ernst C./Stürner, Rolf/Stadler, Astrid: The Enforceability of Excessive U.S. Punitive Damage Awards in Germany. 39 A.J.C.L. (1991), 779–802.

Stoll, Hans: Empfiehlt sich eine Neuregelung der Verpflichtung zum Geldersatz für immateriellen Schaden? Verhandlungen des 45. Deutschen Juristentages, Bd. I, (München/Berlin 1964), Gutachten, Teil 1, 1–164.

– Die Beweislastverteilung bei positiven Vertragsverletzungen. In: Festschrift für Fritz v. Hippel zum 70. Geburtstag, (Tübingen 1967), 517– X
– Anmerkung zu BGH JZ 1972, 363. JZ 1972, 365–368.
– Begriff und Grenzen des Vermögensschadens. In: Karlsruher Studiengesellschaft. Heft 112. (Karlsruhe 1973).
– Haftungsverlagerung durch beweisrechtliche Mittel. AcP 176 (1976), 145–196.
– Empfiehlt es sich, in bestimmten Bereichen der kleinen Eigentums- und Vermögenskriminalität, insbesondere des Ladendiebstahls, die strafrechtlichen Sanktionen durch andere, zum Beispiel zivilrechtliche Sanktionen abzulösen, gegebenenfalls durch welche? Verhandlungen des 51. Deutschen Juristentages, Bd. II, (München 1976), Sitzungsberichte, Teil N. N 7–42.
– Tatbestände und Funktionen der Haftung für culpa in contrahendo. In: Festschrift für Ernst v. Caemmerer zum 70. Geburtstag, (Tübingen 1978), 435–474.
– Consequences of Liability: Remedies. In: International Encyclopedia of Comparative Law. Volume XI. Torts. Part 2, Chapter 8. (Tübingen/Dordrecht/Boston/Lancester 1986). Zit.: Stoll, I.E.C.L.
– Schadensersatz für verlorene Heilungschancen vor englischen Gerichten in rechtsvergleichender Sicht. In: Festschrift für Erich Steffen zum 65. Geburtstag, (Berlin/New York 1995), 465–478.

Ströfer, Joachim: Schadensersatz und Kommerzialisierung. Grundprobleme der Grenzbereiche von materiellem und immateriellem Schaden unter besonderer Berücksichtigung des Vertragsrechts. (Berlin 1982).

Stürner, Rolf: Anmerkung zu BGH JZ 1984, 521. JZ 1984, 525–529.

Stürner, Rolf/Stadler, Astrid: Zustellung von „punitive damages"– Klagen an deutsche Beklagte nach dem Haager Zustellungsübereinkommen? IPRax 1990, 157–160.

Taube, Werner: Anmerkung zu OLG Hamburg, NJW 1954, 881. NJW 1954, 881–883.

Teichmann, Arndt: Anmerkung zu BGH LM Nr. 90 zu § 847 BGB.

Thiele, Wolfgang: Gedanken zur Vorteilsausgleichung. AcP 167 (1967), 193–240.

Thomas, Heinz/Putzo, Hans: Zivilprozeßordnung mit Gerichtsverfassung und Einführungsgesetzen u.a. 20. Aufl., (München 1997).

Tilmann, Winfried: Zur Rechtsstellung des Verbrauchers bei Wettbewerbsdelikten. ZHR 141 (1977), 32–80.

Tolk, Martin: Der Frustrierungsgedanke und die Kommerzialisierung immaterieller Schäden. Darstellung und Versuch einer Kritik. (Berlin 1977).

Tröndle/Fischer: Strafgesetzbuch und Nebengesetze. 49. Aufl. (München 1999).

v. Tuhr, Andreas/Peter, Hans: Allgemeiner Teil des Schweizerischen Obligationenrechts. Erster Band. 3. Aufl., (Zürich 1979).

Tunc, André: Introduction. In: International Encyclopedia of Comparative Law. Volume XI. Torts. Part I, Chapter I. (Tübingen/The Hague/Boston/London 1983). Zit.: Tunc, I.E.C.L.

Ullrich, Hanns: Das Recht der Wettbewerbsbeschränkungen des Gemeinsamen Marktes und die einzelstaatliche Zivilgerichtsbarkeit. (Berlin 1971).

Vogler, Theo: Möglichkeiten und Wege einer Entkriminalisierung. ZStW 90 (1978), 132–172.

Volmer, Michael: „Punitive Damages" im deutschen Arbeitsrecht? Besprechung des EuGH-Urteils „Nils Draehmpaehl". BB 1997, 1582–1585.

Vorndran, Wilhelm: Schmerzensgeld für Hinterbliebene bei der Tötung naher Angehöriger. Ein Diskussionsvorschlag. ZRP 1988, 293–295.

Vorpeil, Klaus: Schiedsspruch über Punitive Damages. RIW 1991, 597–599.

Vorschläge des DGB zur Änderung und Ergänzung arbeitsrechtlicher Schadensersatz- und Obhutspflichten. AuR 1969, 210–213.

Vygen, Klaus: Kurzkommentar zu OLG Düsseldorf EWiR 1985 zu § 26 VOB/A.

v. Waechter, Carl Georg: Die Busse bei Beleidigungen und Körperverletzungen nach dem heutigen gemeinen Recht. (Leipzig 1874).

Waitz, Hans Jochen: Schadensersatz für Gebrauchsverlust (loss of use) bei Sachschäden nach deutschem, englischem und amerikanischem Recht. (Freiburg 1973).

Wälde, Thomas: Schadensersatz wegen Vorsorgekosten beim Ladendiebstahl. NJW 1972, 2294–2295.

Weigend, Thomas: Schadensersatz im Strafverfahren. In: Will, Michael R. (Hrsg.), Schadensersatz im Strafverfahren. Rechtsvergleichendes Symposium zum Adhäsionsprozeß. (Kehl am Rhein/Straßburg/Arlington 1990), 11–24.

v. Weinrich, Alfred: Die Haftpflicht wegen Körperverletzung und Tötung eines Menschen. 2. Aufl., (Berlin 1902).

Weitnauer, Hermann: Der Schutz des Schwächeren im Zivilrecht. In: Karlsruher Studiengesellschaft. Heft 123. (Karlsruhe 1975).

Wendeling-Schröder, Ulrike: Der Wert des entgangenen Arbeitsplatzes. – Anmerkungen zur gesetzlichen Neuregelungen der Entschädigung im Fall einer geschlechtsspezifischen Diskriminierung beim Zugang zur Beschäftigung –. DB 1999, 1012–1017.

Werner, Alfred: Vorteilsausgleichung, Kausalität und das Wesen der Schadensersatzpflicht. NJW 1955, 769–773.

Graf v. Westphalen, Friedrich: „Punitive Damages" in US-amerikanischen Produkthaftungsklagen und der Vorbehalt des Art. 12 EGBGB. RIW 1981, 141–149.

Weyers, Hans-Leo: Unfallschäden. Praxis und Ziele von Haftpflicht- und Vorsorgesystemen. (Frankfurt 1971).

Wieling, Hans Josef: Interesse und Privatstrafe vom Mittelalter bis zum Bürgerlichen Gesetzbuch. (Köln/Wien 1970).

Wiese, Günther: Der Ersatz des immateriellen Schadens. In: Recht und Staat. Heft 294/295 (Tübingen 1964).

Wieser, Eberhard: Der Grundsatz der Verhältnismäßigkeit in der Zwangsvollstreckung. (Köln/Berlin/Bonn/München 1989).

Wilburg, Walter: Zur Lehre von der Vorteilsausgleichung. JherJb 82 (1932), 51–148.

– Die Elemente des Schadensrechts. (Marburg a. d. Lahn 1941). Zit.: Elemente.

– Zusammenspiel der Kräfte im Aufbau des Schuldrechts. AcP 163 (1963, Titelblatt 1964), 346–379.

Wilk, Burkhard: Die Erkenntnis des Schadens und seines Ersatzes. (Berlin 1983).

Will, Michael R. (Hrsg.): Schadensersatz im Strafverfahren. Rechtsvergleichendes Symposium zum Adhäsionsprozeß. (Kehl am Rhein/Straßburg/Arlington 1990).

Wolf, Ernst: Grundfragen des Schadensbegriffs und der Methode der Schadenserkenntnis. In: Festschrift für Gerhard Schiedermair, (München 1976), 545–578.
– Lehrbuch des Schuldrechts. Erster Band: Allgemeiner Teil. 1. Aufl., (Köln/Berlin/Bonn/ München 1978). Zit.: Schuldrecht.
Wollschläger, Christian: Schadensersatzhaftung von Ladendieben. NJW 1976, 12–16.
Wussow, Hansjoachim: Informationen zum Versicherungs- und Haftpflichtrecht. WJ 1996, 201–203.
Wussow, Werner: Die Gerichtsbarkeit im Falle des § 640 RVO. BG 1964, 409–411.
Zekoll, Joachim: US-Amerikanisches Produkthaftpflichtrecht vor deutschen Gerichten. 1. Aufl., (Baden-Baden 1987).
– Recognition and Enforcement of American Products Liability Awards in the Federal Republic of Germany. 37 A..J.C.L. (1989), 301–336.
– Zur Vollstreckbarkeit eines US-amerikanischen Schadensurteils. Anmerkungen zu einem Urteil des Landgerichts Berlin, RIW 1989 S. 988 ff. RIW 1990, 302–305.
– Änderungen im System der Punititve damages? VersR 1992, 1059–1063.
Zekoll, Joachim/Rahlf, Nils: US-amerikanische Antitrust-Treble-Damages-Urteile und deutscher ordre public. JZ 1999, 384–394.
Zeuner, Albrecht: Schadensbegriff und Ersatz von Vermögensschäden. AcP 163 (1963, Titelblatt 1964), 380–400.
– Gedanken zum Schadensproblem. In: Gedächtnisschrift für Rolf Dietz, (München 1973), 99–124.
Zöller, Richard: Zivilprozeßordnung mit Gerichtsverfassungsgesetz und den Einführungsgesetzen, mit Internationalem Zivilprozeßrecht, Kostenanmerkungen. 21. Aufl., (Köln 1999). Zit.: Zöller/Bearb.
Zöllner, Wolfgang/Loritz, Karl-Georg: Arbeitsrecht. Ein Studienbuch. 5. Aufl., (München 1998).
Zuleeg, Manfred: Gleicher Zugang von Männern und Frauen zu beruflicher Tätigkeit. RdA 1984, 325–332.

Entscheidungsregister[1]

I. Deutsche Entscheidungen

1. Bundesverfassungsgericht

2. Bundesgerichtshof

[1] Entscheidungen, die im Text vorkommen, sind kursiv gesetzt.

3. Bundesarbeitsgericht

4. Reichsgericht

5. Oberster Gerichtshof der Britischen Zone

6. Reichsarbeitsgericht

7. Oberlandesgerichte

Braunschweig

Bremen

8. Landgerichte

9. Landesarbeitsgerichte

10. Landessozialgerichte

11. Amtsgerichte

12. Arbeitsgerichte

II. Europäische Entscheidungen

1. Europäischer Gerichtshof

2. Rat

III. US-amerikanische Entscheidungen

Sachregister

Bei Fragen zur Produktsicherheit wenden Sie sich bitte an:
If you have any questions regarding product safety,
please contact:

Walter de Gruyter GmbH
Genthiner Straße 13
10785 Berlin
productsafety@degruyterbrill.com